民商法经典文库

赵万一　总主编

Reborn of
Company Law

公司法的再生

林少伟　李诗鸿　编译

法律出版社 LAW PRESS·CHINA
北京

图书在版编目(CIP)数据

公司法的再生 / 林少伟，李诗鸿编译. -- 北京 ：法律出版社，2024

(民商法经典文库 / 赵万一总主编)

ISBN 978-7-5197-7976-4

Ⅰ. ①公… Ⅱ. ①林… ②李… Ⅲ. ①公司法-研究 Ⅳ. ①D912.290.4

中国国家版本馆 CIP 数据核字(2023)第 099667 号

公司法的再生
GONGSIFA DE ZAISHENG

林少伟　李诗鸿　编译

策划编辑 沈小英
责任编辑 陈　妮　张思婕
装帧设计 李　瞻

出版发行 法律出版社
编辑统筹 法治与经济出版分社
责任校对 李慧艳
责任印制 吕亚莉
经　　销 新华书店

开本 A5
印张 20.625　**字数** 497 千
版本 2024 年 2 月第 1 版
印次 2024 年 2 月第 1 次印刷
印刷 北京中科印刷有限公司

地址:北京市丰台区莲花池西里 7 号(100073)
网址:www.lawpress.com.cn
投稿邮箱:info@lawpress.com.cn
举报盗版邮箱:jbwq@lawpress.com.cn
销售电话:010-83938349
客服电话:010-83938350
咨询电话:010-63939796

书号:ISBN 978-7-5197-7976-4　**定价**:166.00 元

凡购买本社图书,如有印装错误,我社负责退换。电话:010-83938349

“民商法经典文库”编辑委员会

总主编简介

赵万一

西南政法大学民商法学院教授、博士研究生导师，《现代法学》主编。曾任西南政法大学民商法学院院长。兼任中国法学会商法学研究会副会长、中国法学会民法学研究会学术委员会副主任。先后被西北政法大学、福州大学、西南大学、福建师范大学、山东经济学院等多所大学聘为兼职教授；上海大学、福建师范大学兼职博士研究生导师；英国《法律与管理国际杂志》（ML-The International Journal of Law and Management）编委。

曾出版《民法的伦理分析》《民法概要》《商法基本问题研究》《证券法的理论与实务》《中国竞争保护法律制度研究》等个人专著多部，主编《商法学》《证券法学》等教材数十部。先后在《中国社会科学》《中国法学》《法学研究》《人民日报》《光明日报》等报刊发表论文150余篇，有数十篇文章分别被《新华文摘》、《中国社会科学文摘》、中国人民大学书报资料中心《复印报刊资料》转载。其《民法的伦理分析》一书曾分别于2005年和2017年在我国台湾地区五南图书出版股份有限公司和日本经济法律出版社出版，多篇论文在日本、韩国等国发表。

林少伟

西南政法大学民商法学院教授、博士生导师，西南政法大学党内法规研究中心副主任，西南政法大学公司治理法律研究中心主任，重庆市人民检察院和西南政法大学共建民事检察研究基地副主任。曾在四川省岳池县人民检察院、最高人民法院第五巡回法庭和教育部政法司锻炼。曾赴英国剑桥大学、美国芝加哥大学、加拿大英属哥伦比亚大学、香港大学、波兰华沙大学和新加坡国立大学访问、授课和交流。

发表论（译）文63篇，出版专（译）著13本，主持国家社科基金2项、其他省部级项目13项。

2018年入选重庆市高层次人才特殊支持计划青年拔尖人才。2020年获教育部霍英东教育基金奖，入选中国法学会商法学研究会和中国商业法研究会优秀青年人才。

李诗鸿

华东政法大学国际金融法律学院副教授、硕士生导师，北京大学法学博士，美国斯坦福大学联合培养博士，上交所—华政博士后。中国法学会证券法学研究会理事、中国商业法研究会理事、湾区法商研究院高级研究员、深圳国际仲裁院等七家机构仲裁员。曾赴美国斯坦福大学、美国芝加哥大学、香港树仁学院等访问和交流。

在《法学》《华东政法大学学报》等发表论文30余篇，出版《公司法的失败》《有限责任——法律与经济分析》《牛津公司法与公司治理手则》等多部公司法领域经典译著，主持国家级、省部级科研项目6项。

译者分工

林少伟

公司形式的历史反思：与信托的比较

公司控制权与特质愿景

公司治理与代理崇拜

公司法的死亡

被代理人成本：公司法与公司治理的新理论

李诗鸿

公司董事会的历史和政治渊源

资本锁定：19世纪公司法为企业组织者实现了什么？

公司法和公司治理中的现实与幻象

契约论的终结：行为经济学与公司法

第三条道路：超越股东或董事至上

总序：民商法学研究的时代使命

时至今日，虽然理论界对民商法在中国特色社会主义法律体系中的角色定位并未形成完全一致看法，但对其在促进社会权利意识的觉醒、创造力的激发乃至社会经济的振导方面所发挥的巨大作用，几乎没有人能够否认。一方面，缘于其调整内容的广博性、调整方式的人本性、调整范围的全覆盖性和规制目的的正义性；另一方面，则得益于其所承载的“固根本、稳预期、利长远”的历史使命的厚重性和在强调促进社会经济发展的同时注重人与自然和谐发展的先进立法理念。通过研读世界主要国家的法律发展史，我们不难发现，具有时代引领意义的重要民商法律制度的制定，通常是伴随一个国家社会制度的重构、社会政策的改变和社会观念的变革应运而生的。因此，民商法律制度的设计通常并不仅仅表现为单纯的制度进化和规则演变，更反映了社会经济政治制度环境的优化和社会意识的嬗变。我国也不例外。发轫于 20 世纪 70 年代末的经济体制改革，不但将现代中国社会深深打上了法治烙印，而且极大激发了法律对社会关系特别是社会经济关系的调整冲动，从而将上层建筑对经济基础的促进作用发挥到极致。时至今日,伴随计划经济向市场经济的成功转型而不断拓展其作用深度和广度的民商事立法,无论是对中国民众国民性格的塑造、行为模式的固化,还是对整个社会经济运行驱动力的重新构造,都产生了越来越显著的影响。以平等和自治为核心的民商法律制度不但成为国家调整社会关系特别是社会经济关系的最重要法律手段,而且成为社会主体行为选择的首要凭依因素;以公平和效益为主旨的民商法律思维已深深嵌入人们的思维逻辑链条中,成为人们臧否立法和司法活动的主要标尺;以良善、诚信、忠实为先导的民法文化不但发挥启佑民智之功效,而且已逐步内化为一种社会习惯和社会生活方式。作为民商法制度根基的平等原则并未得到有效贯彻,进而在主体立法上采取差别性待遇的做法还比较普遍。在民商事司法领域中,由于未对价值取向各异的不同审判类型进行必要的审判理念区分,从而导致审判活动既无法满足以自然人为代表的普通民事主体对公平理念的强烈渴求,也无法有效实现以公司为代表的商事主体追求效益的行为动机。在法律意识层面上,民商法的私法属性和权利法属性并未获得普遍的社会认同,民商法所体现的一些基本法律价值和法律精神也没有随着民商事立法的繁荣而获得广泛的尊重和支持。造成这种广大民众对民商法价值认同感不高的原因是多方面的。由于民商法是直接介入市场经济和商品经济形态塑造和规则设计的法律制度,因此,无论在立法上还是在司法实践中,人们都有意或无意地将所有的民商事法律制度的作用定位为促进市场经济的发展,从而淡化了作为民商法精神内核的人本主义思想和人文主义理念。不仅如此,民商法的非理性繁荣还助长了法律对社会关系的调整作用,包罗万象的法律规则试图将调整的触角延伸至公民生活的每一个领域。实际上,法律更多的是作为约束人类非理性行为的必要羁绊而存在的,任何类型的强制行为都不可避免地会对社会主体的行为及与此相连接的社会关系起到一定的限制作用。

从经济基础对上层建筑的作用结果来看,肇端于 20 世纪 70 年代末的经济体制改革和对外开放不但极大解放了受到压抑的生产力,而且充分激活了潜藏在人类内心深处追求财富的欲望,使人们从普遍的羞于言利转变成了攫取财富。中国社会第一次感受到法律对社会生活的强大影响力和导引力。正是基于法律对社会经济关系的强力介入,不但彻底改变了利益的获取和分配方式,任何主体的正当经济利益诉求都必须通过法律加以固化、疏导和界定,而且极大地促进了社会财富的增加,使中国在很短的时间内跃居世界第二大经济体。正是基于对法律作用的高度重视,我们在短短的 40 多年时间里建立起了比较完备的社会主义市场经济法律体系,从而为全面实现依法治国奠定了必要的法律硬件基础。任何国家的法治现代化都不能通过简单地对外国法律制度的借鉴而完成,成熟的法律制度除借鉴人类法治文明建设有益成果外,还必须加强对本国法治资源的挖掘和对法治适用环境的建设和改造。为此,我们不但要重视对民商法具体法律制度的吸收和构造,而且更应加强对民商法基本理念、基本作用、基本精神和基本价值的研究和认识,更准确地定位民商法在构建新时代中国特色社会主义法律体系中的地位和作用,因为只有以先进理念作支撑的法律制度才能真正有效发挥其对社会关系的精准调整作用。

大学作为现代文明的发祥地和社会知识的集散地,既是民族文化的传承者,也是现代文明特别是现代法治文明的创造者和传播者。相对其他类型的院校而言,法科院校基于其独特的创设要求和人才培养目标,在创新社会法治理念、提供法律制度有效供给、推进国家现代法治文明建设方面无疑负有特殊的义务和责任。西南政法大学作为一所以法学为主的多科性院校,创设于新中国百废待兴之时,繁荣于改革开放的历史机遇期,不但见证了中国法治建设的曲折历程,而且对中国的法治建设贡献了自己的责任和智慧。其民商法学作为传统的优势学科之一,经过几代人的不懈努力,逐步形成了以民本天下为情怀、以商达经纬为志向、以知行合一为目标、以振兴国家为责任的学术精神和专业特色。自 20 世纪 50 年代开始,学科奠基人金平教授、杨怀英教授等老一辈开宗学者秉持学术报国之宏愿,开拓奋进、殚精竭虑,历经筚路蓝缕之磨难,披荆斩棘之艰辛,初创西南政法大学民商法之学林。20 世纪 80 年代之后,沐浴改革开放之春风,西南政法大学民商法迎来第一次鼎盛时代,金平教授和杨怀英教授作为全国民商法领域中的重要领军人物,以他们的敬业精神和人格魅力,团结和凝聚了包括邓大榜、聂天贶、黄名述、李开国、柯瑞清、邓宏碧、张和光、赵勇山、叶清勋、赵泽隆、谭向北、程正宗、陈志学等 30 余位在全国有一定影响力的中年骨干教师;以王卫国、禄正平、伍载阳、刘晓星、张玉敏、尹田、吴卫国、赵万一等为代表的一批年轻学者开始在国内学术舞台上崭露头角。西南政法大学也自然而然地成为国内名副其实的民商法教学与研究重要阵地。20 世纪 90 年代末期以来,在李开国、张玉敏、赵万一、陈苇、谭启平等学术带头人的带领下,本学科全体同仁励精图治、拼搏进取、内外双修,不但使学科师资规模达到创纪录的 120 余人,而且在职称结构、学历结构、学缘结构等方面都有了实质性改善，教学科研水平也不断上升到一个新台阶。我们坚信，在国内外同仁的关心和支持下，经过本学科全体师生的共同努力，西南政法大学民商法学的明天一定会更加灿烂辉煌。

民商法作为一个应用性很强的实用性学科，并非产生于书斋中的理论推演，而应来源并服务于社会经济生活。本学科一直以关注民生、强调民本为己任，秉持造福苍生，心系天下的情怀，努力将自己的研究服务于国家的经济建设和法治建设。具有中国民法典“活化石”之称的金平教授不但全程参与了第一次至第三次《民法典（草案）》的拟定，而且其所提出的许多富有创见性的观点，如民法调整的是平等主体之间的财产关系和人身关系，直接影响了《民法典》的制定。具有中国婚姻法“女神”之称的杨怀英教授不仅参与了 1980 年《婚姻法》的修改，而且始终关心中国家庭制度的发展变化及其与社会之间的互动关系，在花甲之年仍亲自带队，到当时条件十分艰苦的云南西双版纳和德宏两大民族自治州长途奔波数千里，开展长达数月的田野调查，出版了具有填补空白性质的《滇西南边疆少数民族婚姻家庭制度与法的研究》。这个优秀传统一直传承至今。陈苇教授在主持司法部重点课题时，以“农村妇女土地权利保障”为视角，先后组织 1000 多名学生深入农村考察并形成了数十万字的调研报告。在 2008 年“5·12”大地震发生后不久，以本学科刘俊、谭启平、刘云生等教授为主的 12 位法学专家联名上书全国人大常委会，建议尽快制定重大自然灾害处置特别法令并草拟了一部近万字的《重大自然灾害处置特别法令（建议稿）》。在具有世纪工程之称的《民法典》制定过程中，本学科不仅有数十人深度参与了《民法典》的条文拟定及其相关的立法调研论证活动，而且在《民法典》颁布之后的第一时间内成立了规模庞大的《民法典》宣讲团，深入国家机关、企事业单位和社区、农村，向广大社会公众宣讲《民法典》的伟大意义，充分体现了学者的责任与担当。

近年来，国际、国内民商法学科的迅速发展向我们提出了严峻挑战。国际上，无论是源于罗马法的大陆法系还是源于海洋经济需要而产生的英美法系，都正朝着更深、更广、更前沿的方向延伸与发展，民商法学理论日益博大精深，法学流派呈现多元化趋势；民商法学研究更加注重与法律实践的契合，注重对司法领域中出现的新的法律问题的审视和研究；在全球化趋势的推动下，各国民商法学日益走向相互渗透与融合，同时又更加注重与本国国情的结合，呈现国际化与民族化共同繁荣的趋势；法学理论方面，跨学科研究方兴未艾，交叉学科、边缘学科如雨后春笋大量涌现。在国内，随着依法治国方略的推行，民商法学研究更加深入与务实。一方面，在全球化的大潮之下，如何借鉴人类精神遗产，借鉴外国合理的法律制度与精神，成为摆在中国民商法学面前的重大课题之一；另一方面，在国内市场经济发展过程中出现的各种法律问题也向民商法学提出了挑战，如何立足中国的法律实践，利用世界各国的经验，发扬我国优良传统风俗，应对未来经济、政治、文化的重大转折，也是中国民商法进一步发展所必须解决的重大课题。为了总结西南政法大学民商法学科在过去40多年中取得的成绩，饮水思源，时刻铭记老一辈民法学者对本学科发展所作出的突出贡献，我们曾与法律出版社联袂于2009年编辑出版了5卷本的“西政民商法学阶梯”丛书和20卷本的“西南民商学人文库”和多卷本的“民商经典译丛”。为了发挥本学科在民商法基础理论特别是民法哲学方面的研究优势，我们先后编辑出版了两辑共 13 本“民法哲学”丛书。为了扩大与我国台湾地区的学术交流活动，我们曾与华中科技大学出版社、台湾元照出版股份有限公司倾力打造了“华中·元照西政民商法学术文库”和“华中·元照中青年法律科学文库”。

为了进一步充分发挥法学研究对法律实践的引领作用，我们决定集合校内外各种资源，推出既能综合反映西南政法大学民商法学科科研实力，又能广纳群贤、有效荟集国内外最新民商法学研究成果，并能对中国法治建设起到推动作用的大型系列丛书——“民商法经典文库”。本文库分为民法哲学、经典译著、学术研究、前沿争鸣、名家讲坛、教育研究、经典案例及年度十大有影响力案例、研究随笔 9 个系列。同时，我们也真诚邀请国内外贤儒同仁不吝赐稿，积极支持我们的工作。我们相信，在国内外同行专家的共同帮助下，本文库一定能够达到预期目标。

是为序。

2012 年 11 月 6 日于西南政法大学

2021 年 7 月 6 日修订于西南政法大学

目　录

第一章　公司组织的生成逻辑

第二章 公司法的基础规则

第三章　公司法的理论幻象

第四章　公司法的历史终结

第五章 公司法的功能重生

第一章　公司组织的生成逻辑

公司形式的历史反思:与信托的比较

[美]约翰·莫雷*

目　次

---

* 耶鲁大学法学院教授。

本文原文发表于 Columbia Law Review(2016 年第 8 期)。

引　言

本文独辟蹊径,反英美商业史既成观点而行之,从新的角度考问公司形式的重要性。笔者指出,与传统观念相左,公司形式并非现代商业运转的唯一法律权力来源。自中世纪后期至20世纪中期,普通法信托作为一种重要的法律手段,虽没有得到应有的重视,但其所能实现的基本权力与公司形式所能实现的并无二致。

纵观现代历史,普通法信托带给企业的种种好处与后来出现的各种公司形式所能给予企业的大体一致,例如,实体保护、资本锁定、有限责任、诉讼中的法律人格、流通股以及合理的信义权。此外,相比公司,信托的成本和门槛都更低。但信托无法完全取代公司形式,因为法律有时会否定信托的合法性或使其不如公司形式那般具有吸引力,这大大限制了信托效用的发挥。但即便如此,从司法原则的角度来看,信托的确能够有效实现公司形式的种种关键职能。

鉴于信托能够实现公司形式的诸多功能,因此,在 19 世纪有关普通公司设立的相关法律出台之前和之后的很长一段时间里,信托都是英美非法人合伙企业和组织持有财产的重要手段。举例而言,1844 年英国通过第一部《合股公司法》时,英国信托的数量是公司的 10 倍以上。[1] 而在此后存续的 882 家大型商业信托中,仅有 4 家在公司法开放公司设立后选择成立公司。[2] 余下的 878 家仍选择以信托形式运营。19 世纪上半叶,英国司法意见中的案例显示,受托人代持以下机构和主体财产:码头、[3]剧院、[4]水疗馆和娱乐场所、[5]兄弟会、[6]铁路部门、[7]货运机构、[8]船运机构、[9]酒厂、[10]土地开发

[1] See *infra* notes 94 –96 and accompanying text(论述信托在非独资企业中的普遍性).

[2] See *infra* notes 105 –106 and accompanying text(论述公司形式在既有企业中不受欢迎).

[3] See Meux *v*. Maltby(1818)36 Eng. Rep. 621(Ch)622;2 Swanst. 277,278.

[4] See Const *v*. Harris(1824)37 Eng. Rep. 1191(Ch)1191;Turn. & R. 496,496.

[5] See Schreiber *v*. Creed(1839)59 Eng. Rep. 515(Ch)515;10 Sim. 9,9.

[6] See Duke of Queensbury *v*. Cullen(1787)1 Eng. Rep. 646(HL)649;1 Bro. Parl. Cas. 396,401.

[7] See Parker *v*. River Dunn Navigation Co. (1847)63 Eng. Rep. 1028(Ch)1028;1 De G. & Sm. 192,192.

[8] See id. at 1029;1 De G. & Sm. At 192.

[9] See Cross *v*. Jackson,5 Hill 478,479(N. Y. Sup. Ct. 1843).

[10] See *In re The Vale of Neath & S. Wales Brewery Joint Stock Co.* (1849)41 Eng. Rep. 1250(Ch)1254;1 Mac. & G. 225,241; Spears *v*. Murray(1839)7 Eng. Rep. 665(HL)665;6 Cl. & F. 180,180.

商、[11]矿业、[12]保险公司、[13]银行[14]以及其他行业的公司。[15]

信托在历史中扮演了重要的角色，这促使我们重新审视现代有关商法发展的既成观点。历代学者都致力于研究公司形式的崛起，坚信公司形式是现代商法形成的关键。[16] 他们认为，公司是重要法

---

〔11〕 See Van Vechten *v.* Terry, 2 Johns. Ch. 197, 197 (N. Y. Ch. 1816); *In re Dickson* (1836) 14 S 958, 958 (Scot.).

〔12〕 See Vigers *v.* Pike (1842) 8 Eng. Rep. 220 (HL) 220; 8 Cl. & F. 562, 562.

〔13〕 See Fenn *v.* Craig (1838) 160 Eng. Rep. 680 (Ex. Ct.) 680; 3 Y. & C. Ex. 216, 216; Long *v.* Yonge (1830) 57 Eng. Rep. 827 (Ch) 827; 2 Sim. 369, 369; Munnings *v.* Bury (1829) 48 Eng. Rep. 59 (Ch) 60; Taml. 147, 148; Beaumont *v.* Meredith (1814) 35 Eng. Rep. 447 (Ch) 447; 3 Ves. & B. 180, 180; Mildmay *v.* Folgham (1797) 30 Eng. Rep. 1111 (Ch) 1111; 3 Ves. Jr. 471, 471; Buchanan *v.* Lennox (1838) 16 S 824, 824 (Scot.).

〔14〕 See Lund *v.* Blanshard (1844) 67 Eng. Rep. 540 (Ch) 541; 4 Hare 9, 9 – 10; Holmes *v.* Henty (1836) 7 Eng. Rep. 38 (Ch) 38; 4 Cl. & F. 99, 99 – 100; Taylor *v.* Hughes & Hodge (1844) 7 I. Eq. R. 529 (Ch) 530.

〔15〕 See Benson *v.* Hadfield (1842) 49 Eng. Rep. 690 (Ch) 690; 5 Beav. 546, 547 (关于一个轮船公司); Gillett *v.* Abbott (1838) 112 Eng. Rep. 665 (QB) 666; 7 A. & E. 783, 783 – 784 (关于一个专利软木制造商).

〔16〕 近期在这方面最具代表性的两部大作是 Ron Harris, *Industrializing English Law: Entrepreneurship and Business Organization*, 1720 – 1844 (Cambridge University Press, 2000), p. 167, 它记录了公司形式在英国的发展过程，论述了英国工业企业除公司形式外，并没有其他更好的选择；另一部则是 Margaret M. Blair, *Locking in Capital: What Corporate Law Achieved for Business Organizers in the Nineteenth Century*, 51 UCLA Law Review 387, 419 (2003)。该文主张公司形式是布莱尔(Blair)所说的"资本锁定"特征的唯一来源。这方面的著述非常之多，无法详尽列出，例如：Scott R. Bowman, *The Modern Corporation and American Political Thought: Law, Power, and Ideology* (Pennsylvania State University Press, 1996), p. 1 – 5; Edwin Merrick Dodd, *American Business Corporations Until* 1860 (Harvard University Press, 1954), p. 1; John Micklethwait & Adrian Wooldridge, *The Company: A Short History of a Revolutionary Idea* (Modern Library, 2003), p. 56 – 60; Ronald E. Seavoy, *The Origins of the American Business Corporation*, 1784 – 1855 (Praeger, 1982), p. 182。公司等同于其技术特征这一观点在公司法理论中可谓根深蒂固。See e. g., John Armour et al., *What is Corporate Law?*, in Reinier Kraakman et al. eds., The Anatomy of Corporate Law, Oxford University Press, 2nd ed., 2009, p. 1, 5 (描述公司形式的核心特征).

律技术(如有限责任和法律人格)的唯一渊源,因此公司形式的出现和推广是政治和技术进步的重要环节,而人类社会之所以能够发展至今,正是靠着政治和技术的进步。[17] 这种观点在现代思潮中根深蒂固,形成了美国法学院公司法入门课程的基本框架。公司法的课程通常从讨论普通法一般合伙企业展开,继而转入介绍公司是如何通过一系列理念上的创新(如有限责任和流通股)来消除合伙企业的种种弊端。[18]

信托的历史证明,我们需要重新审视公司形式。信托证明了公司并不像我们长久以来认为的那样是法律技术的唯一来源,也促使我们重新思考公司形式的重要性。或者说,令我们不得不面对这一问题,即公司形式之所以重要,其根本原因可能与我们原本的认知相左。若公司形式最主要的创新并非创造出一系列新的法律技术,那么我们就必须找寻公司形式新的亮点。本文无意赘言公司形式的历史重要性,而旨在提出这一观点:研究者需要进行大量的史学研究,才能证明重新审视公司形式的必要性。

尽管信托极为重要,但其在商业领域的适用并未引起法律学者和史学家的重视,[19] 现代有关商业组织的主要案例汇编中并无任何

---

〔17〕 See Alfred D. Chandler, Jr., *The Visible Hand: The Managerial Revolution in American Business*(Harvard University Press,1977),p. 287 – 312(阐述"现代工业公司的未来"相当于大企业的崛起).

〔18〕 See e. g., William T. Allen, Reinier Kraakman & Guhan Subramanian, *Commentaries and Cases on the Law of Business Organization*(Aspen 4th ed. 2012),p. 33,115,607; William A. Klein et al., *Business Organization and Finance*(Foundation Press 11th ed. 2010),p. 51,240 – 241; D. Gordon Smith & Cynthia A. Williams, *Business Organizations*(Aspen Publishers, 3rd ed. 2012),p. 29,115,190.

〔19〕 相反,信托在捐赠中的使用引起了很多史学家的研究兴趣。例如,捐赠信托是约翰·朗本(John Langbein)教授的普通法历史教科书中衡平法史的核心组成部分。See John H. Langbein et al., *History of the Common Law*(Aspen Publishers,2009),p. 267 – 334.

有关商业信托的内容。[20] 相较合伙企业和公司法人的相关法律，我们对商业信托法律可谓知之甚少。[21] 当代史学家们对1844年《合股公司法》颁布之前的商业信托历史展开的研究，尽管取得了重要的成果，但研究地域范围仅限于英国，并未涉及美国的商业信托，且研究时间范围也限定在《合股公司法》颁布之前。显然，史学家们认为，公司形式的出现使信托变得不再重要，不再具有研究价值。同时，这种研究也反映了我们对商业组织历史的普遍认知，即信托只是公司形式"退而求其次"的替代品，[22]具有普通法一般合伙企业的种种

---

〔20〕 See Allen et al., *supra* note 18; Klein et al., *supra* note 18; Smith & Williams, *supra* note 18.

〔21〕 近期，才开始有法学家在现代法律中认真对待商业信托。See John H. Langbein, *The Secret Life of the Trust: The Trust as an Instrument of Commerce*, 107 Yale Law Journal 165, 166 (1997)（论述在美国有大量资金投入信托并将其视为商业交易的一部分）；Robert H. Sitkoff, *Trust as "Uncorporation": A Research Agenda*, University of Illinois Law Review 31, 35 (2005).

〔22〕 这是罗恩·哈里斯(Ron Harris)教授在一本颇具影响力的关于英国商业组织史的著述中的论点。Harris, Industrializing English Law, *supra* note 16, at 167（"非法人公司……不具有合股公司的大部分固有特征……"）. 20世纪初的史学家更加热衷于信托所取得的成就。1902年，法律史学家弗雷德里克·梅特兰(Frederic Maitland)发表了一个著名言论，"事实上，运用信托，我们不需要令人烦恼的国王和议会的批准就能设立公司，即使我们说我们并没有这样做"。Frederic William Maitland, *The Unincorporated Body*, in Herbert Albert Laurens Fisher ed., 3 The Collected Papers of Frederic William Maitland 271, Cambridge University Press, 1911, p. 283. 然而，梅特兰没有提供更多的细节，并且他也无法接触到现代经济学理论，这些理论会告诉他该具体研究什么。近期的一些史学家用谨慎乐观的措辞去描述信托权，尽管也没有笔者在这里描述得乐观。See e. g., Jonathan Silberstein-Loeb, *The Transatlantic Origins of the Business Trust*, 36 The Journal of Legal History 192, 209 – 210 (2015)（提到"尽管传统的'科学'法律分类体系假设国家意志和个人意志对立，但在实践中，它们可以协同运作"）.

弊端。[23] 近期的研究显示,从18世纪到19世纪早期,信托曾在英国风靡一时,[24]但即便如此,这一研究也未对前述信托劣于公司形式的这一假定提出质疑。

---

〔23〕 See Armand Budington DuBois, *The English Business Company after the Bubble Act*,1720 - 1800(Octagon Books,1938),p. 217(提到以信托为基础的公司是"法律的继子",需要克服许多法律问题); Gary M. Anderson & Robert D. Tollison, *The Myth of the Corporation as a Creation of the State*,3 International Review of Law and Economics 107,110 (1983)("从技术层面上说,信托需要受到合伙企业法的规制,这意味着每个成员都必须履行订立股份转易契的法律行为,并且成员的死亡会导致企业重组。"); Margaret M. Blair, *The Four Functions of Corporate Personhood*, in *Handbook of Economic Organization*(Anna Grandoried. ,2012),p. 440,441["若仅使用交易合同,法律实体地位所具有的四项功能是很难(甚至是不可能)实现的。"]; Blair, Locking in Capital, *supra* note 16, at 419("这些'原始公司'会被法院认为是一种合伙关系。"); Joshua Getzler, *The Duty of Care*, in Peter Birks & Arianna Pretto eds. , Breach of Trust(2002),p. 41,73("现代史学家已经怀疑梅特兰有关信托对贸易企业效用的明智设想了。事实上,18世纪晚期的商人需要公司形式以及独立的法律人格,用以建立现代工业公司,而他们也从州政府那里寻求并获得了自由设立公司的资格。"); Timothy Guinnane et al. , *Putting the Corporation in Its Place*,8 Enterprise & Society 687,714(2007)("所以,为了所有现实目标,美国商人只有两个选择:设立合伙或者拿出公司章程。"); Naomi R. Lamoreaux & Jean-Laurent Rosenthal, *Legal Regime and Contractual Flexibility:A Comparison of Business's Organizational Choices in France and the United States During the Era of Industrialization*,7 American Law and Economics Review 28,43 n. 8(2005)(论述19世纪早期美国限制信托的使用,相较其他"集中管理"手段的原因,更是因为"其自身缺点使其吸引力降低"); Paul G. Mahoney, *Contract or Concession: An Essay on the History of Corporate Law*,34 Georgia Law Review 873,888(2000)("直到1825年《泡沫法案》被废除,非法人合股公司已经长达一个世纪无所适从,法官终于决定将它纳入现有法律类别中(如合伙)而不再将其视为特殊的合同关系。"); Giuseppe Dari-Mattiacci et al. , *The Emergence of the Corporate Form* 1, Amsterdam Center for Law & Economics, Working Paper No. 2013 - 02(Feb. 26,2013), http://ssrn. com/abstract = 2223905("事实上,创造私人企业的独立法律人格需要立法者发挥积极的作用,作为与第三方相对立的所有权不可能完全通过私人协议来实现。").

〔24〕 See Mark Freeman et al. , *Shareholder Democracies? Corporate Governance in Britain and Ireland Before* 1850 (University of Chicago Press,2012),p. 23(论述一个有关历史商业组织文件的调查结果). See generally James Taylor, *Creating Capitalism: Joint-Stock Enterprise in British Politics and Culture* 1800 - 1870 (Royal Historical Society,2006)(追溯合股公司在早期工业英国的影响).

通过重新挖掘信托作为公司形式替代选择的效用，本文以法学史上改变公司形式作用的大事件为例，为信托的实际价值正名。[25] 本文率先对普通法信托的技术效用进行验证，扩宽了该领域研究的范畴。如今，研究者即便质疑公司形式的重要性，在研究时也会忽视信托，或是为商人容忍信托缺陷找出各种理由。[26] 没有哪位史学家承认，从司法角度来看，信托比起公司形式毫不逊色。

本文第一部分阐述了信托在商业领域的运作形式。第二部分则强调了信托在《合股公司法》通过后仍是商业领域中广泛适用的组织形式。第三部分为本文的核心，运用此前未发掘的第一手法律资料（如案件报告和法学论著），证明这一观点：纵观现代历史，信托具有现代公司形式的所有关键特质，包括实体保护、资本锁定、有限责任、诉讼中的法律人格、流通股以及合理的信义权。

---

〔25〕 See Larry E. Ribstein, *The Rise of the Uncorporation*, Oxford University Press, 2010, p. 4; Ryan Bubb, *Choosing the Partnership: English Business Organization Law During the Industrial Revolution*, 38 Seattle University Law Review 337, 339(2015); Guinnane et al., *supra* note 23, at 691 – 696; Henry Hansmann et al., *Law and the Rise of the Firm*, 119 Harvard Law Review 1333, 1336(2006)(下文简称 Hansmann et al., Rise of the Firm). 这一领域的新近观点著述：Joshua Getzler & Michael Macnair, *The Firm as an Entity before the Companies Acts*, in Paul Brand et al. eds., Adventures of the Law: Proceedings of the Sixteenth British Legal History Conference, Dublin, 2003, Four Courts, 2005, p. 267, 269 – 270(论述在 19 世纪中叶公司法出台前，商业公司已能通过多种途径获得类似实体的地位)。

〔26〕 See e. g., Bubb, *supra* note 25, at 348 – 350(讨论激励商人容忍信托所谓缺点的各种历史因素); generally Ribstein, *supra* note 25(在对信托着墨不多的情况下，探析商业公司的历史).

一、商业信托概述

在对信托法原理展开讨论前,我们首先要了解信托的起源及其在商业组织中的运行方式。

(一)中世纪起源

在为大型类法人(corporation-like)结构的商业公司服务之前,信托一直是一种形式多样的不动产转让手段。“用益制度”(use)是信托最早的雏形,[27]土地所有者订立转易契(“采邑授予书”)将土地的所有权转移给友人或绅士(现在所称的“受托人”)。[28] 受托人代表原本的所有人持有该财产,且双方达成共识,受托人会在将来的某个时刻,将财产归还给原主或其配偶、子女或原主指定的其他主体。[29]这里的原所有人就类似信托法中的“委托人”,[30]而土地所有人的配偶或子女等享有受托人所持财产利益的主体就类似“受益人”。起

〔27〕 为简单起见,笔者通常避免使用陈旧的术语而倾向于使用相对应的现代概念,以说明“用益制度”和“信托”的细微差别,see N. G. Jones, *Uses and "Automatic" Resulting Trusts of Freehold*, 72 Cambridge Law journal 91, 103 – 112(2013)。

〔28〕 关于早期信托的一般性讨论,see Langbein et al., *History of the Common Law*, *supra* note 19, at 299 – 311。

〔29〕 Ibid.

〔30〕 当大法官法院开始执行信托时,财产委托人通常被认为是“cestui que use”或“feoffor to uses”,受托人通常被认为是“feoffee to uses”。See e. g., Brent's Case(1687)74 Eng. Rep. 319(CP)323;2 Leon. 15, 19. 之后,术语“cestui que use”也被用来指受益人。See F. W. Maitland, *The Origin of Uses*, 8 Harvard Law Review 127, 131(1894).

初，这仅是一种君子协定，在法庭上不具有任何效力。[31] 但这种约定却于14世纪早期逐渐兴起，并在14世纪晚期、15世纪初得到了广泛适用。[32]

信托之所以能够快速普及，最根本的原因是，土地所有人将财产托付给受托人能够规避一系列义务。最典型的就是各种遗产税和兵役义务，现代史学家称为"封地税"。封地税主要指的是在土地所有者死亡后对其所有土地征收的税费，这是封建社会后期英国国王的主要收入来源。[33] 通过信托，土地所有者能钻法律漏洞来规避这类税费。由于只能对死亡时个人名下的土地征收封地税，所以若土地在法律上属于受托人而非亡者，则不符合征税条件。[34] 因此，中世纪后期，信托在英国逐渐普及开来。

（二）信托财产的法律保护

将土地转与受托人必然存在一定的风险，所有权归入受托人名下，受托人或其债权人可能会将财产据为己有。一旦受托人成为财产的合法所有人，法院就会授予受托人全部的所有权权利并要求其承担全部责任，包括自行使用财产的权利和将财产抵押给债权人的权利。[35]

---

〔31〕 See R. H. Helmholz, *The Early Enforcement of Uses*, 79 Columbia Law Review 1503, 1503(1979)(提到普通法法院拒绝强制适用).

〔32〕 See J. M. W. Bean, *The Decline of English Feudalism*, 1215 – 1540 (Barnes & Noble, 1968), p. 126(记录中世纪晚期英国用益制度的情况).

〔33〕 See id. at 5 – 20.

〔34〕 将信托作为逃避封地税的一种手段, see id. at 136; Geoffrey Gilbert, *The Law of Uses and Trusts* (E. & R. Nutt & R. Gosling, 1734), p. 72 – 73; Maitland, *supra* note 22, at 274。

〔35〕 See William Holdsworth, *A History of English Law* (Nabu Press, 1996), p. 414 – 415.

因此，如果受托人背信弃义，土地所有者会向法院之外的其他合法机构寻求帮助。〔36〕 在14世纪最后的25年里，教会法庭开始追究这些不忠受托人的责任，〔37〕而在14世纪90年代，大法官法院（the Court of Chancery）也采取了类似的措施。〔38〕 经大法官执行，土地所有者和受托人之间的约定不再是君子协定，而是一种正式的类所有权（property-like）协议，也就是我们现在所称的信托。〔39〕

大法官法院的创举由三项关键原则组成，能够有效规制受托人的渎职行为。第一，救济原则。相较直接起诉受托人请求金钱赔偿，诉讼中的受益人可以要求具体执行和恢复实际的信托财产作为赔偿。〔40〕 更为关键的是，这一救济不仅适用于违反受托义务的受托人，还适用于接受受托人转让财产的特定主体。〔41〕 第二，大法官法院规定了新的证

---

〔36〕 例如，1402年下议院提出要采用一定措施以规制"不忠受托人"转让信托土地的行为。Id. at 417.

〔37〕 See Helmholz, *supra* note 31, at 1504.

〔38〕 大法官法院执行用益权的开端已经被很好地记录下来。See James Barr Ames, *Lectures on Legal History and Miscellaneous Legal Essays* (Facsimile Publisher, 1913), p. 233 – 242; Bean, *supra* note 32, at 123 – 130; Holdsworth, *supra* note 35, at 417 – 421; Langbein et al., *History of the Common Law*, *supra* note 19, at 305; A. W. B. Simpson, *A History of the Land Law*, Oxford University Press, 2nd ed. 1986, p. 175 – 176; R. W. Turner, *The Equity of Redemption: Its Nature, History and Connection with Equitable Estates Generally*, Cambridge University Press, 2013.

〔39〕 第一个记录在案的法院执行信托案例可能发生在1446年的Myrfyn *v.* Fallan (1446) 2 Cal. P. Ch. xxi (Eng. & Wales)。See Ames, *supra* note 38, at 237 n. 3.

〔40〕 Getzler & Macnair, *supra* note 25, at 272 – 274（探索历史起源和救济方法的适用）.

〔41〕 如果某人明知违反信托条款仍取得财产或未支付对价而取得财产，则受益人可以取回该财产。See 4 Holdsworth, *supra* note 35, at 432; 1 Austin Wakeman Scott, *The Law of Trusts* (Oxford University Press, 1st ed. 1939) § 1.4（论述对善意购买者的豁免）; Selden Soc'y, *Cases Concerning Equity and the Courts of Equity* 1550 – 1660, in W. Hamilton Bryson ed., Selden Society, 2001, p. 269（使善意购买者免受受益人索赔，相似处理结果可在亨利六世统治时期的审判卷中找到）.

据开示程序。和普通法法院不同,受损害的受益人要求受托人宣誓承诺的,大法官法院会予以批准,并要求受托人在宣誓之后回答问题,强制其制作信托文书和相关文件。[42] 第三,大法官法院会对信托财产进行保护,使之不受受托人及其债权人的侵害。受托人破产的,其债权人可扣押受托人个人所有财产,但不包括以信托形式代他人持有的财产。[43] 例如,债权人可以占有受托人个人的农场,但不能占有其代受益人持有的农场。正如亨利·汉斯曼(Henry Hansmann)教授和乌格·马提(Ugo Mattei)教授所述,该原则无疑是一大创举,因为它有效限制了受托人之债权人的权利,无论其是否同意。[44] 这一原则随着信托实践而逐渐成形,并在15世纪中期走向成熟。[45]

〔42〕 See John H. Langbein, *The Disappearance of Civil Trial in the United States*, 122 Yale Law Journal 522,540(2012)(描述了大法官法院的程序创新).

〔43〕 See Henry Hansmann & Ugo Mattei, *The Functions of Trust Law: A Comparative Legal and Economic Analysis*, 73 New York University Law Review 434,454 –456(1998).

〔44〕 See id.

〔45〕 首先,这个规则可能被间接适用。如今,一个无担保的债权人可以扣押债务人的任何财产(不动产或者动产),只要该财产上未设立担保物权。See Cf. Edward M. Iacobucci & George G. Triantis, *Economic and Legal Boundaries of Firms*, 93 Virginia Law Review 515(2007)(说明公司结构的法律含义以及公司债权人对公司任何财产享有正式的权利). 然而在中世纪晚期和现代早期,债权人通常不能获得该土地(区别于动产),除非土地所有者为他在土地上设立了担保物权。See Claire Priest, *Creating an American Property Law: Alienability and Its Limits in American History*, 120 Harvard Law Review 385,401 –407(2006)(论述中世纪晚期英国法对土地转让权的限制). 所以,没有必要在早期信托法中设立保护不动产免受受托人无担保债权人侵害的规则。除非委托人为其设立担保物权,否则没人可以从受托人处获得信托不动产,因此没有理由禁止无担保债权人进行索赔。这个规则已经隐含了对受托人转让财产的救济方法,且大法官法院在15世纪中期开始实施该规则。See *supra* notes 40 –41 and accompanying text(讨论具体履行和财产追回作为救济方式的使用). 此外,在17世纪晚期诺丁汉(Nottingham)大法官开始全面保护所有形式的信托财产免受受托人的无担保债权人的侵害。See e. g., Bennet *v.* Davis(1725)24 Eng. Rep. 746(Ch)746 –747; 2 P. Wms. 316,316 –319; Finch *v.* Earl of Winchelsea(1715)24 Eng. Rep. 387(Ch)387 –390; 1 P. Wms. 277,277 –283; Burgh *v.* Francis(1673)36 Eng. Rep. 971(Ch)971; 3 Swanst. 550,550; Turner, *supra* note 38, at 46 –48.

简言之，上述新规定使受托人基本能够发挥和公司相同的作用。无论是以公司还是信托形式，企业都能安全地将名下的财产转移给不同的法人（legal person），且该法人的法律人格独立于该商业组织的个人股东。在公司中，不同的法人指的是经立法或皇家特许状设立的人造实体（artificial entity）；而在信托中，不同的法人指的是依据司法原则享有受托人地位的自然人。

需要说明的是，普通法信托从不具有法人人格。依照普通法，信托自始至终都是受托人的个人义务。不同于衡平法法院，普通法法院认可受托人是信托财产的合法所有人，并视其为信托相关法律义务的承担主体。〔46〕 但依照大法官法院的衡平原则，受托人在管理财产时，有义务以受益人利益为先。〔47〕

（三）机制

人们在规划房产和向家庭成员赠与财产时，常常会利用衡平法所有权和普通法所有权的差异。但不为人知的是，在 17 世纪后期的英国，由投资者所有的大型商业信托逐渐兴起，信托也广泛用于商业公司的组织工作。下面，就以这一时期的一家实体供水公司的结构为例，来解析商业信托的运行机制。该公司在下文中也会多次提及，相关内容取材于大法官法院和上议院有关 Richmond *v.* City of London 一案（以下简称伦敦城案）的司法报告。〔48〕 据笔者所知，近

---

〔46〕 See Jesse Dukeminier & Stanley M. Johanson, *Wills*, *Trusts*, *and Estates* (Little Brown & Co. Law & Business, 5th ed. 1995), p. 567 – 569（讨论受托人义务）.

〔47〕 See id. at 563（介绍信托财产中受托人和受益人的不同权益）.

〔48〕 See Richmond *v.* City of London (City of London Ⅱ) (1702) 1 Eng. Rep. 727 (HL); 1 Bro. Parl. Cas. 516; City of London *v.* Richmond (City of London Ⅰ) (1701) 23 Eng. Rep. 870 (Ch); 2 Vern. 421.

期的史学家都未对该案进行分析,可能是因为之前有关商业组织历史的史学研究大多取材于书籍、报纸和合同文件,并未关注判例法和法学著作之类的法律资源。伦敦城案的史学价值不容小觑,因为它是首例被报道的、涉及以信托为组织形式的商业公司的案件,审判该案件的法官不得不就该公司基本特征等诸多关键问题进行说明和阐述。

案件报告的大体内容就是一家公司的形成经过。事件的起因是,伦敦城(City of London)将供水业务出租给一位名叫托马斯·霍顿(Thomas Houghton)的企业家。[49] 在租约中,双方约定要使用5英寸的铅灰色管道将城外的天然泉水引至齐普赛街(Cheapside)和斯托克市场。[50] 订立租约之时,管道的建设仍由伦敦城雇用的承包商负责。[51] 依照租约,霍顿对管道运输的水享有使用权,[52] 因此,霍顿计划向私人住户和商户转售用水,以谋取利益。[53] 作为交换,他同意先向伦敦城一次性支付大笔款项,随后每年交付租金。[54] 此外,还同意投入6000英镑用于改善基础设施,同时免费为伦敦城内的监狱和其他公共建筑提供用水。[55]

签订租约的同一天,霍顿成立了一家公司,以信托的方式履行该租约。[56] 他任命了4名受托人,并将租约和所有相关的未来收益转

---

〔49〕 See City of London Ⅱ 1 Eng. Rep. at 727;1 Bro. Parl. Cas. at 516.
〔50〕 Ibid.
〔51〕 Ibid.
〔52〕 Ibid.
〔53〕 Ibid.
〔54〕 Ibid.
〔55〕 Ibid.
〔56〕 Ibid.

让给受托人。[57] 转让文书约定,受托人须将利润分为900股,并以每股10英镑的价格向公众出售。[58] 霍顿本人和其中一些受托人出资购买部分股权,剩余的则由公众购入。[59] 购买股份的公众就是信托的受益人,但事实上,他们如同现代公司的股东,因为受托人持有公司财产的方式和公司持有公司财产的方式并无二致。[60] 报告中的法官意见书里并未公布股权购买者的具体人数,但说明了有多位股东,且人数众多,以致要求所有股东出庭既"无可能"[61]也"不具任何可行性"。[62]

霍顿是这家公司的幕后推手,他计划使用发行股份获得的收益来补偿其支付租金以及履行租约规定的改善基础设施义务的开销。[63] 但不幸的是,该公司"出师未捷身先死"。伦敦城雇用的承包商完成管道工程后,管道运行不良,每小时仅可输送6吨水,与伦敦城之前承诺的每小时19吨相去甚远。[64] 因此,霍顿和受托人拒绝支付租约规定的年租金,而伦敦城选择将其告上法庭。[65] 该案信息丰富,详细地阐述了信托在公司法律事务架构中所发挥的作用。

---

〔57〕 Ibid.

〔58〕 Ibid.

〔59〕 Ibid.

〔60〕 Ibid.

〔61〕 Id. at 728;1 Bro. Parl. Cas. at 518.

〔62〕 See City of London Ⅰ(1701)23 Eng. Rep. 870(Ch)871;2 Vern. 421,423.

〔63〕 See City of London Ⅱ,1 Eng. Rep. at 727;1 Bro. Parl. Cas. at 516.

〔64〕 Id. at 727;1 Bro. Parl. Cas. at 516.

〔65〕 Id. at 517.

二、信托在商业领域应用概况

在真正获得伦敦城案和其他类似案件的启示前,我们首先要了解信托在商业领域的历史沿革。一言以蔽之,信托兴起于17世纪晚期到18世纪早期的英国,在19世纪早期快速发展,随后传入美国。虽然在19世纪中期,《合股公司法》就已经放宽了公司形式的准入标准,但直至20世纪中期,信托仍旧势头不减。[66] 众所周知,19世纪《合股公司法》颁布之前,信托是非常受欢迎的商业组织形式,[67]但在该法盛行后信托仍能长盛不衰则让人惊讶不已。

(一)18世纪英国商业信托的崛起

在大型商业组织中适用的第一种实体形式就是公司。16世纪中期,公司首先以营利性商业组织的形式出现,而比公司开始用于慈善组织早了几百年。起初,设立公司的权利归属于英国王室。伊丽莎白女王、詹姆斯一世以及查尔斯一世都向众多以营利为目的的对外贸易企业和国内企业授予了特许状。[68] 这些早期特许状不仅授予设立公司的权利,还授予某些贸易领域的垄断权利。[69] 垄断权利

---

〔66〕 信托在美国以外的其他普通法辖区也有历史,如澳大利亚、加拿大和苏格兰。出于简单起见,笔者只关注英国和美国。

〔67〕 See Freeman et al., *supra* note 24, at 53; Harris, *Industrializing English Law*, *supra* note 16, at 22.

〔68〕 See Harris, *Industrializing English Law*, *supra* note 16, at 41; see also 2 William Robert Scott, *The Constitution and Finance of English, Scottish, and Irish Joint-Stock Companies to* 1720 (Cambridge University Press, 1910), p. 3.

〔69〕 See Freeman et al., *supra* note 24, at 45 – 46.

的买卖必然会打击特许业务的潜在竞争者，因此在1688年光荣革命中，议会驱逐了詹姆斯二世。之后，议会成为英国商业公司设立的主管机构。[70]

直至1844年，英国议会都是通过一套相当烦琐的程序来设立公司——为设立的每一家公司颁布一项特别的设立法案。设立的特权每次只向一家企业授予，[71]要执行这种特别法案程序，必须进行即时立法。这一程序存在太多令人攻讦之处，同时容易受到政治操纵，故其冗杂繁复、代价高昂且（以现在的标准来看）腐败堕落。[72]

1688年之后，英国的经济繁荣发展，新的公司如雨后春笋般建立起来。[73] 在这一时期，拥有诸多被动投资者的大型公司层出不穷。与此同时，信托也首次进入这些新的大型公司的视野中。[74] 拥有大量被动股东的公司被称为"合股公司"，以信托为基础的公司则被称为"非法人"（unincorporated）公司，以法人为基础的公司则被称为"法人"（incorporated）公司。[75] 17世纪末至18世纪初，信托和法人公司蓬勃发展，17世纪末，英格兰和威尔士地区就有百家以信托为基础的非法人公司。[76]

---

〔70〕 Ibid.

〔71〕 See Taylor, *supra* note 24, at 4.

〔72〕 Id. at 3 – 8.

〔73〕 See Scott, *Constitution and Finance*, *supra* note 68, at 326.

〔74〕 See Freeman, et al., *supra* note 24, at 14 tbl. 1.1（说明信托于1720年就存在了）；Harris, *Industrializing English Law*, *supra* note 16, at 53 – 58（论述公司设立在1688年光荣革命之后开始迅速增加）.

〔75〕 关于"合股公司"一词的历史，see Paddy Ireland, *Capitalism without the Capitalist: The Joint Stock Company Share and the Emergence of the Modern Doctrine of Separate Corporate Personality*, 17 Journal of Legal History 41（1996）。

〔76〕 Freeman et al., *supra* note 24, at 21.

一直以来,法人公司和非法人公司共同维护着股票交易市场的繁荣,但在1720年,股价却惨遭滑铁卢。[77] 这一事件的幕后黑手是大型金融企业南海公司(South Sea Company)。[78] 南海公司最初被特许成立为海外贸易公司,随后转为经营更为复杂的金融业务,即开设政府债券市场。议会和南海公司认为,新的非法人公司会带来资本的竞争,且会威胁公共投资,因此联合起来于1720年通过了所谓的《泡沫法案》。[79] 这一法案规定,只要以信托为基础的非法人公司拥有可交易股份且"以公司实体的形式开展经营"的,即不合法。[80]

现代史学家发现,这一法案基本形同虚设,信托依旧是18世纪和19世纪早期英国企业广泛适用的组织形式。[81] 自1720年通过,到19世纪早期,该法案几乎从未真正落地实施。[82] 事实上,有位史学家曾戏谑道,这一法案最重要的作用就是进一步推动了非法人公司的普及,因为在其颁布之后,议会进一步收紧了公司设立法案的颁布标准,进而使信托成为唯一可行的替代方案。[83] 马克·弗里曼

---

〔77〕 Id. at 22(解释《泡沫法案》会削弱股票市场).

〔78〕 See e. g. , Henry N. Butler, *General Incorporation in Nineteenth Century England: Interaction of Common Law and Legislative Processes*, 6 International Review of Law and Economics 169, 171 – 173 (1986); Ron Harris, *The Bubble Act: Its Passage and Its Effects on Business Organization*, 54 Journal of Economic History 610, 610 (1994); Margaret Patterson & David Reiffen, *The Effect of the Bubble Act on the Market for Joint Stock Shares*, 50 Journal of Economic History 163, 167 – 169 (1990).

〔79〕 See Harris, *The Bubble Act*, *supra* note 78, at 610.

〔80〕 See 6 Geo. 1 c. 18, § 18 (1720) (Eng.).

〔81〕 See DuBois, *supra* note 23, at 12 – 13(说明商人和律师在考虑新商业企业时通常会忽视《泡沫法案》).

〔82〕 See Taylor, *supra* note 24, at 5 – 6(论述19世纪《泡沫法案》执行的变化).

〔83〕 See DuBois, *supra* note 23.

(Mark Freeman)、罗宾·皮尔森(Robin Pearson)和詹姆斯·泰勒(James Tylor)3位教授对这一现象进行了翔实的考证,确定了在1720年至1844年,英格兰、爱尔兰和苏格兰地区共成立了约1400家合股公司。[84] 弗里曼、皮尔森和泰勒教授为其中514家公司的治理特征进行了编码,随后发现有224家,也就是将近一半都是非法人公司。[85] 大批公司成立于19世纪早期,但在18世纪早期成立的73家公司中,有17家都是非法人公司。[86] 数据显示这些非法人公司大多以信托形式运营,在224家非法人公司中,有209家是以受托人的名义持有公司财产的。[87] 其他史学家虽未进行这样的量化分析,但也得出了类似的结论。[88] 进言之,尽管信托得到了广泛应用,但许多以信托形式持有财产的企业并不明确认定自己是"信托"。相反,他们通常称自己为"合伙企业""组织"或直接称为"公司"。[89]

(二)19世纪商业信托的监管和扩张

1808年,也就是《泡沫法案》通过后的第88年,王座法院百年来首次发声,威胁要追究企业家设立信托的相关责任,理由是信托的设

---

〔84〕 See Freeman et al. , *supra* note 24, at 23.

〔85〕 Id. at 15 tbl. 1. 1.

〔86〕 Ibid.

〔87〕 Id. at 54.

〔88〕 See DuBois, *supra* note 23, at 222(论述非法人公司在18世纪非常普遍以及"18世纪的非法人组织不使用信托是非常罕见的").

〔89〕 帕迪·爱尔兰(Paddy Ireland)教授论述"公司"一词的历史以及它通常怎样独立于组织形式使用。Ireland, *supra* note 75, at 42 – 45.

立违反了《泡沫法案》。一时间,这一法案成为了关注焦点,[90]引发了商界的强烈抵制,因此议会在1825年正式废除了该法案。[91]

法律上的不确定性并未阻碍商业信托继续蓬勃发展。如上所述,英国19世纪上半叶的案例报告显示,各行各业的公司都存在由受托人持有财产的情况。[92] 19世纪20年代和30年代中期,英国出现了两次合股公司设立的热潮。[93] 其中,信托都发挥了极为关键的作用。到了1845年,英国第一次合股公司普查显示,在非独资企业中,信托的数量远超公司法人,信托和公司法人的数量比甚至超过10∶1。[94] 合股公司注册官可以确定的是,966家股东人数超过25人的英国商事企业中,只有84家是公司,[95]剩余的882家(约占总

---

〔90〕 See R. *v.* Dodd(1808)103 Eng. Rep. 670(KB)670 – 72;9 East 516,518. 关于具体分析, see Alceste Santuari, *The Joint Stock Company in Nineteenth Century England and France*:*King v. Dodd and the Code de Commerce*,14 The Journal of Legal History 39 passim (1993)。艾尔登大法官也在1825年的一项司法意见中提出,根据独立于《泡沫法案》之外的普通法,以信托为基础的公司可能是违法的。Kinder *v.* Taylor(1825)3 LJR 68(Ch)75 (Eng.);Ron Harris,*Political Economy*,*Interest Groups*,*Legal Institutions*,*and the Repeal of the Bubble Act in* 1825,50 The Economic History Review 675,687 – 688(1997).

〔91〕 See Harris,*Political Economy*,*supra* note 90,at 688 – 691(记录废除《泡沫法案》的发展).

〔92〕 See *supra* notes 3 – 15 and accompanying text(记录受托人持有财产的行业类别).

〔93〕 See Freeman et al. , *supra* note 24, at 18 fig. 1. 1;Taylor, *supra* note 24, at 106, 121,131.

〔94〕 See Privy Council for Trade, Report by the Registrar of Joint-Stock Companies to the Committee of Privy Council for Trade, 1845, [C. (1st series)], at 694(UK). 该报告是1844年《合股公司法》颁布后发表的第一个报告,该法案要求所有拥有超过25名股东的新企业都必须登记为合股公司。

〔95〕 Ibid.

数的90%)都是信托。[96]

19世纪三四十年代,以信托为基础的非法人公司的井喷式发展给议会敲响了警钟。议会下属特别委员会发布了一份报告,指出许多新设立的公司要么存在诈骗,要么境况凄凉。[97] 为解决这一问题,议会在1844年通过了《合股公司法》。[98] 这一法案被誉为英国历史上第一部一般公司设立法,据其规定,企业家们可以不经议会特别立法程序,只要在新任命的合股公司注册官处进行登记,就能设立公司法人。[99] 依照该法,进行注册的公司需要提供其主管和认股人的姓名以及设立公司相关授产契据的内容。[100] 公司还需任命一名审计员[101]并定期就经营和股东变更情况向合股公司注册官提交

---

〔96〕 Ibid. 出于分析便利,笔者将其"宪章"由"议会法案""章程"或两者兼而有之而产生的企业视为公司。笔者认为,所有形成表现为"契约"或"授产契据"的都是信托。此外,如一个企业没有说明其组织形式且并非以公司形式设立,则可能是依信托设立。每个非法人公司都使用了信托,这一假设与弗里曼、皮尔森和泰勒教授的数据一致,该数据显示18世纪和19世纪上半叶的非法人公司几乎都使用了信托。See Freeman et al., *supra* note 24, at 53.

〔97〕 See Select Committee on Joint Stock Companies, First Report, 1844, HC, at 119 (UK). 这份报告的分段标题有"The Modes of Deception Adopted", id. at ix, "The Impunity of the Offenders", id. at xi, "The Amount and Distribution of Plunder", id. at x, and "The Circumstances of the Victims", id. at xi。

〔98〕 See Registration Act 1844, 7 & 8 Vict. c. 110 (UK).

〔99〕 See Harris, *Industrializing English Law*, *supra* note 16, at 282 – 284(讨论这部法案新颖之处的同时提到"直到1844年公司才享有作为完全法人和公司实体的部分特权"); L. C. B. Gower, *Some Contrasts between British and American Corporation Law*, 69 Harvard Law Review 1369, 1371 (1956) ("直到1844年议会的一项普通法案为公司提供了简易登记程序,英国公司才能顺利设立。"),泰勒教授新近的著述对1844年法案的阐述更为详尽,认为1844年法案的目的既是授权,也是监管。See Taylor, *supra* note 24, at 137 – 147.

〔100〕 See 7 & 8 Vict. c. 110 § 7.

〔101〕 Ibid.

报告。[102]

近期的史学家大多将这一法案视为英国企业的福音,[103]但当时的观察者们并不这么认为。事实上,想要企业放弃信托,改用公司形式可谓困难重重。相比现代公司法,1844 年的《合股公司法》最关键的问题在于,它是一部具有强制性的法案,并没有太多的转圜余地。依照该法案,所有以营利为目的、有流通股或拥有超过 25 名成员的新的合伙企业、企业或组织都必须登记为公司,至于财产所有者是否有意以公司作为企业组织形式并不在其考虑范围内。[104]

相比为能够设立公司额手相庆,当时商人们对此更可谓是避之不及。曾有人对该法案实施后仍存续企业所做的选择进行了统计,数据虽未经验证,但也形象地反映了公司不受欢迎的事实。尽管 1844 年的《合股公司法》要求所有新设企业须采公司形式,但已经存在的企业享有选择权,既可以选择成立公司,也可以选择继续以信托形式运行。[105] 事实证明,在法案生效时存续的股东人数超过 25 名的 882 家非法人合股公司中,仅有 4 家选择成立公司。[106] 这些企业对放开公司设立限制的冷淡反应证明了设立公司并没有那么重要。

诚然,公司形式有一定的优势,而企业之所以没有选择公司形

---

〔102〕 Id. § § 7,11,14.

〔103〕 See Harris, *Industrializing English Law*, *supra* note 16, at 282 – 85; Gower, *supra* note 99, at 1371(论述"法人人格与有限责任的益处").

〔104〕 See 7 & 8 Vict. c. 110, § § 2,7.

〔105〕 Id. § 58. 如果他们选择合并就必须像新公司一样登记。如果他们选择继续作为信托,只需进行有限登记,如披露他们的名称、业务性质和主要地址,同时保持其他信息的私密性,如认购者的名字以及授产契约的内容。Id. 选择有限登记的企业就不会成为法人。Id.

〔106〕 See Report by the Registrar, *supra* note 94.

式,原因只有一个,那就是,转换为公司形式会带来诸多不便。这些企业继续采用信托的理由有很多,可能是因为授产契据条款的规定,也可能是因为《合股公司法》的种种规定。例如,设立公司需要缴纳5英镑的手续费,[107]还需要履行各种监管义务,如雇用审计员及披露公司主管、股东和授产契据等信息。[108] 这些不便之处远远多于设立公司所能带来的好处。尽管设立公司有一定的可取之处,但这点点"甜头"与付出的成本相比,显然难以打动精明的商人。

已存在的公司并非抵制公司形式的唯一群体,一些新成立的企业通过诉讼,同样避免了设立公司。1862年颁布的《公司法》替代了1844年的《合股公司法》,该法沿用了《合股公司法》的模式,要求"公司、组织或合伙企业成员超过20人的",必须采法人公司形式。[109] 在19世纪七八十年代签发的一系列意见书中,大法官法院和上议院决定适用该20人标准,但计算的对象不是公司的股东,而是受托人。[110] 因此,只要企业的受托人人数不超过20人,哪怕股东成百上千,也无须设立公司。这一改变有效地打破了前述强制性注册规定,企业只要保证其受托人人数低于20人,就能轻松规避设立公司的法律规定,因此信托在公司形式崛起后的很长一段时间里得以在英国继续生存和发展。到了19世纪80年代中期,相比公司和另一

[107] See 7 &8 Vict. c. 110, §21.

[108] Id. §7.

[109] See Companies Act 1862,25 &26 Vict. c. 89, §4(UK).

[110] See Crowther *v.* Thorley (1884)32 App. Cas. 330(PC)333(认为"在法律上,业务是受托人的业务");Smith *v.* Anderson(1880)15 Ch D 247,279(认为"受托人……不在条款范围内,因为他们少于20人");Sykes *v.* Beadon(1879)11 Ch D 170,186(提到受托人有义务根据《公司法》进行登记).

种新出现的类似法人的实体(被称为有限责任公司),[111]英国大型企业中开始盛行一种类似合伙企业的组织形式(多数是以信托为基础的)。

(三)商业信托在美国的兴盛

即便在美国颁布普通公司相关法律之后,信托仍旧长盛不衰。美国继承了英国法,信托也得以在美国延续下去。而美国公司法的种种特殊之处也为信托的生存和发展创造了适宜的环境,繁盛之势甚至超过了英国。起初,要想在美国成立公司,必须和英国一样,由国家立法机关通过特别立法法案。[112] 但到了 19 世纪中期,美国绝大多数州都施行了普通公司设立法,任何主体只要向主管人员提交符合要求的文件,都可以设立公司。[113]

一直到 20 世纪 20 年代,信托在美国仍备受青睐。因为相比英

---

〔111〕 See J. B. Jefferys, *Trends in Business Organisation in Great Britain Since 1856: With Special Reference to the Financial Structure of Companies, the Mechanism of Investment, and the Relations between the Shareholder and the Company*(June 1938), p. 104 – 105(提到在 19 世纪七八十年代,合伙比类似公司实体的数量要多得多). 简单来说,笔者认为杰弗里斯(Jefferys)教授所提到的"合伙"实际上就是以信托名义持有他们的财产,因为弗里曼、皮尔森和泰勒教授的数据表明,在 19 世纪,绝大多数大型合伙企业都用到了信托。See Freeman et al., *supra* note 24, at 56.

〔112〕 See Blair, *Four Functions*, *supra* note 23, at 447; Sheldon A. Jones et al., *The Massachusetts Business Trust and Registered Investment Companies*, 13 Delaware Journal of Corporate Law 421, 425 – 426(1988); Ron Harris & Naomi Lamoreaux, *Contractual Flexibility within the Common Law: Organizing Private Companies in Britain and the United States*, Economics Yale (June 2010), p. 13. http://economics.yale.edu/sites/default/files/files/Faculty/Lamoreaux/Contractual-Flexibility – 10.pdf.

〔113〕 1836 年至 1852 年,当时联邦一半以上的州通过了普通公司法,其余州也在 1903 年通过了该法。See Susan Pace Hamill, *From Special Privilege to General Utility: A Continuation of Willard Hurst's Study of Corporations*, 49 American University Law Review 81, 178(1999).

国,美国的普通公司设立法更加凸显了信托的优势。和英国普通公司设立法不同,美国的普通公司设立法允许但不强求新的企业设立公司,[114]这就给美国企业选择信托留足了空间。此外,法律对选择成立公司的企业作出了更为严苛的规定。[115] 美国的普通公司设立法中就充斥着各种英国普通公司设立法中没有的强制性规定,例如,有关以下事项的具体规定:股东投票要求、最大资本限制、面值要求、有关合并的绝对多数表决要求、股票发行的优先购买权、董事个人责任、土地所有权禁止规定、分红限制、合并中的复杂评估救济、持有其他公司股份的限制等。[116] 哪怕企业选择在法律相对宽松的州设立公司,也很难规避这些限制性规定,因为许多州都对本州以外的公司适用外来公司设立法,以进行更严格的规限。[117] 直到20世纪的前10年,多数情况下,美国最高法院都会依据联邦宪法批准这些针对外来公司的限制性规定。[118]

相比公司形式,商业信托受监管的程度更低,因而在美国得到了广泛适用。在普通公司设立法放开公司形式准入限制后的很长一段

[114] 例如,1846年纽约州宪法表明"公司需依一般法设立",但不要求企业必须设立具有法人格的公司。See Seavoy, *supra* note 16, at 183.

[115] See Gower, *supra* note 99, at 1372(提到美国公司的权利与行为模式几乎不可变通);Harris & Lamoreaux, *supra* note 112, at 4-5(提到美国公司法在公司规模、业务范围以及管理结构方面作出了严格限制).

[116] 有关概述, see generally Harwell Wells, *The Modernization of Corporation Law*, 11 University of Pennsylvania Journal of Business Law 573, 1920-1940(2009)。

[117] See H. A. Haring, *Corporations Doing Business in Other States*(The Ronald Press Co., 1927), p. 71-94(描述对外国公司的法定限制).

[118] See Gerard Carl Henderson, *The Position of Foreign Corporations in American Constitutional Law*, *in Harvard Studies in Jurisprudence*, Harvard University Press, 1918, p. 110-111(提到从1910年开始的一系列案例,对国家排除或驱逐外国公司的权力作出了"重要的限制条件").

时间里,信托都是公司规避监管的重要手段,这种情况至少持续到了20世纪20年代,引发19世纪80年代"反托拉斯"运动的大型垄断托拉斯(如美国钢铁公司和美孚石油公司)就是信托经久不衰的最佳例证。[119] 但垄断托拉斯只是冰山一角,即使是在1890年美国政府颁布了《谢尔曼反托拉斯法》重拳打击垄断组织之后,信托在商业领域仍威势不减。[120] 司法意见显示,在19世纪晚期和20世纪早期各行各业的垄断公司中,信托依旧占有一席之地,这些公司包括:纺织和印染厂、[121] 快递公司、[122] 有轨电车线路公司、[123] 专利联营、[124] 宾馆、[125] 渡轮公司、[126] 高尔夫球场、[127] 各种制造企业、[128] 建筑和贷款

---

[119] See Herbert Hovenkamp, *The Antitrust Movement and the Rise of Industrial Organization*, 68 Texas Law Review 105, 160(1989)(论述19世纪晚期反托拉斯的垄断案例).

[120] See Sherman Antitrust Act of 1890, Ch. 647, 26 Stat. 209(1890)[于15 U. S. C. § §1 -7(2012)被修改].

[121] See Thorn *v.* De Breteuil, 71 N. E. 470, 471(N. Y. 1904)

[122] See People ex rel. Nat'l Express Co. *v.* Coleman, 31 N. E. 96, 96(N. Y. 1892).

[123] See Venner *v.* Chi. City Ry. Co., 101 N. E. 949, 950(Ill. 1913).

[124] See Mayo *v.* Moritz, 24 N. E. 1083, 1083(Mass. 1890).

[125] See Upham *v.* Plankinton, 140 N. W. 5, 6(Wis. 1913).

[126] See Whitman *v.* Porter, 107 Mass. 522, 523(1871).

[127] See Morrissey *v.* Comm'r, 296 U. S. 344, 347(1935).

[128] See Crocker *v.* Malley, 249 U. S. 223, 231(1919)(纸);Malley *v.* Bowditch, 259 F. 809, 812(1st Cir. 1919)(纺织品);Anderson Steam Vulcanizer Co. *v.* Comm'r, 6 B. T. A. 737, 737(1927)(硫化橡胶);Ricker *v.* Am. Loan & Tr. Co., 5 N. E. 284, 285(Mass. 1885)(铁路车辆);Schenkl *v.* Dana, 118 Mass. 236, 236(1875)(武器);Simson *v.* Klipstein, 102 A. 242, 242(N. J. Ch. 1917)(化学物质);*In re Pittsburgh Wagon Works' Estate*, 54 A. 316, 316(Pa. 1903)(马车和农具).

机构、[129]铸造厂、[130]房地产开发公司、[131]木材和盐业公司、[132]铁路公司、[133]铁路枢纽、[134]房地产开发商、[135]医院、[136]零售商、[137]缝纫机专利公司、[138]煤矿、[139]自助餐厅、[140]戏院、[141]银行以及保险公司[142]。不仅如此,信托还进入了石油开采、[143]房地产开发[144]和共同基金领域。[145] 到了20世纪20年代,大型商业信托中就包含了众

---

[129] See State ex rel. Great Am. Home Sav. Inst. *v*. Lee,233 S. W. 20,22(Mo. 1921).

[130] See *In re Froelich's Estate*,100 N. Y. S. 436,437(Sur. Ct. 1906).

[131] See Spotswood *v*. Morris,85 P. 1094,1095(Idaho 1906).

[132] See Tappan *v*. Bailey,45 Mass. (4 Met.)529,535(1842);Loud *v*. Winchester,17 N. W. 784,784(Mich. 1883).

[133] See Wright *v*. Caney River Ry. Co.,66 S. E. 588,589(N. C. 1909).

[134] See Chi.,Milwaukee & St. Paul Ry. Co. *v*. Des Moines Union Ry. Co.,254 U. S. 196,199 – 200(1920).

[135] See Hart *v*. Seymour,35 N. E. 246,247(Ill. 1893);Priestley *v*. Burrill,120 N. E. 100,104 – 105(Mass. 1918);Howe *v*. Morse,55 N. E. 213,213(Mass. 1899);Wehrman *v*. McFarlan,9 Ohio Dec. 400,401(1899).

[136] See R. I. Hosp. Tr. Co. *v*. Copeland,98 A. 273,276(R. I. 1916).

[137] See Connally *v*. Lyons,18 S. W. 799,799 – 800(Tex. 1891).

[138] See Gleason *v*. McKay,134 Mass. 419,41922(1883).

[139] See State Nat'l Bank *v*. Butler,36 N. E. 1000,1002(Ill. 1894);Swan *v*. Davenport,93 N. W. 65,65(Iowa 1903).

[140] See Dutton *v*. Comm'r,18 B. T. A. 1151,1152(1930).

[141] See Rochester Theatre Tr. Estate *v*. Comm'r,16 B. T. A. 1275,1275(1929).

[142] See Townsend *v*. Goewey,19 Wend. 424,424 – 427(N. Y. Sup. Ct. 1838).

[143] See Ira P. Hildebrand,*The Massachusetts Trust*,1 Texas Law Review 127,128,153,156,160,161(1923)(以下简称 Hildebrand,Massachusetts Trust Ⅰ)(引用涉及石油行业托拉斯的案例);cf. Ira P. Hildebrand,*Liability of the Trustees*,*Property*,*and Shareholders of a Massachusetts Trust*,2 Texas Law Review 139,176(1924)(提到"商业信托没有将其业务限定在石油工业中"而是"将业务拓展到大多数领域").

[144] See Bank of Topeka *v*. Eaton,100 F. 8,8 – 9(C. C. D. Mass. 1900).

[145] See Paul D. Cravath,*Introduction to Leland Rex Robinson*,*Investment Trust Organization and Management*(Ronald Press rev. ed. 1929),p. xv;Marshall H. Williams,*Investment Trusts in America*(Macmill Co. 1928),p. 1 – 2.

多大型公众企业。[146] 信托是20世纪早期法律从业人员和学者研究的焦点之一,20世纪前20年,在法律评论期刊[147]、实践指引手册和学术论文中,曾经出现过研究商业信托的高潮。[148]

尽管法律资料显示,19世纪中期后,信托普遍存在,但也无切实

---

〔146〕 See Comment, *Massachusetts Trusts*, 37 Yale Law Journal 1103, 1107 n. 20(1928).

〔147〕 See e. g., Henry J. Aaron, *The Massachusetts Trust as Distinguished from Partnership*, 12 University of Illinois Law Review 482(1918); Robert C. Brown, *Common Law Trusts as Business Enterprises*, 3 Indiana Law Journal 595 (1928); William W. Cook, *The Mysterious Massachusetts Trusts*, 9 American Bar Association Journal 726 (1923); Leland S. Duxbury, *Business Trusts and Blue Sky Laws*, 8 Minnesota Law Review 465 (1924); Hildebrand, Massachusetts Trust Ⅰ, *supra* note 143; Ira P. Hildebrand, Massachusetts Trust, —A Sequel, 4 Texas Law Review 57 (1925); R. J. Powell, *The Passing of the Corporation in Business*, 2 Minnesota Law Review 401 (1918); H. Rottschaefer, *Massachusetts Trust under Federal Tax Law*, 25 Columbia Law Review 305(1925); Austin W. Scott, *The Progress of the Law* 1918 – 1919—*Trusts*, 33 Harvard Law Review 688(1920); Austin W. Scott, *The Trust as an Instrument of Law Reform*, 31 Yale Law Journal 457 (1922); Robert S. Stevens, *Limited Liability in Business Trusts*, 7 Cornell Law Quarterly 116(1922); H. L. Wilgus, *Corporations and Express Trusts as Business Organizations*, 13 Michigan Law Review 71(1914); H. F. T., *Recent Cases, Trusts—The Business Trust as a Legal Entity*, 9 Texas Law Review 299(1931); Comment, *The Doctrine of Merger as Applied to Commercial Trusts*, 29 Yale Law Journal 97 (1919); Comment, *Massachusetts Trusts*, *supra note* 146; *Comment*, *Massachusetts Trusts and the Income Tax*, 28 Yale Law Journal 690 (1919); Comment, *The Nature of Massachusetts Business Trusts*, 27 Yale Law Journal 677(1918); Note, *Taxation of Business Trusts*, 42 Yale Law Journal 270(1932); Jasper F. Rommel, *Tax Liability of Business Trusts*: *Crocker v. Malley and Hecht v. Malley Distinguished*, 7 National Income Tax Mag 14(1929).

〔148〕 See e. g., William C. Dunn, *Trusts for Business Purposes*, Callaghan, 1922; Robert Gardner McClung, *Representative Massachusetts Trusts* (Boston [s. n.], 1912); Wilber A. McCoy, *Business Trust Agreements and Declarations of Trust*, Pittsburgh, Pa McCoy's Organizing Bureau, 1922; John H. Sears, *Trust Estates as Business Companies*, Kessinger Publishing, 2nd ed. 1921; Guy A. Thompson, *Business Trusts as Substitutes for Business Corporations*, Thomas Law Book Company, 1920; Edward H. Warren, *Corporate Advantages without Incorporation*, Baker, Voorhis & Company, 1929; Sydney R. Wrightington, *The Law of Unincorporated Associations and Similar Relations*, Lawbook Exchange Ltd., 1916.

的数据支撑。和公司不同的是，信托可以私下设立，无须向社会公开。[149] 因此在各州商业组织记录中，不一定会有信托的相关信息。此外，信托游离在各州和联邦税收记录范围之外，各州和联邦的税法通常将信托按合伙企业或公司处理，因此无法确定哪家合伙企业使用了信托。[150] 虽然如此，法律纠纷的传闻证据以及法律从业者的文献资料显示，至少在 20 世纪 20 年代结束前，信托仍旧是美国企业的主力。

三、信托和公司形式的特征

信托是整个工业革命时期以及 20 世纪前几十年间大西洋两岸重要的组织形式之一，这一点毋庸置疑。原因很简单，法学理论家和史学家们认定的奠定公司形式成功基础的所有特点，信托无一不包。尽管信托不能完全复制公司的属性，但二者相似度极高，因此即便设立公司的成本并不高，企业也愿意选择采用信托作为其组织形式。本部分着重分析史学家和现代理论家们认定的投资者所有的大型商业组织的五大要素：实体保护与资本锁定、有限责任、诉讼中的法律

---

〔149〕 See 1 Francis Williams Sanders, *An Essay on Uses and Trusts*, *and on the Nature and Operation of Conveyances at Common Law*, *and of Those*, *Which Derive Their Effect from the Statute of Uses*, W. Walker, 4th ed. 1824, p. 15 – 16（表明中世纪后期以来，信托转易契的签订一直秘密进行）.

〔150〕 See e. g., Morrissey *v.* Comm'r, 296 U. S. 344, 360（1935）（认为以从事商业为目的的信托需要像法人公司一样被征税）; Hecht *v.* Malley, 265 U. S. 144, 156 – 157, 161（1924）（认为部分信托像公司一样被征税）; Hoadley *v.* Cty. Comm'rs, 105 Mass. 519, 526 – 527（1870）（信托被征收税率与合伙相同）.

人格、流通股和信义权。

本部分主要聚焦于司法理论及其效果，司法理论包括各种法令，但信托属于一个更大的法律范畴。有时法规（如英国的《泡沫法案》和1844年的《合股公司法》）会削弱信托的优势，[151]但信托对法学理论的发展可谓居功至伟，因为其证明了公司法人不是关键理论技术的唯一来源。信托在司法理论中的巨大作用表明，虽然公司具有一些优点，但这些优点与公司法学者总结的技术理论特征并无直接联系。

（一）实体保护与资本锁定

首先讨论的是实体保护和资本锁定这一对相似的概念，它们可谓是组织法最根本的两个特征，见证了现代企业的崛起。[152] 2000年，亨利·汉斯曼教授和莱纳·克拉克曼（Reinier Kraakman）教授在一篇引起广泛反响的文章中首次提出了实体保护和资本锁定这两个概念，文章指出二者能够帮助商人集中持有资产，因此极具重要性。[153] 通过禁止所有者单独提出企业清算和资产变卖请求，[154]实体保护能够防止企业的所有者和债权人在资产实现价值并产生投资回报之前剥离资产。此外，当企业所有者破产时，实体保护还禁止所有

---

〔151〕 See *supra* notes 77 - 90, 97 - 106 and accompanying text（论述这些法律造成的小阻碍以及为克服这些阻碍所做的努力）.

〔152〕 See Hansmann et al., *Rise of the Firm*, *supra* note 25, at 1399 - 1401（描述实体保护的历史演变）.

〔153〕 See Henry Hansmann & Reinier Kraakman, *The Essential Role of Organizational Law*, 110 Yale Law Journal 387, 393 - 398(2000)（识别后来被称为"实体保护"的现象）. 随后，"实体保护"一词首次出现在这篇文章：Hansmann et al., *Rise of the Firm*, *supra* note 25, at 1336。

〔154〕 See Hansmann et al., *Rise of the Firm*, *supra* note 25, at 1338.

者、债权人单独提出企业清算和资产变卖请求。[155] 因此,若某人持有一家杂货店的股份,且该店铺为现代公司,那么当其无法按时偿还信用卡债务时,信用卡发卡行囿于实体保护的限制,就无法强行以杂货店中的米面粮油、冰箱电器等资产来抵债。商店的债权人有权处置资产,但商店所有者的债权人却无权处置,因此,实体保护与有限责任是一组相对的概念。有限责任着重于保护企业所有者,使其无须对企业承担无限责任,而实体保护则恰恰相反,它重在保护企业,使其不至于受债权人和所有者财务状况的拖累。[156]

现代公司中实体保护的主要形式是优先权和清算保护。[157] 也就是说,现代企业的债权人享有:(1)优先于所有者及其债权人受偿的权利;(2)阻止所有者及其债权人强行出售公司资产偿还个人债务的权利。“资本锁定”就是实体保护这一原则的实际运用,[158] 它使企业能够有效制约所有者及其债权人,防止企业资产遭受剥离。

实体保护的重要性体现在两个方面。其一,如果没有实体保护,拥有大基数所有者的企业必定会分崩离析。以杂货店为例,如果每个所有者及其债权人都可以任意拿取店内货品,那么杂货店必然难以为继。其二,企业所有者们无法通过内部协议来解决这个问题。即便是所有者们内部达成一致,同意对其债权人清算企业的权利进行限制,这种约定最终规限的也只能是所有者自己而非其债权人。

玛格丽特·布莱尔(Margaret Blair)教授一语中的,对实体保护

---

〔155〕 See id. at 1337.

〔156〕 See id. at 1336.

〔157〕 See Hansmann & Kraakman, *supra* notc 153, at 410 – 411(解释优先权与清算保护的区别).

〔158〕 See Blair, *Locking in Capital*, *supra* note 16, at 388 – 392.

的传统观点进行了精准的阐释，即设立公司是实现实体保护的有力方式。[159] 合伙企业的一般法则是，企业的债权人只享有优先权，但不享有清算保护的权利。[160] 从理论上来说，各合伙人的债权人能够强行拆伙，将合伙企业的财产据为己有。布莱尔教授指出，在19世纪中期公司形式崛起之前，无论是在英国还是美国，强有力的实体保护和资本锁定都绝非易事，[161] 布莱尔这一论断引起了广泛反响。

事实上，公司法人从来不是英美法中强有力实体保护的唯一形式。自大型投资者所有企业出现以来，信托一直发挥着实体保护的功能，与现代公司的实体保护职能不相上下。

1. 起源

中世纪后期，信托中普通法所有权和衡平法所有权之分衍生了类似于实体保护的功能。信托中实体保护的基本原理是，债权人对于借款人财产[162] 享有特定权利，但这些权利只及于借款人合法所有的财产。因此，当普通法所有权属于借款人的受托人而非借款人本身时，借款人的债权人就对该财产不享有任何权利。通过向受托人转移财产，借款人可以有效消除债权人对财产的请求。事实上，一开始，对于借款人的债权人能否获得借款人对财产享有的衡平法权益

[159] See id. at 390.

[160] See id. at 396.

[161] See id. at 413.

[162] 需要明确的是，相比现在，中世纪晚期债权人对抗借款人土地的权利（区别于对抗借款人个人的权利）受到更多的限制。See Priest, *supra* note 45, at 403.

都没有明确的规定，遑论受托人的合法权益。[163]

中世纪后期，议会通过了众多法律来限制信托，防止信托破坏信用体系，这些法律有力地反映了信托在规避受益人的债权人请求方面的效用。在1377年、[164] 1487年、[165] 1543年[166]和1571年[167]通过的一系列法律中，议会颁布了现在我们称为反欺诈性转让的法律，禁止个人以规避债权人请求为目的，向亲友或受托人转让个人财产。举例而言，1571年法律规定，无论"用益（例如信托）或其他事项如何推脱、粉饰"，[168]都不得以规避债权人请求为目的转让财产。

但这些法律并不能彻底解决问题。只有具有欺诈性质的信托，债权人才有权扣押财产，在信托合法的情况下，债权人仍旧束手无

---

〔163〕 特纳（Turner）认为直到16世纪结束，英国法院更倾向于将信托利益视为行为上的选择（作为一种诉讼权利），而不是一种财产持有的形式。See Turner, *supra* note 38, at 44-46. 关键是，与财产持有不同的是，这种行为不具有可转让性。Id. at 44. 也就是说，这是持有者的个人事务。Id. at 43. 这意味着，信托利益可能不得转让，也不能由其他人获取，包括借款人的债权人。Id. at 43. 需要明确的是，在17世纪晚期，诺丁汉担任大法官前，有不少关于信托衡平法利益是否可转让的争论。See Warmstrey *v.* Tanfield (1628) 21 Eng. Rep. 498 (Ch) 498; 1 Rep. Ch. 29, 29. 大量案例表明衡平法上的利益不可转让。See e. g., Anonymous (1576) 145 Eng. Rep. 172 (Ex & Ch) 173; Jenk. 244, 245（禁止转让信托利益）; Ogle *v.* Lady Shrewsbury (1632) 118 Selden Society 636 (Ex Ct) 636 (2001)（禁止转让信托利益）; Scott, *Law of Trusts*, *supra* note 41, § 132 n. 5 [citing Earl of Worcester *v.* Finch (1600) 123 Eng. Rep. 600 (Ch); 2 And. 162（禁止转让信托利益）]. 但也有一些评论家认为衡平法利益可以被转让，包括 St. German in 1523 and Francis Bacon。See e. g., Francis Bacon, *The Reading upon the Statute of Uses of Francis Bacon* (W. Stratford, 1804) (1642), p. 16; Christopher St. German, *Doctor and Student* (Henry Lintot, 15th ed. 1751) (1531), p. 185.

〔164〕 See 1 Rich. 2 c. 9 (1377); 50 Edw. 3 c. 6 (1376-1377); see also Scott, *Law of Trusts*, *supra* note 41, § 1.3.

〔165〕 See 3 Hen. 7 c. 4 (1487). 关于这一法案的讨论，see W. J. Jones, *The Elizabethan Court of Chancery* (Clarendon Press, 1967), p. 429。

〔166〕 See 34 & 35 Hen. 8 c. 4 (1542-1543).

〔167〕 See 13 Eliz. c. 5 (1571).

〔168〕 Ibid.

策。因此,议会在1677年颁布了《防止欺诈与伪证法》,[169]提供了更为完善的解决方案。该法第10条规定,无论信托的设立者是谁、设立本身是否存在欺诈,债权人都可以合法地执行几乎所有的信托实益权益。[170] 但问题是,依据该法,债权人能够得到的仅仅是受益人的衡平法权益,而不是属于受托人的普通法权益。[171] 若受益人对财产享有终身权益,则债权人只能获得该终身权益,而不能立即以法律所有人的身份直接扣押或占有财产。

这些法律在某种程度上削弱了信托法中保护信托财产的实体保护体系,但即便受到法律制约,被削弱的实体保护体系仍十分强大,且在功能上几乎等同于现代企业中的实体保护机制。虽然信托从来都不是法律实体,但大法官法院制定的原则经过不同法律多次修订后,确保了法律上属于受托人的资产不会受到受益人债权人请求的影响,效果等同于资产属于独立的实体。和现代公司股东的债权人可以占有股东的股份但不能占有公司财产一样,信托受益人的债权人可以占有受益人的衡平法权益,但不能占有法律上属于受托人的财产。

信托早期在担保贷款和破产应对措施领域的应用,有力证明了信托资产分割权的价值和功效。1518年,克里斯托弗·圣·杰尔曼

---

〔169〕 See 29 Car. 2 c. 3(1677).

〔170〕 See Scott, *Law of Trusts*, *supra* note 41, § 147, at 730.

〔171〕 See Creed *v.* Colville(1683)23 Eng. Rep. 395(Ch)395;1 Vern. 172,174(认为即使是遗产信托中的普通权益也能被债权人取得);Maitland, *supra* note 22, at 377 – 378(描述"衡平法中的所有权"的特征);Turner, *supra* note 38, at 161(解释债权人针对借款人资产所享有的利益是《防止欺诈与伪证法》项下的衡平法权益,而不是普通法权益). The statute's effect was classically summarized in Forth *v.* Duke of Norfolk(1820)56 Eng. Rep. 791(Ch)791 – 792;4 Madd. 503,504 – 505.

(Christopher St. German)指出，信托成为一种普遍的担保手段。[172]大法官法院的记录中也存在有关担保贷款的内容，时间可以追溯到17世纪早期到18世纪。[173] 当时的担保贷款协议是这样的：借款人首先将自己的财产转让给受托人，并指示受托人在其向债权人足额清偿贷款前，不得归还财产。[174] 借款人未能足额清偿贷款的，受托人将按照指示，将财产转让给债权人。这一协议赋予有担保债权人类似实体保护的优先权，只要借款人将财产转移给受托人并指明债权人为次顺位受益人，那么借款人的其他债权人就无权占有该财产。如果把信托比作公司，那么就像是借款人将其财产交给公司，以防止自己的债权人占有财产。

信托还利用实体保护这一特性来完成破产程序中的债务执行。债务人资不抵债的，其房产执行会带来诸多棘手的问题。借款人和出借人以信托的形式，通过不同的协议来解决这些问题，这种安排就

---

[172] See St. German, *supra* note 163, at 184 - 185.

[173] See 1 Selden Soc'y, *supra* note 41, at 229; see also Chetwynd *v.* Fleetwood(1742) 1 Eng. Rep. 580(HL)581; 1 Bro. Parl. Cas. 300, 300; Tasburgh *v.* Echlin(1733) 1 Eng. Rep. 934 (HL)938; 2 Bro. Parl. Cas. 265, 265 - 266; Paget *v.* Bridgewater(1724) 1 Eng. Rep. 1190(HL) 1190; 3 Bro. Parl. Cas. 79, 79 - 80; Allibon *v.* A - G(1707) 1 Eng. Rep. 341(HL)341; Colles 393, 393 - 395; Kingsland *v.* Barnewall(1706) 2 Eng. Rep. 105(HL)105; 4 Bro. Parl. Cas. 154, 154; Vernon *v.* Jones(1691) 24 Eng. Rep. 17(HL)17; Fin. Pr. 32, 32; Seymour *v.* Fotherby (1691) 24 Eng. Rep. 23(Ch)23; Fin. Pr. 44, 44.

[174] See Jones *v.* Prior (1674) 23 Eng. Rep. 96(Ch)96; Fin. 175, 175; Foley *v.* Lingen (1674) 23 Eng. Rep. 91(Ch)91 - 92; Fin. 166, 166 - 167; Vaughan *v.* Morgan(1674) 23 Eng. Rep. 75(Ch)75; Fin. 138, 138.

称为“组合”(composition)。[175] 尽管具体内容有所不同,但都包含债权人承诺,即债权人放弃其对债务人享有的部分救济,以换取债务人放弃交托给受托人的部分财产,并指明债权人为该部分财产的受益人。[176] 之后,受托人会为债权人之利益管理或出售该部分资产,而债务人仅享有剩余部分财产的利益。[177] 通常情况下,受托人会依据各债权人主张的数额,按比例分配财产。债务人清偿债务就能免除牢狱之灾,[178] 出借人则获得获取债务人财产的权利和有序公平清算财产的权利。[179]

这些协议最核心的基础就是资产分割。在“组合”中债务人最看重的就是有序清算程序,但要想实现有序清算,信托就必须确保未能成为信托受益人的债权人无权对财产提出请求。财产转归受托人而非债务人所有后,实体保护就能防止债务人的债权人通过一般司法程序占有财产,债权人需要按照受托人规定的程序获取财产。[180] 到了 17 世纪末期,信托已经建立起非常强大的资产分割制度。

---

〔175〕 See Julian Hoppitt, *Risk and Failure in English Business*: 1700 – 1800 (Cambridge University Press, 1987), p. 29 – 30; V. Markham Lester, *Victorian Insolvency: Bankruptcy, Imprisonment for Debt, and Company Winding-Up in Nineteenth-Century England* (Clarendon Press, 1995), p. 78; see Israel Treiman, *Majority Control in Compositions: Its Historical Origins and Development*, 24 Virginia Law Review 507, 523 (1938).

〔176〕 See Hoppitt, *supra* note 175, at 29 – 30.

〔177〕 Ibid.

〔178〕 See Jay Cohen, *The History of Imprisonment for Debt and Its Relation to the Development of Discharge in Bankruptcy*, 3 The Journal of Legal History 153, 163 (1982).

〔179〕 See Peter J. Coleman, *Debtors and Creditors in America* (Beard Books, 1999), p. 4 – 5.

〔180〕 前文所述的反欺诈性转让法规允许债权人撤回债务人信托转移行为,即使该债权人不是“组合”成员。许久以来,破产法的核心功能在于通过使私人财产对不同意转让的债权人具有约束力,在某些特定情形下消除反欺诈性转让法规的效力。

2. 合股公司中的表现

信托在合股公司的应用始于17世纪末期，带有鲜明的资产分割色彩。这一特征起初并不明显，但随着信托的发展逐渐凸显，并在19世纪早期成为信托的显著特征。

这一现象在早期的合股公司中表现并不明显，是因为在18世纪，大法官法院报告很不完善，只有极少数的非法人合股公司的涉诉记录。〔181〕但仍有间接证据显示，企业家期望锁定资本，防止资本剥离。以前述1701年的伦敦城案为例，〔182〕该公司股东人数有900名之多，〔183〕但是这些股东在任何时候都无法对企业发起清算，因为公司订立了一份为期15年的租约。〔184〕依照租约，公司还承诺会以一次性付款的方式投入大笔的前期投资，并开展大范围的基础设施完善工作。〔185〕这些投资的回报周期长达数年，这意味着公司的运营者有长期经营的打算。该公司和同时期同类公司〔186〕的存在证明，即便是在以信托为基础的合股公司发展初期，实体保护也是为大家所认同的。近期，弗里曼、皮尔森和泰勒教授对18世纪和19世纪早期合股

〔181〕 这一主张建立在对英国报告的广泛数字检索之上。1722年到1880年唯一涉及信托形式公司的案例是 Lynch *v.* Dalzell(1729)2 Eng. Rep. 292(HL);4 Bro. Parl. Cas. 431, and Horsley *v.* Bell(1778)27 Eng. Rep. 494(Ch);Amb. 770。最有可能解释这一阶段记录缺失的原因是，大法官法院报告之间有矛盾之处，只记载了部分的案件结果。

〔182〕 See *supra* section Ⅰ. C[论述 City of London Ⅱ(1702)1 Eng. Rep. 727(HL);1 Bro. Parl. Cas. 516，首个涉及信托形式公司的报告案例].

〔183〕 See City of London Ⅱ(1702)1 Eng. Rep. at 727;1 Bro. Parl. Cas. at 516.

〔184〕 See City of London Ⅰ(1701)23 Eng. Rep. 870(Ch)870;2 Vern. 421,421 -422.

〔185〕 See id. at 870;2 Vern. At 421 -422.

〔186〕 See Scott, *Constitution and Finance*, *supra* note 68, § § 1D,1E,5A,5C,5E(列举从17世纪末到18世纪初以信托为基础的合股公司); see also Freeman et al., *supra* note 24, at 23 -28(论述18世纪合股公司的发展).

公司的调查也证实了这一点，他们发现，大多数以信托为基础的公司都在其授产契据中宣称会无限期存续下去。[187]

及至19世纪早期，非法人公司资本锁定的迹象越发明显，最早有关合伙企业的著述就是最直接的例证。在19世纪上半叶，有关合伙企业著述的论者一直认为，尽管合伙企业的默认规定允许合伙人在任意时间撤回资本和解散合伙企业，但只要另行达成约定，这一规则可随时更改，合伙人只需要说明合伙企业会永久或在固定的期限内存续即可。举例而言，约翰·柯利尔(John Collyer)指出，默认情况下，“合伙人作出明确意思表示、破产、被剥夺法益、犯重罪或死亡的，不定期合伙可解散”。[188] 此外，柯利尔表示，“除了破产……或重罪等情形，法律还规定，合伙人在有正当理由的情况下，可决定是否解散合伙企业。例如，合伙人死亡的，其子女或代表人可超出法定解散期限继续经营合伙企业”[189]。此外，柯利尔指出，合伙企业设立时，可规定企业存续时间，这种情况下，“存续期届满”是唯一的解散理由。[190] 尼尔·高(Niel Gow)也表达了相同的观点，“即便没有订立明示合同，各方也会就合伙企业的存续时间达成默示合同。如此，在约定的时间届满之前，任一方无权解散合伙”[191]。这一观点也得

---

[187] See Freeman et al. , *supra* note 24, at 55.

[188] See John Collyer, *A Practical Treatise on the Law of Partnership* (S. Sweet, 1832), p. 58.

[189] Id. at 62.

[190] Ibid.

[191] Niel Gow, *A Practical Treatise on the Law of Partnership* (Charles Hunter, 1823), p. 278.

到了其他议者的认同。[192]

解散诉讼非常复杂，这是企业提前解散的另一块"拦路石"。1826年，大法官艾尔登（Eldon）就范桑道诉摩尔案（以下简称范桑道案）所作判决清楚地证明了这一点。[193] 在该案中，一名股东希望通过解散公司来撤回自己投入的资本。[194] 该股东提出，公司并未明确规定存续期间，因此合伙人可任意解散。[195] 然而，法院认为，该股东若想强行解散公司，必须向公司的300名股东分别送达传票。[196] 就可行性而言，要想定位数百名股东并向其发送传票根本是天方夜谭，因此该公司得以继续营业。[197]

范桑道案常被作为英国法院系统功能缺陷的例证，[198] 但事实上，这一处理机制背后存在深刻的现实动因：锁定公司资本。如下文所述，只有在解散程序中，才要求所有股东参与，而其他程序并不强制要求商业信托的所有利益相关者参与。[199] 该案背后的功能逻辑

---

〔192〕 See Andrew Bisset, *A Practical Treatise on the Law of Partnership*（Harrisburg, Pa., I. G. McKinley & J. M. G. Lescure 1847）, p. 55（"通常情况下，合伙企业的经营期限是确定的，如果在此之前没有其他法定的终止日，合伙企业在该期限届满后即解散"）; Joseph Story, *Commentaries on the Law of Partnership*（Bos., Charles C. Little & James Brown, 1841）p. 403.

〔193〕 See Van Sandau *v.* Moore（1826）38 Eng. Rep. 171（Ch）; 1 Russ. 441.

〔194〕 Id. at 171; 1 Russ. at 441.

〔195〕 Id. at 172; 1 Russ. at 443.

〔196〕 Id. at 173; 1 Russ. at 447.

〔197〕 Id. at 183; 1 Russ. at 474.

〔198〕 See e. g., Bd. of Trade, *Report on the Law of Partnership*, *HC*, in 530 Parliamentary Papers（1837）, at 2, 3; Mahoney, *supra* note 23, at 888－889.

〔199〕 Joseph Story, *Commentaries on Equity Pleadings*（Charles C. Little & James Brown, 2nd ed. 1840）, § 132（论述作为一般规则的例外，成员人数众多的合伙在其解散时，并不要求全部合伙人都参加）. 雷德斯戴尔大法官（Lord Redesdale）得出一个类似结论，认为合伙解散是多数成员实际都需要参加的少数情形之一。John Mitford, *A Treatise on the Pleadings in Suits in the Court of Chancery*（J. & W. T. Clarke, 5th ed. 1827）, p. 416－417.

在于认定解散问题的特殊性以及确保资本撤出的难度。总而言之，非法人公司同样可以像法人公司一样锁定公司资本。

(二)股东和受托人的有限责任

信托中同样存在有限责任。信托提供的有限责任随着时间发展,不断演变,和我们理解的现代公司的有限责任存在诸多差异。但商业信托中有限责任的功用和同时期公司中有限责任的功用不相上下,甚至略胜一筹。此外,信托中的有限责任通常远超一般合伙企业中的有限责任。

1. 有限责任的演变

18 世纪早期以信托为基础的合股公司出现之前,信托中的有限责任范围并不确定,因为早期信托法根本没有涉及这一问题。中世纪时期,英国的典型家庭赠予信托的受托人只持有土地,不涉及业务活动,因此受托人很少越俎代庖,去承担受益人应负的责任,也不会去承担导致自身职责受限的责任。[200]

然而,有限责任和信托几乎是同时出现在合股公司中的。有限责任并非谨慎决策的产物。相反,信托财产的缔约和授权形式已经决定了责任的有限性。上文已指出,信托法的核心逻辑是普通法上的所有权属于受托人。[201] 因此,受托人是以个人名义而非信托或者受益人的名义订立合同的。这就意味着,受托人本人(而不是受益人)需要对信托的债务负责。鉴于受托人既是信托财产的所有人,也

---

〔200〕 See John H. Langbein, *The Contractarian Basis of the Law of Trusts*, 105 Yale Law Journal 625, 640 - 642 (1995).

〔201〕 See *supra* note 46.

是信托合同的签字人,因此其需要对信托的债务承担责任。[202] 1884年,美国最高法院对这一逻辑作出了解释,“受托人订立此种合约的,自身必受规限,因为合约中并不存在任何委托人”。[203] 换言之,受托人若以自身名义订立合同,那么对其代表信托订立的合同,他就是唯一受规限的主体。直至20世纪,受托人个人责任仍是美国信托的定律。[204]

尽管对于受托人而言个人责任制度并不是什么好事,但对于受益人而言却恰恰相反,因为受益人在功能上也享受到了对等的有限责任。简言之,由于受托人负有责任,相应地,受益人就无须负责。这一特点随着合股公司纪元的到来日益明晰,上述1701年伦敦城案中供水公司就是典例之一。[205] 在该案中,被告人是受托人而不是信托受益人或股东,[206] 且原告是对受托人个人提起的诉讼。[207] 受托人曾试图以股东应为责任主体为由规避责任,他们提出,“衡平法应当对信托受益人(也就是股东)而不是受托人进行判决”。[208] 但法院对此并不认同,大法官认为,受托人的个人责任不证自明,对于受托人

[202] See Duke of Queensbury *v.* Cullen (1787) 1 Eng. Rep. 646(HL) 652; 1 Bro. Parl. Cas. 396, 404 – 405.

[203] See Taylor *v.* Davis, 110 U. S. 330, 335(1884). 另一个经典案例, see Hussey *v.* Arnold, 70 N. E. 87, 88(Mass. 1904); see also Scott, *Law of Trusts*, *supra* note 41, § § 261 – 263. S。

[204] See Scott, *Law of Trusts*, *supra* note 41, § § 261 – 263.

[205] See City of London Ⅰ (1701) 23 Eng. Rep. 870 (Ch); 2 Vern. 421; see *supra* section Ⅰ. C.

[206] See City of London Ⅰ, 23 Eng. Rep. at 871; 2 Vern. at 423.

[207] Id. at 871; 2 Vern. at 423.

[208] Id. at 871; 2 Vern. at 423.

提出的受益人应当是责任主体的观点，大法官表示“此法不可行”。[209] 上议院的上诉报告对此作出了更详细的解释，法院认定伦敦城起诉的对象是受托人而非被其代表的股东，因为受托人是租约的持有人。[210] 因此，当受托人承担个人责任时，股东的权益毫发无损，实现了事实上的有限责任。

然而，信托最终还是失去了有限责任这一特性，直至 20 世纪早期，才逐渐有所恢复。19 世纪早期，为了实现有限责任，法院开始将合股公司信托按合伙企业处理。[211] 这背后的基本逻辑是，合伙企业法将所有与合伙企业类似的契约安排视为合伙企业，而商业信托正是一种与合伙企业类似的契约安排。此举影响深远，因为合伙企业法规定，企业的每一合伙人均需对企业债务承担个人责任。事实上，将某种商业组织视为合伙企业的重点就在于使企业的合伙人对企业债务负责。这种学理转向最早出现在 19 世纪 20 年代左右，也就是英美法院无视合伙人意愿，开始将契约安排视为合伙企业的时候。[212]

---

[209] See id. at 871;2 Vern. at 423.

[210] See City of London Ⅱ(1702)1 Eng. Rep. 727(HL)728;1 Bro. Parl. Cas. 516, 518.

[211] See e. g., Taylor *v.* Davis, 110 U. S. 330, 337(1884); Hussey *v.* Arnold, 70 N. E. 87, 88(Mass. 1904); Wells-Stone Mercantile Co. *v.* Grover, 75 N. W. 911, 916(N. D. 1898); Duke of Queensbury *v.* Cullen(1787)1 Eng. Rep. 646(HL)651 – 652;1 Bro. Parl. Cas. 396, 404 – 405.

[212] See 3 James Kent, *Commentaries on American Law* 26(N. Y. C., O. Halsted, 2nd ed. 1832); Naomi R. Lamoreaux, *Constructing Firms: Partnerships and Alternative Contractual Arrangements in Early Nineteenth-Century American Business*, 24 Business and Economic History 43, 53(1995). 有关英国的资料, see Holmes *v.* Higgins(1822)107 Eng. Rep. 28(KB) 29;1 B. & C. 74, 76; Charles Wordsworth, *The Law of Joint Stock Companies*(John S. Little, 3rd ed. 1843), p. 226 – 239。无论如何，在 19 世纪 50 年代之前，这个原则都是明确的。See Cox *v.* Hickman(1860)11 Eng. Rep. 431(HL)450;8 H. L. Cas. 268, 314; *Re Stanton Iron Co.* (1855)52 Eng. Rep. 821(Ch)825;21 Beav. 164, 173 – 174.

但这一现象并未持续太久，1855 年议会通过《有限责任法案》，赋予英国公司普通有限责任。[213] 同年，英国大法官法院和上议院开始授予商业信托有限责任，著名的案例就是科克斯诉希克曼案。[214] 在该案中，涉案的铁制品公司资不抵债，公司所有人将其全部衡平法权益转让给受托人，并指定公司的债权人为信托的受益人。[215] 这是一种标准的破产信托，曾在英国盛行了数百年。但这同样引发了有关有限责任的问题，因为在原所有人将企业转让给受托人后，受托人并未清算企业，而是选择继续经营，为出借人谋利。[216] 在经营期间，受托人又发展新的出借人，[217] 然而，公司效益依旧毫无起色，最终不仅无法清偿原出借人的债务，还难以补偿新出借人。[218] 因此，新的出借人将原出借人告上法庭，称由于企业继续经营，旧出借人不再是单纯的受益人，同时还是企业的合伙人，因此需要为合伙企业的新生债务承担个人责任。[219]

受理该案的法官们左右为难，他们必须在传统信托法规则（明确规定受益人无须负责）和合伙企业规则——也就是所谓的"商业信托"法（未规定受益人无须负责）之间划定界限。但在破产程序中，

---

[213] 1855 年《有限责任法案》(18 & 19 Vict. c. 133)。一年后，该法案被 1856 年的《合股公司法》(19 & 20 Vict. c. 47)废除。有限责任的出现早于 1855 年，但仅以特别法案或特许状的形式存在。1855 年法案使得所有登记为公司的企业都适用有限责任。18 & 19 Vict. c. 133, § II.

[214] See 11 Eng. Rep. at 431; 8 H. L. Cas. at 268. Cox 一案基于另一个相关的案子——*Re Stanton Iron Co.* (1855) 52 Eng. Rep. 821; 21 Beav. 164。

[215] See Cox 11 Eng. Rep. at 432; 8 H. L. Cas. at 268 – 270.

[216] See id. at 432; 8 H. L. Cas. at 268 – 270.

[217] See id. at 432; 8 H. L. Cas. at 268 – 270.

[218] See id. at 432; 8 H. L. Cas. at 268 – 270.

[219] See id. at 433; 8 H. L. Cas. at 271.

普通信托和商业信托之间的界限并不清晰，具体适用哪一套规则也没有定论。几经争论，上议院最终作出了有利原出借人的决定，认定其只需要承担有限责任。[220]

由该案确立的有限责任原则最初仅适用于专为破产设立的信托，随后很快扩展到以信托为组织形式的一般企业。尤其是在大西洋另一侧的美国，有限责任原则备受青睐。1890 年由马萨诸塞州最高法院审理的梅奥诉莫里茨案是确立美国商业信托有限责任原则的首例案件，[221] 在该案中，法院认定专利信托的股东对信托债务承担有限责任。[222] 随后，在 1913 年的威廉姆斯诉弥尔顿居民案和 1914 年的弗罗斯诉汤普森案中，马萨诸塞州法院又对适用有限责任的要求进行了进一步解释：以信托为组织形式的企业应当被视为信托而非合伙企业，因此，若信托对股东控制权有所限制，则股东对信托所负责任也应为有限责任。[223] 只要受托人而不是股东享有控制权，那么就应当适用信托法而不是合伙企业法的相关规定。评论家们随后便提出，若商业信托的股东对信托享有有限控制权，则该信托为"真正的"或"纯粹的"信托，能够适用信托法的基本规则；但若商业信托的股东对信托享有绝对的控制权，则该信托实际是合伙企业，应当适用合伙企业法的相关规定。[224] 有限责任原则随后便从马萨诸

[220] See id. at 445;8 H. L. Cas. at 278.

[221] See 24 N. E. 1083, 1083 (Mass. 1890); see also Wells-Stone Mercantile Co. *v.* Grover, 75 N. W. 911, 912 - 913 (N. D. 1898).

[222] See Mayo, 24 N. E. at 1083.

[223] See Frost *v.* Thompson, 106 N. E. 1009, 1010 (Mass. 1914); Williams *v.* Inhabitants of Milton, 102 N. E. 355, 359 (Mass. 1913).

[224] See e. g., Hecht *v.* Malley, 265 U. S. 144, 147 (1924).

塞州推广开来,仅仅几年,加利福尼亚州、[225]伊利诺伊州、[226]罗得岛州[227]以及阿肯色州[228]的法院就采用了这一原则。

一些史学家将有限控制要求解读为一种严苛的限制,认为该要求剥夺了股东的表决权,并断定其在实践中不具可行性。[229] 但事实恰恰相反,经过完善,马萨诸塞州确定的有限责任原则对管理集中程度的要求几乎与现代公司的普遍要求相同。在现代公司的正常商业活动中,制定决策和订立合约的权利属于董事会而非股东,[230]股东有权选举董事,但最终享有控制权的却是董事。[231] 这就是现代公司和现代合伙企业的区别所在,前者由选举产生的董事会享有管理权而后者则由合伙人享有管理权。[232]

马萨诸塞州商业信托原则的最终版本仅规定了商业信托必须适用和现代公司一样的以董事会为中心的控制模式。为了满足股东有限责任的要求,信托只需要将管理信托的权利交予受托人委员会即可。马萨诸塞州商业信托的股东和现代公司的股东一样,仍旧享有选举受托人委员会的权利,借此可以保持对信托的控制。1925 年的格雷科诉哈伯德案确立这一规定,[233]在该案中,法院对信托和公司

---

[225] See Goldwater *v.* Oltmann, 292 P. 624, 629 (Cal. 1930).

[226] See Schumann-Heink *v.* Folsom, 159 N. E. 250, 253 (Ill. 1927).

[227] See R. I. Hosp. Tr. Co. *v.* Copeland, 98 A. 273, 279 (R. I. 1916).

[228] See Betts *v.* Hackathorn, 252 S. W. 602, 604 – 605 (Ark. 1923).

[229] See Guinnane et al., *supra* note 23, at 695 n. 15 ("在英国和美国的企业可以选择设立合股公司或者信托……后者的投资者完全放弃了对受托人的管理权,以致相较于其他形式,他们更易受到侵害。"); Silberstein-Loeb, *supra* note 22, at 205.

[230] See e. g., Delaware Code Annotated. tit. 8, § 141 (a) (2016).

[231] See id. § 141 (b).

[232] See Delaware Code Annotated. tit. 6, § 15 – 202 (2016).

[233] See 147 N. E. 272, 274 – 275 (Mass. 1925).

进行了明确的对比,发现若涉案的信托“采用公司的组织形式,那么被告在成为股东之后,即便选举了新的管理者,其与公司的关系也不会导致其需要对公司的债务承担个人责任”。[234] 信托也是一样,法院指出,“法律旨在对有效信托下的信托受益人(如股东)进行保护”,[235] 5 年后,加利福尼亚州最高法院也得出了同样的结论。[236] 到了 20 世纪 20 年代,马萨诸塞州商业信托就承担了与现在美国各州公司相同的有限责任。

马萨诸塞州有限责任原则的最大短板就是不能在所有州适用。尽管马萨诸塞州和加利福尼亚州都规定信托和公司均承担有限责任,但南部有些州的法院还是拒绝适用这一原则,比如佛罗里达州、[237] 肯塔基州、[238] 路易斯安那州[239] 以及得克萨斯州。[240]

2. 有限责任的历史和商业维度

20 世纪早期,美国信托所提供的有限责任在某种程度上逊于现代公司提供的有限责任,但我们必须正确地看待这一“不及”,千万不要过分夸大。公司在有限责任方面的优越性也是近些年才逐渐展露

---

[234] Id. at 275.

[235] Ibid.

[236] See Goldwater *v.* Oltmann, 292 p. 624, 629 – 630 (Cal. 1930).

[237] See Willey *v.* W. J. Hoggson Corp., 106 So. 408, 411 – 412 (Fla. 1925) (认为普通法信托“只不过是为了逃避合伙企业的责任,享有其特权和豁免权,不遵守公司法而做出的隐蔽且无用的努力”).

[238] See Ing *v.* Liberty Nat'l Bank, 287 S. W. 960, 961 (Ky. 1926) (“这是一个很好的规则,在这个州,这些非法人组织都是合伙关系,每个成员都需要对合伙组织的债务承担个人责任。”).

[239] See Am. Nat'l Bank of Shreveport *v.* Reclamation Oil Producing Ass'n of La., 101 So. 10, 12 (La. 1924).

[240] See Thompson *v.* Schmitt, 274 S. W. 554, 559 (Tex. 1925).

的,几乎在整个现代历史中,信托在有限责任方面的劣势并未给其在与公司的竞争中造成多大的困扰,因为公司所能提供的有限责任同样表现平平。直到18世纪末或19世纪初,有限责任才成为相关公司设立特别议会法案的必备内容,[241]且直到1856年,也就是科克斯诉希克曼案[242]确立信托同样适用有限责任的同年,有限责任才成为英国普通公司的普遍特征。[243] 此外,在整个18世纪,信托所提供的有限责任远非公司可比。举例而言,1702年的伦敦城2案就赋予信托股东有限责任,这种有限责任公司形式哪怕在百年之后也未能实现。[244]

还有一点需要注意,受托人(以及股东)承担个人责任的趋势并不意味着信托逊于公司,因为受托人责任在当代公司中亦有翻版。在18世纪和19世纪早期,英国和美国的公司董事常常需要对公司的债务承担个人责任,这一点和受托人对信托债务负责异曲同工。[245] 此外,还可以通过合约的方式加强信托的有限责任保护,若受托人可以说服债权人以合约形式放弃对受托人和股东个人资产的请求权,则债权人就无法占有这些资产。[246] 在19世纪早期,这一做

---

[241] See K. G. Davies, *Joint-Stock Investment in the Later Seventeenth Century*, 4 The Economic History Review 283, 293 - 294 (1952).

[242] See Limited Liability Act 1855, 18 & 19 Vict. c. 133.

[243] See (1860) 11 Eng. Rep. 431; 8 H. L. Cas. 268.

[244] See City of London Ⅱ (1702) 1 Eng. Rep. 727 (HL); 1 Bro. Parl. Cas. 516.

[245] See Seymour D. Thompson, *Commentaries on the Law of Private Corporations* § 4163 (S. F., Bancroft-Whitney Co. 1895), p. 3059 (提到美国存在大量这样的法规,要求公司董事和受托人……在发生官方违约时,承担其任职期间签订的合同所产生的债务); Henry N. Butler, *Nineteenth-Century Jurisdictional Competition in the Granting of Corporate Privileges*, 14 The Journal of Legal Studies 129, 146 (1985).

[246] See 3 Kent, *supra* note 212, at 26 - 27.

法在美国得到充分的实践,例证就是信托的股东开始对企业的债务承担责任,〔247〕而到了20世纪早期,这一做法逐渐成为标准。〔248〕 信托契约通常要求受托人就其签订的所有合同获得股东和受托人免责声明。〔249〕

在20世纪早期的美国商业信托中,受托人责任免除司空见惯,因而衍生新的案件类型。法院认为,在一份合同中,受托人只要在签名旁边写上"以受托人而非个人名义"的字样,就能对个人责任加以限制。〔250〕 此外,在20世纪早期的美国,第三方而非受托人可以依据信托契据直接收回信托资产,受托人只需要在信托资金不足时承担责任。〔251〕

合同责任免除成效显著。在整个"封闭式基金"(closed-end funds)全军覆没后,合同责任免除在20世纪早期登上了历史舞台。封闭式基金,指的是购入其他公司股票然后向希望进行广泛投资的

---

〔247〕 Ibid.

〔248〕 See Thompson, *Business Trusts*, *supra* note 148, at 14 – 15; Warren, *supra* note 148, at 384.

〔249〕 See, for example, *The Keystone Manufacturing Company Agreement made in* 1920. McCoy, *supra* note 148, at 193 – 199.

〔250〕 经典案例是 Shoe & Leather Nat'l Bank *v.* Dix, 123 Mass. 148, 150(1877); see also Duvall *v.* Craig, 15 U. S. 45, 56(1817); Rand *v.* Farquhar, 115 N. E. 286, 288(Mass. 1917); Mitchell *v.* Whitlock, 28 S. E. 292, 292 – 293(N. C. 1897)。See e. g., Dunn, *supra* note 148, at 197; Scott, *Law of Trusts*, *supra* note 41, § § 263, 263. 2; Sears, *supra* note 148, § § 33, 56, 75; Warren, *supra* note 148, at 860.

〔251〕 See Scott, *Law of Trusts*, *supra* note 41, § 265. 4; Sears, *supra* note 148, § § 53 – 54. 到20世纪初,这已成为马萨诸塞州和美国其他重要司法辖区的默认规则。See Frost *v.* Thompson, 106 N. E. 1009, 1010(Mass. 1914); Wright *v.* Caney River Ry. Co., 66 S. E. 588, 590 – 591(N. C. 1909); Wells-Stone Mercantile Co. *v.* Grover, 75 N. W. 911, 912(N. D. 1898); Dunn, *supra* note 148, at 347; Scott, *supra* note 41, § § 270 – 270. 2; Wrightington, *supra* note 148, at 157 – 159.

投资人发行本公司股票的投资基金。[252] 在20世纪20年代，封闭式基金举足轻重。在1929年的黄金牛市上，这类基金发行了接近30亿美元的债券，占美国全部新发行公司债券的30%以上，[253]关键在于，这些基金绝大多数都选用信托作为其组织形式。在20世纪20年代，信托形式在此类基金中风靡一时，甚至有人称其为“投资信托”。[254]

然而，在1929年，封闭式基金产业随股市崩盘而土崩瓦解，各个公司瞬间债台高筑。封闭式基金的资本架构除了股票之外，还包含多级债券，[255]因此当股票市场在1929年10月“触礁”，大多数的封闭式基金都选择了解散或破产。[256]

但值得注意的是，并没有证据显示这些基金的股东曾对债务承担责任。尽管证券交易委员会(SEC)曾花费数年来调查基金产业的崩盘，并就其调查结果整理了四卷总计上千页的报告，[257]但从未发现有关股东个人责任的只言片语。首先，依据马萨诸塞州的先例，基金的集中管理结构决定了股东只承担有限责任；其次，基金的债务合

---

〔252〕 See John Morley, *Collective Branding and the Origins of Investment Management Regulation*, 6 Virginia Law & Business Review 341, 348(2012).

〔253〕 See SEC, *Investment Trusts and Investment Companies*, H. R. Doc. No. 70, pt. 2, at 186 tbl. 59, 190 tbl. 60(1939).

〔254〕 See e. g., Cravath, *supra* note 145, at 14 – 15; Walter N. Durst, *Analysis and Handbook of Investment Trusts* (Rand McNally & Company, 1932), p. 5 – 6; Theodore J. Grayson, *Investment Trusts, Their Origin, Development and Operation* (John Wiley & Sons, 1928), p. 1; 1 C. P. Keane, *Keane's Manual of Investment Trusts* (Financial publishing Company, 1928), p. 550, 552 – 53; Williams, *supra* note 145, at 1 – 2.

〔255〕 证券交易委员会估计，1929年，债权和优先股约占封闭式基金总资产的56%。See H. R. Doc. No. 70, pt. 2, at 140 tbl. 33.

〔256〕 See Morley, *supra* note 252, at 353.

〔257〕 See H. R. Doc. No. 70, pt. 2.

同中包含股东免责条款。无论出于哪种原因,对股东加以保护都是应有之义。因此,封闭式基金的实践证明,负有合同债务的、以信托为基础的企业在大规模倒闭时可以保证自己的股东毫发无损。

确切地说,股东责任的契约免除也是有限度的,它不能免除股东有关侵权和税务的非契约责任。[258] 但在20世纪早期之前,这一问题并未引起足够的重视,在19世纪中期之前,侵权责任鲜为人知,[259]哪怕到了20世纪早期,侵权法的发展也处于非常不完善的状态。[260] 同样,税收责任也相对无人问津。尽管英国在1803年就征收了公司所得税,但在之后的一百年间,税率一直都非常低。[261] 而美国直到1909年才开始对企业征收所得税,且以如今的标准来看,当时的税率实在很低。[262]

到了20世纪20年代,许多从业者开始向客户建议,如果商业信托的股东选择采用信托形式而不是公司形式作为其组织形式,就能够大大减少其承担侵权责任或政府责任的风险,值得一试。哈佛大学法学院教授爱德华·沃伦(Edward Warren)虚构了一名律师与其

---

〔258〕 See Warren, *supra* note 148, at 384.

〔259〕 See Lawrence M. Friedman, *A History of American Law* (Touchstone, 3rd ed. 2005), p. 222 - 223, 350; John Fabian Witt, *The Accidental Republic* (Harvard University Press, 2004), p. 4 - 6(描述了美国内战后侵权法的发展); Richard A. Epstein, *The Historical Origins and Economic Structure of Workers' Compensation Law*, 16 Georgia Law Review 775, 777 - 786(1982)(论述19世纪中后期适度加重雇主的侵权责任).

〔260〕 See G. Edward White, *The Emergence and Doctrinal Development of Tort Law*, 1870 - 1930, 11 University of St. Thomas Law Journal 463, 483(2014).

〔261〕 See Steven A. Bank, *Anglo-American Corporate Taxation*, Cambridge University Press, 2011, p. 24 - 26, 49 - 54.

〔262〕 See id. at 70 - 71.

企业家客户的对话来解释信托形式的好处,[263]律师向其客户表示信托形式下的个人责任风险简直可以忽略不计。[264] 在该对话中,律师是这样说的:

> 如果采用信托,那么就没人能对您提出合同索赔,唯一可能对您提出的就是工伤索赔或者税费索赔。如果是这类索赔,您有权在必要的情况下使用全部的信托资产进行赔偿,以此来保全自己。总而言之,您唯一需要担心的就是数额超出信托资金的索赔。但这种情况出现的概率非常小。[265]
>
> 客户答道:"还有这等好事!"[266]

和股东责任一样,在整个20世纪早期,受托人责任并不是多棘手的问题。合同免责条款显然非常有效,个人责任风险也没有大到令受托人望风而逃的程度。在18世纪,非法人公司通常会选择当地的贵族或其他德高望重的人来担任受托人。[267] 后来,公司会从公司秘书和其他管理人员中抽选人员担任受托人,而这些人可以

---

[263] See Warren, *supra* note 148, at 383 – 384.

[264] Ibid.

[265] Id. at 384.

[266] Ibid.

[267] See Freeman et al., *supra* note 24, at 41(描述企业为努力增加成功设立公司的可能性而使信托形式流行的情形); Chantal Stebbings, *The Private Trustee in Victorian England* (Cambridge Press, 2002), at i(描述信托的普及是维多利亚中产阶级为保护财产而产生的结果).

作为判断依据且唯一的工作就是听从董事会的指令。[268] 20世纪后半叶,美国大部分司法管辖区都通过法律废除了受托人的个人责任。[269]

(三)诉讼中的法律人格

在信托的众多弱点中,被近期学者无限放大的弱点之一就是信托无法取得诉讼上的法律人格。[270] 诉讼上的法律人格非常重要,因为自近代早期开始,衡平法就要求诉讼的所有利益相关人员以当事人的身份加入诉讼。[271] 一言以蔽之,若原告对一家信托提起诉讼,而该信托有多名受益人,则依据衡平法规定,每一名受益人都是被告,法院需要向其送达传票。

如果不做任何变通直接对非法人合股公司适用这一规则,那么诉讼根本无法进行,因为法院需要将传票送达公司的每位股东,这在没有电子邮件的年代可谓是困难重重。此外,合股公司常常有成百上千名股东,向所有人发传票更是一件不可能完成的任务。[272] 因此,近期的史学家认为公司形式是一大创举,因为它赋予了企业法律

---

[268] See Blundell *v.* Winsor (1837)59 Eng. Rep. 238(Ch)238 -239;8 Sim. 601,601 -602(描述一个指定其财务主管为受托人的公司);Harrison *v.* Heathorn(1843)134 Eng. Rep. 817(CP)822 -823;6 Man. & G. 81,95(相同).

[269] See Jones et al. ,*The Massachusetts Business Trust*,*supra* note 112,at 434 -435(描述在马萨诸塞州受托人免于个人合同责任).

[270] See Harris,*Industrializing English Law*,*supra* note 16,at 153 -154(描述受托人面临的个人责任);Mahoney,*supra* note 23,at 887 -888(描述议会为了取缔非法人公司,拒绝赋予他们法人资格).

[271] See Story,*Equity Pleadings*,*supra* note 199, § §72 -76.

[272] See Van Sandau *v.* Moore(1826)38 Eng. Rep. 171(Ch)173;1 Russ. 441,447.

人格，令其可以自身名义参与诉讼。[273] 在涉及公司的案件中，利益相关方是公司而不是股东，因此公司可以在股东不参与的情况下进行诉讼。[274]

但在这一点上，实际情况是，信托并不逊色于公司。在18世纪前后，信托首次出现在合股公司中时就制定了一系列一般共同诉讼的例外规定。尽管衡平法规定合股公司的所有股东都要参与涉及公司的诉讼，但衡平法法院也清楚，这一规定并不具有可行性。因此法院作出了诸多例外规定，在共同诉讼不具有可行性的案件中，法院几乎都免除了信托股东参与诉讼的责任。

一般共同诉讼的例外情况数不胜数。最简单的情形就是争议当事方身处国外。举例而言，如果合伙企业的合伙人或信托的受益人身处印度或加勒比，只要其他当事人可以充分代表他们，法院就不会坚持要求其参加诉讼。[275]

另一种例外情况出现在为债权人谋利的信托中。[276] 如上所述，[277] 至少从现代早期开始，为了担保贷款、管理破产事宜或确保债

---

〔273〕 See Harris, *Industrializing English Law*, *supra* note 16, at 159 - 166; Mahoney, *supra* note 23, at 877(分析现代法律怎样赋予公司以"独立法律人格并能以自己的名义起诉和应诉").

〔274〕 See Mahoney, *supra* note 23, at 877.

〔275〕 See Good *v.* Blewitt(1807)33 Eng. Rep. 343(Ch)345; 13 Ves. Jr. 397, 401; AG *v.* Baliol Coll. (1744)88 Eng. Rep. 538(Ch)539; 9 Mod. 407, 409; Quintine *v.* Yard(1702)21 Eng. Rep. 886(Ch)886; 1 Eq. Ab. 74, 74; Cowslad *v.* Cely (1698)24 Eng. Rep. 40(Ch)40; Fin. Pr. 83, 83; Walley *v.* Walley(1687)23 Eng. Rep. 609(Ch)610; 1 Vern. 484, 487.

〔276〕 See Cockburn *v.* Thompson(1809)33 Eng. Rep. 1005(Ch)1008; 16 Ves. Jr. 321, 328(允许一个信托受益人代表其余所有受益人提起诉讼); Story, *Equity Pleadings*, *supra* note 199, § 76(b).

〔277〕 See *supra* notes 175 - 179.

权人在其死亡时可以获得土地,借款人通常会将资产转移给受托人,以保障债权人的利益。在这类信托中,被指定为受益人的债权人数量庞大,分布范围广,没有外部人员或受托人或其他债权人的协助根本无法令其加入诉讼。因此,在 17 世纪末,大法官法院通常会免除这些信托中债权人参与诉讼的责任。[278] 19 世纪中期,美国铁路公司开始以信托的方式向数以千计的债权人发行公司债券,之后美国的法院也开始适用类似的免责规定。[279]

可以说,至少在 18 世纪早期,大法官法院就已经建立起众多共同诉讼规则的例外规定,在当事方数量过于庞大的案件中免除利益相关方参与诉讼的责任,这对于当时出现的以信托为基础的合股公司而言尤为重要。1840 年,19 世纪最伟大的论者和美国最高法院法官斯托瑞(Justice Story)曾这样总结有关合股公司股东的规定:这是一条"衡平法法院的规则,若当事方人数过多需要记录但实践难度大或不可行的;若所有当事方均享有共同利益,则部分当事方可代表自己以及公司的其他成员进行诉讼"。[280]

18 世纪早期以信托为基础的合股公司诞生之时,这一原则就已初露端倪。在 1701 年的伦敦城案(供水公司案)中,伦敦城对公司的受托人及部分股东而不是全部股东提起了诉讼。[281] 受托人随后以

---

〔278〕 See Barker *v.* Wyld(1682)23 Eng. Rep. 373(Ch)373;1 Vern. 140,140;see also Cockburn,33 Eng. Rep. at 1007;16 Ves. Jr. at 327.

〔279〕 See Shaw *v.* Norfolk R. R. ,71 Mass. (5 Gray)162,170(1855)(放弃在债券违约案中要求所有债券持有人都参加诉讼);Bd. of Supervisors *v.* Mineral Point R. R. ,24 Wis. 93,132(1869).

〔280〕 Story, *Equity Pleadings*, *supra* note 199, § 115(强调)[论述 Small *v.* Attwood (1838)7 Eng. Rep. 684(Ch);6 Cl. & F. 232].

〔281〕 See City of London Ⅰ(1701)23 Eng. Rep. 870(Ch)870;2 Vern. 421,422.

所有公司股东必须加入诉讼为由进行抗辩。[282] 因为公司售出了 900 股，受托人知道原告根本无法令所有股东参与诉讼。

但大法官清楚要求所有股东参与的难处，因此拒绝适用一般共同诉讼规则。大法官发现，受托人“通过将租约分成多份发行，想要让所有股东加入诉讼，根本不现实”。[283] 因此直接取消了共同诉讼要求，准许原告以受托人为对象进行诉讼。[284] 上议院随后支持了大法官的决定，指出令所有股东出庭“不具任何可行性，这样会导致答辩者永远不可能胜诉”。[285] 20 年后，也就是 1722 年，大法官在钱西诉梅案中对涉案的合股公司及其股东作出了同样的决定。[286] 法院表示，任何时候因股东人数众多难以进行共同诉讼的，就不会对此作强制要求。此举一出，可谓是将一般共同诉讼规则撕扯得支离破碎。

19 世纪初大法官法院发布的一系列意见书[287]重申了这一规则，这些意见书受到了当时评论家们的热议，但近期的史学家们对此不置一词。这类意见书首次出现在 1805 年，是由大法官艾尔登就亚岱尔诉新河公司案所作出的。[288] 在该案中，艾尔登法官免除了涉案的非法人公司部分股东参与诉讼的责任，理由是股东人数过多，全部

---

[282] Id. at 870；2 Vern. at 421，422.

[283] Id. at 871；2 Vern. at 422.

[284] Id. at 871；2 Vern. at 423.

[285] See City of London II（1702）1 Eng. Rep. 727（HL）728；1 Bro. Parl. Cas. 516，518.

[286] See （1722）24 Eng. Rep. 265（Ch）265；Fin. Pr. 592，592.

[287] 很难说清在 1722 年 Chancey *v.* May 与 18 世纪末之间发生了什么，以致出现大量例外，如前文（注释 181）所述，1722 年和 19 世纪早期大法官法院诉讼程序报告中几乎没有信托案例。

[288] See （1805）32 Eng. Rep. 1153（Ch）；11 Ves. Jr. 429. 新河公司根据皇家特许状设立，依照该计划，王室将持有相当于年利润一半的股份。Id. at 1153；11 Ves. Jr. at 429. 之后，将利润分做股份分给“100 个人或者更多”。Id. at 1153；11 Ves. Jr. at 429.

加入诉讼“不具可行性”，因此“不应强行适用”共同诉讼规则。[289] 据其所言，原告只需“起诉其能起诉的”股东即可满足要求。[290] 在4年之后的皮尔斯诉派珀案和科克伯恩诉汤普森案（以下简称科克伯恩案）中，艾尔登法官得出了同样的结论。[291] 在科克伯恩案中，一家联合年金公司与其发起人和部分共同股东对簿公堂。发起人提出了相同的论点，称在所有共同股东全部加入诉讼之前，不可继续向前推进案件，[292] 但艾尔登法官并未支持这一论点。他注意到，在19世纪早期，伦敦以信托为基础的公司数量出现了爆发式的增长，并指出，若依被告所言，起诉这些公司的人需要令所有股东加入诉讼才能推进案件的话，那么“这个城市里所有以合伙企业形式存在的类似机构（也就是以信托为基础的合股公司），若没有成立法人，法院根本就束手无策，无法适用任何法律来对这些机构的成员进行管制”。[293] 换言之，这些公司可以为所欲为，大法官决不允许这种情况的出现。除这一实践论据外，艾尔登法官还提出了一条理论论据。他援引“类似的债权人案件”来提醒当事人，信托长期以来都用以构建债权关系，债权人人数众多的，就可以免除债权关系中债权人参与诉讼的责任。[294]

---

[289] See id. at 1159; 11 Ves. Jr. at 444.

[290] See id. at 1159; 11 Ves. Jr. at 444.

[291] See Cockburn *v.* Thompson (1809) 33 Eng. Rep. 1005 (Ch); 16 Ves. Jr. 321; Pearce *v.* Piper (1809) 34 Eng. Rep. 1 (Ch); 17 Ves. Jr. 1.

[292] See Cockburn 33 Eng. Rep. at 1006; 16 Ves. Jr. at 322－323.

[293] Id. at 1006; 16 Ves. Jr. at 324.

[294] See id. at 1007; 16 Ves. Jr. at 327. 当时的著述同样承认，债权人可以代表一大批债权人起诉，而不必加入其他债权人。See e. g., Denis George Lubé, *An Analysis of the Principles of Equity Pleading* (S. Sweet 1823), p. 188－189; John Whitworth, *Equity Precedents* (Phila., T. & J. W. Johnson 1848), p. 288, 309, 316.

科克伯恩案确立的规则很快普及开来。1818 年，大法官法院的案卷主事官对莫克斯诉马尔特比案进行了裁决，该案涉及一家以信托为组织形式的码头公司，[295] 这一案件对前述规则的发展影响深远。法庭援引科克伯恩案和信托历史上有关债权关系的其他案件，指出在这些案件中，法院都经过审慎考量，最终决定免除信托当事人参与诉讼的责任。[296] 案卷主事官还援引了 18 世纪早期两家非法人合股公司的案件（包括前述 1701 年的供水公司案）来证明共同诉讼责任的免除是一条由来已久的原则。[297]

股东共同诉讼免责原则迅速在大西洋另一端推广开来。1816 年，在范维克滕诉特里案中，现代美国法领军人物、[298] 时任纽约大法官的詹姆斯·肯特（James Kent）免除了一家非法人股份银行业公司 250 名股东参与诉讼的责任。[299] 和艾尔登法官一样，肯特法官是这样说明其推理过程的："就本案而言，受托人已经足以担任被告……如果非要原告把所有股东都找齐才能推进案件的话，未免过于严苛，其间造成的时间和金钱负担势必会影响本庭的公正性。这就是一般原则不能也不必适用的原因之一，因为受托人足以代表本案相关的所有利益，且受托人本来就是为了代表股东而选任出来的，本庭没必

---

[295] See (1818)36 Eng. Rep. 621(Ch);2 Swanst. 277.

[296] Id. at 623 – 625;2 Swanst. at 282 – 287.

[297] Id. at 623 – 625;2 Swanst. at 282 – 287. [citing Adair *v*. New River Co. (1805)32 Eng. Rep. 1153(Ch);11 Ves. Jr. 429;City of London Ⅰ(1701)23 Eng. Rep. 870(Ch);2 Vern. 421.]

[298] See John H. Langbein, *Chancellor Kent and the History of Legal Literature*, 93 Columbia Law Review 547,548(1993).

[299] 2 Johns. Ch. 197,197 – 198(N. Y. Ch. 1816).

要越俎代庖。”[300]

到了 19 世纪 30 年代,例外情况多如牛毛,以至于一般共同诉讼规则竟无立锥之地。尽管也有一些案件适用了一般规则,[301]但绝大多数法院都会习惯性地免除合股公司股东参与诉讼的责任。[302]关键是,在涉及原告、被告组合的案件中,法院同样作出了责任免除决定,例如,公司与第三方的诉讼案件、公司股东内部诉讼案件或公司股东与受托人的诉讼案件。[303]

1840 年,法官斯托瑞出版了有关英国和美国衡平法诉讼的著述,[304]这一著述振聋发聩,具有里程碑式的意义,它明晰了共同诉讼规则例外情形的边界。在该著述中,作者仅用 4 页来描述一般共同

---

[300] Ibid.

[301] See e. g. ,Deeks *v.* Stanhope (1844)60 Eng. Rep. 278(Ch)282 – 85;14 Sim. 57, 66 – 75;Leigh *v.* Thomas (1751)28 Eng. Rep. 201(Ch)201 – 202;2 Ves. Sen. 312,313.

[302] See e. g. , Walker *v.* Miller & Co. ,11 Ala. 1067,1085 – 1087(1847); Willis *v.* Henderson,5 Ill. (4 Scam.)13,20(1842);Willink *v.* Morris Canal & Banking Co. ,4 N. J. Eq. 377,398(Ch. 1843);Cross *v.* Jackson,5 Hill 478,480(N. Y. 1843);Townsend *v.* Goewey,19 Wend. 424,430(N. Y. 1838);Stimson *v.* Lewis,36 Vt. 91,91(1863);Richardson *v.* Hastings (1844)49 Eng. Rep. 1089(Ch)1091 – 1092;7 Beav. 323,327 – 331;Benson *v.* Hadfield (1842)49 Eng. Rep. 690(Ch)693;5 Beav. 546,554;Taylor *v.* Salmon(1838)41 Eng. Rep. 53 (Ch)53;4 My. & Cr. 134,134;Fenn *v.* Craig(1838)160 Eng. Rep. 680(Ex Ct)680;3 Y. & C. Ex. 216,216;Gillett *v.* Abbott (1838)112 Eng. Rep. 665(KB)665;7 A. &E. 783,783;Mare *v.* Malachy(1836)40 Eng. Rep. 490(Ch)498;1 My. & Cr. 559,579;Walburn *v.* Ingilby(1833)47 Eng. Rep. 96(Ch)96;Coop. temp. Brough. 270,270; Small *v.* Attwood (1832)159 Eng. Rep. 1051(Ex Ct)1072;1 You. 407,457 – 459;Hitchens *v.* Congreve (1828)38 Eng. Rep. 917(Ch) 922;4 Russ. 562,576;Baldwin *v.* Lawrence (1824)57 Eng. Rep. 251(Ch)254 – 255;2 Sim. & St. 18,27;Jones *v.* Garcia del Rio(1823)37 Eng. Rep. 1113(Ch)1113;Turn. & R. 297,297.

[303] See Carlisle *v.* Se. Ry. Co. (1850)41 Eng. Rep. 1432(Ch)1436;1 Mac. & G. 689, 698;Richardson *v.* Larpent(1843)63 Eng. Rep. 227(Ch)230;2 Y. & C. Ch. Cas. 507,513; Preston *v.* Grand Collier Dock Co. (1840)59 Eng. Rep. 900(Ch)906;11 Sim. 327,344.

[304] See Story,*Equity Pleadings*,*supra* note 199.

诉讼规则,却用了127页来详细列举这一规则的例外情况。[305] 斯托瑞法官并不是独一无二的存在,1825年至1850年,英国和美国有关衡平法诉讼的主要著述几乎都会从各个角度对共同诉讼原则的例外情况进行讨论,从破产中的例外情况到非法人合股公司的例外情况,应有尽有,无所不包。代表学者包括乔治·库珀(George Cooper)、巴泽尔·蒙塔古(Basil Montague)以及雷德斯戴尔法官,[306] 查尔斯·华兹华斯(Charles Wordsworth)在《合股公司法》的论文中也泛论了一些例外情况。[307]

在19世纪30年代,法院只会在解散之诉中严格适用共同诉讼规定。[308] 有些衡平法诉讼著述将解散之诉作为一种例外的例外情况:虽然在股东人数众多的情形下,以信托为基础的公司鲜少需要所有股东加入诉讼,但解散之诉例外,所有股东必须参加。[309] 艾尔登法官对范桑道案出具的意见正是受到这一观点的启发,在该案中,一名股东提出解散公司,法院便要求剩余的所有股东加入诉

---

[305] See id. § § 74 – 204.

[306] See George Cooper, *A Treatise of Pleading on the Equity Side of the High Court of Chancery*(N. Y. C. , I. Riley, 1813), p. 185 – 187; John Mitford, *A Treatise on the Pleadings in Suits in the Court of Chancery*(George Jeremy ed. , J. & W. T. Clarke, 4th ed. 1827)(1782), p. 164 – 181; 1 Basil Montagu, *A Digest of Pleading in Equity*(J. & W. T. Clarke, 1824), p. 58 – 60.

[307] See Wordsworth, *supra* note 212, at 226 – 232.

[308] See Evans *v.* Stokes(1836)48 Eng. Rep. 215(Ch)218; 1 Keen 24, 32 – 33; Long *v.* Yonge(1830)57 Eng. Rep. 827(Ch)833 – 834; 2 Sim. 369, 385 – 387.

[309] See Mitford, *supra* note 306, at 163 – 165(提到"所有与该标的有重大利害关系的人一般都应当是诉讼的当事人……尽管他们可能人数众多"); Story, Equity Pleadings, *supra* note 199, § § 130 – 133.

讼。[310] 如上所述,这一例外的例外并不能证明理论存在漏洞,也不能证明司法存在瑕疵,相反,其恰恰反映出这是一条从实际出发制定的规则。[311] 范桑道案适用的规则具有合理性,因为它帮助公司锁定了资本。

另一类引发争议的案件是以信托为基础的合股公司股东之间的诉讼,这类诉讼不涉及任何第三方。19 世纪早期,当信托再次进入衡平法法院的视野,一些裁决规定,以信托为组织形式的公司,其股东若想对其他股东提起诉讼,首先要解散公司,[312] 但这一规则宛如昙花一现。1844 年,案卷主事官兰代尔(Langdale)在理查森诉黑斯廷斯案中对此进行了明确的解释。[313] 兰代尔发现有些法院会要求股东在起诉其他股东前先解散公司,对此他表示,“这显然是无稽之谈,根本没有这样的规定”。[314] 此外,他还指出,“有一点很肯定,那就是在正常存续的合伙企业中,若部分合伙人对特定标的享有对剩余合伙人不利的利益,并请求获得该利益的收益时,则剩余合伙人中的一名或多名可代表自己或全部剩余合伙人对前述部分合伙人提起诉讼”。[315]

值得注意的是,这些赋予以信托为基础的公司诉讼资格的规则均未载入史册。究其原因,大概是它们的光芒都被 1837 年横空出世

---

[310] See Van Sandau *v.* Moore(1826)38 Eng. Rep. 171(Ch)180;1 Russ. 441,465 - 466.

[311] See *supra* text accompanying notes 198 - 199.

[312] See Report on the Bd. of Trade, *supra* note 198, at 3.

[313] See (1844)49 Eng. Rep. 1089(Ch);7 Beav. at 323.

[314] Id. at 1091;7 Beav. at 328.

[315] Id. at 1091;7 Beav. at 328.

的合伙企业法报告彻底遮盖了。[316] 1830 年，议会授权贸易委员会设立公司的特许权，[317]受委员会委托，该报告指出，合伙企业法需要通过设立公司来进行改革或变更，因为非法人合股公司不能以公司或受托人名义起诉或应诉。[318] 该报告在 19 世纪中期引发了极大反响，对现代史学家们的研究有着重大意义。[319]

事实上，该报告存在错漏之处。或者说，本身就非常不完善。更令人惊奇的是，在当时从业人员著述口径一致将股东共同诉讼责任免除作为定律的背景下，该报告竟没有引用任何前述案例。报告有关合股公司诉讼困难的主张，其主要来源有两条：一是作者从其采访的律师口中道听途说；二是对范桑道案结果的泛谈。[320] 尽管报告也援引了一些要求公司在股东互诉之前解散的案件，[321]但并未提述任何反例。此外，报告也没有预见到，仅在几年之后，案卷主事官兰代尔就宣告股东内部诉讼不再以公司解散为先决条件。[322]

如果对非法人合股公司是否有资格在股东不参与的情况下提起诉讼仍有疑问，那么议会在 1852 年通过的法令就彻底解决了这一问题。得益于该法案，受托人在股东不参与的情况下以个人名义提起诉讼的权利得以确立下来。[323] 19 世纪后半叶，美国的许多立法机构

---

〔316〕 See Bd. of Trustees, *supra* note 198.

〔317〕 See 6 Geo. 4 c. 91(1825). 议会通过法律授权贸易委员会设立公司的特许权，同时在该部法规中废除了《泡沫法案》。Ibid.

〔318〕 See Bd. of Trade, *supra* note 198, at 6 – 8.

〔319〕 See e. g. , Mahoney, *supra* note 23, at 889 – 890.

〔320〕 See Bd. of Trade, *supra* note 198, at 6 – 8.

〔321〕 See id. at 3 n. *.

〔322〕 See *supra* notes 313 – 315.

〔323〕 See Chancery Procedure Act 1852, 15 & 16 Vict. c. 86.

也纷纷效仿,颁布了类似的法令。[324]

因此,以信托为基础的公司其诉讼权利逊于公司的诉讼权利。和公司不同,信托需要依靠法官适用一般规则的例外情形,本身不享有以自身名义直接起诉的权利。但到了 19 世纪 30 年代,例外情况反客为主,反而成为普遍适用的规则。

(四)流通股

信托同样允许流通股的存在。对投资者而言,股份买卖的能力非常重要,因为这样投资者才能将自己持有的股份变现,公司才能继续持有和使用潜在资本。以 1702 年大法官法院裁决的案件为例,若供水公司的创始人想要退休,他可能有意将自己持有的 26% 的股份变现,作为自己的退休金。如果他无法出售自己的股份,那么就只能请求公司来买断其所持股份。但这样极有可能令公司万劫不复,因为公司若想筹措足够的资金来买断股份,唯一的办法可能就是变卖水管或其他维持公司运营的资产。相反,若其能够出售自己的股份,那么其他人就可以从他那里购入,且公司可以继续使用设备进行正常营业。学者们一直将股份交易能力作为公司形式的一大创举,因为传统的合伙企业法给合伙人交易股份设置了诸多障碍。[325] 但事实上,信托同样能够解决这些问题,且在流通股企业中,信托至今仍

---

〔324〕 第一部这样规定的法律是纽约著名的《菲尔德法典》,也是美国和英国(除了路易斯安那州)的第一部程序规则。See Robert G. Bone, *Mapping the Boundaries of the Dispute*, 89 Columbia Law Review 1, 9 – 10(1989); N. Y. Code of Civ. Proc. § 599(1850). 其他州很快通过了类似规定的程序规则。See e. g., Cal. Civ. Proc. Code § 378(1872); Mo. Rev. Stat. art. 2, § 2(1855); N. C. Code of Civ. Proc. § 57(1868).

〔325〕 See Harris, *Industrializing English Law*, *supra* note 16, at 142.

占有一席之地。[326]

1. 慈善企业

慈善信托是商业信托流通股实践的先行者。从中世纪后期到19世纪中期,英国绝大部分的慈善资产由信托而不是公司掌握,[327]英国的受托人持有修道院、[328]新教教堂、[329]共济会、[330]行会[331]以及济贫社团[332]的财产。此外,在改革剥夺了教堂法人法律地位后,受托人甚至还持有英国天主教堂的财产。[333]

在这些企业中,信托最基本的职能就是巩固受托人名下的所有权。依照英美法,财产为特定法人所有,必须以特定人的名义进行转让或授权。这在慈善机构中行不通,因为转让或授权的主体并不明确。若慈善机构有多名受益人,那么是否所有受益人都要成为立约方?依据共有权的规定,转易契必须注明每位联权共有人的姓名。[334]

---

〔326〕 例如,在纽约证券交易所上市的Mesabi信托的设立是为了从明尼苏达州的一家采矿公司获得特许权使用费。See Mesabi Tr., *Annual Report of the Trustees of Mesabi Trust*(Form 10-K) exh. 13, at 15(April 15, 2015).

〔327〕 Gareth Jones, *History of the Law of Charity*: 1532-1827 (Cambridge University Press, 1969), p. 6(说明大部分慈善捐赠是通过"用益制度"或"信托"来实现的).

〔328〕 See e. g., Prioress of Thetford *v.* Wychyngham (1426) 10 Selden Society 119 (1896); Maitland, *supra* note 22, at 338-339.

〔329〕 See e. g., AG *v.* Floyer(1716)23 Eng. Rep. 1090(Ch)1090; 2 Vern. 748, 748; AG *v.* Gouge, YB 8 Car. 1, fol. 116, Hil., pl. 172(1633)(Ex Ct)(Eng.), reprinted in 118 Selden Society 643, 643(2001).

〔330〕 See e. g., R *v.* Cain(1841)169 Eng. Rep. 81(Ch)81; 2 Mod. 204, 205; Todd *v.* Emly(1841)151 Eng. Rep. 832(Ex Ct)834; 7 M. & W. 425, 427.

〔331〕 See Shaw Livermore, *Early American Land Companies: Their Influence on Corporate Development* (Commonwealth Fund, 1939), p. 17.

〔332〕 See e. g., Love *v.* Eade(1676)23 Eng. Rep. 147(Ch)147; Fin. 269, 269(指控违反了为教区穷人利益而设立的信托).

〔333〕 See Maitland, *supra* note 22, at 358, 364.

〔334〕 See DuBois, *supra* note 23, at 217-219.

但指定每位受益人为联权共有人并不现实,因为行会和修道院等慈善机构的受益人通常是不固定的,且济贫项目也具有周期性,很难事先确定受益人。

慈善机构是这样解决上述问题的,通常它们会选择将财产授予受托人,而受托人随后可以自身名义转让财产的所有权,[335]这样做的目的在于受益人无须再签署任何转易契。若慈善信托想要出售部分财产,根本无须找到每个受益人,因为受托人是财产的唯一合法所有人。

2. 商业企业

17 世纪末,信托开始从慈善领域转向商业领域,这一转向带来的好处之一就是解决了有关受益人身份确定的问题——虽然在企业中,受益人被称为股东或合伙人。和共有权法类似,合伙普通法要求契约或转易契上必须包含每位所有人的姓名。[336] 换言之,合伙企业的财产不得归于企业自身名下,必须归于各合伙人名下。[337] 财产法规则要求合伙企业在买卖财产之时,各合伙人必须在买卖契据上签字或盖章。因此,大型合伙企业在买卖财产时就会遇到和慈善机构财产买卖相同的问题,即合伙企业要想顺利转让或受让所有权,必须找到所有合伙人。[338] 非法人公司的股东人数在 17、18 世纪之交呈现螺旋式上升之态,在 1702 年伦敦城案中,涉案供水公司的股东就

---

〔335〕 See Cf. id. at 217.

〔336〕 See id. at 217 – 219.

〔337〕 See Bisset, *supra* note 192, at 47; Joseph Dixon, *A Treatise on the Law of Partnership*(Butterworths 1866) , p. 48 – 52; Story, *Commentaries on the Law of Partnership*, *supra* note 192, § 92.

〔338〕 DuBois, *supra* note 23, at 217 – 219.

有 900 名之多，[339] 找齐所有合伙人在每份转易契上签字的难度可见一斑。股份的可流通性进一步加剧了这一问题，在具有流通股的非法人合股公司中，合伙人不但人数众多，流动性也极大，随着股份的买进卖出，新旧合伙人不断交替。从理论上而言，依照财产法的默认规则，具有流通股的合伙企业需要每天更新所有权和契约，以记录合伙的变更情况。[340]

为了解决这一问题，企业效仿慈善机构，同样将财产所有权转移到受托人名下。将其财产转移给受托人后，企业就无须令其合伙人在契约和转易契上签字，只要受托人签字即可。[341] 一家企业可以有 900 名股东，但只设有几名受托人。对有流通股的企业而言，信托效用更强，因为信托契据能更好地适应企业中持续的合伙变更。信托法一直允许匿名或潜在的钱财受益人的存在。[342] 就像祖父可以为其未出生的孙辈设立信托一样，企业家也可以为不确定的未来股东设立信托。[343] 此外，若碰巧某位合伙人将属于整个合伙的财产进行了转让，法律将视该合伙人为整个合伙企业的实际受托人。[344]

于是，信托成为巩固所有权的标准方式，其重要性也逐渐为人所

---

〔339〕 See City of London Ⅰ(1701)23 Eng. Rep. 870(Ch)870;2 Vern. 421,422.

〔340〕 Id. at 870;2 Vern. 421,422.

〔341〕 See DuBois, *supra* note 23, at 217 – 219.

〔342〕 See e. g., Lloyd Bonfield, *Marriage Settlements*: 1601 – 1740 (Cambridge University Press, 2008), p. 1 – 2.

〔343〕 See City of London Ⅰ, 23 Eng. Rep. at 870; 2 Vern. at 422; McCoy, *supra* note 148, at 193 – 195.

〔344〕 See e. g., Collyer, *supra* note 188, at 101; Gow, *supra* note 191, at 47 – 48; 1 Nathaniel Lindley, *A Treatise on the Law of Partnership* (Charles H. Edson & Co., 5th ed. 1888) (1860), p. 323 – 324.

知。[345] 在1816年纽约大法官法院出具的意见书中，大法官肯特对以信托为基础的合股公司将财产置于受托人名下的原因作出了解释："在这种情况下，选取受托人的目的是令其持有和代表财产，是权宜之计，因为认股人人数众多，以合伙形式持有和管理财产难度太大。"[346]

通过信托，企业无须重新调整财产的所有权，也无须进行企业重组。依照18世纪和19世纪合伙企业法的默认规则，合伙人出售其股份或因死亡等其他原因退股的，合伙企业自动解散。[347] 因此，若一名合伙人售出股份但企业计划继续运营的，合伙企业法的默认规则就要求该企业解散后进行重组，并以购买者作为新的合伙人。[348] 但这一问题并不难解决，依据信托法，受益人死亡、失踪或变更的，并不影响信托的存续，对信托会在股份转让以后继续存续这一事实，信托契据甚至不用另加申明。[349] 在适用方面，合伙企业法具有相似的灵活性，其有关转让的禁止性规定属于默认规则而非强制性规则，合伙人可以通过协议对禁止转让的内容进行变更。

由于股份交易的相关证据已经载入《泡沫法案》，可见信托是实现股份可流通性的有效手段。要知道，1720年通过《泡沫法案》的目的是对商业信托进行监管，[350] 其核心要义在于禁止信托"假装

---

[345] See Bisset, *supra* note 192, at 47 – 48.

[346] Van Vechten *v.* Terry, 2 Johns. Ch. 197, 197 (N. Y. Ch. 1816); Wiser *v.* Blachly, 1 Johns. Ch. 437, 437 (N. Y. Ch. 1815).

[347] See Dixon, *supra* note 337, at 167 – 168; 1 Lindley, *supra* note 344, at 194 – 195; Story, *Commentaries on the Law of Partnership*, *supra* note 192, § 275.

[348] See Harris, *Industrializing English Law*, *supra* note 16, at 141 – 143.

[349] See e. g., McCoy, *supra* note 148, at 193 – 199.

[350] See *supra* text accompanying notes 77 – 80.

募集可转让股票"。[351] 这一表述证明了信托实际上是非法人公司拥有"可转让股票"的重要工具。有一点需要明确的是,该法案并未起到应有的效果。如前所述,[352]《泡沫法案》没有真正落实,非法人合股公司股份交易并未受其影响,反而在18、19世纪之交越发频繁。[353]

(五)信义权

商业信托还建立了精妙的信义权框架。正如约翰·朗本教授所言,20世纪之前,受信托法掣肘,受托人所能行使的权力十分有限。[354] 通常情况下,若无财产授予人明示授权,受托人几乎不享有任何权力。[355] 此外,信托法也对投资和财产所有权作出了众多严苛的限制性规定,[356] 例如,受托人只能投资土地和政府债券,不得对新的商事企业进行投资;[357] 再如,未经特别授权,受托人不得买卖信托财产。[358] 信托法的这种模式是为了配合传统赠与受托人的经营管理,与商业受托人并不匹配。从中世纪晚期到20世纪早期,赠与受托人的主要工作就是持有家族产业并将其转交给下一代,前述

---

[351] See 6 Geo. 1 c. 18, § 18(1720)(Eng.).

[352] See *Supra* notes 81 – 89.

[353] See DuBois, *supra* note 23; Freeman et al., *supra* note 24.

[354] See Langbein, *Contractarian Basis*, *supra* note 200, at 640 – 642.

[355] See Michael R. Chesterman, *Family Settlements on Trust: Landowners and the Rising Bourgeoisie*, in G. R. Rubin & David Sugarman eds., Law, Economy and Society, 1750 – 1914: Essays in the History of English Law, 1984, p. 124, 159 – 160.

[356] Ibid.

[357] Ibid.

[358] Ibid.

不健全的信义权力框架能够防止受托人背离家族意愿行事。[359] 现代史学家们则指出,这种不健全的信托框架并不适合企业,因为经营企业需要开展诸多复杂的活动,适用这种信义权力框架无异于作茧自缚。[360]

但事实上,这些规则并未过多束缚19世纪的商业公司,因为它们默认该规则不具有任何强制性,公司只需制定相应的授产契据就能对规则进行变更。这在捐赠信托中得到了证实,19世纪捐赠信托授产契据的起草者几乎排除了所有默认的限制性规定。[361] 商业信托也不遑多让,例如,企业常常会授予受托人非标准形式的财产(例如机器和私营公司债券),借此来排除有关投资的限制性规定。此外,企业还会要求受托人听从董事会的指令,排除有关自由决策的默认规则。[362] 无论是哪种情况,都说明有关受托人权力的法律并未对非法人合股公司受托人的活动进行有效限制。再者,信托在商业公司的盛行也佐证了前述问题并非不可解决的事实。鉴于20世纪早期信托

---

〔359〕 See Langbein, *Contractarian Basis*, *supra* note 200, at 640 – 664; see also John H. Langbein, *Questioning the Trust Law Duty of Loyalty: Sole Interest or Best Interest*?, 114 Yale Law Journal 929, 947(2005); John H. Langbein, *The Rise of the Management Trust*, 143 Trusts & Estates 52, 53(2004).

〔360〕 See Harris, *Industrializing English Law*, *supra* note 16, at 147 – 159.

〔361〕 See Chesterman, *supra* note 355, at 162 – 163. 当代的著述也清楚地表明,有关某些类型投资的信托责任可以很容易地被免除。例如,桑德斯(Sanders)1824年在其著述中说,"受托人不能……改变信托财产的性质"——除非该受托人获得了"为实现某一目的的明示授权"。1 Sanders, *supra* note 149, at 364 – 365. 托马斯·勒温(Thomas Lewin)的第一版著述持相似观点。Thomas Lewin, *A Practical Treatise on the Law of Trusts and Trustees* (A. Maxwell, 1837), p. 311.

〔362〕 以公司为例, see Vigers *v.* Pike(1842)8 Eng. Rep. 220(HL)220; 8 Cl. & F. 562; Lund *v.* Blanshard (1844)67 Eng. Rep. 540(Ch)541 – 544; 4 Hare 9; R *v.* Cain(1841)169 Eng. Rep. 81(Ch)81; 2 Mod. 204。

已在商业组织中普及,我们没有理由再质疑受托人经管企业的能力。

结 论

纵观现代历史,普通法信托为英国和美国企业提供了强有力的法律组织形式。它几乎具有公司形式的所有理论特征,同时具有极强的开放性,对两国民众一视同仁。信托最大的短板就是有限责任,但即便是在有限责任方面,信托与公司的表现也不相上下。因此,虽然信托从来都不是公司形式的完美替代,但从现代早期直到公司形式得到普及的几百年后,信托一直是公司形式的有力竞争者。

本文的重要性在于对商法历史的主流观点提出质疑。数十年来,法律学者常常埋首于考证公司形式出现的准确时间以及具体的受众,这种研究风气建立在公司形式是造就现代商业法律技术的唯一组织形式这一观点之上。公司形式的崛起史就被等同于大型商业的发家史。

而信托则启发我们对公司形式及其历史功效重新进行评估。若公司形式理论特征并非独一无二,那么其实际作用到底是什么？企业为何选择设立公司？政府又为何要对公司设立资格加以限制？这些都是值得我们深入挖掘探索的问题,而信托的历史也证明了我们需要从新的视角来寻找答案。

公司董事会的历史和政治渊源

[美]富兰克林·格夫兹*

目　次

---

* 耶鲁大学法学院教授。

本文原文发表于 Columbia Law Review(2016 年第 8 期)。

引 言

长期以来,大量的法学学术研究以公司董事会所应肩负的责任为重心。[1] 公司董事会的组成和程序,以及无数相关的改革提案,催生

---

〔1〕 See e. g. , Dennis J. Block et al. , *The Business Judgment Rule: Fiduciary Duties of Corporate Directors* (Aspen Publishers, 5th ed. 1998); Norwood P. Beveridge, Jr. , *The Corporate Director's Fiduciary Duty of Loyalty: Understanding the Self-Interested Director Transaction*, 41 DePaul Law Review 655(1992); Michael Bradley & Cindy A. Schipani, *The Relevance of the Duty of Care Standard in Corporate Governance*, 75 Iowa Law Review 1(1989); Stuart R. Cohn, *Demise of the Director's Duty of Care: Judicial Avoidance of Standards and Sanctions through the Business Judgment Rule*, 62 Texas Law Review 591 (1983); Alfred F. Conard, *A Behavioral Analysis of Directors' Liability for Negligence*, 1972 Duke Law Journal 895 (1972); Melvin A. Eisenberg, *The Duty of Care of Corporate Directors and Officers*, 51 University of Pittsburgh Law Review 945 (1990); Charles Hanson, *The ALI Corporate Governance Project: Of the Duty of Care and the Business Judgment Rule, a Commentary*, 41 Business Law 1237(1986); Peter Letsou, *Implications of Shareholder Diversification on Corporate Law and Organization: The Case of the Business Judgment Rule*, 77 Chicago-Kent Law Review 179(2001); Harold Marsh, Jr. , *Are Directors Trustees? Conflict of Interest and Corporate Interest Transactions and the ALI's Principles of Corporate Governance*, 61 The George Washington Law Review 954(1993); Edward B. Rock & Michael L. Wachter, *Islands of Conscious Power: Law, Norms, and the Self-Governing Corporation*, 149 University of Pennsylvania Law Review 1619 (2001); Larry D. Soderquist, *The Proper Standard for Director's Negligence Liability*, 66 Notre Dame Law Review 37(1990). 本人在相关文献中的小贡献主要是,将公司董事视为法律责任的对象。See e. g. , Franklin A. Gevurtz, Corporation Law, § § 4. 1 – 4. 4(2000); Franklin A. Gevurtz, *The Business Judgment Rule: Meaningless Verbiage or Misguided Notion?*, 67 Southern California Law Review 287(1994).

了不计其数的书籍和文章。[2] 毫无疑问,最近的公司丑闻又将引出“董事去哪里了?”的疑问,并引起更多针对董事的诉讼以及要求改革的呼声。[3] 然而,鉴于人们对公司董事会兴趣强烈并且抱怨颇多,或许应该有更多的学者思考一下,为什么美国乃至世界各地的公司法一般都是通过董事会或在董事会的指导下开展公司治理的。[4]

---

〔2〕 See e. g. , Robert A. G. Monks & Nell Minow, *Corporate Governance* (Wiley, 2nd ed. 2001), p. 203 – 210; American Law Institute, *Principles of Corporate Governance: Analysis and Recommendations* § § 3.02, 3A.01 – 3A.05 (1994) (hereinafter Principles of Corporate Governance); Melvin A. Eisenberg, *The Structure of Corporation Law* (Beard Books, 1976), p. 149 – 185; Robert W. Hamilton, *Corporate Governance in America* 1950 – 2000: *Major Changes but Uncertain Benefits*, 25 The Journal of Corporation Law 349 (1999); Sanjai Bhagat & Bernard Black, *The Uncertain Relationship between Board Composition and Firm Performance*, 54 Business Law 921 (1999); Laura Lin, *The Effectiveness of Outside Directors as a Corporate Governance Mechanism: Theories and Evidence*, 90 Northwestern University Law Review 898 (1996); Charles M. Elson, *The Duty of Care, Compensation, and Stock Ownership*, 63 University of Cincinnati Law Review 649 (1995); ABA Committee on Corporate Laws, *Corporate Director's Guidebook*, 49 Business Law 1243 (1994); Ronald J. Gilson & Reinier Kraakman, *Reinventing the Outside Director: An Agenda for Institutional Investors*, 43 Stanford Law Review 863 (1991); Arthur J. Goldberg, *Debate on Outside Directors*, New York Times (October 29, 1972), at 1.

〔3〕 See e. g. , Douglas M. Branson, *Enron-When All Systems Fail: Creative Destruction or Roadmap to Corporate Governance Reform?*, 48 Villanova Law Review 989, 1014 – 1021 (2003); James D. Cox, *Managing and Monitoring Conflicts of Interest: Empowering the Outside Directors with Independent Counsel*, 48 Villanova Law Review 1077, 1093 – 1095 (2003); Charles M. Elson & Christopher J. Gyves, *The Enron Failure and Corporate Governance Reform*, 38 Wake Forest Law Review 855 (2003); Luca Enriques, *Bad Apples, Bad Oranges: A Comment from Old Europe on Post-Enron Corporate Governance Reforms*, 38 Wake Forest Law Review 911, 927 – 932 (2003); Jeffrey N. Gordon, *What Enron Means for the Management and Control of the Modern Business Corporation: Some Initial Reflections*, 69 University of Chicago Law Review 1233, 1234 – 1235 (2002); Klaus J. Hopt, *Modern Company and Capital Market Problems Improving European Corporate Governance after Enron* (ECGI, Working Paper No. 05/2002, 2002).

〔4〕 关于这个主题的主要学术研究, see *infra* text accompanying notes 6 – 7, 15。

毕竟,于企业而言,并不是没有其他的治理模式。[5]

本文的写作目的是探讨董事会为什么会存在,而且将另辟蹊径来寻找答案,即在行文中不进行理论化的论证,而是通过考察历史资料以梳理出选举制董事会如何以及为何成为公认的公司治理模式。有关公司董事会如何以及为什么出现的故事,不仅本身就富于趣味,而且还揭示出,最初设置董事会的缘由与根据当前的经济和组织理论推导出的目的南辕北辙。而这一洞见又有助于解释当前公司法对董事会的期望与董事会实际表现之间为什么存在落差。

本文对公司董事会的历史和政治根源进行考察。首先,为了给董事会的历史梳理提供切入点,本文的第一部分将探讨当前有关董事会这个机构面临的难题。而之所以出现难题,是因为董事会由股东选举并代表股东治理公司、充当最高权力机构的模式,与董事会在大多数公司的治理中仅扮演次要角色的现实之间,存在冲突。其次,在这样的背景下,本文的第二部分追溯了公司董事会的历史根源。该部分会从 14 世纪到 16 世纪从事对外贸易的英国商人公司中寻找今日公司董事会的前身,这将是一场由今及古的时间逆旅。在第三部分,本文将从关于董事会何时以及如何发展的历史介绍,过渡到对其前身被采用的背后所隐含的原理和意图的梳理。这一部分展示了当今公司董事会的前身是如何在中世纪欧洲的政治理论和实践中生

---

〔5〕 See e. g. ,Revised Uniform Limited Partnership Act. § 401(0)(2001)(规定了合伙企业管理中平等的合伙人权利);Uniform Partnership Act § 18(e)(1914)(规定在没有相反协议的情况下,由所有合伙人管理合伙企业);Uniform Limited Partnership Act,Prefatory Note (2003)[新颁布的《统一有限合伙法案》(Uniform Limited Partnership Act)的宗旨是为那些希望企业中的集中管理牢固且强势而被动投资者控制权极少的人提供一种商业形式]. See also *infra* text accompanying notes 70 – 72(这表明董事会通常对管理公司没有太大作用).

根发芽的，尽管该时期的相关理论和实践并不民主，但常常要求代表团体实行集体治理。最后，本文在总结部分，阐释了这段历史所表明的公司董事会的作用和意义。具体而言，公司董事会的历史和政治起源表明，当前对公司董事会的失望可能是由于人们混淆了一个机构的政治合法性与经营效率目标。

一、公司董事会当前的难题

(一) 以董事会为中心的公司治理模式

美国的成文公司法，可能不同时期的用语有细微差异，但都规定，公司应由董事会管理或在董事会的指导下被管理。[6] 这种以董事会为中心的公司治理模式，不仅是美国公司法中的通行规范，而且也是全球公司治理的主流模式。[7] 然而，从文义和狭义的角度来理

---

〔6〕 See e. g., Model Business Corporation Act § 8. 01 (2002); Delaware General Corporation Law § 141(a).

〔7〕 See e. g., Richard M. Buxbaum & Klaus J. Hopt, *Legal Harmonization and the Business Enterprise: Corporate and Capital Market Law Harmonization Policy in Europe and the U. S. A.* (European University Institute, 1988), p. 182 – 184(描述了董事会在欧洲的作用); Christopher L. Heftel, *Survey, Corporate Governance in Japan: The Position of Shareholders in Publicly Held Corporations*, 5 University of Hawai'i Law Review 135, 138 – 140, 153 – 154 (1983)(阐释了日本关于每家股份公司至少要有3名董事的要求); Howard Gensler, *Company Formation and Securities Listing in the People's Republic of China*, 17 Houston Journal of International Law 399, 420 – 421(1995)(讨论了中国关于董事会的要求). 需要警惕的是，这个观点遗漏了德国的双层董事会模式，在该模式下既有监事会又有管理董事会。See Thomas J. André, Jr., *Some Reflections on German Corporate Governance: A Glimpse at German Supervisory Boards*, 70 Tulane Law Review 1819, 1823 – 1826(1996). 关于公司董事会制度如何以及为什么在世界范围内被广泛采用的讨论，see Franklin A. Gevurtz, *The European Origins and Spread of the Corporate Board of Directors*, 33 Stetson Law Review 925(2004)。

解,要说一家公司应当由董事会管理或在董事会的指导下被管理,其实也并没有包含那么多内容。毕竟,一家公司必须有人来管理。这种公司治理模式以三个基本概念为要件,这些概念涉及董事与股东之间的关系、董事之间的关系以及董事与公司高级职员之间的关系。

以董事会为中心的公司治理模式的第一个基本概念是,股东(通常是每年)选举董事。〔8〕为了进一步了解这个概念的重要性,我们可以将它与其他模式进行比较。根据合伙法的缺省规则,企业的所有者(合伙人),可以凭借所有者的身份来管理合伙企业。〔9〕相较而言,公司所有者(股东)不能凭借股东的身份管理公司。〔10〕他们唯一的权利是选举董事,并就董事们提交(要么基于法律强制的〔11〕,要么是自愿的〔12〕)的、需要股东批准的事项进行投票。在合伙企业和其他非公司制的企业中,〔13〕还存在另一种极为普遍的治理模式,即由

〔8〕 See e.g., Model Business Corporation Act § 8.03(c); Delaware General Corporation Law § 211(b). 在世界范围内,一个重要的例外是德国发明的共决制,根据该制度,半数以下的董事由员工选举。See Klaus J. Hopt, *New Ways in Corporate Governance: European Experiments with Labor Representation on Corporate Boards*, 82 Michigan Law Review 1338, 1346(1984).

〔9〕 See e.g., Revised Uniform Limited Partnership Act § 401(1997); Uniform Partnership Act § 18(e)(1914).

〔10〕 See Franklin A. Gevurtz, Corporation Law § 3.1.3a(2000).

〔11〕 See e.g., Model Business Corporation Act § 11.04(b)(1994)(如合并事项必须由股东批准); Delaware General Corporation Law § 251(c)(2001)(同上).

〔12〕 例如,董事主动就存在利益冲突的交易事项向股东请求批准。See e.g., Model Business Corporation Act § 8.63(d)(2002)(对股东批准在利益冲突交易中的影响作了相关规定); Delaware General Corporation Law § 144(a)(2)(2001)(同上).

〔13〕 而且经常试图贬损公司中以董事会为中心的治理模式。See discussion *infra* Parts Ⅱ.A., Ⅱ.B.2.

所有者就谁应担任企业管理者达成一致意见。〔14〕此外,也存在由管理层自决任免的寡头统治模式。〔15〕定期选举的公司制度,即便不是在事实上,也在理论上与合伙中的委任契约制以及寡头模式下的自决制有着显著不同。

以董事会为中心的公司治理模式的第二个基本概念是,由共进退的同侪(peers)团体做集体决策。同样,如果将这一概念与其他治理模式进行比较,其重要性如何就会明朗起来。许多非公司企业都是由一人单独掌握决策权(至少是在最终决策上)。〔16〕相比之下,公司法中古老的、但流行至今的一个规则是,公司董事会需要由不止一名董事组成。〔17〕而非公司企业或其他组织发展壮大后,群体决策通常也会取代单独的决策者。然而,这类群体通常是一个科层制(hierarchical)的群体。〔18〕在这样一个群体中,所有成员都可以发表

---

〔14〕 See e. g. ,Franklin A. Gevurtz,*Business Planning*(Foundation Press,2nd ed. 1995), p. 239,245 - 246(讨论并举例说明了在LLC中指定管理合伙人或管理者的协议). 传统的有限合伙制将这种方法作为其基本治理模式的一部分。在这种模式下,一些所有者(普通合伙人)管理并承担无限责任,而其他所有者(有限合伙人)同意放弃管理者角色以换取有限责任。See Uniform Limited Partnership Act § 303(a)(2003).

〔15〕 许多荷兰公司都遵循这个模式(但例外是雇员有权反对董事会选定的劳工代表)。See Jesse H. Choper et al. ,*Cases and Materials on Corporations* (Aspen Publishers,6th ed. 2004), p. 53.

〔16〕 当然,这是独资企业的运作方式。

〔17〕 See e. g. ,Model Business Corporation Act § 8. 03 cmt. 1(2002)(表明了在1969年之前,"示范法"要求公司有3名或以上的董事);Edwin J. Bradley,*Toward a More Perfect Close Corporation—The Need for More and Improved Legislation*,54 Georgetown Law Journal 1145,1151(1966). 最近公司法规修订后允许一人董事会的存在。See Model Business Corporation Act § 8. 03(2002);California Corporations Code § 212(a)(1990)(如果公司股东少于3人,则允许董事会成员少于3名).

〔18〕 See Victor A. Thompson, *Modern Organization*(University of Alabama Press,2nd ed. 1977),p. 190.

意见,但往往力求达成共识,不过,至少在法律问题上,由一个人掌握最终的决策权。[19] 相比之下,公司董事会的规范是,所有董事都拥有平等的投票权,并且如果存在分歧,则以过半数决(majority rule)来解决。[20] 另一种通常与科层制群体决策结合使用的制度安排是在个人之间细分权力。[21] 与之相比,长期存在的公司法规则是,董事作为个体时没有治理权;相反,董事只有在召开董事会会议以群体身份行事时,才拥有权力。[22]

以董事会为中心的公司治理模式中包含的第三个基本概念是,董事会对选择和监督公司的高级管理人员(尤其是首席执行官)负有最终责任。实际上,公司法通常允许由股东选举公司总裁或其他高级职员,极少数公司的章程细则中也可能对此加以规定。[23] 然而,最普遍的做法还是由董事会任命总裁和其他高级职员。[24] 此外,法

---

〔19〕 See Alan L. Feld, *Separation of Political Powers: Boundaries or Balance?*, 21 Georgia Law Review 171,180(1986).关于林肯总统与其内阁的著名轶事提供了一个例证。据说林肯向他的内阁提交了一个决定,所有的内阁成员都投了反对票。只有林肯投赞成票。林肯随后宣布"赞成票获胜"。Ibid.

〔20〕 See Model Business Corporation Act § 8.24(c)(2002).

〔21〕 事实上,这描述了董事会层级以下的典型的公司管理结构。See Robert W. Hamilton,*Reliance and Liability Standards for Outside Directors*,24 Wake Forest Law Review 5,9-11(1989).

〔22〕 See Baldwin *v.* Canfield,I N. W. 261,270(Minn. 1879).普通公司法规对此规则进行微小修改,该法规允许董事通过一致的书面同意来行使权力。See Model Business Corporation Act § 8.21(2002).此外,董事们也可以通过委员会行事。See Model Business Corporation Act § 8.25(2002).

〔23〕 See Delaware General Corporation Law § 142(b)(2001)(高级职员可由董事会或根据章程细则的规定任命).But see Model Business Corporation Act § 8.40(b)(2002)(董事会任命高级职员 officers;高级职员可以任命其他高级职员,如果董事会或章程细则授权的话).

〔24〕 See e. g. ,Eisenberg,*supra* note 2,at 162-163.

院认为,剥夺董事会在管理公司时控制高级职员或其他个人权力的制度安排,违反了公司由董事会管理或由董事会指导管理的法律规定。[25]

(二)以董事会为中心的公司治理模式的合理性

大多数关于公司董事会的文献都把这个机构的存在看作既定的。[26] 但其中也有许多文献的作者指出了这种治理结构的各种合理性。

1. 集中管理的需要

以董事会为中心的公司治理模式之所以存在,经常被提及的一个不言自明的理由是,所有者众多的企业需要"集中管理"。[27] 该理由是基于这样一个观点,即让众多的所有者不断地聚集在一起为公司做出决策是不现实的,特别是当他们在企业中拥有的利益可被自由交易时。这无疑解释了为什么所有者众多的公司可能不希望遵循合伙法的缺省规则,即让全部所有者都参与管理公司。实际上,相关文献的作者们通常会以集中管理的需要来回应这个问题,即为什么所有者众多的企业的创建者会更青睐公司制而非合伙制。[28] 但是,

---

〔25〕 See Kennerson *v.* Burbank Amusement Co. ,260 P. 2d 823,823,830 – 833(Cal. Dist. Ct. App. 1953);Long Park, Inc. *v.* Trenton-New Brunswick Theatres Co. ,77 N. E. 2d 633,635(N. Y. 1948). See also Grimes *v.* Donald,673 A. 2d 1207,1214(Del. 1996)(承认规则,但没有找到不允许的授权). 如果法规(statute)允许某种特定的安排剥夺了董事会的权力,那么就存在一个明显的例外。

〔26〕 See generally *supra* notes 1 – 3. But see Robert A. Kessler, *The Statutory Requirement of a Board of Directors*:*A Corporate Anachronism*,27 University of Chicago Law Review 696(1960)(质疑所有公司都需要董事会的必要性).

〔27〕 See Robert C. Clark,Corporate Law § 1.2.4(1986).

〔28〕 See Thomas L. Hazen,*The Decision to Incorporate*,58 Nebraska Law Review 627,628(1979).

这一理由无法证明构成以董事会为中心的公司治理模式的大多数基础概念都是正确的。

对集中管理的需求无法解释为什么股东应该每年选举董事会。如上所述,[29]相当一部分所有者众多的非公司企业在其治理协议中规定的不是定期选举的条款,而是直接指定管理者。或者,由一个对任免有自决权的寡头组织来进行集中管理。更根本的是,对集中管理的需求并不能解释为什么这种管理应由一个同侪团体集体进行。唯一的决策者也能提供集中管理。更现实地说,在大企业中,为什么不规定只由一名首席执行官来做决策呢?

2. 群体决策

斯蒂芬·班布里奇(Stephen Bainbridge)[30]最近发表的一篇文章,对于为什么公司法需要董事会而不仅仅是首席执行官位于公司管理顶层这个问题,给出了集中管理需要以外的答案。他指出,行为心理学研究表明,在判断问题时,诸如公司董事会等群体通常会作出比个体更优的决策。[31]

班布里奇教授并没有试图用更优的决策系来自群体而非个人这一点,来证明以董事会为中心的公司治理模式在各方面的合理性。比如,他没有解释为什么股东要按年选举董事会(而不是协议确定管理团队或采用自决任免的寡头模式)。然而,就核心论点而言,即班

---

〔29〕 See *supra* text accompanying notes 13 - 14.

〔30〕 See Stephen M. Bainbridge, *Why a Board? Group Decisionmaking in Corporate Governance*, 55 Vanderbilt Law Review 1(2002).

〔31〕 群体可能比个人作出更优决策的观念对于公司法学术来说并不是新的或独特的。陪审团制度的支持者经常指出这一理由。See Michael J. Saks, *Book Review: Blaming the Jury*, 75 Georgetown Law Journal 693, 706 - 707(1986)[reviewing Valerie P. Hans & Neil Widmar's Judging the Jury(1986)].

布里奇教授引用的证据是否足以证明以董事会为中心的公司治理模式所设想的同侪群体决策(peer group decision-making)显著优于科层化群体决策(hierarchical group decision-making),仍存在疑问。换句话说,尽管意见多元化的群体能作出比个人决策更优的决策,但是群体决策实证研究的结果仍不能明确解释,为什么需要一个以过半数决制解决终极分歧的同侪决策群体,而不能是由单个人掌握最终决定权的"内阁"式群体决策。这并非一个抽象的狡辩,因为大多数大公司的观察者断言,在现实中,大多公司的决策模式实际上是科层制群体决策。[32] 实际上,即使是通常被认为属于董事会职权范围的基本方针的决策,通常也是由首席执行官和负责主要部门或核心职能的高级职员组成的团队作出的。[33] 董事为此类决策提供意见时,也通常是由董事会中一些相对更有影响力的成员与决策团队进行非正式对话,而不是通过董事会会议来进行。[34] 后文中将会讨论,为什么无论公众公司是否有董事会,它都倾向于以科层制群体决策取代同侪群体决策,而这样的现实使这种试图证明董事会存在合理性的努力彻底沦为纸上谈兵。[35]

3. 代表公司参与者及解决分配冲突

然而,对采纳董事会制度的另一种解释是,公司需要解决分配权人之间的冲突。但该解释的支持者对以下事项看法不同,即董事会的存在是为了解决哪些分配权主体之间的冲突,以及需要董事会是

---

〔32〕 See Eisenberg, *supra* note 2, at 140 – 141.

〔33〕 参见陶氏化学公司前任总法律顾问 John Scriven 访谈(2002 年 10 月 8 日)。

〔34〕 See Bayless Manning, *The Business Judgment Rule and the Director's Duty of Attention: Time for Reality*, 39 Business Law 1477, 1483(1984).

〔35〕 See *infra* text accompanying notes 68 – 79.

由于各分配权人希望决策机构中有自己的代表,还是希望决策机构能保持中立。

上述观点的雏形理论或许是,董事会的存在是为了让大股东[36]能够选举自己或他们提名的人作为董事,以保护他们在分配中的利益。该雏形理论的实证性支持来自丹麦的莫顿·本内森(Morten Bennedsen)最近进行的一项研究。[37] 本内森教授通过研究丹麦以"anpartsselskaber"(以下简称 AN)为组织形式的大量企业样本,来挖掘采用董事会制度的动机。丹麦人以德国有限公司(GmbH)制度为基础创造了这种商业形式。[38] 尽管丹麦法律并不要求 AN 企业设置董事会,但是本内森对此类企业的研究发现,他的样本中有略少于 1/5 的企业使用了董事会治理结构,其中半数以上有 3 至 5 个所有者,2/3 以上拥有 5 个以上的所有者。[39] 本内森据此提出,他所研究的那些封闭公司使用董事会的动机是保护非控股股东免受控股股东的剥削,特别是在公司的利润分配方面,但根据其研究的统计数据只能非常迂回地推导这一观点。

如果没有更多关于本内森教授所研究公司的具体控股情况的信息,就无法对他的研究进行评估。诚然,董事会制度提供了一种途

---

〔36〕 只有一小部分流通股的股东,即使采用累积投票等手段,也没有权力选举自己或被提名进入公司董事会。See Gevurtz, *supra* note 1, at § 5.2.1 a.

〔37〕 See Morten Bennedsen, *Why Do Firms Have Boards*?, SSRN (2002), http://ssrn.com/abstract-303680.

〔38〕 See id. at 5 n.2. "GmbH"是 Gesellschaft mit beschrdnkter Haftung 的缩写,意为有限责任公司。Henry P. De Vries & Friedrich K. Juenger, *Limited Liability Contract: The GmbH*, 64 Columbia Law Review 866, 867 (1964). 其基本思想是允许有限责任,但不包括对上市公司的所有要求。See id. at 867-868.

〔39〕 本内森教授从某些统计相关性中推断出使用董事会的可能动机(例如,股票的分散和董事会的使用之间的关系)。这些推论的有效性远远超出了本文的范围。

径,让非控股股东可以在公司管理中获得一些发言权,包括公司利润分配事项。然而,来自美国封闭公司的治理经验中的传统智慧*是,相较其他的治理模式,比如,由合伙企业的缺省规则提供的或是一份精心起草的股东协议中选择的模式,以董事会为中心的公司治理模式,更可能让控股股东剥削非控股股东。[40] 打个比方,以董事会为中心的公司治理模式的基本逻辑是,由股东定期选举董事,下面让我们来考虑该制度可能的影响。首先,这其实是控制股东的秘密武器,即在封闭公司中,当控股股东想要限制非控股股东对任何公司治理事项的发言权时,他们就会将非控股股东挤出董事会。[41] 当然,各方在纠纷发生前可以协议制定一些机制,以确保非控股股东继续留在董事会。[42] 然而,相比之下,在合伙企业中,即使没有特别的预先计划,相关法律也确保全部的所有者在管理方面有发言权,因为各方只要是合伙人就有权参与管理合伙企业(除非有其他协议)。[43] 此外,即使非控股股东仍然留在董事会,董事会制度下强制性的"过半数决规则"(相较事先一致商定分歧解决方式的协议,如合伙协议),也会让封闭公司(closely held corporation)的大股东能够通过牺牲非

---

* "传统智慧"一词由美国著名经济学家约翰·肯尼斯·加尔布雷斯(John Kenneth Galbraith)创造,是指那些并没有确实证据,甚至是被编造出来的说法,但由于是被名人提出和使用,结果成为公众所接受的真理,抑或指一套习以为常的思维模式。——译者注

〔40〕 See F. Hodge O'Neal & Robert B. Thompson, *O'Neal's Oppression of Minority Shareholders: Protecting Minority Rights in Squeeze-Outs and Other Intracorporate Conflicts* (Clark Boardman Callaghan, 2nd ed. 1996), at § 2.10.

〔41〕 See Wilkes *v.* Springside Nursing Home, Inc., 353 N. E. 2d 657, 659 (Mass. 1976) (认为大股东这样做违反了对少数股东的信义义务).

〔42〕 See Gevurtz, *supra* note 14, at 477 – 487.

〔43〕 See *supra* text accompanying note 9.

控股股东利益来获得超比例的分配。[44] 虽然,股东同样可以在分歧产生之前达成协议,使小股东得以维系他们从公司获得分配的权利。[45] 然而,此类协议可能会削弱董事会通过多数决规则来管理公司的理论基础。事实上,在早些年,法院经常因为这个原因而否决此类协议。[46] 相比之下,管理合伙企业和其他非公司企业(non-corporate business)的法律不仅规定了各方需通过协议决定分配及其他类似事项,而且对此持鼓励态度。[47]

这种解释还有一个内涵更宽泛的版本,即董事会的存在不仅是为了解决股东之间的冲突,而且是为了解决股东和其他公司参与者(比如管理者、其他雇员、债权人,甚至可能是整个团体)之间的冲突。在美国,对该观点持不同看法的讨论可以追溯到《哈佛法律评论》(Harvard Law Review)[48]中著名的伯利－多德(Berle-

〔44〕 See e. g. ,Donahue *v.* Rodd Electrotype Co. ,328 N. E. 2d 505,520(Mass. 1975)(但认为大股东这样做违反了对少数股东的信义义务).

〔45〕 See Gevurtz,*supra* note 14,at 477 –487.

〔46〕 See e. g. ,McQuade *v.* Stoneham,189 N. E. 234,236(N. Y. 1934). 公司法现在通常允许这样的协议。

〔47〕 See e. g. ,Franklin A. Gevurtz,*Squeeze-outs and Freeze-outs in Limited Liability Companies*,73 Washington University Law Review 497,504 –505,508 –509(1995). 该讨论表明,大股东或控股股东实际上可能更偏好董事会治理。然而,如果大股东或控股股东希望切断少数群体的分配或者经营企业的声音,那么所有者通过多数投票决定分配并选举高级管理人员管理公司的制度[as in Wilkes *v.* Springside Nursing Home,Inc. ,353 N. E. 2d 657,659(Mass. 1976)],即使没有董事会,也能实现大股东或控制股东的目标。

〔48〕 See E. Merrick Dodd, Jr. , *For Whom Are Corporate Managers Trustees?*, 45 Harvard Law Review 1145 (1932); A. A. Berle, Jr. , *For Whom Corporate Managers Are Trustees:A Note*,45 Harvard Law Review 1365(1932).

Dodd)之争*,但林恩·斯托特(Lynn Stout)[49]在最近的一篇文章中,试图找到证明股东是出于上述原因而授予董事会权力的实证数据。该文章的论点是,各类主体——股权投资者、债权人、管理者、其他雇员等——都为公司获得收益作出了必要的贡献,而且所有人都期望从这些收益中获得一定的分配。但很难确定所有的这些贡献到底对收益产生了多少价值,故很难制定出事前合同来充分补偿(而非过度补偿)每个分配权人(claimant)。由此反推,需要一个机构充当中间人,来掌握分配的事后决定权。斯托特教授认为,股东默许使董事会免受其控制的机制,如"毒丸计划"(poison pill),证明股东认可了董事会是为此(目的)而存在的。

在对促进股东利益无益的情况下,董事是否应该有义务或权利去关注股东以外的公司参与者的利益,这个问题一直是许多法律和经济政策辩论的主题。[50] 但本文不会重述相关的各种论点。[51] 在此要问的是,该观点,即董事会的存在是为了调解公司参与者之间的

---

* 伯利-多德之争,是指阿道夫·A. 伯利(Adolf A. Berle)和E. 梅里克·多德(E. Merrick Dodd)两位学者之间有关企业责任的争论,伯利认为管理者应该对股东负全部责任,而多德认为他们是股东和社会共同的受托人,他们得出的结论是,在股东没有控制权的情况下,对公司管理层的唯一制约是信息的充分披露,这成为美国证券立法的基本理念,对财务报告产生了深远的影响。——译者注

〔49〕 See Lynn A. Stout, *The Shareholder as Ulysses: Some Empirical Evidence on Why Investors in Public Corporations Tolerate Board Governance*, 152 University of Pennsylvania Law Review 667(2003).

〔50〕 See e. g., Dodge *v.* Ford Motor Co., 170 N. W. 668(Mich. 1919); *Credit Lyonnais Bank Nederland*, N. V. *v.* Pathe Communications Corp., 1991 WL 277613(Del. Ch. Dec. 30, 1991); ABA Committee on Corporate Laws, *Other Constituencies Statutes: Potential for Confusion*, 45 Business Law 2253(1990); Morey W. McDaniel, *Stockholders and Stakeholders*, 21 Stetson Law Review 121(1991).

〔51〕 至于作者的观点, see Gevurtz, *supra* note 1, at § 4.1.5。

冲突,是否足以证明以董事会为中心的公司治理模式在各方面的合理性。如果董事会是由各类参与者的代表组成,那该观点便可以证明。在那种情况下,人们就可以理解为什么要选出一个组织作为公司管理的顶层设计。因此,这个理由似乎解释了监事会的存在,在德国的共决制下,监事会的一些代表由股东选举产生,另一些代表由员工选举产生。[52] 然而,在美国和世界上大多数的国家,以董事会为中心的公司治理模式要求董事会由股东选举产生。[53] 如果董事会制度不是要选出每类利益群体(constituencies)代表,那么其存在的意义又是什么?斯托特教授的回答是,要将董事会视为一个独立主体,而不是一个代表机构,它类似于中立仲裁者的性质。但该观点似乎与股东选举董事的规则不符。毕竟,很难想象各类公司利益群体会设计这样一个制度,即由一类分配权人选出其心仪的人选,来充当决定各类分配权人分配比例的中立的仲裁者。[54]

4. 监督管理者

公司治理模式需以董事会为中心的最后一个理由代表了主流观

---

〔52〕 See e. g. ,Hopt,*supra* note 8,at 1343 – 1344.

〔53〕 See *supra* text accompanying notes 6 – 8.

〔54〕 斯托特教授指出,集体行动问题有效地削弱了股东对公众公司董事会构成的控制。相反,如下文所述,管理层传统上已控制了代理机制并选择了董事。See *infra* text accompanying notes 63 – 66. 然而,这仍然没有表明董事会可以作为独立的仲裁者;即使公众公司的董事会可能更倾向于支持高级管理层而不是股东。此外,集体行动问题削弱了股东选择董事规范的偶然事件,只适用于没有控股股东(或控股股东集团)的公众公司。因此,除了在没有控股股东的公众公司中,斯托特教授未能解释在其他公司中董事会的存在。更重要的是,在大多数公司中,控股股东决定董事会的构成从根本上削弱了斯托特教授对董事会的合理化,即使是在公众公司中也是如此,因为这表明公司可以并且确实克服了不同贡献者之间的事前合同问题,而没有一个独立的中介机构。

点。这个理由是,由股东选出的董事会是监督公司管理的必要工具。[55] 通常,这种观点始于这样一个认识,即公司的科层结构是为了获得团队生产的优势,同时通过让更高级别的代理人监督较低级别的代理人,从而最小化代理成本(卸责和不忠诚)。[56] 然而,却带来了这样一个问题,即谁来监督最高级别的监督者。传统经济学的答案是,拥有剩余索取权的股东,有最大的动力去监督最高级别代理人。[57] 然而,这个答案在公众公司中面临着实际困难,因为公众公司的股东太过分散,以至于股东无法直接进行有效的监督。这进而引出了这样一种论点,即由股东选出的公司董事会,为股东自行监督公司存在的实际困难提供了一个解决办法。[58]

该理论依据为股东为什么要选举董事会以及董事会为什么要任命高级管理人员提供了一个适合的答案。然而,有趣的是,这个理由并不能解释董事会存在的必要性,因为只要股东选出公司的顶层管理者即可,无论是谁。换句话说,通过让股东选举公司的首席执行官,也可以达到相同的监督效果。然而,该理由还存在一个更根本的问题,它建立在一个相当奇怪的假设之上,即因股东人数太多而不能亲自监督管理层,但却能充分地参与和组织董事选举,去精心选出一些富有警惕性的董事来替他们进行监督。

---

〔55〕 See e. g. , Principles of Corporate Governance, *supra* note 2, at § 3.02; Eisenberg, *supra* note 2, at 169 – 170.

〔56〕 See Bainbridge, *supra* note 30, at 5 – 7.

〔57〕 See Armen A. Alchian & Harold Demsetz, *Production, Information Costs, and Economic Organization*, 62 American Economic Review 777, 782 – 783 (1972).

〔58〕 See Eugene F. Fama & Michael C. Jensen, *Separation of Ownership and Control*, 26 The Journal of Law and Economics 301, 311 (1983).

（三）以董事会为中心的公司治理模式与现实之间的分歧

以董事会为中心的公司治理模式下，股东选择董事，由董事选择并监督高级职员，高级职员又负责执行董事会的决议，但公司治理的现实在一些不算明显但很重要的方面异于该模式。而这种差异的性质又取决于该公司究竟是股东人数很少（封闭公司）还是股东人数众多（公众公司）。

1. 封闭公司

在封闭公司中，现实与以董事会为中心的公司治理模式不同，因为股东、董事和高级职员都是同一个人。[59] 换句话说，在一个股东人数很少的公司里，与其让一大群被动的股东选举董事（可能是股东，也可能不是股东）来管理公司，所有或大部分的股东将会选举自己作为公司的董事。同样，在封闭公司中，股东们通常也会选择自己担任高级职员，而不是让董事会挑选可能是，也可能不是董事或股东的人来担任高级职员。在这种情况下，股东们通常直接将自己视为经营业务的所有者——就像合伙人一样。因此，设置一个董事会几乎没有意义。

公司法对上述差异的回应，是更多地将以董事会为中心的公司治理模式作为缺省规则。这在有关允许封闭公司的股东选择不设董事会的法规中体现得最为明显。[60] 即使没有完全摒弃董事会，现代公司法规也普遍允许股东通过协议来规定谁将担任董事，以及董事

---

〔59〕 See F. Hodge O'Neal & Robert B. Thompson, *O'Neal and Thompson's Close Corporations and LLCs: Law and Practice; Close Corporations and LLCs*. (Thomson Reuters, 3d ed. 2004) § 1.9.

〔60〕 See Model Business Corporation Act § 7.32(a)(1)(2002); Delaware General Corporation Law § 351(2001).

应就哪些事项作出决策。[61]

2. 公众公司

以董事会为中心的公司治理模式与公众公司的现实之间的差异,与股东、董事和高级职员之间的混同无关,而与这三个群体之间权力的流向有关。具体而言,以董事会为中心的公司治理模式下,权力从股东(决定谁将成为董事)流向董事(选择公司高级职员和制定政策)、再流向高级职员。在大多数情况下,公众公司的现实几乎是相反的,通常是由其高级职员,特别是首席执行官,来决定谁将担任董事以及公司将采取何种方针。[62] 为了理解为什么会出现这种反转,我们需要研究影响股东和董事决策的激励因素。

上市公司的股东通常是"理性冷漠"的。换句话说,一家公众公司的理性股东通常会得出这样的结论:花费很多时间或精力来为公司的控制权担忧是不值得的。[63] 毕竟,试图改变公司管理的成本相当高——因为不满的股东必须寻求其他众多分散的股东的支持——而回报相对较低,因为其他股东将获得大部分收益。在经济学语境中,存在一个巨大的"搭便车"问题。当然,人们可能会认为在处理联邦、州和地方政府选举时也存在同样的问题。然而,不满的股东与不满的公民所拥有的选择权之间存在显著差异。对公众公司管理层不满的股东可以快速、便捷地出售其股票。这种抛售公司股票的自力

〔61〕 See Model Business Corporation Act § 7.32(a)(3)(2002); Delaware General Corporation Law § § 218(c)(validating agreements regarding who shareholders will vote for as directors), 350 (validating agreements dictating actions of the board of a statutory close corporation).

〔62〕 See Thomas L. Hazen & F. Hodge O'Neal, Corporations § 9.2(1997).

〔63〕 See Choper et al., *supra* note 15, at 560.

救济通常被认为是在遵循“华尔街规则”。而对不满的公民来说，收拾行囊离开某个司法管辖区是不太现实的。

现任董事对公司代理机制的控制使得理性冷漠现象愈演愈烈。几乎无一例外，公司都会为现任董事（或其提名者）的表决权征集行为（solicitation of proxies）买单。[64] 如果选举是非竞争性的，那情况就是如此，而通常情况下，即使在竞争性的选举中也是一样。相比之下，挑战者将需要自己承担征集费用，除非（或至少）他们获胜。[65] 这种不平衡给任何挑战现任董事会的人带来了严重的财务障碍。最终的结果是，与联邦、州和地方政府选举不同，公司董事的选举很少受到挑战。[66]

有两位教授在1932年合作撰写了一本专著，揭示了这样一个现象，即公众公司的股东并没有通过选举董事来真正地控制公司，这被后世称为“伯利－米恩斯论题”（Berle-Means thesis）。[67] 然而，到目前为止，争论的结果只解释了为什么股东不能控制董事会的组成，而没有解释为什么高级职员有这样的控制权，也没有解释为什么是高级职员而不是董事控制公司的决策。

要理解为什么是高级职员而不是董事控制公众公司，需将董事分为两类：“内部”董事和“外部”董事。“内部董事”指的是同时为公

---

〔64〕 See Gevurtz, *supra* note 1at §3.1.3(b)(3).

〔65〕 See e. g., Rosenfeld *v.* Fairchild Engine & Airplane Corp., 128 N. E. 2d 291, 293 (N. Y. 1955).

〔66〕 See Melvin Aron Eisenberg, *Corporations and Other Business Organizations* (Foundation Press, 8th ed. 2000), p. 336 (citing SEC and Georgeson & Co. data).

〔67〕 See generally Adolf A. Berle, Jr. & Gardiner C. Means, *The Modern Corporation and Private Property* (Commerce Clearing House, 1932).

司全职工作的董事。换句话说,是兼任高级职员的董事。“外部董事”指的是非全职员工的董事。

在传统上,外部董事对公司的控制权受到许多实际限制。其中一些限制是显而易见的。例如,外部董事只对公司投入有限的时间。毕竟,根据其定义,这些人可能在其他地方拥有全职工作。〔68〕 与缺乏时间密切相关的是外部董事在决策时可获得的信息的质量。实际上,外部董事在作出决策时必须依赖公司高级职员向他们提供的信息。〔69〕 诚然,董事有权查阅公司记录。〔70〕 然而,时间限制通常使这一权利更具理论性而非实际性。鉴于时间和信息的限制,董事会几乎无法启动任何公司战略或决策。相反,在很大程度上,董事会的作用就是批准高级职员向董事会提交的战略和决策。〔71〕 然而,即使是在批准公司高级职员制定的战略和决策的情况下,董事会的有效控制也往往是微不足道的。这不仅是因为大多数公司的决策从未提交董事会,还因为存在许多因素使得董事会很少会否决高级职员的提案。比如上文提到的几个因素,缺乏时间和缺乏独立信息,会使外部董事难以发挥审核高级职员提案的把关作用。此外,还存在各种各样的偏见,这些偏见也不利于外部董事审核高级职员的提案。例如,外部董事可能与公司或其高级职员存在各种关系,将使外部董事在

---

〔68〕 在公司董事会中,通常担任外部董事的人包括其他公司的首席执行官以及银行家和律师。See William A. Klein & John C. Coffee Jr. , *Business Organization and Finance: Legal and Economic Principles*(West Academic, 8th ed. 2002) , p. 131. 即使任职于董事会的学者和前政府官员,也还有其他事情要做。

〔69〕 See Eisenberg, *supra* note 66, at 204.

〔70〕 See Model Business Corporation Act § 16. 05(a) (2002).

〔71〕 See Manning, *supra* note 34, at 1483 – 1484.

质疑高级职员时有所迟疑。[72] 然而,最根本的是,内部董事,特别是首席执行官,已经控制了公司代理机制(proxy machinery),从而能决定谁将成为董事会成员。[73] 在这种情况下,身负要职的内部董事们会将对重要事项的控制权更紧地攥在手中,因为他们与公司利益攸关,这样的结果是人之常情。无论如何,如果由高级职员,特别是首席执行官来挑选董事,那么选择对其服从的董事才是符合人性的。[74]

那么内部董事表现如何呢?由于他们全职为公司工作,大概他们不会像外部董事那样,受到时间上或信息上的限制。然而,在评估内部董事以董事身份管理公司的能力时,我们必须认识到内部董事的双重身份。其作为董事会成员,日常工作就是与地位平等的同侪们做出集体决策,在必要时通过过半数决制解决分歧。[75] 然而,其作为高级职员时,则处于科层制的体制中,由首席执行官掌握最终决定权,并且在传统上,首席执行官还有权决定初级管理人员未来的留任和晋升。[76] 最终,如果还期待这些在首席执行官的领导下、每年只有几天工作时间的外部董事们,突然之间调转枪口,转而在董事会

---

〔72〕 安然公司的董事会很好地说明了这个问题。See Gordon, *supra* note 3, at 1241 - 1242.

〔73〕 See James D. Westphal & Edward J. Zajac, *Who Shall Govern? CEO/Board Power, Demographic Similarity, and New Director Selection*, 40 Administrative Science Quarterly 60, 78(1995)(描述强大的董事会如何倾向于任命与他们人口统计上相似的新董事).

〔74〕 See Myles L. Mace, *Directors: Myth and Reality* (Harvard Business School Publications, 1971), p. 108.

〔75〕 See *supra* text accompanying note 30.

〔76〕 See Melvin Aron Eisenberg, *The Structureof Corporation Law*, 89 Columbia Law Review 1461, 1491 - 1492(1989).

会议上质疑首席执行官,那实在是白日做梦。相反,虽然高管领导的管理层可能在制定政策方面有发言权,但是有头脑的首席执行官经常通过寻求共识来开展工作,[77]而且很多公司政策都源于不同的部门,[78]但内部董事仍会以高级职员的身份主动发声,而非以同侪董事会成员的身份被动决策和执行。[79]

总而言之,尽管董事会名义上是公司的最高层治理机构,但实际上只是徒有虚名。[80] 董事会的预期角色与公司治理的现实之间的这种不协调,似乎是该机构本质上所固有的。该结论可以为这样一个事实所证明,即关于董事无所作为的抱怨贯穿了公司董事会的发展史,从法律学者的经典文章,[81]到 19 世纪的多学科文献,比比皆

〔77〕 参见 John Scriven 访谈,*supra* note 33。

〔78〕 M 型管理结构尤其如此。See Oliver E. Williamson, *Organization Form, Residual Claimants, and Corporate Control*, 26 The Journal of Law and Economics 351, 366(1983).

〔79〕 See Mace, *supra* note 74, at 119 – 120.

〔80〕 See e. g., Monks & Mtnow, *supra* note 2, at 209(“本章的主要结论是,美国的董事会往往未能保护股东的利益。”);Rita Kosnik, Greenmail: *A Study of Board Performance in Corporate Governance*, 32 Administrative Science Quarterly 163, 166 – 67(1987)(现代董事会是“增选附属机构”);Myles L. Mace, Directors: *Myth and Reality-Ten Years Later*, 32 Rutgers University Law Review 293(1979)(研究重申了早期关于董事被动性的研究结果);Mace, *supra* note 74, at 107.(研究发现,董事们很少挑战或监督首席执行官的表现,但他们的表现往往只是“企业圣诞树上有吸引力的装饰品”)Robert Aaron Gordon, *Business Leadership in the Large Corporation*(the Brookings Institution, 1961), p. 143(“典型大公司的董事会并未积极发挥领导职能的重要作用”).

〔81〕 See e. g., William O. Douglas, *Directors Who Do Not Direct*, 47 Harvard Law Review 1305(1934)(一个流行的主题是董事应该承担董事的责任).

是。〔82〕 当然此类抱怨也不光针对美国的董事会。〔83〕 此外，尽管改善董事会治理的呼吁络绎不绝，但近来一系列丑闻的发生再次引发了对董事会糟糕表现的谴责。〔84〕 当然，大公司实现了自身的繁荣，同时促进了现代经济的繁荣，这一事实表明，尽管人们不满于企业周期性的失败，但这样的公司管理结构必然有其作用所在。尽管如此，在阅读经济史学家的著作时，很难不得出这样的结论：使得公司有效运转的管理发展，并不是发生在董事会层面上，而是在其下的管理层

---

〔82〕 See e. g. , Anthony Trollope, *The Way We Live Now*(Chapman and Hall, 1875), p. 298 – 309["Melmotte (该公司的首席执行官，欺诈性促销的实施者)，会说一些缓慢的话……总是暗示胜利，然后每个人都同意一切，有人会签署一些东西，而董事会……将会结束"].

〔83〕 See Corporate Governance in Japan: A Report by Oxford Analytica, in Monks & Mtnow, *supra* note 2, at 267(解释说，在日本，正式的权力由公司总裁和董事会掌握，但董事会会议很少，决策是橡皮图章；真正的权力由总裁和由总裁的直属下属组成的运营委员会持有)；id. at 292[解释说，法国公司的总裁(PDG)在没有董事会制衡力量的情况下，对企业行使几乎不受控制的控制权，而董事会的组成和议程则由 PDG 控制；事实上，董事会对管理层的决策进行投票被认为是"不礼貌的"]；Mark J. Roe, *Political Preconditions to Separating Ownership from Corporate Control*, 53 Stanford Law Review 539, 568(2000)(注意到德国公司监事会不经常碰面，而且他们的信息基础薄弱).

〔84〕 See e. g. , *The Way We Govern Now*, Economist, January 11, 2003, at 59(根据涉及安然的公司丑闻讨论董事会治理不善)；Michael C. Jensen & Joseph Fuller, *What's a Director To Do*? (October 2003), http://ssm. com/ABSTRACT = 357722("最近一波公司丑闻提供了持续的证据，证明董事会未能履行其作为顶级公司控制机制的角色")；Gordon, *supra* note 3, at 1241 – 42(注意到安然公司的董事会是一个"纸上谈兵的董事会"，但它的失败揭示了董事会作为一种治理机制的某种弱点).

中,就比如U型和M型组织结构的发展*。[85]

二、公司董事会的历史根源

鉴于公司应由选举制董事会来管理或在其指导下被管理的规范与公司治理的现实不相一致,所以有必要探究一下董事会治理的规范是何时以及如何发展的。考虑读者的阅读偏好,本部分将不会像历史书一样运用传统的正叙方式来梳理董事会治理的历史,相反,本

---

* 西方学者从资产关系、产权结构等角度,将公司内部管理的组织形式分为U型(一元结构)和M型(多元结构)。U型结构是一种按职能划分部门的垂直管理的职能结构,各部门独立性很小,企业实行集中控制和统一指挥,每个部门或系统由企业高层领导进行直接管理,是一种高度集权的结构形式。M型结构亦称多部门结构,有时也称为产品部式结构,是一种由相对独立的事业部组成的组织结构,即以组织所经营的各种产品和事业来划分部门,各部门拥有较大的自主权,部门总经理对本单位的绩效负责,拥有经营决策权。公司结构从U型向M型发展,会导致权力趋向于管理层,使总经理和董事会之间的纵向关系转变成了实际上的平行关系,强调战略管理职能日益转变成总裁或总经理的职责,进而董事会应当以监督、督导和公司运行系统设计、管理和维护作为主要职责和角色定位。——译者注

〔85〕 See Richard S. Tedlow, *The Rise of the American Business Corporation*(Routledge, 1991), p. 13 – 24, 56 – 60. 虽然公众公司普遍采用董事会治理,因此很难对没有董事会的程序的影响进行实证研究,但最近的各种研究都试图评估董事会构成和其他公司治理实践对公司业绩的影响。许多结果尚无定论。See Hamilton, *supra* note 2, at 364 – 73(研究没有从公司治理的变化中产生一致的积极结果,如增加独立董事的使用); Bhagat & Black, *supra* note 2, at 945(回顾了100多项研究,没有找到令人信服的证据证明独立董事能够提高公司业绩). 对欠发达经济体的研究表明,这种影响可能更大。See Mark Mobius, *Issues in Global Corporate Governance*, in Corporate Governance: An Asia-Pacific Critique(Low Chee Keong ed., 2002), p. 47 – 48(解释说,最近新兴市场的研究显示,拥有所谓更好公司治理的公司的股票表现更好,包括更独立的董事会). 然而,很难说这个结果有多少来自董事会与其他所谓的良好公司治理实践,改善的市场回报率中有多少反映了投资者当前对拥有所谓更好公司治理实践的公司股票的渴望,又有多少反映了这些公司实际改善的业绩。

部分将根据研究者有关公司董事会的发现来追溯其根源，即从当前回溯到公司董事会最初出现的时点。换句话说，本部分将遵循考古式的、先发现再挖掘的倒叙方式来展开。

（一）美国公司立法

美国公司立法中一直存在一种规范，即公司管理的终极权力属于选举制董事会。纽约1811年法案通常被认为是第一部普通公司法（general incorporation laws），[86]法案规定“公司的股票、财产和其他重要事项由受托人管理和执行，除公司成立的第一年以外，选举受托人的时间和地点由该公司的章程细则规定……”[87]当然，现行的公司法规中将“受托人”的表述替换为“董事”，[88]并基于现实情况作了调整，规定董事会“通过或基于”指导、而非直接介入来管理公司，[89]以及每年由股东、而非章程细则决定具体选举事项。[90] 尽管如此，纽约公司法案证明了一点，即公司董事会治理的基本规范自普

---

〔86〕 在纽约的法令颁布之前，有几个州已经颁布了狭义的公司法律来解决“收费高速公路”（turnpikes）或类似的问题。See Harry G. Henn & John R. Alexander, *Laws of Corporations and Other Business Enterprises*（West Academic, 3d ed. 1983）, § 12. 然而，在大多数情况下，在此之前，公司通过特别的立法来实现，该法案将授予个别公司特许经营。See Gevurtz, *supra* note 1, at § 1.1.3 a.

〔87〕 See 1811 N. Y. Laws LXVII.

〔88〕 See e. g., Model Business Corporation Act § 8.01（2002）; Delaware General Corporation Law § 141（a）（2001）. 然而，某些类型的公司，如互助协会（mutual associations），通常仍然使用“受托人”这个术语。See Michigan Compiled Laws Annotated § 500.6834（West 2002）.

〔89〕 See e. g., Model Business Corporation Act § 801（b）（2002）; Delaware General Corporation Law § 141（a）（2001）.“在语言的指导下”（under the direction of' language）的目的是明确规定，该法令并未指示董事会参与公司的日常运作。See Model Business Corporation Act § 8.01（b）cmt.（2002）.

〔90〕 See e. g., Model Business Corporation Act § 8.03（c）（2002）; Delaware General Corporation Law § 211（b）（2001）.

通公司法颁布之时存在于世。

在 1811 年,纽约州立法机构对于董事会治理架构并没有特别的创新。事实上,这部法规只是将早前公司设立时分别依法授予的特许状中所确立的通用治理模式编纂成了法典。[91] 以 1791 年的美国银行(常被称为美国第一银行[92])的章程为例,该章程规定由股东每年选出由 25 名董事组成的董事会。[93] 根据章程,银行董事会每年任命其中一名成员为银行总裁,并可任命董事会认为必要的其他职员。[94] 这种治理结构并非银行业所独有。比如,"实用品制造业筹建协会"(The Society for Establishing Useful Manufactures),其于 1791 年获得新泽西州立法机构授予的特许状(charter)。亚历山大·汉密尔顿(Alexander Hamilton)(同年也参与了美国第一家银行的设立)成立了这家名号大气的公司,经营范围是"生产纸张、帆布、女鞋、黄铜和铁器、地毯和印花布"。该公司的日常经营事务由股东选出的 13 名董事管理。有趣的是,这家公司是美国早期由于外部董事监督管理不足而倒闭的公司之一。[95]

---

〔91〕 这种治理模式继续存在于特许公司的特许状之中,即使是首次颁布了普通公司法之后。See Joseph Kinnicut Angell & Samuel Ames, *A Treatise on the Law of Private Corporations Aggregate*(Hilliard, Gray, Little & Wilkins, 1832), p. 121.

〔92〕 美国第一家银行的特许状于 1811 年到期。随后的特许状于 1816 年创建了美国第二家银行。See Michael P. Malloy, *Banking Regulation*(West Group, 1999) § 1.3.

〔93〕 See Bank Act, Ch. 10, § 4(1791).

〔94〕 See id. § § 4,6.

〔95〕 See Stanley C. Vance, *Corporate Leadership: Boards, Directors, and Strategy*(McGraw-Hill, 1983), p. 3–5.

(二)英国先例

1. 英格兰银行

早期美国公司采用的董事会制度,其渊源显然是英国公司特许状中的类似条款,这并不令人诧异。1694 年的英格兰银行特许状是美国公司实践受英国影响的最佳例证之一。英格兰银行 1694 年的特许状规定董事会由 24 名董事组成,〔96〕也正是这个特许状开创了"董事"一词的用法。〔97〕 而董事的选举则每年由"所有者大会"(court of proprietors)(现在称为股东大会)负责。〔98〕 事实证明这份特许状对美国实践有影响。例如,借用了"董事"一词就是一个明显的事实。又如,英格兰银行的 24 人董事会和美国第一银行 25 人董事会在规模上相似(在英国银行董事会的规模上增加了一个人似乎只是为了避免投票平局的出现)也是一个例证。再如,还有一个条款,由于其性质非比寻常而显示出其影响力,即英格兰银行和美国第一银行都对董事施加了任期限制:英格兰银行的特许状规定董事中有 1/3 不得连任,〔99〕而美国第一家银行的特许状规定董事中有 1/4 不得连任。〔100〕

然而,需要注意的一点是,美国的特许状,包括美国第一银行的特许状,规定的公司治理结构通常与英格兰银行使用的治理结构不同。与美国第一银行的特许状所体现的美国惯例不同,英格兰银行

---

〔96〕 See Cyril O'Donnell, *Origins of the Corporate Executive*, 26 Bulletin of the Business Historical Society 55, 61(1952).

〔97〕 See e. g. , Ronald Ralph Formoy, *The Historical Foundations of Modern Company Law*(Cambridge University Press, 1923), p. 21.

〔98〕 See O'Donnell, *supra* note 96, at 61.

〔99〕 See 5 – 6 W. & M. , c. 20(Eng.).

〔100〕 See Bank Act, *supra* note 93, at § 7(2).

的特许状规定,由“所有者大会”选举银行行长,而不是由董事任命。[101] 事实上,具有讽刺意味的是,美国公司治理遵循了英国议会的模式,即由董事会任命该公司的首席执行官,而早期的英国公司往往遵循一种更接近美国政治惯例的模式,即让成员直接选举公司的首席执行官。[102] 无论如何,到 18 世纪末,英格兰银行的“所有者大会”只能批准现有董事[103]编制的董事候选人“名单”,从而形成了所有权和控制权分离的历史渊源。在选举首席执行官这一事项上,虽然英格兰银行早期的规定预示了以董事会为中心的治理模式与公众公司(publicly held corporation)一般现实情况的分歧,但同时,英格兰银行的董事会后续还是遵循了以董事会为中心的治理模式。此外,英格兰银行在成立之初,其董事会每周召开一次会议,参与管理该银行,纵观该银行的历史,其董事们都积极参与着银行的管理工作。[104]

2. 为开拓美国殖民地而建立的公司

为了在后来成为美利坚合众国的土地上建立殖民地,英国在其上特许设立了一些公司,这可能也对早期美国公司采用董事会治理有影响。然而,在这种情况下,影响会表现得更不那么明显,因为这些公司在美国人组建商业公司(business corporations)之前已经退出了历史的舞台。尽管如此,很可能就是这些殖民公司所建立的董事会治理模式——该模式还持续影响了 13 个州的政治机构——使美

[101] See O'Donnell, *supra* note 96, at 61.

[102] See *infra* text accompanying note 226.

[103] See O'Donnell, *supra* note 96, at 62 – 63.

[104] See id. at 61, 66.

国人接受了公司治理董事会的概念。

1606年,詹姆斯一世授予两家公司特许状,以便在北美进行贸易和殖民化。起初以"伦敦公司"(London Company)为名、后来更名为"弗吉尼亚公司"(Virginia Company)的一家公司通过该特许状取得了在北纬34度和北纬41度之间的任何地方建立殖民地的权利,而另一家被通称为"普利茅斯"(Plymouth Company)的公司经特许后可以在北纬38度和北纬45度之间建立殖民地。两家公司都由特许状中指定的某些"骑士、绅士、商人和其他冒险者"以及公司原始成员允许加入公司的其他人员所组成。该特许状规定,治理需依靠两个不同类型的委员会(councils)进行,在殖民地,国王会任命13名成员组成当地居民委员会(councils),在英格兰,国王会任命13名成员组成"弗吉尼亚委员会"(Council of Virginia),负责"最高管理和指导"[105]。请注意,尽管这些公司遵循的是以董事会为基础的治理模式,但此时并非由公司成员来负责选举事项。

然而,詹姆斯一世剥夺"伦敦公司"成员选举委员会(council)的权力的做法,在詹姆斯一世的殖民地经历糟糕状况后,被证明是不合时宜的。于是,在1609年,"伦敦公司"被签发了一份新的特许状,将其命名为"伦敦冒险家和殖民者在弗吉尼亚建立第一块殖民地的司库和公司"(Treasurer and Company of Adventurers and Planters of the City of London for the First Colony of Virginia)。这份新的特许状将公司的行政权力置于司库(财务主管,treasurer)和副司库(副财务主

---

[105] See 2 John P. Davis, *Corporations: A Study of the Origin and Development of Great Business Combinations and of Their Relation to the Authority of the State* (G. P. Putnam's sons, 1905), p. 158 – 159.

管,deputy treasurer)手中,[106] 并在英格兰成立了一个新的委员会负责治理。值得注意的是,该委员会由公司成员选举产生,而不是由国王任命。[107] 公司的成员资格进而可以通过向该殖民地提供资金来获得。[108] 因此,在这一点上,“伦敦公司”的治理具有以董事会为中心的公司治理模式的一般特征。至于殖民地的地方治理,1609 年的特许状取消了地方委员会(local council),并规定殖民地由英格兰公司委员会任命的总督(governor)进行控制。[109]

3 年后,“伦敦公司”的治理方案又发生了一次迭代。有趣的是,1612 年为“伦敦公司”发行的新特许状偏离了董事会治理模式,转而直接向公司成员提供额外的权力。就其本身而言,1612 年的特许状限制了委员会的权力,规定由其处理在殖民地“不时引发干扰和担忧的不太重要和分量较轻的琐事”。而为了处理“更有分量和更重要的问题和事务”,例如政府发挥作用的方式、土地和财产的处置,以及贸易的结算和建立,1612 年的特许状要求委员会和公司成员作为整体一起召开季度性的集会。上述每年 4 次的集会被特许状称为“弗吉尼亚州冒险家理事会和公司的 4 次全体大会”(The Four Great and General Courts of the Council and Company of Adventurers of Virginia),并被授权选举委员会成员和公司高级职员。据此,该大

〔106〕 首席执行官被称为“司库”(treasurer)的奇怪之处表明,公司活动的考虑重点是筹集资金以支持殖民化。

〔107〕 See William C. Morey, *The Genesis of a Written Constitution*, 1 The Annals of the American Academy of Political and Social Science 529, 538 – 539 (1890).

〔108〕 该特许状(charter)要求所有为该企业提供资金的人,可以通过财务主管和任何 3 名现有成员的行动获准接纳为会员。See 2 Davis, *supra* note 105, at 162.

〔109〕 See Morey, *supra* note 107, at 539.

会(assembly)任命的总督掌握了殖民地地方局势的控制权。[110] 然而,这种治理结构最终促成了,或至少没能够阻止公司的解散。1624年,詹姆斯一世通过一种“收回僭占特权”(quo warranto)的方式,解散了伦敦公司。[111]

与此同时,回到“普利茅斯公司”,该公司于1620年以“成立于德文郡普利茅斯的,负责美国新英格兰区种植、秩序维持和管理的委员会”(The Council established at Plymouth, in the County of Devon, for the planting, ordering, and governing of New England, in America)的名称获得了新的特许状。正如这个名字所暗示的那样,取得公司的会员资格即成为委员会的成员。[112] 该特许状将成员限制在40人以内,这些成员的名字记载于特许状中并获得终身会员资格,人员的空缺通过现有成员的投票来填补。毋庸置疑,该制度明显偏离了由公司所有者选出代表委员会(a board of representatives)的治理模式。“普利茅斯公司”于1607年在肯纳贝克河口(Kennebec River)建立殖民地失败后,其大部分的活动便局限于授予其他团体在其基于特许状而获得专属权的地区建立殖民地或进行贸易的许可。[113]

虽然“普利茅斯公司”本身对选举制董事会治理公司的模式的建立没有多少贡献,但它间接地在推广这一模式中发挥了作用。1628年,约翰·温斯洛普(John Winthrop)和其他人从“普利茅斯公司”获得了从梅里马克(Merrimac)河以北3英里处到查尔斯(Charles)河以

---

〔110〕 See id. at 540 – 541.

〔111〕 See 2 Davis, *supra* note 105, at 169(注意到詹姆斯一世反对补助自由和受欢迎的政府).

〔112〕 See id. at 170.

〔113〕 See id. at 169 – 171.

南3英里处的土地。第二年,在获得查尔斯一世的批准后,温斯洛普及其合伙人获得了一份特许状,成立了“新英格兰马萨诸塞湾总督和公司”(Governor and Company of the Massachusetts Bay in New England,通常被称为“马萨诸塞湾公司”)。“马萨诸塞湾公司”特许状中规定的治理方案借鉴了“伦敦公司”的做法,显示出“普利茅斯公司”所没有的以董事会为中心的公司治理模式的特征。该特许状要求任命一位总督、一位副总督(deputy governor)和18位所谓的“助手”。正如下文将要阐释的,[114]“助手”一词是现代董事概念最早的英语表述之一。该特许状任命了“马萨诸塞湾公司”的第一任总督、副总督和助手,但规定后续由公司成员来选举担任这些职位的人员。该特许状规定,总督(或副总督)和助手至少每月召开一次会议来指导公司的事务,并借鉴了“伦敦公司”的做法,也要求每年举行四场“全体大会”,大会由总督或副总督、6名以上助手和公司成员出席,并授权这些大会(general courts)为公司选出高级职员。[115]

然而,在“马萨诸塞湾公司”特许状的治理条款与“马萨诸塞湾公司”所借鉴的“伦敦公司”特许状的治理条款之间,存在一个关键的区别,即与“伦敦公司”的特许状不同,“马萨诸塞湾公司”的特许状没有规定公司的大会和委员会(general courts and council)必须在英格兰举行会议。因此,“马萨诸塞湾公司”的成员在马萨诸塞州召开会议,并利用公司结构来推进宗教和政治议程。[116] 结果,“马萨诸

[114] See discussion *infra* Parts Ⅲ. B. 3, Ⅳ. B. 2 – 3.

[115] See 2 Davis, *supra* note 105, at 173.

[116] See George Cawston & A. H. Keane, *The Early Chartered Companies*(Burt Franklin Publisher, 1896), p. 210.

塞湾公司”选举出的理事会实际上成了马萨诸塞州殖民地的立法机构。“马萨诸塞湾公司”的公司特许状一直是马萨诸塞州殖民地的管理宪章，直到被1691年对该殖民地授予的新皇家特许状（royal charter）取而代之。但除规定此后由国王为该殖民地任命总督以外，1691年的新特许状保留了原有的治理结构。[117]

结果，“马萨诸塞湾公司”对美国政府结构的影响甚至超过了对美国商业治理的影响。“伦敦公司”也是如此，1621年，其成员以他们自己的特许状为蓝本为弗吉尼亚州政府制定了“法令（Ordinance）和宪法”，规定由总督、助手委员会以及殖民地的成员大会来管理殖民地。[118] “伦敦公司”于1621年为弗吉尼亚殖民地建立的治理结构为马里兰州等其他殖民地提供了模板，而“马萨诸塞湾公司”1628年特许状建立的治理结构为康涅狄格州、罗得岛州和新罕布什尔州的其他殖民地提供了模板。[119] 后来，大概是因为选举制董事会与州立法机构的治理结构相似，所以这一概念受到了认可，美国各州也开始特许公司设立，而颇为讽刺的是，州立法机构的治理体制系源于北美殖民公司的董事会治理模式。

3. 贸易公司

虽然英格兰银行和为殖民美国而建立的公司显然对美国接受公司董事会的治理模式有影响，却是英国贸易公司使该治理模式成为商业公司的制度模板。

---

〔117〕 See Morey, *supra* note 107, at 550.

〔118〕 See id. at 542.

〔119〕 See id. at 544, 550.

(1)合股贸易公司

“东印度公司”(East India Company)、“俄罗斯公司”、“东方公司”、“黎凡特公司”(The Levant Company)、“哈德逊湾公司”(Hudson's Bay Company)、“南海公司”(South Sea Company)等著名的英国贸易公司的特许状,都是董事会治理模式被持续使用的例证。[120] 例如,在17世纪初,女王伊丽莎白一世为一群骑士、市议员(aldermen)和商人(共计216人)授予特许状,授权他们以“伦敦商人在东印度群岛从事贸易的总督和公司”(Governor and Company of Merchants of London, trading into the East Indies)的名义,成立“一个政治团体和公司”,著名的“东印度公司”由此而产生。“东印度公司”的特许状规定,由一名总督[121]和24人组成的“委员会”决定公司航行的方向,并负责该公司所有其他事务的管理。因此,“委员”头衔(类似“马萨诸塞湾公司”中曾设的“助手”头衔)早于“董事”或“受托人”头衔,成为公司董事会成员的代称。该特许状将托马斯·史密斯爵士任命为第一任总督,但也规定之后由公司成员每年选出的委员会在他们自己当中选出一位总督。[122]

“东印度公司”的特许状(charter)在要求其采用治理委员会制度(governing board)的同时遵循了既定的先例。1554年,菲利普(Philip)和玛丽(Mary)授予了一份特许状给被称为“俄罗斯”或“莫

---

[120] 1720年以前的英国合股公司治理结构列表,以董事会治理为主,see 3 Scott, *supra* note 97, at 462-480。

[121] 这些早期公司的首席执行官通常拥有“总督”头衔,而不是“总裁”或更现代的“CEO”。

[122] See e.g., Cawston & Keane, *supra* note 116, at 87; O'Donnell, *supra* note 96, at 67.

斯科”的公司。[123] 这份特许状任命塞巴斯蒂安·卡博特(Sebastian Cabot)为终身总督,并规定由4名“坚定、[124]谨慎和诚实”的成员担任执政官,[125]由2名到14名成员担任助手,并由公司成员每年选举执政官和助手。[126] 有趣的是,尽管大多数记录在火灾中丢失,但“俄罗斯公司”尚存的记录表明,其特许状中规定的委员会的作用与其实际发挥的有限作用之间,存在熟悉的偏差。例如,公司成员(股东)作为一个整体,似乎在管理公司方面发挥了比特许状所建议的(只授权成员选举执政官和助手)更为广泛的作用。记录显示,股东大会成员有权选择“代理人”代表“俄罗斯公司”、批准合同和会计报表(statements of account)以及解决对公司员工从事私人交易行为的有争议的指控。而另一个极端情况是,总督在许多情况下完全代表公司行事,虽然一些主要成员可能也有所参与。相比之下,尽管特许状授予了委员会广泛的权力,但相关的记录中几乎没有关于助手委员会行动的记载。[127]

1579年,伊丽莎白一世授予“东方商人团体”(Fellowship of

---

〔123〕 这家公司令人难以置信的长而复杂的官方名称是“为了发现未知的土地、领土、岛屿和领地的商人冒险家(the Merchants Adventurers),而不是通过海洋和航海,在此之前,说到近期的冒险或企业通过海上或航海,经常频繁出现”。See 2 Davis, *supra* note 105, at 98.

〔124〕 Id. As in steadfast, trustworthy and wise, rather than unhappy. See *Oxford English Dictionary*(Oxford University Press, 1989), p. 2617.

〔125〕 如下文所述(see *infra* text accompanying notes 252 – 254),“执政官”的头衔来自中世纪的意大利市政府,从那时起,它被转移到中世纪欧洲其他地方的市政府。例如,当热那亚的圣乔治银行(the Bank of Saint George in Genoa)的组织包括由首席官员提名的4名执政官来监督其财务状况时,这一术语也迁移到与意大利商业有关的实体。See 1 Scott, *supra* note 97, at 20.

〔126〕 See O'Donnell, *supra* note 96, at 60.

〔127〕 See T. S. Willan, *The Early History of the Russia Company* (Augustus M. Kelley, 1959), p. 1553 – 1603, 1622 – 1624.

Eastland Merchants)(通常被称为“东方公司”)特许状。[128] 根据该特许状,“东方公司”的治理组织由一名总督,一名或多名副总督和 24 名助手组成,总督和副总督每年由公司的成员选举,其中还有一条不同寻常的规定,即要求助手们在任职时须保证品行良好。[129]

“黎凡特公司”则采用了与以上不同的治理结构。该公司于 1581 年正式成立,当时伊丽莎白一世授予爱德华·奥斯本(Edward Osborn)爵士、托马斯·史密斯(Thomas Smith)、理查德·斯托尔特(Richard Staper)和威廉·加雷特(William Garret)以特许状,成立“黎凡特商人公司”(The Company of Merchants of the Levant)。该特许状任命奥斯本为公司的第一任总督,但由于只有 4 名初始成员,该特许状没有关于助手的任何规定。该特许状授权奥斯本和斯塔柏(Staper)吸纳 12 名以下的英国臣民加入公司,而女王有权允许额外再吸纳 2 名英国臣民加入该公司。1592 年,伊丽莎白一世授予该公司新的特许状。这份新特许状任命了 53 名成员,并去掉了旧特许状中关于人数限制的规定,授权该公司接纳更多的成员。[130] 更多的成员使得治理结构从此发生改变。新特许状不仅要求设总督职位,还要求成员每年选出 12 名助手。在 1605 年,该公司的发展壮大使其取得了新的特许状。该新特许状规定,只要支付费用,所有的商人都可以进入该公司。在治理方面,新特许状将助手的人数增加到 18 人。[131]

---

〔128〕 “Eastland”这个名字源于英国对波罗的海的引用,称为“东土”。

〔129〕 See O'Donnell, *supra* note 96, at 65.

〔130〕 成员数量的增加显然是为了容纳在地中海贸易成为与西班牙战争的受害者的商人。See 1 Scott, *supra* note 97, at 85.

〔131〕 See 2 Davis, *supra* note 105, at 90 – 91.

在“东印度公司”成立之后成立的一些英国贸易公司,其特许状(charters)也要求设置治理委员会。例如,在1670年,为了在现在的加拿大地区开展贸易,英国政府颁发了一份特许状,创建了“哈德逊湾公司”,该公司正式名称为“英格兰冒险家在哈德逊湾从事贸易的总督和公司”(The Governor and Company of Adventurers of England Trading into Hudson's Bay)。根据该特许状,公司的所有者每年选举一名总督、一名副总督和7名委员会成员。[132] 1711年,臭名昭著的“南海公司”取得了特许状,其正式名称为“大英帝国商人在南海和美国其他地区进行贸易、发展渔业的总督和公司”(Governor and Company of Merchants of Great Britain Trading to the South Seas and other parts of America, and for Encouraging the Fishery)。“南海公司”似乎只有两项主要业务,即持有英国政府债券,以及以自己的股票发动了一场注定失败的投机活动(所谓的南海泡沫事件)。[133] 南海公司有一名总督、一名替补总督(sub-governor)、一名副总督和30名董事。[134] 遗憾的是,公司于1720年[135]倒闭后,该公司的许多董事在调查和起诉期间主张自己是无辜的,这令人诡异地联想到了自那以来董事们对丑闻的相似反应。

---

[132] See Cawston & Keane, *supra* note 116, at 279 – 280.

[133] See generally Edward Chancellor, *Devil Take the Hindmost: A History of Financial Speculation* (Plume, 1999) Ch. 3.

[134] See 3 Scott, *supra* note 97, at 295 – 296.

[135] 在南海公司的30位董事中,存在一个内部团体,他们是公司欺诈活动的幕后推手,也是一个被动的外部团体。See John G. Sperling, *The South Sea Company: An Historical Essay and Bibliographical Finding List* (Baker Library, Harvard Graduate School of Business Administration, 1962), p. 27. 毫不奇怪,被动董事会成员试图将责任推卸给那些积极参与欺诈行为的董事。See John Carswell, *The South Sea Bubble* (Cresset Press, 1960), p. 230.

这些英国贸易公司不仅是证明早在近半个世纪前就存在公司治理委员会的例证，而且在推动董事会制度成为商业公司治理机制上发挥了关键作用。例如，"东印度公司"在许多方面都开创性地发展了现代董事会的实践。正如前文所讨论的，[136]典型的现代企业董事会的一个关键权力——如果人们认为董事会的主要职责是监督公司管理层的绩效，这一点就尤其重要——就是雇佣和解雇首席执行官的权力。"东印度公司"最初的章程可能是第一份（或者至少是第一个有充分记录证明的）规定由治理委员会而非公司成员选举总督的公司特许状。[137] 有趣的是，如上所述，[138]美国公司采用这种做法比其他英国公司更快。多年来，通过连续不断的特许状或其他方式，"东印度公司"的治理发生了各种新变化。例如，在18世纪，其委员会（committees）有权选举一名主席和一名副主席来主持会议，从而建立起一个独立于总督的主席小组[139]——这是如今董事会改革的倡导者们仍在奋力争取的。[140] 另一个"东印度公司"治理实践的例子，在今天仍然很普遍，它来自1773年的议会法案。根据该法案，其治理委员会（后被称为董事会）采用了交错条款（staggered terms），每年更换1/4的董事。[141]

然而，在这些贸易公司中发生的最关键的创新，并未涉及董事会

---

[136] See *supra* text accompanying notes 23 – 25.

[137] See O'Donnell, *supra* note 96, at 62.

[138] See *supra* text accompanying notes 101 – 102.

[139] See O'Donnell, *supra* note 96, at 65 – 66.

[140] See Branson, *supra* note 3, at 1015.

[141] See O'Donnell, *supra* note 96, at 60. 从一个角度来说，东印度公司的董事会与现代的做法相比似乎有些不同寻常。据称，董事会在1615年每天都会面，以应对公司业务的增长。1 Scott, *supra* note 97, at 163（援引一项决议，授予董事会成员1000英镑的酬金）.

内部结构的改变,相反,它涉及的是与董事会有关的外部事项。这些公司正从所谓的管制性公司(regulated companies)——本质上是行会,其成员由通过公司特许经营权从事独立经营的商人组成——蜕变成为合股公司(joint stock companies),这种公司形式要求所有者共同投资于一个企业从而享有投票权和获取经济回报。虽然这种演变并没有改变董事会(governing board)的结构,但它从根本上改变了董事会的职权范围。董事会从一个管制性机构(regulatory body)[掌控公司的独家特许经营权(exclusive franchise)且由一群独立经营的商人们代表其行事]转变为一个独立监管机构(supervisory body)(全面负责经营一家企业)。[142]

"东方公司"是管制性公司的一个很好的例子。"东方公司"的特许状授予该公司商人在英国属地(subject)与斯堪的纳维亚和波罗的海地区(但不包括俄罗斯)进行贸易的专有权。[143] 这种专有权在英国贸易公司特许状中很常见,它试图以一系列的特许经营权来划分世界。因此,"俄罗斯公司"的特许状也授予了该公司在俄罗斯的英国属地上进行贸易的特许经营权,以及在公司商人发现的"异教徒的土地"(lands of infidels)上进行贸易的特许经营权。[144] "黎凡特公司"的特许状授予本公司成员在土耳其进行贸易的独家经营权。[145] 最慷慨的也许是"东印度公司"的特许状,其授予了公司成员在从好望角到麦哲伦海峡的所有非洲、亚洲和美洲的领土上的独家贸

[142] See Willan, *supra* note 127, at 19 – 21.

[143] See Cawston & Keane, *supra* note 116, at 61.

[144] See 2 Davis, *supra* note 105, at 98.

[145] See id. at 88.

易权。[146]

作为一家管制性公司，"东方公司"不以公司的形式开展业务。相反，是由作为公司成员的商人单独或以临时合伙的形式从事贸易。[147] 从董事会治理的历史这一角度来看，该事实随即又引发了一个关键问题：如果管制性公司不以公司的形式开展业务，那么设立治理组织的目的又是什么？答案是，该组织会负责制定管理公司成员活动的法令。[148] 例如，"东方公司"的委员会通过了一项禁止"粉饰、包装"商品的规定。[149] "粉饰、包装"是指将非公司成员的商品作为成员自己的商品来销售。通过"粉饰"的方式隐去真实身份（undisclosed principals），非公司成员的商人试图以此绕过公司的特许经营权来从事贸易。正如这个例子所示，管制性公司董事会的作用不是对经营企业负全部责任，而是对独立贸易的商人施加规则以保护特许经营权的垄断使用。

"俄罗斯公司"可能是第一家合股公司。[150] 在合股公司中，不是由每个商人各自销售自己的商品，而是共同投入资金，从而为公司代理人销售联合或共同商品提供财务支持，因此，当前使用的股东这一

[146] See Cawston & Keane, *supra* note 1 6, at 87 – 88.

[147] See Willan, *supra* note 127, at 19 – 20.

[148] Id. at 20.

[149] See e. g. , M. Schmitthoff, *The Origin of the Joint-Stock Company*, 3 University of Toronto Law Journal 74, 82(1939).

[150] See 1 Scott, *supra* note 97, 17. 眼光敏锐的读者可能已经注意到，俄罗斯公司早于东方公司成立，尽管俄罗斯公司最初是一家合股公司，而东方公司是一家受监管的公司。这表明，从管制性公司向合股公司的演变是一个不稳定的过程，而不是一个线性的过程。事实上，这家俄罗斯公司在后来的日子里倒退成了一家受监管的公司。See *infra* note 162.

称谓是从“合股公司”的名称中衍生的。[151] 一些动机促使了管制性公司演变为合股公司。随着交易航程由近(波罗的海)及远,一个明显的动机就是更大的融资需求和更大的失败风险(如“俄罗斯公司”的成员最初希望找到一条从东北方向通往亚洲的通道)。[152] 与管制性公司由商人单独从事业务相比,合股原则(the joint stock principle)筹集了更多的资金,并将风险分散在更多参与者中。[153] 另一个可能的动机是,将贸易行为限制在以合股资金为财务支持的公司指导下,有助于打击“粉饰、包装”等行为。[154]

“东印度公司”在成立之初,似乎在很大程度上兼具管制性公司和合股公司的属性,以至于历史学家对“东印度公司”是从开始的管制性的公司发展成为一家合股公司,还是从一开始就是一家合股公司,存在不同意见。[155] 这种冲突之所以产生,是因为“东印度公司”最初的特许状保留了成员在公司特许经营下单独进行交易的权利,就像管制性公司一样,并且并非“东印度公司”的所有成员都同意以合股的形式为早期的航行提供支持。[156] 无论如何,历史学家一致认

---

[151] 关于早期合股公司中“股票”一词的含义的讨论,see I Scott, *supra* note 97, at 158。

[152] See id. at 18.

[153] See e. g. , id. at 17; Meir Kohn, *Business Organization in Pre-Industrial Europe* (SSRN, Working Paper No. 03 – 09, 2003), p. 27.

[154] See Schmitthoff, *supra* note 149, at 91.

[155] Compare 2 Davis, *supra* note 105, at 118 – 119(讨论“东印度公司”如何通过个体商人和商人团体进行航行,直到 1612 年,它开始以公司的身份进行贸易航行); with Scott, *supra* note 97, at 92 – 101[声明说,从一开始“东印度公司”就以合股制度为基础(joint stock basis)进行了航行,尽管成员以每次航程的方式进行投资而不是成为公司的永久资本或股份].

[156] See Schmitthoff, *supra* note 149, at 90 – 91.

为,在17世纪上半叶,“东印度公司”的成员不再拥有永久资本,而是以认购合股资金份额的方式为一定数量的印度贸易航行提供资金。这些资金在最终将被清盘,收益则在认购者中分配。在17世纪中期,上述制度导致的会计混乱,[157]以及证明其垄断正当性的持续需要,[158]引发了公司的一次重组,其中一个永久性的合股基金取代了早期的基金。[159] 除转换成永久性资本之外,成员的权利也发生了两个重大的变化,而历史学家对这些变化发生在17世纪中期还是17世纪末存在争议。第一个变化是,能否取得投票权开始取决于每个成员投资于永久性合股中的金额,而不是所有成员都可以获得。[160] 第二个变化是,公司不再授予其成员在公司特许经营权下自行交易的权利。[161] 这两项变革的结果是使英国“东印度公司”的成员利益(包括投票控制和经济回报)完全与认购公司活动的共同资金相挂

---

〔157〕 当公司开始筹集后来的股份基金而没有清算早先的合股(joint stock)时,就产生了混乱。同样令人困惑的是如何计算公司在印度和英国获得的永久性设施[(通常被称为“固定资产”(dead stock),而不是交易或“活资”(quick stock)]。

〔158〕 几家竞争集团获得了英国国王的许可,可以在“东印度公司”的“领土”上进行贸易。这些许可证有时被合理化,理由是“东印度公司”没有按照承诺清算或建立贸易。

〔159〕 See 2 Davis, *supra* note 105, at 119 – 122.

〔160〕 See e. g., Scott, *supra* note 97, at 465(注意到“东印度公司”的投票权在1650年被限制为每500英镑捐款一票);2 Davis *supra* note 105, at 129 – 130(注意到1693年的新特许状zuxet规定在普通法院赋予每1000英镑的捐款1票,至多10票).

〔161〕 See e. g., Samuel Williston, *The History of the Law of Business Corporations before* 1800, in 3 Select Essays in Anglo-American Legal History 195, 200(1909)(注意到在17世纪末“东印度公司”的特许经营下,会员丧失了独立交易的权利);William Mitchell, *Early Forms of Partnership*, in 3 Select Essays in Anglo-American Legal History 183, 194(1909)(注意到,在1654年“东印度公司”的特许经营下,会员丧失了独立交易的权利).

钩,从而完成了公司从商人联盟向公众被动投资工具的转变。[162]

合股公司制度的发展,为可转让所有权权益的产生创造了条件,从此使成员的投票权取决于所认购的份额,并导致投票权可能分散掌握在广泛的被动投资者手中,因而显然对公司治理具有重大影响。它为所有权与控制权的分离奠定了基础,但也为今天的敌意收购创造了条件。然而,就本文而言,基于我们对公司董事会的历史和政治渊源的了解,合股公司的发展还具有另一个影响:管制性公司(如"东方公司")所采用董事会结构,是为了制定和执行管理个体商人行为的规则,但却被强制用于合股公司(如"俄罗斯公司"和"东印度公司")中来管理一家大型商事企业。而这种情况的发生,是因为没有明确考虑这些管理任务的不同性质,或者说没有考虑为一项任务设立的机制能否恰如其分地满足对其他功能的需要。

(2)第一批英国贸易公司

16 世纪和 17 世纪英国贸易公司采用的"助手"或"委员"会的模式似乎来自两个最早从事对外贸易的英国商人公司所奠定的模式,它们是"常设地商人公司"(The Company of the Merchants of the Staple)和"商业冒险家公司"(the Company of Merchant Adventurers)。这两个组织的历史甚至比迄今为止所讨论的合股和管制性公司的情况更为模糊。然而,就本文而言,关注这两家公司的几个事实就足够了。

---

〔162〕 有趣的是,"俄罗斯公司"朝着相反的方向发展。它始于永久性资本,但后来几年令人失望的结果导致成员要求偿还其资本。此后,该公司开始通过认购(subscriptions)和定期重新发行(periodic redistributions)来运营。这种做法反过来导致更少的成员在公司拥有更大的份额,并且更多关于公司垄断的投诉集中在少数人手中。这些投诉,以及由于缺乏永久资本而导致的会计混乱,最终导致公司成为一家受监管的公司,而不是一家合股公司。See Willan, *supra* note 127, at 269 – 273. "黎凡特公司"采取了类似的从合股到管制性公司的回归。Id. at 273.

这两家公司都采用董事会与首席执行官相结合的治理模式。此外,这两家公司显然是第一批被组织起来进行对外贸易的英国商业公司,拥有一定的排他性权利,这促使了后来的英国贸易公司去寻求特许经营。因此,一个不可避免的推论是,当后来的英国贸易公司起草要求董事会治理的章程时,这两家公司采用的群体治理结构是它们所遵循的模板。[163] 值得注意的另一点是,无论是“常设地商人公司”还是“商业冒险家公司”,都与合股公司毫不相干;相反,这些都是管制性公司,就像“东方公司”一样,其董事会的职责是制定和执行管理个体商人活动的规则,而不是管理公司业务。

从广义上讲,“常设地商人公司”主要从事英国羊毛原料出口,而“商人冒险家公司”则从事英国布料以及其他英国制成品的出口。[164] 在许多不同的时期,英国法律将所有原料羊毛出口的销售限制于一个固定的地点,“常设地商人公司”的名字就源于此。[165] 该制度的形成始于 13 世纪末爱德华一世的积极推进,规定所有羊毛都通过一个市场出口[起先在多德雷赫特(Dordrecht),后在安特卫普(Antwerp)]。从事这些羊毛销售的英国商人从布拉班特公爵(Brabant)处(现在是比利时的一部分)获得了一份特许状,授权他们

---

[163] 加强这种推断的是商人冒险家和俄罗斯和东部地区公司董事会组成的相似之处(每种情况下有 24 名“助手”),以及很多的俄罗斯公司的创始成员是常设地商人公司或商人冒险家公司的成员。See Willan, *supra* note 127, at 21.

[164] 毫不奇怪,两家公司之间的这种划分存在一些争议,特别是一旦羊毛贸易的下降促使常设地商人公司的成员开始销售布料。See Sir Percival Joseph Griffiths, *A licence to trade: The History of English Chartered Companies*(E. Benn, 1974), p. 10.

[165] 常设地商人显然因这种限制而受益,特别是这种限制可以减少竞争并允许控制价格。英国国王认为这是从羊毛商人那里榨取收入的一种手段。See Eileen Power, *The Wool Trade in English Medieval History*(Oxford University Press, 1941), p. 87 – 90.

举行集会,后来又允许他们选举一位“市长”以管理商人的事务。[166] 虽然看起来结果是建立了一个有组织的商人社团或公司的类似物,但显然是采用了一种以执行官为中心并由所有成员做决策的简单治理结构。1313 年,常设地制度(the staple system)成为强制性制度,并创设了市长职位和常设地商人委员会(Council of the Merchants of the Staple),授权他们选择负责所有羊毛出口的主要城镇。[167] 他们起先选择了圣 - 奥梅尔[Saint-Omer,位于佛兰德斯(Flanders)],但在接下来的半个世纪里,有关将可变更的常设地设在哪里以及谁将被允许进行贸易的斗争经久不息。1353 年的常设地法令(the Ordinance of the Staple of 1353)在几年中陆续将 15 个英国城镇(每个城镇都有自己的常设地市长和负责的官员)设为常设地,[168] 随后常设地被设在加莱(Calais)(当时正处于英国控制之下)。因此,“常设地商人公司”变成了“加莱常设地公司”(the Company of the Staple of Calais)。[169] 于本文的写作目的而言很重要一点是,加莱公司由 24 人组成的委员会负责管理(此外,很有趣的是,在 1363 年至 1365 年这两年中,该委员会也统治了该市镇)。[170] 因此,“常设地商人公司”可能早在 1313 年,或肯定于 1363 年,已经采用了一套委员会治理的体系。

---

〔166〕 See id. at 95 – 96.

〔167〕 See L. F. Salzman, *English Trade in the Middle Ages*(The Clarendon Press, 1931), p. 289 – 290.

〔168〕 See id. at 293.

〔169〕 See Power, *supra* note 165, at 97 – 99.

〔170〕 See Griffiths, *supra* note 164, at 7. 根据一些历史资料,最初在加莱负责公司的商人有 26 个,但这可能是由于在 24 个成员理事会(council)中增加了两名市长(一名代表公司,一名代表小镇)。See Salzman, *supra* note 167, at 295.

尽管“商人冒险家”一词听起来有些虚张声势，但它是从事制成品出口贸易的商人们所通用的名称。“商人冒险家公司”早期的历史并无明确记载。在安特卫普从事贸易的英国商人在 13 世纪从布拉班特公爵那里获得了两份特许状，这使他们能够创设市长职位和一个大会（集会）。[171] 然而，目前尚不清楚的是，后来的“商人冒险家公司”是否与这些早期移居海外的英国商人有足够的关系，从而能支持该公司关于传承的主张，特别是当“常设地商人公司”也主张自己是其中较晚颁发的特许状的传承者。早在 15 世纪，英格兰的亨利四世就向在英格兰境外（主要是在低地国家）从事贸易的英国出口商颁发了一份特许状，允许商人自己选出一位总督。[172] 根据特许状，总督的作用是解决英国商人之间的纠纷，并帮助英国商人向外国商人提出赔偿请求（claims）。在商人的同意下（大概是通过一个公开的集会取得同意），总督也可以为该团体制定法令，并对违反这些法令的商人施加合理的惩罚。[173] 在 15 世纪，与在国外经营的同胞不同，在英格兰经商的出口商没有正式的独立组织。相反，他们中的许多人据说是“绸布商公司”（Mercers Company）（一个伦敦商人组成的行会）的成员，到 15 世纪中叶，他们开始作为一个独立的团体召开会议。到了 15 世纪末，伦敦出口商开始将自己视为名为“商人冒险家”的独立团体，而且据说当时与在低地国家经商的境外英国商人有了联系。一份 1485 年向英国王室提交的请愿书可以证明

---

〔171〕 See Griffiths, *supra* note 164, at 9.

〔172〕 See Edward P. Cheyney, *An Introduction to the Industrial and Social History of England*(Macmillan Company, 1901), p. 165.

〔173〕 See 2 Davis, *supra* note 105, at 74 – 75.

这一点，在这一请愿书中，伦敦出口商将自己称为“在荷兰、泽兰（Zeeland）、布拉班特（Brabant）和佛兰德斯（Flanders）中的部分地区做商人冒险家的伦敦市民”〔174〕。

在1505年，亨利七世迈出了关键的一步，他将商人冒险家聚集在一起，组成一个长期存续的公司。他向“商业冒险家公司”授予了一份特许状，使该公司垄断了英国制造业的出口贸易；尽管如此，任何英国商人都能通过付费取得该公司的会员资格。出于本文的写作目的，更为重要的是，该特许状授权该公司（其总部设在欧洲大陆，而不是英格兰）选出“24个最坚定、谨慎和诚实的人”成为总督的“助手”。〔175〕总督和助手的职责是解决商人之间的纠纷，并制定监管公司成员的法令。〔176〕在16世纪上半叶，英国其他城市中的商人冒险者可能嫉妒伦敦商人的主导地位，纷纷创建了他们自己的由商人冒险家组成的公司。这些公司通常也采用董事会治理结构，并由选举产生的州长和12名或18名助手组成。〔177〕然而，在1564年，伊丽莎白一世向“商人冒险家公司”颁布了一份新的特许状。该特许状确认了公司由总督及其副总督以及对本研究而言最值得注意的24名助手来治理，其总部设在国外，并且无论他们在哪里办公，都对“商人冒险家公司”拥有管理权。〔178〕

总而言之，“商人冒险家公司”和“常设地商人公司”都有治理组

---

〔174〕 Griffiths, *supra* note 164, at 10.

〔175〕 See Cawston & Keane, *supra* note 116, at 249 - 254.

〔176〕 在对商人冒险家的成员实施的法令中有一项是禁止与在英国以外出生的妇女结婚。See 2 Davis, *supra* note 105, at 80.

〔177〕 See id. at 79. 然而，有时候，这些非伦敦的商人冒险家公司，遵循较旧的行会治理模式，选举出所谓的主人和看守人，而不是总督和助手。

〔178〕 See Cawston & Keane, *supra* note 116, at 255 - 277.

织,其结构与"俄罗斯公司"、"东方公司"和"东印度公司"等贸易公司相仿,并且显然是为它们提供了模板。正如授予商人冒险家群体的特许状所表明的,"商人冒险家公司"和"常设地商人公司"董事会的存在是为了解决争端并制定管理成员行为的法令。[179] 因此,这两家公司的董事会不是一个管理商业公司(business corporation)的机构;相反,它是商业公司从独立商人社团演变而来时所沿袭的一种制度。继而也能推知,这些早期的商业社团或公司显然早已采用了董事会制度,以取代执行官和全体大会决策相结合的松散治理结构。

(三)欧洲大陆先例

虽然美国采用的公司董事会制度显然是源于英国的实践,但如果把这样一种全球通用的、以董事会为中心的公司治理模式的形成完全归功于英国人,那将是一个错误。因为,以董事会为中心的公司治理模式,即便是在它的早期阶段,[180] 欧洲大陆的发展进程与英国大致上是完全同步的。

公司董事会制度在英国和欧洲大陆同步发展的一个很好的例证是"东印度公司"。英国"东印度公司"成立两年后,荷兰政府特许"荷兰(或'联合')东印度公司"设立。"荷兰东印度公司"的特许状

---

〔179〕 商人冒险家公司收取入场费和罚款的事实意味着需要进行审计,但这似乎并不是助手委员会的职能。See Ross L. Watts & Jerold L. Zimmerman, *Agency Problems, Auditing, and the Theory of the Firm: Some Evidence*, 26 The Journal of Law and Economics 613, 620 – 621 (1983).

〔180〕 当然,在美国和其他地方的普通公司注册立法出台后,欧洲大陆对公司董事会的贡献很大。这些贡献包括,最引人注目的是德国发明的双层董事会和共决制(共同决策制, co-determination)。See *supra* notes 7 – 8, see *infra* note 399.

(或 octroi)规定由总委员会(bewindhebbers)进行治理。[181] 该委员会有60名成员席位,被组成"荷兰东印度公司"的各个"商会"的代表所瓜分。这些商会由来自阿姆斯特丹(有20名代表),鹿特丹和代尔夫特(有14名代表),霍恩(Hoorn)和恩克海森(Enkhuizen)(有14名代表)以及新西兰(有12名代表)的小商人团体组成。[182] 至少在"荷兰东印度公司"成立之时,这些商业团体已经成立了与东印度群岛进行贸易的航运公司,并且实际上可能已经进行了航行(而整个荷兰公司,就像英国管制性公司一样,是一个同业联盟,在与外界打交道时统一口径)。[183] 显然,一个由60人组成的委员会是笨拙的,因此"荷兰东印度公司"成立了另一个由17人组成的较小的委员会(执行管理委员会)。该委员会也有来自每个商会(chamber)的一定数量的代表——阿姆斯特丹获得8个席位,新西兰获得4个席位,其他4个商会分别获得一个席位。而这个17人的席位并非固定不变的。[184]

更早的时期,在一些汉萨商人(Hanseatic merchants)组成的海外团体中采用的治理结构与"商人冒险家公司"和"常设地商人公司"的委员会治理结构极为相似。在中世纪的欧洲,"汉萨"(hanse)一词指的是经常出入外国的商人的协会。这些商人联合起来寻求保护,获得贸易特权,并监督其同行商人的贸易行为。虽然有各种国家的

---

〔181〕 See Schmitthoff, *supra* note 149, at 93 – 94.

〔182〕 See Holden Furber, *Rival Empires of Trade in the Orient* 1600 – 1800 (University of Minnesota Press, 1976), p. 188.

〔183〕 See Schmitthoff, *supra* note 149, at 94.

〔184〕 See Winfried van den Muijsenbergh, *Corporate Governance: The Dutch Experience*, 16 Transnational Law 63, 64 (2002).

汉萨[如伦敦的弗拉芒汉萨(Flemish hanse of London)],但在14世纪和15世纪,许多重要的汉萨是德国商人在伦敦、诺夫哥罗德、卑尔根和布鲁日建立的。最初是在这些德国商人来自的城镇之间,就贸易问题达成了合作,从而建立了所谓的汉萨式同盟(Hanseatic League)。在伦敦,汉萨同盟的商人们有自己的生活区,并以泰晤士河边的一个叫作斯蒂尔亚德(Steelyard)的地方为工作区。斯蒂尔亚德的汉萨选举了一个市议员和一个12人委员会[1/3由莱茵兰德人选举产生,1/3由威斯特伐利亚、撒克逊和温德的商人选举产生,1/3由普鲁士和德国沿波罗的海各国(German Balts)选举产生]来管理这个团体。在卑尔根市也一样,由一个市议员和一个委员会管理着德国商人。而在布鲁日的汉萨团体,在1472年之前,一直存在6名市议员,在1472年之后,在12人委员会的建议下,改为由3名市议员来从事管理。像“商人冒险家公司”和“常设地商人公司”的总督(或市长)和委员会一样,这些汉萨商人的管理机构采取行动保护集团的贸易特权、执行贸易规则,并裁决商人之间的纠纷。[185]

然而,值得注意的是,中世纪欧洲有无数的商业组织没有董事会。虽然这对于独资企业和小型合伙企业来说是理所应当的,但即使是中世纪欧洲大陆一些相对大型的商业组织也没有类似董事会的机构。例如,大型意大利商业公司和银行并没有董事会,如“佩鲁齐”(Peruzzi)和“美第奇”(Medici)公司。相反,这些都是在家族领袖或值得信赖的管理者的控制下运作的合伙企业。“佩鲁齐公司”(大约存在于1275年至1343年)由一个单一的合伙团队与许多分支机构

---

〔185〕 See R. de Roover, *The Organization of Trade*, in M. M. Postan et al. eds., The Cambridge Economic History of Europe, Cambridge University Press, 1963, p. 111 – 115.

组成。该公司的合伙人管理着主要的分公司(在阿维尼翁、布鲁日、伦敦、那不勒斯、巴勒莫和巴黎),而代理人(受薪员工)管理着较小的分公司。居住在佛罗伦萨(公司所在地城市)的所有合伙人都有权参与管理,但实际上,基本上是由一名取得了其他合伙人信任的合伙人经营着公司。"美第奇"从事银行业和制造业几乎有一个世纪(从1397年到1494年)。后来"美第奇"不再作为一家大型合伙企业运作,而是建立了一种相当于控股公司的制度安排,在这种安排中,独立的合伙团队在不同地区开展业务,而佛罗伦萨的核心合伙团体保留了对当地合伙企业的主要控制权。其中,一位主要的管理者(称为ministro)在佛罗伦萨对整个合伙企业进行监督,而其家庭成员则进入了佛罗伦萨的政治圈。[186] 总体而言,欧洲大陆公司董事会制度的发展与英国经验一致:公司董事会是作为商人社团(如汉萨)或商人同业联盟(如"荷兰东印度公司")的治理机制而发展起来的,后来才发展成为那些存在被动投资者的大型企业的治理机制。

三、公司董事会的概念起源

上文介绍了选举制董事会的公司治理模式是何时以及如何发展并传入美国的。本部分将探究为什么会出现这样的治理体制。换句话说,早期的公司是从什么地方获得了选举制董事会的想法?采用这种治理结构是为了实现什么目标?为什么采用这种治理形式而不

---

[186] See id. at 76 – 87.

是其他的替代方案?

事实上,由一个代表组成的董事会和一个首席执行官(早期公司特许状中的经典表述是“总督”)共同治理公司的模式,反映了中世纪晚期的西欧普遍存在的政治实践和思想。具体而言,虽然虚构的文学作品经常把中世纪的欧洲描绘成一个国王实行专制统治的地方,[187]但在中世纪晚期,欧洲的政治意识形态和实践虽然算不上民主,却常常要求由一群代表进行集体治理。这种由代表治理的思想和实践的例子可以在中世纪欧洲王国的议会或集会、市镇的议会、行会的治理委员会和教会中找到。鉴于存在广泛的实践以及意识形态的支持,早期的法人采用董事会治理是很正常的。

(一)议会大会

1. 议会大会(Parliamentary Assemblies)的发展

12 世纪末到 14 世纪,欧洲王国广泛地发展和使用代表大会,这是今天议会的前身。[188] 英国的议会,由于它存续至今且具有无与伦比的影响力,因而是其中最著名的例子。[189] 在 13 世纪,英国议会从几个已经存在的实践形式中脱颖而出。早期的英国国王,就像中世纪早期西欧其他地方的国王一样,通常都有顾问委员会。[190] 13 世纪国

---

〔187〕 See e. g. ,William Shakespeare,Richard 111.

〔188〕 See Thomas N Bisson, *Medieval Representative Institutions, Their Origins and Nature* (Dryden Press,1973),p. 1.

〔189〕 See generally William Stubbs,*The Constitutional History of England, in Its Origin and Development* (Oxford: The Clarendon Press, 3rd ed. 1888) (hereinafter Stubbs, Constitutional History).

〔190〕 See Susan Reynolds,*Kingdoms and Communities in Western Europe* 900 – 1300,(Oxford University Press,1984),p. 302 – 303,305. 盎格鲁 – 撒克逊国王把这样的议会称为集群系统(witen)或贤人会议(witenagemot)(如“智者会议”)。See John Cannon,*The Oxford Companion to British History*,Oxford University Press,1997,p. 994.

王与贵族之间的权力斗争，促使神职人员和贵族的领袖们组成了更大的集会。[191] 在13世纪最后的30多年中，除国王委员会、高级神职人员和贵族以外，郡和镇的代表开始出现在英国议会的席间。[192] 爱德华一世向所谓的1295年模范议会(Model Parliament of 1295)发出的传票(summonses)就是一个很好的例证。这些传票任命郡的治安官当选为议会议员，全权负责议会的工作，任命两个骑士代表每个郡，以及两个市民代表每个城市、两个镇民(burghers)代表郡内的每个镇(borough)。[193] 后来，骑士们和镇代表开始在一个与贵族分开

---

〔191〕 例如，1215年，英王约翰勉强同意签署《大宪章》(Magna Carta)，将禁止"援助"(大致来说，就是税收)写入法典，除了赎回国王(ransom the king)、授予长子爵位，或娶他的大女儿，除非由大主教、主教、男修道院院长、伯爵、更大的贵族和国王的租户组成的"common counsel"(commune consilium)同意，并至少提前40天通知他们。See Magna Carta of 1215, reprinted in William Stubbs, *Select Charters and Other Illustrations of English Constitutional History from the Earliest Times to the Reign of Edward the First* (Oxford: Clarendon Press, 1913), p. 33 – 34 (hereinafter Stubbs, Select Charters). 1258年，亨利三世同意这些男爵们进行的一系列改革，这些改革通常被称为"牛津条例"(Provisions of Oxford)。See H. G. Richardson & G. O. Sayles, *Parliaments and Great Council in Medieval England* (London, Stevens, 1961), p. 1 – 3. 这些规定要求每年举行3次"议会"(parliaments)，15名国王议会(king's council)成员和12名由"平民"(大概是贵族)选出的"诚实人"将出席。See Provisions of Oxford, reprinted in Stubbs, Select Charters, *supra* at 387.

〔192〕 英国国王，至少可以追溯到理查一世时期，定期向一个或多个国家发出传票，要求派代表出席国王法庭讨论特定的业务(具体事务)。See D. Pasquet, *An Essay on the Origins of the House of Commons* (R. G. D. Laffan trans., 1925), p. 223. 从1265年开始，英国国王不再仅仅是孤军奋战地出现在郡(county)代表们的面前，有时还会召集所有的郡和镇(counties and towns)派代表去议会。See Summons to the Parliament of 1265, reprinted in Stubbs, Select Charters *supra* note 191, at 398. 实际上，作家们经常把西蒙·德·蒙特福特(Simon de Montfort)在1264年与国王的斗争中组建的"议会"称为英格兰第一个包含城镇和郡(counties)代表的"议会"。See M. A. R. Graves, *The Parliaments of Early Modern Europe* (Routledge, 2001), p. 18.

〔193〕 See Summonses to the Parliament of November 1295, reprinted in Stubbs, Select Charters, *supra* note 191, at 478. 1327年之后，英国国王召集骑士和城镇代表参加每个议会。See Richardson & Sayles, *supra* note 191, at 44.

的房间里聚会，从而形成了下议院，而贵族的聚会则发展成了上议院。[194]

虽然英国议会是中世纪欧洲议会制度发展最著名的例子，但英国并不是唯一的，甚至可能并不一定是第一个形成议会制度的中世纪欧洲国家。许多历史学家认为是一些西班牙王国率先建立了议会制度，如里昂（Leon）和 阿拉贡－加泰罗尼亚（Aragon-Catalonia），议会在这些王国中被称为“Cortes”。[195] 然而，最终西班牙的统一并没有使各王国的议会被统一，并且在 15 世纪之后，由于西班牙君主统治的权威日益增长，议会的权力似乎被削弱了。[196]

阿拉贡－加泰罗尼亚的议会（Cortes）制度被传到了西西里岛、撒丁岛和意大利南部，[197] 而在意大利的其他地方，各种各样的议会（parliaments）和类似的集会应运而生，早在 13 世纪中期，由神圣罗马

---

〔194〕 See Pasquet, *supra* note 192, at 224－230.

〔195〕 See Graves, *supra* note 192, at 14－15. 例如，在 1188 年，莱昂国王阿方索将神职人员、贵族和城镇的代表召集到议会（Cortes），在那里他同意不“宣战或求和或签订条约，除非经过主教、贵族和贤人的商议…… ” *Royal Engagements to a Cortes Including Town Deputies at Leon*, *reprinted* in Bisson, *supra* note 188, at 143. 在阿拉贡和加泰罗尼亚联合王国，议会似乎早在 1163 年和 1214 年就已包括市镇代表［See Gaines Post, *Roman Law and Early Representation in Spain and Italy*, 1150 － 1250, 18 Speculum 211, 212, 219 － 221 (1943)］，这在英国发生之前很久就已经发生了。1283 年，阿拉贡的彼得三世（Peter Ⅲ）证实了——如果没有建立的话——阿拉贡－加泰罗尼亚议会的宪法权力，当时他召集了神职人员、贵族和城镇代表参加议会，在那次会议上，他承诺召开年度大会，未经大会批准不得制定新的法律。See Graves, *supra* note 192, at 15.

〔196〕 See Bruce Lyon, *Medieval Constitutionalism: A Balance of Power*, in Studies of West European Medieval Institutions (Variorum Reprints, 1978), p. 176. But see Jean Nicolas et al., *The Monarchic State and Resistance*, in Resistance, Representation, and Community (Peter Blickle ed., 1997), p. 73－74（这挑战了传统的观点，即议会衰落是由于西班牙君主权力不断增强的结果）.

〔197〕 See Graves, *supra* note 192, at 16.

帝国皇帝弗雷德里克二世召集的贵族、神职人员和市镇代表之间的集会就开始了。[198] 然而,最终,中世纪意大利的议会因城邦国家元首的专制权力日益增长而逐渐衰落,因此,在文艺复兴鼎盛时期,意大利只剩下三个议会。[199]

在中世纪的德国,类似议会的集会(parliament-like assemblies)既发生在国家层面或帝国层面[如帝国议会(Reichstag)或国家议会(diet)],也发生在公国层面[州议会(Landtage)]。[200] 然而,除了一些历史上的例外情况,帝国议会是否算得上真正的议会令人怀疑,具有讽刺意味的是,这并不是因为君主控制得太多,而是因为太少。随着神圣罗马帝国皇帝的权力逐渐被稀释,控制权转移到了当地的诸侯,市镇开始各自独立行动,而不再通过帝国议会来行动。[201] 因此,由公国当地贵族和市镇代表组成的州议会成为了中世纪德国更重要的代议机构。这些集会经常在解决涉及王位继承或领土分割的王朝争端方面扮演仲裁机构的角色,并经常利用这一机会取得许可,如控制税收。[202]

法国议会,由来自贵族、神职人员和市镇的参与者组成,后来被称为三级议会,因为他们包括了三个等级(或阶级)的代表,而在当时

---

[198] See Lyon, *supra* note 196, at 168 – 169.

[199] See H. G. Koenigsberger, *The Parliament of Piedmont During the Renaissance*, 1460 – 1560, 11 Etudes 69, 70(1952).

[200] See Lyon, *supra* note 196, at 166.

[201] Id. at 166 – 167.

[202] 14 世纪末,黑森州(Hess)、巴伐利亚州(Bavari)、萨克森州(Saxony)、勃兰登堡州(Brandenburg)和波希米亚省(Bohemia)的诸侯国出现了强大的州议会(Landtage)。See Graves, *supra* note 192, at 23 – 24.

看来,中世纪社会就是由这三个阶级构成。[203] 与中世纪的德国一样,中世纪的法国既有国家议会(national assemblies),也有三级议会(Estates General)[204]、地方议会(local assemblies)、外省三级议会(provincial Estates),并且像在德国一样,地方议会变得更加重要。但是在法国,这一现象源于君主制对当地贵族统治的日益增强,而不是衰落。总体上看,法国国王(也许是忌惮英国议会权力日益增长的前车之鉴)拒绝召开三级议会,而是寻求外省三级议会(provincial Estates)的同意以增加援助。[205] 与此同时,法国贵族没有像英国贵族那样联合起来强迫国王召集国家议会。[206] 因此,各省三级议会只有税收的协商权和同意权,宪法赋予它们的、制衡日益扩张的法国君主权力的作用也越来越小。[207]

---

[203] See Joseph Billioud, *Les Etats de Bourgogne aux XIVe et XVe siècles* (Dijon: Au Siège de l'Académie, 1922), p. 328 – 329. 有趣的是,法国也有一些被贴上"parlements"(法国法院)标签的机构,但这些机构由地方法官组成,其职能是司法的。See Nicolas et al., *supra* note 196, at 78 – 80.

[204] 历史学家一般认为,三级会议肇始于1302年由法国国王腓力大帝(Phillip the Fair)在巴黎召集的国会(集会,assembly),在与教皇的争执中寻求支持。为了获得必要的收入,菲利普(Phillip)超越了对国王负有直接封建义务的传统贵族议会(assembly of lords),并且还召集了城镇(villas)的代表,全权同意给予援助。See Charles H. McIlwain, *Medieval Estates*, 7 *The Cambridge Medieval History* (Cambridge, 1932), p. 683 – 687.

[205] See Robert Fawtier, *Parlement d'Angleterre et Etats Generaux de France au Moyen Age*, in Comptes rendus des séances de l'Académie des Inscriptions (1953), p. 276 – 284.

[206] See Lyon, *supra* note 196, at 173 – 175.

[207] See Gustave Dupont-Ferrier, *De Quelques Problemes Historiques Relatifs aux Etats Provinciaux*, Journal des Savants 315 (1928). 中世纪欧洲王国有各种各样的议会,超过英格兰、西班牙、意大利、德国和法国。See Graves, *supra* note 192, at 14 – 25. 其中之一,在布拉班特(现为比利时的一部分),特别值得一提。在一系列的特许状中,以所谓的Joyeuse Entrée(通常被称为比利时大宪章)而告终,布拉班特的公爵(他们陷入了严重的财政困难)被授予由贵族和富裕城镇的代表组成的议会委员会,控制战争、联盟、公爵任命、立法和税收。See Lyon, *supra* note 196, at 179 – 180.

2. 议会大会和公司董事会

这些中世纪的大会和议会在多大程度上激发了或者反映了最早的公司董事会的共同思想？这个问题难以回答，因为历史学家们对这些中世纪的大会和议会（medieval assemblies and parliaments）的性质、起源和影响进行了似乎无穷无尽的解释、思考和辩论。[208] 例如，该领域的先驱历史学家威廉·斯塔布斯（William Stubbs）认为，正如英国在13世纪晚期所承认的那样，议会的基本要素是：(1)中央或国家议会的存在；(2)包括所有阶层人民（贵族和平民）的代表；(3)各阶级有权出席或自由选举代表；(4)具有税收、立法和一般政治协商权（general political deliberation）。[209] 法律历史学家弗雷德里克·梅特兰（Frederic Maitland）认为，正如13世纪所理解的那样，议会的核心是国王委员会的会议，而议会的大部分事务都是关于司法的（听取请愿和解决申诉等）。[210]

至于为什么议会形成于12世纪末到14世纪的欧洲，历史学家提出了各种理论。有些史学家认为，这些大会是从中世纪关于决策需要协商和共识的观念中自然衍生的，这种观念主张习惯法和普通

[208] 为了更好地概述这些解释，修订和辩论涉及的主要思想流，see Bisson, *supra* note 188, at 1–5。

[209] See generally Stubbs, Constitutional History, *supra* note 189.

[210] See Frederic William Maitland, *Records of the Parliament Holden at Westminister* (Printed for H. M. Stationery off., by Eyre and Spottiswoode, 1893), at ix – xxi. 最近写作的历史学家继续这场辩论。Compare Richardson & Sayles, *supra* note 191, at 2（指出13世纪英国议会的职能基本上是司法的），with B. Wilkinson, *Studies in the Constitutional History of the Thirteenth and Fourteenth Centuries* (Manchester University Pr., 2nd ed. 1952), p. 14–29, 50–54（声明中世纪英国议会的职能主要是做出政治决定）.

法都要求国王在作出决定时与更大的团体进行磋商并获得默许。[211] 其他历史学家则强调,罗马和教会法学中的“*quod omnes tangit ab omnibus approbetur*”(凡涉及全体之事,须经由全体同意),以及“*plena potestas*”(完全权力)(代表促使公司机构做决策的“完整权力”)为中世纪议会的发展提供了法律依据。[212] 许多历史学家认为,财政需求对议会的发展起到了关键的推动作用,因为对收入的需求日益增长,迫使国王向议会申请批准征税。[213] 然而,其他历史学家认为,议会可能是军事议会(military assemblies)的产物,国王在这些议会中寻求有关战争决策的咨询和支持。[214] 如前所述,在传统上,英国议会的历史强调是贵族的协商要求为议会的发展提供了动力;但是也有一些历史学家认为,议会是国王强加的负担,就像人们如今对作为陪审团出庭义务的普遍态度一样。[215] 德国历史学家中存在这样一种理论,即中世纪议会是中世纪社团主义的产物,这里的社团并非指向商业公司,而是指中世纪社会中各种集体或社团(如教会、行会、市镇等),这种团体中的每个人都拥有各种权利和特权。根据这一理论,中世纪的议会是国王妥协于社会中更强大的社团的代表

---

[211] See e. g., Reynolds, *supra* note 190, at 302 – 305. 反过来,这种习俗和普通法可能是日耳曼部落传统与基督教社区观念融合的产物。See *infra* notes 314 – 316 and accompanying text.

[212] See Brian Tierney, *Medieval Canon Law and Western Constitutionalism*, 52 The Catholic Historical Review 1, 13(1966).

[213] See John B. Morrall, *Political Thought in Medieval Times*(Harper & Brothers, 1962), p. 60.

[214] See Thomas N. Bisson, *The Military Origins of Medieval Representation*, 71 The American Historical Review 1199(1966).

[215] See Pasquet, *supra* note 192, at 223 – 230.

的产物。[216] 当然,许多关于中世纪欧洲议会的性质、起源和影响的理论并不相互矛盾;相反,就像盲人对大象的描述一样,它们只是强调了复杂现象的不同方面。

毋庸置疑,写作本文并不是为了探索关于中世纪欧洲议会的各种不同理论和辩论(theories and debates)。相反,就本文的写作目的而言,重要的是早期商业公司中采用的董事会制度在多大程度上模仿了中世纪欧洲的议会,或者,更有可能的是,创造中世纪欧洲议会的基本思想是否也促使了早期商业公司中采用董事会制度。在缺乏能证明二者相关联的直接证据的情况下,我们必须审查这两个机构在实践和概念上的异同。乍一看,早期公司董事会与中世纪议会之间存在明显的相似之处,因为两者似乎都涉及了代表团体的集体决策。然而,在更仔细地审视后,很难说中世纪的议会究竟有没有包含前文讨论的所有或大多数定义了以董事会为中心的公司治理模式的基本概念,[217] 即由一群被选举出来代表(而非组成全部的)所有者的

---

〔216〕 See Emile Lousse, *Parlementarisme ou corporatisme? Les origines des assemblees d'etats*, 4 Revue Historique de Droit Francais et Etranger 684 – 706(1935). 正如对中世纪议会起源有不同的理论一样,对于为什么英国议会在其他中世纪欧洲议会衰落时幸存下来也有不同的解释。虽然19世纪的一些历史学家将英国议会的生存之道归因于英国人民与生俱来的特征。See e. g., Stubbs, *Constitutional History*, *supra* note 189, at 1 – 11, 最近的历史学家在英国国王、贵族和市镇之间找到了权力平衡的解释,这种做法一方面阻止了议会在绝对君主手中的覆灭(后来发生在法国和西班牙);另一方面,由于过于强大的地方领主和市镇之间的冲突(如德国和意大利所发生的),导致议会分裂。See e. g., Lyon, *supra* note 196 at, 157 – 183. 地理位置不是太大(如在法国),或者太小(如在各个城市州),也可能给英国议会提供了类似于"金发姑娘"(Goldilocks,金发姑娘表达了"刚刚好"的意思)的生存优势。See e. g., Robert Fawtier, *Parlement dAngleterre et Etats Generaux de France au Moyen Age*, in Comptes rendus des séances de l'Académie des Inscriptions et Belles-Lettres(1953), p. 276 – 284.

〔217〕 See *supra* notes 8 – 25.

同侪群体(a group of peers)作出决策,并拥有对管理者的终极权力。

仅是贵族、神职人员和市镇代表与国王的集会并不意味着在中世纪的“议会”中有集体或同侪团体的决策。毕竟,即使是最专制的中世纪君主也可能希望召集贵族、神职人员和市镇代表大会(assembly),以宣布决定或作为王国重大事件(加冕典礼等)的观众。另一种情况是,拥有绝对权力的君主可能会向委员会或一个更大的集会寻求建议和支持,但仍保留作出最终决定的权力。尽管如此,虽然许多中世纪的集会——乃至是中世纪编年史家可能会称为“议会”(parliament)或同等分量名称的会议形式——无疑符合这两种可能性,但许多中世纪议会确实需要真正的集体或同侪群体决策。[218] 例如,对英国贵族来说,如果这样的集会只能给国王不具约束力的建议,且必须批准或执行国王的决定,那么英国贵族们要求国王在大宪章中同意通过“伦敦议会”(市议会)的允许来取得“援助”(税收),或者在牛津条例中同意每年举行三次议会,[219] 似乎就没有多大意义。其他似乎有充分证据表明具有真正决策权的议会包括:布拉班特的贵族和市镇代表议会,它控制着战争、联盟、公爵任命、立法和税收;阿拉贡-卡特兰(Aragon-Catalan)议会,对新法律拥有否决权,以及一些德国公国的领地。[220] 在具体实践的证据之外,还有学理上的证据,即一个唯国王的决策马首是瞻的议会,并不符合罗马或教会法学说中主张的“*quod omnes tangit ab*

---

[218] See Antonio Marongiu, *Medieval Parliaments*: *A Comparative Study* (Eyre & Spottiswoode, 1968), p. 45 – 67.

[219] See *supra* note 191.

[220] See *supra* notes 195 – 207 and accompanying text.

omnibus approbetur”(凡涉及全体之事,须经由全体同意)。[221]

另一个更为复杂的问题是,以董事会为中心的公司治理模式(股东选举一群董事,而不是自己管理公司)中体现的代表的概念是否与中世纪议会的“代表制”相似。该问题的复杂性在于整个代表思想中包含了不同含义。在最简单的层面上,公司董事会和中世纪议会都具有“代表性”,即较小的群体做出的决定对较大的群体具有约束力,而不是让整个股东(在公司中)或整个国家(在王国中)做出决定。事实上,许多历史学家都认为,罗马或教会法律学说中的“*plena potestas*”(完全权力)(代表促使公司机构做决策的“完整权力”)对于封建集会变为议会有重要作用。正是通过这种学说,各市镇的代表迫使市镇遵循议会的决定(特别是关于税收的决定),而不是由国王与每个市镇就税收征税等事项分别进行谈判。[222] 同时,“*plena potestas*”(完全权力)学说以及中世纪社会的社团主义观点所体现的代表的概念,似乎是指个体代表特定的群体——例如,市民代表了派遣他的特定市镇——而不是整个王国。[223] 这与早期英国商业公司

---

〔221〕 But see Morrall, *supra* note 213, at 65. 许多中世纪议会行使真正的集体决策权,这一事实并不一定意味着它们通过正式投票和多数决规则来运作,现代立法机构也是如此。相反,中世纪的政治哲学通常高度重视基于共识的决策。See Reynolds, *supra* note 190, at 319. 尽管如此,这一事实可能无法将中世纪的政治思想与当前以董事会为中心的公司治理区分开来,因为公司董事会通常也通过基于共识的决策在实践中运作(即便不是在法律上)。See Manning, *supra*, note 34, at 1483. 无论如何,这在今天的立法机构和公司董事会中仍然是正确的,拒绝同意的理论权利并不意味着,作为一个实际政治问题,董事会或立法机构会对强势或受欢迎的首席执行官说“不”。

〔222〕 See Morrall, *supra* note 213, at 64 – 65.

〔223〕 See Summonses to the Parliamentof November 1295, *supra* note 193[声明骑士们被派往议会是为了“拥有足够和充分的权力给他们自己和上述郡的社区”(the community of aforesaid shire),而被派往议会的公民和市民将拥有这样的权力,“为他们自己,也为城市和市镇的社区”来处理议会的事务(着重强调)].

的董事会成员的代表能力(representative capacity)不同,后者通常不代表任何特定的所有者群体。[224] 事实上,立法机构的代表(其议员代表特定的州或地区)和公司董事会的代表(至少在没规定设立分类董事会的条款的情况下)在性质上的差异一直延续至今。[225] 另一种对代表概念的解释源于这样一个事实,即现代思维倾向于把“代表”等同于民主选举,而且,无论是在今天,还是在早期的商业公司中,通常都由股东选举董事会成员。[226] 相比之下,尽管斯塔布斯(Stubbs)这样的早期历史学家持浪漫主义的观点,但在民主意义上,市镇居民可能并没有选举他们在中世纪议会中的代表。[227] 事实上,当人们自然地认为应该由社会中较年长、较富有和较有权势的成员为团体发声时,[228] 并且当作为议会代表是一项巨大的无偿负担时,[229] 对民主选举的需求就可能很少。渐渐地,越来越多的郡和镇的居民获得了

---

〔224〕 事实上,在英国似乎比在欧洲大陆公司的情况更为正确,正如英国“东印度公司”(在其历史的大部分时间里,似乎有一个由所有有投票权的成员选出的董事会)与“荷兰东印度公司”——其董事会由组成公司的各个“商会”(不同荷兰城市的商业团体)的每个代表组成——的比较所证明的那样。See *supra* text accompanying notes 181 – 184. 同样值得注意的是,1505 年的商人冒险家公司特许状(charter of the Company of Merchant)要求选择“不同(原文如此)团体”(divers [sic] fellowships)的人选。See *supra* text accompanying note 175. 这可能表明了一种意图,即董事会成员,即使在普通选举中,也应该来自商人冒险家中的不同派别或团体,从而代表他们。

〔225〕 然而,在这方面,英美公司与那些在共同决定制度下运作的德国公司和其他欧洲大陆公司有一些不同,在共同决定制度下,监事会有股东代表和劳工代表。See *supra* note 52 and accompanying text.

〔226〕 See *supra* text accompanying notes 8 – 14. 然而,早期公司的董事会为股东选举董事提供了一些值得注意的例外。如前所述,伦敦和普利茅斯公司的初始章程授权国王任命管理委员会的成员,而“东方公司”管理委员会的“助手”则保留了良好行为的立场。See *supra* text accompanying notes 105 – 115.

〔227〕 See Reynolds, *supra* note 190, at 310.

〔228〕 See id. at 251.

〔229〕 See generally, e. g., Pasquet, *supra* note 192.

英国下议院代表选举的投票权;然而,整整几个世纪,这样的选举都是采取等额选举制度。[230] 此外,在今天的公司董事会选举中,候选人之间缺乏竞争仍然是一个典型的问题。[231]

然而,中世纪议会和公司董事会之间最显著的区别可能在于其与首席执行官的关系。公司董事会至少在理论上凌驾于首席执行官之上,而议会至上(parliaments'supremacy)还是国王至上(kings' arose)的问题在欧洲争论了几个世纪[232](其中英国内战就是一个引人注目的例子)。事实上,中世纪君主与议会(或同等地位的集会)之间的关系问题是贯穿整个中世纪政治思想中的最大(但非唯一)矛盾——如何解决中世纪社会等级制度和尊重权威的价值与集体决策的价值之间的冲突。[233] 因此,即使一个中世纪的议会拥有真正的集体决策制度,而不仅是提供建议、拒绝援助或税收请求等权力,也并不意味着这样的议会拥有当前的以董事会为中心的公司治理模式所要求的至高权力。需要特别注意的是,二者之间的重大区别在于,公司董事会有权选举和罢免首席执行官,而中世纪的议会一般无权选举和罢免国王。[234] 不过,这种差异可能并不像人们最初想象得那么显著。如前所述,[235] 早期公司的董事会通常缺乏选择或罢免公司总

---

〔230〕 See Nicolas et al., *supra* note 196, at 120 – 121(描述了从15世纪到17世纪英国下议院的选举中特许经营的增长,但是在候选人之间缺乏选择).

〔231〕 See *supra* text accompanying notes 64 – 66.

〔232〕 See Otto von Gierke, *Political Theories of the Middle Age* (Frederick William Maitland trans., 1938), p. 30 – 48.

〔233〕 See Reynolds, *supra* note 190, at 51 – 52.

〔234〕 See Marcia L. Colish, *Medieval Foundations of the Western Intellectual Tradition 400 – 1400* (Yale University Press, 1997), p. 348 – 349. But see Gierke, *supra* note 232, at 45 – 46(讨论中世纪法学家的主张,即代表大会可以罢免一个忽视其职责的君主).

〔235〕 See *supra* text accompanying notes 101 – 109.

督的权力(其通常是成员直接选举产生的)。此外,在许多情况下,中世纪的议会在选择国王方面显然有一定的发言权。[236] 例如,一些历史学家声称,盎格鲁-撒克逊国王需要得到贤人会议(顾问委员会)的同意才能选择继任者,[237] 而且,如前所述,德国议会通过仲裁来解决王位竞争者之间的继承纠纷。

总而言之,尽管公司董事会和中世纪议会之间存在重大差异,但由于二者都以由更广大团体的代表来做集体决策的想法为基础,因而它们有足够的相似性来继承共同的概念遗产。罗马或教会法律学说中的"*quod omnes tangit ab omnibus approbetur*"(凡涉及全体之事,须经由全体同意)以及"*plena potestas*"(完全权力)(代表促使公司机构做决策的"完整权力")被作为中世纪欧洲议会的法律依据,就足以说明这一点。值得注意的是,这两种罗马或教会法学说不是唯一地,甚至不是特别地适用于议会和王国。相反,它们起源于差异性显著的背景。中世纪教会法学家和学者最初从一条罗马法律技术规则中发展出了"*quod omnes tangit ab omnibus approbetur*"(凡涉及全体之事,须经由全体同意)的学说,该技术规则是以共同辅佐的思想为基本原理,要求允许非专业代表出席教会公会议;[238] 而"*plena potestas*"(完全权力)最初涉及代理人在民事诉讼中代表公司的权力。[239] 中世纪议会的出席传票(可能由那些受过教会法律训练的律师来起草)在描述命令代表出席的目的和性质时,开始引用这两个学

[236] See Gierke, *supra* note 232, at 42.

[237] See Simon Schama, 2 *History of Britain*: *The Wars of The British*, 1603 – 1776 (Hyperion, 2000), p. 80.

[238] See generally Tierney, *supra* note 212.

[239] See Post, *supra* note 195, at 211.

说,使它们转而成为中世纪议会的法律基础。[240] 而且,这两个学说如此顺利地成为代议制议会的法律基础,因而即使没有明确的重述,也没有理由认为它们不能为早期商业公司的董事会提供相同的功能。的确,“商人冒险家公司”1505 年的特许状授予了董事会“全权和权威”(full power and authority)以统治和管理商人。[241] 这表明公司董事会和中世纪议会具有共同的法律基础,因为这两个机构都是通过全权(*plena potestas*)代表获得“*quod omnes tangit ab omnibus approbetur*”(凡涉及全体之事,须经由全体同意)原则所要求的同意,以代表更大的团体去表达意愿。

同样值得记住的是,将早期而不是今天的公司的董事会与中世纪议会进行比较时,二者之间的一些明显差异可能会减弱。例如,虽然中世纪议会肩负司法职能(如上所述,对于议会而言,解决法律纠纷即便不是主要任务,也是一项重大任务),而现代公司董事会并没有司法作用,[242] 但如前所述,在早期管制性公司中,如“商人冒险家公司”的董事会,其主要职能是解决涉及公司成员的商业纠纷。

(二)市镇议会

市镇议会(Town Councils)是中世纪欧洲通过代表机构进行集体决策的第二个例子,并且实际上,它很可能就是公司董事会概念的起源。有证据表明,在早期公司中采用的治理委员会,更可能是模仿了市镇议会或者是建立在与市镇议会相同的设想的基础上,而与中

---

[240] See Summonses to the Parliamentof November 1295, *supra* note 193[在陈述传唤的目的和命令郡和镇的代表有“全权”(full power)来处理议会的事务方面,详述“凡涉及全体之事,须经由全体同意”的学说].

[241] See Cawston & Keane, *supra* note 116, at 250.

[242] See *supra* note 179 and accompanying text.

世纪欧洲王国的议会的关联没有那么强。此外,由于中世纪欧洲市镇议会的建立,一方面,往往背离了行政官员对城市的等级管理;另一方面,也背离了一种直接的民主管理,即社区的所有享有选举权的成员都参与其中,明白了为什么采用市镇议会形式,或许就能明白为什么早期公司选择采用董事会结构,而不是采用首席执行官负责制或全体所有者管理公司的合伙制。

1. 市镇议会的发展

在中世纪的西欧,由代表组成的市镇议会成为市镇治理(municipal governance)的基本特征。[243] 与中世纪欧洲王国的议会一样,英国的经验也提供了一个著名的范例。中世纪英国历史上第一个有文献记载的市议会于 1200 年在伊普斯威奇(Ipswich)建立。[244] 1200 年 5 月 25 日,约翰国王(King John)授予了伊普斯威奇特许状(charter),[245] 授权该镇选出 2 名法警和 4 名验尸官(coroners),这些人后来成为该镇的

---

〔243〕 See Fritz Rorig, *The Medieval Town*(B. T. Batsford, 1967), p. 26.

〔244〕 See Heather Swanson, *Medieval British Towns*(Palgrave, 1999), p. 80. 这并不是说伊普斯威奇是一个特别重要或创新的城镇(burg),即使在中世纪也是如此。更确切地说,伊普斯威奇在英国市政府历史上的重要地位是它有幸编造相关事件的编年史,并使这些记录在随后的几个世纪中得以保存。

〔245〕 See Carl Stephenson, *Borough and Town, a Study of Urban Origins in England*(Cambridge, Mass. Acad. 1933), p. 174. 在很大程度上,伊普斯威奇特许状(charter)是约翰和其他国王在中世纪授予自治市的特许状(charters)的一个相当典型的例子。事实上,同年早些时候授予北安普顿的特许状显然是伊普斯威奇特许状的模范,也是授予格洛斯特、林肯和什鲁斯伯里特许状的模范。Id. at 174 n. 6. 伊普斯威奇特许状授予市镇的居民(burgesses)一个"世袭地租农场"(fee farm),换言之,他们有权收取他们自己的税款,并将自己的份额汇给国王,而不是由皇室任命的人[一位"城镇长官"(reeve)]来收税(大概会给自己留点吧)。该特许状还授予某些其他权利和特权,这些权利和特权的效果是使伊普斯威奇的议员从封建地位中解脱出来,例如免收通行费,以及有权在他们自己的法庭而不是当地贵族的法庭审理纠纷。See Colin Platt, *The English Medieval Town*(McKay, 1976), p. 130.

行政官员。[246] 然而，就本文写作目的而言，最重要的是该份“特许状”中没有的东西。一份显然是由镇书记官编制的编年史显示，[247] 1200年6月29日，市镇议会在圣玛丽塔教堂墓地举行，目的是按照“特许状”的规定选举法警和验尸官。在完成这次选举之后，聚集的居民随后决定“从此以后，正如英格兰（England）其他镇一样，伊普斯威奇镇应该从镇上的居民中选出12名宣誓的首领，[248] 正如英格兰其他自由行政区一样，他们应该拥有充分的权力，为自己和整个城镇管理和维护该行政区及本镇的全部自由，为该城镇作出判决，并在该城镇中维持、任命和执行为该行政区的福祉和荣誉而应采取的一切行动。[249]

虽然只有伊普斯威奇的居民们留下文字，支持了在1200年市镇议会已经成为英国自由行政区常态的主张，但没过多久，其他有记载的英国镇议会的例子就出现了。[250] 有证据表明，在12世纪后的英国自由行政区中，一个由12名或24名成员组成的市镇议会是常态。[251]

---

[246] 法警的职责与前面的reeve相同，而验尸官的职责范围比我们目前所认为的职责观念更广泛，他们负责处理与王室有关的司法和其他事务，并负责监督法警。See Stephenson, *supra* note 245, at 175.

[247] 关于这段编年史的真实性有一些争论，事实上，这是一个当代的叙述，而不是后来的篡改。Id. at 177（讨论挑战的基础，并拒绝争论）.

[248] 此时“港口”（port）一词可以与自治市镇同义使用，因此，例如，自治市镇法院通常被称为“portmanmoot”。See Swanson, *supra* note 244, at 75.

[249] See Stephenson, *supra* note 245, at 175（翻译自拉丁文原文）.

[250] See Platt, *supra* note 245, at 132（说明记录反映了1206年伦敦24人议会委员会的选举）。

[251] See Stephenson, *supra* note 245, at 174 n. 4. 后来，随着英国市政治理（municipal governance）发展到16世纪，在许多英国城市，两院制的议会制度取代了单一的议会制度。这通常需要一个由12个或24个成员组成的内部委员会（这通常是自我延续的，而不是选举产生的）和一个由更多成员组成的民选外部委员会（通常是12个成员的倍数）。See Peter Clark & Paul Slack, *English Towns in Transition* 1500 – 1700（Oxford University Press, 1976）, p. 29, 128 – 129.

正如中世纪欧洲王国的议会的情况一样,英格兰并不是第一个拥有众多市镇议会的中世纪欧洲国家。相反,有记载表明,在伊普斯威奇事件发生之前的一个世纪,其他中世纪欧洲国家已经越来越多地使用这种议会。毫不奇怪,鉴于其快速增长,意大利中世纪城市提供了一些最早使用市镇议会的证据。〔252〕 在12世纪,由所谓的执政官(consuls)组成的团体——通常人数在4人到12人,或者其倍数〔253〕——管理着许多意大利城市。〔254〕 然而,由于不同阶级和派系之间持续不断的冲突,意大利城市在13世纪和14世纪早期经历了一段日益民主的统治时期后,最终在文艺复兴时期由地方法官和诸侯施加了独裁统治。〔255〕

---

〔252〕 当神圣罗马帝国皇帝亨利四世向比萨发出特许状,承诺各种自由,并同意不在托斯卡纳任命任何侯爵,除非比萨的12名代表在市镇召唤的集会中表示同意的情况下,有人建议在1081年之前在比萨建立某种市镇议会;虽然目前尚不清楚这12人是否为常任理事会(permanent council)。See Reynolds, *supra* note 190, at 169.

〔253〕 See John Hine Mundy & Peter N. Riesenberg, *The Medieval Town* (Unversity of Chicago Press, 1958), p. 50.

〔254〕 See Reynolds, *supra* note 190, at 169 – 170. 起初,当地的主教或子爵(代表神圣罗马帝国皇帝)任命这些执政官(consuls), see Summerfield Baldwin, *Business in the Middle Ages* (Cooper Square Publishers, 1937), p. 52, 但最终,他们要么是自我延续,要么是由城市的主要公民(citizens)选举产生。See Rorig, *supra* note 243, at 26. 例如,在12世纪的佛罗伦萨,选举执政官的集会被称为"parlamentum"。See R. W. Carstens, *The Medieval Antecedents of Constitutionalism* (P. Lang, 1992), p. 18. 随着意大利城市的发展和内部分歧的增加,他们的市政府也在不断发展。虽然执政官们似乎履行了代表、行政和司法职能, see Reynolds, *supra* note 190, at 170, 新的市政宪法经常把行政职能放在一个单一的办公室,即"podesta"。See James Westfall Thompson, *An Economic and Social History of the Middle Ages (300 – 1300)* (Ungar Century Co., 2nd ed., 1966), p. 784 (hereinafter Thompson, Economic and Social History), 而代表职能可能由12个或24个成员组成的小议会和更广泛的议会组合而成。See Antony Black, *Guilds and Civil Society in European Political Thought from the Twelfth Century to the Present* (Cornell University Press, 1984), p. 48. 这些宪法有时也采用了相当精细的方案来选择议会成员。See Mundy & Riesenberg, *supra* note 253, at 79 – 80.

〔255〕 See Mundy & Risenberg, *supra* note 253, at 79, 82 – 83.

在意大利北部的法国，佛兰德斯的一些自治市也是采用市镇议会的非常早期的例证；尽管，这种明显过早的记录可能是出于该镇高超的文件编制能力的机缘巧合。1127 年，关于谁将成为法兰德斯伯爵的继承纠纷，给后来的历史学家留下了一份授予圣－奥梅尔镇的书面宪章，其中的条款可能是当时法兰德斯市镇权利条款的典型。除确认居民免除封建义务外，“圣－奥梅尔宪章”授予市民由他们自己的“市政长官”（echevins）审判的权利，这对本文的写作目的意义重大。[256] 虽然这仅表明所谓的“市政长官”具有司法职能，但后来的证据表明，在 12 世纪的法兰德斯，“市政长官”已经成为一个由地方选举产生的委员会，通常由 12 人组成，承担该镇全部的行政和司法管理职能。[257] 到 12 世纪中后期，在法国北部的一些市镇也采用这些具有司法和行政职能的议事机构（councils）——有时被称为“市政长官”，有时被称为“运用法律的人”（jures）——来管理城镇，而在法国南部，类似的机构在 1150 年开始掌管最重要的城镇，但其采用了在意大利广泛使用的“执政官”一词作为成员的称谓。[258] 然而，最终，正如城镇诸侯日益增长的专制统治使大多数意大利议会和镇议会都难逃厄运一样，法国君主制的日益强大也导致了三级议会和市镇议会的权力被削弱。到了 15 世纪中叶，皇家官员从市镇居民的代

〔256〕 See Stephenson, *supra* note 245, at 34.

〔257〕 Id. at 37.

〔258〕 Id. at 40 – 41. 管理团队中有 8 名执政官阿维尼翁（Avignon），12 名在马赛（Marseilles），24 名在图卢兹（Toulouse）。See Thompson, *supra* note 18, at 784. See R. H. Hilton, *English and French Towns in Feudal Society: A Comparative Study* (Cambridge University Press, 1992), p. 51.

表机关(consular government of the town burgesses)手中接管控制权。[259]

在12世纪和13世纪,市镇议会的形式继续在整个西欧被推行。[260] 最终的结果是,采用12名或12名以上成员的市镇议会成为中世纪欧洲自治政府(European municipal government)的一个普遍特征。[261]

2. 市镇议会和公司董事会

早期对中世纪欧洲王国的议会和公司董事会的比较发现了一些二者间存在模仿或基于相同概念的证据,但不可否认的是,这些证据参差不齐。相比之下,更有力的证据表明,早期公司董事会和中世纪欧洲城镇议会之间存在这种共性。首先,中世纪的城市往往是"法人"本身,因此,它们可以为早期贸易公司的特许状中的治理条款提供一种逻辑范式。其次,从"法人"一词的两个不同方面的含义来看,中世纪的市镇(medieval towns)实际上就是法人,且事实上,这两方面的含义有力地表明了市镇议会和早期贸易公司董事会之间存在联系。

律师更熟悉的"法人"的定义是,一个虚构的法律实体或个人,产生于州的许可,拥有财产权、起诉和应诉能力等权利,并且即使其成员去世,其仍可继续存续。[262] 从15世纪开始,许多英国城镇寻求并获得特许权,以成为这种意义上的法人。[263] 对于这一行为,历史学

---

〔259〕 See R. H. Hilton, *English and French Towns in Feudal Society: A Comparative Study*(Cambridge University Press,1992),p. 51.

〔260〕 例如,大概是照搬意大利和法国的做法,13世纪德国城镇议会的成员开始称自己为执政官。See Reynolds, *supra* note 190,261.

〔261〕 Id. at 191.

〔262〕 See Trustees of Dartmouth Coll. *v.* Woodward,17 U.S. 518,636(1819).

〔263〕 See Platt, *supra* note 245, at 142.

家通常的解释是这种地位产生了某些实际优势——特别是,市镇可以通过成为皇家特许公司来取得财产权,从而避免适用关于死手地的法令*。[264] 在这一时期,不受有关死手地法令的限制而拥有财产的愿望,也激发了许多英国行会寻求皇室授予法人特许状。[265] 因此,完全合理的是,律师为市镇、行会和后来的贸易公司起草章程时,会从一种类型的法人章程中借用思想,包括治理方面的思想,并将之放在另一类法人的章程中——特别是,正式的市镇法人注册会在其新章程中加入固定和完善市镇议会制度的治理规定[266]

然而,"法人"还有另一个含义,而在这个含义下可以涵盖更多的早期阶段的市镇,并且与早期贸易公司的治理有更高的关联程度。这个含义来自德国法哲学家提出的一种关于法人的现实主义理论。[267] 该理论认为,法人不是由国家法律创建的、法律拟制的人,而是法律认可某些群体可以参与某种程度的集体行动,拥有某种集体身份,以至于集体本身开始作为一个独立的实体存在,并因此拥有权利和责任。在这个意义上的中世纪法人包括行会、大学、教会或教会

---

* maortmain,死手地,意思是教会等法人组织拥有的土地,由于这类组织是永生的,不会消灭,所以一旦掌握土地,就会削弱封建领主对土地的控制权,因而爱德华一世制定了一系列关于死手地的法律,限制土地转让给教会等法人机构。——译者注

[264] Id. at 143 – 144. 在 1391 年,《永世管业法》(mortmain legislation)的限制对象延伸到市镇和行会之后,英国市镇法人特许状的数量快速增长,该事实支持了这一解释。

[265] See Susan Reynolds, *Ideas and Solidarities of the Medieval Laity: England and Western Europe* Ch. Ⅵ, (Variorum, 1995), p. 12 – 13 (hereinafter Reynolds, Ideas).

[266] Id. at Ch. ⅩⅢ, p. 49 – 50[以格洛斯特案(Gloucester)为例,它采用了遵循市长、市议员委员会(市议会, a council of aldermen)和更广泛的市议会(a broader common council)的"伦敦模式"的特许状];Clark & Slack, *supra* note 251, at 128(声称新的特许状旨在促进寡头集团的控制).

[267] See Frederic William Maitland, Translator's Introduction, *Political Theories of the Middle Ages* (Cambridge University Press, 1900), at xxv – xxvii.

的一些组成部分,以及最重要的——市镇。[268] 上文中提到这样一个观点,作为对中世纪议会形成的一种解释,即这种议会是作为一种机制出现的,更强大的法人的代表与君主通过这种机制相往来。[269] 中世纪社团取得法人属性,这一结果影响了法人本身之外的政治制度,但这也可能对法人内部的政治或管理机构的性质产生影响。这种内部影响如果存在的话,将在市镇议会和公司董事会之间建立一种非常强的关联性,而这种内部影响来自这样一种可能,即无论是市镇、行会、贸易公司抑或其他环境中,中世纪欧洲法人团体的普遍存在催生了有关法人团体治理的重要思想,这些重要思想自然而然地使议会和委员会制度被采用。[270] 在后文中讨论为什么中世纪的欧洲市镇形成了地方议会制度时,还会提到这个设想。

中世纪市镇议会除为早期贸易公司提供治理理念的逻辑来源外,还与这些公司存在实际联系。这种联系是通过商人行会形成的。如上所述,[271] 早期的贸易公司(以"商人冒险家公司"为例)在很大程度上就是商人行会,后来演变成了合股公司。反过来,行会领导与中世纪市镇议会的成员大部分是重合的。再一次感谢伊普斯威奇的编年史家为证明这种关系提供了便利的证据。像许多类似的特许状一

---

〔268〕 See Black, *supra* note 254, at 18 – 24.

〔269〕 See *supra* text accompanying note 216.

〔270〕 中世纪法学家巴尔托鲁斯(Bartolus)的著作中可以找到这样一个例子,即政府在不同类型公司之间的观念转变,创造出一种公司(在最广泛的意义上)治理的总体意识形态。处理一个城市的活动是否需要民众集会的问题,巴尔托鲁斯应用了中世纪学者教会法学者 Hostiensis 的早期作品,他写道,教会大学(ecclesiastical colleges)成员所需的同意只能在公共集会中给出。See Black, *supra* note 254, at 84.

〔271〕 See *supra* text accompanying notes 163, 176 – 177.

样,伊普斯威奇特许状赋予了居民创办商人行会的权利。[272] 伊普斯威奇的编年史家讲述了在组织集会期间,伊普斯威奇的居民如何从12名居民首领中选出1名作为该行会的高级官员(或负责人),并任命了其他3名主要的居民首领,以及其中1名验尸官,成为高级官员的4名助手。[273] 在许多情况下,市镇议会与商业行会领导层之间的重合度超过了两机构普通成员的重合度。在科隆(Cologne),商人行会的管理委员会成为该市镇的第一个政府,[274] 而在加莱,"常设地商人公司"的管理委员会管理了该市两年。[275] 佛罗伦萨的市镇议会有一段时间是由各个行会选出的代表组成的。[276] 在许多市镇,行会会馆被作为市政厅,并最终成为市政厅。[277] 综上所述,考虑市镇议会和商人行会之间的联系,以及商人行会和早期贸易公司之间的联系,很难相信市镇议会和早期公司委员会之间的相似性是巧合。

---

〔272〕 See Hilton, *supra* note 259, at 93. 沿着类似的路线,1127年圣-奥梅尔特许状也包含了支持该城镇创办行会的各种规定。See Stephenson, *supra* note 245, at 35. 与伊普斯威奇同年取得特许状的格洛斯特(Gloucester)的特许状中有一个有趣的变化。格洛斯特的特许状在很大程度上,只是将与自治市相关的特许经营权授予了"格洛斯特商人行会的市民"(burgesses of Gloucester of the gild merchant)——行会成员,而不是赋予城镇居民各种自由权从而使他们有权创办一个商人行会(the gild merchant)。See Hilton, *supra* note 259, at 93.

〔273〕 See Hilton, *supra* note 259, at 93. 更引人注目的是,一份13世纪中期的莱斯特城镇议会(Leicester town council)成员名单与莱斯特商人公会理事会(council of Leicester's merchant guild)的成员名单(两者都有24名成员)的比较显示,他们几乎是由相同的人组成的。Platt, *supra* note 245, at 133. 在16世纪,许多英国市政领导人都与商人冒险家紧密联系在一起, see Clark & Slack, *supra* note 251, at 129, 如上所述,其特许状(charter)有助于在英国贸易公司中建立并使用董事会制度。

〔274〕 See Black, *supra* note 254, at 56.

〔275〕 See *supra* text accompanying note 170.

〔276〕 See Carstens, *supra* note 254, at 18-22.

〔277〕 See H. W. C. Davis, *Medieval England* (Oxford: Clarendon Press, 1924), p. 310-311.

早期的公司委员会与市镇议会间存在模仿或基于相同概念的另一个证据来自对这两个机构组成的比较。中世纪市镇议会的一个显著共同点是,这些议会倾向于吸纳12位、24位或者是12的倍数或因数的成员。这不是巧合。相反,这种倾向似乎来自查理曼(Charlemagne)及其继承人的12人王室法庭——包含6名“法官”(scabini)或审判发现者,4名研读法律的法官,以及2名维护教会的辩护人。[278] 值得注意的是,在最早的公司中,12、24,或者是12的倍数或因数,也是最常见的董事会成员人数。[279] 加莱“常设地商人公司”的委员会有24名成员,而“商人冒险家公司”1505年的特许状也同样授权选出24名助手。[280] 24这个数字也是“俄罗斯公司”“东方公司”的助手人数,“东印度公司”的委员会的人数,以及英格兰银行的董事人数。[281] 除数字上的相似性之外,对这些治理团体成员的描述也有相似之处。前文对“商人冒险家公司”1505年特许状的讨论,指出了这份特许状如何要求选出“最坚定、谨慎和诚实的人”。[282] 要求更

---

[278] See Mundy & Riesenberg, *supra* note 253, at 50. 传统上陪审团有12名成员,而这些中世纪的镇议会通常有司法职能,这似乎也不是巧合。

[279] See 1 Scott, *supra* note 97, at 151.

[280] See *supra* text accompanying note 170.

[281] See *supra* text accompanying notes 96, 121. 黎凡特公司1592年的特许状要求雇佣12名助手,而该公司1605年的特许状和马萨诸塞湾公司的特许状都要求雇佣18名助手($1\frac{1}{2}\times 12$)。甚至是异常值,例如哈德逊湾公司的7名董事会成员,或者最初管理伦敦公司的“弗吉尼亚州议会”的13名成员,see *supra* text accompanying notes 105, 132, 可能只是来自传统的数字。12个或6个,并增加一个额外的成员,以避免领带投票(avoid tie votes)。

[282] See *supra* text accompanying note 175. 俄罗斯公司的特许状[章程(charter)]中也有类似的语言。See *supra* text accompanying note 125. 有趣的是,俄罗斯公司的特许状,除设立一个由24名助手组成的董事会外,还要求选出4名“执政官”。如前所述,“执政官”的头衔来自意大利市政府。See *supra* text accompanying notes 253, 258.

"谨慎""诚实""坚定"的人等类似的语言,经常被用来描述英国市镇议会的适格成员。[283] 此外,"常设地商人公司"的首席执行官被称为市长(mayor)。[284]

3. 采用市镇议会的动机

鉴于存在强有力的证据表明,早期的公司董事会要么模仿市镇议会,要么至少是源于类似的治理观念,考察设立市镇议会背后的原因可以让我们深入了解早期公司选择由董事会治理公司的动机。但不幸的是,事实证明,使用市镇议会的动机本身具有相当大的不确定性。问题在于市镇议会产生于一个缺乏记录的时期。[285] 被普遍认可的是,早期的中世纪市镇通常由国王、[286] 当地贵族[287] 或神职人员代表管理。[288] 而如前文所述,在13世纪和14世纪,越来越多的市镇地拥有地方议会。但不幸的是,关于市政管理是如何又为什么从国王等人管理发展到市镇议会管理的证据是有限的。

如前文所述,与其他城镇相比,伊普斯威奇议会的成立提供了一个有相对完整记载的示例。伊普斯威奇的编年史家提到市镇政府的3个机关:官员[2名执行官(bailliffs)和4名验尸官];12位居民首领议会;整个城镇来选举官员并决定设立居民首领议会的集会。这3

---

[283] See Platt, *supra* note 245, at 119[举例说明,要求"更诚实和谨慎","更谨慎和更合适",或"更明智和更坚定"(wiser and sadder),以服务市镇议会].

[284] See *supra* text accompanying note 166.

[285] See Thompson, *Economic and Social History*, *supra* note 254, at 766.

[286] 如上所述,英国市镇通常有一个叫作"百户长"(reeve)的官员,他负责向国王征税并在城镇中有主要的发言权。Platt, *supra* note 245, at 132. 顺便说明,当这样一位官员被派到郡时,他就被称为郡的百户长或治安官。

[287] 中世纪贵族通常通过在贵族法庭拥有管辖权来对村庄实行控制,以听取涉及贵族领土内村庄居民的几乎所有刑事和民事案件。See Swanson, *supra* note 244, at 74.

[288] 在德国,主教通常是镇上的主人。See Rorig, *supra* note 243, at 19, 22.

个市镇政府机构的存在表明，对于市政治理的形式，伊普斯威奇的居民一般来说有3个清晰的选项。他们可以选择只由官员治理(这是特许状所规定的)。[289] 他们也可以选择由官员与整个市镇的集会共同治理。相反，他们选择了第三条道路——官员和市镇议会相结合。公司治理或商业治理的说法，就是居民们选择董事会治理，而不是仅通过首席执行官治理，或者是所有群体成员参与管理的合伙企业模式。伊普斯威奇的居民作出这个选择的主要原因是其他自由行政区也有这样的议会；但是，这一理由仅使我们去追问为什么其他市镇设立了议会。正如伊普斯威奇所面临的替代方案所示，反过来，这个宽泛的问题又可以拆分为两个子问题：第一，为什么要有一个议会而不是整个城镇的集会？第二，为什么要有一个议会，而不是仅由执行官员进行治理？

历史学家对市镇选择了议会而不是全体居民的集会提出了许多种解释。在一套解释中包含了关于较优实践的顾虑。这些顾虑包括，所有的居民都对参加城镇集会不感兴趣，[290] 许多居民缺乏作出

---

[289] 乍一看，人们可能会试图将伊普斯威奇的4个验尸官等同于董事会。然而，后来的消息来源表明，将一些人作为验尸官(或担任类似职务)的目的不是像集体董事会那样采取集体行动，而是允许忙碌的市镇行政官(可能需要出城进行贸易时)选择在4个人中轮换由谁来执行办公室的职责。Swanson, *supra* note 244, at 91.

[290] See Lorraine Christine Attreed, *The King's Towns*: *Identity and Survival in Late Medieval English Boroughs*(P. Lang, 2001), p. 18. 对这种合理化的支持来自一些中世纪建立城镇议会的文件，这些文件中有一些段落解释了这样的行动是必要的，因为参加集会的人很少，并且通过了要求议员(理事会成员，council members)宣誓参加会议的要求。See Reynolds, *supra* note 190, at 191 - 192.

高质量决策所必需的知识或判断力(这是相当精英主义的),[291]以及越来越多的居民参加会议所带来的纯粹是后勤方面的问题。[292] 毋庸置疑,在拥有众多股东的现代商业公司中,这些顾虑仍然是集中管理的支持者在对抗合伙制管理时,经常使用的理由。[293] 其他历史学家则眼光更为毒辣,他们指出,利用地方议会是较富裕的商人寡头用来剥夺下层阶级的权力的一种机制。[294]

---

[291] See Clark & Slack, *supra* note 251, at 128[引用格洛斯特地方法官关于处理任何"有大量市民有发言权"(where the multitude of burgesses have voice)的问题的投诉];Platt, *supra* note 245, at 120(引用针对莱斯特和北安普顿集会的投诉,其中"巨大的麻烦"表面上是"因为居民众多、物质贫乏,毫无判断力,他们的人数在议会中超过了其他有资格的、谨慎的、有良好意愿的人").

[292] See I John P. , Davis, *Corporations: A Study of the Origin and Development of Great Business Combinations and of Their Relation to the Authority of the State*(G. P. Putnam's Sons, 1905), p. 112. 较小的城镇保留开放集会的事实支持了这一点。Reynolds, *supra* note 190, at 196.

[293] See *supra* text accompanying notes 27 – 43.

[294] See Platt, *supra* note 245, at 119 – 124; see also Reynolds, *supra* note 190, at 191(直到最近,几乎所有的历史学家都认为,用市镇议会取代议会是"由占统治地位的贵族们设计的巩固权力的策略",雷诺兹教授拒绝承认这一论点). 虽然这些关于动机的辩论是典型的,而且往往是无法解决的,对历史学术研究而言,建立城镇议会的另一个复杂因素是,通常不清楚中世纪城镇议会取代了什么确切的治理形式。传统的,或许是浪漫的叙事方式认为,议会代表着一种对早期治理方式(市镇通过全体集会来运作)的背离。Id. 在某种程度上,伊普斯威奇编年史支持这个故事,作为市镇的集会创建了议会,以及采取各种其他步骤来组织自治市镇。此外,除非人们假设在伊普斯威奇的市民里召唤出一个城镇集会的想法,人们可能会想到,通过这种大会的治理可能是在城镇收到其特许状之前发生的[至少在大会所处理的事项没有侵入到百户长(reeve)或当地贵族权益(税收)的范围内]。See Reynolds, Ideas, *supra* note 265, at Ch. Ⅶ, p. 6. 如果人们接受这种叙述,那么伊普斯威奇(以及其他城镇)居民的选择从官员和公开集会的治理转变为官员和城镇议会的治理,预示着常设地商人公司和冒险家商人公司的决定,从拥有市长(常设地商人公司)或州长、总督(冒险家商人公司),加上整个会员的集会,到拥有市长或州长,加上议会或董事会助手。然而,另一种叙述认为该议会直接从以前的贵族、国王或神职人员手中接过了控制权。See Stephenson, *supra* note 245, at 40, 174. 根据这一观点,伊普斯威奇镇的集会只不过是一次大会(convocation),以便正式接受一个可能早于特许状存在的管理理事会。

另一个问题是,为什么居民不只让执行官(如法警和验尸官)来管理这个市镇。毕竟,这样做既可以避免集会的问题,又可以使一个由更富有的居民组成的寡头政权剥夺其他人的权力。也许原因很简单,所有较富裕的居民都希望在市政治理中保留自己的话语权,同时希望削弱较贫穷居民的权力。如果这是真的,那么这将与董事会(如果它们的存在是源于与市镇议会相同的动机)存在的理念一致,即董事会的存在是为了让大股东可以选举自己担任并可以保护自身利益的职位。[295] 然而,如果市镇议会的存在只是为了给社区中有权有势的成员提供直接的发言权,那么人们可能会预计议会的人数等于那些既有影响力又希望有这样一种发言权的群体总人数。在这种情况下,议会的规模应该是各种各样的数字,以反映在不同社区中有影响力的随机人数。相反,如前所述,人们发现市镇议会通常由 12 个,或者是 12 的倍数或因数个的成员组成。这种象征性数字的使用表明,市镇议会与中世纪欧洲王国的议会一样,都反映了中世纪欧洲关于需要由代表集体治理的政治观念(即使代表不是来自整个市镇,而是仅来自于较富裕的居民)。

一个合理的解释是,之所以设立市镇议会,而不是仅由行政官员治理,是由分配给议会的职能决定的。根据编年史家的说法,议会被授权管理和维护自治市镇,以及为市镇的福祉和荣誉做任何应该做的事情,而在这些非常不确定的事项中,有一项具体职能就是"为城镇作出判决"。这与圣-奥梅尔市政长官最初的职能相似,即审理涉及本市居民的案件。正如这两个例子所反映的那样,早期市镇议会

---

[295] See *supra* text accompanying notes 36 -41.

的主要作用之一,是裁决争议(特别是商业纠纷)。[296] 因此,设立市镇议会而不是由行政官员单独管理的基本理念是,在裁决中倾向于由集体决定有争议的事项。[297] 当然,今天的人们拥有的受陪审团审判的权利也体现了这种倾向。在某种程度上,中世纪欧洲王国的议会的某些职能是裁决争端,[298]这种哲学也部分地解释了这些议会的设立。那么,这一职能在多大程度上与公司董事会有关?即使中世纪欧洲社会还没有正式研究心理学,但中世纪对群体而不是个人作出裁决决定的偏好似乎支持了班布里奇教授关于公司董事会的存在合理性的观点,即在判断问题时,群体决策具有优越性。[299] 此外,一个群体能否更好地评估裁决中提出的证据(如确定证据是否证明O. J. 杀死了妮可——只是举个例子)和一个群体能否更好地评估未来公司合并,这两个问题可能相同,也可能不同。然而,本文提出的问题并不是,如果不考虑历史和传统的影响力,而是在一张白纸上书写公司章程,为什么现在的公司会选择董事会治理。相反,本文的问题是,为什么早期的贸易公司,例如"商人冒险家公司",选择了这个机构,从而确定了为其他人所遵循的模式。在回答这个问题时,似乎有必要记住"商人冒险家公司"的助手委员会的主要职能是——就像早期的市镇议会一样——裁决商业争端。[300]

---

〔296〕 See Rorig, *supra* note 243, at 161.

〔297〕 See Reynolds, *supra* note 190, at 23 – 34. 罗马法在12世纪的重新引入导致越来越多的人使用单一主审法官代替集体审判,这是中世纪早期欧洲的特点。对这一趋势的抵制发生在英格兰保留陪审团审判的过程中,就本文而言,主要是在商业事务中,商人集会或集团(assemblies or groups of merchants)继续审理纠纷。Id. at 51 – 58.

〔298〕 See *supra* text accompanying note 210.

〔299〕 See *supra* text accompanying notes 30 – 31.

〔300〕 See *supra* text accompanying note 296.

关于建立市镇议会的第二个目的,伊普斯威奇的编年史也提供了一条重要的线索。编年史指出,议会成员将有充分的权力为自己和市镇行事。前文讨论中世纪欧洲王国的议会时,提到了"*plena potestas*"(完全权力)这个概念。[301] 它与罗马或教会法学说中的"*quod omnes tangit ab omnibus approbetur*"(凡涉及全体之事,须经由全体同意)原则相辅相成。换句话说,中世纪欧洲王国的议会的代表或伊普斯威奇市镇议会的成员需要全权的原因是,法律要求对社区产生影响的行动需要社区所有成员同意。[302] 这意味着,如果市镇的决策不能在公开大会上获得批准,就应该有一个由有权批准此类行动的代表组成的议会。

就像中世纪的欧洲王国的议会一样,中世纪欧洲市镇议会的代表制的概念在某些方面与我们现在通常认为的代表制不同。例如,与中世纪议会一样,中世纪市镇议会中代表制的含义并不一定等同于民主选举。英格兰和其他地方的许多市镇议会都是自我延续型的(换句话说,在出现职位空缺时,由现有成员选出新成员)。[303] 事实上,伊普斯威奇议会本身是通过这样一个程序选出来的,即法警和验尸官从每个教区(parish)中挑选 4 个人,再由这些人选择 12 个居民首领。[304] 当然,正如前文所讨论的,[305]在现代分散控股的公司中,这种自我延续或由高级职员选择董事会成员的做法,即使不符合理论,

---

[301] See *supra* text accompanying notes 222 – 223.

[302] See Black, *supra* note 254, at 73(中世纪的法学家们将"凡涉及全体之事,须经由全体同意"的原则应用于公民政府).

[303] See Platt, *supra* note 245, at 120.

[304] See Stephenson, *supra* note 245, at 175.

[305] See *supra* text accompanying note 24.

也仍然是现实。早期对中世纪欧洲王国议会的讨论还指出,这些议会的每个成员都代表并关联着派出代表的特定法人集团(如市镇)。[306] 这与公司董事会通常由全体股东选举产生的代表制概念不同。有趣的是,中世纪欧洲市镇议会兼具这两种代表制的概念。许多中世纪市镇议会的成员是被市镇(选区)或市镇内特定的法人团体(独立的行会)选出的,并因此代表着它们。[307] 然而,据伊普斯威奇的编年史描述,居民首领拥有代表整个城镇的全部权力,虽然他们来自从不同的教区,但他们并不代表自己的教区。且由于没有迹象表明居民首领(而不是法警和验尸官)是代表市镇与外部人打交道的代理人,因此,居民首领代表整个城镇的制度与由选举产生的董事会代表全体股东的制度概念相同。总而言之,无论选举是否民主,是否分别代表市镇的不同部分,鉴于市镇议会的职能是为了在集会变得不具有可操作性时来代表整个城镇表达同意,因此可以说它是具有代表意义的。

值得注意的是,对这种代表概念的需要似乎在很大程度上源于中世纪法人集体主义的观念。正如前面所讨论的那样,中世纪的市镇以这样的形式运作并且取得这样一种法人实体身份[中世纪法学家称为"大学"(universitates)],甚至在15世纪之前,英格兰就有市

---

[306] See *supra* text accompanying note 223.

[307] See Mundy & Riesenberg, *supra* note 253, at 79 – 80.

镇寻求正式的"法人"地位。[308] 无论是在流行观念还是在法学理论中,这种作为法人实体的存在,在其内部都承载着某些治理规范。其中一个规范构成了市镇自治要求的基础,即法人集体的成员有权对集体的内部事务制定自己的规则。[309] 另一个对当前讨论的问题至关重要的规范是,这些集体通过共同同意,或者说经集体所有成员的同意,来作出决定。[310] 理想情况下,这意味着集体所有成员的一致同意。[311] 然而,这种理想妥协于可操作性。因此,如果出现不可调和的分歧,可能会采用多数决原则,[312] 而且重要的是,如果开放式集会变得不切实际,那么应该有一个代表议会。[313]

这就引发了这样一个问题:这些公司规范,特别是关于通过代表

---

〔308〕 See Black, *supra* note 254, at 24, 49 – 53. 正如前面所讨论的那样,公司有不同的概念,但术语也存在差异。"公司"一词源于对人体的隐喻。See Reynolds, Ideas, *supra* note 265, at Ch. Ⅵ, p. 12. 实际上,东印度公司的章程将该公司称为"法人团体"。See *supra* text accompanying notes 137 – 139; Cawston & Keane, *supra* note 116, at 87. 这种团体(group)作为一个实体的比喻具有更大的意义,因为中世纪晚期和后中世纪的律师和法官开始将拥有财产或出庭等权利视为只有个人(包括国家创建的法人)才能享有的权利,而不仅是团体。See Reynolds, Ideas, *supra* note 190, at Ch. Ⅵ, p. 12. 正是这种观点促使中世纪晚期的市政当局寻求特许状,使其成为一个由国家行为所创造的法人(fictitious person)的公司。大学来自罗马法律大学,它包含了各种各样的协会,如学院(collegia)、团体(corpora)和秘密会社(sodalitates),反映了罗马法律和早期中世纪欧洲的传统,团体(groups),而不仅仅是自然人,可以拥有财产和合法权利。Alfred F. Conard, *Corporations in Perspective* (Foundation Press, 1976), at § 65.

〔309〕 See Black, *supra* note 254, at 25[引用中世纪法学家巴尔托勒斯(Bartolus)的观点,即任何大学都"可以制定关于自己事务的规则"]; see id. at 52(将这个提议应用于市镇对自治政府的要求). 具有讽刺意味的是,虽然市镇可能会指出它们作为大学的企业地位,从而证明他们对自治的要求是正当的,但是行会也可以指出自己的大学地位,以便声称有权对违反城市法律的交易进行监管。Id. at 25[引用中世纪法学家巴尔杜斯(Baldus)].

〔310〕 See id. at 53.

〔311〕 See Reynolds, *supra* note 190, at 190.

〔312〕 See Black, *supra* note 254, at 61.

〔313〕 See id. at 25.

表达同意的规范,起源是什么?对于中世纪欧洲的法人通过代表议会来表达共同同意的规范,政治历史学家安东尼·布莱克(Antony Black)追溯到了它的三个来源。[314] 其中一个来源是罗马的共和统治思想(Roman ideas of republican rule)。当然,怀疑论者可能会质疑罗马共和作家(Roman republican writers),如西塞罗(Cicero),对中世纪思想的影响有多大,因为罗马本身在灭亡前五百年内都不是一个共和国。尽管如此,特别是对于意大利城市来说,罗马共和国关于共和统治思想的资料可以为那些寻求代表制议会治理的人提供便利的支持。日耳曼的一些传统提供了第二个可能的来源。在部落层面,早期的日耳曼部落通过民众集会来运转,所有成员都有义务参加这种集会。如前所述,[315]这一个传统可能也在中世纪欧洲王国的议会的形成中发挥了作用。另一个日耳曼传统涉及行会。因为早期行会完全是自愿组成的组织,无法强制持异议的成员,所以它们几乎必须得到一致的同意。教会组织所实践的基督教团体观念,为共同同意的规范提供了第三个来源。下文将详细讨论行会和教会组织。

如果市镇议会吸纳了集体决策和代表制的概念,那么它们是否也具有当前以董事会为中心的公司治理模式所要求的凌驾于执行官的地位?中世纪欧洲的自治市在议会是否任命市镇官员(如市长)的事项上做法各不相同。[316] 无论如何,要求由市镇议会任命市长或其他行政官员的自治区宪法可能更多的是为了替代人数众多的集会程

---

[314] See id. at 53 – 65.

[315] See *supra* note 216.

[316] See Reynolds, Ideas, *supra* note 265, at Ch. XIII, p. 50; Swanson, *supra* note 244, at 80.

序,而不是确保市镇议会对行政官员的控制。[317] 在当前的观念中,公司董事会主要是作为监督管理者的工具而存在的,但实际上,几乎没有证据表明,中世纪的欧洲人认为市镇议会有这样的作用。例如,有趣的是,伊普斯威奇的编年史记载,4 个验尸官(而不是居民首领)的任务之一就是“监督法警的行为。”[318] 最后,值得注意的是,如果监督市镇政府官员从而反腐败是设立市镇议会的目的之一,那么有证据表明市镇议会在这项工作中并不是很成功。[319] 事实上,也许市镇议会在防止市政官员腐败方面出师未捷,预示了现代公司董事会在监督上的长期失败,最终导致了安然事件的发生。

(三)行会

中世纪的欧洲有许多兄弟组织,被冠以各种各样的名称,其中最常见的是“行会”。[320] 其中许多只是社会或宗教上的联谊会,组织集体宴请和饮酒,相互防卫和支持。[321] 与本文息息相关的是重点更多放在经济方面的行会。历史学家通常将这些以经济为导向的行业公会分为两类:同业公会和商人行会(craft guilds and merchant guilds)。[322]

---

[317] See Platt, *supra* note 245, at 120.

[318] Stephenson, *supra* note 245, at 175. 认为验尸官本身就是某种监督委员会的观点似乎被两个法警同时也是 4 名验尸官的事实所削弱。

[319] See Clark & Slack, *supra* note 251, at 132 – 133. 管理层通常通过限制董事对信息的访问来控制当前的公司董事会的投诉, see *supra* text accompanying note 54, 与此相似的是,在 17 世纪的英格兰,市长和其他市政官员的保密工作使市议会蒙在鼓里。See id. at 131.

[320] See Reynolds, *supra* note 190, at 72. 术语“行会”(也拼作“gild”)可能来自德国的“geld”,意思是支付会费。Baldwin, *supra* note 254, at 55.

[321] See H. W. C. Davis, *supra* note 277, at 300 – 301.

[322] See id. 然而,现实往往掩盖了这样一种观念,即制造物品的工匠或工匠行会与买卖物品的商人行会之间存在泾渭分明的分工。例如,早期英国城镇所谓的行会商人可能包括屠夫、面包师、木匠、泥瓦匠和其他各种各样的工匠,这些人后来组建了工艺行会。See Salzman, *supra* note 167, at 71.

中世纪欧洲行会的治理和早期贸易公司的治理之间存在直接的关系。这是因为早期的贸易公司,例如“商人冒险家公司”,在很大程度上就是商人行会本身,后来才发展成为合股公司,且在这个过程中始终坚持着董事会治理的传统。此外,进一步回溯,“商人冒险家公司”在其1505年特许状中采用委员会治理的先例,原因似乎是该公司与一个名为“绸缎商公司”的商人行会存在渊源。

“绸缎商公司”是伦敦商人的行会。[323] 在14世纪中叶,伦敦商人的一次大会为“绸缎商公司”树立了一套规则,包括每年选择4名领导来管理该团体在内的许多规定。“绸缎商公司”于1393年首次获得皇家特许状。该特许状授予该公司永久存续和持有财产的权利。[324] 1393年的特许状还授权其成员每年选出4名管理人来监督公司。[325] 然而,4个领导或4个管理人不大可能构成一个董事会。相反,这些领导或管理人很可能扮演的是行政官员的角色,人数稍多使他们能够轮流负责,以避免让忙于自身业务的商人背上过重的负担,[326] 并在需要时为全体会员大会作出重大决策。之所以得出这个结论,是因为在1463年,“绸缎商公司”改变了他们的治理结构,引入

---

〔323〕 事实上,“mercer”这个名字来自拉丁语,“mercator”意思是商人。为了证明商人行会(merchant guilds)和中世纪城镇政府之间的密切关系,商人们(Mercers)吹嘘说,13世纪早期伦敦的前两位市长都是商人(Mercers)。See P. H. Ditchfield, *The City Companies of London and Their Good Works: A Record of Their History, Charity and Treasure* (J. M. Dent & Co., 1904), p. 18.

〔324〕 如前所述,see *supra*text accompanying note 264,寻求此特许状[章程(charter)]的目的可能是允许该公司持有财产,尽管禁止抵押,但该立法在1391年扩展到没有明确授权永久拥有财产特许状的城镇和行会。

〔325〕 See Ditchfield, *supra* note 323, at 19.

〔326〕 See *supra* note 289(讨论了中世纪城镇选举4名验尸官的做法,是为了以便让忙于旅行和商务的镇行政官轮换执行职务).

了一个显然是董事会的治理团体。公司的成员们宣称,召开多次成员大会是“令人厌恶和痛苦的”,尤其是“为了没有多大影响的事情”开会,于是他们通过了一项决议,要求每年选举 12 名“坚定而谨慎”的成员担任管理人的助手。[327] 助手的职责是与管理人共同作出决定,且行会的所有成员都将遵循该决定。换句话说,是用代表制的群体决策取代成员大会。

存在两个事实可以证明“绸缎商公司”在 1463 年的改革与 40 年后在“商人冒险家公司”特许状中建立的委员会治理制度之间存在联系。[328] 第一个事实是两者的董事会存在明显的相似之处,即其成员都有助手的头衔。虽然“绸缎商公司”的董事会中有 12 个成员,而“商人冒险家公司”有 24 个,但正如前文所讨论的,12 或 24,[329] 是传统的中世纪市镇议会成员的数量。此外,这两家公司用来形容董事会成员素质的措辞是相同的(“坚定和谨慎”)。第二个事实会更有说服力。正如前文所讨论的那样,[330] 在 1463 年“绸缎商公司”决议改革时,从事出口制成品的伦敦商人(商人冒险家)是“绸缎商公司”的一部分,在这种情形下,可以说他们完全就是一个团体。[331] 因此,“商人冒险家公司”1505 年的特许状建立的董事会治理制度,只是采用了已有的结构,即过去的伦敦商人冒险家们作为“绸缎商公司”的

---

[327] See Ditchfield, *supra* note 323, at 20; O'Donnell, *supra* note 96, at 63.

[328] 关于商人冒险家 1505 年章程的讨论, see *supra* text accompanying notes 179, 241, 280。

[329] See *supra* text accompanying notes 251.

[330] See *supra* text accompanying note 174.

[331] 事实上,尽管有 1505 年的特许状,商人冒险家公司仍然将他们的会议记录保存在绸缎商公司的同一本册子中,直到 1526 年。See Cheyney, *supra* note 172, at 166.

一部分时已经在运用的结构。[332]

鉴于行会是早期贸易公司董事会制度的最直接来源,问题就变成了为什么行会采用董事会制度。前文有关中世纪市镇议会的讨论表明,[333]市镇的治理体制(自治政府)可能对行会的治理体制产生了影响。[334] 然而,如果将行会简单地视为一个中转机构,即行会先模仿市镇议会,然后再演变成早期的贸易公司,从而为后来的公司董事会提供模板,那么就把董事会的起源过于简单化了。如前所述,[335]也可以将行会视为影响中世纪欧洲市镇采用议会的来源之一。换句话说,行会和市镇之间有着不可分割的联系,在这种关系中,二者的思想和实践都是互相影响的,这继而又表明这种更广泛的制度思想和实践也促使了中世纪欧洲王国的议会被采用。

要了解中世纪行会中董事会的发展情况,首先要探究行会治理中涉及哪些决策事项和任务,这是很有帮助的。最重要的决策事项

---

〔332〕 总部位于伦敦的杂货店(Grocers)公司,"黎凡特公司"和"东印度公司"之间可能存在类似的联系。杂货店——可能是以批发商(en gros)的商人行会开始的,see Ditchfield, *supra* note 323, at 34,早在1397年就选出了6名助手。See Luio Brentano, *On the History and Development of Gilds and the Origin of Trade-Unions* (Trubner & Co. ,1870), p. 62. 黎凡特公司似乎与杂货店有关,从"黎凡特公司"在1666年以前的会议上使用杂货店大厅(Grocers' hall)就可以看出。I Davis, *supra* note 292, at 224. 反过来,"东印度公司"在其初始组织会议上使用了"黎凡特公司"的账簿。Id. 事实上,"东印度公司"在早期行会中的起源,在"东印度公司"延续各种行会传统的过程中,影响了多年,包括称呼股东为"兄弟",并要求他们宣誓成为会员。See I Scott, *supra* note 97, at 152.

〔333〕 See *supra* text accompanying notes 271 – 277, 303 – 307.

〔334〕 See Black, *supra* note 254, at 58("手工艺行会经常使用市镇的模式作为范本").

〔335〕 See *supra* text accompanying notes 266, 307.

可能是接纳新成员[336]以及通过有关管理成员行为的法令。[337] 筹集和适当地使用成员的资金意味着需要财务管理。[338] 值得注意的是,行会也常常设法解决涉及其成员的纠纷,这反过来又使商人行会经常要扮演某种商业法庭的角色。[339]

在成立之初,行会通过由执行官员和全体成员大会共同治理的结构来作决策和执行任务。[340] 在全体成员大会上会作出的重大决定包括接纳新成员和采纳规范行会的条令。这些会议通常被称为“morgensprache”(晨间会谈),每年至少举行一次,且通常伴有典礼和庆祝活动。[341] 通常情况下,行会成员在年度晨间会谈上为行会选举官员。[342] 行会首席官员的任务包括主持晨间会谈,维护公会财产,收取行会费用,执行行会条令,以及解决行会成员之间的纠

---

[336] See I Davis, *supra* note 292, at 152 – 153.

[337] 这类条例经常涉及个人行为,以促进成员的德行生活。See Baldwin, *supra* note 254, at 56 – 57. 在工艺和商人行会中,这些法令通常规定货物的质量和交易的诚实性。I Davis, *supra* note 292, at 310.

[338] See I Davis, *supra* note 292, at 304.

[339] See Swanson, *supra* note 244, at 77.

[340] 与此类似,中世纪的欧洲大学,如博洛尼亚大学、巴黎大学和牛津大学,遵循了一种基于全体学生(博洛尼亚模式)或硕士(巴黎模式)的管理模式,后者选举官员(校长等)。See Lowrie J. Daly, *The Medieval University* 1200 – 1400 (Sheed and Ward, 1961), p. 30 – 75.

[341] See Black, *supra* note 254, at 24.

[342] See I Davis, *supra* note 292, at 152. 公会的这些官员的头衔和角色方面各不相同。伊普斯威奇编年史(The Ipswich chronicle)描述了选举一名市议员领导该镇的行会商人,另外还有4位其他人提供协助。See *supra* text accompanying notes 273 – 277. 如上所述,绸缎商公司选出4个人,最初被称为管理者,后来被称为监督员,成为行会的执行官。佛罗伦萨的卡利玛拉行会(Calimala Guild)(布商行会)有4位执政官和1位财务主管作为其高级主管人员。See Edgcumbe Staley, *The Guilds of Florence* (Methuen & Company, 1906), p. 117.

纷。[343] 同时,如果执行条令或解决争议需要裁决,那么这个问题通常需提交给晨间会谈的全体成员。[344]

虽然在早期阶段,行会治理结构与董事会治理结构完全不同,但这种早期治理结构对公司董事会的历史来说仍然具有重要意义。首先,在"常设地商人公司"和"商人冒险家公司"这两家早期贸易公司采用委员会治理之前,其治理结构似乎与由成员大会和选举产生的执行官组成的早期行会治理结构是相同的。[345] 换句话说,这两家早期贸易公司在治理方面的发展进程与许多行会在治理方面的发展进程是一致的。这进一步证明了董事会治理在行会中的发展与在早期贸易公司中的发展之间的联系。

此外,由全体大会决策的早期行会传统,为董事会的最终形成作出了重要贡献。正如前文在讨论市镇议会形成原因时所提到的那样,[346] 这是因为行会的这种传统是这样一种想法产生的来源之一,即影响整个集体团体的决定需要得到团体中所有人的同意。在最早的时候,行会可能更近似于宴饮、互助和防卫的兄弟组织,而不是协调经济活动的组织,采取一致同意的原则可能是为了追求简单实用——如果有人不喜欢这个决策,他们可以离开。[347] 此外,成员共享节日、互相照顾的兄弟会的基本理念,在直觉上似乎更适宜由集体基于共识作决策,而不适宜以命令为导向的等级治理。[348] 然而,随

[343] See Ⅰ Davis, *supra* note 292, at 152.

[344] See id. at 153.

[345] See *supra* text accompanying note 163.

[346] See discussion *supra* Part Ⅳ. B. 3.

[347] 粗略地说,这是一个现实世界的背景下约翰·洛克(John Locke)狭义的社会契约理论。

[348] See Black, *supra* note 254, at 57.

着时间的推移,最初的简单实用性,或直觉上的兄弟情谊观念,已经融入了习俗和规范——甚至可能促使教会法法学家将罗马法学说“*quod omnes tangit ab omnibus approbetur*”(凡涉及全体之事,须经由全体同意)从技术规则转变为一般的治理原则。反过来,这意味着当在行会或市镇中举行代表大会变得不切实际时,需要一些机构介入并代表整个社区表示同意。对市镇而言,这个机构就是市镇议会。而根据前文关于“绸缎商公司”的讨论可知,对行会而言,这个机构也是议会或是助手委员会。

行会转而采用董事会制度的做法逐渐风靡整个欧洲。在意大利,14 世纪佛罗伦萨行会开始使用更加精细的议会制度,这反映了佛罗伦萨市政府结构的精密性。[349] 到 14 世纪,德国一些城市的行会采用 6 人到 8 人的议会。[350] 在 13 世纪中叶,英格兰莱斯特(Leicester)有一个由 24 名成员(实际上就是组成市镇议会的 24 名成员)组成的商业行会。[351] “伦敦杂货商公司”(London's Grocers Company)的档案记录了该公司在 1397 年选举出 6 个人以帮助管理人(wardens)履行他们的职责。[352] 然而,总的来说,行会转而使用助手委员会的改变发生在 15 世纪(如“绸缎商公司”的历史所示)和 16 世纪。[353]

---

〔349〕 See Staley, *supra* note 342, at 119[讨论公会(Calimala)、行会中的两个委员会].

〔350〕 See Brentano, *supra* note 332, at 62[给出了巴莱(Bale)的纺纱机(Spinwetter)行会和维也纳裁缝行会的例子].

〔351〕 See Platt, *supra* note 245, at 133.

〔352〕 See *supra* note 332.

〔353〕 See Brentano, *supra* note 332, at 62. 事实上,在詹姆斯一世的时候,伊普斯威奇的公会商人(guild merchant at Ipswich)似乎已经有了一个熟悉的 24 人的董事会。See 1 Scott, *supra* note 97, at 7.

与市镇议会的发展一样,关于促使行会转而采用董事会制度的原因有不同的理论。“绸缎商公司”的决议改革是由于为不太重要的事情召开大会可能给会员带来不必要的负担。[354] 然而,这引发了这样一个问题:这些导致了烦琐会议但又不太重要的问题究竟是什么。由于在“晨间会谈”中处理的事情是接纳新成员、通过条令、选举官员和裁决争端,并且因为接纳新会员、通过条令和选举官员一般都发生在年度“晨间会谈”,而这次会议作为一个节日和仪式的场合,无论如何都会举行,并且想必会有很多人参加,因此似乎导致会议过于频繁的主要事项就是对争议(争端)的裁决。因此,该公司通过改革引入的助手委员会的主要作用似乎是听取纠纷。这点与早期的市镇议会的相似之处是显而易见的,如伊普斯威奇的居民首领(Ipswich chief portmen)或圣-奥梅尔的市政长官(the echevins of Saint-Omer),对他们来说,裁决是一项首要任务。[355] 同样,裁决争端也是“商人冒险家公司”助手委员会的一项职能。[356] 在这些案例中,促使委员会制度产生的共同思想是人们对在裁决中作集体判决的需要,而这点仍然反映在今天的陪审团制度中。

在行会中设置助手董事会的另一种解释也与市镇议会被采用的原因相似。许多历史学家认为,在行会中采用董事会制度,正如在市镇议会中一样,表明了较富裕的成员企图将其他成员排除在治理体

---

〔354〕 人们可以通过参加会员大会时发现行会遇到的明显困难,找到这种负担的反映,正如通过法定人数要求所证明的那样,see Brentano, *supra* note 332, at 61 - 62, 以及对不出席者进行处罚, see O'Donnell, *supra* note 96, at 63。

〔355〕 See *supra* text accompanying notes 296 - 297.

〔356〕 See *supra* text accompanying note 300.

制之外。[357] 然而,鉴于集体同意的惯例和规范,将全部控制权交给行会官员或许是不可接受的。如"绸缎商公司"的决议所示,解决方案是设立助手董事会,该董事会由数量上具有象征性意义的 12 名(或 12 的倍数或因数)成员组成,且成员同意由该董事会作决策。

采用董事会制度引发了一个问题,即行会的董事会对行会的官员有多大的监督和控制权。在伦敦,许多行会的助手董事会获得了任命官员的权力,以取代成员在年度会议上的任命权,这种现象在 16 世纪尤其普遍。[358] 然而,对照英国市镇议会相似的发展过程可知,[359]将会员大会选举行会官员的权力转移给助手董事会,可能更多是为了改变全体成员治理的模式,而不是为了构建董事会监督机制。此外,与市镇议会一样,当行会想要授权机构监督它们的官员时,它们通常会把该任务分配给一个较小的团队,而不是助手委员会。例如,伦敦杂货同业公会(Grocers guild)的记录显示,其选择了 4 名审计员"监督管理人的账目和交付情况"。[360] 同样,在佛罗伦萨卡利马拉行会(Florence's Calimala guild)中,监督执政官(consuls)和司库(treasurer)的职权属于 3 名"Sindacatori"(总督察),而不是 12 人总委员会(general council)或 18 人行会特别委员会的责任。[361]

---

〔357〕 See Brentano, *supra* note 332, at 87 – 88. 关于建立助手委员会背后的寡头夺权(power grab)——而不是普通成员对有关繁重会议的投诉——的证据包括最终通过自我延续的董事会取代选举产生的董事会(现有委员会成员选出新的委员会成员),以及一些行会的成员,如伦敦的织布工,就这些变化提出抗议。See ibid.

〔358〕 See Ⅰ Davis, *supra* note 292, at 213.

〔359〕 See *supra* text accompanying note 294.

〔360〕 See Brentand, *supra* note 332, at 62.

〔361〕 See Staley, *supra* note 342, at 121.

(四)教会公会议

如果没有讨论教会各机构中的公会议(councils),那么任何关于中世纪欧洲代表制机构的讨论都是不完整的。诚然,在研究市镇议会和行会委员会时就发现,并没有足够证据证明教会公会议与早期贸易公司的委员会之间存在联系。尽管如此,鉴于教会在中世纪欧洲生活和思想中的核心作用,如果教会公会议和贸易公司委员会之间不存在共通之处,那才是令人惊讶的。

在中世纪,西欧教会中存在各种级别的会议。在中世纪欧洲的一些地区,主教区的主教会议(Provincial synods)和地方宗教会议(local church councils)举行得相当频繁。[362] 影响力更大的是教会的公会议。自 325 年在尼西亚(Nicaea)召开第一次基督教公会议(ecumenical council)后,由 5 个宗法国家中的部分或全部代表(君士

---

[362] See Antony Black, *Council and Commune: The Conciliar Movement and the Fifteenth-century Heritage*(Burns & Oates,1979),p.9. 隶属于中世纪西欧教会的机构遵循代表性治理结构的程度各不相同。道明会[多米尼加修道团(Dominican Order)]在 1216 年获得了教皇的认可,它提供了一个中世纪教会组织的代表治理的例子。道明会(多米尼加修道团)的构成包含了关于日常生活和秩序政府的规章。有三级政府——地方修道院、省分会和总会分会(the local convent,the provincial chapter and the general chapter)。每个修道院的成员都选举了一位修道院院长(prior),他们根据宪法和秩序规则与修士(成员)一起管理。省内各修道院的院长和两位代表分别选举省修道院院长(provincial prior)和省分会(管理委员会)。反过来,省分会选出了总会分会(总修道团的管理委员会)的成员。总会分会有权制定立法,改变管理秩序的规定。总会分会每年举行一次,直至 1370 年,并在此后每两到三年继续举行一次会议。有趣的是,鉴于后来关于议会至上权力与教皇至上权力的争论,每一分会(chapter)有权力罢免其级别的官员。See Carstens, *supra* note 254,at 25 – 28. 相比之下,本笃会修道院(Benedictine monasteries)选出了一位终身的修道院院长,他应该和修道士们协商,但是他对所有的决定都有最终的决定权。See Ⅰ Davis,*supra* note 292,at 51;Bisson,*supra* note 188,at 141 – 142. 方济会(Franciscans)还赋予他们的行政官员比多米尼加人更大的权力[尤其是领导教会的总务部长(the general minister)],但要求这些官员在一个固定的任期内重新选举,并因故下台。See Ⅰ Davis,*supra* note 292,at 64.

坦丁堡、罗马、亚历山大、安提阿和耶路撒冷)组成的公会议就产生了。这些公会议主要处理关于宗教教义的事务,作为权威性机构,它们发布的关于教义问题的声明在教会中具有最高权威。[363] 在11世纪中叶,当红衣主教团(the College of Cardinals)获得了选举教皇的权力后,公会议作为治理工具有了重要发展。最初,红衣主教只是在大礼堂中执行礼拜仪式的罗马神职人员,但是在11世纪,红衣主教团成为了教皇的亲密顾问,并且在1059年,尼古拉斯二世颁布了一项法令,授予主教团选举教皇的权力。[364] 这一变革的直接目的是消除世俗官员(如神圣罗马帝国皇帝)对教皇人选的干预。[365] 然而,其长期影响是推动了由团体选举首席官员(如董事会和首席执行官)模式的发展。它还不可避免地引发了这样一个问题:选举的权力是否包含了罢免的权力。

红衣主教团选举教皇的权力的影响在所谓的大分裂(Great Schism)中得到了体现。1378年,红衣主教团决定放弃选举伍朋六世(Urban Ⅵ,又称为乌尔巴诺六世),转而选举克莱门汀六世(Clementine Ⅵ),这导致了两派教皇竞争的尴尬场面(一位在阿维尼翁,另一位在罗马)。[366] 为了消除分裂,历经几次失败后,康斯坦茨公会议(the Council of Constance)在1414年至1418年通过法令解决

---

[363] See Colish, *supra* note 234, at 340 – 341. 在罗马教会和希腊教会之间的分裂之后,罗马教会的理事会(councils of the Roman Church)从1123年的第一拉特兰议会开始,通常是在没有希腊教会的代表的情况下召开的。

[364] See Brian Tierney, *Foundations of the Conciliar Theory: The Contribution of the Medieval Canonists from Gratian to the Great Schism* (reprint 1968) (Cambridge University Press, 1955), p. 69 – 70.

[365] See Colish, *supra* note 234, at 341.

[366] See Tierney, *supra* note 364, at 1 – 2.

了分裂问题,这些法令似乎确立了罗马教会公会议至高无上的地位。康斯坦茨公会议不仅罢免了参选者,并根据该会议制定的程序安排选举新教皇,还颁布了一项法令,宣布作为一个依法组建的公会议,教会内任何地位或职位的人,包括教皇,都必须服从命令,以根除分裂。此外,康斯坦茨公会议还颁布了第二项法令,要求定期召开公会议。[367] 康斯坦茨公会议是罗马教会公会议主义*(supremacy of councils)的高潮,然而,在巴塞尔公会议之后,公会议主义运动的成果化为乌有,教皇们拒绝定期召集公会议,并且大量废止了康斯坦茨的法令,声称公会议地位至上只能存在于解决大分裂的特殊情况中。[368]

尽管康斯坦茨公会议最终对教会本身的管理影响有限,但它仍然很重要,因为它代表了有关公会议对抗教皇(以及其他执政官员)权力的思想和著作的顶峰。[369] 有一些作品和思想是针对基督教和教会组织所特有的问题,但其他的著作和思想引发的问题对于制度发展的重要性则超越了教会治理层面。比如,一个团体选举一名管理者是否意味着该团体也有权罢免,这反过来又提出了一个问题,即管理者的权力来源是什么。[370] 更具体地说,中世纪的学者们认识

---

[367] See Black, *supra* note 362, at 17 – 18.

* 公会议主义,认为公会议的权威高于教皇,必要时可以废黜教皇,主张以公会议作为最高权力机构。——译者注

[368] See John Neville Figgis, *Studies of Political Thought from Gerson to Grotius*: 1414 – 1625 (Cambridge University Press, 2nd ed. reprint 1956) (1907), p. 40 – 42.

[369] 例如,关于基督的陈述是否授权给圣彼得(教皇)或整个教会的继承人,是否授权罗马人与整个教会的关系。See Tierney, *supra* note 364, at 25 – 36.

[370] See id. at 56[引用中世纪教会法学者的著作,劳伦提斯(Laurentius),他将教皇或皇帝的权力的神圣起源和由人类选举产生占据办公室的个人选择区分开来].

到,人类天性易犯错误,最高级别管理者也无法避免犯错,因此他们研究了驱逐犯错教皇的理由和程序。[371] 鉴于这些对教会治理的考虑产生时,中世纪的欧洲王国正经历着公会议与国王的权力对抗,因此历史学家们一直在争论,研究中世纪教会治理的学者是否借鉴了当时发生的政治事件的教训,或者这些政治事件的发生是否源于教会法中有关教会治理的部分思想。[372]

就本文的写作目的而言,中世纪欧洲学者对教会公会议与教皇之间权力分配的思考中,最为重要的是这些学者借鉴了中世纪关于法人的法律思想——此处不是指商业公司(business corporation),而是如前文一样,指的是集体社团(collective society),包括市镇、行会和教会。在这个方面,教皇英诺森四世(Pope Innocent Ⅳ)的专制观点与13世纪著名的教会法法学者,红衣主教亨里克斯·德塞古西奥(Henricus de Segusio,Hostiensis)的观点之间存在冲突——前者借鉴了教会是法人的概念,认为决策的权力由首脑掌握(当地教会的主教,或整个教会的教皇),而后者认为,掌控法人的权力既属于首脑,也属于成员。[373] 有趣的是,这两种思想流派的支持者之间的一些争论最终演变成了法人是一个整体的隐喻。[实际上,"公司"这个词

---

〔371〕 这意味着努力调和一个异教徒不能成为教皇的教义,以及只有教皇才能判断什么是异端的教义。See id. at 57 – 64[讨论了中世纪教会法学者胡古奇奥(Huguccio)为调和冲突所做的努力].

〔372〕 See *Compare* id. at 18 – 20(教会法律提供了教会中的和解思想的来源);Tierney, *supra* note 212, at 8 – 13, 15(显示教会法原则影响了中世纪欧洲议会的发展);*with* Figgis, *supra* note 368, at 33 – 36[中世纪的欧洲议会影响了教会中对教会会议的一些想法(conciliar ideas)].

〔373〕 See Tierney, *supra* note 364, at 106 – 108.

源于罗马语“*corpus*”(身体),等同于英文“body”][374]因此,那些支持英诺森四世观点的人有时会谈到首脑控制整体的权力。[375] 然而,德塞古西奥的论点并非隐喻性的。例如,当地主教拥有转让财产(alienate property)的权力,德塞古西奥指出,转让的决定可能会导致整个法人(当地教会)遭受损失。因此,由于这一行动影响了公共福利,所以需要得到法人整体的同意,而不仅是其首脑的同意。[376] 换句话说,这又回到了罗马和教会法的学说,“*quod omnes tangit ab omnibus approbetur*”(凡涉及全体之事,须经由全体同意)。

大分裂的危机凸显了一个代表团体的作用。换句话说,就是整个法人团体可以通过公会议对涉及所有人的事项采取行动。如上所述,长期实践中教会公会议关于教义问题的声明的权威性已经被认可。针对这种认可,中世纪的教会法学者提出了一种理论上的解释,即公会议对涉及“教会一般状况”的事项作出决定时取得了“普遍同意”。[377] 这让人想起前面讨论过的出席传票,[378]它要求英国市镇和郡向中世纪欧洲王国的议会派遣拥有“*plena potestas*”(完全权力)的代表并对议会的行动表示同意,以满足“*quod omnes tangit ab*

---

[374] See *supra* note 308.

[375] See Gierke, *supra* note 232, at 28 – 29.

[376] See Tierney, *supra* note 364, at 49, 122 – 124. 如果不需要获得同意,主教们可能会转让(alienate)当地教会财产,以造成对当地教会的损害(prejudice),这表明了在同意理念背后的监督功能。事实上,企业集团或其代表需要密切关注可能行为不端的官员的说法,似乎在教会得到了比议会(parliaments)、市镇议会(town councils)、行会理事会(guild councils)或贸易公司董事会更强烈的表达。See id. at 123 – 124.

[377] See id. at 47 – 53.

[378] See *supra* text accompanying note 193.

omnibus approbetur”(凡涉及全体之事,须经由全体同意)原则的要求。[379] 此外,正如前文在研究中世纪欧洲王国的议会和市镇议会时所得出的结论,教会公会议的支持者所采用的代表概念并不一定意味着民主选举。例如,康斯坦茨公会议权力的主要支持者——扎巴莱拉(Zabarella)、戴利(d'Ailly)和 格森(Gerson)——认为公会议代表整个教会行事的权力属于拥有个人权威的那些人,即主教。[380]

总的来说,教会公会议的实践为适用于王国、教会、市镇和行会的、普适性的中世纪法人治理理论提供了新的依据。根据这一理论,影响整个法人集体的决策需要集体的同意。当由整个法人团体举行集会不具有可操作性的情况下,必须得到一个由有象征性的代表组成的团体的同意,即使该团体不是民主选举产生的。早期的贸易公司在采用治理委员会时就运用了这种普适性的理论。

总结:公司董事会的宗旨

追溯公司董事会的历史和政治根源,是为了厘清在当代设置公司董事会的宗旨。事实上,现代学者所主张的采用以董事会为中心的公司治理模式的目标,与公司董事会的历史不相符。

公司董事会以及中世纪欧洲其他代表制机构之所以形成发展都

---

[379] 应该将“*plena potestas*”概念所包含的全权与赋予教皇的“*plenitudo potestatis*”(“权力的充实”)概念区分开来。至少随着后一个词的理解,*plenitudo potestatis* 超越了一个人有权代表更广泛的群体的观念,并且要成为所有权威的来源,而且甚至高于法律。

[380] See Black, *supra* note 362, at 19 – 22.

是基于以下原因：设置董事会（与中世纪欧洲的其他代表机构一样）的部分原因是在成员人数众多的团体中实行直接治理（换句话说，是集中管理的基本原理）难以为继。“黎凡特公司”的例子很好地说明了这一点，该公司成立之初只有 4 名成员，不设董事会，但在成员增加时，它获得了一份新的特许（charter），规定由 12 名助手组成董事会。[381] 同样，随着中世纪市镇人口的增长，在一些城市中，全体居民集会的治理演变为市镇议会的治理。[382] 然而，由于组织规模膨胀导致全员共治不具有可行性这一点，并不能解释为什么贸易公司、市镇、行会、王国或教会机构不采用执行官领导下的专制治理结构，而都采用了委员会、公会议或议会制度。事实上，中世纪之后，在欧洲大部分地区，代表制机构在王国、市镇和教会中衰落，而专制统治力量增强。[383]

公司董事会的起源也为班布里奇教授的论点提供了一些支持，即董事会之所以存在，是因为群体在做涉及判断的决策时具有优越性。如前所述，市镇议会、行会、欧洲王国的议会和早期贸易公司董事会承担着相同的职能，即裁决争议。[384] 这似乎反映了这样一种观点，即群体比个体法官更有可能在发现真相上得出正确结论。[385] 此外，中世纪欧洲王国的议会[386]之所以形成，部分是由于协商和一致同意的传统，但这种传统似乎不仅是源于一致同意的理念，也是出于

[381] See *supra* text accompanying notes 130 – 131.

[382] See *supra* note 292 and text accompanying notes 289 – 292.

[383] See *supra* text accompanying notes 259.

[384] See *supra* text accompanying notes 185, 242, 296, 300, 339.

[385] See *supra* text accompanying notes 297, 299.

[386] See *supra* text accompanying note 211.

封建贵族向国王提供建议的义务。[387] 而提供建议的义务必然基于某种观念,即群体在作出决策时优于个人。这种群体可能会比个体作出更优决策的观念也不只隐含在中世纪的政治思想中。相反,中世纪出生于帕多瓦城的著名政治哲学家马西略(Marsiglio of Padua)在其著作中将这一观念作为核心内容进行相关叙述。例如,在他的作品《和平的保卫者》中,马西略认为,最好的法律来自整个集体[国民联合体(universitas civium)],因为"当整个公民团体以其智慧和支持去指导某事时,人们就能更肯定地判断这一目标的真实性,更仔细地权衡其整体效用"。[388] 然而,尽管如此,我们仍要知道,诸如董事会之类的团体作出的决策优于听取建议的个别领导者的决策,在中世纪是一个备受争议的主张,且这一争议至今仍然存在。[389] 事实上,帕多瓦城的马西略被谴责为异教徒,而且在他写《和平的保卫者》时他还没有那么大的影响力。[390]

很明显,中世纪欧洲的一些代表制机构的意义,至少在一定程度上,是为了在不同的利益群体之间进行调解,这支持了公司董事会的存在是为了在公司不同权利人(claimants)之间进行调和的观点。[391] 然而,具有调和作用的中世纪代表制机构,如欧洲王国的议会和一些

---

[387] See Colish, *supra* note 234, at 345.

[388] See Black, *supra* note 254, at 93 (quoting Marsiglio, The Defender of the Peace, Dictio 1).

[389] See *generally* Machiavelli, *The Prince* (Quentin Skinner & Russell Price eds., 1988), at chs. 5, 6, 10, 12; Thomas Hobbes, *Leviathan* (1976 ed.) (1651), at chs. 19 – 20.

[390] See Black, *supra* note 254, at 86, 95.

[391] 尽管如此,这些政治机构本来会更专注于调解谁将支付多少税款之类的问题,而不是谁将从一家企业获得多少收益。

市镇议会,包含来自不同利益群体的代表。[392] 因此,例如,法国三级议会和外省三级议会因由构成了中世纪社会(至少在当时看来是这样)的三个阶级——贵族、神职人员和市民——的代表组成而得名。[393] 相比之下,通常只有公司的成员能选举贸易公司的委员会,[394]而且没有迹象表明这些董事会代表了任何其他人。此外,在早期公司中,如"俄罗斯公司"[395]和"弗吉尼亚公司"(其全体成员的季度性会议),[396]全体成员通常所发挥的积极作用,与早期董事会有权作为中立仲裁者以保护公司企业中的各种利益相关者免受股东侵害的观点不一致。因此,虽然在企业中持股较多的股东很可能成了早期董事会的成员,但按所有权比例投票的规则在之后才出现,[397]这表明早期董事会并不是确保大股东(或非控股股东)选举自己或他们提名的人以保护自身利益的主要工具。

值得注意的是,最受现代学者青睐的公司董事会的理论基础——董事会的存在是为了代表被动投资者进行监督管理——却是在公司董事会的历史渊源中得到最少支持的理论。这是因为以董事会为中心的公司治理模式并非产生于存在被动投资者的合股公司。相反,它是合股公司从管制性公司——如"商人冒险家公司"和"常设地公司"——演变而来时所继受的一种治理形式。在这些管制性公司中,每个成员都各自经营自己的业务,因此,几乎不需要董事会

〔392〕 See *supra* text accompanying notes 187,216,223.

〔393〕 See *supra* text accompanying note 203.

〔394〕 See *supra* text accompanying note 107.

〔395〕 See *supra* text accompanying notes 123 – 127.

〔396〕 See *supra* text accompanying notes 105 – 111.

〔397〕 例如,在东印度公司的例子中,在公司成立之后的半个世纪,甚至一个世纪,与所有权成比例的投票才产生。See *supra* text accompanying notes 155 – 162.

来监督经营公司的管理者。在这些最早的贸易公司中,董事会的职能不是监督,而是立法(通过法令来规范成员)和裁决(审理涉及成员的纠纷)。[398]

当然,早期董事会没有代表被动投资者进行监督的功能,并不意味着在管制性公司演变为合股公司的过程中,董事会没有随之发展出这一主要职能。历史上的各种组织体,和生物学中的有机体一样,往往因为某种需要而出现,随后又衍生出不同的功能。然而,正如本文开头所讨论的,董事会在代表被动股东监督管理层方面,并没有那么的成功。[399] 也许公司董事会的历史渊源有助于解释这其中的原因。具体来说,由于最初设计董事会时并没有将之定位为监督工具,因此,若将董事会作为一种监督管理工具并没有那么有效时,那就完全不应该感到惊讶。此外,公司董事会的政治渊源表明,当它们发展成监督管理层的工具时,将会面临一个新问题。中世纪的政治思想中存在等级决策制和集体决策制孰优的悬而未决的矛盾。[400] 最具体的例子是康斯坦茨公会议前后发生的历史事件,一个代表机构是否可以要求教皇、国王或其他首席官员承担责任,这个问题备受争议。[401] 当然,公司董事会之于首席执行官有何权力的法律问题现已得到解决,毫无疑问,董事会占有优势地位。[402] 然而,普遍存在于公司董事会文化中的服从 CEO 的规范使董事会不愿主张自己的至上

---

〔398〕 See *supra* text accompanying note 179.

〔399〕 See *supra* text accompanying notes 55 – 58.

〔400〕 See *supra* text accompanying note 233.

〔401〕 See *supra* text accompanying notes 366 – 372.

〔402〕 See *supra* text accompanying notes 24 – 25.

地位。[403] 我们是否可以作这样的合理推测,即至少在某种程度上,这种不情愿反映出科层制和代表制相互掺杂的中世纪政治思想遗留至今。

虽然公司董事会的历史和政治渊源不能支持现代评论人士所主张的采用董事会制度的各种目的,但这些渊源表明,现代评论人士似乎忽略了董事会的一个关键功能。这个功能提供了政治合法性。中世纪欧洲王国的议会、市镇议会、行会董事会、教会公会议和贸易公司委员会背后的统一原理是,在由整个群体以集会的方式表示同意不具有可操作性的情况下,它们成为遵守"法人私法"规则——"凡涉及全体之事,须经由全体同意"——的途径。[404] 这种同意规则的基本原理可能是基于这些观念:(1)更明智的决定是基于整个群体(或至少是一个代表团体)的同意作出的;(2)取得所有人(或所有人的代表)同意的要求使各方成员能够保护自身利益;(3)取得同意有助于审查统治者可能的不端行为。但除上述观点外,似乎还有另一种观点,即合法性的权威需要同意来构建,而不管同意对决策和治理质量的影响如何。

实际上,当我们开始考虑董事会在政治合法性方面的作用,就可以确定该机构的作用及其继续存在的原因,尽管有关董事会能否实现财富最大化和业务效率目标的记载相当有限。具有讽刺意味的是,贸易公司委员会的发展发生在欧洲代表制政治机构日渐衰弱之际。在中世纪末期,西班牙和法国的君主以及意大利和德国的诸侯

[403] See *supra* text accompanying notes 68 – 80.

[404] See *supra* text accompanying notes 238 – 241.

们权力日益增长，欧洲王国的大会随之逐渐衰落。[405] 在康斯坦茨公会议之后，教皇的权威战胜了教会公会议。[406] 市镇议会在意大利城市中沦为诸侯附庸，在法国则依附于皇家官僚。[407] 因此，在这些代表机构在其他地方陷入困境的时候，帮助维护中世纪代表机构的传承大抵是公司董事会尚不为人知的一项成就。此外，贸易公司委员会不仅保护了有关代议制机构治理的中世纪政治思想，还通过贸易公司将这些思想传播到了新的政治场所。《美国法律评论》一篇特别重要的文章认为，前文曾讨论过的“马萨诸塞湾公司”和“弗吉尼亚公司”将董事会治理模式移植到殖民地政治机构中的作用，是值得回顾的。[408]

当我们回顾 19 世纪美国公司法的历史时，也有可能认识到公司董事会提供的政治合法性的重要。贯穿这段历史的主题之一，是州政府和政治领导人对公司权力的关注。[409] 例如，与担心公司资本不足相反，纽约开创性的普通公司法将公司最高可筹集的资本额度限制在 10 万美元。[410] 从这个角度来看，制定该法从而为公司实体设定治理模式的立法机构的反映表明，他们认为这种经济力量有可能

---

[405] See *supra* text accompanying notes 195 – 207.

[406] See *supra* text accompanying notes 367 – 368.

[407] See *supra* text accompanying notes 255,259.

[408] See *supra* text accompanying notes 117 – 118.

[409] See Louis K. Liggett Co. *v.* Lee, 288 U. S. 517, 548 – 556 (1933) (Brandeis, J. dissenting); Lawrence M. Friedman, *A History of American Law* (Simon & Schuster, 2nd ed. 1985), p. 188 – 199.

[410] See Liggett Co., 288 U. S. at 551 (Brandeis, J. dissenting).

被未经选举、不负责任的管理者所控制。[411]

在当今这样一个时代,人们普遍认为公司不过是“契约的联结”(nexus of contracts),[412]评论人士们可能会忽视董事会在提供政治合法性方面的作用,错误地将公司视为小“共和国”(republics)。[413]然而,忽视政治合法性的作用就是忽视公司和董事会的历史。因此,问题就变成了人们对公司和公司董事会的态度的变化如此之大,以至于政治合法性的作用不再重要了吗?如果是这样,那么人们可能会得出这样的结论:公司董事会很大程度上是一个无用也基本无害的机构(换言之,相当于公司的“扁桃体”)。事实上,在加州大学洛杉矶分校和南加州大学联合举办的公司法圆桌会议上提交的本文的初稿提出了这一结论。然而,在圆桌会议上提交论文时,我内心对这个观点还是感到有些不适。在问自己为什么时,我意识到,这是因为我深受一种价值观中包含了同意和代表观念的文化影响,而这些观念产生于中世纪欧洲的政治制度之中,并且仍然反映在今天的公司董事会架构之下。必须承认的是,作为股东,我的做法将是保持理性冷漠以及放弃使用委托投票说明书(trash proxy statements)。然而,我赞成[414]要求公司委托书、投票说明书囊括股东提名的董事候选人

---

[411] 我必须感谢我的研究助手托马斯·克拉克(Thomas Clark),他在决定上法学院之前曾是美国历史学教授,他提出了一个问题,即公司董事会的合法职能在转向普通注册立法的过程中是否特别重要。

[412] See Eugene F. Fama, *Agency Problems and the Theory of the Firm*, 88 Journal of Political Economy 288, 290 (1980); see also William A. Klein, *The Modern Business Organization: Bargaining under Constraints*, 91 Yale Law Journal 1521, 1521 (1982).

[413] See Henry G. Manne, *Citizen Donaldson*, Wallst. J., Aug. 7, 2003, at A10.

[414] See Security Holder Director Nominations, Proposed Rule Release No. 34 – 48626, 68 Federal Register 60784 (October 23, 2003).

的相关提案(甚至不仅是由美国证券交易委员会提出的那些制度建议)——不是因为我期望公司业绩有任何改善,而是因为这更符合民主的理念。[415] 这表明,董事会之所以长期存在,是因为人类即使在封闭的商业环境中,也不会让公司的经营理念与他们所处时代的更广泛的政治和文化理念脱节,[416] 而由民选代表表示同意的观念在我们的文化中如此的根深蒂固,即使股东没有受益于它,也会希望它一直存在。

---

[415] 无可否认,中世纪政治机构所使用的代表性观念与目前的代议制民主观念并不一致。这简单地说明了通过具有代表性的管理机构的政治合法性规范是如何根据不断演化的代表性思想来衡量的。

[416] 最近一次尝试从统计上记录文化价值观与商业治理之间的关系,see Amir N. Licht, *The Mother of All Path Dependencies: Toward a Cross-Cultural Theory of Corporate Governance Systems*, 26 Delaware Journal of Corporate Law 147(2001)。

第二章　公司法的基础规则

资本锁定:19 世纪公司法为企业组织者实现了什么?

[美]玛格丽特·M. 布莱尔*

目　　次

---

* 范德堡大学(Vanderbilt University)法学院 Milton R. Underwood Chair in Free Enterprise 讲席教授。

本文原文发表于 UCLA Law Review(2003 年第 2 期)。

引 言

在公司法中使用的“锁定”一词通常有消极的含义，这意味着少数股东在闭锁公司中的可怕命运，其不能出售股份（也许是因为对股票的销售有限制，或者是因为这类股票没有市场），同时也不能强迫公司向股东支付任何收入或资产。[1] 类似地，“所有权与控制权的分离”作为上市公司的一个特征，在过去的几十年里被法学家和经济

---

〔1〕 See William A. Klein & John C. Coffee, *Business Organization and Finance: Legal and Economic Principles* (Foundation Press, 8th ed. 2002), p. 139. 根据合伙法律，合伙人可以很容易地终止参与企业，公司法只产生了相反的问题（有时被称为“锁定”）。2 F. Hodge O'Neal & Robert B. Thompson, *O'Neal's Close Corporations: Law and Practice* (Eagan, Minn.: West, 3rd ed. 2003), § 9.02. 作者指出：一家闭锁公司的股东，相对一家上市公司的股东而言，没有可供选择的退出方案。就上市公司股东而言，如果其对公司运作方式不满意，他们可以在证券市场上出售股票。闭锁公司的股份，尤其是没有控制权的中小份额，是不容易被出售的。Id. 关于“锁定”问题的经典讨论，see J. A. C. Hetherington & Michael P. Dooley, *Liquidity and Exploitation: A Proposed Statutory Solution to the Remaining Close Corporation Problem*, 63 Virginia Law Review 1 (1977)。

学家公认是公司形式最严重的缺陷之一。〔2〕 但本文指出,尽管限制从公司中撤出资本以及由非主要股东的个人控制公司这两点都可能被滥用,但正是这些特点使企业形式在现代工业经济的发展中显得非常有用。本文通过探究 19 世纪的美国商业企业家为何开始利用公司的形式来组织他们的企业,从而形成了上述论点。

尽管构成当代企业基础的法律规则在早期的法律中已有基础,但在当代美国我们所熟悉的企业形式却是在 19 世纪兴起的。在 19 世纪里,公司成了组织大型经济活动/交易的主要方式。〔3〕 当下,公

---

〔2〕 大量的文献质疑"所有者"角色与"控制"分离下的公司效率。See Klein & Coffee, *supra* note 1,at 173(所有权和控制权的分离……在大多数关于公众公司的当代评论中仍然是核心争论点。在某种程度上,人们认为管理是不受约束的,因此很容易相信股东的利益没有得到充分的满足). See Frank H. Easterbrook & Daniel R. Fischel, *The Economic Structure of Corporate Law*(Harvard University Press, 1st ed. 1991); *Foundations of Corporate Law*(Roberta Romano ed., 1993); Bernard S. Black, *Shareholder Passivity Reexamined*, 89 Michigan Law Review 520(1990); Victor Brudney, *Corporate Governance, Agency Costs, and the Rhetoric of Contract*, 85 Columbia Law Review 1403(1985); Eugene F. Fama, *Agency Problems and the Theory of the Firm*, 88 Journal of Political Economy 288(1980); Eugene F. Fama & Michael C. Jensen, *Separation of Ownership and Control*, 26 The Journal of Law and Economics 301 (1983); Michael C. Jensen & William H. Meckling, *Theory of the Firm: Managerial Behavior*, Agency Costs and Ownership Structure, 3 Journal of Financial Economics 305(1976); Henry G. Manne, *Mergers and the Market for Corporate Control*, 73 Journal of Political Economy 110(1965); Ralph K. Winter, Jr., *State Law, Shareholder Protection, and the Theory of the Corporation*, 6 The Journal of Legal Studies 251(1977).

〔3〕 根据一项调查,到 1800 年,全美只有 335 个特许令状被颁发给了商事公司,其中 88% 是在 1790 年之后发放的。See 2 Joseph S. Davis, *Eighteenth Century Business Corporations in the United States*, in *Essays in the Earlier History of American Corporations* (Cambridge Harvard University Press, 1917), at 3, 24 tbl. 到 1890 年,有将近 50 万家商业公司。See Dow Votaw, *Modern Corporations*(Prentice-Hall, 1965), p. 24. 到 1904 年,在大型交易所上市的制造业股票和债券的总面值为 68 亿美元,超过了 1904 年的官方统计中所有制造业资本账面价值的一半。See William G. Roy, *Socializing Capital: The Rise of the Large Industrial Corporation in America*(Princeton University Press, 1997), p. 5 [citing U. S. Bureau of the Census. Historical Statistics of the United States, Colonial Times to 1970 (Government Printing Office; bureau of the Census, Department of Commerce, 1st ed. 1975)].

司是全球经济活动中最具影响的力量之一。

为什么公司形式成为组织大规模经济活动/交易的首选方式呢?是什么使公司形式的采用满足了组织经济活动的需要,而19世纪的其他法律组织形式无法满足呢?商业历史学家提出以下三种可能的解释:积聚大量资本的能力、有限责任制度和集中管控。〔4〕尽管这些能力在很多情况下都很重要,但公司形式的核心优势在于第四个因素:保持/保证资本的能力,资本一旦积累起来,就会持续几十年甚至几百年的时间。那么,以公司形式来组织营业是如何促进了这些能力,以及这些能力重要之处何在呢?

本文认为,允许设立公司使商事企业的一些方面发生了合法转变,而通过个人独资企业、合伙或其他形式的法律契约——这些形式至少在19世纪早期便被法律许可——来实现这些转变是不可能或极其困难的。第一个转变是,注册设立赋予了企业在法律上的"实

〔4〕 James Willard Hurst, *Legitimacy of The Business Corporation in The Law of the United States*, 1780 – 1970 (University of Virginia Press, 1st ed. 1970), p. 24 ["公司通过将强大的集中管控和有限债务(意味着有限责任)合法化的结合,实现了将组织作为主要经济资产的需要。"]. "通过向投资者提供有限债务框架,公司形式鼓励了资源的集合或保留……" Id. at 26; see also Ronald E. Seavoy, *The Origins of the American Business Corporation*, 1784 – 1855 (Greenwood Press, 1982), p. 50 (认为纽约在19世纪早期的注册设立中具备优势,因为它"为投机企业的投资者提供了有限责任保护"). "注册设立(incorporation)将会……有助于保障财产所有权以及使利润被更多人分享,从而促进资本流动。" Id. at 63. "依法成立公司而非合伙的唯一好处是……拥有仅依靠少部分……代理人以及以个人认购数额为责任上限的制度来妥善处理机构事务的能力。" Id. at 70 [quoting Slee *v.* Bloom, 19 Johns. 456, 474 (N. Y. 1822) (Spencer, C. J.)]; Shaw Livermore, *Early American Land Companies; Their Influence on Corporate Development* (Octagon Books, 1968) (1939), at 2 n. 2 (认为18世纪晚期和19世纪早期的商业领袖们都在寻找一种外部人可以被动投资的组织机构). "为了永久存续,管理权有效集中以及权益的自由转让是达到这一目的的必要手段。" Livermore, *supra*, at 2 n. 2.

体”地位;[5]第二个转变是,注册设立要求采纳治理规则,从而在法律上将商业决策与金融资本投入分开。[6]

商业活动公司化从而取得实体地位意味着,被允许设立的公司将被视为独立的法人实体,与它的任何投资者或管理者分离,以便于购买、出售或持有财产,签订合同,以及起诉和应诉。正如亨利·汉斯曼(Henry Hansmann)和莱尼尔·克拉克曼(Reinier Kraakman)在

---

〔5〕 过去20年,许多法律学者都驳斥了将公司定义为法“人”的法律传统的重要性,认为公司是自然人相互交往的纽带。如 Easterbrook & Fischel, *supra* note 2,其中总结了先前的研究,并为未来对公司“契约联结关系”观点的研究奠定了基础。然而,一些企业学者最近重新审视了公司人格和实体地位的重要性。See William T. Allen et al., *The Great Takeover Debate: A Meditation on Bridging the Conceptual Divide*, 69 University of Chicago Law Review 1067(2002)(定义和讨论公司的实体模型);Margaret M. Blair, *Firm-Specific Human Capital and Theories of the Firm*, in *Employees and Corporate Governance*, in Margaret M. Blair & Mark J. Roe eds., Brookings Institution Press, 1999, p. 58, 86(认为通过赋予公司独立的实体地位可以促进个人之间的多边和多维关系与协议). 在一篇关于实体地位作用的特别重要的文章中,亨利·汉斯曼和莱尼尔·克拉克曼讨论了实体地位如何被用来在潜在的求偿者之间分配资产。Henry Hansmann & Reinier Kraakman, *The Essential Role of Organizational Law*, 110 Yale Law Journal 387(2000). The discussion *infra* notes 7 – 14 and accompanying text. 亨利·汉斯曼等人探讨了商业组织法中实体地位发展的历史, *Legal Entities, Asset Partitioning, and the Evolution of Organizations* (February 2002) (unpublished manuscript on file with UCLA Law Review)。

〔6〕 尤金·法马(Eugene Fama)和麦克·詹森(Michael Jensen)提供了关于分离收益的经济理论,指出分离允许公司参与者专注于风险承担或决策。See Fama & Jensen, *supra* note 2, at 301. 其他学者,尤其是那些有法学和经济学背景的学者,通常将这种效应称为“所有权与控制权的分离”。而奥利弗·哈特(Oliver Hart)在所有权问题上的重要工作是填补了不完全契约的空白,将“所有权”定义为剩余控制权。See Sanford J. Grossman & Oliver D. Hart, *The Costs and Benefits of Ownership: A Theory of Vertical and Lateral Integration*, 94 Journal of Political Economy 691, 693 – 694(1986)(“我们不区分所有权和控制权,而实际上把所有权定义为行使控制权的权力”);Oliver Hart & John Moore, *Property Rights and the Nature of the Firm*, 98 Journal of Political Economy 1119, 1120(1990)(“我们利用其所拥有的资产来识别一家企业,并且主张所有权即授予对企业资产的剩余控制权”). 根据这个定义,“所有权”不能与“控制”分开。因此,为了避免混淆这篇文章中重要的观点,本文选择不使用“所有者”或“所有权”来描述股东在商业公司中所扮演的角色。

最近的《耶鲁法律评论》文章中所讨论的那样,[7]独立法律实体的成立使企业组织者能够对商业中使用的资产进行分割。分割包括两个方面:一是单个的参与者不对企业的债务承担个人责任(在商事公司背景下,这方面通常被称为"有限责任"[8]);二是参与者和第三方得到保证,在企业资产被分配给股东之前,企业的资产池将首先被用于满足企业自身需求(如对企业债权人进行清偿)。[9]

一些法律学者强调有限责任制度具有重要作用,因为它使商事企业能通过中小投资者适度投资的形式吸引资本。[10] 而本文则强调了资产分割的另一个方面,并称为"资源使用顺序的保证"(resource commitment)。[11] 汉斯曼和克拉克曼最近也提出了类似的观点,即"资产分割的真正本质是……有限责任的反面——保护实体

---

〔7〕 See Hansmann & Kraakman, *supra* note 5, at 393.

〔8〕 汉斯曼和克拉克曼使用"防御性资产分割"一词来描述在更普遍的情况下的这种分割。Id. at 394.

〔9〕 法律规定的实体地位的关键要素,在更为普遍的情况下,这种形式的资产分割被称为"积极资产分割"。See id. at 393; Hansmann et al., *supra* note 5, at 1. 汉斯曼、克拉克曼和斯夸尔(Suqire)强调,积极资产分割的主要特征是他们所称的企业"所有者"的个人债权人不能强迫解散企业以满足债权人对"所有者"的债权。Hansmann et al., *supra* note 5, at 1. 事实上,这些作者将一个法律实体定义为一个体现积极资产分割的组织。Id. at 11("我们认为积极资产分割是现代组织的核心法律特征"). 对 19 世纪的商业企业家来说,保护企业免受参与者个人债权人的影响可能是很重要的。然而,正如我们所见,可能更重要的是,那些已注册设立企业的个人股东或者其继承人都不能迫使已注册设立的企业解散,以收回他们在企业价值中的份额。

〔10〕 See Stephen B. Presser, *Piercing the Corporate Veil* (C. Boardman, 1st ed. 1991)(总结有限责任的早期历史). 有限责任将公司的一些风险转移到非股东的参与者。现代金融理论对单纯的风险转移本身是否能降低资本的总成本(或其他投入)产生了怀疑。此外,历史学家也对有限责任是不是 19 世纪上半叶人们寻求公司特许状的主要原因提出了质疑。See the discussion *infra* Part Ⅲ. E.

〔11〕 汉斯曼、克拉克曼和斯夸尔还暗示,有限责任不是实体形式的核心,甚至连筹集资金的能力都没有,就像资源存留一样。See Hansmann et al., *supra* note 5, at 8-9.

资产免受其所有者或管理者的债权人的请求权影响”。[12]

然而,与保护企业资产不受其参与者的债权人影响一样重要的是,公司在建立资产池中所扮演的角色,即不被任何可能想要收回投资的个人投资者所清算或解散。公司的这一角色也作用于这些参与者的继承人,因为他们可能更愿意看到公司的资产被清算,而不是接受在已故公司参与者的财产分割中可能存在的、按比例分配的请求权。因此,这个受保护的资产池可以在相当长的时间内更可靠地被保持在企业内。公司股票的投资者可以认购小额股份,而一旦购买这些股票的资金被投入,就会对投资者从该公司撤资有一些限制(有时甚至是严重限制)。[13] 本文认为,股东的资本存留有助于保护其他企业参与者的风险投资。再次使用汉斯曼和克拉克曼的说法,以股票的形式投入或承诺投入的资金将帮助获得一个“稳定资产池”(bonding assets in the firm),[14] 这使企业吸引其他风险投资更加容

---

〔12〕 Hansmann & Kraakman, *supra* note 5, at 390. 汉斯曼、克拉克曼并没有强调保护实体资产不受股东本身影响的重要性,而这是本文所指出的一个重要因素。公司形式的一个目的是防止股东过早地收回资本,这与股东是“所有者”的概念不一致。(根据所有权的标准定义,他们应该有权随时撤回资产)这进一步说明了我认为不应将公司股东称为“所有者”的重要原因。See Margaret M. Blair, *Corporate "Ownership": A Misleading Word Muddies the Corporate Governance Debate*, Brookings Review, Winter 1995, at 16.

〔13〕 早期的公司通常用“可回购的”股份来实现资本化。See Edwin Merrick Dodd, *American Business Corporations Until* 1860: *With Special Reference to Massachusetts* (Harvard U. P., 1954), p. 74. “通常的融资方式……商事公司在此期间似乎一直获得在一开始就少有或根本没有支付股本的股份认购,而期待通过未来收兑获得所有或大部分的资金。”例如,该公司注册成立时,它可能会以每股 100 美元的价格发行 1000 股股票,但它可能允许投资者仅以每股 10 美元的价格买入,并承诺如果随后由董事会通过相关决议,投资者将在每股 90 美元的范围内继续支付。因此,早期的股东往往不仅承诺已经支付的金额,而且可能需要在以后支付更高的金额。See the discussion *infra* notes 165 – 167 and accompanying text.

〔14〕 Hansmann & Kraakman, *supra* note 5, at 392.

易。19 世纪上半叶最重要的其他投资者可能包括银行和贸易债权人(以及其他股东),但使实体地位独立的机制,以及实体由此产生的锁定资产的能力,既保护了非财务投资者的资产,也保护了财务投资者的利益。[15]

这就给我们带来了公司法的重要贡献,它是在 19 世纪发展起来的。注册设立公司创建了一种治理机制,将财务资本投资的角色与经营企业以及对资产使用进行常规决策的角色分离开来。当一个公司成立时,最初的(发起)投资者不仅承诺要在业务中投入若干资本,而且他们将对公司商业资产和商业活动的控制权让渡给董事会(在法律上独立于股东和管理者)。本文主张,由于公司会不断招揽有专业运营技能的经理团队,并努力与供应商和客户建立长期稳定的关系,所以股权投资者和其他企业参与者对法定控制权的放弃变得越来越重要。[16]

实体地位和独立治理,促进了商业历史学家阿尔弗雷德·钱德勒(Alfred Chandler)所说的"组织能力"(organizational capabilities)的积累。钱德勒广泛而开创性地研究记录了 20 世纪初期主导市场

---

〔15〕 在 18 世纪晚期和 19 世纪初,州立法机关授权企业特许设立,也常常授予企业某些特许经营权,例如,修建收费公路的权利或向某些社区供水的权利。在这种情况下,人们可能认为,国家或社区已将资源(特许经营权、通行权、对市场的特殊准入等)投入到有风险的企业中。后文将指出,大量专门的"人力资本"也经常在商业项目中被置于风险之中。See *infra* notes 28 – 29 and accompanying text.

〔16〕 迄今为止,文献强调的治理分离的另一个作用是它使财务资本投资者能够发挥更多的被动作用,使他们的投资更易于分割和交易,因此更容易多样化。但是最早的公司中的投资者很少是多元化的,而公司股票交易的流动性市场直到 19 世纪下半叶才得到发展。See Robert E. Wright, *Wealth of Nations Rediscovered* (Cambridge University Press, 2002)(讨论 1850 年以前美国金融市场发展的历史);see also Alfred D. Chandler, *The Visible Hand: The Managerial Revolution in American Business* (Belknap Press of Harvard Univer. Press, 1977), p. 59 – 60 (hereinafter Visible Hand)[注意到 19 世纪 20 年代美国最大的 10 家公司都在马萨诸塞州的洛厄尔(Lowell, Massachusetts),并且"这些企业的股份被紧密地控制"].

的数十家大企业的发展和成长历程。他主张,组织能力的积累可能是使这些占主导地位的公司长期持续盈利和壮大的最重要因素。〔17〕就其本身来说,实体地位和独立治理并不能确保生意成功。但是,股权投资者(equity investors)投入最初的资本后,实体地位和独立治理便能将资本保留在企业中,从而帮助公司吸收其他有价值的资源。如果资源被良好地利用了,公司可以同时积累组织资产和声誉财富,以及额外的专用实物资产(specialized physical assets)。这些有形资产和无形资产反过来又进一步使公司的稳定资产池扩大,并促进专用资产的持续利用。

以上所述的本文的基本论点,目前主要是由一项传闻性和间接性的证据支持。这项证据即这样一个事实,那就是其他的一些组织形式,如个人独资企业(individual proprietorships)、合伙企业以及所

---

〔17〕 组织能力"说明了几十年来相同参与者长期持续获利的原因"。See Alfred D. Chandler, Jr., *Organizational Capabilities and the Economic History of the Industrial Enterprise*, 6 Journal of Economic Perspectives 79,79,83(Summer 1992); see also Alfred D. Chandler, Jr., *Scale and Scope: the Dynamics of Industrial Capitalism* (Harvard University Press,1990)(hereinafter Scale and Scope). 他在书中指出,英国企业未能对组织能力进行必要的投资,至少相对美国和德国的领先工业企业而言是如此,这导致了英国在第二次工业革命期间经济实力的下降。See Visible Hand, *supra* note 16(因其对 19 世纪晚期商业史的经典分析而获得普利策奖). 据乔治·大卫·史密斯(George David Smith)和戴维斯·戴尔(Davis Dyer)的说法,"钱德勒对管理革命的描述……如此引人注目,以至于很少有商业和技术的历史学家对此持怀疑态度"。See George David Smith & Davis Dyer, *The Rise and Transformation of the American Corporation*, in The American Corporation Today(Carl Kaysen ed., 1st ed. 1996), p. 28,34. 最近,商业史家纳奥米·拉莫洛(Naomi Lamoreaux)、丹尼尔·拉夫(Daniel Raff)和彼得·特明(Peter Temin)更加狭义地将钱德勒的成果定位为描述一种解决无处不在的信息不对称和协调问题及其相关交易成本的解决方案,这种解决方案出现在 19 世纪和 20 世纪的特定技术和社会环境中。See Naomi R. Lamoreaux et al., *Beyond Markets and Hierarchies: Toward a New Synthesis of America Business History*, 108 The American Historical Review 404(2003).

谓的“合股公司”(joint stock company)(被认为是合伙企业的一种),能够被商业企业组织者用来组织生产,且在19世纪初被广泛使用,但这些形式都不能创建具有“实体”地位的组织,因此也不能以实体的名义持有财产(property),其财产是以企业中所涉及个人的名义持有,并且,它们也没有建立一个明确的、与其参与者分离的治理机制。[18] 但在那时,很少有企业雇佣超过100人,没有一个企业雇佣数千人。技术的发展开始使更大规模、更高收益的企业成为可能,对公司形式的需求也急剧增长。到19世纪后半叶,商人们都在叫嚷着要使用公司的形式,而各州则通过越来越普遍和不那么严格的特许规则(chartering rules)来迎合他们。

随着公司形式变得越来越广泛和易于使用,似乎越来越多的企业开始积累并使用这些组织资产,如科层制管理系统(hierarchical management systems)、内部信息和控制系统、调研及发展活动的框架式内部策略、特殊市场运作、内部培训项目、专利、品牌标志及其他知识产权的整体优化和管理(structured internal approaches to research and development activities, specialized marketing operations, internal training programs, and the development and management of portfolios of patents, brand identities, and other intellectual capital)。这些无形的系统和组织结构使公司长久存续,即便其单个参与者来来去去。[19]

---

〔18〕 今天合伙企业可以被视为具有实体地位。See Melvin Aron Eisenberg, *Corporations and Other Business Organizations*(Foundation Pree, 8th ed. 2000), p. 39 – 41(讨论有关合伙企业是否应被视为“实体”或“集合”的法律辩论的历史). 其他混合形式的组织形式也可使用,如有限责任合伙和有限责任公司。Id. at 342 – 372.

〔19〕 See Richard R. Nelson & Sidney G. Winter, *An Evolutionary Theory of Economic Change*(Belknap Press of Harvard University Press, 1982), p. 14(将商业机构中的“惯例”作为一种机制进行定义和讨论,从以前的经验中获得的知识可根据此机制存储在企业中).

本文分四个部分。第一部分将大规模生产的问题描述为“团队生产”问题,并讨论了这种生产过程中出现的关于契约的问题。[20] 团队生产问题的本质在于需要从多个个体中获得不同的投入,这些投入很难或不可能被监督或以契约规定的方式明确说明,产出也是不容易被分割或归因于单个投入的联合产出。这些投入和投资通常是企业特有的,因为一旦它们被投入到企业中,它们的价值就与企业的整体成功紧密相关。投资的特定性或会“沉淀”(sunk)的性质,增加了在个人之间签订简单的合同以引入投资并使之协调的难度。第一部分论证认为,用个人独资企业或合伙企业组织小型生产“团队”可能是可行的,也可能是有效的,在普通法下,这两种形式无须注册许可。但是,随着团队规模越来越大,团队成员越来越专业化,这两种形式的组织变得越来越受约束。

第二部分讨论了在 18 世纪末和 19 世纪初,商业人士正在尝试不同的组织形式,这给他们带来了与公司形式相似的好处。特别是,他们开始组建所谓的“合股公司”,利用信托法,结合合伙法,来锁定商业资产,并向投资者提供流动性。[21] 他们也越来越多地向州立法机构寻求公司特许设立(charters)。[22] 第二部分考察了非注册合股公司(unincorporated joint stock company)的历史,据此说明了为什么这种形式最终不如公司形式成功。

第三部分专门追溯了企业形式的历史,研究了它是如何被商事

---

〔20〕 林恩·斯托特(Lynn Stout)和我认为,公司中独立的董事会的作用是能够解决“团队生产”问题。See Margaret M. Blair & Lynn A. Stout, *A Team Production Theory of Corporate Law*, 85 Virginia Law Review 247(1999).

〔21〕 See the discussion *infra* Part Ⅱ.

〔22〕 See the discussion *infra* notes 146 – 150 and accompanying text.

企业的组织者所使用的。特许设立商业公司使企业组织者能够创建被法律视为独立实体且至少在形式上治理与资本贡献分离的组织。这在个人独资企业和普通合伙企业的普通法规则下是不可能实现的,而合股形式也不能完全实现法律实体的地位。最初,公司形式的上述特点可能并不是最吸引企业组织者的东西,〔23〕但是随着时间的推移,扩大生产规模的好处变得越来越明显和诱人,从而使这些特性变得更加重要。此外,实体地位和独立治理为“团队生产”问题提供了一个新的解决方案,它们促使企业团队成员对彼此作出继续或者扩大投资的可靠承诺,因此以公司形式持有经营性资产有助于吸引这样的承诺。〔24〕

第四部分将讨论大型企业的出现,以及其雇佣的,包括高水平的“职业”经理人、科学家、技术人员和营销专家等在内的社会阶层的相

〔23〕 早期的公司由立法机构颁发的特别特许令状设立,几乎总是伴随特权或特许经营权。See the discussion *infra* note 139 and accompanying text. 对一般公司注册立法的政治压力是一种民主冲动所驱使的,因为他们想要废除这些特权。See Hurst, *supra* note 4, at 32 – 33; see also Seavoy, *supra* note 4, at 6(描述了一般公司设立的法律是如何“将企业家精神民主化”,并将机会均等化). 但是,如果公司没有特殊的特权,为什么新的商业组织者会想要使用公司的形式呢?我所检索的历史著作通常会断言,或者继续假设,即使没有特殊的特许经营,公司也很有吸引力,但很少有学者直接回答为何会这样。

〔24〕 See Michael J. Whincop, *Entrepreneurial Governance*, in Bridging the Entrepreneurial Financing Gap: Linking Governance with Regulatory Policy (Michael J. Whincop ed., 1st ed. 2001), p. 90. 温考普(Whincop)注解道:公司形式……将每个参与方都锁在其中,并拒绝他们退出。采用这种形式使各方能够做出可信的承诺来与企业保持合作,在企业在相当长一段时间内保有具有特殊价值的发展性资产方面,这可能是有价值的。Id. [citing Edward B. Rock & Michael L. Wachter, *Waiting for the Omelet to Set: Match-Specific Assets and Minority Oppression in Close Corporations*, 24 The Journal of Corporation Law 913, 919 – 920(1999).] 温考普上述观点的背景是现代小型初创公司开始利用天使投资的资本。洛克(Rock)和瓦赫特(Wachter)相关主张的内容是针对闭锁公司而言的。

应发展。一些其他学者研究了 19 世纪末股份所有权的迅速扩张,[25] 并提出了为什么成千上万的中产阶级愿意将他们的储蓄投资于那些他们几乎没有控制力或影响力的组织和企业(到今天仍然是这样)。但是很少有人问,为什么在 19 世纪末,成千上万的人也愿意放弃他们的私人的农场和小型企业,并把他们的生计和声誉交给那些他们没有控制且没有财产权利的组织。[26] 本文假设,这两种投资者都被这样一个事实所吸引——上述组织,即商事公司,越来越有可能为包括有形和无形资产在内的大量"稳定资产"所支持。

公司的形式现在看起来并不是那么独特或引人注目,因此它的好处可能看起来微不足道。但值得探讨的是,当美国经济从农业、小规模生产经济发展到现代工业经济时,是什么让公司形式对商业组织者的吸引力如此之大。在结论部分,本文推测:理解这个过程可能有助于阐明困扰世界各地经济转型的问题,以及小型初创企业的治理安排。实体地位的明确加上治理的合法分离,有助于保护和鼓励企业所有成员进行协调的、专门化的投资。

---

〔25〕 See Thomas R. Navin & Marian V. Sears, *The Rise of a Market for Industrial Securities*, 1887 – 1902, 29 Business History Review 105(1955).

〔26〕 历史学家奥利弗·族恩茨(Olivier Zunz)在分析一群中层管理人员的出现时探讨了这个问题。See Olivier Zunz, *Making America Corporate*, 1870 – 1920(University of Chicago Press, 1990), p. 39. 族恩茨质问道:如果共和党追求小众和独立的个性在中产阶级中根深蒂固的话,那么公司如何能够轻而易举地打入这一阶层,并笼络了其中的大部分人呢?让一个成功的专业人士放弃自己创业并诱使他为一家公司工作很容易吗?除了高薪,公司还提供其他的诱惑吗?换句话说,为什么中产阶级的一部分人参与到公司制度的经济活动中而另一部分人则抵制它呢?Id. 族恩茨的回答是,尽管公司的中层管理人员与他们同辈的独立企业家或专业人士相比薪酬不高,但他们显然从管理大量公司资源的机会中,获得了精神上的好处和个人的满足感。Id. at 49(讨论芝加哥 Burlington & Quincy railroad 中层管理者的动机). See also the discussion *infra* notes 153 – 155 and accompanying text.

一、组织团队生产

或许,不言而喻的是,建设和运营一条铁路需要大量的资本——必须购买土地或获得通行的权利,必须铺设钢轨,必须购买或建造发动机、货车、客车和车站,并为之配备人员,定期维护,以及提供稳定的煤炭供应或其他燃料供给。所有这些资源一旦投入,可能很难清算或重新部署到其他类型的业务中。同样,要大规模地生产产品,就必须建造工厂和仓库、确保原材料的稳定供应,以及为保证存货充足以供市场需要而筹措资金,这都需要大量资本;而且闲置或不被需要的那些商业资产,缺乏相应的潜在买家。经济学家、历史学家、商界领袖和政策制定者长期以来都意识到积聚大量物质和金融资本的能力对工业化和经济发展的重要性。

此外,修建一条铁路也需要大量无形资本的投入,如技术和管理技能,这或许为经济学家所不理解和赞同,但早已是商界人士所公认的事实。〔27〕 金融资本和实物资本不会自行运作,它们必须每天由人

〔27〕 See e. g. ,id. at 37(“可以说,铁路各个部门的管理,会需要文理所有科目的运用和支持。”)(citing The Railway Review,Mar. 19,1892). 钱德勒分析了美国大公司所领导的经济发展和增长,认为这是一场商业能力(企业管理召集和协调管理者的技能和资源)“革命”的产物。See Visible Hand,*supra* note 16. 经济学理论认为,新思想本身是经济变革和发展的重要力量,这一理论至少可追溯至熊彼特(Schumpeter),但直到过去10年左右,主流经济学家才将技术变革作为经济增长的其他(或未被解释)原因。直到最近,主流经济学家才开始明确地将知识和专业技能的积累作为经济增长的一个重要因素。See Richard R. Nelson & Paul M. Romer,*Science*,*Economic Growth*,*and Public Policy*,in Bruce L. R. Smith & Claude E. Barfield eds. ,Technology,R & D,and the Economy,Brookings Institution Press and AEI,1st ed,1996,p. 49(在经济增长理论中讨论知识和思想的重要性).

协调、管理、维护和运营,这些人因此必须开发系统、例行程序以及使用声誉和信息网络来执行相应的任务。因此,大规模生产和分配需要来自不同个体的各种形式的投入。[28] 通常情况下,所需的投入高度对应着特定的任务,并且很难预先指定,但是必须在很长一段时间内运行良好。[29]

(一)团队生产问题

为了找到一个适合的法律结构来组合和协调多个复杂的投入以进行大规模生产,首先要对经济学家所谓的"团队生产"中出现的契约问题进行考察。[30]

团队生产,简单来讲就是需要两个以上个人的不同类型的投入

---

〔28〕 See Peter F. Drucker, *Concept of The Corporation* (John Day Company, 2nd ed., 1972), p. 8. 德鲁克(Drucker)认为,大型现代组织和生产的"本质"在于,在组织内,具有多种技能和知识的人们一起工作。传统上,除非是最多四五个人的非常小的团队,否则这绝不可能完成。今天我们这样做,或者至少尝试这样做,将数量非常庞大——成千上万拥有不同知识的人,聚集到企业、政府机构或武装部队中,在具有建立和指导大型组织的专门知识的管理层领导下工作。Id. 钱德勒主要关注 19 世纪末和 20 世纪初的商业组织如何组建一个大型中层管理队伍,分配和协调他们的职责,并开发新的会计和报告技术来协调他们的工作。See Visible Hand, *supra* note 16. 族恩茨讨论了一个大型社会阶层——中层管理者的发展。See Zunz, *supra* note 26.

〔29〕 例如,格伦·波特(Glenn Porter)和哈罗德·利夫赛(Harold Livesay)指出,制造机械,比如农业机械和缝纫机,"在技术上很复杂、昂贵,需要制造商和消费者之间密切甚至长期的联系,或者需要精心设计的创新营销方式"。See Glenn Porter & Harold C. Livesay, *Merchants and Manufacturers: Studies in the Changing Structure of Nineteeth Century Marketing* (Johns Hopkins Press, 1971), p. 4.

〔30〕 斯托特和我在前文中回顾了布莱尔和斯托特关于团队生产中缔约问题的经济学理论,See *supra* note 20, at 265 – 287。

的生产方式，且其产出很难按照单独投入的种类进行划分。[31] 由于投入是复杂的，而且在企业的初期可能还没有被很好地理解，所以在团队成员之间签订契约以确定每个人的贡献无疑是困难或不可能的。由于产出不能分解为每个团队成员所负责的部分，所以没有明确的方法可以在团队成员之间分配产出(或亏损，可能发生在风险投资中)。

例如，在 1793 年，一群人为了在宾夕法尼亚州开采煤炭，组建了一种名为"合股公司"的合作伙伴关系，即利哈伊(Lehigh)煤矿公司。该公司购买了有一个小矿场在其上的大片土地，并从宾夕法尼亚州获得了大约 1 万英亩土地的购买选择权，这些土地被认为储藏了大量的煤炭。[32] 在接下来的 14 年里，该公司的成员定期尝试从该地区开采煤炭，然后通过以下方式进入销售：要么通过利哈伊河航运，而这条河道在一年中的大部分时间都不可航行；要么使用货车运输，但几乎没有道路可以通行。该公司曾多次尝试让宾夕法尼亚州改善河道航行或改善道路，但都无济于事。为了进行必要的交通改进，它呼吁认股人为此作出更多的贡献，"然而这一呼吁是无用的"。[33] 在

---

〔31〕 阿门·阿尔钦(Armen Alchian)和哈罗德·德姆塞茨(Harold Demsetz)通常被认为是首先使用这个短语并定义了用于经济建模的概念的人。See Armen A. Alchian & Harold Demsetz, *Production, Information Costs, and Economic Organization*, 62 American Economic Review 777(1972). See Blair & Stout, *supra* note 20, at 265 – 267，讨论了阿尔钦和德姆塞茨的理论贡献。

〔32〕 See Order of The Board of Managers, *A History of the Lehigh Coal and Navigation Company*(printed by W. S. Young, 1840)(hereinafter *A History of the Lehigh Coal and Navigation Company*). 原件为特拉华州威明顿(Wilmington)的哈格利(Hagley)博物馆和图书馆的特别收藏。

〔33〕 Id. at 3. 在非注册合股公司中，投资者被称为"认股人"，有时也被称为"股东"，因为他们共同贡献了合伙企业所使用的资本存量。参见下文第二部分，以进一步讨论非注册合股公司和公司之间的差异。利哈伊煤矿公司是一家非注册合股公司。See Livermore, *supra* note 4, at 240.

此期间,这家公司从未能够从这项事业中赚到钱。

这个例子说明了一个团队的生产问题:除非这个产品能够廉价地推向市场,否则两个必要的投入(地面上的煤炭和开采它的知识和技能)几乎没有什么价值。该企业需要第三种投入——一个实用的运输系统。但是,就像煤炭在没有运输系统的情况下就没有市场一样,没有煤炭的运输系统也没用(至少一开始是这样的)。无论投资于整个企业的哪一部分,都将依赖对企业的其他部分进行投资以使项目具有价值。

经营长达 14 年,却仍未有起色,公司开始向其他人出租土地和矿产权。1817 年,在费城经营一家电线制造厂的乔赛亚·怀特(Josiah White)、厄斯金·哈泽德(Erskin Hazard)和乔治·奥托(George F. A. Hauto)建立了另一个合作伙伴关系,希望以低廉的价格购买无烟煤供其工厂使用。他们参观了利哈伊公司的煤矿,研究了河道航行问题,发现有关利哈伊河河道改善的最近的一部法律已经失效。怀特、哈泽德和奥托团队随后与前述的那家煤炭公司达成了一份 20 年的租约,以每年一穗玉米的租金,以及每年向费城和周边地区提供至少 4 万蒲式耳煤炭的承诺,租下了含煤土地。随后,该团队寻求制定一项法案,授权他们改善利哈伊河的航运,该法案于 1818 年通过。[34] 为了换取这一权利,他们的团队将在从斯托达尔茨维尔(Stoddartsville)到伊斯顿(Easton)的河上建造一个"静水航行系统",[35]距离大约 50 英里。然后,研究小组计划在河中建造一系列

〔34〕 See *A History of the Lehigh Coal and Navigation Company*, *supra* note 32, at 4 – 5.

〔35〕 根据韦氏词典(修订未删节版),"静水航行系统"指的是在深度增加,而水流被一个或若干个水坝削弱了的河道内航行。*Webster's Unabridged Dictionary of the English Language*(G. & C. Merriam Co., 1913), p. 1351.

的“翼形水坝和河道墙”,这样水就会足够深,可以使一艘载满煤炭的平底船漂浮在河上,而不会在河岸的岩石上搁浅。[36] 怀特、哈泽德和奥托还必须建造从煤矿到河流的可用道路。这三人认为,决定做这些事情是可行的,付出的代价是值得的。

这个新团队面临的下一个问题是筹集资金来资助他们的项目。他们的计划是通过寻找他们为此目的而组建的新合股公司的认股人来实现这一目标。但是在讨论他们如何做到这一点之前,本文将简要回顾一下在团队生产环境中出现的一般问题,以及怀特、哈泽德和奥托所在时期的法律规定的各种可用的组织形式。

如前所述,团队生产的两个特点是生产需要来自多个人的复杂的、难以指定的投入,产出也不容易根据每个供给者的个人投入来进行划分。我们已经看到,将足够数量的无烟煤运往市场和以足够低的成本实现盈利所需的投入,包括含煤土地的实物投入,劳动力和管理者,以及一个有用的运输系统。因为所有这些都是必需的,任何单一投入的应用本身都无法实现将煤炭推向市场的目标。上述投入必须同时进行且相互协调。因此,含煤土地所提供的价值无法与河流航行系统所提供的价值相分离。

但是只考虑这个等式中运输的那一侧,并简要假设它本身就具有价值,然后进行假设,比如,奥托特别擅长筹集资金和商业管理,哈泽德擅长雇佣和管理熟练和非熟练工人使用运土挖掘和建筑设备来

---

〔36〕 See *A History of the Lehigh Coal and Navigation Company*, *supra* note 32, at 6. 据合伙人估计,从斯托达尔茨维尔到毛希区(Mauch Chunk)大约36.5英里的距离中,这条河平均每英里下降25英尺,然后从毛希区到伊斯顿大约14英里的距离中,又下降了364英尺。Id. at 6 – 7.

建造翼形水坝和河道墙,怀特在机械方面特别有天赋(事实上他确实如此)。此外,假设(其实也是事实)这 3 个人没有足够的资金来独自承担这个项目,他们将不得不向投资者寻求投资。企业中所有的参与者都必须接受河流航行工程,但是没有明确的方法来确定谁应该从这个项目中得到什么。

如果投入是复杂的,并且很难预先确定,那么团队生产问题就会变得更加复杂。而且,一旦投资于联合企业(joint enterprise),投入就不能轻易地恢复原状并重新部署到其他用途——至少无法在价值不受重创的条件下恢复原状或重新部署,因此一些投资就必然为"企业特有"。毫无疑问,这将是这家合资企业(venture)面临的难题。[37] 如果企业失败,国家批准的改善河道通航的权利就不能被重新部署给别的主体。这 3 个合作伙伴所投入的时间和精力也一样。而且,一旦支付了工人工资,付出了物资、现金以及运土挖掘设备租金,金融投资者所提供的资金也不能再被重新部署。这些投资的价值最终将与整个企业的成败联系在一起。[38] 无论怀特、哈泽德和奥托和他们的投资者以什么条件一起做生意,都必须以某种方式分享收益或

〔37〕 钱德勒强调,早期大型商业公司所做的实物和组织资产的投资通常都是企业高度专有化的。See Visible Hand, *supra* note 16, at 87(描述运营铁路所必需的专项投资和专业技能及职业培训).

〔38〕 关于"资产专用性"在选择组织形式中的重要性方面的文献,多到无法详细地引证。但大部分文献来自奥利弗·威廉姆森(Oliver Williamson),他在许多文章和书中认为,如果通过市场交易组织这种生产,"资产专用性"将是增加交易成本的重要因素之一。See Oliver E. Williamson, *The Modem Corporation: Origins, Evolution, Attributes*, 19 Journal of Economic Literature 1537, 1548(1981)["随着资产逐渐变得更加特定化,市场的生产成本优势降低而市场的(比较)治理成本增加"]. See Oliver E. Williamson, *Markets and Hierarchies: Analysis and Antitrust Implications*(The Free Press, 1975); Oliver E. Williamson, *The Economic Institutions of Capitalism* (Simon and Schuster, 1985)(hereinafter Economic Institutions).

分担可能的损失。在许多可能的分配规则下,如果“团队”中的任何一个成员试图从业务中贪污,为其个人利益使用企业资产,不努力工作,或者只是对自己那部分的业务管理不当,都会使每个成员受到损害。每个人都很容易受到经济学家所谓的“敲竹杠问题”(hold-up problem)的影响——一个合伙人可能会利用退出(也可能是强制解散)公司来威胁其他人以获得更多的收益(或者更少的损失份额)。

由于河道航行计划的组织要求风险企业中的参与者在回报不确定的情况下建立长期的业务关系,他们必须以某种方式来组织他们的联合业务、分配报酬和风险、分配决策权、提供激励,引导所有的团队成员进行必要的投资,并且阻止“敲竹杠”行为。

考虑他们的可能方案。想象一下,参与者彼此之间签订了一系列的契约。例如,假设奥托已经通过谈判获得了独自改善河流的权利,这样他就有权利控制河流的运输。他可以与怀特签订合同,设计水坝和河堤(channel walls),并与哈泽德签订合同,进行实际的施工。哈泽德因而也可以雇佣和监督那些从事实际工作的工人。然后,奥托可能会试图从费城的一家银行借到必要的资金,尽管因为这个项目有显著的高风险性,银行家们可能会要求奥托拿出自己的大量资产作为抵押。

然而,在这样一种契约网络路径(network-of-contracts approach)下,每一个参与者可能都不愿意让自己暴露在过高的风险下。[39] 正

---

〔39〕 See Charles R. O'Kelley & Robert B. Thompson, *Corporations and Other Business Associations*: *Cases and Materials*(Little Brown & Co. Law & Business, 2nd ed. 1996), p. 8(认为“团队特定的投资越多……该组织作为一个隐形团队就越不令人满意”). 奥凯利(O'Kelley)和汤普森(Thompson)的“隐形团队”概念指的是一群人,他们的投入是通过一系列的合同或协议来协调,而不是通过对投入的共同所有权或法律控制。Id. at 8 - 9.

如前文所指出的,银行可能会坚持要求抵押品,迫使奥托承担大部分风险。哈泽德同样也不愿意承担整个项目的全部风险,并因此可能会坚持将建设工程分成不同的阶段,并要求分期提前支付。当项目进行时,怀特几乎没有什么动力去创造性地解决设计和施工问题(当出现这样的问题时,他可能会倾向于将低劣的工程质量归咎于哈泽德)。

在这种复杂的项目中,有无数的潜在激励问题,并且为涉及团队生产的企业所特有(并且是涉及团队生产的企业的通病)。经济学家和法学家在关系契约文献中讨论过这些问题。〔40〕本文并不打算在这里重新讨论所有这些论点。相反,我认为,根据团队生产的性质,要制定长期契约来组织这样的生产是极其困难的,因为每个参与者对另一方的期望都不能被清楚确定,因而无法被法院强制执行。〔41〕如果河流改进项目的参与者试图预先确定所有的风险和回报,那么每个参与者都会有动机去把风险转移到其他人身上,或者是逃避法庭的审判,或者是阻止其他参与方的行为。相反,假设他们都同意关于共同工作的模糊条款,并同意在他们看到业务进展情况后进一步分配收益。在这种情况下,每个人都有动力耗费资源来配置给自己,

〔40〕 See Simon Johnson et al. , *Courts and Relational Contracts*(Nat'l Bureau of Econ. Research, Working Paper No. 8572, 2001)(研究发现,尽管关系是公司之间交易的基础,但法院的效率也对商业关系的信任程度有明显的影响); Marc Galanter, *Justice in Many Rooms: Courts, Private Ordering, and Indigenous Law*, 19 Journal of Legal Pluralism and Unofficial Law 1, 17 – 27(1981)(提供实证证据支持由社会关系执行契约的理念); Stewart Macaulay, *Non-Contractual Relations in Business: A Preliminary Study*, 28 American Sociological Review 55, 55 – 67(1963)(将"关系"契约定义为由关系网络而非法院支持的契约).

〔41〕 事先详细描述每个参与者必须做什么几乎是不可能的,并且/或者法院可能无法核实他们中的任何一方是否履行了契约中的义务。

以获取更多的收益。哈泽德可能会为他自己购买新的土地挖掘设备,增强他将来承包其他建设项目的能力,但他会尝试将新的土地挖掘设备的成本记入本工程。同样地,怀特可能浪费更多资源,不必要地逡巡于建筑工地以追踪进展,并将所花费的时间和费用向企业报销。如果说怀特还负责获取该地区其他煤矿工人的委托,从而将他们的煤炭运输业务扩展到利哈伊河,他可能会在与潜在客户建立关系方面产生不必要的开支。〔42〕

如果这3个人和他们的投资者存在促进相互信任或鼓励诚信行事的社区或家庭关系,那么这些契约问题就会得到缓解。〔43〕但是在19世纪早期的美国,一个主要特征是人们开始察觉到将生产、运输和营销向他们自己的社区之外扩张的机会,并开始寻找方法来实现这一目标。在利哈伊公司的历史记录中,没有任何迹象表明参与者之间存在家庭关系,尽管这段时期的许多商业关系都涉及这种关系。〔44〕

---

〔42〕 族恩茨讲述了一个杜邦公司(E. I. Du Pont de Nemours Powder Company)独立销售代理商的故事,代理商与总部就建立关系的费用发生争执,代理商希望公司支付费用的事项包括“为遇难矿工的家属提供资金”、“协助矿工埋葬儿童”以及“向被告方提供有关据说使用了L. & R.粉末的主体的信息”。See Zunz, *supra* note 26, at 32. 建立这些关系及类似关系的费用成为公司和销售代理商之间关系紧张的原因。Ibid.

〔43〕 毫不奇怪,斯托特和我发现,拥有共同群体身份的人更有可能彼此信任,并值得相互信任。See Margaret M. Blair & Lynn A. Stout, *Trust, Trustworthiness and the Behavioral Foundations of Corporate Law*, 149 University of Pennsylvania Law Review 1735(2001).

〔44〕 钱德勒告诉我们,1840年以后的许多年,“家庭仍然是最基本的商业单位”。See Visible Hand, *supra* note 16, at 16. 络德睦(Teemu Ruskola)讨论了他所谓的在中国的“家族企业”,这些公司是专业管理的商业企业,以家庭的形式组织起来。See Teemu Ruskola, *Conceptualizing Corporations and Kinship: Comparative Law and Development Theory in a Chinese Perspective*, 52 Stanford Law Review 1599(2000). 他认为,传统的中国家庭法“履行了现代美国公司法所执行的许多职能”。Id. at 1606. 在20世纪早期,在美国成功实现了大规模扩张的非注册成立的企业中,可能所有的或者几乎所有的企业都是由一个大家庭的成员管理,但还没有相关研究来证实这一点。

如果没有这样的约束力量,团队成员还可以通过哪些其他方式来组织他们的法律关系以减少缔约成本?

在 19 世纪初,法律提供了四种基本的方法使人们能够将团队生产事业组织成一个单一的“企业”:(1)个人独资企业,团队中仅有一位成员且其拥有或筹措企业的所有资产,个人负担企业所有债务和其他的义务,并雇佣其他人作为雇员或承包商;(2)合伙企业(partnerships),参与者将共同拥有和管理企业资产并对企业的负债共同承担责任;(3)非注册合股公司,这是一种合作伙伴关系,使得从被动合伙人(或消极合伙人、不参与管理的合伙人)那里筹集资金变得更加容易;(4)公司(corporations)。下文将简单讨论个人独资企业和普通合伙企业的优势,尽管这两种组织形式都不会对哈泽德、怀特和奥托产生作用,因为这 3 个人没有足够的资金来开展河流航运工程。

那么,在第二部分中,本文将探讨哈泽德、怀特和奥托要如何通过组建一家合股公司来解决他们的一些问题。在第三部分,本文将回顾在美国的商事企业中使用的公司形式的演进。最后,本文讨论这 3 个人为什么选择向宾夕法尼亚州寻求一份特许状以使他们的企业可以注册设立为公司。

(二)个人独资企业

奥利弗·威廉姆森是第一位观察到商业关系以下特性的经济学家,即如果关系的各方试图通过市场交易或合同来组织他们的活动,就会产生很高的交易成本,就像大型运输或制造企业那样。[45] 因此,他和其他人提出,如果交易所需所有资产的所有权和控制权集中在单一所有者和决策者手中,交易将更有效率。[46] 从原则上讲,个人独资企业可以实现这一目标。在以独资企业为组织形式的企业中,唯一的企业所有人拥有或出租实物资产给该企业,雇用其他人以补充自己的劳动力,为这些员工支付固定薪金或工资,对所有债务负责,并从企业中获得所有利润。[47]

在19世纪初,大多数的制造业和贸易企业都是由个人独资企业或合伙企业组织起来的。[48] 例如,在1817年,费城的查尔斯·卢肯斯(Charles Lukens)医生买下了他岳父以及另一个人在布兰迪万的钢铁制品和钉子厂(Brandywine Iron Works and Nail Factory)的份额。卢肯斯从他们那里租赁了厂房等,以个人独资经营者(sole

〔45〕 威廉姆森没有使用"团队生产"的措辞,但其围绕组织生产活动的问题建立了他对市场和组织层级的分析,在这类活动中,存在严重信息问题,个人对他们计算和衡量相关风险和回报的能力有局限("有限理性"),必须作出特定性投资(specific investments),并且个人不是完全值得信赖的,而是"机会主义的"。See Economic Institutions, *supra* note 38, at 47.

〔46〕 See generally Id.; Oliver D. Hart, *Incomplete Contracts and the Theory of the Finn*, 4 Journal of Law, Economics & Organization 119(1988); Hart & Moore, *supra* note 6; Benjamin Klein et al., Vertical Integration, *Appropriable Rents, and the Competitive Contracting Process*, 21 The Journal of Law and Economics 297(1978).然而,这些经济学家都没有考虑企业法定组织形式的选择是如何影响个人企业参与者的分配权利、权力和保护的。See Naomi R. Lamoreaux, Partnerships, *Corporations and the Limits on Contractual Freedom in the U. S. History: An Essay in Economics, Law, and Culture*(未刊稿)(思考了19世纪的组织形式对这些问题的影响).

〔47〕 因此,个人独资企业能够提供对企业的集中控制,这也是引言中所讨论的公司注册设立的好处之一。但是,个人独资企业可以积累的资本数额,受所有者的财富和借贷能力所限制,因此无法保证资本能够在个人所有者死亡之后或其关注范围之外被使用。

〔48〕 See the discussion *infra* Part Ⅰ.C.

proprietor)身份接管了工厂的运营。[49] 作为独资经营者,他必须雇用工人,也许还有车间主管,才能检查钉子和其他钢铁制品是否符合生产规格,并使设备得到维护、原材料得到有效利用。根据在 19 世纪早期建立起来的普通法,车间主管很可能是卢肯斯的“代理人”,[50] 能够代表企业签订销售产品或购买原材料的契约。反过来,卢肯斯可能会向主管和工人支付固定工资,或者卢肯斯可能会雇用主管作为一个独立的承包商,然后由主管(或者“工头”)去雇用、管理那些技能不熟练的工人,并从卢肯斯支付的薪水中拿出一部分支付他们的工资。[51] 当时的法院会承认并执行卢肯斯在企业和产出方面的财产权以及相关责任,并且会执行卢肯斯和其他所有人之间的雇用关系条款。卢肯斯可能还会雇用一名独立代理人,为他出售工厂的产品。[52] 在与第三方打交道时,卢肯斯将对公司的全部债务负责,即使是代表卢肯斯的工头所签署的合同所招致的债务。

---

〔49〕 布兰迪万钢铁制品和钉子厂后来被称为“卢肯斯钢铁公司”。关于公司这段历史的一些基本事实细节来自 Christopher T. Baer, *A Guide to the History and Records of the Lukens Steel Company*, *Accession*(1994), p. 50。在特拉华州的哈格利博物馆和威明顿图书馆保存了该企业的记录。其他假设的细节完全基于我自己的推测。

〔50〕 See e. g., Hurst, *supra* note 4, at 5(“早期的普通法一致承认在委托人和代理人之间以及和第三方之间存在有约束力的关系。”).

〔51〕 这种在工厂里组织非熟练工人的方法,被称为“内部承包”,在工业革命早期很常见。See Peter Cappelli, *Market-Mediated Employment*: *The Historical Context*, in Margaret M. Blair & Thomas A. Kochan eds., The New Relationship: Human Capital in the American Corporation, Brookings Institution Press, 2000.

〔52〕 路易斯·高拉姆博什(Louis Galambos)和约瑟夫·普拉特(Joseph Pratt)指出,早期的工厂通常由提供技术专长的工程师所拥有。See Louis P. Galambos & Joseph A. Pratt, *The Rise of The Corporate Commonwealth*(Basic Books, 1988), p. 20. 这些工厂生产的是通用的、无品牌的产品,他们的所有者通常没有多少市场营销方面的专业知识。因此,他们经常雇佣独立的代理人为他们推销产品。See Zunz, *supra* note 26, at 13.

通过这种方式解决团队生产问题，卢肯斯将会有动力去努力工作并开发新的市场。他还会希望找到更好的方法来降低成本和管理业务账目。例如，卢肯斯可能会雇用一个具有工程或其他技术技能的人来开发新产品或生产产品的新方法，或者他可能需要自己去学习这些技能。[53] 然而，如果企业以独资企业的方式组织起来，那么他所有员工的激励都将被大大削弱，而且在卢肯斯和他的员工以及代理人之间的关系中也可能存在其他的“代理”问题。[54]

在大约20年前，主流经济学的“企业理论”假设“企业”本质上是个人独资企业。即使是现在，在经济学入门的教科书中，企业也通常被模拟成由一位企业家所有的一系列实体资产（如工厂和一些机器），而这位企业家会雇用无差别的劳动力来经营工厂和操作机器。[55] 在20世纪60年代，理论家们开始研究大公司雇用管理者作为代理人这一企业事实行为的影响。作为代理人而非所有者，他们可能没有足够的动力去使工厂的运作利润最大化。[56] 到了20世纪70年代末，理论学家开始将公司的投资者和公司的雇佣经理之间的

---

〔53〕 在1824年，卢肯斯钢铁公司是美国第一个推出滚动锅炉板的工厂，卢肯斯钢铁公司为这个产品培育了市场。1825年，卢肯斯钢铁公司还为第一个实验铁壳蒸汽船轧了铁皮。See Baer, *supra* note 49, at 1.

〔54〕 See e. g., Paul Milgrom & John Roberts, *Economics, Organization and Management* (Pearson, 1992), p. 214（“激励一个人或组织代表另一个人行动的一般问题被经济学家称为委托—代理问题。”）.

〔55〕 See e. g., John B. Taylor, *Principles of Microeconomics* (W. W. Norton & Company, 3rd ed. 2001), p. 165 – 178.

〔56〕 See generally Robin Marris, *The Economic Theory of "Managerial" Capitalism* (Basic Books, 1964); Oliver E. Williamson, *The Economics of Discretionary Behavior* (Prentice-Hall, 1964).

关系建构为“代理”关系,[57]就好像当代公司中股东扮演的角色与个体经营者在小企业中所扮演的角色完全一致。随后,大量的法律文献围绕公司董事和经理人是股东的“代理人”这一观点而生发。

今天,主流经济理论家试图“打开黑匣子”来理解公司内部的情况,他们通常把公司作为“契约的联结”(nexus of contracts)而不是作为一个独立的实体来经营。然而,下文假设,注册设立公司会将财务和人力资本的投入者之间的关系变得与简单的代理关系不同,而理解独立实体地位在法律中的作用对于理解这种转变的发生至关重要。但首先,本文将考虑当企业被组织为个人独资企业时,企业和第三方之间的商业关系中可能出现的问题。

在任何规模的独资企业中都可以购买供应品并向企业以外的各方销售产出品,客户和供应商以及专业员工对企业的信任程度几乎完全取决于所有者的技能、人际关系以及作为商人的声誉,或者他的直接代理人建立的关系和声誉。[58] 所有者的个人声誉对交易具有决定性意义,相比他的代理人,他需要对直接交易的供应商、债权人或客户负有更多责任。但是,所有者和企业被视为一体使企业本身更容易受到所有者情况的影响,不仅在企业内部,还包括外生因素,如他的健康状况,以及他生活中其他方面的运气是否允许他一直将自己的资产投资于企业。如果他死了,他的后代或其他亲戚可能会

---

〔57〕 See Jensen & Meckling, *supra* note 2; see also Fama, *supra* note 2; Fama & Jensen, *supra* note 2; Oliver E. Williamson, *Corporate Governance*, 93 Yale Law Journal 1197(1984).

〔58〕 早期的企业家们经常尝试在社区中建立起值得信赖的声誉,通过对当地的慈善机构做贡献来开展经营。See Peter Dobkin Hall, *What the Merchants Did With Their Money: Charitable and Testamentary Trusts in Massachusetts*, 1780 – 1880, in Conrad Edick Wright & Katheryn P. Viens eds., Entrepreneurs: The Boston Business Community, 1700 – 1850(1997), p. 371.

接手这个企业,或者他的企业可能被别人从其遗产中买走。事实上,查尔斯·卢肯斯于 1825 年突然去世。他的遗孀瑞贝卡·卢肯斯(Rebecca Lukens)在早年继承了她父亲的磨坊财产份额,然后又接管了这个铁加工企业的商业运营。[59] 她的妹夫所罗门·卢肯斯(Solomon Lukens)离开了他的农场,成为这个工厂的负责人,帮助家族继续经营这家企业。但是,当这类事情发生时,新的所有者必须花费资源来保护和重建这些关系。[60] 同样地,如果所有者的家族发生了危机,所有者可能不得不将资源从企业中抽离,以处理随之产生的那些需求。

考虑到这些弱点,客户和供应商试图避免过度依赖于与单一所有者做生意,机械师、工头、簿记员、销售代理和其他技术工人想要保留为其他企业工作的灵活选择权而不是成为单个个体的专门雇员和代理人,也就不足为奇了。根据阿尔弗雷德·钱德勒的说法,直到

---

〔59〕 根据贝尔(Baer)的简史,瑞贝卡·卢肯斯因此成为"美国第一个从事铁制品的女性"。Baer, *supra* note 49, at 1. 在 19 世纪 40 年代的改革之前,已婚妇女不能拥有财产,甚至不能保护她们不受丈夫债权人的控制,无论其财产是在婚前还是婚后取得。如果瑞贝卡·卢肯斯在 1848 年宾夕法尼亚州的已婚妇女财产法律改革之前再婚,那么磨坊的所有权将会传给她的新丈夫。See Richard H. Chused, *Married Women's Property Law*: 180 – 1850, 71 The Georgetown Law Journal 1359, 1399 n. 209 (1983).

〔60〕 贝尔借助哈格利图书馆的文献收藏所提供的简史,并没有记载瑞贝卡·卢肯斯是否在试图与查尔斯·卢肯斯的供应商、客户和同事打交道时遇到了严重的偏见。但在这些商业关系中,她显然是相当成功的。这一业务保持盈利,但到 1840 年,所罗门·卢肯斯离开了公司,约瑟夫·贝利(Joseph Bailey)成为了合伙人。这时,该公司更名为 R. W. Lukens & Company。See Baer, *supra* note 49, at 1.

1840 年,经济社会的任何组织体都不存在中层管理人员。[61]

(三)合伙企业

回到利哈伊河航运项目,哈泽德、怀特和奥托的一个明显的替代选择是——作为合作人一起做生意,事实上,在我们的故事开始的时候他们已经利用了这一点。根据一位评论者的说法,合伙关系“可能是最古老的商业组织形式”。[62] 根据 19 世纪早期的普通法,商业人士只要同意作为合伙人,并同意分享企业的利润(以及清算时的净资产),就可以形成合伙关系。[63]

根据在当时已经采用的(合伙企业的)合伙规则,[64] 在经济活动

---

〔61〕 See Visible Hand, *supra* note 16, at 3. 唯一的例外可能是当时已经创立的邮政系统。1792 年的邮局法案导致了从骑马邮差到驿站马车以及辐射状交通系统的转变。Richard R. John, Elaborations, *Revisions*, *Dissents*: *Alfred D. Chandler Jr. 's The Visible Hand After Twenty Years*, 71 Business History Review 151, 186(1997). 这导致邮局管理人员雇佣中层管理人员作为分配中心的员工。Id. at 185. 钱德勒认为这种组织创新可以追溯到 19 世纪 50 年代,当时邮政业改用铁路运输,尽管它实际上发生在 1800 年。Id. at 186 – 195. 但是,邮政系统并没有瑞贝卡·卢肯斯的钢厂或其他个人独资企业可能存在的问题——它是由美国政府运作的,一定能够为企业提供必要的长期资源,并在各种各样的管理人员的进入、退出中存活下来。到 1840 年,大多数商事企业都是传统的单一制企业,由所有者管理。Visible Hand, *supra* note 16, at 14. 唯一的例外是特许设立的银行和建造运营运河等交通基础设施项目的特许经营机构。这些机构可能都是以公司形式组织起来的。

〔62〕 Robert W. Hillman, *Private Ordering Within Partnerships*, 41 University of Miami Law Review 425, 428 (1987); see also 3 James Kent, *Commentaries on American Law* (Da Capo Press, 1971) (1828), p. 1(提到合伙企业法“在司法裁判的过程中被培养和极大拓展了,直到合伙企业法最终成为了科学的常规分支,并且成为了商法学的一个重要组成部分。”). 这一点很重要,因为在对比之下,当时涉及合股公司和公司的法律是非常不完善的。

〔63〕 肯特强调,这是一种“利益交融”,使得个人之间达成一种“合作关系”协议,而不是每个人“各自为政”。See 3 Kent, *supra* note 62, at 3. “如果一个人预付资金,另一个人提供他的个人服务或技能,共同从事贸易,并分享利润,那就等于合伙。”Id. at 2. 这是法律对人力资本的贡献被认为与财务资本的贡献具有潜在同等价值的早期认可。

〔64〕 这部分只考虑标准的普通合伙规则。后文将讨论合股团体(joint stock associations),这是一种典型的合伙关系,See *infra* Part Ⅱ. A。

中使用的资产可能是合伙人的共同财产,或者是合伙人各自所有并出租给企业的财产。如果是共同拥有的财产,则可能是合伙人通过向企业出资换取的,或是用入伙金购买的合伙企业的份额。[65] 任何与该企业有关联的合伙人与第三方签订的合同,对所有合伙人都具有法律约束力。[66] 除非合伙人在正式的合伙协议中另有约定,否则该合伙协议将被视为可任意变更的。[67] 这意味着任何合伙人都可以终止这种关系,从而在任何时候、以任何理由强制解散该企业的资产。[68] 例外情况是,他们明确同意保持合伙关系至某一特定时间,或者直到满足特定条件(如某个工程或风险项目的完成)。[69] 如果合伙人去世、精神失常或破产,合伙企业也会自动解散。[70] 尽管法律上没有对合伙人数的限制,但根据当时的典型的合伙安排,每个合伙人都有完全的权力约束其他合伙人,而且所有人都要对企业的义

〔65〕 合伙人会将合伙企业拥有的房地产和其他财产视为"共有财产",每个人都被认为对房地产有直接的利益,与其在利润中的份额相称。法律不认为合伙企业是一个独立的实体,因此土地和其他资产不能以合伙企业的名义持有。See 3 Kent, *supra* note 62, at 14 – 16.

〔66〕 Id. at 17.

〔67〕 Id. at 28.

〔68〕 钱德勒告诉我们,在 19 世纪早期,传统的商业企业通常是"短命的"。"它们几乎都是合伙企业,在合伙人的死亡或退休后……[或者]当一个合伙人决定要和另一个商人合作时,原合伙企业将被重组或解散。"See Visible Hand, *supra* note 16, at 8.

〔69〕 See 3 Kent, *supra* note 62, at 29; see also Edward Henry Warren, *Corporate Advantages Without Incorporation* (Baker, Voorhis & Company, 1929), p. 18("即使这种合伙关系不是随意的,这个国家中任何合伙人都有这样一种权力,即可以在任何时候解散它"). 然而,过早的解散被视为违反合同,因此违约方可能要承担损害赔偿责任。Id. at 18 n. 1.

〔70〕 See 3 Kent, *supra* note 62, at 30 – 33. 其中一个合伙人破产会迫使合伙企业解散的原因是,破产合伙人的债权人将对合伙资产提出索赔请求权,以偿还破产合伙人所欠的债务。Id. at 33 – 34.

务承担个别的及集体的责任。[71] 所以商业人士在选择合作伙伴时必须相当慎重。起诉合伙企业的第三方会被要求在诉状中列出所有合伙人。与此同时,合伙人不能起诉合伙企业(这样做等于起诉自己),而合伙企业也不能起诉一个单独的合伙人(出于同样的原因)。[72]

成为一个联合企业的合伙人而不是一位个体所有者(个人独资企业)的雇员,在某种程度上可以改善每个团队成员在组织关系中得到保护的水平,这可能会提高他去做好工作的主动性。[73] 因为所有人都将共同拥有该企业的资产,并且在按比例分享利润方面拥有可强制执行的法律请求权,因此每个人都将有更大的动力来进行适当的投资以改善业务。每个人都可以合法地获取企业所有的记录,这

---

〔71〕 Id. at 10. 尽管合伙企业的资产并没有明确不能被个人合伙人的债权人夺取,但是,在合伙人所有的个人资产被没收、合伙企业所有债务都得到清偿前,合伙资产不能被用来偿还合伙人的债务。Ibid. 汉斯曼、克拉克曼和斯夸尔都指出,这赋予了合伙关系部分或微弱的"积极资产分割"功能。See Hansmann et al. , *supra* note 5, at 3. 因为他们通过一个组织是否具备任何形式的积极资产分割来定义"实体"地位,所以他们把合伙企业看作实体。Id. at 8. 但是,正如将在注释 116~128 和附带文本中详细讨论的,在 19 世纪早期的法庭上,法院并没有将合伙企业视为持有财产的独立实体。事实上,美国的合伙法并没有明确将普通合伙企业作为可持有财产的单独实体,直到 20 世纪末期,在 1997 年修订统一合伙企业法时才得以明确,而它的前身 1914 年统一合伙企业法案一直对这个问题模糊不清。See Revised Uniform Partnership Act § 201(2003).

〔72〕 与本文相关的一个有趣的例外是,法院似乎已经认可第二部分提到的合股组织的权利,即起诉其成员迫使他们支付最初承诺的金额。See Warren, *supra* note 69, at 350, and the discussion *infra* Part Ⅱ.

〔73〕 拉摩洛克斯(Lamoreaux)认为,一家企业的合伙人比员工更不易受到"敲竹杠问题"的影响。See Lamoreaux, *supra* note 46, at 18. 她解释道:与普通合同相比,合伙关系针对"敲竹杠"提供了更大程度的保护,因为如果一方试图向另一方索取收入,受害方就会威胁解散企业,迫使剥削者要么买下他,要么按比例计算清算公司特定资产的成本。因此,退出的能力为合伙人以一种双方都满意的方式解决分歧提供了动力。Ibid. 解除这种合伙关系的威胁显然不是没有代价的,但可以在极端情况下使用。

可以帮助他们监督他们的合伙人,以确保其他人不会偷懒卸责。[74]而且,如果他们中的一方觉得自己没有得到公平的份额,他可能会威胁要解散这段关系,以迫使执行之前商定的收益共享。[75] 同时,因为每个合伙人都要对合伙企业的合同和侵权索赔承担连带责任,因此每个合伙人都会被激励在与分包商、供应商和客户的业务关系中保持小心谨慎。

然而,在合伙企业中作出决策可能是庞杂而难以处理的(unwieldy)。由于合伙人有权对彼此与外部人订约的行为进行约束,合伙法要求在接纳新合伙人入伙、重大交易或出售财产时,需要征得所有合伙人的批准。[76]

因此,合伙关系可以为合伙人提供相当大的权力和控制力。在某种程度上,这可以保护每个团队成员免受剥夺团队生产利益的不公对待,并为所有合伙人提供正向的激励。但是,合伙关系也允许单个的团队成员使用他们的控制权来阻碍其他团队成员,并且这增强

---

〔74〕 然而,如果他们相信团队会在没有他们贡献的情况下赚取租金,并且他们将会在任何情况下按比例分配租金,那么关于租金分割的事前协议可能会导致合伙人逃避责任。出于这个原因,本特·霍尔姆斯特伦(Bengt Holmstrom)建议,解决团队生产问题的方案可能是,如果租金低于某个规定的最低水平,就可以安排一个外部人来收取所有的租金,而只有没有人懈怠(或卸责)才能达到这个最低水平。只有当租金超过了这个最低水平,团队成员才能得到全部。See Bengt Holrmstrom, *Moral Hazard in Teams*, 13 The Bell Journal of Economics 324(1982). 这是一种在实践中很少见到的解决方案,至少不是显式的(以一种清晰明确的形式)。然而,斯托特和我认为,将资产放在一个单独的法律实体中可能是解决这个问题的另一种方法。See Blair & Stout, *supra* note 20, at 269.

〔75〕 See Lamoreaux, *supra* note 46, at 18.

〔76〕 克利福德·霍尔德梅斯(Clifford Holdemess)认为,相对于个人所有权以及独立实体的所有权,像合伙关系这样的总体所有权安排阻碍了财产的"可转让性"。See Clifford G. Holderness, *Joint Ownership and Alienability*, 23 International Review of Law and Economics 75, 83-84(2003).

了他们相互进行浪费性“寻租”活动的能力。[77] 合伙人越来越多时,相对于合伙关系所提供的激励利益,上述风险也增加了。因此,只有在特定的限制条件下,合伙关系才可能为团队生产问题提供解决方案:团队成员的数量很少,而且/或者个人、职业、家庭或社区间的纽带关系相对较强。[78]

我们还必须考虑与分包商、供应商和客户等第三方打交道时合伙关系的利弊。与合伙人签订明确合同的第三方,可能受到所

〔77〕 在当代的一个关于“敲竹杠问题”对企业组织设计重要性的例子中,戈登·史密斯(Gordon Smith)在各方退出的时点和条件的问题之上,描述了企业家与风险投资者关系的脆弱性。See D. Gordon Smith, *Control Over Exit in Venture Capital Rekions Ups*, SSRN (June 5,2001), http://papers. ssm. com/sol3/delivery. cfm/SSRN*ID*272231_codeOl0604600. pdf? abstractid = 272231#PaperDownload. 史密斯指出,“无论是企业家还是风险投资者,都不愿意进入一种另一方在退出决策上有不受约束权力的关系”。Id. at 6. 霍尔格·穆勒(Holger Muller)和 卡尔·沃内德(Karl Warneryd)讨论了合伙的这些问题,提出公司形式能使“外部所有权”成为可能,他们认为公司形式在某些情况下可以降低与这些问题相关的成本。See Holger M. Miller & Karl Warneryd, *Inside Versus Outside Ownership: A Political Theory of the Firm*, 32 The Rand Journal of Economics 527(2001). 然而,他们论点的逻辑依据与本文所阐述的观点有些不同。

〔78〕 See Charles R. O'Kelley & Robert B. Thompson, *Corporations and Other Business Associations: Cases and Materials*(Aspen Law & Business Publishers, 3rd ed. 1999), p. 56(“就典型的一般合伙关系而言,一般合伙法律的默认和不可变的规则是理想的,因其是一个小型的、密切的公司,其中,每个合作伙伴都参与到业务的各个方面,并对合作伙伴的诚信和技能有很大的信心。”). 奥凯利和汤普森还表示,“如果合作伙伴对服务和资本作出同等的贡献,普通合伙法律规范将是最有效的”。Id. at 57. 霍华德·博登霍姆(Howard Bodenhom)提出了证据,在 19 世纪早期,合伙通常由有类似年龄、经历的同道中人组成,而合伙人必须在人力、实物和货币资本上作出实质性的贡献,他认为这是为了兑现他们不把合伙事业作为投机的承诺。See Howard Bodenhorn, *Partnership and Hold-Up in Early America*, Nat'l Bureau of Econ. Research, Working Paper No. 8814(2002), http://www. nber. org/papers/w8814.

有合伙人共同承担的完全、无限责任的保护。[79] 但这种保护本身并不鼓励合伙人建立专属投资关系。为了进行这样的投资,外部人士希望确保这项业务是可靠且可持续的。在一个合伙企业中,这样的信誉不仅取决于个人良好的健康、财富和声誉(就像个人独资企业一样),还取决于每个合伙人的健康、财富和声誉,以及他们持续合作的能力。这是因为任何合伙人都可能拖累企业的资产、使其负债,或者在任何时候退出,因而导致企业解散或重组。尽管合伙企业的债权人在任何解散和结束合伙企业的过程中拥有优先权,但无论是外部人还是个人合伙人本身,都不能保证企业会继续下去。

因此,虽然一些个人相互熟识,且他们作为合伙关系的团体有能力在一定期间内维持一个中等规模的制造、贸易或其他业务,但是,合伙规则赋予每个合伙人的隐性否决权,以及随着业务发展,基于每个合伙人的财富、能力和良好行为而产生的稳定资产池的脆弱性可能会成为问题。一个巨大的商业关系网络中的参与者(在这种关系中,整体的成功依赖于大量的个人在一段持续时间内进行的团体专属投资)需要一定的存续确定性和财务稳定性。合伙关系似乎是提

---

〔79〕“有限合伙”,即某些消极合伙人可以免受个人责任的限制,1822 年在美国纽约州得到了法律的授权,其他州随后也效仿了纽约州的做法。Warren, *supra* note 69, at 302. 但即使是在有限的合伙关系中,合伙人中的某一些也必须被指定为一般合伙人,并承担全部责任。Id. at 302 – 303. 直到 20 世纪晚期,州法律才开始提供有限责任合伙(所有合伙人都具备有限责任)作为一种标准的组织形式。

供这种存续确定性和财务稳定性的糟糕工具。[80] 这样的合伙关系可以帮助积聚资本,但这种组织形式不提供集中控制,也不利于促进长期资本的维持/保证。

二、合股公司和公司

本文的核心假设是,在 19 世纪中期,对公司形式的需求急剧上升,因为这种形式特别有助于建立长期存续的企业,而这些企业可以积累大量的企业特定的实物资产,并形成广泛的专门组织结构。很难准确地找到"现代"注册设立的法律——尤其是实体地位和独立治理——能为商业组织者自由使用的具体时间点。这是因为,在州立法机构通过相关法律放松了可被授予公司地位的设立标准以及公司得以被组织的期限后,现代企业的设立和治理规则在多年的时间里不断演变。但从历史记录来看,早在 18 世纪晚期,商人们就在试图找到合法的方式来集合资产与人员,以使组织得以生存和发展。简单地说,他们开始尝试建立持久的商业机构。

这些早期的努力有两条道路:非注册合股公司和特许设立的公司(the specially chartered corporation)。合股公司是通过合伙法和信

---

〔80〕 钱德勒告诉我们,在 19 世纪 40 年代之前,合伙企业是组织商业活动的主要方式。See Visible Hand, *supra* note 16, at 36. 但显然,在 19 世纪 50 年代,随着商事企业开始大规模扩张,这种形式是不够的。"有限合伙"的形式,在某些州法律中可用,解决了一些资产分割问题,因为有限合伙人不能在合伙的期限内收回他们的资本,并且受到了免于个人责任的保护。See Seavoy, *supra* note 4, at 97. 积极合伙人也不应在合伙协议中规定的期限内撤回资本,但如上文所述,衡平法院可能会支持他们随时撤出资本的权利,但会让他们承担损害赔偿的责任。

托法来制定的,目的是创建具有商业人士所需要的许多公司特质但不需要从立法机构获得特许状的组织。与此同时,各州的立法机构正逐渐将公司特许状授予更多的人,以实现更多的用途和目的。一旦公司特许状可以自由获得,这种公司形式相对于合股公司的好处更多,其中最重要的是作为独立法人的特许公司有不受质疑的法律地位,因而导致了后者的消亡。

这一部分通过回顾相关法律的发展历史,展示了合股公司和公司的同步发展以及它们之间的法律差异。接着在第二部分将讨论公司法的发展历史,即公司成为一个独立法人实体的过程,这部分还展示了实体地位和独立治理如何有助于解决许多早期公司面临的团队生产问题。

尽管大多数商业史学家都认为,直到 19 世纪之后,合伙企业和独资企业都仍是美国商业企业组织的最普遍方式,但是早在 17 世纪早期,欧洲就有特许设立的合股公司在欧洲开展贸易活动。[81] 在最早的合股公司中,[82]“一群商人会把他们的股票”(他们用来交易的商品)集合起来,并集体雇用一艘船来进行贸易任务。这些团体各自国家的国王分别授予的特许状(charter)赋予了他们贸易以及在世界上某些地方建立殖民地的权利。这些公司的船只开始“从事”他们的贸易任务,而当他们返回时,在贸易中获得的货物将会被商人分配,同时“公司”被解散,并将在下一个贸易任务开始时重新组建。后来,

---

〔81〕 汉斯曼、克拉克曼和斯夸尔提供了这一发展的详细历史。See Hansmann et al., *supra* note 5.

〔82〕 英国“东印度公司”在 1600 年被特许设立;“荷兰东印度公司”在 1602 年被特许设立。Id. at 43.

一些特许公司决定,不在每次贸易任务结束时分配收益,而是维持初始资本,将之用于更长期的投资。1623 年,“荷兰东印度公司”被授予永久存续权。[83] 在这种新安排下,公司成员将不能在每次航程结束时要求回报(这标志着合股公司获得“资源保证/维持”特征的开端),但他们可以出售他们的公司“股份”。[84] 1654 年,英国“东印度公司”也采用了永久存续的规则,辅之以股份的完全可转让性。[85] 此后,在英国和整个欧洲都建立了许多类似的组织,证明了商业人士可以建立永久组织这一原则,而这些组织包含了一个相对较大且数量不断变化的团体,以及固定的资本和独立的管理者。

在 17 世纪晚期和 18 世纪早期,从事其他事业(尤其是银行和保险事业)的企业家们寻求特许状以组建公司。事实上,全英国对特许状的需求超出了国会授权的意愿。[86] 结果,许多“公司”尽管没有收到特许状,但也复制了公司的组织形式,并开始出售股份。金融市场的迅猛发展促进了这些公司的股票交易。然而在 1720 年,英国金融市场的繁荣灾难性地戛然而止。作为对相关丑闻的回应,国会通过了一项法案,虽然措辞含糊,但似乎是意在使出售未获特许状的合股公司股份的行为变得非法。[87] 这一法案在长达一百多年的时间里

---

〔83〕 Ibid.

〔84〕 Ibid.

〔85〕 Id. at 44.

〔86〕 Ibid.

〔87〕 1720 年的《泡沫法案》规定,在没有皇家特许状的情况下“利用公司法人实体”,或者“募集可转让的股份”的行为均是非法的。See Paul G. Mahoney, *Contract or Concession? An Essay on the History of Corporate Law*, 34 Georgia Law Review 873, 887 (2000) [citing Armand Budington DuBois, *The English Business Company after the Bubble Act*, 1720 – 1800 (Commonwealth fund, 1938), p. 41].

延缓了这种组织形式在英国的发展，直到 1825 年这部所谓的《泡沫法案》被废除。[88]

早期的美国定居者对合股公司的形式很熟悉，因为至少有一家这种形式的公司——哈德逊湾公司（the Hudson's Bay Company）——被特许在殖民地的部分地区进行交易。在美国革命之前，一些合股公司已在殖民地出现。[89] 当然，在革命之后，没有人质疑各州授予特许状的权力。但他们显然很少这么做，有资料显示，直到 1800 年，美国只有 335 家特许经营公司。[90]

然而，就像在英国发生的一样，商人们试图通过私人契约在美国获得公司地位带来的好处，而不从州立法机构获得特

---

〔88〕 See Ron Harris, *The Bubble Act: Its Passage and Its Effects on Business Organization*, 54 The Journal of Economic History 610 (1994)（回顾了过去人们对于《泡沫法案》造成萧条的看法，然后为这一法案的目的和效果提供了另一种见解）. 英格兰并没有清理混乱，或是通过一部普通公司法案来明确授权商人将自己组织成公司并仅通过简单的注册来取得特许状，直到 1844 年才通过英国公司法案，允许公司形式被更广泛地使用。See Mahoney, *supra* note 87, at 889 [引用一部针对合股公司注册、合并和监管的法案，1844, 7 & 8 Vict., c. 110 (Eng.)]; Bishop C. Hunt, *The Joint-Stock Company in England*, 1830 – 1844, 43 Journal of Political Economy 331 (1935).

〔89〕 利弗莫尔（Livermore）描述了一些成立于 1748 年的非注册合股公司，这些公司是为了土地清算和投机而成立的。See Livermore, *supra* note 4, at 75 – 80. 詹姆斯 · 肯特（James Kent）指出，在 19 世纪的美国存在几家特许公司"贵殖民地政府的统治，其起源来自国王授权"。See 3 Kent, *supra* note 62, at 223. 赫斯特（Hurst）指出，英国特许公司在建立殖民地方面是突出的，而且一旦建立起来，殖民地的皇家总督们就会特许一些商业公司。See Hurst, *supra* note 4, at 7 – 15.

〔90〕 See Davis, *supra* note 3, at 24 tbl. 1. 戴维斯还提供了证据，表明在 1800 年有相当多的非注册合股公司存在。

许状。[91] 他们成立的组织对合伙形式作了技术处理,即合伙人同意将企业的资产置于由一组受托人控制的信托之中,[92]然后在信托份额的发行中出售可转让的债权。通过这种方式,发起人能够实现资源的存留(即使个人投资者有来有往,资产也保留在信托中),使之与所有权人在一定程度上分离。一位历史学家说,土地所有者在 18 世纪晚期和 19 世纪早期使用所谓的"商业信托"来出售土地。[93] 我们在第一部分提到的利哈伊煤炭公司和由怀特、哈泽德和奥托组成的利哈伊航运公司,都是这种联合体的例子。

利哈伊航运公司的历史让我们了解到这些组织在实践中是如何运作的。在 1818 年成立公司的过程中,发起人找到了认股人,并以委员会的结论为取得投资的条件,该委员会由"两位最受尊敬的公民"组成,[94]他们被派去调查利哈伊河及其周边地区的实际情况。根据历史记载:"他们得出了结论报告说,航运的改进是完全可行的,而且成本不会超过 5 万美元,但是开辟一条通往矿井的好路是完全

---

〔91〕 See e. g. ,Seavoy, *supra* note 4, at 63(早期的新英格兰钢铁公司以股份公司的方式组织起来,合同协议"规定了公司的大部分权力,除了两个关键的内容,即永久存续和独立法人实体",这两项内容"只能由国家批准").休·索厄德(Hugh Sowards)和詹姆斯·莫夫斯基(James Mofsky)注意到,没有记录载明在 18 世纪末和 19 世纪初有多少家非特许股份公司成立,这恰恰是因为这些公司没有得到特许,也没有登记。See Hugh L. Sowards & James S. Mofsky, *Factors Affecting the Development of Corporation Law*, 23 University of Miami Law Review 476,481(1969)(讨论了不寻求特殊授权,但其组织形式也具有公司形式的一些优势); see also William R. Bagnall, *The Textiles Industry in the United States* (Augustus m Kelley Pubs,1893)(表明在 1813 年之前,非注册合股公司经常被用于组织纺织业的企业). See generally Livermore, *supra* note 4(描述在土地投机中使用的合股公司形式).

〔92〕 建立这些信托的文件有时被称为"财产托管证书"(deeds of settlement)。

〔93〕 See Livermore, *supra* note 4.

〔94〕 See *A History of the Lehigh Coal and Navigation Company*, *supra* note 32, at 8.

不可能的。”[95]

在这一点上，历史告诉我们，利哈伊航运公司的发起人分成了两个阵营：一方认为，煤炭业务将被证明是能盈利的，但对航运业务的潜力让人质疑；另一方认为，河流改进项目可行并且具备盈利能力，但对煤矿项目的风险投资存在疑虑。利哈伊航运公司接着从投资者处筹集了5万美元，“条件是，那些提供资金的人应该从航运中得到至多25%的利润，所有超出的利润都归属于怀特、奥托和哈泽德，他们也保留了对该项目的独家管理权”。[96] 后来，在1818年10月成立了一个新的联合体，叫作利哈伊煤炭公司，“目的是建造从河流到矿井的道路，通过新的运输方式把煤炭输往市场”。[97] 这家公司另外募集了5.5万美元资金，与航运公司的情况类似，即认购者获得前20%的利润，超出的其他利润归属于管理者，“为了整体利益，他们将煤矿公司土地的租赁权以及他们购买的其他几块土地，都让与给了受托人”。[98]

煤炭公司的工作进展很快，到1819年，他们开辟了通往矿山的一条可通行的道路。但是，河流航运工作比预期的更加困难。结果发现，在旱季的时候，河流水位下降，比发起人预期的季节性最低点还低了12英寸。航运公司必须建造一组水闸，以确保在所有季节都可以通行，[99]因而还需要筹集更多资金。历史记录显示，管理人员

---

[95] Ibid.

[96] Id. at 9.

[97] Ibid.

[98] Ibid. 从历史上来看，“利润高达25%”或“利润高于20%”的说法是不清楚的。可以想象，投资者期望每年的投资回报率至少达到20%或25%，这似乎是不现实的。

[99] 根据历史记录，这些水闸采用了由怀特创造的独特设计。Id. at 10.

之间出现了一些“困难”,最终怀特和哈泽德同意购买奥托在该公司的全部权益。[100] 然后,在 1820 年春天,管理者安排了 2 家公司的“合并”,以组成利哈伊煤炭和航运公司,前提是他们可以再筹集 2 万美元。[101] 额外资金筹措完毕后,河道上的剩余工作也就完成了,公司把 365 吨煤运到了费城。不幸的是,当时费城的市场无法吸收大量的无烟煤,价格暴跌,公司根本没能赚到钱。[102]

到此时,认股人失去了信心,但其中一名管理人员借给了公司一些资金以维持运营,该公司又一次以利哈伊煤炭和航运公司的名头被组织起来。通过新认股人的加入,资本存量再次增加。同时,为了鼓励新投资者,怀特和哈泽德同意向公司移交所有“他们保留的专有权利和特权以及剩余利润,并且将利用利哈伊河水力的权利转给受托人,以供公司专用,仅保留了股东身份”[103]。此外,新认股人在股息分配中获得每半年最高 3% 的优先支付,原有股东获得每半年最高 3% 的股息,“最后,除此之外的任何超额利润都要被分配给怀特和哈泽德,直到他们获得了 3% 的半年度股息”[104]。一旦这些回报得到满足,“股票中的所有差异都会消失,全部所有者都将获得与持股比例同等份额的利润”[105]。最后,历史显示,在最后的这次重组中,怀特和哈泽德创造了一个由 5 人组成的管理者委员会,共同控制

[100] Id. at 11.

[101] Ibid.

[102] Ibid.

[103] Id. at 12.

[104] Ibid.

[105] Id. at 12 – 13.

企业。[106]

这个独特的非注册合股公司的历史为我们提供了了解团队生产项目所有风险的丰富视角。合伙人必须从可信的第三方获得项目可行性意见,才能向外部筹集到资金。随后,项目的一些方面按计划进行,而其他方面则没有。随着项目的进行,最初的协议必须被修订。在每一点上,各种参与者无疑都有拒绝和/或进行投机行为的机会。我们从最终存活下来的公司管理者委员会口中听到这个故事,因而这很可能是一个偏向于怀特和哈泽德的版本。但是,第一轮的认股人很可能并不高兴,因为这项工作未能按照原来的计划完成,因此他们不得不给予下一轮认购人在后续股息分配方面的优先权,以吸引他们加入。

同样有趣的是,怀特和哈泽德不得不购买奥托的全部权益,表明了这种经调整的合伙关系的一个潜在问题:任何一方合伙人都可以随意撤回出资或者强制解散,或者迫使其他合伙人购买其权益。我们从管理人员在 20 年后粉饰过的历史记录中无从知晓,在这些艰难时期是否发生过相关的诉讼和指责,但很容易产生此情此景是真实发生的联想。无论如何,我们都可以看到,怀特和哈泽德在获得足够的投入资金并将其留在企业的道路上走得很艰难。

同样值得一提的是,在最终的重组中,怀特和哈泽德不得不把所有相关的权利和财产控制权交付给一个信托,并建立一个可能否决他们的意见的管理者委员会来监督企业的运作。林恩·斯托特和我认为:将控制权委托给这个委员会可能有助于解决团队生产的问题,

〔106〕 Id. at 13. 从公司的官方历史记录来看,哈泽德和怀特是否属于管理者委员会的 5 名成员之一,目前还不清楚,但从其他细节来看,他们很可能属于这个委员会。

因为它有助于让各方当事人确信,他们中的任何一方都不能单方面作出以牺牲他人为代价来提高自身价值的决定,并且这种决策更可能做到“公平”。[107] 例如,怀特和哈泽德可以通过这一设置,更有力地向投资者保证,至少有 3 名其他的管理者会仔细考虑决策(假设怀特和哈泽德本身都是董事会成员)。

法律史学家称,像利哈伊这种公司的特许状在 1760 年开始变得越来越复杂,直到各州在 1810 年之后开始慢慢地通过普通公司法案。[108] 因此,这些团体开始具有更多的现代公司的结构和治理特征。但法律史学家也提及,这些“公司原型”被法院视为一种合伙关系。[109] 这可能意味着,在这些组织中,成员或“股东”的有限责任不会被认可。这也意味着,这些“公司”的投资者被认为按比例对公司

[107] See Blair & Stout, *supra* note 20, at 276(将成立公司及董事会看作构建“所有人都认为公平的决策程序”).

[108] See e. g. , Sowards & Mofsky, *supra* note 91, at 481. 这些作者声称,州立法机构最早的普通公司设立法案条文,与一些更为复杂的非注册合股公司章程的条款非常相似。1809 年,马萨诸塞州通过了一项法案,使纺织厂更容易设立;1811 年,纽约州通过了一项法案,将便捷设立公司的特权授予许多不同的制造企业。See Seavoy, *supra* note 4, at 65; see also Lawrence M. Friedman, *A History of American Law*(Simon & Schuster, 2nd ed. 1985), p. 195. 参见前文第三部分关于公司法出现的讨论, *infra* Part Ⅲ。

[109] See Warren, *supra* note 69, at 327 – 328(提到合股公司是“合伙关系的一种”); Seavoy, *supra* note 4, at 47(将合股公司称为“增强的合伙关系”); Gary M. Anderson & Robert D. Tollison, *The Myth of the Corporation as a Creation of the State*, 3 International Review of Law and Economics 107, 110(1983)(“非注册合股公司是‘法律的继子’,留下了‘难以克服的严重法律障碍’。从技术上讲,他们遵守合伙法……”)[quoting A. DuBois, *The English Business Company after the Bubble Act*, 1720 – 1800(Octagon Books, 1971), p. 217]; Mahoney, *supra* note 87, at 888[“在《泡沫法案》于 1825 年废止的时候,法官们在此前的整整一个世纪都未处理过与非注册合股公司有关的案件,而此时他们决定将之纳入一个现有的法定企业类别(如合伙企业关系),而不是将他们视为一种完全不同的契约形式”].

财产持有利益,“公司”不被视作以持有财产为目标的独立法人实体。[110] 当一名成员去世,并试图将他的股份传给他的继承人时,这种法律处理造成了复杂的情况,下文将再详述。

利哈伊煤炭和航运公司担心这些问题,因为在 1821 年,该公司试图筹集更多的资金。事实上,怀特和哈泽德又来到宾夕法尼亚州立法机构面前,请求它通过一项公司注册法案,以将非注册企业转型为一家公司。[111] 后该公司于 1822 年 2 月 13 日通过宾夕法尼亚州立法机构的一项特别立法完成了注册设立。[112]

这样的要求有时会在政治上引发争议;仅一年后,一场关于注册设立一家煤矿公司的类似要求的公开辩论发生了。[113] 在 1823 年由

---

〔110〕 See Paddy Ireland, *Capitalism Without the Capitalist: The Joint Stock Company Share and the Emergence of the Modem Doctrine of Separate Corporate Personality*, 17 The Journal of Legal History 41,44 n. 13(1996)[citing William Watson, *A Treatise on the Law of Partnership*(Printed for William P. Farrand & Co. ,2nd ed. 1807), p. 3 – 5]. 帕迪·爱尔兰(Paddy Ireland)追溯了英格兰法庭的历史,该段历史表明在大约 1837 年之前,法院始终认为,合股公司的股东——无论注册与否,对公司的资产都有直接的财产权益。Id. at 49 – 50. 爱尔兰说明:例如,在 1799 年判决的 Howse *v.* Chapman 案中,注册设立的巴斯(Bath)航运公司的股份被认为是不动产,并且属于 Statute of Mortmain 法令管辖,因为属于公司的财产本身就是不动产的一部分……从类似案件中也可以清楚地看到,上述观点也是对非注册合股公司股票的普遍看法,如 Buckridge *v.* Ingram 案(1795 年),一个关于非注册设立的埃文河航运(Avon Navigation)公司的案子。Ibid.

〔111〕 See *An Act to Incorporate The Lehigh Coal and Navigation Company*, reprinted in *Acts of the General Assembly of Pennsylvania Concerning The Lehigh Coal and Navigation Company*(James Kay, Jun. and Brother, 1837), p. 20 (hereinafter Acts of the General Assembly)(指出,该公司想要注册设立的原因之一是“这家公司想要尽快地完成利哈伊河的航运项目……但是需要额外的资金,由于合股关系的非法人性质,他们很难获得足够的认股人认购公司股票”).

〔112〕 Id. at 29.

〔113〕 后续几场关于煤矿公司注册成立辩论的一些小册子,以及一本关于利哈伊公司是否对进入河流收费过高的争论的小册子,都保存于哈格利图书馆的藏书中。正是基于此,下文的描述才得以构建。

试图组织斯古吉尔(Schuylkill)煤炭公司的 7 位商人出版的一本小册子中,[114]发起人列举了他们想要注册设立公司而不是建立合伙企业或者非注册合股公司的三个原因:

> 其一,拥有公司的不动产,包括他们所持有以及被允许获得的有限额外数量的含煤土地,对矿山工作进行必要的和适当的改进,并且不受自然人继承和继承法的约束;其二,只要组建公司的几个人用其财产承担了组织的所有责任,公司即应被免除一般合伙法的责任;其三,在任何特定时间内,组成公司的成员如果死亡或变更,法律认可仍以公司名义行事,并永久存续。[115]

换句话说,该群体希望获得有限责任的好处,以及能够以公司名义运营的便利。但他们首先担心的是,如果一家法院将这种联合视为一种合伙关系,那便不可能将企业资产保留在一起以供企业之用,包括无法使资产免受合伙人的继承人解体。[116] “如果一个合伙人去世了”,这本小册子说,“他那不可分割的利益将作为遗产被继承,或者遗赠给继承人,继承人可能由众多的子女(包括婴儿)或者分布广

---

[114] See Manuel Eyre et al. ,*Remarks and Observations Showing the Justice and Policy of Incorporating "The Schuylkill Coal Company"* (Philadelphia 1823) ,p. 1 –8. 这本小册子保存在哈格利图书馆的藏书中。

[115] Id. at 1.

[116] 汉斯曼、克拉克曼和斯夸尔强调了实体地位的重要性,即能够保护企业的资产不受团体成员的债权人的损害,但是这家煤矿公司的发起人并没有提到对其成员的债权人的任何担忧。See Hansmann et al. ,*supra* note 5;Hansmann & Kraakman, *supra* note 5. 他们关心的是合伙形式下公司财产继承人权利的问题。

泛并且很难辨认的旁系亲属组成”。[117] 如果这种情况发生了：

> 当这样的事件发生时，公司的运作必须立即停止，而共有财产（joint estate）将被分割为若干部分出售，或根据合法的法庭判决，在死者的遗属和继承人之间进行分配，也许在一套冗长的诉讼之后，又涉及错综复杂的合伙人索赔、账目与清算问题。[118]

这些发起人清楚地意识到，他们可以利用信托法律来保护企业的资产不受债权人、继承人或想要退出的合伙人的影响。但他们不相信非注册合股公司的组织形式以及商业信托的使用可以提供足够的保护：

> 通过复杂的信托、契约和规定，确实可以避免其中的一些困难；但是，这些普通的商业人士既不能自己架构，也难以理解；即便在最有法律能力的人的建议下进行架构，他们仍受制于这些架构方式，并陷入频繁出现的麻烦的和有害的争议，审慎的人会急切避免这种情况的发生。[119]

该群体的担忧可能不是没有根据的。詹姆斯·肯特在1826

[117] Manuel Eyre, *supra* note 114, at 1.

[118] Ibid.

[119] Id. at 2.

年出版的《美国法律评论》中既对公司进行了很长的讨论,[120] 又在另一部分对合伙进行了很长的讨论。[121] 在合伙部分,他援引"由大型非注册设立团体组成"的合伙,[122] 指出通常是根据合伙协议中的特殊条款来对它们进行管控,但是无论其协议中如何规定,"其所在地的现有法律同样适用于它们,而并无特殊对待"[123]。肯特为支持这一观点而提出的案例都是英国的例子。[124]

19 世纪初,由于美国法院开始寻找英国关于这些组织的法律地位的先例,因此发起人有更多的担忧。在威廉·沃森(William Watson)于 1807 年出版的关于合伙的著作的第 2 版中,他强调了注册设立合股公司和非注册合股公司之间的法律区别。他解释说,"未经公共权力机构确认"的合股公司仅仅是合伙关系。[125] 而在帕迪·爱尔兰引用的 1837 年之前的几个英国案例中,[126] 法院认为"注册设立的公司"和"非注册设立的公司"的股东都对公司财产拥有直接共同利益,而不是股东拥有公司股份、公司拥有财产。[127]

与此同时,在美国,法院似乎是基于某公司是否有特许状来进行区分。为了持有财产,公司被视为独立的实体。但是,美国法院是否

[120] See 2 James Kent, *Commentaries on American Law* (Da Capo Press, 1971) (1828), p. 15 – 53.

[121] 3 Kent, *supra* note 62, at 1 – 42.

[122] Id. at 4.

[123] Ibid.

[124] Ibid.

[125] Watson, *supra* note 110, at 3.

[126] Ireland, *supra* note 110, at 49 – 50.

[127] Id. at 49. 爱尔兰对早期的合股公司进行了分析,并指出:"在一家公司拥有'份额'意味着拥有份额对应的公司资产的所有权……股东被认为是公司财产的平等所有者,是对公司资产不可分割部分享有平等权利的分享者。"

将非注册合股公司视为独立实体还存在很大的不确定性。而在1827年以前,美国法院并没有明确地表示非注册合股公司的股票可以自由交易。[128]

因此,对于非注册合股公司来说,缺乏明确的实体地位使得这些公司在积累大量的实物和组织资产方面成为一种高风险的组织形式。本文下面将转向公司法的兴起历史,来看看为什么会出现这种情况。

三、公司法的独特贡献

(一)作为独立实体的公司

在美国,最早注册设立的实体是:在革命前从英国国王那里获得特许经营的贸易公司;慈善机构、市政机关、特许银行和保险公司;或者特许经营公共工程项目(如修建道路、桥梁、运河,或向部分城市供水)的公司。[129] 1826年,肯特将公司的历史追溯至

---

〔128〕 See Sowards & Mofsky, *supra* note 91, at 482[citing Alvord *v*. Smith, 22 Mass. (5 Pick.) 232 (1827)]. 一些法学学者认为,如果法院认可合股公司是以持有财产为目的的独立法人实体,那么公司就没有必要向各州寻求颁发特许状,商人可以以构建契约的方式获取与公司设立同样的好处。See Anderson & Tollison, *supra* note 109; Mahoney, *supra* note 87. 但是美国的法院并没有朝这个方向前进。因此,为了获得企业地位的全部利益,特许状是必要的。但本文的意旨并不在于争论,随着法院确认和支持私营商业人士发展出新的组织契约,公司法是否应该延续契约法、合伙企业法和信托法的规定,或者法院不制裁那些无立法授权的新组织形式是否正确。

〔129〕 See Livermore, *supra* note 4, at 9 – 36(描述为"团体的先例形式"); see also Votaw, *supra* note 3, at 19("人格概念并非从商业团体开始,而是从宗教、教育和市政团体开始。"). 西维(Seavoy)指出,在18世纪的英国法律文献中,布莱克斯通(Blackstone)并没有明确区分"市政法人、慈善公共服务法人和商事法人"。See Seavoy, *supra* note 4, at 46; see 1 William Blackstone, *Commentaries* 468.

罗马法,[130] 并指出,根据英国法律,公司要么是“教会的”,要么是“世俗的”。教会公司是注册设立的宗教团体,以提供一种能不受个人成员的加入与退出的影响而长久持有财产的机制。[131] 他观察到,世俗的公司又被分为了“慈善的和民事的”。[132] 慈善机构包括医院、学院和大学,以及为贫困者提供慈善服务的公司。他继续说,民事的公司“要么是公共的,要么是私人的”。[133] 就公共公司而言,肯特指的是那些因“公共政治目的”存在的实体,如县、市、镇和乡村。[134]

除了私人公司(private corporations),所有上述企业类型注册设立的主要目的都是提供一种机制来保持财产以供公共、慈善、教育或宗教之用,所以这样的财产不属于那些管理机构或是对财产使用作出决定的个人。因为法人实体持有的财产并不属于自然人,因此,即使其“管理者”(如市长、主教或校长)发生变动,财产也不能被传给这些自然人的继承人,而是仍将继续作为该机构的财产。[135] 从概念上讲,很容易理解法律如何以及为何将这些机构在任何时候都视作与管理者或者出资购买其资产者分开的独立实体。[136] 也正是对这

[130] See 2 Kent, *supra* note 120, at 217(“根据[英国法],适用于企业的法律原则主要借鉴了罗马法。”).

[131] Id. at 221 – 222.

[132] Id. at 222.

[133] Ibid.

[134] Ibid.

[135] See Hurst, *supra* note 4, at 16(“宗教或福利机构的存在是为不确定的选民服务”).

[136] See 2 Kent, *supra* note 120, at 216(“当初发明公司形式主要是为了赋予人类团体以连续性,以及单一、人造、虚构存在的品质和能力”).

些类型的公司,法律提出独立"法人"或实体的概念。[137]

肯特观察的最后一类企业是私人公司。在肯特的分类中,私人公司是唯一可能从事严格意义商业活动的主体,尽管在18世纪后期,这类公司也被期望为社会提供一些必要的服务。[138] 在美国大革命之后,新加入美国的州试探性地开始向企业发起人提供公司特许状,以建立银行、建造收费公路,或者提供其他需要的服务。这些企业通常需要一份特许状,以创建独立的法人实体和相关的治理结构,其还需要一些国家授予的用于开展业务的特殊特权或权力(比如,发行可以作为货币的纸币的权力,或者公共土地的通行权)。[139] 因为被授予公司地位的企业一个很重要的特殊性质是公司财产独立于发起人的个人财产,并且公司财产不受分割或扣押,[140] 因此,为这些企

---

[137] 迈克尔·温考普(Michael Whincop)指出,公司作为一个人造的"人"的概念显然是一个隐喻,但这在法律上很方便,因为它能帮助法官思考公司在特定情况下应该拥有的权利和义务。See Michael J. Whincop, *An Economic and Jurisprudential Genealogy of Corporate Law*(Ashgate Pub. Ltd. ,2001),p. 45 – 50.

[138] 这被认为是不恰当地利用立法权来授予公司地位,因为私人公司的目的不被认为是公共利益。See e. g. , *Currie's Adm'rs v. Mut. Assurance Soc'y*, 14 Va. (4 Hen. & M.) 315,347 – 348(Va. 1809). 法院宣称:对一群联合的个人来说,拥有公司的特权通常可能是很方便的;但是如果他们的对象仅仅是私人的或者自私的,如果这是有害于或者不促进公共利益,他们就没有资格要求立法机关授予特权。Ibid. ;Joseph K. Angell & Samuel Ames, *Treatise on the Law of Private Corporations Aggregate* (Boston, Hilliard, Gray, Little & Wilkins, 1st ed. 1832), p. 7("一家公司的设计是为了提供一些对公众有用的好东西。");see also D. Gordon Smith, *The Shareholder Primacy Norm*, 23 The Journal of Corporation Law 277,292 – 296(1998).

[139] 赫斯特讨论了19世纪公司合法性的争议,并将对一些公司的普遍质疑归结于"当代未能区分作为公司法人的特许和从事特定的实质业务或依法享受实质性商业行为的特殊特权或豁免权的特许"。See Hurst, *supra* note 4, at 22.

[140] See Seavoy, *supra* note 4, at 4. 西维指出:纽约立法机构欣然接纳了殖民地经济中不存在的注册公司。商事企业的注册成立……帮助保护了不动产的集体所有权并且促进了资本的流动……注册设立企业这一新阶层规模庞大,包含高风险因素。Ibid.

业授予实体地位是符合国家利益的。然而,实体地位只能由个别的特许状授予,因此,每个公司都必须由相关州立法机构通过单独立法创设。[141] 在 1800 年之前,每个州都只授予了少数这样的特许状。

虽然后来一些州法院对于实体地位对商业公司在某些情况下的影响方面有所争论,对商业公司应在多大程度上被视为类似或者有别于合伙企业关系这一问题的态度摇摆不定,[142]但在注册设立实体相对其成员或参与者具有独立性这一方面,却很少存在争议。整个特许状的关键点就在于独立性。

(二)为更多目的授予公司地位

到 19 世纪早期,各州开始为更广泛的商业目的授予公司特许

---

〔141〕 据推测,立法机构可能已经将实体地位授予合伙企业。见上文第二部分关于合股团体的讨论。纽约州立法机构于 1822 年通过了一项法规,允许企业组织者建立"有限合伙制",其部分目的是在某些情况下提供一种可替代公司的组织形式。See Seavoy, *supra* note 4, at 97(他认为此举反映了"议会的反公司情绪"). 然而,从立法的角度来看,独立公司对特许状的需求使立法机构对这些组织的业务活动拥有更多的控制权。文章并没有讨论为什么立法机构坚持特许状制度,而是关注为什么商人们会不怕麻烦地获取它们。他们通过特许状获得了哪些他们无法通过契约、合伙企业或合股公司形式实现的好处?这些好处值得额外的麻烦吗?

〔142〕 See Gregory A. Mark, Comment, *The Personification of the Business Corporation in American Law*, 54 University of Chicago Law Review 1441, 1457 – 1465(1989); see e. g., Pratt *v.* Bacon, 27 Mass. (10 Pick.) 123, 126(1830)[其认为这种区别是明确的,"公司和合伙企业之间肯定有一些相似之处……但是,制造业公司与共同合伙人和分权共有人(tenants in common),在成员的相对权利和义务、法律属性和成员特征方面的区别,是显而易见且巨大的"]; see also Colleen A. Dunlavy, *From Partners to Plutocrats*: 19*th* – *Century Shareholder Voting Rights and Theories of the Corporation*(Mar. 2, 2001), p. 3(未刊稿、由作者归档); Lamoreaux *supra* note 46, at 21. By contrast, Gray *v.* Portland Bank, 3 Mass. (1 Tyng) 363(1807),以合伙企业的相关规定对公司进行类推,以确定一个股东是否可以被排除在授予其他人的权利或特权之外。法院指出,在本案涉及的事件发生时,"所有的股东都是合伙人"。See Smith, *supra* note 138, at 303 n. 128(quoting Gray). 后来法院采取的立场是,他们可能会"揭开"这个独立实体的"面纱",以便追索实体中的相关个人,但只适用于"法律实体的地位被用来破坏公共便利、掩盖错误、保护欺诈或保护犯罪时"。See Presser, *supra* note 10, at 1 – 7[quoting United States *v.* Milwaukee Refrigerator Transit Co., 142 F. 247, 255(C. C. E. D. Wis. 1905)].

状。一些行业中出现了越来越多的公司,比如制造业。这些企业没有获得任何特别的特许经营权或垄断特权。1809 年,马萨诸塞州立法机构通过了一项针对制造业公司的普通公司注册法案(general incorporation act)。[143] 随后在 1811 年,纽约州立法机构通过了一项法案,规定:

建立以下目的的公司,需要 5 个以上、任意的发起人:为生产羊毛、棉麻商品,制造玻璃,或者为制造矿石条形铁、锚、钉棒、钢制品、箍钢和五金器件、铜板、铅板、炮弹、白铅和红铅。[144]

这些行为的主要动机是鼓励国内商品生产,从而减少美国对英国进口的依赖。[145] 到了 19 世纪 20 年代,当肯特撰写他的评论时,商业人士对公司特许经营的需求正在迅速增长,[146] 而各州则以更自由的特许状来回应。宾夕法尼亚州于 1836 年通过了一项普通公司注册法案,[147] 而在 1837 年,康涅狄格州通过了一项法案,允许"任

---

〔143〕 See Sowards & Mofsky, *supra* note 91, at 483 (citing the Massachusetts Manufacturing Corporation Act of 1809).

〔144〕 See Act of Mar. 22, 1811, Ch. 67, 1811 N. Y. Laws 111.

〔145〕 See Susan Pace Hamill, *From Special Privilege to General Utility: A Continuation of Willard Hurst's Study of Corporations*, 49 American University Law Review 81, 101 (1999)(讨论了 1811 年普通公司注册法案的基本原理); see also Seavoy, *supra* note 4, at 63 – 68(提供更多关于催生这一法案的形势情况的历史细节).

〔146〕 肯特并不认为对公司特许状的需求增长是件好事,1823 年美国纽约州立法机构批准了 39 个新的公司特许状,他认为纽约州立法机构给予的这些批准是相当混乱的。See 2 Kent, *supra* note 120, at 219 – 220("对注册公司行为的需求不断增加,而这种倾向更令人吃惊,因为它似乎是无法被满足的;我们没有用道德的方法来抵制它……").

〔147〕 See Act of June 16, 1836, Ch. 260, 1836 Pa. Laws 746.

何……合法的生意”进行注册。[148] 在19 世纪40 年代,另外6 个州通过了普通公司注册法案。[149] 到 1850 年年底,又有 15 个州通过了普通公司注册法案。[150]

历史学家研究了当时要求州立法机构通过普通公司注册立法的政治压力,认为这是由于对以下这种情形的恐惧和怨恨而产生的:立法机构可能为了政治目的而行使注册权,赋予某些人特权而不给其他人特权。[151] 但历史学家很少关注为什么商业组织者如此渴望拥有特许状,尤其是考虑特许状并没有附带任何特许或特权。[152] 本文指出了原因,即商人试图扩展他们的业务,但这些业务超出了少数个人能够提供资金、管理和实施的能力范围,于是他们发现,通过一个单独的实体进行注册和投资会使他们更容易做出可信的承诺,并最终能吸引专业管理人员持续投入人力资本以及财务投资者承诺投入金融资本。[153] 因此,公司形式在筹措组织资本方面提供了比个人独

[148] See Theodore H. Davis, Jr. , Note, *Corporate Privileges for the Public Benefit: The Progressive Federal Incorporation Movement and the Modem Regulatory State*, 77 Virginia Law Review 603, 613 (1991) (citing Act of June 10, 1837, Ch. 63, 1837 Con. Pub. Acts 49, 49).

[149] 俄亥俄州、新泽西州和密歇根州于 1846 年,艾奥瓦州于 1847 年,路易斯安那州于 1848 年,威斯康星州于 1849 年通过了该法案。Hamill, *supra* note 145, at 101 – 102 n. 85.

[150] Id. at 102.

[151] See e. g. , Hurst, *supra* note 4, at 109 – 113(讨论了 19 世纪形成的、催生了普通公司注册立法的相关共识).

[152] See Lamoreaux, *supra* note 46, at 11(“绝大多数获得公司特许状的企业都是中小型企业”).

[153] 钱德勒暗示,公司的注册成立对企业来说是很重要的,它决定了公司将由受薪的管理者而不是所有者来进行管理。See Visible Hand, *supra* note 16, at 29 – 30.

资或合伙企业更可靠的基础。[154] 为了建立可持续的组织,必须有具备足够能力和经验的个人来开展经营活动,且这些个人必须被说服放弃他们自己的创业愿望,以便在他人的主导下为企业工作,同时这些个人也不能直接分享潜在的公司利润。[155] 公司形式给商事企业提供了稳定的基础,这有助于向职业管理者保证,他们对企业的特定投资,将会和企业专用的实物和财务资本一样得到保护,并且保证他们将能实质性掌握企业的运营。

在下文中,本文将从各个方面讨论早期的公司法律,考察它们是如何帮助企业维持/留存资源,从而促进组织资本的发展的。

(三)法律下的"资产分割"

正如我们所见,在法律上将注册设立的企业(incorporated businesses)当作独立法人实体对待,是完全分割资产的必要条件——既保护企业的投资者不受企业债权人的索赔,又保护企业的资产免于过早的解体和分配。对于那些服务于某种公共目标的公司而言,贡献资本是基于慈善或公民责任的目的而不期望回报,故这种

---

〔154〕 赫斯特认为,"连续性对有效率的组织很重要",而注册设立则赋予了公司"重要的终身保证"。See Hurst, *supra* note 4, at 25. 但是他没有深入地解释为什么连续性是重要的。See also Visible Hand, *supra* note 16, at 10(注意到"他们企业的持续存在"对于那些将职业经理作为一生事业的个人来说是"必要的").

〔155〕 See Thomas C. Cochran, *The American Business System: A Historical Perspective 1900 - 1955*(Harvard University Press, 1957), p. 5(认为美国人是一个特别有创业精神的群体). 族恩茨回答了为什么以前独立的商业人士和专业人士——这些人士显然非常重视他们的独立性——愿意在19世纪后半期成为公司的雇员,他是我所发现的唯一一个在那个时代直接回答了上述问题的历史学家。See Zunz, *supra* note 26, at 39; discussion *infra* notes 256 - 257 and accompanying text.

分割是为了确保这些资产致力于实现特许设立公司之目的。[156]

早期的公民、宗教、慈善机构和一些最早的商业公司之间的区别可能不是很明显。许多早期的商业公司都是资本密集型的(如运河和收费公路),甚至通常是那种需要大量资本的类型(如银行和保险公司)。设立这两类公司也旨在为广泛的、准公共的目的而服务。今天的经济学家可能会说,这些企业提供了显著的正外部性。事实上,有许多这样的企业可能更适合被视为公共工程项目,各州并不希望利用它们的税务权力来为这些项目融资。[157] 它们通常是高风险的企业,经常无法获得任何利润。[158] 甚至当企业能够盈利时,企业的资产(包括特许经营权)在某段特定时间后会被归还给政府,这种情况并不少见。在投资者控制资产的期间,其被允许收取费用或赚取通行费,但他们无法获得最初投入资本的返还。[159] 例如,在利哈伊河航运项目的案例中,宾夕法尼亚州政府授予了怀特、奥托和哈泽德在之后 36 年的时间里向驶过利哈伊河的船只收取通行费的权利。此后,宾夕法尼亚州将有权从怀特、奥托和哈泽德手中回购利哈伊河的控制权,其价格以最近 6 年里收取的平均通行费确定,并以每年

---

〔156〕 另一个需要的法律规则是信义义务,该义务阻止了宗教的、慈善的或公共法人的管理者为了个人利益而挪用公司的资产。

〔157〕 赫斯特指出,最早的商业公司多投资于“公共事业型企业”。See Hurst, *supra* note 4, at 35.

〔158〕 See Dodd cites the judge in Essex Turnpike Corp. *v.* Collins, 8 Mass. 292, 296 (1811). 值得注意的是:众所周知,在这个国家中,这些类型的企业并没有为参与其中的人带来多少利润;利润也通常不是其认股人考虑的主要目标。这些人清楚地意识到社区是受益于他们的,且他们同意承担一部分责任。See Dodd, *supra* note 13, at 79 n. 27.

〔159〕 戈登·史密斯援引资料称,早期企业修建和运营的收费公路和桥梁在经过一定年限后,往往会恢复为公有。因此,最初的认股人只能获得协议期间所收取的通行费和费用(营业成本的净收益)。See Smith, *supra* note 138, at 301 n. 115.

6%的贴现率将这笔收入资本化。[160]

为了换取经营这些业务的特权(这些业务可能偶尔会是高收益的),发起人必须筹集并投入大量资金。[161] 在某些情况下,如果组织者无法筹集到承诺的金额,他们将被剥夺公司特许状,或者是公司的特许经营权或特权。[162]

由于可以颁发特许状的经营目的变得更加广泛,而且没有特许

---

〔160〕 See An Act to Improve the Navigation of the River Lehigh § 19, reprinted in Acts of the General Assembly, *supra* note 111, at 16.

〔161〕 费城农民和机械银行最初在1807年取得了合股团体的特许状,最初的投资者承诺投资70万美元,并在它成立后的头10个月分期付款。See *The Charter and By-Laws of The Farmer's and Mechanic's Bank* 5 (Philadelphia, J. B. Lippincott & Co. 1849). 两年后,一份由宾夕法尼亚州政府授予的新特许状规定,其前身团体中的"联合股份、所有的货物、动产、货币、债务和其他财产、不动产和个人财产"将被转移到注册设立的实体中。See also the charter of Dartmouth College, at issue in Trustees of Dartmouth College *v.* Woodurd. 17 U. S. (4 Wheat.) 517, 685 (1819) [谈到:"惠洛克(Wheelock)博士在自己的地上、自己出资建立了一间慈善学校;在他的支持下,其他人也为殖民地提供了各种投资;在英国,新的投资已经或者正在为此目的做出。"],立法机构也经常对资本化施加上限,这显然是因为人们普遍担心财务权力集中的问题。例如,根据西维的说法,在1811年,纽约州立法机构通过的普通公司注册立法,是"在前三年内通过的特许状概括条款的集合",它将资本化总额限制为10万美元。See Seavoy, *supra* note 4, at 65.

〔162〕 "当时一些公司的注册设立行为——特别是那些与公共设施相关的公司,如收费高速公路——使得对一定数量的股票的认购成为公司成立的先决条件……" See Dodd, *supra* note 13, at 80. 在银行能够开展业务之前,确保为银行设立募集的资金已经支付对各州都有特殊的利益。See id. at 211 – 212. 多德(Dodd)说道:在特许设立银行方面,最重要的公众担忧是对储户和票据持有人的保护,而马萨诸塞州在1829年的法案中包含了许多旨在实现这一目标的条款。任何一家银行都不能在法律上进行业务,除非州长任命的委员们能够确定其在其金库中所拥有的黄金和白银相当于其资本的一半,并需要从董事们那里得到一份宣誓声明,表明这笔钱没有附带任何条件。除非认购已经全部付清,否则股东不能从银行借钱,而且在整个资金付清之前,股份也不能进行转让。Ibid.

经营权,所以组织者希望能从他们的投资中获得某种回报。[163] 因此,需要相关规则来锁定足够的资产,使之留存在企业中,但同时又允许投资者在公司有盈余时从中提取部分资金。[164] 实现这一目标的一种方式是,为每一股股票指定“面值”,这代表了股东承诺为企业每股股份投入的金额。[165] 最初的股份通常会以低于票面价值的价格发行给认股人,然后公司就会用这些初期资金开展业务。但是,当使用这种方法时,特许状总是规定公司在未来任何时候都可以追及认股人,要求他们支付所承诺的剩余部分。[166] 判例法很早就明确

---

〔163〕 “资本回报”等概念在 19 世纪早期还没有正式形成,因此投资者可能不会在要求资本回报的条款上有明确的想法。钱德勒发现,直到 19 世纪 70 年代,铁路公司的经理才开始定期为预期的维修和维护(这是折旧津贴的会计准则)拨出资金。See Visible Hand, *supra* note 16, at 112. 但很明显,投资者在一定程度上意识到了资本的机会成本,并期望他们至少能获得不低于在替代性投资中得到的报酬。See *Extracts From The Constitution and Articles of Association of Lehigh Coal and Navigation Company*, article Ⅵ(1821), reprinted in Acts of the General Assembly, *supra* note 111, at 32(规定投资者每半年获得 3% 的股息).

〔164〕 早期的公司特许状通常是在特定的时间段内有效,如 10 年或 15 年,尽管它们可以被更新。例如,特拉华州 1831 年的宪法规定,除非立法机构更新,否则任何公司的注册设立行为都不应持续超过 20 年。See Delaware Constitution of 1831, art. Ⅱ § 17.

〔165〕 See O'Kelley & Thompson, *supra* note 78, at 568[“早期的公司法典[通常]要求每家公司(在公司成立的条款中)对其股票确定一个面值,并将公司的法定资本数额等同于其流通股数量乘以这些股份的面值获得的结果。”]. 西维列举了从 1847 年到 1854 年纽约州通过的 28 个公司设立立法(涵盖了不同类型的组织和企业),并指出,根据这些法律,“在股份完全被实缴之前,投资者几乎总是保留着双重责任”。See Seavoy, *supra* note 4, at 191 – 192.

〔166〕 See Dodd, *supra* note 13, at 74 – 75; discussion *supra*, note 10. 奥斯卡·汉德林(Oscar Handlin)和玛丽·汉德林(Mary Handlin)声称,在 19 世纪之前,公司特许状通常没有规定它们股票的面值,在这种情况下,对股东责任的评估是没有法律限制的。See Oscar Handlin & Mary F. Handlin, *Origins of the American Business Corporation*, 5 The Journal of Economic History 1, 13(1945)(“因此,公司一经组织,便可以无限地通过所有成员的资源来补充他们的资金。”). 在这些公司中,潜在的股东责任并没有限制。关于有限责任的讨论, see *also* the discussion of limited liability, *infra* Part Ⅲ。

了，股东对公司债务负有潜在的责任，至少要达到他们最初所承诺的数额。[167] 因此，从最初的公司开始，那些想要参与以公司为组织形式的企业的投资者必须作出高额的财务承诺，这些承诺被认为是公司永久资本的一部分。

一旦作出承诺，最初的投资者投入一家公司的资金将很难追回。早期的特许状和立法通常规定，除非企业正式解散，否则股东（或很可能被称为“成员”）无法收回资本。虽然投资者不能分割公司的永久资本，[168]但这些特许状和立法也的确规定他们可以从营业利润中获得分红。[169] 早期公司特许状中的股利限制是隐性的：根据一份 1798 年的特许状，公司的董事或高管有权从公司“清晰的利润和收入”中分红；[170]而根据一份 1795 年的特许状，他们可从“公司在银行中的利润、溢价和利息”中分红；[171]或者依据一份 1794 年建立羊毛制造厂的特许状，他们可从“源于制造企业利润的资金”中分红。[172]然而，特许状并没有授权从公司的永久资本中支付股息，后来的特许状也倾向于强调，只要管理者和董事们认为自身是谨慎的，他们甚至

---

[167] See e. g. , Slee *v.* Bloom, 19 Johns. Ch. 456(N. Y. Ch. 1822)（发现合伙企业和公司之间的唯一区别在于，在后者中，除个人认购的数额以外的任何责任都会被免除）. 在某些情况下，最初的股东也可能会承担责任，甚至超出他们的承诺。例如，在最终通过 1846 年纽约宪法的大会中，股东是否应该承担全部责任或有限责任的问题引起了激烈的争论，最终文件规定了比例责任（proportional liability）。See Seavoy, *supra* note 4, at 185 - 186.

[168] See e. g. , O'Kelley & Thompson, *supra* note 78, at 568（“典型的法规允许公司从利润或盈余中定期向股东发放红利，但禁止以永久或法定资本向股东分红。”）.

[169] 早期会计对营业利润和净利润未作区别。

[170] See Act of Apr. 4, 1798, Ch. 88, 1798 N. Y. Laws 264, 267.

[171] See Act of February 27, 1795, Ch. 32, 1795 Mass. Acts 467.

[172] See Act of January 29, 1794, Ch. 1, 1794 Mass. Acts 337, 340.

不需要将所有的利润都作为红利支付。[173] 此外,除非董事们宣布分红,否则股东没有获得任何股息的权利。[174] 早期判例法强调,除了支付股息,投资于公司的资源不再属于股东,而是公司的财产。[175]

可以预见的是,企业组织者在通过使用公司形式来锁定资本上并不总能大获全胜。例如,在 1813 年,弗朗西斯·卡伯特·洛厄尔和 11 个合伙人获得了马萨诸塞州的特许状,成立了波士顿制造公司,当时的资金为 30 万美元——在当时这是一大笔钱。洛厄尔在美国建立了第一家综合纺织工厂,厂内有纺线机和织布机两种机器。[176] 该企业(venture)引入了许多技术和进行了管理创新。[177] 到 1817 年,该公司的盈利能力极强,乃至支付了投资资本 17% 的股息。[178] 然而,洛厄尔在那年去世,从那一刻起,限制支付资本的声音就消失了。1820 年,该公司宣布支付 5 万美元的股息,并决定通过发行新股而不是保留收益来为进一步扩张提供资金。此外,该公司甚至还决定以出售新股票所获得的资金再支付 9 万美元的股息。1822 年,该公司出售其机械工厂,并将出售所得作为利润,宣布再分配 10 万美元的股息,其 1823 年分配了占投资资本 25% 的股息,1824 年分

---

〔173〕 See Smith, *supra* note 138, at 297 n. 97. 本部分中使用的许多例子都源于史密斯。

〔174〕 See id. at 298 n. 98[citing Minot *v.* Paine, 99 Mass. 101, 111(1868)](“董事手中的钱可以是公司的收入;但在股息发放前,并非股东的收入……”).

〔175〕 See e. g., Brightwell *v.* Mallory, 18 Tenn. (1 Yer.) 196, 197 - 198(1836)(“[公司]里的钱是组织的财产,而股东拥有的所有权并不比一个与公司没有任何联系的人的请求权更多。”).

〔176〕 See Barbara M. Tucker, *Samuel Slater and the Origins of the American Textile Industry*, 1790 - 1860(Cornell University Press, 1984), p. 13 - 15.

〔177〕 See id. at 115 - 116(描述了董事会、财务主管和工厂代理人之间关系的结构,以及年轻未婚女性使用机器的情况).

〔178〕 See id. at 116.

配了占投资资本25%的股息,1825 年分配了占投资资本 35% 的股息。[179] 历史学家罗伯特·斯伯丁(Robert Spalding)[180]观察到,机械工厂的出售似乎是一项精心策划的交易,旨在推高波士顿制造公司的股价,罗伯特注意到在销售结束后的几个月里,已经派发了高额股息后,有 3 家最大的股东处理了其持有的大比例股份。罗伯特指出,在 1825 年之后,波士顿制造公司的股票价值稳步下跌,在 1829 年触底,之后"表现再无起色"。[181] 因此,公司形式本身并没有阻止资产掏空,但它给董事和经理们提供了一种法律工具,如果他们愿意,就可以防止资产掏空。

19 世纪公司法的最后一项特征,支持了公司形式是能保证稳定资产(bonding assets)的机制的观点:这是基于"信托基金"学说的发展。现代信托基金理论认为,在破产企业中,董事对债权人负有信义责任,是由于移转给公司管理的资产以满足债权人要求为先。[182] 这一理论在许多早期的案例中发展起来,但斯托里(Story)法官在 1824 年伍德诉德鲁默案中进行了清楚的表达。[183] 这个案例涉及一家注册成立的银行,它将解散,并将剩余的资本分配给股东,而银行票据仍未清偿。然后,这些票据的持有者就针对某些股东提出了诉讼,要

---

〔179〕 See id. at 116 – 117.

〔180〕 See Tucker, *supra* note 176, at 116 [citing Robert Vanum Spalding, *The Boston Mercantile Community and the Promotion of the Textile Industry in New England*, 1813 – 1860, at 41 (1963) (unpublished Ph. D. dissertation, Yale University)].

〔181〕 See id. at 116 n. 75.

〔182〕 See In re Mortgage America Corp., 714 F. 2d 1266, 1269 (5th Cir. 1983) (解释了当一个公司破产时,股东对财产平等的权益以及对债权人有条件的责任,使财产被置于一个类似信托的条件下,即首先是满足债权人,其次是股东).

〔183〕 See 30 F. Cas. 435 (C. C. D. Me. 1824).

求从其分配的资产中获取相应的票据清偿。对于公司实收资本的功能,斯托里法官的回答非常明确:

> 在我看来,基本原则和立法意图都非常清晰,银行的资本存量将被视为担保或信托基金,用于偿还银行所欠的债务。公众以及立法机构,也一直认同这的确是一个为上述目的而成立的基金。个人股东不以其私人财产对银行的债务承担责任。本案的特许状使他们免除了个人责任,而以资本存量替代他们来承担责任。公众普遍信任这个存量资产,它也是偿还的唯一手段。在公司存续期间,它是公司的唯一财产,且只能根据其特许状使用,即作为清偿债务的基金,基于其安全性因而公司的票据才能贴现和流通。否则,为何我们的特许状需要资本存量呢?如果资本在支付后的第二天就可由股东收回而不支付公司的债务,为什么对其数量的规定如此谨慎,对股东支付要求如此严格?对我来说,这一点在法律原则和常识的基础上显得如此明确,以至于我无法对银行的特许状使其资本存量成为一个用于支付公司所有债务的信托基金这件事产生任何疑问……[股东的权利]不是在资本存量上,而是在所有的要求都被支付后剩余的部分。[184]

这个案例涉及一家银行的资本存量,但这里的概念被广泛应用

[184] Id. at 436.

于各种类型的公司。[185] 因此,投资者和债权人、雇员和供应商都可以放心地与一家公司建立长期的关系,因为资产池将被留在公司中,以帮助企业走得更远。[186]

(四)董事会及限制股东控制公司

本文认为,"所有权与控制权的分离",不仅不会导致公司形式的牢固性降低,而且实际上是公司形式最重要的好处之一。合股公司的早期章程以及大多数公司的特许状,都规定公司的决策权将被授予一个与资本贡献者在法律上相区别的群体(尽管这个群体通常包括主要投资者)。[187] 在非经注册设立的合股公司中,允许这个由决策权人组成的代表机构不遵守合伙关系的默认规则(重大决策必须由合伙人一致作出决定)是必要的。[188] 我们已经看到,一致决策的要求使每一方都有权强制解散,或对其他合伙人"敲竹杠",以榨取由合股企业所创造的财富。将权力交给一个小型决策机构可以简化有许多投资者和参与者的大型组织的决策制定过程。许多其他

---

〔185〕 See Dodd, *supra* note 13, at 29(citing Kent's 1848 edition,并且注意到银行和其他有钱的公司的资本和负债构成了一种信托基金,以向债权人和股东付款提供担保).

〔186〕 自20世纪中叶以来,无论是付费资本规则还是限制资本分红的规定,都已基本放松。但是,公司法通常要求,如果这样做会损害公司偿还债务的能力,那么就不能作出分配股息或其他分配的决定。See for example, Model Business Corporation Act § 6.40(c)(2002),其中规定:如果存在下列情形之一的,不得分配:公司在正常业务过程中无法偿还到期的债务;或者公司在分红之时解散,为使享有优先权的股东享有优先权利,公司的总资产将低于其总负债加上(除非公司注册章程另有规定)其他所需费用。Ibid.

〔187〕 成员或者认股人(早期公司的股东通常被这样称呼),有时可以直接选举公司的管理人员,而不通过选举董事会让其再选举管理人员的间接方式。董事会或类似的机构安排尽管不是法定每个公司都需要,但似乎很早就出现了,而且似乎是大多数普通注册立法所要求的。See further the discussion *infra* notes 190 - 193.

〔188〕 决策权通常授予信托的受托人,而该信托持有该公司的共同资产。

学者已经指出,由此产生的"集中"管控是公司注册设立的好处之一。[189]

在公司中,由于法律承认公司是一个独立的法人实体,法律又作出规定,一些特定的人要对企业参与者的行为承担责任,至少在这些行为涉及已注册设立的公司旨在从事的经营活动时是如此的。

此外,本文认为,将决策权力分配给管理层或董事会的好处,不仅在于它简化了决策程序(相对众多合伙人的一致认可),还在于它确定了谁有责任代表实体行动也在于它将决策权配置给董事会,限制了各种各样的参与者(如总裁或主要的财务投资者)可能拥有的控制权。因此,由指定的小团体作出决策有助于向所有参与者保证,其他参与者对企业如约作出了投资后,财务投资者不能轻易地将资产从公司撤出,而且那些活跃的经理们也不被允许为了其自身利益而使用公司的资产。因此,当决策权被分配给董事会时,单个团队成员就会放弃一些他们原本可能用来阻止其他成员的能力,这使他们所作出的与他人通力合作的承诺更可信。

有大量证据表明,成立了董事会或管理层是最早期公司的共同

〔189〕 See e. g. , O'Kelley & Thompson, *supra* note 78, at 95(指出,在"统一合伙企业法"下,"每个合伙人在合伙企业的管理和行为上拥有平等的权利");Id. at 154(指出公司形式为决策提供了一种层级化形式);Hurst, *supra* note 4, at 24("立法允许强大的集中指令和有限责任相结合,公司满足了把组织作为主要经济资产的需要。").

特征。[190] 董事会被法律认定为一个独立的机构,[191] 并被要求集体行动。[192] 该公司的章程(charter)必须明确规定董事是如何遴选的。在19世纪早期和中期,选举决定通常需要1/2或2/3以上的股东投票作出,每个股东都有一票。[193] 到19世纪后期,一股一票变得更加普遍。[194] 利哈伊煤炭和航运公司的章程使用了一个复杂的公式,为持有10股或10股以下的股东分配一票;持股10股以上但不超过100股的股东,每10股一票;持股超过100股但不超过500股的股东,就持股超过100股的股票,每20股一票,并加上前100股的票数;持有超过500股的股东的投票权与持有500股的股东相同,但是

---

[190] See Sowards & Mofsky, *supra* note 91, at 482 – 483 (citing Bagnall, *supra* note 91, at 406 – 409, and Caroline F. Ware, *The Early New England Cotton Manufacture* (Houghton Mifflin Company, 1931), p. 21. 索厄德和莫夫斯基认为:该领域的两份商业历史记录认为早期纺织公司对董事会或经理的授权具有与现代公司相似的特质。而在纺织企业的发起人首次广泛使用公司形式之前,这种委托授权广泛存在于合股公司中。第三份研究也描述了在1790年左右成立的几家合股公司模式的矿业公司。Id. at 482 (citing Livermore, *supra* note 4, at 240). 他们引用了利哈伊煤炭矿业公司(后来由怀特、哈泽德和奥托组织的公司的前身,见上文第一部分)的特许状规定,股东要选举1名总裁、8名“管理人员”、1名财务主管,总裁和管理人员“拥有完全的业务权限”。

[191] 正如近几十年来一直宣称的那样,董事们并不是股东的“代理人”。

[192] 一般来说,章程是由1/2或2/3以上的董事会成员批准的。See also Stephen M. Bainbridge, *Why a Board? Group Decisionmaking in Corporate Governance*, 55 Vanderbilt Law Review 1 (2002) (讨论了为什么某些类型的决策由集体做出会更好).

[193] See e. g., Colleen A. Dunlavy, *Corporate Governance in Late 19th – Century Europe and the U. S. The Case of Shareholder Voting Rights*, in *comparative corporate governance* (Clarendon Press, 1998), p. 5.

[194] 当然,这赋予了大型投资者在遴选董事时更大的权力,并且在20世纪初,提出了大型投资者试图挤压或“压迫”小投资者的一些问题。立法机关和法院已经通过“少数人压迫”规则解决了后面这些问题。莫夫斯基和索厄德指出,在19世纪早期制定的公司法标准“适用于公开上市的公司,且在许多方面都不适合封闭公司”。Sowards & Mofsky, *supra* note 91, at 491; see also Henry G. Manne, *Our Two Corporation Systems: Law and Economics*, 53 Virginia Law Review 259 (1967).

每增加 100 股又获得三票。但是,除非持有 6 个月以上的股份,否则股东无权投票。[195] 这种不断下降的投票权授予给了小投资者不成比例的投票权,大概是为了保护他们免受大型投资者的不当对待。在任何情况下,且基本在任何时候,董事的遴选都不需要成员(股东)的一致投票,这就意味着没有任何一个公司的参与者对董事的遴选或者参与者想要作出的其他重大决策拥有否决权。

19 世纪中期,公司的董事通常是从股东中挑选出来的。然而,从法律角度来讲,他们作为董事的角色与他们扮演的财务或人力资本贡献者的角色截然不同或泾渭分明。[196] 据此,董事会的设立,帮

---

〔195〕 See *Acts of the General Assembly*, *supra* note 111, at 25 – 26.

〔196〕 一些早期的章程和成文法似乎规定董事必须是股东。See Smith, *supra* note 138, and cases cited therein. 然而,费城农民和机械银行(1809 年设立)的章程要求"大多数董事……是农民、机械工,或者是在他们各自的职业中实际受雇的制造商……"农民和机械银行注册法, § 4, art. Ⅱ, 1809 Pa. Laws 973 – 974。这个要求表明,董事们应该在代表银行借款人利益以及投资者在银行股本中的利益方面发挥作用。至于其他学者则指出,在今天大多数的风险资本公司中,会有几位被任命的董事"既不是管理层的成员,也不是风险资本家的代表"。See, for example, Whincop, *supra* note 24, at 84 – 85. 他指出,风险投资公司"至少需要一名甚至常常更多的非执行董事",而关于董事会在代表股东利益方面作用的标准解释并不能解释这种现象,因为"风险投资家拥有所有必要的激励和权力来维持管理……"因此,他认为,设置外部董事的目的之一就是帮助形成"企业家和投资者之间的信任和适合的中介 RPNs(关系维护规范)……董事会本质上共同担责的集体决策[转变]了企业家与投资者双边谈判式的对立关系……"Id. at 85. 这些"外部人"常常控制公司决策中的摇摆票。例如,一家典型的风险投资公司的 7 名董事会可能包括 2 名管理人员、2 名风险投资家代表和 3 名来自公司的受尊重工作人员(如高级管理人员或相关行业其他公司的投资者)。See e. g., Julia Porter Liebeskind, *Ownership, Incentives, and Control in New Biotechnology Firms*, in The New Relationship, *supra* note 51, at 299, 322. 温考普推测,这样的外部董事也可能在促进与其他企业参与者的关系方面发挥关键作用。See Whincop, *supra* note 24, at 86(外部董事的任命系为了公司的福利,因此其股东、代理人的类比是不准确的,重点是向外而不是向内,而董事与其他社会群体的身份认同可能与投资者一样强烈). 温考普的观察针对当代风险资本公司,但类推适用于早期公司似乎也是合理的。然而到目前为止,我几乎没有找到关于 19 世纪公司董事是谁以及他们扮演了什么角色的直接证据。

助建立了一种对内协调公司中的利益冲突、对外代表公司行为的机制。例如,积极股东(其生计和个人目标同样与企业息息相关)与消极股东之间,或者其他团队成员之间,对于公司资源的使用常有分歧。例如,收入有多少应该用于支付红利,有多少应该用于再投资来扩大业务。[197] 在组建公司时,所有团队成员都同意,作出这些决定将是董事会的职责。随着时间的推移,这种中介性的角色可能已经变得越来越重要,因为参与公司的人数已经超过了所有参与者能相互了解的程度界点。

(五)什么是有限责任

许多法律和商业史学家提出,公司形式对 19 世纪大型企业的组织者的吸引力是这种形式提供了有限责任的保护。[198] "有限责任"是指投资者(通常)不对该企业的债务和其他义务承担个人责任。如果一家公司在成立时被赋予有限责任,[199] 那么组织者和投资者未向企业承诺投入的那部分个人资产将从此得到保护,免受针对企业的

---

[197] 这是管理者和许多消极投资者之间常见的争端来源。See Visible Hand, *supra* note 16, at 145 – 146(讨论了职业经理人与铁路公司高层管理人员和董事会成员之间在再投资战略上的冲突).

[198] See e. g. , Friedman, *supra* note 108, at 201("最重要的需求是在有限责任和股份可转让的条件下寻找一个高效、无故障的机制来吸收资本并使之妥善运用于业务之中。"); see also Mahoney, *supra* note 87, at 875("通说认为,在公司形式的发展中,有限责任的创新最为重要。"). 哥伦比亚大学校长尼古拉斯·穆雷·巴特勒(Nicholas Murray Butler)于 1912 年将"有限责任公司"称为"近代最伟大的一项发现"。See Maurice Wormser, *Disregard of the Corporate Fiction and Allied Corporation Problems* (Baker, Voorhis and Co. , 1st ed. 1927) [quoting Nicholas Murray Butler, *Why Should We Change Our Form of Government*(Charles Scribner's Sons, 1912)], p. 82.

[199] 如今,除非公司章程另有规定,注册设立公司确保了公司股东和其他参与者仅承担有限责任,但在 19 世纪上半叶,有限责任未被采纳,且许多早期的公司注册立法明确规定了另外的担责规则。See the discussion *infra* notes 201 – 206 and accompanying text.

索赔。[200]

虽然有限责任成为 20 世纪初和 20 世纪中叶公司形式的关键特征之一,但许多早期的公司都是根据未授予有限责任的特许状组织起来的。例如,早期特许银行的股东往往没有被授予有限责任。[201] 1809 年马萨诸塞州针对制造商的第一部普通公司注册法案,特别规定了股东的无限责任。[202] 奥斯卡·汉德林和玛丽·汉德林声称,事实上,在独立后的前 30 年里,马萨诸塞州不曾颁发规定有限责任的特许状。[203]

1811 年为纺织制造商制定的普通公司注册立法(general incorporation statute)规定,如果一家公司被解散,那么当时"组成这家公司的人应当在各自股份份额范围内负责,而不进一步担责"。[204] 这些工厂的组织者的责任是有限的,从而为有意向为纺织制造商提

[200] 即使公司被授予有限责任,如果股东在股票发行时没有全额支付股票的价值,股东也可能要承担至少达到其股票面值的公司债务。而在一些早期的公司,尤其是银行,股东可能承担双重责任。See the discussion *supra* notes 165 – 166 and accompanying text.

[201] See Friedman, *supra* note 108, at 191("有限责任——现在被认为是公司设立的主要目标之一——在 19 世纪并不是普遍存在的,例如在纽约,作为银行股东并没有这一巨大的优惠。"); see also Mark I. Weinstein, *Share Price Changes and the Arrival of Limited Liability in California*, 32 The Journal of Legal Studies 1, 2(2003)("最后一个采用有限责任的主要法域是加利福尼亚州,该州直到 1931 年才对公司实行有限责任。").

[202] See Sowards & Mofsky, *supra* note 91, at 483(citing Act of Mar. 3, 1809, Ch. 65, 1809 Mass. Acts 404, 406).

[203] See Handlin & Handlin, *supra* note 166, at 10. 直到 20 世纪,加利福尼亚州公司法都将无限比例责任作为公司的默认规则。See Weinstein, *supra* note 201, at 5("1879 年加利福尼亚州宪法规定,在加利福尼亚州注册成立的公司必须按比例承担无限责任……").

[204] Dodd, *supra* note 13, at 64(citing Act of Mar. 22, 1811, Ch. 67, 1811 N. Y. Laws 111, 113).

供资金的商人提供了特殊的经济激励。[205] 而这样规定的原因在于，英国人在1812年的战争之前切断了对美国的纺织品供应，因此投资纺织品制造业被认为是符合公共利益的。[206] 该法使用明确的语言限制了根据该法形成的公司的成员的责任，但尚不清楚责任范围是否仅限于股票的面值，或者在解散后，是否会要求股东在股票面值的范围内再次承担责任（从而使股东承担双重责任）。当然，在这两种情况下，赔偿责任都是有限的，这就为无限责任的一般规则确立了一个重要的例外。但几年之后，如何解释限制的问题变得十分重要，当战争结束后，英国人用纺织品侵占了美国市场，美国依据1811年法案建立的一些工厂都破产了。

斯莱诉布洛姆[207]案是关于根据1811年法案于1814年成立的达奇斯棉花制造商（Dutchess Cotton Manufactury）的破产案。[208] 到1815年，该企业需要更多的资本，股东被请求进一步提供资金。大多数股东忽视了这一要求，该企业于1816年10月终止。该公司的累计债务很大，但主要欠款的债主是塞缪尔·斯莱（Samuel Slee）——两年前该公司购入的一家工厂的所有者。斯莱当初以股票和现金方式出售了这家工厂，但从未收到任何现金。因此，斯莱起诉从其他股东手中收取未支付的现金，因为这些股东的股票认购款并未支付完毕。

衡平法院必须先考虑：一个没有资产的公司是否应该被解散，使

---

[205] 然而，对于采取有限责任制度的纺织公司而言，总的融资成本是否将更低尚不清晰。因为据推测，这些公司的债权人将不得不收取较高的利率来补偿他们承担的较高风险或者要求组织者共同签署声明，从而使组织者对企业的债务负个人责任。

[206] See Seavoy, *supra* note 4, at 64 – 66.

[207] See 19 Johns. Ch. 456 (N. Y. Ch. 1822).

[208] See Seavoy, *supra* note 4, at 68.

债权人至少可以向公司成员追讨其本应支付的股份价值。在这个问题上,法院同意,没有资产的公司可以解散,继而便可以用司法救济办法代表债权人向公司的股东追索。法院判决清楚表明,法院至少可以向股东追讨股票的面值。在这个意见上,斯宾塞(Spencer)首席大法官似乎把这种限制解释为仅包括初始承诺:"根据法规成立公司而非合伙企业的唯一好处在于……能够由少数代理人管理机构的事务,并且能够免除个人认购数额以外的责任。"[209]

在接下来的几十年中,有限责任被认为是大多数州的默认规则。在约瑟夫·安吉尔(Joseph Angell)和塞缪尔·埃姆斯(Samuel Ames)于1832 年发表的关于公司法的论文中,有限责任被认为是使用公司形式的主要动机之一。[210]

有限责任有助于解决大型复杂企业中参与者的一些契约问题。在有限责任制度下,企业的业务增长,发生新的债务,引入新的投资者、高级管理人员、董事和经理人,都不会改变现有参与者潜在损失上限。每个人都能锁定潜在责任的范围。此外,没有一个参与者(无论是团队原来的成员,还是后来的新成员)需要担心他们的共事者是

---

〔209〕 19 Johns. Ch. at 474.

〔210〕 See Angell & Ames, *supra* note 138, at 23 – 24. 安吉尔和艾姆斯观察到:在其本国和其他国家,注册设立公司的主要的目的往往是将合伙人的风险限制在其持有的份额以内;谨慎的人在成为合伙人时总是在认购股份上有所保留,因为他们对公司债务需要承担个人责任。公众能够从参与设立商业组织的行为中获益,这诱使人们冒险地将一定数量的财产置于危险之中,以发展贸易和整个社会,因此,如果他们承担的不是有限责任,他们便会放弃从事这样的投资行为。Ibid.

否有能力缴纳份额以完全偿付未来的公司债务或亏损。[211] 虽然这些公司形式的优势本身并不能降低专业化投资所涉及的整体业务风险,但它们确实降低了其他投资者可能从事机会主义行为(或者只是运气不好)的可能性。相比之下,在一个合伙关系中,如果任何合伙人花费、丢失、转移或以其他方式处置其个人与企业无关的资产,则其他合伙人对企业损失的责任将会增加。这是因为,从合伙人个人资产中寻求补偿的企业债权人可能会发现有些合伙人无法偿付债务。然后,负担将更重地落在其他有连带责任的合伙人身上。因此,有限责任消除了团队成员在他们共同参与的企业经营范围之外监督彼此的私人业务的需要。[212]

有限责任还允许财富有限的个人做小额投资,而不承担潜在的、灾难性的债务责任。怀特和哈泽德出来募集第三轮和第四轮资本时,他们可能接触了一些并不富有但有一些适度的资金可用于投资的潜在投资者。他们可能还会联系一些富有的投资者,这些人事先并不认识他们,因而不能通过与他们的私人关系来判断他们最终能否实现公司的盈利。如果没有有限责任的优势,这些新的投资者就无从知晓其损失风险的上限。

因此,有限责任对于股份交易市场的发展来说是一种虚拟的必需品——在现代企业的长期发展中,这无疑是非常重要的。但有限责任并不能完全解释为什么商人在19世纪开始寻求注册设立公司,

---

[211] See Frank H. Easterbrook & Daniel R. Fischel, *Limited Liability and the Corporation*, 52 University of Chicago Law Review 89 (1985),充分发展了这一论点。See, e. g., Presser, *supra* note 10, at § §1.01–1.06(对有限责任和"刺破公司面纱"学说展开了历史性的和分析性的检讨).

[212] See Easterbrook & Fischel, *supra* note 211.

因为早期的公司并不总是被赋予有限责任。[213] 商人似乎在 19 世纪就开始寻找并使用公司的形式,即使在没有自动提供有限责任的情况下也是如此。

最后,值得注意的是,即使一家企业确实注册设立了,而且章程的条款也限制了股东对于企业债务的责任,债权人通常仍会坚持要求企业主承诺其以个人资产作为公司债务的担保。因此,至少在早期,有限责任的好处可能不会超过它的成本。有限责任充其量只是商人试图通过注册设立来实现的目标的一部分而已。

四、组织资本的建构

本部分将检视一些颇具传闻性的证据,它们表明商事企业对公司形式的使用是与科层制管理结构的建立、将公司雇员作为长期事业的中层管理人员、技术专家团体的出现,以及以广阔消费市场为导向的产品品牌化同步发展起来的。这些证据并不能确切地证明是其中一个导致了另一个,甚至也无法证明公司形式是建立和积累这种

---

[213] See Presser, *supra* note 10, at § 1.0311. 普雷瑟(Presser)指出,有限责任可能不是早期设立公司的主要诱因。相反,"公司的其他方面",比如拥有集中管理的能力,以公司名义持有财产,拥有比个人独资企业、合资企业或合伙企业更长期或永恒的生命,这些可能是最主要吸引人的地方。普雷瑟指出,一些州的立法机构,尤其是马萨诸塞州,事实上在 19 世纪早期就强调了无限责任是保护债权人的重要政策的一部分。Ibid.; see *also* Hamill, *supra* note 145, at 91 n. 42("20 世纪公认的公司法优势——对所有股东的有限责任保护,并不是商人们在 18 世纪末和 19 世纪初期寻求公司特许状的主要原因");Mahoney, *supra* note 87, at 890(注意到 18 世纪晚期和 19 世纪早期的英国商人"并没有要求有限责任",而在美国,直到 1840 年,"商人大都反对有限责任",认为"所有人的责任是信誉的必要保证").

组织资产所必需的。但是很显然,到20世纪初,公司实体已经成为私营企业除实物资本(physical capital)以外最重要的组织和声誉资产库。尽管个人独资企业和合伙企业的数量总是超过公司的数量,但它们中很少有企业能够达到现代法人实体的规模。[214]

钱德勒在1840年左右大量记载了美国大型多头商业组织的兴起。他认为,当通过内部管理结构整合而非市场整合的经济活动开始产生巨大的经济利益时,这些组织便开始出现,而且这些组织需要科层制管理结构。[215] 这些科层制管理结构反过来又增加了组织的稳定性和永久性。[216] 钱德勒说:"人员有来有往,但机构和办公室依然存在。"[217]

除强调商事企业注册设立的作用之外,本文不会重复或回顾钱德勒已经完成的工作。钱德勒的伟大作品《有形之手》,在第一部分简要回顾了18世纪末19世纪初盛行的小型企业的性质,并指出随着企业开始承担更复杂的任务(尤其是融资和运输),更有可能选择注册设立公司,"在这些公司中,由一个或两个全职授薪经理人而非所有者来管理企业"。[218] 钱德勒指出:

> 起初,由当地商人和制造商组成的董事会依靠[授薪经理人]的建议,对那些需要商业判断和裁量的事项作出决

---

〔214〕 主要的例外似乎是家族企业。See generally Scale and Scope, *supra* note 17; Smith & Dyer, *supra* note 17, at 28 – 73; discussion *infra* notes 269 – 276 and accompanying text.

〔215〕 See Visible Hand, *supra* note 16, at 6 – 7.

〔216〕 Id. at 6 – 8.

〔217〕 Id. at 8.

〔218〕 Id. at 41.

> 定……但是，由于董事会成员忙于自己的事务，这些决定很快就交给了董事会的委员会，这些委员会通常每周或每月只召开一次会议。[219]

然而，全职经理很快就接管了大部分的日常决策，董事会及其委员会“只不过是批准机构”。[220] 但钱德勒并没有探索除积累大量资本的能力之外，究竟是公司结构的哪一方面使它更适合被用于组织较大型的商业企业。

（一）为什么辛格公司必须注册为公司

钱德勒举出的第一个建立了科层制管理结构和复杂的内部信息和控制技术组织的例子是铁路企业。[221] 很明显，公司形式是建设铁路近乎必要的条件，正如哈泽德和怀特认识到他们需要利用公司形式来积累足够的资本并将其锁定在河流航运项目中一样，铁路发起人也需要使用一种组织形式，使他们所筹集的资本无法被抽回。所以，尽管钱德勒详细介绍了铁路企业在组织上的创新，但这个例子并不能证明使用公司形式的巨大好处之一是它使组织资本得以发展，因为组织资本的发展其实离不开财务资本的锁定，因为它提供了大量的企业专用实物资本。

辛格缝纫机公司（Singer Sewing Machine Company）崛起的故事就是一个例子，其中公司形式不是被用来筹集财务资本，也不是为了实现有限责任的好处，而是为了锁定现有资本，以提供一种机制来解

---

〔219〕 Ibid.

〔220〕 Ibid.

〔221〕 Id. at 79 – 121.

决公司中主要参与者后续之间的纠纷,并最终支持一个庞大的营销组织发展。辛格公司(I. M. Singer & Company)于 1851 年创立,当时艾萨克·梅里特·辛格(Isaac Merritt Singer)发明的一台可进行连续缝制的机器让他获得了第一项专利。[222] 事实上,辛格并不是一名工程师或机械工,他成年初期用了大部分时间去尝试成为一名演员。[223] 但作为一个演员,他从来没有取得太多的成功。1839 年,在一段失业期内,他在芝加哥得到了一份工人的工作,从事洛克波特和伊利诺斯运河(Lockport and Illinois Canal)的建设。[224] 在那个职位上,他发明了一种用于钻探岩石的机器并获得了专利。[225] 虽然他在随后数年仍试图以演员的身份谋生,但事实证明他的机械发明本领更有价值,并且在 1844 年,他开始制造一台雕刻木制模型以供打印之用的机器。在接下来的 6 年里,辛格与一些投资者建立了短暂的合作关系,尽可能地借钱支持他的模型雕刻机项目(他在 1849 年完成并获得此项专利权),并试图出售它。[226]

尽管他做了很多努力,但人们似乎对辛格的雕刻机器没有什么兴趣。因此,辛格受到当时的合伙人——包括在波士顿(辛格在此进行雕刻机项目)拥有一家机械工厂的奥森·菲尔普斯(Orson Phelps)和正在为模型雕刻机提供融资的乔治·蔡伯(George Zeiber)——的鼓励,将注意力转向开发缝纫机。[227] 1845 年,伊莱亚斯·豪威(Elias

---

[222] See Ruth Brandon, *A Capitalist Romance*: *Singer and the Sewing Machine* (Lippincott,1977),p. 85.

[223] Id. at 16 – 32.

[224] Id. at 24.

[225] Id. at 25.

[226] Id. at 36 – 48.

[227] Id. at 43 – 44.

Howe)公司发明了一种可以缝针的机器,但由于种种原因,这种机器笨拙而难以使用。[228] 到了 1850 年,其他一些发明家也开发了粗制缝纫机,但都很笨拙,没有一个特别好用。菲尔普斯向辛格展示了这些初代的机器,并敦促他尝试改进。[229] 辛格立即设想了一种机器,在这种机器中,一根带线的直针可以上下移动,而在针下工作的梭子则会来回移动另一根线。蔡伯则提供了额外的财务资本,到 1850 年年底,辛格有了一个缝纫机模型,其基本设计后来最终成为所有现代缝纫机的基础。这 3 个人的合伙协议要求获得的专利是"3 位合伙人的平等财产"。[230]

在接下来的一年里,3 位合伙人试图解决导致初代机器经常出现故障的设计漏洞,以及开发出一种批量生产机器的方法,并为它们建立一个市场。辛格利用他作为戏剧家的熟练技巧,在集市和展览上展示了这台机器。[231] 与此同时,这些合伙人的资金一直都很匮乏,他们不得不从朋友和家人那里借钱,来购买材料及支付工人们在机械车间建造模型的工资。[232] 他们还必须就专利权问题进行持续的法律斗争。[233] 他们彼此之间也有争执。在获得了第一个重要的订单后(30 台机器每台 100 美元),辛格拿走了收益,并与蔡伯达成

---

〔228〕 Id. at 62.

〔229〕 Id. at 44.

〔230〕 Id. at 47. 这个合伙是以"辛格与菲尔普斯"的名义经营的,然而,辛格显然霸凌了菲尔普斯和蔡伯,让他们同意只以自己的名义申请专利。Id. at 74. 辛格的第一台缝纫机专利于 1851 年获得。Id. at 85.

〔231〕 Id. at 73.

〔232〕 Id. at 76.

〔233〕 该公司不得不防御豪威公司专利的挑战,豪威公司的初代机器是第一个使用两根线来制作双线连锁缝法的机器。Id. at 95. 该公司的合伙人还需要制止其他一些未经许可仿制辛格设计的制造商。Id. at 96 - 97.

了一项协议,以 4000 美元的价格买下菲尔普斯在企业中的 1/3 权益。[234] 菲尔普斯立即被另一位合伙人巴尔齐莱恩·兰赛姆(Barzillan Ransom)取而代之,后者将 1 万美元投入到企业中,以换取 1/3 的权益。[235] 兰赛姆也被证明是不适当的合伙人,不到一年,辛格便用 40 台缝纫机换取了他在公司中的份额。[236] 随后,辛格公然使用欺压行为,将蔡伯从公司的业务中排挤出来。[237] 对此,我们看到,辛格从事的正是团队生产理论所预测的那种会在复杂的生产活动中恶化工作关系的"敲竹杠"行为。在所有情况下,尽管他的合伙人提供了融资、机械知识、制造场地、设备、销售和其他业务能力,但辛格提供了两个关键的投入——专利权和发明者的能力——并使用他对这些投入的控制屡次敲诈他的合伙人,把他们排挤出商业收益的约定份额。

1851 年,辛格再次与另一个合伙人进行了合作,这次的合伙人和他一样精明,而且他能够勇敢地面对辛格的欺压行为。爱德华·克拉克(Edward Clark),一名律师,以提供法律服务,特别是提供针对正在进行的专利战争的法律服务,换取了 1/3 的企业份额。[238] 克拉克推进了辛格的专利申请,且基于事先的安排,一旦申请成功,他自己和辛格将平分相应的专利权。[239] 后克拉克和辛格以 6000 美元的价格收购了蔡伯在公司中的权益。[240] 之后,克拉克和辛格成为辛

〔234〕 第一笔 1000 美元是立即支付,剩下的 3000 美元是分期支付。Id. at 79.

〔235〕 Id. at 79 – 80.

〔236〕 Id. at 81.

〔237〕 Id. at 82 – 84.

〔238〕 Id. at 82.

〔239〕 Id. at 81,85.

〔240〕 Id. at 85 – 86.

格公司仅有的合伙人。

在接下来的 10 年里,缝纫机市场开始增长,起初非常缓慢。建立一个缝纫机市场是很困难的,因为这些机器相对于一般家庭的财富和收入水平而言意味着一项非常可观的投资。[241] 此外,产品最初被视为除为女性节省时间以外没有任何其他目的,而女性被认为不太可能能够操作这样的机械装置,并且在任何情况下,女性可能不会选择使用复杂的机械装置。[242] 此外,各种缝纫机专利持有者之间的法律纠纷日益激烈,耗费了辛格公司大部分利润,以及从 1851 年到 1856 年克拉克几乎所有的时间和精力。[243] 在当年秋天,3 家领先的制造商,包括伊莱亚斯・豪威公司(它在缝纫机及其各种改进机械中持有几十项专利),同意形成第一个"专利池",涵盖了所有最重要的专利。[244] 当事人将所有相关专利投入某个"池子",并且同意每台缝纫机 15 美元的价格,他们就可以使用彼此的专利。[245] 这些费用被拿出一部分用于未来的专利侵权战争,即其他制造商可能试图使用"专利池"中的专利设备,而其余的利润则由 3 家制造公司分享。[246] 豪威额外获得了每台机器 5 美元的费用,因为他持有核心的初代专利,并赢得了一系列捍卫其权利的法庭诉讼。[247]

随着专利大战的结束,辛格公司在 1856 年制造并销售了 2564

---

[241] Id. at 116.

[242] Id. at 120 – 122.

[243] Id. at 89. 露丝・布兰登(Ruth Brandon)报道说,这期间的报纸定期报道"缝纫机战争"的最新动态。Ibid.

[244] Id. at 97 – 98.

[245] Id. at 98.

[246] Ibid.

[247] Ibid. 如果机器在海外销售,付给豪威的费用是每台机器 6 美元。

台机器,到1860年,生产和销售的机器达到了13,000台。辛格和克拉克迅速变得富有,虽然仍然是传统的合伙组织形式,但他们开始建立一个实质性的制造、分销和销售组织。他们在美国的许多大城市以及巴黎、格拉斯哥和里约热内卢建立了销售办事处,甚至考虑在海外建立生产业务。[248] 辛格和克拉克虽然相互不是特别喜欢或信任,却设法建立了一个相当成功的工作关系。

同时,辛格正在享受他的新财富,过着非同寻常的生活。但1860年,一系列事件引起了公众的注意,因为辛格与4名不同的女性有家庭关系,养育了无数的孩子,但他只与其中1名女子拥有合法婚姻。[249] 为了逃避,辛格逃到了英国,该女士自称是艾萨克·辛格太太(Mrs. Isaac Singer),与辛格有8个孩子。[250] 在英国,他迅速陷入与第5名女子的恋情,与第一任妻子离婚以后,他立即和该女子结了婚。[251]

这种生活方式除不当和恶名外(可能对公司向"受人尊敬"的家庭销售辛格机器的能力产生负面影响),为什么与克拉克非常有关呢?克拉克可以轻易预见到的问题是,如果在辛格去世时,公司仍然是一个合伙企业,那么他们两人前几年建立起来的有价值的业务将会在对辛格遗产的法律争斗中被摧毁。[252] 辛格的继承人,无论有多少人,都会对公司营业份额有一些合法的权利要求,而这可能需要数

---

〔248〕 Id. at 135 – 136.

〔249〕 Id. at 163 – 164.

〔250〕 Id. at 162 – 163. 这名女士是玛丽·安·索拉斯勒(Mary Ann Sponsler),她曾是辛格近20年最频繁和最公开的伴侣,辛格从未与凯瑟琳·海莉·辛格(Catherine Haley Singer)合法离婚,并和凯瑟琳育有两个孩子。

〔251〕 Id. at 174 – 175.

〔252〕 Id. at 177.

年的法庭争讼才能确定谁将得到什么。克拉克忧心的是,除非把企业的大部分资产清算,否则他不会有那么多现金能从继承人处购买辛格的股份来防止灾难发生。

克拉克意识到,解决这个问题的方法就是将企业注册设立为公司,并将辛格移出积极管理层。[253] 到了 19 世纪 60 年代,公司形式越来越多地被制造企业广泛使用,[254] 所以克拉克明白,一旦注册设立,企业资产将不再是克拉克和辛格的共同财产,而是属于公司。公司将发行给克拉克和辛格股票,每一份股票将会按比例收到公司分红。但是,这种分红将由公司董事会决定,不能由前任合伙人或遗产管理人强制执行,也不可能由任何处理诉讼的法院强制执行。继承人可以从辛格的财产中获得股权,而不会干扰或破坏企业资产和治理结构。

此时,公司无须筹集额外的资金,因为它产生现金流的速度比吸收再投资的速度更快。对股东承担有限责任也没有任何特别的需要,因为公司债务很少或甚至没有(除可能来自材料供应商的少量贸易信贷外),而针对缝纫机导线器和压脚弄伤手指的集体诉讼制度尚未被创设。注册设立公司所担当的唯一职能是确保企业积累的实质性组织资本不被拆散,以及保证其不会因其中一位合伙人个人生活的混乱而被轻易破坏其声誉。

辛格的传记作者称,克拉克花了 3 年多的时间才让辛格同意成立公司,但是 1863 年 8 月,辛格公司被解散,这家公司被重组为辛格

---

[253] Id. at 178.

[254] See Hamill, *supra* note 145, at 101 – 102 nn. 85 – 86(确定了在 1836 年至 1859 年,有 23 个州通过了普通注册公司立法).

制造公司。[255] 该公司当时拥有22项专利,资本资产(capital asset)为55万美元。在成立4年后,它在海外建立了制造和销售业务,成为第一家在欧洲大规模生产和销售的美国公司。[256] 钱德勒认为,辛格也是第一家拥有由自己付薪员工组成的销售队伍而不是依靠销售代理的制造公司。[257] 在19世纪60年代和70年代,辛格制造公司在美国几乎所有社区都拥有零售分支机构(在欧洲和南美州许多社区也有),总人力达5000人。每个分支机构至少包括1名普通推销员、1名讲解员(通常是聘请女性员工指导其他女性如何使用这些机器)、1名机械师(向客户保证,如果机器发生故障,可以立即得到修理)和1名簿记员(记账人)。[258]

从合伙企业向公司转变的另一个细节表明,正如团队生产理论所主张的那样,在新组建的公司中建立的治理结构是为了提供中介功能而设计的,而不是像公司代理理论标准所认为的那样,是为了以股东代理人身份行动。露丝·布兰登写道:

> 辛格同意结束合伙是附有条件的[他知道他会失去"敲诈"其他参与者的能力],其中最重要的是,在其他原合伙人没有死亡的情况下,任何原合伙人都不能担任新公司的总裁,而且都不得再积极参与企业管理。换句话说……如果

[255] See Brandon, *supra* note 222, at 179.

[256] See Robert B. Davies, "*Peacefully Working to Conquer the World*": *The Singer Manufacturing Company in Foreign Markets*, 1854 – 1889, 43 Business History Review 299, 299(1969).

[257] See Visible Hand, *supra* note 16, at 303 – 304.

[258] Id. at 403.

> 辛格要成为非执行董事,那么克拉克也需要如此。如果他(克拉克)如此坚定地将辛格与企业隔离,那么这就是他必须付出的代价。[259]

他们最终达成的协议是,辛格和克拉克将各自持有新公司 40% 的股份以换取他们在合伙关系中的利益,剩下的股份由公司的 4 名高级管理人员认购(他们每人需要以每股 200 美元的价格购买 175 股股票),另外还有 12 名公司的员工,他们也有机会购买股票。[260] 一位年轻的经理英斯利·霍珀(Inslee Hopper)先生被任命为总裁。[261] 董事会的最初成员包括辛格、克拉克、霍珀、乔治·罗斯·麦肯锡(George Ross McKenzie)(多年来值得信赖的代理人)、威廉·普罗克特(William Proctor)和亚历山大·斯特林(Alexander Sterling)。[262]

之后,辛格从对公司事务的积极管理中隐退,而在 1875 年辛格去世后,克拉克也没有成为公司总裁。[263] 钱德勒给了克拉克和麦肯锡相当大的肯定,赞许他们在 19 世纪末和 20 世纪初建立了一个综合性组织结构,成为许多其他大型制造和分销公司的典范。[264]

虽然这个故事所提供的只是传闻证据,不能证明公司形式是创建这样一个组织所必需的,但它为这个想法提供了相当大的支持。

---

〔259〕 Brandon, *supra* note 222, at 179.

〔260〕 Id. at 180, 182.

〔261〕 Id. at 180.

〔262〕 辛格制造公司董事会的第一次会议记录(1863 年 6 月 6 日)(存档于威斯康星州历史协会)。

〔263〕 See Brandon, *supra* note 222, at 193; Visible Hand, *supra* note 16, at 403.

〔264〕 See Visible Hand, *supra* note 16, at 403 – 414.

公司成立后，它可以在吸引外部人员和新的参与者进入公司时，向其作出更可信的承诺。[265] 公司本身可以成为“声誉”资产的存储库，第三方将依赖这种无形的能力来选择进行那些注重长期承诺或声誉的生意。一家公司的声誉资产并不来自任何个人参与者作出隐性或显性承诺的能力，但在合伙企业中是如此的。因此，一个已建立的公司的存在，能使任何考虑与团队成员建立短期或长期生产关系的人打消顾虑。例如，如果公司制工厂的经理试图与一家钢铁厂所有者签订长期的供货合同，则钢铁厂所有者可以放心，整个企业的资产都会为契约中的承诺负责。同样，如果销售代理向客户承诺辛格制造公司将为其销售的机器提供持续服务，[266] 则客户可以放心，如果该代理人发生某些事情，则公司中的其他人将履行这些承诺。[267]

由于类似的声誉因素，公司地位可能对品牌消费品的成功营销至关重要。例如，宝洁公司，在 1837 年成立为合伙企业，制造并销售肥皂和蜡烛，在 19 世纪 80 年代早期（也就是在其发明并开始宣传和销售象牙香皂后不久，这种香皂是首批在全国范围推广和销售的肥

---

[265] See Nicholas S. Argyres & Julia Porter Liebeskind, *Contractual Commitments, Bargaining Power, and Governance Inseparability: Incorporating History into Transaction Cost Theory of the Firm* (Nov. 1997), p. 8（未发表的手稿，由作者归档）（指出公司形式不同于历史上可用的其他商业形式，其将股东联结成公司内的一个群体，使人们几乎不可能撤回他们的资本，“这反过来保护了买家和供应商的利益，否则这些买家和供应商将不愿意与可能将自己的财富置于危险之中的公司发生长期的关系”）.

[266] 辛格是第一批为客户提供持续售后服务（以及一些初次使用机器的培训）并建立销售和服务分支机构网络来开展这些活动的小型机器公司。

[267] See Visible Hand, *supra* note 16, at 404（讨论了 1879 年由辛格制造公司高级管理人员作出的决定，“为每一个外部代理人提供一名‘替代者’，这样一来，无论是疾病、死亡还是其他任何情况，都不会影响企业工作的顺利进行”）.

皂产品之一)从一家合伙企业转变为一家公司。[268] 那些在做生意时为了降低风险而可能需要进行特殊投资的外部人士,面对公司形式运营的企业,也会减少担忧。普通的商业风险并没有消失(虽然公司规模越大,经营活动的波动也就越大),但是客户因某个企业参与者的机会主义行为受损的风险会大幅度减少。

(二)公司注册设立是否真的必要

尽管在 19 世纪 50 年代至 70 年代,众多的制造、运输、分销和营销公司注册设立,但在 19 世纪仍有一些值得注意的例子,即存在一些没有注册设立为公司的企业也变得非常庞大而强大。如果公司对于积累组织资产如此重要,那么这些企业如何在没有进行公司设立的情况下变得如此庞大呢?例如,杜邦公司运行了近一个世纪,从一开始只是布兰迪万河(Brandywine River)边的一个小型火药生产商,到 19 世纪 90 年代成为世界上最大的爆炸物制造商之一。它之所以能做到这一点,是因为杜邦(Henry du Pont)有一群才华横溢的儿子、侄子以及孙子能够将企业持续经营下去。杜邦家族把他们的财富投入到这个行业中,把这个家族的名字当作声誉资本的储存库,而且这个企业的参与者之间拥有家族关系做纽带,这使相互信任成为可能。

然而,1889 年,用"铁拳"统治"火药帝国"的"将军"亨利·杜邦去世,并把控制权交给了侄子尤金·杜邦(Eugene du Pont)(亚历克西斯·杜邦的儿子),他也坚持主张对企业的严格控制,几乎不与下一代分享权力。在 1899 年,该企业在特拉华州注册成为公司,但公司注册的行为似乎只是技术性变动,所有的股票仍由那些曾经是合

---

[268] See Procter & Gamble, *P & G History* 1837 - 1889, P & G, http://www.pg.com/about-pg/overview-facts/history.jhtml.

伙人的家族成员持有。[269] 尤金的堂兄亨利·A. 杜邦(Henry A. du Pont)曾欲将公司注册设立作为一种机制来削弱合伙企业总裁(president)和唯一执行官(sole executive officer)的控制权。根据当时特拉华州的法律,新成立的公司需要一组管理者,堂兄希望这能够有助于分配控制权。[270] 但尤金只同意在他仍担任总裁的前提条件下成立公司,而且他仍然不愿授权。尤金在 1902 年去世时,年长的成员担心,年轻的成员中没有一个有能力来经营公司,而且他们接管公司可能会耗尽财富。[271] 所以他们决定最好的办法就是把他们在公司的权益卖给主要竞争对手——拉菲林和兰德公司(Laflin & Rand)。但是,在召开正式决议出售公司的股东大会上,尤金的 3 位堂兄皮埃尔(Pierre)、阿尔弗雷德(Alfred)和科尔曼(Coleman)上前询问他们是否可以从年长的杜邦手中买下公司。[272] 这个家族的年轻成员花费了价值 1200 万美元的资金买断了年长成员的职位,以及新重组的公司中 28% 的普通股。[273] 皮埃尔、阿尔弗雷德和科尔曼于 1903 年在新泽西重新注册成立公司(当时公司法允许公司拥有其他公司的股份),[274] 将杜邦帝国的所有企业都合并为一家公司,[275] 他们重组公司以成立执行委员会,并成立了一个 15 人的董事会,其中

[269] See Joseph Frazier Wall, *Alfred I. du Pont: The Man and His Family* (Oxford University Press, 1990), p. 173 – 174.

[270] Id. at 174.

[271] See Gerard Colby, *Du Pont Dynasty* (Open Road Integrated Media, 1984), p. 132.

[272] See Visible Hand, *supra* note 16, at 50.

[273] See Colby, *supra* note 271, at 136.

[274] See Alfred Du pont Chandler & Stephen Salsbury, *Pierre S. Du Pont and the Making of the Modern Corporation* (Harper and Row, 1971), p. 89.

[275] Id. at 78.

包括皮埃尔、阿尔弗雷德、科尔曼和执行委员会其他 4 名成员、3 名年长成员和 5 名小股东。[276]

无独有偶,安德鲁·卡内基(Andrew Carnegie)也是在未注册设立公司的情况下成功地建立了一个规模可观的商业组织(卡内基钢铁公司和各种相关公司,如弗里克焦炭公司)。但他的做法是对公司的管理结构保持非常严格的个人控制,谨慎地选择员工和合伙人,[277] 并排挤与他不和的合伙人。[278] 在他的一个被称为“铁甲协议”(Iron Clad Agreement)的契约协议中,有 3 条规定:首先,如果某一合伙人死亡,其余合伙人有权以账面价值购买死亡合伙人的企业份额,并且有很长一段时间来支付这个份额。其次,持有公司价值 2/3 的合伙人可以投票决定随时让任何合伙人按照账面价值出售其合伙人位置(sell out his position)。[279] 卡内基控制了公司价值的 58%,所以他不会被这一条款驱逐,且未经他的同意,任何其他合伙人都不会被驱逐。在实践中,如果他想要有人出局,他们就出局了。最后,合伙人可以随时退休,但如果他想出售份额,就必须接受自身

---

〔276〕 Id. at 90.

〔277〕 See e. g. , Harold C. Livesay, *Andrew Carnegie and the Rise of Big Business* (Oscar Handlin ed. ,2000), p. 111(引用卡内基的话说,“摩根先生购买合伙人,我则自己培养”). 利夫赛(Livesay)的报告说,卡内基采用了一种系统的分析来评估其合伙人的表现,并且详细记录谁创造了最好的效益。那些确实产生更好效益的人被提升了。因此,超过 40 个男性接连成为了合伙人。Id. at 112.

〔278〕 Id. at 165. 据报道,在公司成立之前的不同时间,卡内基已经强迫 15 个合伙人离职。

〔279〕 资产的“账面价值”反映了减去任何折旧费用后的购买价格。一个持续经营的成功企业,企业的账面价值通常远低于企业的市场价值,因为账面价值没有反映组织资产、关系、声誉和业务持续经营带来的其他方面的价值。

股份的账面价值作为对价,并分期收取相应付款。[280]

因此,卡内基从1872年第一次进入钢铁业务开始,直到19世纪90年代末他与他的一个合伙人兼高级管理者——亨利·弗里克(Henry Frick)发生争执时,他都能够有效地锁定资本。弗里克和另外一个合伙人亨利·菲普斯(Henry Phipps)决定要兑现退出(cash out),但由于公司的账面价值远低于他们认为的公司的市场价值,所以他们为整个公司征询买家,以求用现金把他们的份额买断。[281] 交易失败了,并且卡内基试图根据"铁甲协议"第2条驱逐弗里克。弗里克仍然负责焦炭公司的部分业务,通过对卡内基高价出售焦炭来进行报复,并要求对该公司的资产进行重估。结果是一场难看的法庭之争,该组织的内部运作被公之于众。[282] 当两人最终和解后,他们于1900年成立了一家新的法人公司——卡内基公司(the Carnegie Company),作为控制卡内基钢铁公司(Carnegie Steel)和弗里克焦炭公司(Frick Coke)的控股公司。[283] 卡内基在其中持有约54.5%的股票。[284]

所以我们看到,只要所有的合伙人都相处得很好,这种合伙关系就能运转一段时间。但是,合伙企业和公司不一样,并不适合解决团队成员之间严重的纠纷,因为合伙人要么可能会以退出和带走资本相威胁,要么在资本锁定规则下制造麻烦(如卡内基的合伙人),当他

---

〔280〕 See Livesay, *supra* note 277, at 189; see also 1 William Hogan, S. J., *Economic History of the Iron and Steel Industry in the United States* (Lexington Books, 1971), p. 250.

〔281〕 See Livesay, *supra* note 277, at 188 – 194.

〔282〕 Id. at 199.

〔283〕 Id. at 198 – 199; see also Hogan, *supra* note 280, at 250.

〔284〕 See Livesay, *supra* note 277, at 199.

们相处得不开心时也不能轻易地退出。

最后,再考虑另一个最初印象会与理论观点相矛盾的例子,这种理论观点即公司形式对于锁定资本并创建一个可以调解商业参与者之间纠纷的治理结构以保持大型高效的团队结构而言非常必要。费城鲍德温机车厂(Baldwin Locomotive Works of Philadelphia)是美国最大的机车制造商之一,也是 19 世纪下半叶世界上最大的机车厂之一。从 1831 年由马蒂亚斯·鲍德温(Matthias Baldwin)创立至 1909 年,该企业一直抵制注册设立公司,而是作为个人独资企业或合伙企业经营,但这个时期竟然是企业生产和盈利的高峰期。[285]

商业历史学家约翰·布朗(John Brown)认为,鲍德温之所以能够以合伙形式长期运作,是基于以下各种原因。首先,鲍德温从未批量生产机车。每台机器都是定制设计的,以满足订购方铁路的特定需求。这意味着这些机器是由熟练的工匠使用通用工具建造的[286]。因此,尽管整个企业使用了大量的实物资本,但是企业专用资本面临的风险却可能较小。其次,马蒂亚斯·鲍德温和他的继任者组织了一支组织结构非常扁平化、非等级的劳动力队伍。例如,1850 年前后,整个公司仅由 4 名高级管理人员和 7 名工头组成。[287] 工头作为

---

[285] See John K. Brown, *The Baldwin Locomotive Works*, at 97 tbl. 4 – 1 (The Johns Hopkins University Press, 1995), p. 1831 – 1915(列出了在公司注册设立前掌控经营的一系列合伙关系). 附录 B 报告了 1850 年、1860 年、1870 年和 1880 年鲍德温及其主要竞争对手的资本化、劳动力规模、产出和其他信息。Id. at 243 – 244. 鲍德温的产量在 1906 年达到 2666 辆。Id. at 215. 1907 年的经济衰退导致需求下降,从 1907 年到 1917 年,由于 1906 年《赫本法》(Hepburn Act)调整了税率,美国铁路公司的利润下降。Id. at 224. 鲍德温的机车产量再也没有达到它在 1906 年所达到的高峰。

[286] Id. at xxix. 第三章和第六章详细讨论了机车的创新、设计和定制建设的实际过程。

[287] Id. at 17.

“内部承包商”,意味着实际组装机器的熟练工匠是他们工作的特定工厂(如锅炉、铸造厂、铁匠铺和总装车间)的工头的合同雇员,工人是按件支付工资的。[288]

至于合伙人,鲍德温仔细挑选了在该组织工作过的人,并坚持认为所有者应该在企业里工作,而那些监督层的人是在浪费金钱。[289]鲍德温的继任者也是这样做的。对他们来说,合伙形式的价值“恰恰在于私人所有权所允许的管理连续性”[290]。尽管机车业务的周期性很强,但该公司并不是垂直整合的,因此其供应商和员工与企业一起承担了大部分的周期性风险。[291] 1839 年,马蒂亚斯·鲍德温接受了一个合伙人斯蒂芬·韦尔(Stephen Vail),他获得了 2 万美元的资本作为回报。同年,他又接受了另一个合伙人(这样每个人都有 1/3 的利益),以换取他的管理专长,这样鲍德温本人就可以将自己的精力投入到设计一个更强大、更灵活的新型火车头之上。[292] 1842 年,又加入了新合伙人阿萨·惠特尼(Asa Whitney),他买下了韦尔的权益,[293]从那时起,该公司不断地将自身利润再投资用于扩张,而无须吸纳新的合伙人以获取财务资本。[294] 1827 年鲍德温去世后,他的继任者采用了同样的哲学。连续性就是,虽然在不同时期有其他的 14

---

[288] Ibid.

[289] Id. at 93 – 95.

[290] Id. at 96.

[291] Id. at 14 – 15(详细描述了该公司如何依赖供应商融资和它的一个初级“及时”库存管理系统,以及当铁路公司向鲍德温支付铁路股份时,鲍德温如何向他的供应商支付铁路股份).

[292] Id. at 9 – 11. 值得注意的是,人力资本被(含蓄地)认为与财务资本同等重要。

[293] Id. at 12.

[294] Id. at 99.

位男性合伙人曾加入其中,但有 3 位最核心的男性合伙人从企业成立,管控了这家企业 78 年,直到其被注册设立成公司,其中,从 1831 年到 1866 年是鲍德温,1854 年到 1873 年是马修 · 贝尔德(Matthew Baird),1867 年到 1909 年是乔治 · 伯纳姆(George Burnham)。[295]

该公司为资本投入的锁定提供了支持,即在合伙协议中规定了在合伙人死亡时保持连续性的相关条款。[296] 布朗注意到,"管理稳定的主要威胁会在合伙人死亡之后到来,因为在世的合伙人必须将去世者的权益支付给其继承人",[297] 并告诉我们,该企业的合伙协议规定,已故合伙人的利益"将会被容易但缓慢地提取出去,对于[企业里]仍然生存的合伙人不会造成任何困难。该遗产的支付不会比公司支付股息更为繁重"。[298] 换句话说,布朗提出,锁定问题是通过连续的合伙人之间的一系列协议解决的,即通过非常缓慢的支付计划在每个合伙人死亡时买断其股份。[299]

---

〔295〕 Id. at 98 chart 4. 1.

〔296〕 Id. at 26,98 – 99.

〔297〕 Id. at 98.

〔298〕 Id. at 98 [citing J. Russell Smith, *The Elements of Industrial Management* (J. B. Lippincott Company,1915),p. 26][引用阿尔巴 · 约翰逊(Alba Johnson)的话,他从 1896 年到 1909 年是该公司的合伙人]. 布朗称他无法发现任何实际合作协议的副本,因此约翰逊对史密斯的补充评论是理解该合伙企业经营条款的主要来源。Brown, *supra* note 285, at 98 n. 21.

〔299〕 事实上,最终说服了合作伙伴们同意注册设立的事件是 1909 年威廉 · 亨西(William P. Henszey)的死亡,他持有该公司 20% 的股权。虽然企业可能已经购买了其权益,但当时也是主要合伙人的乔治 · 伯纳姆 93 岁,而约翰 · 康维(John Converse)69 岁,所以企业很害怕它很快也不得不把这些权益买走。See Brown, *supra* note 285, at 216.

结论和经验教训

本文认为,在19世纪,公司地位之所以成为一种普及的组织生产方式,是因为这种法律形式具有独特能力,即它不仅能促进和保护股东和其他投资者的利益,还能促进和保护广大企业参与者的利益,他们需要依赖于公司持续存在和良好的财务状况进行专门投资。这种能力源于这样的事实:公司特许状创建了一个独立的法律实体,其存在和治理与它的任何参与者都是分开的。实体地位和独立治理能够使公司参与者做更多的事情,而不仅是参与一系列的商业交易,或若干具体关系,或只是一些项目。它使建立持久的机构成为可能。由于存在长期的、专用的实物资产,信息和控制系统,专门的知识和惯例,以及声誉和特定关系,投资因而得以进行,即使企业中单个的参与者来来去去,上述所有要素都可以继续存在。从长期来看,相比公司参与者作为个体去单打独斗,去获得私人对商业资产的财产请求权以及与每一个个体单独地订立一堆合同,商业机构可以为其参与者的财富增长及生活水平提高做得更多。

法律支持创建这些实体——尽管到了19世纪末,他们可以掌握的经济权力已成为一个令人担忧的问题——因为根据经济史学家纳奥米·拉莫洛的说法,主流文化正在偏离作为立国根基的个人主义意识形态,转而支持这样一个观点:“当人们把自己的技能和能量结合在一起的时候,他们创造出的东西不仅仅是这些部分的简单相加。”[300]

在今天,商业组织者或许可以通过其他的机制将资源留存在企业中,公司形式可能不再显得如此独特。但是,在美国工业经济的早期发展过程中,理解公司法在促进资源维持/保证和制度建设方面所起的作用,可以为当前关注的一些问题提供参考。

---

[300] Lamoreaux, *supra* note 46, at 69 n. 82.

公司控制权与特质愿景

[美]佐哈·戈申[*]　阿瑟夫·哈姆达尼[**]

目　　次

---

* 哥伦比亚大学法学院教授。
** 耶路撒冷希伯来大学公司法教授。
本文原文发表于 Yale Law Journal(2016 年第 3 期)。

3. 谈判力量与市场竞争

三、集中所有权结构的再探讨

(一)公司所有权结构新理论

1. 公司所有权结构频谱

2. 分散所有权结构与双层股权结构

(二)集中所有权

四、公司法:控制人权利及少数股东保护

(一)少数股东保护与控制人权利之间的权衡

(二)控制人权利

1. 管理者权利:商业判断规则和董事会组成

2. 财产规则保护:保持控制权

3. 控制权溢价出售权利

(三)少数股东权利

1. 按比例分配:甄别自我交易

2. 事中变化

3. 保护类型

(四)疑难案例

1. 挤出交易

2. 向第三方出售

结　论

引 言

近些年来,数个著名的科技公司,包括谷歌[1]和脸书(Facebook)公司[2]在内,采用了富有争议的双层股权结构上市,创始人持有具有优先表决权的股权。开创有史以来规模最大的IPO纪录的中国公司——阿里巴巴公司决定在纽约而不是在香港上市,以便可以采用双层股权结构。[3] 质言之,双层股权结构目标在于允许控股股东掌握无期限且无争议的公司控制权。[4] 评论家批评双层股权结构,认为其会产生治理风险,[5]但为何企业家纷纷将掌握控制权视为刻不容缓的头等大事呢?

对这一问题的回答对公司法极具启示意义。全球范围内,许多

[1] See Simon C. Y. Wong, *Google's Stock-Split Plan Would Replace Stewardship with Dictatorship*, Harvard Business Review (April 18, 2012).

[2] See Brad Stone, *Facebook Will Form 2 Classes of Stock*, New York Times (Nov. 24, 2009); James Surowiecki, *Unequal Shares*, New Yorker (May 28, 2012).

[3] See Neil Gough, *After Loss of Alibaba I. P. O., Hong Kong Weighs Changes to Its Listing Rules*, New York Times: Dealbook (Aug. 29, 2014, 7:31 AM).

[4] 持有多数表决权的控股股东,其控制权是无可争议的,因为敌意收购无从谈起。

[5] See e. g., Lucian Arye Bebchuk et al., *Stock Pyramids, Cross-Ownership, and Dual Class Equity: The Mechanisms and Agency Costs of Separating Control from Cash-Flow Rights*, in Concentrated Corporate Ownership (Randall K. Morck ed., 2000), p. 295, 301 – 305.

上市公司存在控股股东,[6]集中所有权结构在美国也广泛存在,[7]譬如脸书、谷歌以及维亚康姆公司皆具有控股股东。[8] 在集中所有权结构中,公司控股股东(一人或一实体)持有公司多数有效的表决权及股权。[9] 具有控股股东的公司与分散所有权公司所引发的相

---

〔6〕 See e. g. , Marco Becht & Colin Mayer, *Introduction to the Control of Corporate Europe*(Fabrizio Barca & Marco Becht eds. ,2002) , p. 1 ,19(表明半数的荷兰、法国和西班牙的公司,控股股东分别持有超过 43. 5% 、20% 、34. 5% 表决权); Stijn Claessens et al. , *The Separation of Ownership and Control in East Asian Corporations*, 58 Journal of Financial Economic 81 ,82(2000)("超过 2/3 的东亚公司由单一股东控制。"); Mara Faccio & Larry H. P. Lang, *The Ultimate Ownership of Western European Corporations*,65 Journal of Financial Economic 365 ,378(2002)(报告指出只有大约 37% 的西欧公司被广泛持股); Rafael La Porta et al. , *Corporate Ownership Around the World*,54 Journal of Finance 471 ,471 (1999)(调查 27 个国家的大型企业后发现,"相当少的公司被广泛持股").

〔7〕 集中所有权与分散所有权结构相反,其是美国与英国最普遍的结构,采用该结构的大多数公司的股票被广泛持有。See Ronald C. Anderson & David M. Reeb, *Founding-Family Ownership and Firm Performance: Evidence from the S&P* 500 ,58 Journal of Finance 1301 ,1301(2003)(表明大约 30% 的标普 500 公司有家族控股股东); Marco Becht & J. Bradford DeLong, *Why Has There Been So Little Block Holding in America?*, in History of Corporate Governance Around the World: Family Business Groups to Professional Managers (Randall K. Morck ed. ,2005) , p. 613; But see Clifford G. Holderness, *The Myth of Diffuse Ownership in the United States*,22 The Review of Financial Studies 1377(2009)(提出质疑美国上市公司是否实际上是分散的证据).

〔8〕 See Kobi Kastiel, *Executive Compensation in Controlled Companies*,90 Indiana Law Journal 1131 ,1133(2015)(noting that Viacom has a controlling shareholder who holds eighty percent of the votes(指出维亚康姆控股股东持有 80% 表决权); Floyd Norris, *The Many Classes of Google Stock*, New York Times: Economix (April 2 , 2014 , 6: 03 PM) ; Harriet Taylor, *What's Happening at Facebook's Shareholder Meeting*, CNBC (June 11 ,2015 , 10: 39 AM).

〔9〕 现阶段集中所有权结构公司,控股股东持有有效多数表决权足以免于敌意收购干扰(通常是 50% 以上表决权与股权)。我们不在此讨论能使投资者不必持有多数股权就可以掌握无可争议的控制权的所有权结构,如双层股权结构、金字塔、杠杆收购。See *infra* Section Ⅲ. A. 2(讨论双层股权结构). 我们也不讨论在公司中处于主导地位,虽没有锁定控制但能施加显著影响的外部大股东。

关治理问题可谓大相径庭。然而,公司法学者在很大程度上忽略了集中所有权结构的公司所引发的治理问题。[10] 此外,正如本文述及,特拉华州关于控股股东之论述常常令人困惑不已,且前后矛盾。[11]

不同于多元的少数股东,控股股东在极大程度上背负着单一且非流动的额外成本。[12] 既然如此,为何控股股东会不顾成本地坚持大额控制性控股呢?[13]

对此问题,代表性回答之一是控制权私人收益说。[14] 控制权私人收益说认为,企业家寻求控制权的目的是利用对公司的主导地位,从公司或投资者转移价值从而获取私人收益。与之分庭抗礼的最优奖励说,则比较乐观地认为,允许企业家获取一定程度的私人收益是激励其进行有效监督和积极表现的必要成本。[15] 根据这一理论,控制人虽然牺牲投资者利益来获取私益,但作为一种平衡手段,控制人此种行为有利于投资者与公司整体利益。

上述两种理论皆直指对公司控制是为私人收益。然而,控股股东被私人收益驱使也好,被奖励也罢,这些解释从事实与规范的立场

---

〔10〕 For a notable exception, see Ronald J. Gilson, *Controlling Shareholders and Corporate Governance*: *Complicating the Comparative Taxonomy*, 119 Harvard Law Review 1641,1663 – 1664(2006).

〔11〕 See *infra* Part Ⅳ.

〔12〕 But see Mara Faccio et al. ,*Large Shareholder Diversification and Corporate Risk-Taking*,24 The Review of Financial Studies 3601,3636(2011)(发现大股东分散投资程度不均).

〔13〕 换言之,何不将管理与投资分离?作为一个富有的投资者,企业家可以持有多元化投资组合获取市场回报。与此同时,该公司可以聘任其为首席执行官并酬报其努力和天赋。

〔14〕 See *infra* notes 30 – 39 and accompanying text(描述集中所有权、控制权私人收益理论).

〔15〕 See *infra* notes 40 – 49 and accompanying text(描述集中所有权监督理论).

来看均无说服力。一方面,可能有充分理由怀疑世界上大多数控股股东是投机主义者,其控制的动机是利用少数股东保护的漏洞;另一方面,投资者、法院和立法者实际上应该在多大程度上容忍控股股东为激励其监督管理者而进行价值转移的行为,这仍不清晰。

本文提出企业家掌握控制权的价值的新见解。在本文中,控制权允许企业家通过以自认合适之方式追求自己确信的特质愿景,以便实施产生高于市场水平回报的商业战略。企业家珍视控制权,是因为控制权能够保护企业家,使其愿景或能力免受投资者事中质疑及反对。

因为经营理念需要时间来实现,所以控制权至关重要。这种经营理念包罗万象,从日常管理问题,到重大战略选择,诸多决策均囊括在内。最重要的决策乃决定是否继续经营、变更计划或终止经营。然而,投资者和企业家经常在信息不对称或观点差异情况下作出这些决策。投资者无法总是观察企业家的努力、天赋和行动。因此,投资者很难确定公司表现不佳的真正原因:可能是企业家的能力不足或懒惰,又或者是临时受挫,抑或仅是运气不佳。因而通常而言,企业家比投资者更了解公司业务、自身努力与天赋,企业家有能力在管理业务时利用投资者。投资者也希望通过维持关闭企业或解雇企业家的权利抑制这种代理成本的风险。由于商业复杂性以及未来不确定性,纵使投资者和企业家有等量信息也可能会对业务潜在的成功与失败产生不同观点。因此,在信息不对称或观点差异条件下,企业家与投资者可能对业务继续与否以及以何方式实施观点相左、判断不一。

鉴于此,本文认为,投资者与企业家皆珍视控制权,但二者背后的原因大相径庭。企业家对管理决策保持控制是为追求特质愿景，以图产出高于市场水平的回报。换言之，控制权令企业家能获取实现特质愿景的价值。[16] 与之不同，投资者珍视控制权是因其能降低代理成本。[17]

亨利·福特（Henry Ford）的故事能够很好地阐述本文理论。福特本人没有发明汽车，自己也没拥有任何有价值的专利技术。他与无数企业家竞争，试图创造一种“无马马车”（horseless carriage）。然而，福特对汽车生产有独一无二的想法。他创立了第一家公司——底特律汽车公司，这家公司是由投资者控制的。[18] 当投资者要求汽车快速生产与销售时，福特坚持以完善设计为优先，这使延迟与挫折并现，双方的紧张关系最终令投资者关闭公司。[19]

福特的第二次尝试——亨利·福特公司，也是由投资者控制。在设计一款汽车后，福特拒绝投资者提出直接生产该汽车的决策。[20] 最终，福特的固执促使投资者以亨利·利兰（Henry Leland）

---

〔16〕 See Alessio M. Pacces, *Rrethinking Corporate Governance: the Law and Economic of Control Power* (Routledge, 2012), p. 93 – 94. 尽管其分析是基于控制权私人收益的特殊形式，但其框架在突出企业家递延酬劳方面与我们的观点相似。See also Alessio M. Pacces, *Control Matters: Law and Economics of Private Benefits of Control* 12 (European Corp. Governance Inst., Working Paper No. 131/2009, 2009) (解释了如个人满足等控制权特质私人收益如何在市场变现).

〔17〕 当投资者保证代理人有权做影响投资者价值决策时代理成本显现。See generally Michael C. Jensen & William H. Meckling, *Theory of the Firm: Managerial Behavior, Agency Costs and Ownership Structure*, 3 Journal of Financial Economics 305 (1976) (发展了代理成本规范分析).

〔18〕 See M. Todd Henderson, *The Story of Dodge v. Ford Motor Company: Everything Old Is New Again*, in Corporate Law Stories (J. Mark Ramseyer ed., 2009), p. 37, 40.

〔19〕 Ibid.

〔20〕 Id. at 45.

将之取代，亨利·利兰将公司更名为凯迪拉克汽车公司，并成功生产福特设计的汽车。[21] 在福特的第三次尝试——福特汽车公司中，他本人坚持保留控制权。这一次，没有外部投资者的干扰，福特将他对汽车设计生产的创新理念付诸实践，并为世人带来最伟大企业的成功故事。[22]

在本文论述中，企业家的特质愿景有两个鲜明特点。其一，它反映了部分企业家的经营理念，外界可能无法观察或进行验证。这可能是因为企业家不能说服投资者其是继续运行公司最好的人选或其商业计划将产生更高回报。其二，它反映了如果业务成功，企业家所期望高于市场水平的经济回报，将按比例与投资者共同分配。重要的是，特质愿景无须关注创新或新发明：只要企业家有一个计划，其主观地认为该计划将产生高于市场水平的回报，此即特质愿景。

企业家涉足一项业务旨在获取高于市场水平的回报，且他们担心与投资者意见分歧会挫败他们的愿景，尽管这看起来直观，但这一解释在既有经济学研究成果中尚付阙如。经济学家拒绝获取高于市场水平回报的观点，认为投资只产出正常的市场水平回报。经济学家迄今拒绝观点差异的看法——反对信息不对称，因为当合理预期的理性行动者共有相同信息时，他们不可能各持己见，存在观点差

〔21〕 Ibid.

〔22〕 Id. at 47. 凯迪拉克汽车公司同样成为一家成功企业。不同的是，这个例子没有旨在表明企业家是经常正确的。而是我们用这一例子表明了，即便有投资者反对，但企业家仍珍视实现特质愿景的能力。最后，公司在所有权结构频谱有所移动，福特的孙子亨利二世使公司以双层股权结构形式在 1956 年上市，确保福特家族直至今日仍保有控制权。Id. at 72.

异。[23] 因此,经济学家们据以认为,私人收益是控制的主要动机,并对此加以集中关注。本文观察到控制人往往是希望实现自己愿景以此提升公司价值的企业家。基于这一观察,我们对控制所有权提出更符合现实经验的解释,因此也提出了优越的政策处方。事实上,直到最近,经济学家才逐渐开始承认追求高于市场水平的回报[24]和观点差异确实存在。[25] 因此,本文对公司控制权理论作出了一个重要贡献。

本文论述展开如下:在第一部分中,本文阐述现有公司控制权解释的局限性。少数股东剥削说认为世界各地的控股股东都是投机主义者,力图剥削少数股东获取私人收益。最优奖励说则认为控股股东提供有价值的监督管理者的服务,表明最优私人收益应被允许,以便有效监督。然而,这些论述均未能解释为何在投资者权利保护很充分的国家,如美国,也普遍存在具有控股股东的公司。这些国家在

---

〔23〕 See Robert J. Aumann, *Agreeing to Disagree*, 4 Annals of Statistics 1236, 1236 (1976)(表明对过去事件存有共识的两个人对未来事件的可能性持有同样看法).

〔24〕 See e. g. , Raghuram G. Rajan, *Presidential Address: The Corporation in Finance*, 67 The Journal of Finance 1173, 1177 (2012)("为了创造净现值,企业家必须承担风险,将其与其他潜在竞争者区分,因此才可能获取足额利润。创造净现值的过程中一定意味着差异——是否创造新产品或者生产其他商家还没生产制造的产品,创新高效生产模式或探寻至今仍未挖掘的目标客户需要。").

〔25〕 最近契约论学者发现规范的证据。See Patrick Bolton, *Corporate Finance, Incomplete Contracts, and Corporate Control*, 30 Journal of Law, Economics & Organization 64, 70-71 (2014)("我们对第二个问题的第一个方法是假定企业家和投资者对投资方向有观点差异。基于随机观察,我们认为在风险投资方面,企业家比投资者更乐观……对我们而言,这个解决方案似乎简单而合理,当时契约论学界并不接受同一篇论文两处偏离正统方向:不完备合同与观点差异。我们收到了几乎一致的建议,要求改变模型且摒弃观点差异这一说法。所以,我们的建构不是基于观点差异而是基于私人收益的存在;我们假设企业家从企业获取经济回报与私人收益,而投资者只获取经济回报。").

关于规制具有控股股东的公司方面的法律规范机制也非常有限。

在第二部分中,本文将深化公司控制权理论,并用其分析公司所有权结构的基本架构。我们确定一个基本的张力关系:当企业家从投资者处筹集资金时,由于信息不对称与观点差异,企业家追求自由的实现自身愿景,而投资者则从代理成本处寻求保护自身。随后我们将表明,企业家和投资者可以使用不同控制权与现金流权的组合来平衡投资者对代理成本的担忧与企业家追求特质愿景之间的冲突。

在第三部分中,本文运用这一理论揭示外部投资者和控股股东之间谈判议价的本质。我们创新性地论述,现金流和控制权的组合可以重构公司所有权结构,企业家和投资者以此平衡投资者最小化代理成本与企业家最大化追求特质愿景能力之间的矛盾。随后,我们探析上市公司所有权结构频谱:集中所有权(控股股东持有大量相等现金流和表决权的股票)、分散所有权(股票被投资者广泛持有)以及双层股权公司(控股股东持有优先表决权的股权,允许控股股东在没有持有大部分现金流权前提下拥有多数表决权)。分散所有权和双层股权结构代表不同的现金流与控制权的分离,[26]从而使投资者遭受管理代理成本(如管理不当)。相形之下,集中所有权结构包含现金流权和控制权。而在控制权备受争议的分散所有权结构中,企业家追求特质愿景的能力备受约束。对比双层股权结构,企业家

〔26〕 不采用安道夫·A.伯利(Adolph A. Berle)及格迪纳·米恩斯(Gardiner Means)著名的"所有权与控制权的分离"之表述,我们的文章采用"现金流"而非"所有权"之术语表达,我们重视实际的权利多于规范上的权利。See Adolph A. Berle, Jr. & Gardiner C. Means, *The Modern Corporate and Private Property*(Macmillan Company,1933).

在集中所有权结构享有永久且无可争议的控制权。[27] 控制权所有者永久珍视无可争议的控制权,因其允许企业家实现特质愿景的自由行动。与此同时,控制者企业家大额持股降低了投资者遭受管理代理成本的风险。

在第四部分中,本文概述这一理论框架对公司法的影响。既有公司法理论研究仅仅关注保护少数股东的代理成本。[28] 然而,我们这一公司控制权全新理论,要求立法者与法院平衡少数股东保护与公司控制人追求特质愿景权利之间的冲突。少数股东保护和控制人权利之间的紧张关系构成指导立法者制定法律规范以治理具有控股股东公司的政策蓝图。

正如本文述及的,片面的公司控制权理论仅关注如何降低代理成本,而忽视少数股东保护制度成本。相形之下,本文的理论揭示了隐藏的监督成本——干预企业家追求特质愿景的自由——并提出平衡这些目标的法律挑战。本文表明,片面的公司控制权理论难免弄巧成拙地建议增加少数股东权利保护而忽视集中所有权结构下契约的本质。本文还证明,承认控制人权利使法律结果更具正义,这与传统的股东价值最大化观念截然不同。具体而言,我们的论述:(1)提供了在具有控股股东的公司中运用商业判断规则的新的理论依据;(2)呼吁谨慎采用旨在提高董事独立性的治理改革;(3)主张密切关

---

〔27〕 控股股东持有多数表决权时,其控制权毫无争议,因为敌意收购无从谈起。

〔28〕 传统观点认为公司法主要目标在于约束代理成本。See John Armour et al., *What Is Corporate Law*?, in Reinier Kraakman et al. eds., The Anatomy of Corporate Law: A Comparative and Functional Approach, 2nd ed. 2009, p. 1, 2(“许多公司法的内容可被理解为应对投机主义的三个主要来源:股东与管理者的冲突、股东之间的冲突以及股东与公司其他人员的冲突……”). 正如我们论及的,公司法需要平衡特质愿景与代理成本。

注控股股东试图松绑控制权和现金流权之间的联系。

一、现有解释及其局限

盛行的集中所有权解释主要侧重于控制权私人收益的可利用性。[29] 正如下文所述，这无法解释集中所有权为何风靡世界各地，也未能提供一个连贯的关于具有控股股东公司的公司法理论。

(一)少数股东剥削说

根据少数股东剥削说，控股股东在公司中力图掌握控制权是为利用其主导地位以牺牲少数股东利益为代价获取私人收益。[30] 控股股东可以通过自我交易、[31] 掏空行为(tunneling)[32] 或聘请家庭成员谋取财产利益，还可以利用公司决策影响力包装自我或提升社会

〔29〕 See Luigi Zingales, *Insider Ownership and the Decision To Go Public*, 62 The Review of Economic Studies 425(1995); Lucian Arye Bebchuk, *A Rent-Protection Theory of Corporate Ownership and Control*(Nat'l Bureau of Econ. Research, Working Paper No. 7203, 1999).

〔30〕 See Bebchuk, *supra* note 29, at 8.

〔31〕 See Simeon Djankov et al., *The Law and Economics of Self-Dealing*, 88 Journal of Financial Economic 430(2008). 几年前对约束自我交易的规则效力相对有限的分析有所发展。See Zohar Goshen, *The Efficiency of Controlling Corporate Self-Dealing: Theory Meets Reality*, 91 California Law Review 393(2003)(介绍财产规则与责任规则在少数股东保护方面的适用).

〔32〕 "掏空"这一术语是指交易，特别是在企业集团或金字塔所有权结构公司中，有利于控股股东的条件的交易。See e. g., Vladimir Atanasov et al., *Law and Tunneling*, 37 The Journal of Corporation Law 1(2011); Simon Johnson et al., *Tunneling*, 90 American Economic Review(Papers & Proc.)22(2000).

政治地位等谋取非财产利益。[33] 简言之,做个“国王”(或“女王”)是多好的差事。

私人收益通常被视为激励集中所有权的前提条件,因而这种所有权结构常常令人眉头紧锁也就不足为奇了。[34] 实证研究证实,集中所有权更广泛存在于对少数股东法律保护薄弱的国家。[35] 对于控制权溢价——控制区块的股份价格与少数股份的市场价格之间的差额,对少数股东法律保护薄弱的国家也高于对少数股东法律保护强有力的国家。[36] 在少数股东权利保护薄弱、允许控制股东利用少数股东赚得“盆满钵满”的国家,集中使用权结构蓬勃发展。

集中所有权标准解释的前提是持有控制性大宗证券成本昂贵,

---

〔33〕 See e. g. ,Harold Demsetz & Kenneth Lehn, *The Structure of Corporate Ownership: Causes and Consequences*,93 Journal of Political Economy 1155,1161 - 1162(1985).

〔34〕 See e. g. , Renée M. Stulz, *The Limits of Financial Globalization*, 60 Journal of Finance 1595,1597(2005)(声称集中所有权“限制经济增长、风险共担、金融业发展与金融全球化的影响”). But see Lucian A. Bebchuk & Assaf Hamdani, *The Elusive Quest for Global Governance Standards*,157 University of Pennsylvania Law Review 1263,1281(2009)(呼吁公司治理标准在具有和不具有控股股东的公司上应有所差别,并且解释了控股股东提供了有利的方式与监督管理动机).

〔35〕 See e. g. , Rafael La Porta et al. , *Law and Finance*, 106 Journal of Political Economy 1113,1145 - 1151(1998)(发现集中所有权结构在世界范围内流行并归因于法律体系保护薄弱及市场不完善).

〔36〕 See Alexander Dyck & Louigi Zingales, *Private Benefits of Control: An International Comparison*,59 Journal of Finance 537,590(2004)(发现少数股东法律保护越强,控制权私人收益越少),这项研究的前提是控制权溢价反映了所有未来的私人收益的当前价值。See also Tatiana Nenova, *The Value of Corporate Voting Rights and Control: A Cross-Country Analysis*,68 Journal of Financial Economic 325,344 - 345(2003)(发现国家对投资者保护的质量与控制性大宗证券表决权的价值存在负相关关系).

因为这牵涉监督管理、流动性丧失与分散投资减少。[37] 与此同时，控制性地位允许控制者获取控制权私人收益。因此，根据这一说法，控制人越剥削少数股东，获取的私人收益就越多。该解释的结论即低效的投资者保护制度会激励企业家持有控制权股份。

这个解释存在两个问题。第一，它假设世界上大多数控制人是投机主义者，他们充分利用不完善的市场及薄弱的少数股东保护机制。第二，它无法解释集中所有权广泛存在于如美国等具有强有力投资者保护法律的国家。[38] 它也未能解释实践中通过控制诸如伯克希尔·哈撒韦公司(Berkshire Hathaway)或通过私募股权基金，在公司证券投资组合中持有控制性大宗证券的现象。[39]

相比之下，本文的分析识别出激励企业家保持控制权的除私人收益以外的原因，并解释为何即便在有强有力投资者保护法律的国家当中，仍然存在集中所有权。在本文框架中，纵使需与少数股东按比例分享公司现金流和资产，企业家仍珍视控制权。

---

〔37〕 See Ronald J. Gilson & Jeffery N. Gordon, *Controlling Controlling Shareholders*, 152 University of Pennsylvania Law Review 785 (2003); Ronald J. Gilson & Alan Schwartz, *Constraints on Private Benefits of Control: Ex Ante Control Mechanisms Versus Ex Post Transaction Review*, 169 Journal of Institutional and Theoretical Economics 160 (2013).

〔38〕 See Mark J. Roe, *Political Determinant of Corporate Governance: Political Context, Corporate Impact* (Oxford University Press, 2003), p. 5 (控股股东也存在于法治完备的地区); Gilson, *supra* note 10, at 1644 (相同).

〔39〕 私募股权基金通常在证券投资组合中收购公司全部股权，有时也只是保有一个控制性地位。私募股权基金通过支付控制权溢价的对价获得控制性地位。与进行自我交易不同，私募股权基金集中实施重组计划提升公司价值，最后在基金退出时获取巨额利润。这类行为不能解释为以获取控制权私人收益为动机。See Steve N. Kaplan & Per Stromberg, *Leveraged Buyouts and Private Equity*, 22 Journal of Economic Perspectives 1, 5 (2008).

(二)最优奖励说

另一个没那么绝对的解释是通过聚焦监督价值解释集中所有权。投资者对管理层进行监督并非依靠不完善的市场,而是依靠控制人。控制人持有大额股权,而这会激励他们比不完善的市场更有效地监督管理层。故此,控制人还发挥着建设性的治理作用。[40] 然而,因为持有控制性大宗证券增加了成本(如流动性不足、分散投资减少及监督管理),一个企业家不会允许在持有控制性大宗证券时却无法获得不成比例的现金流或同等价值的非财产性收益。[41] 因此,中小投资者应该允许控制人获取某种程度的私人收益,以换取宝贵的监督服务。[42] 在此观点下,公司法应该容忍控股股东获取最优私人收益。换言之,此观点认为(最优)私人收益是持有控制性大宗证券成本包括监督管理成本的一个适当奖励。

---

〔40〕 See Gilson, *supra* note 10, at 1651(在股票被广为持有的上市公司中,控股股东监督管理优于市场导向机制).

〔41〕 纳德·吉尔森(Ronald Gilson)认为控制权非财产性收益解释了即便在投资者保护强有力的国家,集中所有权结构何以也广泛存在。正如他所解释的,这些收益不需要以牺牲少数股东为代价。See Gilson, *supra* note 10, at 1663 – 1664(将控制权非财产性收益定义为"一种精神或其他利益形式,其既不涉及公司资源转移,也不会成比例地稀释公司多元化投资者的股票价值").关于无害的非财产性收益规范模型, see Pacces, Control Matters, *supra* note 16。

〔42〕 See Gilson & Gordon, *supra* note 37, at 785("因为存在控制地位及监督管理所带来的成本,一些控制权私人收益激励监督是必要的");Gilson & Schwartz, *supra* note 37, at 164(促进了控股股东与少数股东就获取最佳控制权私人收益谈判的机制);Maria Gutierrez & Maria Isabel Saez, *A Contractual Approach To Discipline Self-Dealing by Controlling Shareholders*(European Corp. Governance Inst., Law Working Paper No. 138/2010, 2010), p. 5(控股股东只有在实施控制权所获公共利益与私人收益总和大于控制权私人费用时才有监督管理的动机);see also Albert H. Choi, *Public Benefits of Private Control: Controlling Shareholder's Long-Term Commitment*(Va. Law & Econ., Research Paper No. 19, 2015), p. 5(认为控制权私人收益越大,控股股东就越可能关心公司长期业绩).

监督实际上在确保有效管理方面发挥着重要作用,公司法也向董事会分配监督权利。[43] 但为何非得需要大额控制性持股的控制人来监督呢?

一个可能的答案是,控制人因掌握大量股权,其利益与少数股东利益相捆绑,从而能够提供较强激励实施监督。[44] 但为何是依赖控股股东进行监督而不是通过提高董事薪酬来激励董事有效监督呢?[45]答案可能是,设计一个类似大额持股激励的薪酬计划十分困难或代价高昂。[46] 比如,在金融市场或法律制度不完善的国家中,就会出现这种问题。然而,这个答案也无法解释这些国家为何存在多元所有权结构。换言之,为何投资者可依赖市场机制在一些公司中提供充分监督,而不是其他机制?

此外,即使控股股东提供有效的且通过薪酬计划无法实现的监

---

〔43〕 See Jeffrey N. Gordon, *The Rise of Independent Directors in the United States, 1950 – 2005: Of Shareholder Value and Stock Market Prices*, 59 Stanford Law Review 1465, 1468 (2007) (指出"董事应该'监督'以股东利益为目标的经理人").

〔44〕 监督只是实现最终有效管理目标的一种手段,为何不改善管理者薪酬以使监督更高效呢? See generally Michael C. Jensen & Kevin J. Murphy, *CEO Incentives: It's Not How Much You Pay, but How*, 3 Harvard Business Review 138 (1990) (观察到诱因报酬机制降低代理成本).

〔45〕 See e. g., Michael C. Jensen, *The Modern Industrial Revolution, Exit, and the Failure of Internal Control Systems*, 48 Journal of Finance 831, 864 (1993) (认为鼓励董事持有实质股份利益会产生更好的监督激励). But see Assaf Hamdani & Reinier Kraakman, *Rewarding Outside Directors*, 105 *Michigan Law Review* 1677, 1682 – 1683 (2007) (认为给予董事股权不能替代直接监督激励).

〔46〕 在关于用股权激励管理者方面,奥利弗·哈特(Oliver Hart)拒绝了这种相似的回答。See Oliver Hart, *Financial Contracting*, 39 Journal of Economic Literature 1079, 1082 (2001) ("为什么运用经济结构而不是激励方案解决实质上一个如此标准的代理成本问题?").

督,公司法应允许控制人享有最优私人收益这一说法也值得商榷。[47] 这一说法是基于忠实义务阻却奖励控制人监督工作的假设。[48] 然而,假如投资者重视控制人的监督,少数股东可与其签约补偿,控制人无须私自诉诸私人收益。[49]

本文认为,企业家珍视控制权是由于允许其追求特质愿景,从而可能产生高于市场水平的回报。由于控制人不依赖私人收益来奖励他们监督管理及补偿因大额持股而导致的其他成本,所以投资者不需要为控制人提供私人收益。因此,本文观点更符合不允许控制人

---

〔47〕 其中一个困难就在于大额控制性持股使控股股东容易遭受大幅升值或贬值的风险。然而,金融学理论认为多元化股东偏好风险厌恶型管理者。为避免这些风险厌恶型的管理者因其很可能向公司投入非分散化额金钱与人力资源,需要向这些管理者提供股份,以使股份升值,而非贬值。另一个关于控股股东优越性推测的理由是控股股东易于解雇管理者,而在广泛持有公司更换董事会何其困难。这一论述也许是正确的。See Cf. Assaf Hamdani & Ehud Kamar, *Hidden Government Influence over Privatized Banks*, 13 Theoretical Inquiries in Law 567,581 – 583(2012)(解释控股股东为何比董事会更容易更换高管).然而,一个被适当激励的董事会非常容易解雇首席执行官。替换疏于监督管理的董事会可能困难,但也不像替换一个无能的控股股东那样困难。

〔48〕 事实上,这个建议是让忠实义务成为默示规则。See Gilson & Schwartz, *supra* note 37, at 170 – 172.

〔49〕 比如,当获得独立董事委员会或多数少数股东同意时,控股股东可能签署基于绩效的咨询协议, see Ben Amoako-Adu et al., *Executive Compensation in Firms with Concentrated Control: The Impact of Dual Class Structure and Family Management*, 17 Journal of Corporate Finance 1580,1580(2011)(发现被控制公司管理层薪酬合同符合最佳管理层薪酬水平理论); see also Assaf Hamdani & Yishay Yafeh, *Institutional Investors as Minority Shareholders*, 17 Review of Finance 691,704 – 705(2013)(发现以色列机构投资者在监督控股股东安排高管薪酬方面发挥了重要作用)。例如,贝恩资本在20世纪90年代对Therma Wave公司进行了资本重组,该公司的S – 1描述了一份向贝恩支付监督费用的"咨询协议"。See Therma-Wave, Inc., Pre-Effective Amendment No. 1(Form S – 1)(May 19,1999).而且,在IPO阶段,控股股东可以与投资者协商其持有额外股权作为预付的监督报酬。假设公司价值100美元,控股股东可以50美元出售50%的股权,如果少数股东重视监督,可以投资50美元而仅持有48%的股权。

谋求私人收益的公司法原则。

上文已经描述有关控股股东激励的两种主流观点,接下来我们将论述另一种具有说服力的解释——控股股东珍视控制权是因其允许他们追求特质愿景。

二、公司控制权理论

依传统的解释,我们首先论述大额控制性持股的前提——需要为控制人配置多数有效表决权,这成本不菲。然而,在本文论述框架中,控制人愿意承担这些费用,因为他们预计公司会产生高于市场水平的回报。尽管有所期待,但他们限于财富没有那么充裕,必须从投资者处筹集资金,所以控制人不能自己拥有整个公司。控制人将按比例与投资者分享由其愿景所带来的经济效益。如果他们真愿获取只按比例分享的公司现金流,为何企业家会坚持控制进而引发成本呢?

本文认为,是观点差异这一事实阻碍着企业家追求特质愿景。在本文框架中,投资者和企业家都想最大化公司预期收益。然而,每一方对如何实现这一目标,可能存有不同的观点。因此,控制权对于企业家而言至关重要,因为这确保了即便有投资者反对,企业家亦能有追求特质愿景的自由。

本文不认为控制权不提供任何私人收益——包括财产收益或非财产收益。本文也不排除这种可能性——尤其是投资者保护薄弱的国家——私人收益将激励控制人大额控制性持股。相反,本文的分析表明,即便企业家没有打算获取私人收益,他们仍然珍视控制权。换言之,本文创造性地提出一种理论来解释为何即使不考虑私人利益的投资者仍坚持保住控制权。

集中所有权这一盛行理论源于金融契约理论的发展,它假设企业家珍视控制权,是因为他们能够凭此获取私人收益。[50] 我们的分析是越来越多的关于企业家与投资者之间观点差异的理论研究文献的一部分。[51] 具体而言,我们认为企业家追求特质愿景与投资者寻求代理成本保护之间的基本权衡构成许多公司所有权结构的基础。

在本部分,我们主要讨论两个方面的内容:(1)在信息不对称、观点差异与代理成本条件下,控制权对于企业家与投资者都极为重要;(2)现金流权的作用。

(一)特质愿景、代理成本与控制权

1. 企业家的特质愿景

本文从一个有经营理念的企业家展开,来分析控制权的价值。这个经营理念可以是发明一种新产品,但它并非需要被发明或发现。它可以是一个营销现有产品的创新方法,利用市场新领域激励员工

---

〔50〕 See e. g. ,Philippe Aghion & Patrick Bolton, *An Incomplete Contracts Approach to Financial Contracting*,59 The Review of Economic Studies 473,473 - 474,476(1992).

〔51〕 关于控制权与观点差异之间联系的分析,see generally Eric Van den Steen, *Disagreement and the Allocation of Control*,26 Journal of Law,Economics & Organization 385(2010)。关于最近经济学研究关注观点差异对公司资本结构的影响的例子,see Sheng Huang & Anjan V. Thakor, Investor Heterogeneity, *Investor-Management Disagreement and Share Repurchases*,26 The Review of Financial Studies 2453(2013);Hae Won(Henny)Jung & Ajay Subramanian,*Capital Structure Under Heterogeneous Beliefs*,18 Review of Finance 1617(2014)。

建立最优资本结构或者利用新的资金来源。[52] 当然,企业家的想法可能最终被证明是错误的。然而,在我们的分析中,最重要的是,在总投资资源上看(金钱、时间和精力),[53]企业家确信经营理念成功实现会产生高于市场水平的回报。考虑以下情形:如果某位企业家在一条街道上开一家新鞋店,而该街道已有10家鞋店在营业,背后的原因就在于这位企业家有信心能比其他竞争对手做得更好。

企业家的信念,即一个合理实施的商业战略将产生高于市场水平回报的特质愿景。[54] 企业家的特质愿景,与经营理念本身或企业家相信其有独特实施能力的信念有关。[55]

---

〔52〕 See Rajan, *supra* note 24 and accompanying text; Raghuram Rajan refers to this value as the "entrepreneur's idea"; Id. at 1179; see also Joseph A. Schumpeter, *The Theory of Economic Development*(Redvers Opie trans., Harvard Univ. Press, 1934)(1911), p. 95 – 127(阐述企业家的创新作用).

〔53〕 金融经济学家将其称为正净现值或正阿尔法。See William J. Carney, *Corporate Finance: Principles and Practice*(Foundation Press, 1st ed. 2005), p. 84 – 87(阐述净现值). 即使企业家相信项目产出零净现值(如产出正常市场回报),只要正常市场回报考虑到所有投资资源,我们的故事会成为现实,然而,我们相信企业家追求高于市场水平回报是现实更准确的描述。尽管如此,一些研究实证发现支持正净现值绩效。See sources cited *infra* note 106.

〔54〕 我们称这些信念的组合为"特质愿景",但也可称为企业家愿景、企业家理念、经营计划、主观价值或隐藏价值。See e. g., Bernard Black & Reinier Kraakman, *Delaware's Takeover Law: The Uncertain Search for Hidden Value*, 96 Northwestern University Law Review 521, 521 – 522(2002)[以"隐藏价值"(hidden value)的概念描述特拉华州法院在敌意收购中尊重现任董事会]. 换言之,我们假定项目并非完全标准化的。See Rajan, *supra* note 24, at 1193(标准化……降低特质愿景与企业家个性作用,使其工作类似于传统的首席执行官,如此一来,便容易被替代).

〔55〕 关于上部分提到的规范处方,我们无须知道哪位企业家有高于市场水平回报的特质愿景,我们也无须知道企业家的特质愿景成功的可能性。为证明法律需要在追求实现特质愿景与约束私人收益追求之间取得平衡,我们所需要接受的是,许多行业的企业家是被特质愿景激励且部分企业家会梦想成功。并且正如下文述及的,投资者对企业家实现特质愿景的能力及努力工作意愿的怀疑,部分解释了为什么投资者只有在企业家持有多数现金流权时,才让他们行使控制权。

为论述方便,本文在这部分集中分析一个简单化的具有经营理念的企业家。然而,特质愿景的概念并不局限适用于新业务开拓者,投资基金或成熟的上市公司经理也可能有特质愿景。例如,一个私募股权基金收购一家大型工业集团的控制权,工业集团有著名的品牌,可惜财务业绩不佳,私募股权基金意图通过实施自己的管理方法,以增加其利润和提高业绩。[56] 又或者一家大型成熟上市公司的经理确信其商业策略将在激烈竞争中脱颖而出。[57]

如果企业家拥有足够的财富,其可自行投资整个业务,包括所需的研究开发、实施与市场营销的成本。作为唯一所有者,企业家拥有从收入到贸易(现金流权)的所有权利,同时也将承担所有风险,并获得所有与业务相关的回报。企业家也将作出与实施业务相关的事无巨细的所有决策。即便业务亏损且业内人士均不看好,只要企业家有想法,其就可以按照自己喜欢的任何方式追求实现自己的想法。无论亏损多少,也没有人能强迫其出售业务、聘请职业经理人或终止营业。倘若最终败北,企业家可能会被解读为"愚蠢"或"聪明但超前于这个时代";假若终得成功,企业家就可能被称赞为"梦想家"或"天才"。[58]

---

〔56〕 私募股权基金的主要策略是收购公司全部股权(或控制权)进而改善公司业绩。See e. g. , Joachim Heel & Conor Kehoe, *Why Some Private Equity Firms Do Better than Others*, McKinsey Quarterly(February 2015)(在我们例子里面,2/3 交易的主要价值源于公司的优异表现).

〔57〕 从行业角度看,一切行业都有特质愿景的影子。从时间上看,公司从成立到以后保持成功,也都能看到特质愿景。See e. g. , World's Most Admired Companies 2015, Fortune; Kristina Zucchi, *The Most Successful Corporations in the U. S.* , Investopedia(July 9, 2015).

〔58〕 事实上,无论是福特的大起大落,还是乔布斯或其他企业家,他们事业发展中的经历可谓是最好的现实写照。

2. 外部投资者及对控制权的珍视

假设企业家缺少资金,必须依靠投资者提供资金,那么,双方必须决定控制权的分配——是企业家还是投资者决定有关业务。在本文框架中,企业家和投资者目标一致,即实现公司预期收益最大化。乍一看,这共同目标应该会使各方对控制权分配满不在乎。然而,正如下面论述的,信息不对称、观点差异及代理成本等问题的存在令企业家与外部投资者皆珍视控制权。

企业家的特质愿景通常包括一些因素,这些因素是外部人包括该公司的少数股东不能观察或验证的。这可能是因为与外部人分享信息会贬损价值(如竞争对手可以偷窃这个想法)或仅因为企业家可以向外部人展示的不外乎是对经营理念价值的巨大信心。对于经营理念是否可行的不确定性及观点差异也是可能的原因。一个企业家的特质愿景可以由其经验、管理才能、知识、性格或直觉所形成,所有变量皆难以量化。[59] 因此,在本文框架中,企业家的特质愿景成为信息不对称与观点差异的来源,而这些无法通过加强监督、调查或信息披露而克服。[60]

信息不对称及观点差异可能事前就出现,如当企业家试图说服投资者期初投资时。假设企业家对潜在投资者提出经营理念,投资者向专家咨询,他们皆认为想法无法实现,纵使企业家能成功说服投

---

〔59〕 然而,单独的管理才能不应与特质愿景相混淆。企业家独特管理才能可以成为特质愿景的来源。当外部人不能充分意识到企业家的独特管理才能可以产生预期价值时,该管理才能可以被视为特质愿景的来源。反之,当企业家与外部人就管理才能期待价值达成一致时,依据本文观点,企业家这一管理才能就不再被视为特质愿景。

〔60〕 换言之,如果要拍卖一个经营理念,且所有参与者都平等了解一切相关情况。出于特质愿景考虑,企业家的出价会高于外部投资者。

资者期初投资,信息不对称及观点差异也可能抑制其实现经营理念的能力。

经营理念的实现需要时间。这个持续的过程涉及从日常管理问题到重大战略选择的诸多决策。假设企业家说服投资者期初投资,但未能按时交付产品或完成最初承诺的质量,在这个阶段说服投资者继续投资比说服他们期初投资便更为困难,因为这个挫败可能令投资者怀疑企业家实现经营理念的业务能力及企业家的愿景本身。[61] 即便企业家非常确信其业务终会产生高于市场水平的回报——尽管有所挫折,但信息不对称及观点差异也可能导致投资者停止业务。这就是当投资者关闭福特第一家公司时,我们基本上相信会发生这种情况。

另一个著名例子:1985 年,乔布斯说服苹果公司董事会实施他所提出的增加麦金塔电脑办公软件(the Macintosh Office)销售的战略。董事会站在公司首席执行官一边,而作为苹果创始人之一的乔布斯,则不得不离开麦金塔电脑部门,随后离开公司。[62]

即使公司已经上市,投资者以股票价格作为公司绩效的替代,干预企业家追求特质愿景的风险依然存在,因为市场不见得可以克服观点差异及信息不对称的弊端。此外,由于投资者投资视野不同或

---

〔61〕 经营理念施行迟延的合法原因可以有多种:不可预见的技术障碍、实施中公司结构的变化、无法延揽高端人才、未来需求变化等预期市场发展等。

〔62〕 See Walter Isaacson, *Steve Jobs* (Simon & Schuster, 2011), p. 186 – 206; Randa Lane, *John Sculley Just Gave His Most Detailed Account Ever of How Steve Jobs Got Fired from Apple*, Forbes (Sept. 9, 2013).

矫正低效估价的成本过于昂贵,[63]市场可能是短视的,相比长期投资而言,更倾向于短期投资。

因存在众所周知的代理成本现象,信息不对称及观点差异进一步加剧。每当投资者本人聘请代理人实施行为,代理成本就此出

---

〔63〕 准确地说,对冲基金的争论说明了市场短视的主张是充满争议的。See e. g., Lucian A. Bebchuk et al., *The Long-Term Effects of Hedge Fund Activism*, 114 Columbia Law Review 1085(2015);Robin Greenwood & Michael Schor, *Investor Activism and Takeovers*, 92 Journal of Financial Economic 362(2009); April Klein & Emanuel Zur, *Entrepreneurial Shareholder Activism: Hedge Funds and Other Private Investors*, 64 Journal of Finance 187(2009);Mark J. Roe, *Corporate Short-Termism—in the Boardroom and in the Courtroom*, 68 Business Law 977, 1005(2013). 然而,理论模型显示市场短视是可能的且有实证研究支持。See Adam Brandenburger & Ben Polak, *When Managers Cover Their Posteriors: Making the Decisions the Market Wants To* See, 27 The Rand Journal of Economics 523, 526 – 527(1996)(解释了短视是由于管理者与股东的信息不对称);Brian J. Bushee, *Do Institutional Investors Prefer Near-Term Earnings over Long-Run Value?*, 18 Contemporary Accounting Research 207(2001)(发现高比例的短期持股与重视近期预期收益有关);Brian J. Bushee, *The Influence of Institutional Investors on Myopic Investment Behavior*, 73 The Accounting Review 305(1998)(认为高比例的机构股东持股与高资产组合周转率、分散投资有关,并且动量交易显著增强追求短期项目的管理动机);Simon Grant et al., *Information Externalities, Share-Price Based Incentives and Managerial Behavior*, 10 Journal of Economic Surveys 1(1996)(论述信息不对称在激励方案中引致低效管理行为);Natalie Mizik, *The Theory and Practice of Myopic Management*, 47 Journal of Marketing Research 594, 596(2010)(描述了因为信令、"柠檬问题"以及信息忽视而导致的短视结果如何出现);Andrei Shleifer & Robert W. Vishny, *Equilibrium Short Horizons of Investors and Firms*, 80 American Economic Review 148(1990)(解释资产管理人短期资产套利的风险较小,成本较低。相较长期资产,错误定价在短期内也会消失,而长期资产由于时间较长,难免会出现坏消息或悲观想法);Jeffrey C. Stein, Efficient Capital Markets, *Inefficient Firms: A Model of Myopic Corporate Behavior*, 104 The Quarterly Journal of Economics 655, 655 – 656(1989)(提出一个博弈论模型,如果市场从某个可观察到的管理信号中推断出积极价值,并且这些信号不容易被发现,管理者就有操纵这些信号以提高股价的激励);Tomislav Ladika & Zacharias Sautner, *Managerial Short-Termism and Investment: Evidence from Accelerated Option Vesting* (Nov. 4, 2015)(unpublished manuscript)(发现缩短绩效薪酬时间的管理会导致公司投入较少的实际投资).

现。[64] 在本文中,代理成本通常分为两种类型:[65]一种是控制人能实施不当管理行为,包括减少承诺、卸责、追求"摊大饼式"并购或实现无创造股东价值的多元化[66]和防御投资。[67] 另一种是控制人直接收入,例如,以享受超标薪资待遇[68]或进行有利的关联交易转移财产从而获取私人收益。[69] 典型情况有,在股票广泛持有的上市公司中出现支配收入管理不当情况,此被视为"管理代理成本"问题。而有控股股东时,支配收入管理不当被视为"控制代理成本"问题。[70]

代理成本对投资者有两个潜在影响。其一,代理成本的风险可能会使投资者不愿意相信企业家对企业前途的现有判断。假设企业

---

〔64〕 See Jensen & Meckling, *supra* note 17, at 308 – 310(发展了代理成本的规范分析).

〔65〕 See Zohar Goshen, *Controlling Corporate Agency Costs: A United States-Israeli Comparative View*, 6 Cardozo Journal of International and Comparative Law 99, 117 (1998) (区分两类代理问题); see also Bernard S. Black, *The Legal and Institutional Preconditions for Strong Securities Markets*, 48 UCLA Law Review 781, 842 (2001) (区分卸责与其他类型的不法行为).

〔66〕 See e. g., Yakov Amihud & Baruch Lev, *Risk Reduction as a Managerial Motive for Conglomerate Mergers*, 12 The Bell Journal of Economics 605 (1981) (多元化); Michael C. Jensen, *Agency Cost of Free Cash Flow, Corporate Finance, and Takeovers*, 76 American Economic Review 323 (1986).

〔67〕 See Andrei Shleifer & Robert W. Vishny, *Management Entrenchment: The Case of Manager-Specific Investments*, 25 Journal of Financial Economic 123 (1989).

〔68〕 See Lucian Bebchuk et al., *Managerial Power and Rent Extraction in the Design of Executive Compensation*, 69 University of Chicago Law Review 751 (2002) (探讨管理层高薪酬的水平及构成显现了代理问题); Jensen & Meckling, *supra* note 17, at 312.

〔69〕 See Atanasov et al., *supra* note 32.

〔70〕 See Bebchuk & Hamdani, *supra* note 34, at 1283 – 1285 (讨论在有控股股东的公司与股权分散型公司之间代理成本性质的区分); Luca Enriques & Paolo Volpin, *Corporate Governance Reforms in Continental Europe*, 21 Journal of Economic Perspectives 117, 119 – 122 (2007).

家告诉投资者业务执行延迟且要求需要更多时间与金钱,那么,问题旋即而来:延误仅是暂时障碍?成功还有可能实现吗?或是企业家料定败局已定意欲剥削投资者?[71]其二,代理成本的存在可以提高投资者控制的价值,因为这提供了降低代理成本的方法,如解雇企业家或关闭企业。

特质愿景与信息不对称、观点差异和代理成本之间不可避免的张力关系明确了一点:对投资者和企业家而言,控制权都极为重要。企业家和投资者之间的合同是不完备的,[72]在决策上掌握控制权的一方将有更强力量决定企业命运。[73] 一方面,控制权令企业家有权作出其认为是必要的,且能为公司产出高于市场水平回报的(哪怕有投资者反对)决策;另一方面,如果投资者希望按比例分享企业家成功成果,投资者也应明白企业家掌握控制权会产生代理成本的风险。

---

〔71〕 See Oliver E. Williamson, *The Economic Institution of Capitalism: Firms, Markets*, Relational Contracting (Free Press, 1985), p. 47(解释了没有获取充分信息的参与者会受制于交易对手的"投机主义",这指的是信息的不完整或失真,特别是计算误导的能力、扭曲、伪装、混淆或者混乱),事实上,当信息不对称与利益冲突或利益不一致耦合时,就会产生代理成本。See Jensen & Meckling, *supra* note 17, at 309 – 310(解释无论何时,代理成本都会在代理人被利用时提高).

〔72〕 就理论而言,企业家和投资者可以在各种情况下提前作出决定签订合同。合同可能会处理以下问题:执行持续多久?可以接受多大程度的损失或耗费?何种程度的表现才被认为是失败或成功?然而,在实践中,他们将面临两个问题:第一,不是所有情况都能提前预见并在合同中约定。第二,意外发生和作出适当决定所需的信息可能是难以核实的。See e. g., Aghion & Bolton, *supra* note 50, at 473(认识到金融合同本质上是不完整的).

〔73〕 See Sanford J. Grossman & Oliver D. Hart, *The Costs and Benefits of Ownership: A Theory of Vertical and Lateral Integration*, 94 Journal of Political Economy 691, 695 (1986). 控制权在风险投资融资中作用突出。See generally William A. Sahlman, *The Structure and Governance of Venture-Capital Organizations*, 27 Journal of Financial Economic 473 (1990)(分析投资者与风险投资者的关系).

这些利益冲突使企业家与投资者的关系遭到挑战。现实中,为投资者提供充分保护是不可能的,为企业家追求特质愿景提供无限自由也是不可能的,因此,双方必须在这两个目标之间达成一个可接受的妥协。

(二)控制权与现金流权

至此,我们已经论述了为何控制权对企业家和投资者而言都至关重要。我们现在论述,控制权与现金流权在允许企业家追求特质愿景与保护投资者之间的相互作用。〔74〕

1. 现金流权的作用

在清偿所有固定债权(如供应商和雇员的债权请求权)后,经营理念实施产生的收入代表了经营理念和各方投资的回报。各方应分配企业家和投资者之间的现金流。〔75〕 从传统上理解,现金流分配确定了双方风险和预期回报。〔76〕

然而,本文表明现金流的分配还有两个作用。其一,企业家的现金流权塑造了激励,从而影响代理成本。例如,股票期权(剩余现金流权的一种形式)可以通过将企业家的利益与投资者利益调整一致

---

〔74〕 一个先进的合同理论是指双方努力以达到前端成本(协商过程)和后端成本(执行过程)之间的有效平衡。See Robert E. Scott & George G. Triantis, *Anticipating Litigation in Contract Design*, 115 Yale Law Journal 814(2006). 然而,我们在此提出了一个简单的合同范式,因为我们旨在分析所有权结构而不是一般的合同。我们将在下文表明,很大程度上,所有权结构是不同的合同范式,而一个简单的合同范式就可以充分解释这点。

〔75〕 See e. g. , Jesse Fried & Mira Ganor, *Agency Costs of Venture Capitalist Control in Startups*, 81 NYU Law Review 967, 971(2006)(增强现金流权和控制权可以降低融资企业家的道德风险问题……优先股的使用可以向创业者提供生产价值的较强激励,董事会的控制可以使投资者更容易监督和替换表现不佳的企业管理者).

〔76〕 例如,投资者会考虑接收剩余现金流权要比接收固定现金流权更有风险,远期未来现金流价值低于近期现金流价值。

来降低代理成本。其二,现金流权分配可以确定企业家控制权的边界。例如,与投资按时分段进入相比,如投资在业务开始之际便全部进场,企业家会有更多自主权。[77] 类似地,承诺预定日期无条件固定数额支付(债务)的投资对比承诺支付剩余现金流但随时终止(股权)的投资,企业家会有更多自由控制权。

2. 互为替代的控制权与现金流权

当平衡特质愿景与代理成本时,控制权和现金流权有时互为替代。因此,控制权和现金流权可被用以组成平衡特质愿景与代理成本的不同组合。[78]

在某些情况下,现金流权可以为其持有人提供实际控制权。例如,考虑这样一种情况:企业家完全控制管理决策,但投资者承诺分阶段进行投资。在此种情况下,投资者的现金流权——分阶段投资的形式——为他们提供了实际控制管理决策的权利,即他们可以决

---

〔77〕 See generally Paul A. Gompers, *Optimal Investment, Monitoring, and the Staging of Venture Capital*, 50 Journal of Finance 1461 (1995) (分析风险投资组合中分阶段融资); Kate Litvak, *Governance Through Exit: Default Penalties and Walkaway Options in Venture Capital Partnership Agreements*, 40 Willamette Law Review 771 (2004) (分析风险投资合伙协议分阶段融资).

〔78〕 控制权可以分为多个维度,以在企业家与投资者之间实现理想平衡。例如,控制权可按当事人身份划分(例如,保证对企业家或投资者完全控制;分离双方之间的控制;或授予协商、监督或否决权);按决策的类型或重要性划分(例如,一方保留经营决策的控制,另一方保留对融资的控制;或一方保留日常管理的控制,另一方保留战略决策的控制);按治理结构(如任命董事和首席执行官的权利)或者事项划分。这些控制权基本模块代表了一系列的权利,根据当事人的合同采取精确的形式。如同控制权,现金流权也可沿多个维度划分。投资可以一次性进行,也可以根据里程碑分阶段进行,并有固定期限(债务)和无限期(股权)之分。同样,现金流权可以是固定的(工资或利息)、剩余的(股利)、混合的(优先股股利),或因情况而定的(可转换证券)。这些现金流权基本模块代表了一系列根据当事人的约定采取精确形式的权利。

定是否继续该业务。在其他情况下,现金流权可以作为失去控制的弥补。例如,假设投资者可以设计一个薪酬方案,这一薪酬方案可以给企业家与实施特质愿景相同的(超过市场水平)回报。[79] 在这种情况下,企业家可能同意分配控制权给投资者。[80]

3. 谈判力量与市场竞争

至此,我们已经表明,投资者和企业家可以采用现金流权与控制权的不同组合来平衡特质愿景与代理成本。采用的特定组合将反映投资者和企业家之间的谈判结果,而这个结果取决于双方的谈判力量,因此,相同业务可能产生控制权和现金流权的不同分配。当资本稀缺(如当利率很高时)或资本所投的特定业务领域稀缺时(如风险投资基金短缺),投资者可以达成更好的交易。[81] 相反,资本追逐经营理念时,或者当企业家有特别吸引人的理念或过往业绩优异突出时,企业家就有争取更有利条款的余地。[82] 此外,代理成本和特质

---

〔79〕 本论文的一个重要假设是,企业家和投资者都不会因内在原因而珍视控制权,因为他们只是通过行使控制权而获得一些非财产收益。相反,我们分析的前提是投资者和企业家是由于投资回报的影响而珍视控制权。

〔80〕 事实上,不同的证券代表了这两个要素的不同混合。例如,普通股代表无限期投资,有权享有剩余现金流量(高代理成本)与控制权(高度保护),而债券代表固定期限的固定资产投资(低代理成本)和只有因情况而定的控制权(低度保护)。

〔81〕 See Albert Choi & George Triantis, *The Effect of Bargaining Power on Contract Design*, 98 Virginia Law Review 1665(2012)(进一步深化评估议价能力对非价格合同条款的影响的分析框架);Albert Choi & George Triantis, *Market Conditions and Contract Design: Variations in Debt Collateral Contracting*, 88 NYU Law Review 51(2013);Blake D. Morant, *The Quest for Bargains in an Age of Contractual Formalism: Strategic Initiatives for Small Businesses*, 7 Journal of Small and Emerging Business Law 233, 237(2003)(解释小企业议价能力不平等如何导致合同保护减少).

〔82〕 See e. g., Paul Gompers & Josh Lerner, *The Use of Covenants: An Empirical Analysis of Venture Partnership Agreements*, 39 The Journal of Law and Economics 463, 493(1996)(发现风险投资使用合同条款与风险投资行业的供求有关).

愿景的价值无须被同等评估。因此,相较投资者因代理成本增加而要求股价上涨,企业家相应地对控制权更加重视。[83] 换言之,市场竞争和相对的谈判能力不仅可以导致定价不同,也可导致上述基础交易中合同质量条款的变化(从投资者或企业家角度来看)。

三、集中所有权结构的再探讨

至此,本文的分析可以概括如下:首先,投资者珍视控制权,以代理成本为其提供保护;企业家珍视控制权,因其允许他们追求特质愿景。其次,企业家和投资者之间的任何契约必须平衡企业家追求特质愿景的自由及投资者代理成本的保护。最后,投资者和企业家通过分配现金流权和控制权以实现这种平衡。[84]

我们的公司控制权理论提出了两种新颖见解:其一,公司所有权结构可以重塑现金流权和控制权的不同组合;其二,现金流权和控制权的不同组合意味着特质愿景与代理成本之间不同的平衡。这部分将论述:这些见解提供了对广泛采用的集中所有权结构与双层股权结构的潜在的基本权衡的新认识。

---

〔83〕 例如,虽然企业家可能因为人力资本投资而无法进行分散投资,但投资者持有多元化投资组合。因此,企业家追求特质愿景能力的价值可能高于投资者令企业家保持控制权的代理成本的价值。

〔84〕 虽然市场力量通过不同所有权结构有效分配控制权和现金流权,但我们的规范性法律规定(下文第四部分)旨在说服法院和立法者不要制止这一进程。基于片面的代理成本理论的强制性规定和法院判决,将降低企业家和投资者有效分配控制权和现金流权的合同自由。

(一)公司所有权结构新理论

1. 公司所有权结构频谱

将控制权和现金流权视为固定大小的“蛋糕”[85]有助于理解公司所有权结构基本权衡:“蛋糕”大小有限,提供越多的控制(现金流)权给投资者,提供给企业家的控制(现金流)权就越少。从本质上讲,企业家和投资者之间的控制权按一个维度划分,现金流权亦复如是。控制权和现金流权的零和性质使我们能够重塑公司所有权结构,如同沿着两个维度频谱分布的可替代合同。

下面本文探讨位于频谱两端所有权模式的典例。在频谱一端,投资者持有完全控制权和所有剩余现金流,而企业家仅有固定薪酬。这可描述投资者以劳动合同形式聘请企业家进行工作的安排。然而,即便在此种情况下,企业家仍享有某种程度的控制权。投资者可以任意解雇企业家,但只要企业家一日在位,则其仍保有日常决策的控制权。因企业家只有固定薪酬,其利益与投资者不一致,所以这种现金流权的分配使投资者面临代理成本(不当管理的类型)。然而,由于投资者拥有可随时解雇企业家的控制权,其风险代理成本是有限的。与之相反,企业家任职期限的不确定性限制了其追求特质愿景的自由。[86]

在频谱另一端,企业家持有全部控制权和现金流权,而投资者仅享有固定请求的现金流。这种模式通常表现为一个企业家向债权人

[85] 尽管权利内容可能会有所不同,但其大小是固定的。例如,现金流权利是固定的,但是当这些权利的不同分配影响激励和努力时,实际现金流可能会增加或减少。

[86] 然而,为说明轻微移动到频谱另一端的原因,投资者可以限制任意解雇企业家的权利,并增加一些股票期权作为企业家的薪酬,这些期权代表了预期剩余现金流。这将激励企业家努力并恪守在项目中的承诺。

(投资者)借款的借贷合同。然而,财务经济学家早已认识到,固定债权的债权人也保留部分控制权。[87] 只要企业家按时偿债,企业家就可以作出所有决定。但发生违约之际,控制权可能转移给投资者债权人。[88] 通过完全掌握控制权,企业家近乎无限自由地追求特质愿景。然而,就是这种自由令投资者有债务代理成本的担忧(如增加商业风险)。[89] 这种情况只受到他们因情况而异的控制权的限制;反过来,控制权又会限制企业家追求特质愿景的自由。[90]

2. 分散所有权结构与双层股权结构

由于本文主要研究集中所有权结构,所以本文结构只适用于上市公司。我们从频谱两端开始:分散所有权结构与双层股权结构的公司。然后本文表明集中所有权代表两个极端的最优解。

在分散所有权结构中,股东几乎持有所有剩余现金流,而管理者只

---

〔87〕 See Sung C. Bae et al., *Event Risk Bond Covenants, Agency Costs of Debt and Equity, and Stockholder Wealth*, 23 Financial Management 28, 28 – 29 (1994); Jaime F. Zender, *Optimal Financial Instruments*, 46 Journal of Finance 1645 (1991).

〔88〕 See Patrick Bolton & David S. Scharfstein, *Corporate Finance, the Theory of the Firm, and Organizations*, 12 Journal of Economic Perspectives 95, 100 (1998)(解释债权人在违约情况下可以行使控制权).

〔89〕 See Robert A. Haugen & Lemma W. Senbet, *Bankruptcy and Agency Costs: Their Significance to the Theory of Optimal Capital Structure*, 23 Journal of Finance & Quantitative Analysis 27 (1988); see also Roberta Romano, *Foundations of Corporate Law* (Foundation Press, 2nd ed. 2010), p. 183(“获得信贷后,通过改变公司的投资风险,管理人股东可以将债券持有者的财富转移给自己。”).

〔90〕 See e. g., Oliver Hart & John Moore, *Debt and Seniority: An Analysis of the Role of Hard Claims in Constraining Management*, 85 American Economic Review 567 (1995). 为说明沿着频谱另一方向的变化,假设投资者债权人可以约定限制企业家作出决策(如限制股利或杠杆)或企业家资产使用的范围(如限制销售)的条款。See Clifford W. Smith, Jr. & Jerold B. Warner, *On Financial Contracting: An Analysis of Bond Covenants*, 7 Journal of Financial Economic 117 (1979)(详细说明债券契约可用于降低债务代理成本).

领取工资以及通过薪酬计划的期权和奖金享有一小部分剩余现金流。[91] 让管理者仅分享一小部分剩余现金流使投资者承担管理代理成本。[92] 然而这些成本,被股东拥有解雇管理者的控制权所抑制。[93] 与此同时,被解雇的威胁也限制着管理者实现特质愿景的能力。[94]

分散所有权结构中,控制权并非无可争议,可争议的程度代表着代理成本与特质愿景之间的权衡:管理者不固定使投资者降低了代理成本,但这也意味着管理者追求特质愿景的动力不足。[95]

---

〔91〕 See Kevin J. Murphy, *Executive Compensation: Where We Are, and How We Got There*, in George M. Constantinides et al. eds., Handbook of the Economics of Finance(2013), p. 214, 217(回顾高管薪酬的历史演变).

〔92〕 Id. at 234("当代理人所得少于产出的100%价值时,就会出现代理成本").

〔93〕 可以肯定的是,股东的正式权力不能转化为实际权力,因为在对解雇管理层的表决中可能会遇到法律或其他障碍。See e. g., Lucian A. Bebchuk, *The Myth of the Shareholder Franchise*, 93 Virginia Law Review 675, 688 – 694(2007). 此外,公司可以在其章程中设置反收购条款,管理层可以采取其他反收购手段来巩固控制,防范股东积极主义。例如,在受限于最低限度的司法审查下,特拉华州允许公司采用交错董事会制度并实施"毒丸计划"以有效阻止收购。See Air Prods. & Chems., Inc. *v.* Airgas, Inc., 16 A. 3d 48, 58(Del. Ch. 2011)(支持董事会将"毒丸计划"与交错董事会制度组合使用). 特拉华州为董事提供了很大的反收购自由, see id. at 55("正如特拉华州法律目前所表明的那样,答案是击败敌意收购的权力最终在于董事会。"),英国坚持要求股东有权决定是否出售公司, see Paul L. Davies, *Gower and Davies Principes of Modern Corporate Law*(Sweet & Maxwell Ltd., 8th ed., 2008), p. 374 – 376。

〔94〕 See Jean-Jacques Laffont & Jean Tirole, *Repeated Auctions of Incentive Contracts, Investments, and Bidding Parity with an Application to Takeovers*, 19 The Rand Journal of Economics 516, 523(1988)(表明更容易的解雇对应于降低不可观察的投资的激励).

〔95〕 在这方面,关于允许或限制反收购的争论应被视为关于在代理成本和特质愿景之间平衡的争论。See Black & Kraakman, *supra* note 54, at 521 – 522(解释特拉华州以隐藏价值的见解处理收购——该公司的真实价值对董事是明显的,对股东或收购方而言则不然). But see Philippe Aghion et al., *Innovation and Institutional Ownership*(Nat'l Bureau of Econ. Research, Working Paper No. 14769, 2009), p. 3 – 4(发现由于敌对收购的保护,首席执行官地位没有那么牢固时,创新与机构持股之间的正相关关系更强,而且"当机构投资比例高时,解雇首席执行官也不会受到盈利能力下降的影响").

在双层股权结构中,企业家持有优先表决权的股权,而投资者所持之股权的表决权较低甚或不存在。[96] 著名的双层股权结构公司有脸书[97]和谷歌公司[98]。通过控制多数表决权,企业家对业务决策保持完全控制权,可以阻止任何敌意收购。无争议且无期限的控制权为企业家实现特质愿景提供了有力保障。在本文分析框架下,这最终均有利于企业家和投资者(如果企业家的愿景被证明是正确的[99])。然而,企业家无争议、无期限的控制权,加上企业家剩余现金流,会带给投资者高额管理代理成本[100]和控制代理成本(直接收入类型)[101]。事实上,尽管著名科技公司如谷歌、脸书、领英、高朋(Groupon)、Yelp、Zynga 和阿里巴巴公司采用双层股权结构,但由于投资

---

[96] 例如,假设 10 股中的 1 股中有 51% 的表决权,剩下的 9 股共有 49% 表决权。每股均享有同等剩余现金流权。企业家拥有优先份额(51% 的表决权,10% 剩余现金流权),投资者享有剩余股权(49% 的表决权,90% 剩余现金流权)。

[97] See Stone, *supra* note 2.

[98] 事实上,谷歌公司现在有三类股票。See Wong, *supra* note 1.

[99] 2012 年,谷歌公司发行额外普通股,并可轻易通过发行 A 类和 B 类股票稀释双层股权结构保护,但是谷歌公司拒绝这样做,创始人也写信给股东解释缘由。有意思的是,该信表示,创始人坚持要求双层股权结构是因为他们希望追求长期项目,以避免将来失去控制权的可能。他们具体说,这种结构是必要的,因为"技术产品经常需要多年显著投资才能发挥其潜力。例如,花了 3 年时间才发布了第一款安卓手机,然后在操作系统真正达到临界质量之前再花费 3 年"。See Letter from Larry Page, CEO & Co-Founder, Google, & Sergey Brin, Co-Founder, Google, to Google S'holders (Dec. 31, 2011).

[100] 企业家分享现金流权的一个负面作用是引致代理成本。See Stijn Claessens et al., *Disentangling the Incentive and Entrenchment Effects of Large Shareholdings*, 57 Journal of Finance 2741, 2755 (2002) [发现被控制公司市场对账面比率(一种公司价值测量方式)随着控制人的现金流权的增加而增加,但在这些权利和表决权之间的楔形中下降]. 企业家在双层股权公司分享现金流权的份额通常高于广泛持有的公司中的首席执行官的。See Paul A. Gompers et al., *Extreme Governance: An Analysis of Dual-Class Firms in the United States*, 23 The Review of Financial Studies 1051, 1053 (2010) (发现美国双层股权结构公司的内部人员平均持有 40% 的现金流权).

[101] 关于控制代理成本和管理代理成本的区别, see *supra* Section Ⅱ. A. 2。

者面临极高代理成本,所以这种所有权结构的应用并不广泛。[102]

(二)集中所有权

传统研究将所有权与控制权私人收益二者联系起来。然而,在本文框架中,集中所有权位于分散所有权结构公司(较低特质愿景与较低代理成本)和双层股权结构公司(较高特质愿景与较高代理成本)两个极端之间,也代表了另一种平衡特质愿景和代理成本的方式。具体而言,集中所有权通过大额持股约束企业家追求特质愿景的自由,明显减轻了因股东放弃控制权而给企业家所带来的代理成本。

在集中所有权和双层股权结构中,企业家凭借掌握公司最大份额表决权控制公司。在这两种结构中,企业家无可争议的控制权为其提供了追求特质愿景的自由。但无可争议的控制权也提供给控制人利用少数股东的平台从而加剧控制代理问题。然而,剥削少数股东的激励在两种结构中不尽相同。控制人现金流权份额越高,剥夺少数股东的激励就越低。[103] 与双层股权结构不同,集中所有权结构的表决权是一股一票。[104] 表决权根据每个股东投资比例享有,控制

---

〔102〕 See Robert Daines & Michael Klausner, *Do IPO Charters Maximize Firm Value? Antitakeover Protection in IPOs*, 17 Journal of Law, Economics & Organization 83, 95 (2001) [发现只有6%的上市公司有双层股权。根据我们的分析,投资者将代理成本与企业家追求自己特质愿景的可能利益进行比较。因此,如果投资者相信企业家的独特能力及特质愿景,尽管存在代理成本,他们也会购买双层股权结构公司的股权。同样,当企业家具有非常高的特质愿景但财富不足以占有大部分股权时(如当公司太大时),企业家可能会坚持持有无可争议的控制权而不需要大额股权投资,因此只能提供双层股权结构].

〔103〕 假设控制人持有无可争议的控制权,如果只持有20%的股权,其可以转移其他80%股东的价值。但如果持有80%的股权,其只能转移其他20%股东的价值。股权越小,可以从他人转移的利益就越多,转移的动机也就越高。

〔104〕 See Renee Adams & Daniel Ferreira, *One Share-One Vote: The Empirical Evidence*, 12 Review of Finance 51, 52 (2008).

人如无持有大量的现金流权就无法保证控制权。因此,双层股权结构中代理成本问题显著(低股本高激励),而集中所有权结构的代理成本问题恰如其分(高股本低激励)。

分散所有权和双层股权结构中,实际控制人并不必然持有最大多数现金流权。[105] 因此,这些结构给投资者带来管理代理成本问题。然而,集中所有权结构提供了一个折中的解决方案:将现金流权与控制权捆绑。"一股一票"制下,企业家只有在拥有足以让其保持控制的现金流权前提下才得以掌握控制权。事实上,持有一个控制性大宗证券将产生巨额成本:企业家将股票置于风险之中,丧失流动性和减少分散投资,且自己要么直接作为管理者,要么间接地监督管理者。在传统观点中,企业家愿意承担这些成本是为了获取控制权私人收益。然而,在本文框架中,企业愿意承担这些成本是为了掌握无期限、无争议的控制权,纵享追求特质愿景的自由。毕竟,在企业家(主观)自身相信投资与成本必将产生高于市场水平的回报的情况下,这是一个相对低的成本。[106]

以投资者角度观之,企业家控制权与现金流权捆绑对信息不对

---

〔105〕 换言之,这些结构代表了"现金流权和控制权的分离"的不同类型。See *supra* note 26 and accompanying text.

〔106〕 See e.g., Christian Andres, *Large Shareholders and Firm Performance-an Empirical Examination of Founding-Family Ownership*, 14 Journal of Corporate Finance 431, 444(2008)(发现创始家庭在行政部门或监事会上仍然活跃时,家族企业比广泛持有的公司和其他持有者类型的公司更有利可图);Danny Miller et al., *Are Family Firms Really Superior Performers*?, 13 Journal of Corporate Finance 829, 856 – 857(2007)(发现具有独立创始人的家族企业在市场估值方面胜过非家族控股公司);Belen Villalonga & Raphael Amit, *How Do Family Ownership, Control and Management Affect Firm Value*?, 80 Journal of Financial Economic 385, 388(2006)("只有当创始人仍然积极以首席执行官或作为董事长聘请首席执行官时,家族持股才能为公司全体股东创造价值。").

称与代理成本的缓解有所助益。第一,当企业家持有股权而置身风险之中(引致“共担风险”)时,特质愿景下信息不对称与观点差异引致定价不同——比如,股权投资需要获得多数表决权。第二,大额股权投资的企业家利益与投资者利益几乎一致,从而降低管理代理成本。第三,由于控制性大宗证券流动性相对较差,控制权与现金流权捆绑限制企业家快速退出业务。这种锁定效应加强了企业家与公司的承诺,进而降低投资者代理成本。

可以肯定的是,即使企业家“共担风险”,也可能产生代价高昂的错误,如作出对市场未来走向的错误判断。然而,与持有相对较少现金流权的企业家相比,在分散所有权和双层股权结构之中,企业家有避免这些错误的动机。

因此,我们分析表明集中所有权不一定不如分散所有权。每一种所有权结构提供了不同的代理成本与特质愿景之间的平衡。根据本文框架,所有权结构频谱可以概括如表 1 所示。

表 1 所有权结构频谱

所有权结构	代理成本(管理/控制)	追求特质愿景能力
分散所有权	低/低	低
集中所有权	低/中	高
双层股权	高/高	高

综上所述,在分散所有权结构下,可争议的控制权约束企业家追求特质愿景的能力,而集中所有权结构可以使企业家拥有无期限、无争议的控制权,且也不会产生如双层股权结构中高昂的投资者代理成本。集中所有权结构中,控制权令企业家为了自己与投资者利益而追求特质愿景。然而,企业家必须为此付出一定代价:资本分散投

资和流动性减少，同时实施和监督成本提升。企业家大额持股使少数股东从管理代理成本中获得保护，不过投资者仍然存在控制代理成本的问题。但是，集中所有权结构通过大额持股约束企业家追求特质愿景的自由，利用减小剥削少数股东的动机，降低了控制代理成本。

四、公司法：控制人权利及少数股东保护

在最后，我们论述这一新理论对公司法的启示。我们提供了这样的政策考虑的蓝图，即应引导美国甚或世界各国的立法者制定关于具有控股股东公司的法律规范机制。尽管我们承认保护少数股东的重要性，但是我们的理论也凸显了允许控制人追求特质愿景的重要性。因此我们认为，控股股东的权利在公司法中也应该发挥关键作用。我们进一步认为，少数股东保护与控制人权利保护的相互作用，对特拉华州关于控股股东的一些最令人费解的判例法也有新的启示。

在第一部分，我们认为，任何规范具有控股股东公司的法律制度都会不可避免地在保护投资者和允许控制人实现物质愿景的目标之间进行权衡。后文述及，这种权衡应走在符合治理结构安排和公司法原则方向的道路上。

在第二部分，我们将讨论控股股东应有的权利，并证明对控制人权利的承认会使法律结果更具正义，当然这与股东价值最大化的传统观念大相径庭。

在第三部分，我们分析少数股东保护的主要因素。我们提出两点具体认识：其一，特质愿景和少数股东保护的平衡可能会破坏防范自我交易的保护机制。应当允许部分自我交易，这不是出于我们认为控制人应获得私人收益奖励，而是这种监督会导致过度干预控制人对“特质愿景”的追求。其二，我们认为，特拉华州甄别自我交易的方法应该修改为以公司治理结构事中变化（midstream changes）中是否有少数股东保护必要为标准。

在第四部分，运用本文框架来重新评析一些公司法疑难案例，并揭示各自相应的解决思路。

（一）少数股东保护与控制人权利之间的权衡

在本文框架中，集中所有权结构形成的本质如下：控制人企业家之所以能够掌握控制权，是因为他们不担心信息不对称或观点差异可能使投资者阻碍他们追求特质愿景。而投资者则放弃控制权以换取显著股权投资及按比例分享现金流权的权利。[107]

这种对集中所有权本质的理解揭示公司法的三个基本思路：首先，法律应该通过抑制代理成本及预防控制人剥削少数股东以获取私人收益，保护投资者按比例分享现金流权。[108] 其次，法律也应该承认控制人追求特质愿景的权利。最后，公司法应维护控制人追求特质愿景的自由与他们大额股权投资之间的关联。

---

〔107〕 注意，投资者不愿意根据对企业家愿景价值的信念进行投资。如果是这样，他们将允许企业家使用双层股权结构。相反，投资者坚持认为，只有拥有足够的现金流权保障企业家控制权，企业家才有权追求自己的愿景。

〔108〕 如上所述，本文并不排除控制权私人收益可能激励一些企业家掌控控制权的可能性。然而，采用一种规约控制人价值转移的有效法律制度，会使控制人不太可能受到私人收益的驱使。See *supra* notes 103 – 104 and accompanying text.

公司法研究一般集中在第一个思路:需要通过抑制代理成本来保护外部投资者(控股股东自我交易以及其他形式对少数股东的剥削)。然而,在本文框架中,集中所有权结构不仅是基于抑制代理成本进而保护投资者之需要,也是基于控制人进行大额股权投资来换取无可争议的控制权以期实现特质愿景之意愿。因此,我们呼吁公司法保护控制人追求特质愿景的权利,同时保护中小投资者免于遭受自我交易或其他价值转移等方式的剥削。

此外,我们认为,找寻少数股东保护和控制者权利之间平衡的合适理论是很困难的,因为这两个目标之间存在不可避免之张力。在理想状态下,公司法应当实现这两个目标。公司法应该保护少数股东按比例分享公司"蛋糕"的权利,同时保护控制人追求实现做大公司"蛋糕"的特质愿景的自由。正如下文论及,实现这个理想目标简直难乎其难。

首先,很难区分公司决策或交易处理中哪些是关涉控制人特质愿景的,哪些是专为控制人和少数股东之间利益分配不均所设计的。其次,旨在保护投资者免受价值转移的法律措施也可能产生昂贵的代价。最后,禁止不按比例分配可能需要干预措施,而这些干预措施可能会削弱控制人追求实现特质愿景的权利。

为说明少数股东保护与控制人权利之间的相互作用,假设企业家持有公司60%的股权,企业家确信仅由一家其他公司生产的特定组件或材料对于新产品的开发是有必要的。然而,生产组件的公司由企业家独资持有。因此,企业家希望其持有60%的股权的公司向其独资拥有的公司购买组件。如果企业家都是这两家公司的独资所有人,其可以任何方式选购组件。但在此案例中,投资者持有公司

40%的股权,就存在一种合理怀疑:企业家为了自己利益而滥用权利,转移少数股东价值至自己所拥有的独资公司。

这个例子说明,有时候控制人不公平的关联交易行为,与为实现"特质愿景"而进行合法合理决策之间边界模糊、不易判断。保护少数股东免于遭受不合理的价值转移,则需要约束企业家对控制权的行使。这些约束可以通过法院对关联交易采取事后公平审查的形式,或事前要求获得少数股东对此类交易批准的形式。[109] 无论以何种形式,保护少数股东以抑制代理成本将无可避免地需要削减企业家追求特质愿景的一些自由,否则控制人与"国王"无异,难免会为所欲为。[110]

或许有人会认为,约束自我交易无须干预控制人追求特质愿景。这种观点认为,毕竟若控制人并无意图从少数股东处剥削价值,为何还会关心额外审查呢?如果交易在公正平等条件下展开,那么法院会在事后判定交易公平,[111] 或少数股东会在事前批准该交易。如在信息对称和零交易成本条件下这个论点是正确的。然而在现实世界中,信息不对称或观点差异可能令少数股东错误评估拟议交易。此外,还存在自我交易审查成本不菲;原告有时滥用权利提起诉讼;[112]

---

〔109〕 See Goshen, *supra* note 31, at 396 – 397.

〔110〕 单一所有人标准不仅是用于保护投资者的基准, see e. g., Lucian Arye Bebchuk, *The Sole Owner Standard for Takeover Policy*, 17 The Journal of Legal Studies 197, 210 (1988), 而且也是控制人追求特质愿景的权利的基准。

〔111〕 当认定自我交易促成控股股东特质愿景(当然没用这个术语)的情况下,法院认可这些公平的自我交易。See Cookies Food Prods., Inc. *v*. Lakes Warehouse Distrib., Inc., 430 N. W. 2d 447 (Iowa 1988).

〔112〕 See e. g., Roberta Romano, *The Shareholder Suit: Litigation Without Foundation?*, 7 Journal of Law, Economics & Organization 55, 61 (1991).

法院也会犯错;[113] 少数股东可能试图保留战略[114] 等情形。其他旨在建设一个对少数股东有效保护的预防机制同样也会产生巨额成本。[115] 因此,抑制代理成本进而保障小股东可能会干预控制人追求特质愿景。

少数股东保护和控制人权利之间的权衡对公司法设计有重要启示。立法者和法院应该寻求在少数股东保护和保证控股股东管理决策自由之间形成一个最佳平衡。实际上,少数股东保护的本质应该是依靠法律实施。贯彻一个既定保护措施的成本可能令人却步,不仅因为这会令公司或法院产生直接的合规成本,还因为这会约束企业家追求特质愿景。[116]

(二)控制人权利

我们首先分析集中所有权结构中控股股东的权利范围,保护类型应与这些权利相协调。

1. 管理者权利:商业判断规则和董事会组成

企业家愿意作出重大股权投资以换取实现特质愿景的权利。在信息不对称及观点差异条件下,控制权分配尤为重要。一些突破性

---

〔113〕 See Goshen, *supra* note 31, at 403 – 404(解释与公平审查标准相关的低效率).

〔114〕 See Zohar Goshen, *Controlling Strategic Voting*: *Property Rule or Liability Rule*?, 70 Southern California Law Review 741, 753(1997).

〔115〕 现代公司治理依赖于各种信息传递者和强制措施来限制代理成本,其中包括制定财务报告和其他披露义务,要求外部审计人员制定工作标准,并为外部独立董事制定要求。这些措施可能会干预控制人管理公司从而限制其追求特质愿景的能力。See e. g., Filippo Belloc, *Law*, *Finance and Innovation*: *The Dark Side of Shareholder Protection*, 37 Cambridge Journal of Economics 863, 864(2013)(发现股东保护较强的国家往往具有较大市场资本总额,但这也会降低创新活力).

〔116〕 对投资者的事前保护亦有益于企业家,它对资本市场发展与资本成本降低至关重要。然而,企业家也珍视追求特质愿景的能力。

的伟大经营理念源于“疯狂”或“梦想家”企业家(如福特的流水作业线及生产设计)。[117] 如若没有企业家掌握控制权,这些想法可能永远无法“落地开花结果”。如此一来,控制人追求特质愿景的权利的本质又是什么呢?

公司法应当承认控股股东在任何问题上行使控制权都可能会影响公司价值。控股股东应有决定公司未来方向并作出所有管理决策的自由,这包括承担管理者角色以及任命和解雇经理人的权利。

这些权利似乎直接遵循持有多数表决权的股东选任董事会全体董事的现行制度。然而,我们的分析对公司法理论和政策有两个重要影响。

首先,法院通常避免干预控制人或其代理人所作的无利益冲突的商业决策。换言之,我们的分析对在具有控股股东的公司应用商业判断规则方面有新论述,商业判断规则通常将无利害关系董事与过失责任相隔离。[118] 我们的分析还质疑特拉华州法院所作的关于控股股东负有注意义务的陈述。[119] 控制人企业家选择掌握控制权,

---

〔117〕 See e. g. , Thaddeus Wawro, *Radicals & Visionaries: Entrepreneurs Who Revolutionized the 20th Century* (Entrepreneur Press, 2000).

〔118〕 See William T. Allen et al. , *Function over Form: A Reassessment of Standards of Review in Delaware Corporation Law*, 56 Business Law 1287, 1298 (2001) (表明商业判断规则乃基于一个假设,即公司决策是由无利益冲突的独立董事作出,他们在决策过程中诚实、善意,并采取合理的决策过程).

〔119〕 See e. g. , Cinerama, Inc. *v.* Technicolor, Inc. , No. CIV – A – 8358, 1991 WL 111134, at *19 (Del. Ch. June 24, 1991) (“当通过持有股权而取得权力的股东指使公司来展现权力时,其承担了公司董事的注意义务和忠实义务。”), aff'd in part, rev'd on other grounds sub nom. Cede & Co. v. Technicolor, Inc. , 634 A. 2d 345 (Del. 1993); see also Jens Dammann, *The Controlling Shareholder's General Duty of Care: A Dogma That Should Be Abandoned*, 2015 University of Illinois Law Review 479, 480 – 481 (2015) (“鉴于控股股东具有强大的经济激励措施促使其作出明智决策,因此不清楚为何需要对其施加一般的注意义务来保护小股东。”).

是因为其预计信息不对称或观点差异会导致中小投资者作出阻碍其追求特质愿景的决策。所有权结构反映了少数投资者在公司管理上“保持沉默”以换取显著股权投资的双方协议。换言之,经营判断的权利出售给控制人企业家。因此,少数投资者向法院提起的要求司法干预控制人企业家无利益冲突之商业决策的诉讼违背了内嵌在控制所有权结构中的默示约定。法院应当适用商业判断规则以避免干预及确保少数投资者坚守既有约定。

此外,独立于合同协议要求存在的信息不对称和观点差异应制止法院对商业决策进行干预。控制人与法院之间的信息不对称及观点差异更甚于投资者和控制人企业家之间,因为法院需要以可证实的事实为基础进行裁决。因此,出于同样的原因,控制人为了独立自由愿意承担额外成本,法院不应作出破坏企业家特质愿景的裁决,否则控制人企业家为掌握无可争议的控制权而与投资者达成的协议效力将归于无效。

这个基本原理与传统上对控股股东业务决策不干涉的理由有所不同。〔120〕 传统公司法理论假定在集中所有权结构下,对无利益冲突的交易进行司法审查是没必要的,因为控制人持有大额股权这一事实激励其促进所有投资者价值最大化。〔121〕 考虑代理成本的降低,在商业决策方面,控股股东比法院或少数股东更具有优势。相形之下,

〔120〕 关于商业判断规则的传统法理,see *In re* Walt Disney Co. Derivative Litigation, 907 A. 2d 693,698(Del. Ch. 2005)。其中指出,“对董事失职的纠正……必须通过股东行为和股本自由流动的市场来进行,而非通过法院”;俄亥俄州最高法院案件,See Gries Sports Enterprises *v*. Cleveland Browns Football Co. ,496 N. E. 2d 959,963 - 964(Ohio 1986),其中指出,“董事比法院更有条件作出业务判断”。

〔121〕 See e. g. ,Dammann,*supra* note 119,at 482.

我们的解释侧重于需要提供给控制人实施商业计划的自由,即便投资者(和法院)认为这样的计划并不能提高股权价值。事实上,即便所有少数股东认为控制人是彻底错误的,其所提出的商业计划也肯定会在未来降低其股票价值,法院也应避免干预。[122]

其次,我们对控制人管理权利重要性的诊断对在具有控股股东的公司提升董事会独立性的相关公司治理改革提供了新的启发。控股股东掌握的表决权允许其任命任何候选人组成董事会。然而最近的公司治理改革中,控制人任命董事的权力受到约束。例如,公司要公开上市,则其董事会或董事委员会需要具备一定比例的独立董事,这些独立董事不仅独立于公司,也独立于控股股东。[123] 有些法域甚至进一步赋权少数股东,以影响董事会席位组成,比如任命少数股东的代表作为董事会成员。[124]

---

〔122〕 回想一下,我们不会认为控制人特质愿景必然会产生高于市场水平的回报。相反,我们认为企业家珍视控制权是因为其允许他们追求自己的愿景,而在集中所有权结构中,控股股东能够通过在博弈中持有足够份额来获得控制权。

〔123〕 See Nasdaq, Inc., Nasdaq Stock Market Rules § 5605(b)(1)(2015)(多数董事会需要有独立董事);N. Y. Stock Exch., Inc., New York Stock Exchange Listed Company Manual § 303A. 01(2015)("上市公司必须拥有多数独立董事。").

〔124〕 See e. g., Roger Barker & Iris H. - Y. Chiu, *Protecting Minority Shareholders in Blockholder-Controlled Companies: Evaluating the UK's Enhanced Listing Regime in Comparison with Investor Protection Regimes in New York and Hong Kong*, 10 Capital Markets Law Journal 98, 107(2015)(描述了英国新的上市规则,为少数股东投资者提供了更多影响力,包括推迟多数股东批准候选人担任独立董事的权力);Bernard Black & Reinier Kraakman, *A Self-Enforcing Model of Corporate Law*, 109 Harvard Law Review 1911, 1947 - 1948(1996)(描述累积投票作为保障少数股东机制的优点);Corrado Malberti & Emiliano Sironi, *The Mandatory Representation of Minority Shareholders on the Board of Directors of Italian Listed Corporations: An Empirical Analysis* 11 - 18(Bocconi Legal Studies, Research Paper No. 18, 2007)(回顾了意大利少数代表改革).

这些预防措施在执行防范自我交易规则中可能是必要的。[125] 然而我们的分析解释了为何立法者在约束控股股东任命董事会成员或经理的权力时应谨慎行事。董事会的改革旨在使董事会更有效地监督首席执行官或控股股东,但信息不对称和观点差异可以令控制人企业家无法确信地将特质愿景传达给投资者和持怀疑态度的独立董事。因此,平衡控制人权利与少数股东保护的需要也应被纳入具有控股股东公司的董事会改革。至少,控制人应有权任命董事会的多数成员,进而也应有权任命首席执行官和其他高管。[126]

2. 财产规则保护:保持控制权

为保持企业家无争议的控制权,应以财产规则保护其作出管理决策的权利。[127] 换言之,市场(少数股东)或法院不能单方面以剥夺控制人的控制权来换取客观确定的补偿;控制人应该能够阻止控制

---

[125] See Bernard Black & Woochan Kim, *The Effect of Board Structure on Firm Value: A Multiple Identification Strategies Approach Using Korean Data*, 104 Journal of Financial Economic 203(2012)(报告证据显示,提高董事独立性的改革对韩国企业产生积极影响); Jay Dahya et al., *Does Board Independence Matter in Companies with a Controlling Shareholder?*, 21 Journal of Applied Corporate Finance 67(2009)(发现在有独立董事的控股公司中,公司价值一直较高).

[126] 事实上,根据《纳斯达克规则》第§5615(c)(2)条规定,受控公司可免受《纳斯达克规则》第§5605(b)条关于要求董事会中独立董事占多数的要求。See Nasdaq, Inc., *supra* note 123, § 5605(c)(2). 一个类似的豁免规定存在于纽约证券交易所的上市公司手册 Section 303A.00 以下。See N. Y. Stock Exch., Inc., *supra* note 123, § 303A.00(2015).

[127] See cf. Guido Calabresi & A. Douglas Melamed, *Property Rules, Liability Rules, and Inalienability: One View of the Cathedral*, 85 Harvard Law Review 1089, 1092(1972)[注意到根据责任规则,企业家可在没有获得所有人同意的情况下享有权利,但有义务支付客观公允价格(法院事后监督为保证);而根据财产规则,则须经所有人同意(以事前双方同意的价格交换)].

权的非自愿改变。[128]

控制人权利的财产规则保护有直接的影响,这些影响符合既有学说,且无异于私有财产的标准保护。正如特拉华州法院长期以来承认的控制人不能被迫出售控制性大宗证券,即使这样做会使公司或少数股东明显受益。[129] 控制人通常可随时或在其认为价格合适时出售控制性大宗证券来退出投资。[130]

尽管如此,控制人财产权的保护延伸到一个广泛的也不太直观的公司行动领域,在此方面,公司法研究尚不清晰。控制人可以失去控制权,不仅在出售股票时,也可在公司行动时,如发行新股稀释控制人控股。我们主张,即便会使公司或少数投资者受益,有控股股东的公司也不应被要求采取会使控制人失去控制权的行动。

考虑以下假设:银行必须增加资本以满足资本充足率要求。银行有两种选择:发行新股或出售一个子公司。银行的控股股东持有

---

〔128〕 财产规则保护的必要性源于为企业家分配控制权和管理权之根本理由。控制人企业家对项目价值(特质愿景)有独特愿景或个人看法。任何客观确定的非合意的补偿对于企业家而言甚少公允。有关财产规则与责任规则的卷帙浩繁的学术文献表明,当存在特质愿景时,财产规则保护是适当的。See e. g., Henry E. Smith, *Property and Property Rules*, 79 NYU Law Review 1719, 1722 – 1731, 1755 – 1756(2004).

〔129〕 See Bershad *v.* Curtiss-Wright Corp., 535 A. 2d 840, 845(Del. 1987); But see Jens Dammann, *Corporate Ostracism: Freezing Out Controlling Shareholders*, 33 The Journal of Corporation Law 681, 694(2008)(阐述关于少数股东投资者可迫使控制人出局的制度的开拓性建议).

〔130〕 然而,一些限制强加在收购者身份上。See Harris *v.* Carter, 582 A. 2d 222, 235(Del. Ch. 1990)(禁止向已知敌意收购者出售控制权,对控股股东施加有限调查责任). 在 Hollinger International, Inc. *v.* Black 中,特拉华州法院允许董事会使用"毒丸计划",以防止控股股东出售其控制性大宗证券。但是,我们认为,这种支持仅适用于控制性大宗证券出售明显违反控制人信义义务的情况。See Hollinger Int'l, Inc. *v.* Black, 844 A. 2d 1022, 1085 – 1086(Del. Ch. 2004)(当控制人出售其控制权乃基于其行为过程是不当的累积以及违反了本身的契约义务时,则允许董事会使用"毒丸计划").

51%股权,由于资金流动性问题,无力购买银行增资的股票。新股的发行将会稀释控制人的股权,并可能导致其失去控制人的位置。关于这两个方案,董事会该如何选择?乍一看,董事的信义义务要求他们选择最符合公司利益的方案,而不必在乎控制人保持控制权的利益。然而我们主张另一种方案。在本文框架下,控股股东不能也不应该被迫失去控制权。因此,应禁止董事会采取迫使控制人失去控制权的行动,即使这样做会提高股票价值。故董事会应决定出售子公司,原因很简单,因为发行新股将迫使控制人失去控制权。[131]

尽管我们采取的方法至少与特拉华州的两个判例[132]保持一致,但我们所采取的方法导致的结果与股东价值最大化之传统观念相悖,保持控制权的必要性可能促使具有控股股东的公司采取降低价值的行动。但是,少数股东、董事会或法院可能会迫使控制人失去控制权——是否被迫出售、股权稀释或任何其他行动——是不符合财

---

〔131〕 控制人的这种待遇与少数股东(或被广泛持有的公司的投资者)不同。我们通常允许管理者行使权利,即使这可能会迫使投资者选择稀释或增资。关于需要保护控制人对公司资本结构决策有影响的控制权的证据,see for example, Thomas Schmid, *Control Considerations, Creditor Monitoring, and the Capital Structure of Family Firms*, 37 Journal of Banking & Finance 257, 263 – 266(2013)(发现符合德国家族企业利用公司资本结构优化企业控制权的假设的证据)。

〔132〕 我们的方法似乎与特拉华州的判例法一致。See Adlerstein *v.* Wertheimer, No. CIV – A – 19101, 2002 WL 205684, at *11(Del. Ch. January 25, 2002)(认为为挽救公司免于破产的董事因稀释控制权,违背了信义义务);Mendel *v.* Carroll, 651 A. 2d 297, 306(Del. Ch. 1994)(认为"在没有受到控制股东违反信义义务的严重威胁情况下",董事会不能采取措施迫使控制人丧失控制权). 关于这些裁判的分析, see John C. Coffee, Jr., *Transfers of Control and the Quest for Efficiency: Can Delaware Law Encourage Efficient Transactions While Chilling Inefficient Ones?*, 21 Delaware Journal of Corporate Law 359, 390 – 396(1996), which discusses Mendel; and Andrew Gold, *The New Concept of Loyalty in Corporate Law*, 43 UC Davis School of Law 457, 483 n. 130(2009), which discusses Adlerstein。

产规则保护控制人包括作出管理决策和追求特质愿景的权利之需要的。重要的是,从向控制人合理提供私人收益回报以奖励他们自愿从事监督管理的需求而言,无法证成这一结果。相反,它是基于双方事前意思表示一致的安排,使企业家能够追求"特质愿景"。

3. 控制权溢价出售权利

在具有控股股东的公司中,控股股东是否可以控制权溢价出售是最重要且具有争议的问题。〔133〕特拉华州承认控股股东控制权溢价出售的权利,但在出售控制权给敌意收购者方面有所限制。〔134〕如上所述,控制人在任何时间所进行出售的权利源于财产权的本质。〔135〕但为何溢价出售的权利不是由少数股东共享?〔136〕

反对控制人控制权溢价出售的一个关键前提是控制权溢价代表着私人收益,从而也代表着对少数股东的剥削。在此视域下,施加控

---

〔133〕 关于控制权溢价出售的普通法规范,在 Zetlin *v*. Hanson Holdings, Inc., 397 N. E. 2d 387, 388 (N. Y. 1979) 中有明确解释,其中指出,"一直以来法律规定,如若没有公司资产掠夺、公司机会转移、欺诈或其他恶意行为,控股股东可以自由出售控制权溢价,购买者也可以自由购买"。But see William D. Andrews, *The Stockholder's Right to Equal Opportunity in the Sale of Shares*, 78 Harvard Law Review 505 (1965) (论证与少数股东分享控制权溢价).

〔134〕 See e. g., Abraham *v*. Emerson Radio Corp., 901 A. 2d 751, 753, 758 (Del. Ch. 2006); Harris, 582 A. 2d at 232 – 235.

〔135〕 许多国家遵循所谓的机会均等规则,要求买方在购买超过一定比例的股份(通常在30%左右)时,则必须向股东发出要约,至少要购买50%的股权。See e. g., the Panel on Takeover & Mergers, *The City Code on Takeovers and Mergers* (11th ed. 2013), p. 36. 4 (表示买方如收购超过30%股权,则触发了公司超过50%股权的强制性要约); Directive 2004/25, of the European Parliament and of the Council of 21 April 2004 on Takeover Bids, 2004 O. J. (L 142) 12, 17 ("会员国应确保控制人发出要约,以作为保护该公司少数股东的手段,这种要约应尽早以公允价格对所有证券持有人发出。").

〔136〕 当出售股票的每股价格高于同一股票市场价格时,控制人获取溢价,这基本上代表了其他投资者可以出售股票的价格。计算这个价格差异的精确方法超出了本文范围,故在所不论。

制人溢价出售的限制将降低以牺牲少数股东利益为代价获取私人收益的激励的低效出售风险。[137]

然而,在本文框架中,控制权溢价并不一定代表控制权私人收益或对少数股东的剥削。相反,控制权溢价反映了控制权出售中的买方或卖方所寄予的特质愿景的价值。卖方认为其股权可以获得高于市场水平的回报,将坚持高价出售自己的股份。即使自己在控制,也会与少数股东按比例分配共享实现的回报成果。对于卖方而言,溢价仅仅反映了其如在控制中所预期得到的份额。同样,买家认为自己在新的投资中可以取得更大的高于市场水平的回报,所以愿意支付溢价价格,即使他打算与少数股东按比例共享这些回报。[138]

(三)少数股东权利

我们对公司契约一方的少数股东的分析集中于:少数股东在控股股东结构所受之威胁上以及应提供加强少数股东权利的保护类型上。

1.按比例分配:甄别自我交易

少数股东的主要担忧是控制人企业家进行自我交易、掏空行为或其他获取方式获得超过其原有按比例分享的现金流权。保护少数股东的主要形式是对公司资产的非比例分配进行强有力的监督。控

---

〔137〕 See e.g., Lucian Arye Bebchuk, *Efficient and Inefficient Sales of Corporate Control*, 109 The Quarterly Journal of Economics 957, 960(1994).

〔138〕 与此同时,本文支持平等机会规则。毕竟,投资者允许控制者保持控制,以便控制者能够追求自己的特质愿景,进而将其价值与投资者分享。当控制人退出联合投资时,其从买方按比例获得其特质愿景的价值,让少数股东等待新买家意识到其特质愿景。因此,卖方必须首先履行对少数股东的合同承诺(支付特质愿景的承诺份额),才可要求少数股东与买方订立新的合同。

制人为换取以自认合适之方式实施经营理念追求特质愿景的自由，承诺按比例与少数股东分享业务产生的现金流。如果控制人向少数股东寻求任何优待，也应该与投资者协商获得许可——包括进入联合投资之前或接受优待之后。否则，任何非比例分配将予以严格司法审查。[139]

因此，治理具有控股股东的公司的法律规范机制应该完成两项重要任务：第一，应该建立一个甄别合法业务决策和自我交易的可行机制；第二，应该通过适当机制管理自我交易。接下来，我们讨论管理关联交易的不同机制的选择。在该部分，我们专注于第一项任务——甄别那些值得严格审查的交易。

关联交易和其他合法交易之间的区别至关重要。比如根据特拉华州法律，这种区别就决定了挑战交易的诉讼结果是偏向于原告进行完全公平审查还是偏向于被告而以商业判断规则为由迅速驳回。[140] 然而，甄别是否需要严格审查往往是困难的。例如，当控制人将其私有资产卖给由其控制的上市公司时，这种自我交易行为是明显的。但在很多情况下，比如对仅因控制人利益与公司行为相关

---

〔139〕 See e. g. , Weinberger *v.* UOP, Inc. , 457 A. 2d 701, 710 (Del. 1983)（讨论通过公司与其多数所有者之间的现金合并来挤出少数股东）.

〔140〕 See generally Steven M. Haas, *Towards a Controlling Shareholder Safe Harbor*, 90 Virginia Law Review 2445 (2004)（在控股股东交易的范围内进行完全公平标准和商业判断规则审查）；关于欧洲司法管辖区约束控制人自我交易的方法，see generally Pierre-Henri Conac et al. , *Constraining Dominant Shareholders' Self-Dealing: The Legal Framework in France, Germany, and Italy*, 4 European Company and Financial Law Review 491 (2007)，其中讨论了法国、德国和意大利规范股东自我交易的方法。

却与少数股东利益不完全一致的情形，尚不清楚是否应严格审查。[141] 我们在此没有解决这个问题的意图。相反，我们希望以一个典型例子来说明，甄别自我交易应该考虑平衡少数股东保护和控制人权利。

考虑辛克莱石油公司诉莱维恩公司案（Sinclair Oil Corp. *v.* Levien）分配股利问题。[142] 在这个开创性先例中，特拉华州最高法院认为，按比例分配股利不需要严格司法审查，即使公司决定分配股利是为了满足控制人资金流动性需求。[143] 法院应该保护少数控股股东以免受控制人为资金流动性或其他利益启动按比例分配股利的风险？在辛克莱石油公司诉莱维恩公司案中，法院对此问题明确回答：不行。法院认为按比例分配股利并不等同于自我交易，因此应该留由商业判断规则决定。[144] 这是最理想的结果吗？

事实上，按比例分配可以满足控制人的流动性需求，但同时也剥夺了公司高利润的增长机会。换言之，按比例分配股利对于少数股东可能是有害的。然而，就像我们接下来所解释的，一个试图监督控制人和防止这种不当分配的法律规则不仅成本过高，也违反了集中

---

〔141〕 See Dammann, *supra* note 129, at 694（注意到特拉华州的审查使原告难以进行自我交易，因为“虽然可能表明公司采取的行动使控股股东受益，但很难证明这种优势是以牺牲其他股东为代价的”）；Luca Enriques, *Related Party Transactions: Policy Options and Real-World Challenges*（对欧盟委员会提案的批评），16 European Business Organization Law Review 1, 13 – 14 (2015)（讨论需要根据具体情况决定董事或主要股东是否可能在特定问题上具有间接利益的实际困难）.

〔142〕 Sinclair Oil Corp. *v.* Levien, 280 A. 2d 717 (Del. 1971)（否认一个剥夺公司资源追求公司机会，同时允许控股公司流动资金为其公司融资的大额股利分配应该受制于全面公平审查标准而非商业判断规则）.

〔143〕 Id. at 721 – 722.

〔144〕 Id. at 722.

所有权结构隐含的契约。

任何试图审查按比例分配股利的规则必定会干预控制人管理的权利及其追求特质愿景的能力。第一,控制公司的资本结构,所需的资本以及公司运行中如何融资,可能是实施企业家战略不可或缺的一部分。[145] 外部干预因此将大大干预控制人管理资本决策的能力。第二,由于信息不对称及观点差异,甄别合法分配股利与否容易出错。[146] 第三,即使法院能准确判定分配是非法的,其有效执行本身也会导致对公司管理的过度干预。被禁止分配股利以满足流动性需求的控制人,在无奈之下可能会决定避免风险投资而将股息存入公司银行账户,以便在不久的将来分配同等数额。在这种情况下,难道法院会允许少数股东提起诉讼令控股股东将资金投资于一个更有利可图的选择吗?显然,答案是否定的。换言之,对按比例分配股利的

---

〔145〕 在没有交易成本情形下,公司资本结构(其负债权益比率)可以通过股利、杠杆和发行新股的任何组合来确定,这对公司价值具有相同的影响。同样,购买无杠杆的风险投资与采用杠杆作用的固定投资相同。See e. g. , Merton Miller, *The Modigliani-Miller Propositions After Thirty Years*, 2 Journal of Economic Perspectives 99 (1988) [讨论了弗兰科·莫迪利安尼(Franco Modigliani)和莫顿·米勒(Merton Miller)关于资本结构和企业价值股利政策无关的定理]. 但在有交易成本的情形下,特质愿景之于经营理念,与特质愿景之于资本结构不分轩轾。控股股东决定发行新股并投资项目的方式应与其决定避免项目和分配股利的方式一视同仁。

〔146〕 任何投资均提供了以对未来事件或后果的估算为基础的风险与预期收益的组合。与投资风险相关的等同于市场正常预期收益的投资将提供零净现值。在有效的市场中,所有投资都提供正常的收益率,因此均为零净现值。为了阐明我们的观点,假设大多数市场都是有效的就足够了。如果投资的预期回报低于(或高于)其所承担风险的市场定价,那么它提供的净现值为负(或正),这应该予以避免(或者是便宜的)。控制人放弃投资以分配股利的决定只有在避免投资具有正净现值的情况下才会损害小股东。无论如何分配股利,都应避免负净现值投资,零净现值投资为股东留下许多再投资股利的市场替代品。由于股利的潜在损害与投资净现值的决定有关,因此判决需要要求法院裁断投资优劣与否,但法院不能作出这样的裁断。事实上,避免这种裁断是商业判断规则的主要理由。

有效监督最终会迫使法院放弃商业判断规则。

关于辛克莱石油公司诉莱维恩公司案的讨论表明,控制人权利与少数股东保护之间不可避免的张力关系应该形成关联交易与其他合法交易之间的法律区别。可以明确的是,控股股东利益与少数投资者的利益并不总是完全一致的——即便是按比例分配股利的情形。但是,并非所有利益冲突都需要法律干预以保护少数股东。

2. 事中变化

前面的分析支持了特拉华州法院裁断关联交易的方式。然而,在本部分,我们论述,对于控股股东事中单方面改变公司治理,同样的方式却未能保护少数股东。理论上控股股东可以直接通过改变章程和(或)规章制度或间接通过一些业务组合(如合并),以利用控制权事中改变公司治理安排,并由此享受比按比例分配获得的更多的利润,这些变化可能与集中所有权结构下企业家和投资者之间最初的契约不一致。[147]

比如,控制权和现金流权之间的联系。我们在最后论述,在"一股一票"规则下,将控制权与显著股权投资捆绑缓和了管理代理成本和信息不对称问题。一旦控制人向投资者募集资金,控制人就可能会拆散这个安排,想方设法在无须承担大额持股相关成本前提下掌握无可争议的控制权。例如,控制人可能会尝试修改公司注册证书关于任期投票权的规定,即稀释少数股东管理权利(类似强迫少数股

〔147〕 See Jeffrey N. Gordon, *The Mandatory Structure of Corporate Law*, 89 Columbia Law Review 1549,1573 - 1585(1989)(解释投机修改章程的风险).

东进入双层股权结构的效果)。[148] 因此,一个少数股东保护方案必须包含防范事中单方面改变公司治理安排的保护措施。

事实上,在特拉华州,少数股东数次对这些事中变化提出挑战,但不获支持。法院拒绝在完全公平标准下审查这些改变,认为只要法律效力平等,控制人这些变化所产生的不同经济影响并不构成关联交易。[149]

然而,本文的理论认为,若控制人试图违背捆绑控制权和现金流权的承诺,法院就应该保护少数股东。[150] 原因可能在于特拉华州法院以偏概全,以单个标准检验两个截然不同的任务——甄别自我交易与防范事中治理结构变化。控股股东事中改变治理结构的问题需要另一个法律框架。类似于关联交易,这个框架应该包含两个元素:其一,甄别出那些值得某种审查的事中变化的情况;其二,依少数股东应值得保护的本质作出裁断。

3. 保护类型

少数股东权利,类似于控制人权利,也可用责任规则或财产规则

〔148〕 See e. g. , Williams *v.* Geier, 671 A. 2d 1368, 1370 – 1374 (Del. 1996) (描述任期投票计划).

〔149〕 Id. at 1378 ("有这样的记录……非按比例或不成比例的收益归于家族集团资本重组,虽然计划在实践中实施的动力会有加强家族集团控制的影响……"); eBay Domestic Holdings, Inc. *v.* Newmark, 16 A. 3d 1, 37 (Del. Ch. 2010) ("易趣网依赖的情况不支持这样一个法律规则,即在公司行为对董事或控股股东与少数股东的影响不同时,将引致完全公平标准审查。").

〔150〕 这种保护也将解决我们迄今尚未讨论的一个重要方面。上市公司的所有权结构可能随着时间的推移而变化,特别是当具有控股股东的公司上市时。See e. g. , Julian Franks et al. , *The Life Cycle of Family Ownership: International Evidence*, 25 The Review of Financial Studies 1675, 1687 – 1707 (2012). 一股一票资本结构下,公司需要筹集更多资金来投资发展,可能会决定发行更多股份,从而稀释控股权。在本文中,集中所有制结构(不同于双层股权结构)中的企业家不持有大额现金流权就无法保持其控制权。

来保护。[151] 根据责任规则,没有少数股东的同意,控制人可以自我交易,但有责任支付一个客观公允的价格(由法院事后监管)。根据财产规则,如无少数股东同意,控制人不能进行自我交易(通常是事前的少数股东多数决)。

平衡控制人和少数股东权利的需要影响着少数股东保护的理想形式。财产规则为少数股东提供了同意基础上的保护,这容易遭受抵抗,从而产生少数股东干预控制人管理权利的风险。相形之下,责任规则为少数股东提供了基于补偿的公平的保护,这易受司法错误的影响,但控制人管理权不太可能受到干预。[152] 在责任规则下,当交易发生时,只有价格存在争议;在财产规则下,少数股东可以阻止交易。我们认为,少数股东权利和控制人权利之间的权衡支持责任规则作为对少数股东的保护,更好地平衡保护少数股东与维护控制人特质愿景。[153] 前已述及,特拉华州公司法确实依赖司法审查检查控制人自我交易。鉴于特拉华州专门法院的生态系统(ecosystem)

---

〔151〕 See Goshen, *supra* note 31, at 408[阐述从个人保护到群体保护,扩大圭多·卡拉布雷西(Guido Calabresi)和道格拉斯·梅拉米德(Douglas Melamed)的财产规则和责任规则框架].

〔152〕 可以肯定的是,正如特拉华州的判例法所表明的那样,即使在责任规则下,少数股东多数决也可能在自我交易审查方面发挥重要作用。然而,尽管有少数股东的反对意见,其授权法院仍批准自我交易,从而降低控制人与投资者之间的抵制或因意见差异导致错误的风险。

〔153〕 理论上,本文认为责任规则保护更为合适。但考虑各国之间的制度差异,本文并没有确定责任保护或财产保护的形式何为优先,因为每种保护的实际效果取决于特定司法辖区的司法制度和机构投资者。如果没有有效的股东诉讼制度或法院缺乏必要的专门知识来裁决公平纠纷,责任规则可能无法在某些市场或法律规范机制中运作。See Goshen, *supra* note 31, at 409.

及富有活力的私人执法,我们认为这种方法理想可取。[154]

(四)疑难案例

在本部分,我们考量两个典型交易。这两种交易已引起法官和学者们的关注,并且不易归类为少数股东保护或控制人权利保护。我们首先解决挤出交易(freezeout transactions)问题。正如本文论及的,这种交易类型加剧了不可避免的且棘手的少数股东保护和控制人权利保护之间的紧张关系。然后,我们讨论特拉华州法院对控制人与少数股东在同等条件下将公司全部股权出售给第三方的案例中采用的模糊的方法。在此情形下,少数股东保护的必要性弱于挤出交易情形。与此同时,对这些交易进行更严格审查不太可能干预控制人追求特质愿景的权利。

1.挤出交易

在挤出交易中,上市公司控股股东为了公司私有化而收购少数股东股权。[155] 虽然挤出交易被公司法学者广泛研究,[156]但法院仍然

〔154〕 注意到专门法院不仅要加强保护少数股东,而且要降低过度干预控股股东权利的风险。专门法院不太可能犯错,这反过来又会降低旨在保护少数股东规则的成本(在损害控制人权利方面)。See e. g. ,Luca Enriques, *Off the Books, but on the Record: Evidence from Italy on the Relevance of Judges to the Quality of Corporate Law*, in Curtis J. Milhaupt ed. ,Global Market, Domestic Institutions: Corporate Law and Governance in a New Era of Cross-Border Deals, Columbia University Press, 2003, p. 257, 258(表明"法官在塑造公司法律环境方面的核心作用").

〔155〕 See Guhan Subramanian, *Fixing Freezeouts*, 115 Yale Law Journal 2, 6 – 7(2005).

〔156〕 See e. g. ,Lucian Arye Bebchuk & Marcel Kahan, *Adverse Selection and Gains to Controllers in Corporate Freezeouts*, *in Concentrated Corporate Ownership*, *supra* note 5, at 247; Gilson & Gordon, *supra* note 37, at 796 – 803; Subramanian, *supra* note 155; Zohar Goshen & Zvi Wiener, *The Value of the Freezeout Option*, SSRN(2003), https://ssrn.com/abstract=217511 or http://dx.doi.org/10.2139/ssrn.217511.

为找寻规范此类交易合适之方式而孜孜不倦地奋斗。[157] 我们的分析对制定有关挤出交易最佳制度提出了新的视角。

首先,从控制人权利展开分析。在我们看来,少数股东保护和控制人权利之间不可避免的矛盾,要求为控制人终止伙伴关系将公司私有化提供一个选项。为避免阻碍企业家实现特质愿景的诸多干预,收购少数股东股权是必要的。[158] 其次,增强少数股东保护会提升特质愿景被干预的可能性,故控制人选择私有化公司显得更为必要。[159] 最后,还存在一个僵局:只要少数投资人愿意,就会想要迫使企业家为少数投资者工作。[160] 作为一项法律原则,需要为控制人提供一个收购少数股东股权的选项,以此解释为何特拉华州法院放弃

---

〔157〕 See e. g. ,*In re* MFW S'holders Litig. ,67 A. 3d 496,524 – 536(Del. Ch. 2013)(认为如果控制人允许公司采取某些程序性保障措施,则这种挤出交易可能受到商业判断规则的规束);*In re CNX Gas Corp. S'holders Litig.* ,4 A. 3d 397,400(Del. Ch. 2010)(制定审查控股股东挤出交易的统一标准).

〔158〕 例如,一个企业家可能会认为,在遵守对上市公司施加的广泛披露义务的情况下,不可能实现自己的特殊愿景。在这种情况下,控制者企业家实施其计划并掌握其所参与项目价值的唯一办法就是将公司私有化。See Harry DeAngelo et al. ,*Going Private: Minority Freezeouts and Shareholder Wealth*,27 The Journal of Law and Economics 367,371 – 379(1984)(发现消除公共所有权管理成本是效率的源泉).

〔159〕 假设在防范自我交易的责任规则下,法院在20%的案件中出现错误:其中一半是批准不公平交易,另一半则是阻止公平交易。当法院批准不公平交易时,直接的损害是将财富从少数人转移到控制人(零和转移),而由于这种错误的百分比很小,间接损失的程度是有限的。但是,当法院错误地阻止公平交易时,损害并不仅限于过度制止及零和转移,也包括特殊愿景所遭受的挫折。在某些情况下,特殊愿景的损害可能太高以至于无法容忍。因此,考虑发生此种情况的可能性,当涉及少数股东保护的时候,法律规范机制应该设置一个安全阀——将公司私有化的能力。

〔160〕 See cf. Uniform Partnership Act § 601(Nat'l Conference of Comm'rs on Unif. State Laws 2013)(解释合伙关系是自愿的).

审查挤出交易是否满足商业目的的要求。[161]

然而,对少数股东而言,挤出交易也存在被大规模剥削的风险。控股股东可能投机地利用优势地位获取公司价值信息,并以不公允之价格挤出少数股东。[162] 因为存在剥削的风险,需要出台在挤出交易中保护少数股东的有效措施。

但对于财产规则保护——强制要求挤出交易必须经过少数股东多数决(majority-of-the-minority vote)的通过——可能从两方面削弱控股股东将公司私有化从而保证控制人追求特质愿景的能力。[163] 其一,信息不对称或策略性投票可能令少数股东投票反对实际上对少数股东公允的私有化合并提议,从而令控制人无法确保实现特质愿景的自由。其二,防范控制人挤出交易与防止分配股利具有相同的后果。[164] 法院也会不得不干预控制人管理决策——尽管这受商业判断规则保护——以确保控制人继续为少数股东有效工作。因此,尽管有较高剥削风险,但是对少数股东应该偏向责任规则的

---

〔161〕 See Weinberger *v.* UOP, Inc., 457 A. 2d 701, 715 (Del. 1983)(解释特别是考虑信息不对称所起的作用,只有当控制人提出将公司私有化会让控制人背负过度负担这些令人信服的商业理由时,才允许控制人收购少数股东的股份).

〔162〕 See e. g., Coggins *v.* New England Patriots Football Club, Inc., 492 N. E. 2d 1112, 1116(Mass. 1986)(回顾控制人投机地在特拉华州旧的"商业目的"审查下损害少数股东利益).

〔163〕 See Benjamin Hermalin & Alan Schwartz, *Buyouts in Large Companies*, 25 The Journal of Legal Studies 351(1996)(要求以责任规则保护少数股东,为控制人提供鼓励创业努力的最佳动机).

〔164〕 See *supra* text accompanying notes 142 – 146.

保护。[165]

因此,本文的分析呼吁对特拉华州衡平法院 In Re CNX 天然气公司股东诉讼案作狭义解读,此案解决了私有化交易投标出价的司法审查的范围问题。从判决可以得出,要求控股股东允许董事会运用"毒丸计划"防止挤出。[166] 在这种解读下,控股股东完成私有化交易的能力将大大受限。然而,在随后的判决中,法院似乎表明"毒丸计划"只有在控制人希望避免完全公正司法审查条件下才为必要。[167] 换言之,法院基本上允许控制人在责任规则(司法审查)和财产规则(少数股东多数决和董事会否决)中进行选择。允许控制人选择可适用与符合特质愿景追求的私有化交易的制度。[168] 然而,一个令控制人的私有化交易因董事会部署"毒丸计划"而实质迟延的制

---

〔165〕 正如上文所解释的,see *supra* notes 152 – 154 以及相应文字,在这方面一个重要的考虑是,法院在多大程度上可以根据责任规则有效地保护少数股东。可以肯定的是,法律规范机制可以采取各种措施保护少数股东(如董事会专门委员会的批准),并将举证责任转移给控制人。然而,即便少数股东反对,某种形式的退出选项也应被保留。

〔166〕 See *In re* CNX Gas Corp. S'holders Litig. ,4 A. 3d 397,415(Del. Ch. 2010)["提出收购要约的控制人不具有篡夺或限制附属董事会权力的不可剥夺的权利。直接或通过特别委员会的附属董事会可以合理地部署权利计划(rights plan)反对控制人作出的要约……让附属董事会有时间来回应、协商和想其他办法。"],cert. granted,C. A. No. 5377,2010 WL 2705147(Del. Ch. July 5,2010)。正式称为"权利计划"的"毒丸计划"是用于防止股东在未经董事会同意的情况下收购股权的一种手段。在存在"毒丸计划"的情况下,收购股权如超出董事会设定的限度,将非常昂贵。See Lucian Arye Bebchuk,*The Case Against Board Veto in Corporate Takeovers*,69 University of Chicago Law Review 973,985 – 986(2002).

〔167〕 In re CNX Gas Corp. ,2010 WL 2705147,at *10("使用对目标董事会的影响力来限制委员会使用'毒丸计划'权力的控制人肯定选择站在交易双方,从而引发完全公平标准审查。").

〔168〕 为此,我们普遍支持最近 *In re* MFW Shareholders Litigation,67 A. 3d 496,502(Del. Ch. 2013)一案的裁决,认为如果控制人允许独立董事的特别委员会否决交易,并且按照少数股东多数决的条件交易,挤出交易则仅受商业判断标准的审查。

度,将迫使控制人合并前更换董事,而不必要地推迟了挤出交易。

2. 向第三方出售

本文讨论的最后一个案例是与控制人无关联关系的第三人从控制人和少数股东手中收购公司全部股权的交易。在此种交易中,持有多数表决权的控制人可以有效迫使少数股东出售股权(强卖权交易)[169]。针对控制人和少数股东是否受到平等对待的问题,特拉华州法院对此类交易进行不同层次的审查。在向第三方出售时,如控制人与少数股东没有得到平等对待,则少数股东保护问题旋即出现。这种情况下,控制人与少数股东之间销售收入分配的利益冲突显现。控制人可能会滥用控制权,通过向第三方出售的交易,转移少数股东的利益,以牺牲少数股东利益为代价从而中饱私囊。法院对这些交易按照完全公平标准进行审查不足为奇。[170]

相形之下,当第三方对所有股东给予平等条件时,少数股东显然不需要被保护。毕竟,持有多数股权且没有明显冲突的控制人将竭尽全力实现可行、公平的交易。然而,特拉华州判例在这个问题上过于混乱。有些判决认为这些交易不需要严格审查,[171]有些则允许少数股东主张因控制人现金流动性问题导致冲突从而对交易进行严格

---

〔169〕 强卖权是大股东能够迫使少数股东参与出售公司的权利。行使强卖权行为的大股东必须给予少数股东与其他卖家相同的价格、条款和条件。

〔170〕 See *In re* John Q. Hammons Hotels Inc. S'holder Litig., No. CIV – A – 758 – CC, 2009 WL 3165613, at ∗12(Del. Ch. Oct. 2, 2009)(要求采取程序性保护以适用商业判断规则);Ryan *v.* Tad's Enters., 709 A. 2d 682, 689 & n. 9(Del. Ch. 1996)(当控股股东在资产出售中收到与小股东没有分享的利益时,适用完全公平标准审查), aff'd, 693 A. 2d 1082 (Del. 1997).

〔171〕 See e. g., Trenwick Am. Litig. Tr. *v.* Ernst & Young, L. L. P., 906 A. 2d 168, 202 n. 95(Del. Ch. 2006)["少数股东与大股东(特别是有权出售溢价的大股东)享有同等对价的交易,长期以来一直被认为属于受商业判断规则保护的非冲突交易的范围。"].

审查。[172]

考虑其他法院不愿对控制人的流动性需求进行司法审查,特拉华州法院把控制人的流动性需求视为利益冲突且引致司法审查,这尤其令人费解。正如我们在前文所解释的,特拉华州最高法院拒绝了少数股东的主张,即应当对控制人因其独特流动性需求产生的利益冲突进行禁止,即便是按比例进行股利分配,也须受到完全公平标准审查。[173] 然后,如何解释对控制人流动性需求的不同处理方式?

以此观之,本文对特拉华州法院处理方式有新见解:本文认为,答案不在于冲突的性质,而是忽视了考虑控制人的特质愿景。

首先,控制人可以出售控制权溢价,从而获取股权特质愿景期待的价值,以及使少数股东留在公司分享来自买方出于特质愿景所出对价之收益。其次,控制人只受限于少数股东股份回购请求权和完全公平标准保护,也可以挤出少数股东在其全资公司中追求特质愿景。[174] 然而,与之相反,强卖权(运用控制人表决权强制少数股东出售)不保护控制人追求特质愿景:控制人出售公司,说明已经放弃对

---

〔172〕 See McMullin *v*. Beran,765 A. 2d 910,923(Del. 2000)(阐述了可以向母公司提出忠实义务的要求,以便就全面现金交易进行谈判以满足流动性需求);N. J. Carpenters Pension Fund *v*. Infogroup,Inc. ,No. CIV – A – 5334 – VCN,2011 WL 4825888,at *4, *9 – 10(Del. Ch. Sept. 30,2011)(当一位同时也是大股东的董事迫切需要流动资金来满足个人判断、偿还贷款和投资新企业时,提案会被否决驳回);see also *In re* Synthes,Inc. S'holder Litig. ,50 A. 3d 1022,1036(Del. Ch. 2012)("可能有非常狭隘的情况下,控股股东对流动性的迫切需要可能构成一个不顾比例处理的禁用利益冲突。").

〔173〕 See Sinclair Oil Corp. *v*. Levien,280 A. 2d 717,721 – 722(Del. 1971)(解释按比例分红受制于商业判断规则,即使他们支付给控股股东母公司明显利益).

〔174〕 See e. g. ,Delaware Code Annotated. tit. 8, § 262(2013)(提供股份回购请求权);Kahn *v*. Lynch Commc'n Sys. ,Inc. ,638 A. 2d 1110,1115(Del. 1994)(讨论完全公平要求).

特质愿景的追求。那么,为何控制人有权强制少数股东与其一起出售股权呢?

答案是允许买方在一个独资公司中追求特质愿景。如买方购买控制性大宗证券,然后再挤出少数股东,则受制于股份回购请求权和完全公平标准审查。与此相比,买方更愿意向少数股东支付同等对价,以避免后续挤出成本(时间、精力、不确定性和诉讼)。在这种情况下,控股股东强制少数股东一起出售,是相当于拍卖人的角色。然而,控制股东持有大额股权会促使其最大化拍卖价格,同样的一种控股情形也可能会在类型与结构方面产生经济冲突。故此,因为没有实质性经济利益,大额持有公司股权的董事认为拍卖人的角色只有高度注意义务("露华浓规则")。[175] 控制人在交易中可能因具有巨大经济利益而受到完全公平标准的审查。[176]

很明显,控制人的流动性需求明显地应该区别对待。一个对分配股利进行严格审查的法律规范机制将不可避免地影响管理者的管理权,并可能削弱他们追求特质愿景的能力。当控制人决定将整个公司出售给第三方时,这些顾虑消失殆尽。出售自己的管理权并强制少数股东出售股权,意味着控制人放弃了自己的特质愿景。此外,出售给出价最高者,也意味着信息不对称的问题荡然无存。对不同出价者的差异进行比较并非难事。换言之,利用司法审查不太可能

---

[175] See Revlon, Inc. *v.* MacAndrews & Forbes Holdings, Inc. ,506 A. 2d 173,182(Del. 1986).

[176] 当然,控制人可以通过只出售自己的控制性证券来避免拍卖人的角色。显然,控制人会这么做,除非出售少数股东的股权将获取更高对价。换言之,在这种情况下,卖方需要少数股东一起出售,不是让其得到正确特质愿景的价格,而是让其来获取更高比例的买方的特质愿景。由于流动性需求,当对少数股东行使强卖权时,控制人不能决定接受超过较高报价的现金要约,因为这将违反拍卖人的职责。

有负面影响。因此,利益冲突的风险完全有理由呼吁司法审查的介入。

结 论

本文表明,公司所有权结构代表了企业家与投资者之间控制权和现金流权分配的一系列合同。我们的理论明确:企业家追求特质愿景与投资者保护之间不可避免的张力关系解释了多样的公司所有权结构。集中所有权结构便是其中之一,其包含的控制权和现金流权的分配,提升了控制人特质愿景的自由,降低了损害少数股东的代理成本。

本文质疑控制权私人收益对控制权股东至关重要,以及改善监督解释了控股股东结构等观点。职是之故,我们的理论标志着与现有公司控制权研究的明确分离。与假设控股股东是以牺牲少数股东利益为代价谋取私人利益的剥削者不同,我们认为,许多控股股东主要是为追求自己的特质愿景,他们确信会提升公司价值,所有股东终将受益。除了挑战集中所有权的既有理论,本文进一步阐释了特质愿景和代理成本之间的张力关系,将如何以及应该怎样深刻影响具有控股股东公司的公司法理论形态。

第三章　公司法的理论幻象

公司治理与代理崇拜

[美]J. B. 希顿*

目　　次

---

* 芝加哥大学法学院法律与商业研究员。
本文原文发表于 Villanova Law Review（2019 年第 2 期）。

引　言

> 代理路径已指出了一些有趣方向，但如果通过询问它是什么从而对其判断，那将是一种反向观察，或被作为对它不利的证据，进展便很糟糕。恰恰相反，似乎没有什么现象超出“代理成本”的范围，有时这个词语更像是咒语陷阱，而非分析工具。[1]
>
> ——斯蒂芬·罗斯：《新帕尔格雷夫经济与金融大辞典》(1987)

公司股东与董事、高管之间不存在代理关系。我们之所以作出如此判断，正是因为股东并不是被代理人，董事和高管亦不是股东的代理人。“所有权与控制权的分离”言之凿凿、说得轻巧，就像重复的“咒语”，然而这种分离乃海市蜃楼，是纯粹的虚构。而法律对此是极其清楚的：所谓分离是所有权和所有权的分离。公司拥有资产，而股东拥有股权。一个简单的例子足以证明：如果股东拥有公司，股东便不可起诉公司，但现实中股东是可以对公司提起诉讼的。因此，这说明股东并不拥有公司。此外，正如数百年来法学家所理解的，股东和

---

〔1〕 Stephen A. Ross, *The New Palgrave Dictionary of Economics*, *Finance*, in John Eatwell ed., Murray Milgate & Peter Newman, 1987 Vol. 2, p. 334.

公司的分离对于公司作为一种组织经营方式的有效性而言是最为根本的。

股东通常拥有的是投票选举公司董事的权利。这种投票极具影响力,可以改变谁任董事或现有董事的行为。作为一种代议制民主的选举任免,其可使那些仰赖股东投票的人手握重权(或担惊受怕)。然而,在任何时候,当选的董事均负有义务(包含受信义务)和享受保护机制(包括商业判断规则)——而这几乎总允许董事作出其所认为(或振振有词地声称)符合公司及其股东的“长期”利益的决策。除非将公司出售,否则董事无须最大化现有股东价值,这才是现实状况。可惜当前经济和法律分析对之置若罔闻,认为其与实际公司行为的研究几乎无甚关联。

公司治理的代理理论研究随着公司发展而勃兴,其构建在如此神话之上:公司是虚拟的,股东实际上在公司资产中拥有财产权。正如早期文明通过参照现实世界中的现象与看不见的神之间的关系来解释前者一样,代理理论学者讲述的是股东在下、管理者在上的故事:股东们为保持安宁而有所牺牲(支付监督成本),管理层则作出承诺并据此行事(引发约束成本),但股东们最终还是要处理不受诸神控制的一时冲动(剩余经理自主权)。

如同原始宗教一样,最终并无证据表明这场神话般的战斗是真实的。管理者通常忠诚可靠,这可能是因为现行公司法的重点在于规制管理者不忠。此外,商业领域的竞争远比大多数代理成本模型所设想的要激烈得多,几乎没有留给管理者任何松懈余地。相反,有证据表明管理者受认知偏见的影响,最为重要的是,管理者显得乐观。管理者乐观主义和公司法的灵活性可以为最大化现有股东价值的大多数有争议理论的失败提供解释。如果学者直面现实,将代理崇拜抛之脑后,经济学与法学研究的学术水平都将得到提振。

本文第一部分虽开门见山,但不可或缺,其阐述了一个简单的法律现实,即我们生活在一个所有权与所有权分离,而不是所有权与控制权分离的世界。股东并不"拥有"公司,董事和高管亦不是股东"被代理人"的"代理人"。公司并不是一种简单的虚构——当然也不是"合同集束"——而是一种必要和基本的分配、锁定和保护公司资产的法律手段,可令其不受包括股东在内的其他实体影响。此外,公司法决然迥异于神话般的股东(被代理人)对管理者(代理人)所发布的指令,即最大化当前股东价值。公司法明确规定,除非出售公司,否则管理者无须最大化当前股东价值。公司法允许甚至鼓励董事为公司的基业长青而行事,只要董事认为其行为符合股东的长远利益。代理理论学者忽视这些法律现实是极为危险的,因为董事、高管、投资者和许多为其服务的专业人士在公司治理问题上的斗争都是在这些规则之下进行的。

本文第二部分探讨公司研究的代理成本范式。代理成本概念源于早期对新古典经济学利润最大化假设的质疑。当时几位经济学家特别是奥利弗·威廉姆森(Oliver Williamson)断言(在没有经验证据背景下),管理者为最大化自身价值,会故意转移价值给自己,从而推卸利润最大化的责任,此即后来的经理自主权路径。自此之后,一些经济学家开始单独研究代理关系的经济学问题。其后,著名学者詹森(Jensen)和梅克林(Meckling)认为,代理成本无处不在,其包括被代理人为防止代理人转移的支出、代理人为约束自己预期转移的支出以及因代理人转移引发的损失的总和。因为,诚如上述斯蒂芬·

罗斯的话所暗示的,代理成本理论无所不及地解释了大多数事情——好行为是被代理人和代理人支出有效的证据,坏行为是不可预防的剩余损失的证据——代理成本理论的解释焕发生机和活力。旋即,代理成本理论的解释便占据多数领地。代理理论使经济学家摆脱学习公司法的束缚,也使其对公司的经济分析转变为股东与管理者之间的博弈研究,这种研究是在一个创新性框架内进行的,而这促进了数学自由叙述,令经济学学者和法学家也展开了广泛争论。

本文第三部分回归现实,讨论代理崇拜的终结。尽管有成千上万的文章引用代理理论,但几无证据表明管理者没有最大化既有股东价值是因为管理层的不忠诚。这可能有两个原因:其一,现行公司法重点在于规制管理层不忠,可以明确的是在美国大公司中控制管理者转移并非难事。其二,商业领域的竞争远比大多数代理成本模型所设想的要激烈得多,其几乎没有留给管理者任何松懈余地。

本文第四部分提出,实证表明管理者之所以没有实现股东价值最大化,要么是因为公司法允许,要么是因为管理者对其能力与公司前景过于乐观——这是一种强有力且有充分证据的认知偏见。管理者乐观主义极易与代理理论相关的行为和机制相契合,并在预测更加敏锐的基础上大胆行事。一条有望在对冲基金积极主义和其他公司治理问题等现实争论中更有意义的"前进之路",能够识别出所有权和所有权的分离、公司法的灵活性以及管理者乐观主义的心理偏见,这些因素有时会使现有股东价值最大化创造者的地位高于管理者。

最后为本文的简要结论。

一、法律与经济现实

(一)所有权与所有权的分离

> 公司管理者是股东的代理人,这种关系充斥着各种利益冲突。[2]
>
> 公司股东不能对管理者行为发号施令。事实上,股东显然被剥夺了干涉公司管理者活动的权力。他们可能不希望这样做,或者从道理上讲不应该这样做,但这并不影响将管理者定性为他们的代理人的扭曲。[3]

在公司理论中,对代理理论有一个显而易见的批判观点:股东不是被代理人,董事和高管亦不是股东的代理人。[4] 在这方面,法律再清楚不过了,其远非如伯利(Berle)和米恩斯(Means)所声称的"所有权和控制权的分离"。[5] 股东拥有股权,但不拥有公司及其资

---

〔2〕 Michael C. Jensen, *Agency Costs of Free Cash Flow, Corporate Finance, and Takeovers*,76 American Economic Review 323,323(1986).

〔3〕 Victor Brudney, *Corporate Governance, Agency Costs, and the Rhetoric of Contract*,85 Columbia Law Review 1403,1428(1985).

〔4〕 See e.g.,Lyman Johnson and David Millon, *Corporate Law After Hobby Lobby*, 70 Business Law 1,14(2014)("代理的定性亦缺乏法律依据。").

〔5〕 Adolf A. Berle and Gardiner C. Means, *The Modern Corporation and Private Property*(Macmillan Company,1933),p.4.

产。公司成立之时,亦是“法人团体”〔6〕与发起其成立的发起人“隔离和区别”之时。〔7〕 此时此刻,公司并不归属于任何人。与之相反,公司通过其代理人行事,业务和事务由其董事决定,〔8〕上述人员无须成为股东,〔9〕也并非股东或公司的代理人。〔10〕 公司的高管是公司而非股东的代理人。〔11〕

此种法律上的分离并非虚构,也恰恰是这一点最为重要。公司成立极为简明,因为它允许分离:一组由股东锁定却不能抽离的资产,〔12〕能够免受股东债权人解体公司以满足求偿。〔13〕 设立公司的这

〔6〕 See e. g. ,Delaware Code Annotated. tit. 8,106.

〔7〕 Stephen M. Bainbridge & M. Todd Henderson, *Limited Liability: A Legal and Economic Analysis*, Edward Elgar Pub,2016, p. 5(“公司分离的首要含义是,公司具有与其股东和其他利益相关者不同的受法律承认的人格。”).

〔8〕 See e. g. ,Delaware Code Annotated. tit. 8,141(a)(“根据本章组织的每一个公司的业务和事务应由董事会管理或在其指示下管理。”).

〔9〕 See e. g. ,Delaware Code Annotated. tit. 8,141(b)(“除非公司注册证书或章程有此要求,否则董事不必是股东。”).

〔10〕 Restatement(Third)of Agency 1.01 cmt. f(2)(“在本节中,鉴于董事在当代美国公司法的待遇,虽然公司的股东选举董事,并在其当选后有权更换,但董事既不是股东的代理人,也不是公司的代理人。”).

〔11〕 Id. at cmt. c.

〔12〕 See e. g. ,Margaret M. Blair,*Locking in Capital:What Corporate Law Achieved for Business Organizers in the Nineteenth Century*, 51 UCLA Law Review 387,392(2003)(强调“公司在建立一个资产池中所起的作用,该资产池不受任何想要收回投资的个人参与者的清算或解散”);Lynn A. Stout,*The Corporation as a Time Machine:Intergenerational Equity, Intergenerational Efficiency,and the Corporate Form*,38 Seattle Law Review 685,688(2015)(“简单地说,一旦你用你的钱购买了一家公司的股票,你的钱就变成了公司的钱。你没有法律权利要求归还。”).

〔13〕 See e. g. , Henry Hansmann and Reiner Kraakman, *The Essential Role of Organizational Law*,110 Yale Law Journal 387,390(2000)(“资产分割的真正意义实际上是有限责任的逆转,即保护实体的资产不受实体所有者或管理者的债权人请求的影响。这意味着组织法作为财产法比合同法更为重要。”).

些优越之处,连同其他闻名遐迩的公司人格特征如有限责任,业已在17 世纪得到肯认。〔14〕

(二)公司法(几乎没有隐藏)的指令

自 20 世纪 60 年代以来,金融经济学的观点(显然也是许多股东的观点)认为公司管理者的职责是使公司当前价值最大化,〔15〕时至今日,MBA 学生也被反复灌输此等观念。〔16〕

MBA 课堂教学与现实司法实践是如此大相径庭。例如,特拉华州判例法要求董事最大化"股东的长期利益"〔17〕,认为他们没有义务(如果不存在控制权变动交易)"将公司当前股价最大化"。〔18〕正如特拉维斯 · 拉斯特(Travis Laster)法官最近所指出的:

---

〔14〕 See Bishop Carlton Hunt, *The Development of the Business Corporation in England 1800 - 1867* (Harvard University Press, 1936), p. 3["在 17 世纪,公司成立所产生的商业利益越发明显:永久性、独立于成员的存在(和管理)的连续性、对第三方或成员提起诉讼的容易程度、股份的可转让性、股权的无限可分性以及公司债务和股东债务责任的明确划分。"]. 亨特(Hunt)指出:"例如,1692 年丝绸纺织公司成立的请愿中就强调了公司不对成员债务承担责任的重要性:'如果这种组织形式仅以合伙条款为载体,则其将对几个合伙人的特定债务和私人债务承担法律责任,也将因任何一人的破产而被撕成碎片。'" Ibid.

〔15〕 See e. g., Alexander A. Robichek & Stewart C. Myers, *Optimal Financing Decisions*, Englewood Cliffs, N. J., Prentice-Hall, 1965, p. 2("这本书假定财务经理的目标是公司价值最大化"); Eugene F. Fama & Merton H. Miller, *The Theory of Finance*, Holt Rinehart & Winston, 1972, p. 69(管理层应该"最大化公司当前市场价值",此被称为"市场价值规则").

〔16〕 See e. g., Richard A. Brealey, Stewart C. Myers & Franklin Allen, *Principals of Corporate Finance*, McGraw-Hill Irwin, 2014, p. 7("一位聪明而高效的管理者所做的决策会增加公司股票现值与股东财富。").

〔17〕 Leo E. Strine, Jr., *The Dangers of Denial: The Need for a Clear-Eyed Understanding of the Power and Accountability Structure Established by the Delaware General Corporation Law*, 50 Wake Forest Law Review 761, 772(2015)[quoting TW Servs., Inc. *v.* SWT Acquisition Corp., Civ. A. Nos. 10427, 10298, 1989 WL 20290, at 7(Del. Ch. Mar. 2, 1989)].

〔18〕 Id. at 774.

> 为股东利益最大化公司价值的受信义务并不意味着董事为了追求短期战略必须牺牲长期价值。当然,这并不意味着董事必须每天或每季度试图使上市公司的股价最大化。这种受信义务要求董事为了股东的利益,采取谨慎、忠诚和善良的行动,在长期内实现公司价值最大化。[19]

笔者曾在其他地方指出,特拉华州法院在其公司法意见中使用的短期或长期的言辞遮蔽了真正的竞争:一方是敏锐的股东追求自身价值最大化的理性愿望,另一方是法院和其他人士对公司基业长青的渴望。[20] 正如金融学教授对 MBA 学生的教学那般,特拉华州法院以"长期"的言辞来减轻董事压力:

> 董事在有意、知情和真诚地追求公司利益的情况下,可能会采取一种旨在实现长期价值的方针,即便以即时价值最大化为代价。[21]

特拉华州现任首席大法官里奥·斯特林(Leo Strine)在最近评论中有所透露,揭示其所欲乃是令公司专注于长期经营,而非股东价

---

〔19〕 Virtus Capital L. P. *v.* Eastman Chem. Co. , Civ. A. No. 9808 – VCL, 2015 WL 580553, at 16 n. 5, Del. Ch. February 11, 2015.

〔20〕 See J. B. Heaton, *The "Long Term" in Corporate Law*, 72 Business Law 353, 356 (2017); See also Robert Anderson Ⅳ, *The Long and Short of Corporate Governance*, 23 George Mason Law Review 19, 20(2015)("即使假设机构投资者的投资前景较短,短期投资者将在长期中将政策推向有害方向的论争关键缺乏基础,这一主张与主流金融经济学的基本原则不一致。").

〔21〕 Air Prod. & Chems. , Inc. *v.* Airgas, *Inc.* , 16 A. 3d 48, 124 – 125(Del. Ch. 2011).

值最大化。他提出如下一些观点：

> 股东就公司事务提出建议和投票的权利是以股东有兴趣提升公司可持续盈利能力的理论为前提的。[22]
>
> 总之，真正的投资者所需求的正是一个社会所需求的，也是我们作为最终用户、作为投资者所需求的，即为公司创造可持续的财富。[23]
>
> 为了促进可持续财富增长，股东本身必须像真正的投资者一样，他们要对长期财富的创造和保值抱有兴趣，而不仅仅在乎股票价格的短期波动。[24]
>
> 许多机构对季度收益和其他短期指标的关注，从根本上不符合大多数最终用户投资者的目标，这些投资者的储蓄主要有两个目的：一是供子女接受高等教育；二是为自己退休养老提供资金。这些最终用户投资者不在乎季度收益或短期噱头，他们希望公司能够创造出可持续的财富，以备其不时之需。[25]

简言之，首席大法官里奥·斯特林希望公司董事会"在通过冒险努力追求利润和谨慎保护价值之间达至适当的平衡"[26]。这不是

〔22〕 Leo E. Strine, Jr., *One Fundamental Corporate Governance Question We Face: Can Corporations Be Managed for the Long Term Unless Their Powerful Electorates Also Act and Think Long Term?*, 66 Business Law 1, 8 (2010).

〔23〕 Id. at 26.

〔24〕 Ibid.

〔25〕 Id. at 12.

〔26〕 Id. at 18 n. 54.

“最大化当前股东价值”,而是“可持续经营”的说辞。然而,这恰恰是支持管理者的法律背景,也是 MBA 学生和法学生进入职场所面对的真实世界。

二、公司治理的代理成本

(一)公司研究中代理的起源

公司法和金融经济学的多数研究都假设代理成本的存在,其由防止管理者不忠产生的支出与即便有所支出股东价值仍由于不忠造成的损失共同构成。代理成本理论源于 20 世纪 40 年代对新古典经济学的假设——公司尤其是具有巨大市场力量的公司以利润最大化为目标——进行的有力挑战。[27] 利润最大化范式的捍卫者们承认,在经济学家所研究的市场中,非金钱利益对公司管理者来说是可能的,也可能是重要的,[28]这在很大程度上是由于他们意识到,在受到

〔27〕 See e. g. ,T. de Scitovsky,*A Note on Profit Maximization and Its Implications*,11 The Review of Economic Studies 57(1943)(进行一项分析,表明利润最大化意味着代表企业家的特定偏好可能不成立);M. W. Reder,*A Reconsideration of Marginal Productivity Theory*,55 Journal of Political Economy 450(1947)(“该公司的现行理论明确地假定该公司的经营方式能使其利润最大化。”).

〔28〕 See e. g. ,Fritz Malchup,*Marginal Analysis and Empirical Research*,36 American Economic Review 519,527(1946)(“事实上,商业行为中非金钱因素的性质、强度和影响是需要研究的问题。可以认为,生产更大的产量,支付更高的工资或收取比最高利润更低的产品价格,对商人来说可能涉及社会声望的提高或一定程度的内在满足感。”).

限制的情况下，管理者会最大化自己的价值。[29] 尽管如此，股东和管理者由于不同原因都可能追求利润最大化，所以在早期，“管理动机”会偏离利润最大化的说法并不明显。股东期盼“提高股利的数额”，而管理者则希望“能确保公司安全，或扩大公司规模，或出于各种其他原因而获益”。[30] 虽然希克斯（Hicks）教授建议管理者可以追求垄断，这样他们才能享受“安逸的生活”，[31] 但是其他经济学家认识到，外部和内部现实（包括来自追求“安逸的生活”工作的其他管理者的竞争）可能迫使管理者追求或趋近利润最大化。[32]

然而 1963 年，奥利弗·威廉姆森教授指出了从“管理动机”转向“经理自主权”的研究进路。[33] 威廉姆森认识到，任何直接衡量自主

---

〔29〕 See e. g. , Leonid Hurwicz, *Theory of the Firm and of Investment*, 14 Econometrica 109, 110 (1946) [“因此考虑企业家的心理素质（稍微晚些），并且至少暗含着利润最大化被效用最大化所取代。”]. Also influential was Gary Becker's *Then-unconventional Analysis of Preference*, in *The Economics of Discrimination* (Gary Becker, University of Chicago Press, 1957).

〔30〕 C. Addision Hickman, *Managerial Motivation*, 19 The University of Chicago Law Review 794, 798 – 799 (1952); See also C. Addison Hickman, *Managerial Motivation and the Theory of the Firm*, 45 American Economic Review 544 (1955) (提议研究管理动机).

〔31〕 J. R. Hicks, *The Theory of Monopoly*, 3 Econometrica 1, 8 (1935) (“最好的垄断利润是安逸的生活。”).

〔32〕 See e. g. , P. W. S. Andrews & Elizabeth Bruner, *Business Profits and the Quiet Life*, 11 The Journal of Industrial Economics 72, 78 (1962) (“如果企业要避免陷入困境，我们提出管理者对‘安逸的生活’的追求无济于事，他们必须热心地考虑利润，但不一定是短期内的利润。”).

〔33〕 See Oliver E. Williamson, *Managerial Discretion & Business Behavior*, 53 American Economic Review 1032 (1963) (威廉姆森后来承认，他正在解决一些人认为不存在的问题). See Oliver E. Williamson, *The Economics of Discretionary Behavior: Managerial Objectives in a Theory of the Firm*, Kershaw Pub. Co. , 1974, p. 1 (“对一些观察者而言，自主权的机会是广泛的，自主权的行为被广泛地表现出来，然而对另一些人而言，还不清楚在任何重要意义上这样的选择实际存在，更不用说行使了。”).

权的尝试都极为困难,因此其认为,管理者存在非金钱利益的动机,如“安全、权力和威望等”,[34]进而追问“这些动机会引发什么活动”。[35]这一转向,与时代的方法论精神保持一致。因为到1963年,只要遵循可检验的预测,主流经济学家就可以作出可能“不切实际”的假设,这是米尔顿·弗里德曼(Milton Friedman)著名的经济学方法论的论文所提到的。[36]然而更好的是,威廉姆森认为管理者利用经理自主权将资源转移给自己,且没有全力以赴地实现利润最大化的假设并不会留下不切实际的印象。旧式利润最大化理论的辩护倾向于依赖于它们作为基准的有用性,以及它们更易于检验的事实。[37]事实上,可能是在威廉姆森的假设中被接受的现实主义为他的理论所遭遇的实证失败提供了借口。[38]

---

〔34〕 Williamson,53 American Economic Reviewat 1034(cited in note 32).

〔35〕 Ibid.

〔36〕 See Milton Friedman,*The Methodology of Positive Economics*,in *Essays in Positive Economics*(University of Chicago Press,1953),p. 7[“实证科学的最终目标是发展一种理论或假设,对尚未被观察到的现象作出有效和有意义的(非常识的)预测。”].

〔37〕 See,for example, H. T. Koplin,*The Profit Maximization Assumption*,15 Oxford Economic Papers 130,130(1963)(“利润最大化假设历来备受攻击,主要是因为其缺乏现实性,未能充分考虑到商人对权力、休闲、社会声望和类似的非金钱回报的其他欲望。将这些利益纳入更普遍的利润最大化理论的可能性曾被作者考虑过,但最终遭到拒绝,因为他们认为这样的假设逻辑重复和(或)不可用。”).

〔38〕 许多经济学家认为威廉姆森实证结果尚付阙如,因为他对成本的主要预测在数据中并不成立。See e. g. , Michael Smirlock & William Marshall, *Monopoly Power and Expense-Preference Behavior*:*Theory and Evidence to the Contrary*, 14 The Bell Journal of Economics 166,167(1983)(“我们的结果不支持垄断权力与费用偏好行为之间的假设关系。”);Loretta J. Mester,*Testing for Expense Preference Behavior*:*Mutual versus Stock Savings and Loans*,20 The Rand Journal of Economics 483,483(1983)(“这项测试的结果不支持先前关于管理费用偏好的结论。”).

自 20 世纪 70 年代开始,威廉姆森教授(和其他学者)[39]的经理自主权理论成为经济学文献中一个独特分支。[40] 反对这一理论可测试性的人相对较少。[41] 这一理论的变体,如"X—非效率"理论,也在研究中得到了发展。[42] 然而,真正的突破来自其他地方。

(二)詹森 - 梅克林模型

直到 20 世纪 70 年代中后期,金融学家们仍致力于管理者将当前市场价值最大化的观点。法玛(Fama)教授和米勒(Miller)教授在 1972 年提出,"尽管存在多年来的争议,但目前仍无证据表明,市场价值规则下的预测结果与所观察到的管理者行为存在较大差异,以至于排除了这种预测,即使作为第一近似值也是如此"。[43] 此外,其他经济学家认为,公司内部的管理者可以协调劳动者的行动,以获致有效的结果。[44] 换言之,至少在金融领域,现在还不是时候接受经理自主权而非忠诚管理者的观点。

---

〔39〕 See Most Notably, William J. Baumol, *Business Behavior, Value and Growth*, Macmillan, 1959(注意到企业似乎以达到令人满意的利润水平为前提,实现销售最大化).

〔40〕 See e. g. , Sidney G. Winter, *Satisficing, Selection, and the Innovating Remnant*, 85 The Quarterly Journal of Economics 237, 237(1971)("管理层强调现代公司的大规模、分散股权和市场力量使其有较大自由追求自己目标的权利,没有正确代表股东利益最大化的诉求").

〔41〕 See e. g. , R. Rhees, *A Reconsideration of the Expense Preference Theory of the Firm*, 41 Economica 295, 307(1974)(结论是经过广泛的分析,"在检验费用偏好理论与公司竞争理论时会出现困难").

〔42〕 See e. g. , Harvey Leibenstein, *Aspects of X-Infficiency Theory of the Firm*, 6 The Bell Journal of Economics 580, 603 - 604(1975)("由于约束程度中隐含的自身利益,个人不太可能选择对公司产出贡献最大的岗位").

〔43〕 Fama & Miller, The Theory of Finance(cited in note 14), p. 75.

〔44〕 See Armen A. Alchian & Harold Demsetz, *Production, Information Costs, and Economic Organization*, 62 American Economic Review 777(1972).

金融领域朝此方向迈出的第一步,就像事后想的一样,是斯蒂芬·罗斯教授提出的。[45] 他对代理理论进行了全面的经济分析,并在论文结论处提出了一项建议,其可能适用于管理者和股东:

> 再提一条利益之路——在一个真实的不确定的世界里,不存在适度未定市场,公司的管理者基本上是股东的代理人。因此,对代理关系的了解,将有助于我们理解这一难题。[46]

詹森和梅克林全速追赶罗斯的建议,在他们 1976 年的里程碑式论文《公司理论:管理行为、代理成本和所有权结构》中提出了一个雄心勃勃的代理理论研究范式。[47] 詹森和梅克林试图发展一种内部人和局外人之间的分离所有权理论。[48] 他们简要批判了之前的公司理论研究,包括威廉姆森的理论。[49] 然后,在阐述他们的理论时,他们将代理成本定义为被代理人的监督成本、代理人的约束成本及

---

〔45〕 See Stephen A. Ross, *The Economic Theory of Agency*, 63 American Economic Review 134(1973).

〔46〕 Id. at 138.

〔47〕 Michael C. Jensen & William H. Meckling, *Theory of the Firm: Managerial Behavior, Agency Costs and Ownership Structure*, 3 Journal of Financial Economics 305 (1976).

〔48〕 Id. at 306.

〔49〕 Id. at 307.

剩余损失之和。[50] 詹森和梅克林论文的影响主要来自他的断言："公司的股东和管理者之间的关系符合纯粹代理关系的定义。"[51] 他们提供了一个富有弹性的理论,说明公司如何产生代理成本。

上述所讨论的代理成本的大小因公司而异。这将取决于管理者的偏好,取决于他们在决策过程以及监控和约束行为成本中能够多大程度地轻松发挥自身偏好,而非实现价值最大化。代理成本还将取决于衡量和评估管理者(代理人)表现的成本,设计和应用与所有者(被代理人)收益相关的补偿指标的成本,以及制定和执行特定行为规则或政策的成本。当管理者对公司控制利益不足,它也将取决于市场对管理者的需求。来自其他潜在管理者的竞争限制了获得管理服务的成本(包括如果所有的监督成本和约束成本都为零,那么特定的管理者在多大程度上可以实施偏离理想的解决方案)。分歧大小(代理成本)直接与更换管理者的成本相关。如果管理者的职责对公司专业知识要求较低,那么其表现极易评估。如果替换搜索成本较低,则与理想的差异将相对较小,反之亦然。

这种差异还将受到公司本身市场,即资本市场的限制。所有者总是可以选择整体或部分出售他们的公司。管理公司的所有者可以

---

〔50〕 Id. at 307. 虽然詹森和梅克林显然不知道这一点,但俄亥俄州立大学政治学助理教授巴里·米特尼克(Barry Mitnick)早些时候发表了关于监督成本的确切观点,称其是对"监督"的投资:假设被代理人出于某种原因希望监督他的代理人。注意,监督的一种形式是鼓励代理人遵守受信义务;但是,我们不会在此考虑实际的监督模式。假设被代理人没有外部资源用于监督机制,然后,其必须将可能分配给自己和代理人的部分可自由支配的资源转用于监督机制。Barry M. Mitnick, *The Theory of Agency: The Policing "Paradox" and Regulatory Behavior*, 24 Public Choice 27, 31 (1975). 米特尼克还预计到詹森和梅克林的代理成本的第三部分——剩余损失——表明监督可能只解决代理关系中的部分损失。Id. at 33–36. 约束成本是詹森和梅克林定义的代理成本中唯一的新贡献。

〔51〕 Jensen & Meckling, 3 Journal of Financial Economics, at 309 (cited in note 46).

不时地对资本市场进行抽样调查,如果他们发现未来收益流对他人的价值高于公司给他们的价值,他们可以选择将公司出售,因为公司由管理者经营。可以想象的是,其他所有者可以更有效地监督,甚至拥有管理才能和足够财富的个人会选择收购这家公司。在后一种情况下,由这样的个人收购公司将彻底消除代理成本。〔52〕

这一说法接近承认代理成本范式过于灵活,自由度太大,因此能够解释绝大多数事情,但詹森和梅克林不承认这一点。大家都可以看到问题就在这里。一个通常与代理问题不存在明显关联的结果,却看似合理地可用所谓的代理成本问题解决办法来解释。〔53〕 一个看似不合理的结果总是可以用无法控制的代理成本的剩余损失来解释。当所有这些论点都取决于所称的不可观察的成本时,由此产生的解释可能不过"只是逸事而已"。〔54〕 代理成本范式为公司和管理者提供了一个诱人的理论框架,但是,正如开篇斯蒂芬·罗斯引证所言,"如果通过询问它是什么从而对其判断,那将是一种反向观察,或被作为对它不利的证据,进展便很糟糕"。〔55〕 例如,利用现金流收购公司的管理者可被描述为"浪费股东资金的帝国缔造者",〔56〕 而那些

---

〔52〕 Id. at 328 – 329.

〔53〕 See Ronald W. Anderson, M. Ceclia Bustamante, Stephane Guibaud & Mihail Zervos, *Agency, Firm Growth and Managerial Turnover*, 73 The Journal of Finance 419, 422 (2018)(建模代理问题,然后解释数据与模型对最优合同的预测一致)

〔54〕 Rudyard Kipling, *Just So Stories*, Macmillan, 1902.

〔55〕 Stephen A. Ross, *The New Palgrave: A Dictionary of Economics*, Finance (1987).

〔56〕 See Ronald W. Masulis, Cong Wang & Fei Xie, *Agency Problems at Dual-Class Companies*, 64 The Journal of Finance 1697, 1722(2009)("具体来说,随着内部控制权与现金流权的分歧越来越大,外部股东提高了额外持有的公司现金的折扣,首席执行官获得更大的报酬,管理者从事更低效的帝国建设活动,如收购和巨额资本支出。").

不扩张业务的管理者可以被描述为在不忠地享受“安逸的生活”。[57]似乎没有什么能超越代理成本的解释力，但这并不是一种好的路径。

(三)代理理论的慰藉

当詹森和梅克林把注意力集中在“公司所有者与最高管理层之间的合同安排得出的代理成本分析”时，[58]他们大概知道，股东不会与公司最高管理层达成这样的安排。为了避免这种不便，他们引入了可以说已成为法律经济学中最棘手的术语之一——合同集束(nexus of contracts)：重要的是要认识到，大多数组织只是一个简单的法律拟制，其作为个体间一系列合同关系的集束……私人公司或企业只是法律拟制的一种形式，它是合同关系的集束，也是以对组织中一般未经其他订约人许可即可出售的资产和现金流有可分割的剩余索取权的存在为特征的……从这个角度看，试图区分公司内部人与局外人并无多大意义。只有法律拟制(公司)与劳动力、物质和资本投入的所有者以及产出的消费者之间大量复杂的关系(合同)才存在非常真实的意义。[59]

在解释公司法和金融学中代理理论的勃兴时，无论怎样强调詹

---

〔57〕 See Marianne Bertrand & Sendhil Mullainathan, *Enjoying the Quiet Life? Corporate Governance and Managerial Preferences*, 111 Journal of Political Economy 1043(2003)(“我们的研究结果表明，积极的帝国建设可能并非常态，管理层可能更青睐享受安逸的生活。”).

〔58〕 See 3 Journal of Financial Economics, at 309(cited in note 46).

〔59〕 Id. at 310 - 311.

森和梅克林合同集束理论的重要性都不为过。[60] 对公司作为一个虚构实体的忽视，鼓励了经济学家在公司研究中逃避学习公司法。经济学家可以无视公司，甚至无视“所有权”概念来研究个体之间的相互作用。[61] 不幸的是，这种不受法律约束的分析，往往忽略了控制其所研究的行为的最基本的法律限制。[62]

此外，詹森和梅克林的合同集束理论是如此影影绰绰，以至于给代理理论提供了有关公司融资争辩的机会，这种争辩以法律学者和经济学家同样可用的叙事形式出现，这是跨学科接受的真正优势。在资产定价研究的时代——期权定价理论[63]和资本资产定

---

〔60〕 合同集束论断一直是法律学者批判的主题。See Victor Brudney, *Corporate Governance, Agency Costs, and the Rhetoric of Contract*, 85 Columbia Law Review 1403, 1444 (1985)（“从合同集束甚至从代理成本的角度来分析公司，将问题置于一个框架中，意味着与制度障碍所允许的相比，公司经理自主权更少，投资者有更有效的投资选择。这些分析包含了严重的描述性不准确之处，这反过来又影响了私人自治制度所暗示的规范性后果，从而使其不适合这样一个世界：被认为能够讨价还价的一方是一个由分散个人组成的集体，而另一方则是一个协调一致的群体。”）; William W. Bratton, Jr., *The "Nexus of Contracts" Corporation: A Critical Appraisal*, 74 Cornell Law Review 407 (1989)（批判合同集束观点）.

〔61〕 See Eugene F. Fama, *Agency Problems and the Theory of the Firm*, 88 Journal of Political Economy 288, 290 (1980)（“从合同集束的角度来看，公司所有权是一个无关紧要的概念。”）.

〔62〕 See Stewart C. Myers & Raghuram Rajan, *The Paradox of Liquidity*, 113 The Quarterly Journal of Economics 733 (1998)，其模型忽略了欺诈式转让法律对防止几乎所有问题的影响，许多“产权”文献都受到这一问题的困扰。

〔63〕 See Fischer Black & Myron Scholes, *The Pricing of Options and Corporate Liabilities*, 81 Journal of Political Economy 637 (1973); Robert C. Merton, *On the Pricing of Corporate Debt: The Risk Structure of Interest Rates*, 29 The Journal of Finance 449 (1974).

价模型[64]的发展——为金融以外的人士提供了一个相对较高的数学标准,在正规的代理理论中,这个标准仍然很高。[65] 在公司法和金融学中应用的代理理论,为对重要问题的几乎无休止的猜测提供了一个相互参照的框架,这个框架通常根本没有任何数学依据。[66] 金融学者可以通过非数学的讨论来扩大他们的影响力,比如,詹森的短文认为债务是好的,因为它吸收了自由现金流以及收购者可约束管理者以防止管理者恣意耗费,[67] 而法学学者则认为可以通过代理论点为基础的叙述来查阅经济学文献。[68] 大多数关于20世纪80年代收购的争论都是在代理论点的数学自由应用框架内进行的。[69]

代理理论的影响是令人敬畏的。根据一项引证排名研究,詹森

---

〔64〕 See William F. Sharpe, *Capital Asset Prices: A Theory of Market Equilibrium Under Conditions of Risk*, 19 The Journal of Finance 425 (1964); John Lintner, *The Valuation of Risk Assets and the Selection of Risky Investments in Stock Portfolios and Capital Budgets*, 47 The Review of Economics and Statistics 13 (1965); Robert C. Merton, *An Intertemporal Asset Pricing Model*, 41 Econometrica 867 (1973); Stephen A. Ross, *The Arbitrage Theory of Capital Asset Pricing*, 13 Journal of Economic Theory 341 (1976).

〔65〕 See e. g., Steven Shavell, *Risk Sharing and Incentives in the Principal and Agent Relationship*, 10 The Bell Journal of Economics 55 (1979) (研究被代理人与代理人之间的帕累托最优费用安排).

〔66〕 See e. g., Eugene F. Fama & Michael C. Jensen, *Agency Problems and Residual Claims*, 26 The Journal of Law and Economics 327 (1983) (分析代理问题和剩余索取权).

〔67〕 Michael C. Jensen, *Agency Costs of Free Cash Flow, Corporate Finance, and Takeovers*, 76 American Economic Review 323 (1986).

〔68〕 See e. g., Frank H. Easterbrook, *Two Agency-Cost Explanations of Dividends*, 74 American Economic Review 650 (1984).

〔69〕 See e. g., Frank H. Easterbrook & Daniel R. Fischel, *Takeover Bids, Defensive Tactics, and Shareholders' Welfare*, 36 Business Law 1733, 1736 (1981) ("这些代理成本是大型上市公司所有权和控制权分离的必然结果。"); Frank H. Easterbrook & Daniel R. Fischel, *Corporate Control Transactions*, 91 Yale Law Journal 698, 705 (1982) ("如果更好的管理者获得对公司资产的控制,或者如果他们改变了现有管理者的激励结构,那么公司控制权交易可以降低代理成本。").

和梅克林的文章在主要经济学杂志期刊中的引用率排名第三。[70] 在社会科学研究网(SSRN. com)上搜索,共有2000多篇标题含有"代理"术语的论文。在詹森和梅克林的文章发表数十年后,人们仍然经常根据他们的理论命题来激发学术研究。[71]

三、代理理论的虚假之神

(一)公司法中最重要(但被忽视)的作用

尽管有其影响,但40多年的积极研究仍未发现任何显著证据证明管理者有系统的不忠以及代理理论的重点——金融决策、投资决策等,最好被理解为代理问题的作用。恰恰相反,我们有充分的理由认为,系统的、故意的不忠行为是极不可能的。[72] 早期实证表明,调查和制裁消除了詹森和梅克林所宣称的最逃避责任的行为。[73] 这一点很重

〔70〕 See E. Han Kim, Adair Morse & Luigi Zingales, *What Has Mattered to Economics Since* 1970, 20 Journal of Economic Perspectives 189, 192(2006).

〔71〕 See e. g., Matthew O' Connor & Matthew Rafferty, *Corporate Governance and Innovation*, 4 The Journal of Finance Quantitative Analysis 397, 397(2012)(詹森和梅克林在1976年表明,代理问题是具有分散所有权结构的现代公司的固有部分。代理问题的产生是因为管理公司的高管和股东不是同一个人。只要股东监督管理者存在困难或代价高昂,管理者就有动机最大化自身效用,而非股东的财富).

〔72〕 直接衡量代理成本的尝试无法令人信服,部分原因是它们只能用小企业进行比较。See e. g., James S. Ang, Rebel A. Cole & James Wuh Lin, *Agency Costs and Ownership Structure*, 55 The Journal of Finance 81, 104(2000)("用小企业的数据研究代理成本随公司所有权结构的变化").

〔73〕 See Douglas v. DeJong, Robert Forsythe, Russell J. Lundholm & Wilfred C. Uecker, *A Laboratory Investigation of the Moral Hazard Problem in an Agency Relationship*, 23 Journal of Accounting Research 81(1985).

要,因为“多数公司法对公司保留充分自主权以有效执行业务的同时涉及一系列旨在控制管理松懈和转移的实质性规则和程序性手段”。[74] 显然,在美国大公司中公司法的基本约束太强大了,没有给债务、大股东和控制有意管理不忠的收购留下太多空间。如果事实如此,这里便有极大的讽刺意味。如前所述,詹森和梅克林对公司纯粹虚构的漠视,使经济学家们无须研究公司法的基本机制,而这些机制可能控制了公司董事和高管追求自身利益最大化所产生的一切问题。

不少论者极易忽视股东代表诉讼的权力。[75] 活跃的股东原告律师和老练的投资者在大公司中质疑挑战薪酬决定、[76]剥夺公司机会、[77]

---

〔74〕 Robert C. Clark, *Corporate Law*, Aspen, 1980, at xxiii.

〔75〕 See Jill E. Fisch, *The Overstated Promise of Corporate Governance*, 77 The University of Chicago Law Review 923, 937(2010)(“商业判断规则具有将法律诉讼限于涉及自我交易或利益冲突的交易的实际效果。由于这一限制,关于代表诉讼的实证研究发现这是相对无效的就不足为奇了。”). 当然,代理理论宣称的绝大多数(虽然不是全部)涉及自我交易和利益冲突交易的有效性危在旦夕。

〔76〕 See Espinoza *v.* Zuckerberg, 124 A. 3d 47, 66(Del. Ch. 2015)(“完全公平审查标准要求被告证明交易是公正交易和公平价格的产物。因为被告仅仅依靠批准作为辩护,他们并没有试图提供完全公平的足够证据表明有权作为法律事项获得判决支持,也没有证明关于2013年补偿的完全公平性没有实质性事实的真正问题。因此,我拒绝他们第一条请求简易判决的动议。”); See also litigation pending in the Court of Chancery of the State of Delaware, Tornetta *v.* Musk et al., case number 2018 – 0408.

〔77〕 See In re Riverstone Nat’l, Inc. Stockholder Litig., No. CV 9796 – VCG, 2016 WL 4045411, at 17(Del. Ch. July 28, 2016)(“根据前述,原告声称,由于合并消除了剥夺公司机会的主张,被告违反受信义务的行为在驳回诉讼的动议中幸存,所以合并是不公平的。”).

造成严重的管理不善、[78]进行自我交易[79]以及剥夺公司资产的交易。[80] 研究表明,此类诉讼在管控代理成本理论所意欲解决的许多不端行为方面具有重要的意义。[81]

(二)激烈竞争的小事

毫无疑问,在股东追求价值最大化的模型中加入管理层不忠的假设可以产生最微妙的学术激辩。纷至沓来的研究为重要的公司事务建立了复杂的代理解释,[82]但几乎所有这些研究都没有提出一种反对意见,即现实世界中的管理者面临残酷的商业竞争,而这种竞争

---

〔78〕 See e. g. , the litigation brought by a large Uber Technologies Inc. investor, Benchmark Capital Partners Ⅶ, L. P. *v.* Travis Kalanick and Uber Technologies Inc. , case number 2017 – 0575, in the Court of Chancery of the State of Delaware.

〔79〕 See e. g. , the litigation brought by Carl Icahn's company challenging the go-private transaction at AmTrust Financial Services Inc. , Icahn Partners LP et al. *v.* Barry D. Zyskind et al. , case number 2018 – 0358, in the Court of Chancery for the State of Delaware.

〔80〕 See e. g. , the litigation challenging transactions by a private equity owner, GPM Investments LLC et al. *v.* Sun Capital Partners IV LP et al. , case number 1:18 – cv – 00796, in the U. S. District Court for the District of Delaware.

〔81〕 See Dain C. Donelson & Christopher G. Yust, *Litigation Risk and Agency Costs: Evidence from Nevada Corporate Law*, 57 The Journal of Law and Economics 747, 750 (2014) (提供证据表明,公司高管和董事的诉讼风险似乎是一种强有力的治理机制,能显著提高公司价值并约束管理行为。我们的发现强调了诉讼风险作为降低公司内部人和外部股东之间代理成本的机制的重要性).

〔82〕 See e. g. , Rajesh K. Aggarwal & Andrew A. Samwick, *Why Do Managers Diversify Their Firms?, Agency Reconsidered*, 58 The Journal of Finance 71, 73 (2003) ("与先前文献一致,我们发现公司绩效随着激励增加而提高,随着多元化的拓展而降低。更重要的是,我们发现证据表明公司高管有激励增加公司多元化……我们发现,在这些研究中发现的负相关关系是由未观察到的、公司的特定因素造成的。我们通过使用公司级别固定效应来使用这些因素。多元化激励增加的结果表明,激励和多元化方面的变化是与多元化有关的私人利益的变化所致。").

肯定限制了逃避和转移的能力。[83] 詹森和梅克林承认了这一问题，尽管是在其论文第 30 个脚注中提到这个问题的："在对手众多且入门槛较为轻易的竞争背景下，持续偏离利润最大化的行为将不可避免地走向灭亡。经济上的自然选择占据历史舞台。"[84]

但是，在承认了这种毁灭性的可能性之后，他们反驳了这一观点，并声称："由于正如人们常说的管理控制问题，产品和要素市场竞争的存在不会消除代理成本。如果竞争对手都承担相当或高于我的代理成本，我将不会被他们的竞争对手淘汰出市场。"[85]

假设代理成本会在竞争中存在，是因为代理成本无处不在的观点并无说服力。这是代理成本理论无约束性的又一例证，但是其只能说服该理论的拥护者。

四、前进之路

我们应寻求一条破除代理崇拜的出路，这条道路将有助于我们更好地研究公司治理，也可能帮助董事和高管更好地管理公司资产。

---

〔83〕 See e. g. , Peter DeMarzo & Michael J. Fishman, *Agency and Optimal Investment Dynamics*, 20 The Review of Financial Studies 151(2007)(建立一个没有竞争对手的公司的动态模型); Rui Albuquerque & Neng Wang, *Agency Conflicts, Investment, and Asset Pricing*, 63 The Journal of Finance 1(2008)(same); Peter M. DeMarzo, Michael J. Fishman, Zhiguo He & Neng Wang, *Dynamic Agency and the Theory of Investment*, 67 The Journal of Finance 2295(2012)(same); Boris Nikolov & Toni M. Whited, *Agency Conflicts and Cash: Estimates from a Dynamic Model*, 69 The Journal of Finance 1883(2014)(same).

〔84〕 Jensen & Meckling, 3 Journal of Financial Economics, at 329 n. 30(cited in note 46).

〔85〕 Id. at 330.

代理理论在学术之外的影响力如此之小,这一点也不应该让我们感到惊讶。公司董事和管理者会竭尽心思寻找每一个自私自利、中饱私囊的机会逃避责任,比如,赞成乘坐公务机去阿斯彭滑雪度假,或者收购一家不必要的公司,像乐高那样构建自己的帝国——令董事、高管和专业顾问(如银行家和律师)摸不到头脑。当然,这也有可能找到公司治理中的孤例,即沉迷过度的福利,避免艰难的决策。但对大多数公司的高管而言,他们在黎明前起床,为了工作牺牲家庭与健康,在竞争激烈的市场上日复一日地战斗。对于学术理论将他们视为避免寻找有利可图项目的人,如认为"因其需要太多的操劳或努力来管理或学习新技术,从而使公司的价值大大降低",[86] 他们以合理的轻蔑作出反应。前进之路可以将以下二者结合:(1)更好地了解(或温故知新)公司法如何鼓励偏离股东价值最大化;(2)行为公司金融的应用。前已述及公司法的灵活性,现转而论述行为公司金融学。

与代理理论不同的是,没有证据表明管理者是故意不忠的,但许多证据表明,管理者被误判了。[87] 与代理成本相比,乐观情绪反而是可估量的。[88] 关于管理者乐观主义的研究乃立基于心理学文献成果之上,表

---

〔86〕 Jensen & Mecklin, 3 Journal of Financial Economics, at 313 (cited in note 46).

〔87〕 See Itzhak Ben-David, John R. Graham & Campbell R. Harvey, *Managerial Miscalibration*, 128 The Quarterly Journal of Economics 1547 (2013) (提供的调查结果显示对管理者信仰的判断严重失当); John R. Graham, Campbell R. Harvey & Manju Puri, *Managerial Attitudes and Corporate Actions*, 109 Journal of Financial Economics 103 (2013) (提供证据证明首席执行官的行为特征、乐观情绪和管理风险厌恶情绪与公司财务政策有关。); Ulrike Malmendier & Geoffrey Tate, *Behavioral CEOs: On the Role of Managerial Overconfidence*, 29 Journal of Economic Perspectives 37, 57 (2015) ("越来越多的证据表明,很大一部分公司高管对自己的决定表现出过度自信").

〔88〕 See e. g., Manju Puri & David T. Robinson, *Optimism and Economic Choice*, 86 Journal of Financial Economics 71 (2007) (检查乐观情绪的估量).

明当估计事件的可能性时，个体倾向于进行系统偏倚的概率评估。[89] 管理者的乐观主义非常适合公司治理，因为有证据表明，个人不仅对当前信念的有效性有信心，而且相信只要有足够的时间，也会看到这些信念的正确性。[90] 管理者乐观主义理论在过去20年里已经取得了长足的进步，提供了并不依赖于不可观测的信息不对称和代理成本的更简练的预测和证据。[91] 管理者乐观主义解释了管理者对内部财务的偏好，以及为何自由现金流对有乐观管理者的公司而言是危险的。[92] 管理者乐观主

---

〔89〕 See Shelly E. Taylor & Jonathan D. Brown, *Illusion and Well-Being*: *A Social Psychological Perspective on Mental Health*, 103 Psychological Bulletin Journal 193 (1988); Neil Weinstein, *Unrealistic Optimism about Future Life Events*, 39 Journal of Personality and Social Psychology 806(1980).

〔90〕 See Todd Rogers, Don A. Moore & Michael I. Norton, *The Belief in a Favorable Future*, 28 Psychological Science 1290(2017).

〔91〕 关于行为公司金融的调查, See Simon Gervais, *Capital Budgeting and Other Investment Decisions*, in *Behavioral Finance*: *Investors*, *Corporations* & *Markets*(H. Kent Baker & John R. Nofsinger, Wiley, 2010)(对有关行为偏见的文献进行的调查表明,有偏见的管理者过度投资公司的自由现金流,发起过多的合并,开办更多的公司和新项目,并且青睐于长期坚持无利可图的投资政策); Malcolm Baker, Richard Ruback & Jeffrey Wurgler, *Behavioral Corporate Finance*: *A Survey*, in *Handbook in Corporate Finance*, *Empirical Corporate Finance* (2007); Malcolm Baker & Jeffrey Wurgler, *Behavioral Corporate Finance*: *An Updated Survey*, in Handbook of the Economics of Finance(2013)。

〔92〕 See J. B. Heaton, *Managerial Optimism and Corporate Finance*, 31 Financial Management 33(2002)(表明管理者乐观主义预测了优序资本结构偏好和自由现金流问题); Dirk Hackbarth, *Managerial Traits and Capital Structure Decisions*, 43 The Journal of Finance & Quantitative Analysis 843(2008)(研究管理者乐观主义对资本结构选择的影响); Yueh-hsiang, Lin, Shing-yang Hu & Ming-shen Chen, *Testing Pecking Order Prediction From the Viewpoint of Managerial Optimism*: *Some Empirical Evidence from Taiwan*, 16 Pacific-Basin Finance Journal 160 (2008)(证实了希顿模型的预测,乐观的管理者比非乐观的管理者表现出对净债务发行/融资赤字更大的敏感性); Winifred Huang-Meier, Neophytos Lambertides & James M. Steeley, *Motives for Corporate Cash Holdings*: *The CEO Optimism Effect*, 47 Review of Quantitative Finance and Accounting 699(2016)(与管理者乐观主义的预测一致,乐观的管理者不愿使用外部资金,不愿为增长机会囤积现金,而是使用更多现金进行资本支出和收购,并在困难时期节省更多现金).

义能预测并购[93]及其他公司投资模式[94]中管理者超额偿付。管理者乐观主义解释了财务错报多于故意行为的原因,[95]也解释了为何管理者不青睐分红而偏好回购股票。[96] 管理者乐观主义还解释了证券

[93] See Pekka Hietala, Steven N. Kaplan & David T. Robinson, *What is the Price of Hubris? Using Takeover Battles to Infer Overpayments and Synergies*, 32 Financial Management 1(2003)(发现在一场收购战中,超额支付与管理者乐观主义一致,但不符合"基于代理的激励问题"的有力证明);John A. , Doukas, J. & Dimitris Petmezas, *Acquisitions, Overconfidence Managers and Self-Attribution Bias*, 13 European Financial Management 531(2007)(发现管理者往往把最初的成功归功于自身能力,因此变得更加自信,参与更多的交易);Ulrike Malmendier & Geoffrey Tate, *Who Makes Acquisitions? CEO Overconfidence and the Market's Reaction*, 89 Journal of Financial Economics 20(2008)(这表明乐观的首席执行官为目标公司支付过高的费用进行了破坏价值的合并).

[94] See e. g. , Ulrike Malmendier & Geoffrey Tate, *CEO Overconfidence and Corporate Investment*, 60 The Journal of Finance 2661(2005)(发现过于自信的首席执行官的投资对现金流反应更快).

[95] See Catherine M. Schrand & Sarah L. C. Zechman, *Executive Overconfidence and the Slippery Slope to Financial Misreporting*, 53 Journal of Accounting and Economics 311(2012)(发现3/4的财务错误报表反映了一种乐观的偏见,这不一定是故意的);See also Anwer S. Ahmed & Scott Duellman, *Managerial Overconfidence and Accounting Conservatism*, 51 Journal of Accounting Research 1(2013)(发现强有力的证据证明首席执行官过度自信与会计保守主义之间存在负相关关系).

[96] See Sanjay Deshmukh, Anand M. Goel & Keith M. Howe, *CEO Overconfidence and Dividend Policy*, 22 The Journal of Finance Intermediation 440(2013)(发现由乐观的首席执行官管理的公司的分红派息水平大约低了1/6,这与这类管理者对内部融资的偏好趋于一致);Pei-Gi Shu, Yin-Hua Yeh, Tsui-Lin Chiang & Jui-Yi Hung, *Managerial Overconfidence and Share Repurchases*, 13 International Financial Law Review 39(2013)(发现管理层过度自信与股票回购的强度呈正相关关系,回购强度是由规模大小、执行情况、频率以及宣布的价格和执行后的价格之间的差额所决定).

发行和融资选择[97]以及基金经理在筹集资金时所做的投资选择。[98]

此外，管理者乐观主义虽然有所吝啬，但也允许外部人员、董事和公司经理之间进行丰富的互动。[99] 管理者乐观主义也可能有助

---

〔97〕 See e. g., Ronghong Huang, Kelvin Jui Keng Tan & Robert W. Faff, *CEO Overconfidence and Corporate Debt Maturity*, 36 Journal of Corporate Finance 93(2016)[发现首席执行官过于自信的公司往往采用较短的债务期限结构，使用较高比例的短期债务(12个月内到期)]; Po-Hsin Ho, Chia-Wei Huang, Chih-YungLin & Ju-FangYen, *CEO Overconfidence and Financial Crisis: Evidence from Bank Lending and Leverage*, 120 Journal of Financial Economics 194(2016)(发现首席执行官过于自信的银行更有可能在危机前削弱贷款标准); Lu'ıs Santos-Pinto & Michele Dell Era, *Entrepreneurial Optimism and the Market for New Issues*, 58 International Review of Economics 383(2017)(研究乐观主义对新股发行影响); Sanaz Aghazadeh, Lili Sun, Qian Wang & Rong Yang, *Investors' Perception of CEO Overconfidence: Evidence from the Cost of Equity Capital*, Review of Quantitative Finance and Accounting(forthcoming)(发现证据表明管理者乐观主义影响股权成本).

〔98〕 See e. g., Dirk Hackbarth, *Determinants of Corporate Borrowing: A Behavioral Perspective*, 15 Journal of Corporate Finance 389(2009)(应用实物期权框架，分析管理者乐观主义和过度自信对融资和投资决策之间相互作用的影响); Ulrike Malmendier, Geoffrey Tate & Jon Yan, *Overconfidence and Early-life Experiences: The Effect of Managerial Traits on Corporate Financial Policies*, 66 The Journal of Finance 1687(2011)(发现可衡量的管理特征对公司融资决策具有重要的解释力).

〔99〕 See e. g., T. Colin Campbell, Michael Gallmeyer, Shane A. Johnson, Jessica Rutherford & Brooke W. Stanley, *CEO Optimism and Forced Turnover*, 101 Journal of Financial Economics 695(2011)(分析管理者乐观主义的次优和最优水平); Adam C. Kolasinski & Xu Li, *Can Strong Boards and Trading Their Own Firm's Stock Help CEOs Make Better Decisions? Evidence from Acquisitions by Overconfident CEOs*, 48 Journal of Financial and Quantitative Analysis 1173(2013)(发现独立董事会帮助过于自信的首席执行官在寻求收购其他公司时避免诚实的错误); Jian Wang, Jiliang Sheng & JunYang, *Optimism Bias and Incentive Contracts in Portfolio Delegation*, 33 Economic Modelling 493(2013)(发现乐观的管理者比完全理性的管理者承担更多的风险); Clemens A. Otto, *CEO Optimism and Incentive Compensation*, 114 Journal of Financial Economics 366(2014)(展示公司如何通过调整薪酬合同来调动乐观管理者积极性); Gilles Hilary, Charles Hsu, Ben- jamin Segal & Rencheng Wang, *The Bright Side of Managerial Over-Optimism*, 62 Journal of Accounting and Economics 46(2016)(管理者乐观主义会带来额外的努力，从而提高公司盈利能力和市场价值).

于解释局外人在公司治理中的作用,这也许是代理方法中最重要的一种主张。[100] 研究人员认为,组织的乐观主义最好通过引入“外部”观点来缓解,这种观点能够辨识“内部”观点可能错误的原因。[101] 局外人即大股东和(或)对冲基金活动人士,都有能力提请管理层注意可能表明他们的看法是错误的信息。[102] 公司治理界对外部董事和董事会外部主席的推动与这一指示不谋而合。总体而言,行为公司金融很可能完全取代代理理论。一般而言,控制代理成本的机制有数种,包括内部股东、机构股东和大股东的持股,外部董事、债务、来自其他管理者的竞争,以及公司控制权市场的存在。[103] 所有这些均可被接受,而且多数业已通过基于管理者乐观主义而非管理不忠的模型进行了分析。

结　论

公司治理应当摒弃代理理论。管理者不是代理人,股东亦不是

〔100〕 See Andrei Shleifer & Robert W. Vishny, *Large Shareholders and Corporate Control*,94 Journal of Political Economy 461(1986).

〔101〕 See Daniel Kahneman & Dan Lovallo, *Timid Choices and Bold Forecasts*: *A Cognitive Perspective on Risk Taking*,39 Management Science 17(1993).

〔102〕 On hedge fund activism, see Alon Brav, Wei Jiang, Frank Partnoy & Randall Thomas,*Hedge Fund Activism*,*Corporate Governance*,*and Firm Performance*,63 The Journal of Finance 1729(2008); Alon Brav, Wei Jiang & Hyunseob Kim, *Hedge Fund Activism*: *A Review*,4 Foundations and Trends in Finance(2010).

〔103〕 See Anup Agrawal & Charles R. Knoeber, *Firm Performance and Mechanisms to Control Agency Problems between Managers and Shareholders*, 31 The Journal of Finance Quantitative Analysis 377(1996).

被代理人。公司实行所有权(股份)和所有权(资产)的分离,对大公司的繁荣兴旺至关重要。枉顾这些事实,已然产生了与实际公司治理问题无甚关联的大量文献。代理理论试图用不可观测的代理成本解释偏离股东价值最大化的现象。因此,对于研究中的任何现象,至少有两个答案总有用武之地:因为某些机制或其他控制了代理问题,目前的情况达致最优;因为无法以可接受的成本控制代理问题,目前的情况未达最优(或监督和约束成本边际最优)。本文并非第一篇批判代理路径的文章,[104] 只不过先前的批判寥寥可数、远远不足,我们应该果断结束对代理的崇拜。

笔者以为,公司治理研究的重点应当转变。行为公司金融学有望大胆前进,这将更好地解释公司行为,更好地与现行公司法融合,并为董事和高管提供有益指导。是时候放弃旧式理论,[105] 以认真对待的方式深入展开理解真正的公司治理的研究了。

---

[104] See Michael J. Meurer, *Law, Economics, and the Theory of the Firm*, 52 Buffalo Law Review 727,731(2004)("公司法的合同集束路径提供了宝贵的见解,但其给人一种错误印象,即代理理论抓住了公司理论的精髓。");Claire A. Hill & Brett H. McDonnell, *The Agency Cost Paradigm: The Good, the Bad, and the Ugly*, 38 Seattle University Law Review 561,562(2015)["我们认为,这种模式在智识上是相当薄弱的,也许在政治和法律上也是如此(尽管也许不是!)"].

[105] See Andrei Shleifer & Robert W. Vishny, *A Survey of Corporate Governance*, 52 The Journal of Finance 737,742(1997);See also David Yermack, *Flights of Fancy: Corporate Jets, CEO Perquisites, and Inferior Shareholder Returns*, 80 Journal of Financial Economics 211,211(2006)("回归分析发现,首席执行官的财务补贴与薪酬或持股比例之间没有显著关联,但与个人特征相关,特别是长途高尔夫俱乐部会员资格对于私人飞机的使用有极强解释力。").

公司法和公司治理中的现实与幻象

[美]迈克尔·克劳斯纳*

目　次

---

* 斯坦福大学法学院 Nancy and Charles Munger 商业和法律讲席教授，法学博士。
本文原文发表于 Stanford Law Review（2013 年第 6 期）。

引　言

这一期的《斯坦福法律评论》作为第 7 届法律实证研究年度会议的纪录，让本期的 6 位作者有机会展示其在各自领域进行的重要实证研究成果。在公司法和公司治理领域，实证研究的影响是广泛的，提交给法律实证研究会议的报告中，有超过 1/4 的文章都与公司法和公司治理的主题相关。早在 20 世纪 70 年代初，法经济学者便构建了该领域的基础理论。然而，针对一些关键问题，相关理论却始终无法作出回答。例如，交错董事会制度是否真正提高了公司价值？独立董事制度呢？分设首席执行官和董事会主席两个职位又如何？针对以上的每一个问题，正反双方都有相应理论支持。因此，需要通过实证研究觅得真正的答案。

无独有偶，公司法上最基本的问题——若无法律干预，市场自身力量能否促进公司治理的最优安排——也同样需要实证研究，该基本问题构建了公司法领域20世纪80年代至今的研究框架。然而,对于该命题立场如何,目前尚无基于实证性证据作出的系统分析。本文将进行这样的分析,且得出的结论是,在大多数情况下,证据显示上述命题的答案为否。

我们如今仍在20世纪70年代晚期的金融学文献和20世纪80年代的法学文献所构建的理论框架内理解公司法和公司治理。在1984年,罗伯塔·罗曼诺(Roberta Romano)评论道:"直到最近,公司法变成了一个无趣的研究领域。"[1]并引用了贝利斯·曼宁(Bayless Manning)于1962年作出的著名论断,"公司法领域,作为人类智识的一个领域,在美国早已死亡……留下的只有繁杂而空洞的公司法条文,如同那些由生锈钢筋建成的摩天塔楼,框架虽在,其中却荡然无物,唯有长风呼啸而过"。[2] 就知识和法律角度看,1976年由迈克尔·詹森(Michael Jensen)和威廉·梅克林(William Meckling)发表的《企业理论:管理者行为、代理费用与产权结构》[3]

---

〔1〕 Roberta Romano, *Metapolitics and Corporate Law Reform*, 36 Stanford Law Review 923, 923(1984).

〔2〕 Id. at 1 n.1(原文有删节)[引自 Bayless Manning, *The Shareholder's Appraisal Remedy: An Essay for Frank Coker*, 72 Yale Law Journal 223, 245 N. 37(1962)](内部引文标记略去).

〔3〕 See Roberta Romano, *After the Revolution in Corporate Law*, 55 Journal of Legal Education 342, 347(2005). 一个值得格外关注的是亨利·曼尼(Henry Manne)的作品,预期敌意收购的文献将会在20年之后出现。See id. at 343; See also Henry G. Manne, *Our Two Corporate Control*, 73 Journal of Political Economy, 110(1965); Henry G. Manne, *Our Two Corporation Systems: Law and Economics*, 53 Virginia Law Review 259(1967). 同样还有 Ronald Coase 的作品,在1937年第一次将公司概念化为契约。R. H. Coase, *The Nature of the Firm*, 4 Economica 386(1937).

一文,带来了“公司法的革命”。[4] 该文提出了公众公司的代理成本理论,迄今仍是公司法和公司治理研究领域的主导框架。一年后,拉尔夫·温特(Ralph Winter)发表了《州法、股东保护和公司理论》一文,文章中含蓄地应用了詹森和梅克林代理成本模型来分析以下问题,即美国各州吸引公司注册的竞争行为,究竟是“逐顶竞争”还是“逐底竞争”?[5]随后,弗兰克·伊斯特布鲁克(Frank Easterbrook)和丹尼尔·费舍(Daniel Fischel)在20世纪80年代发表了一系列文章并汇集为一本颇有影响力的著作,在这些文章中他们继续拓展了詹森和梅克林的理论框架,并以之为基础提出公司法的实证性和规范性研究理论。[6] 而后,这一作品和其他以经济学理论为基础的法学作品开始影响法院和证监会。[7]

通过詹森和梅克林、温特、伊斯特布鲁克和费舍以及其他学者的

---

〔4〕 See Michael C. Jensen & William H. Meckling, *Theory of the Firm: Managerial Behavior, Agency Costs and Ownership Structure*, 3 Journal of Financial Economic 305 (1976).

〔5〕 See Ralph K. Winter, Jr., State Law, *Shareholder Protection, and the Theory of the Corporation*, 6 The Journal of Legal Studies 251 (1977).

〔6〕 See Frank H. Easterbrook & Daniel R. Fischel, *The Economic Structure of Corporate Law* (Harvard University Press, 1991), p. 15(本书的规范性命题是:若对每一个可能发生的事情进行协商的效率足够低,则公司法应当包含人们将会协商出来的条款。实证性命题则是公司法几乎总是要符合这一模型).

〔7〕 See Romano, *supra* note 3, at 350.

一些作品可见,该时期文章的观点都主张公司契约论,[8]即公司被视为其“组成者”之间“契约的联结”,这些组成者包括管理者、股东、债权人和雇员等主体,而公司法和公司治理主要专注于处理管理者和股东之间的代理关系。就像在其他市场环境下,将股东与管理者关系定义为契约关系的意义在于,使人们相信,不考虑交易成本,市场力量能使总收益最大化,因而在公司法的语境下,该定义意味着市场力量将会引导各方基于最小代理成本的理念去设计公司治理安排和采用法律规则,继而最大化企业价值。

契约理论逻辑在公司首发上市 IPO 时点下最为清晰。拟上市公司的管理者和投资者设计了企业治理结构,市场设定了公司股份的价值,且该价格有望能够反映企业治理结构在降低代理成本方面的有效性,随后投资者在市场中购买了上述股份。拟 IPO 时公司中的股东能够因好的公司治理结构而获益,同时,也要为坏的结构买单。因此,他们大抵会有动力去设计适应其企业情况的最优的治理机制,

---

〔8〕 试图列出一个名单不可避免地要忽略一些这一时期有影响力的文章。以下仅是其中一部分:Oliver E. Williamson, *The Economic Institutions of Capitalism: Firms, Markets and Relational Contracting* (Free Press, 1985); Armen A. Alchian & Harold Demsetz, *Production, Information Costs, and Economic Organization*, 62 American Economic Review 777 (1972); Eugene F. Fama & Michael C. Jensen, *Separation of Ownership and Control*, 26 The Journal of Law and Economics 301 (1983); Sanford J. Grossman & Oliver D. Hart, *The Costs and Benefits of Ownership: A Theory of Vertical and Lateral Integration*, 94 Journal of Political Economy 691 (1986); David D. Haddock et al., *Property Rights in Assets and Resistance to Tender Offers*, 73 Virginia Law Review 701 (1987); Henry Hansmann, Ownership of the Firm, 4 Journal of Law, Economics & Organization 267 (1988); And Benjamin Klein et al., *Vertical Integration, Appropriable Rents, and the Competitive Contracting Process*, 21 The Journal of Law and Economics 297 (1978)。

并将之放进公司章程,即"公司契约"中。[9] 规范判断中,契约治理被认为优于通过立法强制实施的治理安排,因为企业在许多维度上都存在差异,并且市场力量为个性化定制和创新治理安排提供了激励。如果契约理论是成立的,那么那些上市公司的章程中就会包含个性化定制和创新的治理安排。

如果一家公司的股份零散地被公众股东所持有,就会出现这样一个问题:管理层能否利用控制权放松治理的缰绳,从而追求私利呢?[10] 对此,契约主义理论者同样主张,市场力量会促使管理层采纳最优的治理安排。[11] 支持这一理论观点的实证数据显示,公众公司管理者会采取发起旨在提升公司价值的章程修正案或采纳治理优化方案的形式来最小化代理成本。

契约对公司事项进行安排的论断使公司法失去了主导地位,成为了配角。公司法提供"标准化的"缺省规则,为各方省去了自行制定所有相关章程条款的成本。[12] 无论在 IPO 时还是后 IPO 阶段,管理层能够优化这些缺省规则时,可以随时选择不再适用这些规则,并草拟替代的条文写入章程中。此外,在美国,缺省规则本身就是契约。当企业上市时,选择了注册所在州就选择了该州的公司法体系。上市后,在董事会和股东的许可下,该企业可以重新注册。契约论者的理解是,该公司会在有更能降低代理成本的公司法的州进行注册。

---

〔9〕 See Frank H. Easterbrook & Daniel R. Fischel, *The Corporate Contract*, 89 Columbia Law Review 1416(1989)(将公司章程描述为契约).

〔10〕 对这一问题的概述,参见 Lucian Arye Bebchuk, *The Debate on Contractual Freedom in Corporate Law*,89 Columbia Law Review 1395(1989)。

〔11〕 See Haddock et al. ,*supra* note 8,at 733 – 737.

〔12〕 See Easterbrook & Fischel,*supra* note 6,at 34.

此外,追随温特研究的脚步,契约论者预期各州会渴望得到公司注册的特许经营费,并且因此互相竞争以提供满足上述需求的公司法——展开“逐顶竞争”。[13]

契约论将经济学引入公司治理和公司法的分析框架,并基于简单假设和直接的经济学逻辑,提供了公司法研究的新视角。经济学理论表明,不考虑交易成本时,管理者将会有针对性地制定章程条款来规范他们与股东的关系,借此最大化企业价值。[14] 这是契约论的核心内涵,也为契约论者提供了一个强有力的规范性主张——本质上没有必要进行法律干预,因为任何需要都可以通过契约来完成。然而,仍然存在一个问题,即实际的公司契约条款是否符合契约论者期待,或者说市场的缺陷是否阻碍了最优的公司治理安排。这是一个实证问题,其答案与关于契约论的实证性及规范性观点紧密关联,同时,这也是本文重点讨论的问题。

整体来看,近 30 年来的实证研究文献对契约论的支持力度很小。[15] 该理论的核心支撑论点与实证数据不匹配。首先,契约论表示,公司上市时的章程会包含许多促使公司价值最大化的活跃创新和个性化定制条款。然而,实证数据显示,事实上在 IPO 章程中并没有任何创新和个性化定制条款出现过,且从治理安排的角度来看,这些章程本质上都非常空洞,企业会直接采用注册地所在州公司法中的缺省规

---

〔13〕 See Winter, *supra* note 5.

〔14〕 为了简化以及与文献的术语保持一致,当涉及管理者和股东共同的财富时,笔者使用了“企业价值”这一术语来代指,没有他们采取行动会对公司其他成员(利益相关者)的财富产生外部影响的可能性。

〔15〕 在之前一篇文章中,笔者探讨了公司契约论所面临的挑战。See Michael Klausner, *The Contractarian Theory of Corporate Law: A Generation Later*, 31 The Journal of Corporation Law 779(2006).

则或其他规则。[16] 唯一出现在IPO章程中的重要治理条款就是交错董事会，而研究表明该条款会降低企业价值。[17] 其次，实证研究表明，并不存在公司法供给的州际竞争，[18] 没有“逐顶竞争”或者“逐底竞争”之说。特拉华州是这场竞赛中的唯一参赛州，并且统治了整个市场。

关于公司上市后是否会对公司契约做中途调整的实证研究数据是混沌的，无法指向明确的结论。实证研究数据显示，“看不见的手”并不会迅速推动废除那些无效率的治理机制，也不会促使管理层提出对章程创新或增加个性化条款的修正议案并取得股东会同意。相反，30多年以来，在公司治理方面股东与管理层之间存在非常明显的较量。多数情况下，上述较量的结果以管理层获胜告终。然而，近些年来，权力的天平似乎开始倒向股东一方。在30年之后，相关法律发生了重大变化，股东倡导的治理结构终于被采纳。

为何契约论与现实不适应呢？第一个原因在于交易成本和其他的市场缺陷。而契约论者认为，相关的交易成本只是起草契约的成本，而该成本并没有高到足以动摇契约论，且市场也不存在其他缺陷。但恰恰相反，市场缺陷比契约论者认识到的更为复杂也更为重要。在确定股东与管理者关系中的权利和义务之时，普适性的标准相较特定规则往往更为适合。各种语境下的信义义务就是一个很好

---

〔16〕 法定选择权包括，如交错董事会、累积投票制和外部董事金钱责任的辩解。See Delaware Code Annotated. tit. 8, § § 102(b)(7),141(d),214(2013). 企业往往不会免受州内反并购条款的约束。See Robert Daines & Michael Klausner, *Do IPO Charters Maximize Firm Value? Antitakeover Provisions in IPOs*, 17 The Journal of Law, Economics & Organization 83,95(2001).

〔17〕 See *infra* Part Ⅲ. A. 1. b.

〔18〕 See *infra* Part Ⅱ.

的例子。当需要使用信义义务相关的合同条款时,在特定情景下,该条款内容将由法官来进行解释。被越多企业采纳的治理规则,就越有可能被诉诸法律,也可能有更多的司法解释。因此,缺省规则则更可能被广泛接受——希望是因为其核心质量,它所提供的不仅是一些先例,还有对未来趋势的指引,而单一企业量身定制的条款则不会有这样的作用。此外,缺省规则能够使市场有所预期,并使那些需要为公司提供建议的律师能够游刃有余。

笔者在之前的研究中运用经济学中"网络技术"的方法解释了上述现象。〔19〕 缺省规则的网络优势大于某个企业基于自身情况定制的条款——正如 Windows 操作系统的优势会超过某种特定计算机的生产商发展的新操作系统。缺省规则的网络优势同样超过了对许多企业有潜在吸引力的所谓的创新条款。个性化定制和创新性条款(以及新的计算机操作系统)理论上也可能具有网络优势,但仅限于它们被广泛采用的时候,而集体行动的难题阻碍了其被广泛采纳。然而,笔者认为,公司治理安排方面,在股东行动主义者 * 发起的一些

---

〔19〕 See Michael Klausner, *Corporations*, *Corporate Law*, *and Networks of Contracts*, 81 Virginia Law Review 757, 826 – 829 (1995); See also Henry Hansmann, *Corporation and Contract*, 8 American Law and Economics Review 1, 9 – 10(2006)(聚焦于通过立法修改来证明论点,不受多少企业采纳缺省规则的影响,可以提供独立的价值). Ian Ayres 作出了相关的论证,与公司法缺省规则的设计相关。他论证道,应当有一个法院在事后应用的通用标准。选出该规则的公司会以特殊规则处理,不需要这样的事后实施。Ian Ayres, *Making a Difference*: *The Contractual Contributions of Easterbrook and Fischel*, 59 University of Chicago Law Review 1391, 1403 – 1408(1992)(reviewing Easterbrook & Fischel, *supra* note 6).

* shareholder activists, 股东行动主义者,或股东积极主义者,指一家上市公司的股东不再满足于当个观众,如果对公司的管理不满意,他们不会抛售股票,而是采取积极行动,捍卫自己的权益。本文中,在不同语境下,若强调主体,则译作股东积极主义者,若强调行为,则译作股东行动主义者。——译者注

广为人知的运动所涉及的事项上,情况可能正在发生改变。

契约论未能适应现实的第二个原因在于,契约论者很少关注现实的公司契约。事实上早在 1984 年,伊斯特布鲁克教授就认识到当代实证研究具有局限性,他认为进一步推进实证研究将会大有裨益。[20] 但其实无须全面研究,只要查看一些公司章程就能发现,真实世界的真相与契约论者所描绘的理论在一些重要方面存在显著不同。[21]

实证文献对契约论研究者忽略的一些事实也作了回应,基于此,实证研究基本上摧毁了契约论的全部有效性。这也是本文的首要议题。但是,正如契约论的理论家们未能充分关注现实世界的事实一样,许多实证主义者也未能理解他们的模型中所包含的治理机制,故一些模型存在实质性的缺陷,其结果的说服力较之其他模型会更弱。因此,研究公司法和公司治理的学者们没有完全了解公司制度的真实情况是本文的次要议题。

本文将按以下内容展开:在第一部分,将契约论者对 IPO 阶段的认识和实证文献所揭示的现实展开对比,为了支持这一分析,继而展示了一些从 IPO 章程中收集的新数据。在第二部分,回顾关于各州"竞争"以提供公司法的实证文献。在第三部分,检验实证文献在多大程

---

〔20〕 See Frank H. Easterbrook, *Managers' Discretion and Investors' Welfare: Theories and Evidence*, 9 Delaware Journal of Corporate Law 540, 552(1984).

〔21〕 例如,Easterbrook 和 Fischel 教授陈述如下:"企业上市常采取简单易得的方式:没有毒丸计划证券,没有超级投票权规则或者交错董事会。" Easterbrook & Fischel, *supra* note 6, at 205. 这并不正确。类似地,Haddock 等人陈述如下:"许多公司的股东……拒绝在章程中设置毒丸计划。" Haddock et al., *supra* note 8, at 734. 毒丸计划并不是通过公司章程创设,也并不需要股东批准,因此他们的指向并不清晰。Haddock 等人的分析促使我们预期,至少有一些公司章程规定禁止或者限制董事会采取毒丸计划。然而,没有研究报告发现 IPO 章程中具备这样的条款,一个这样的章程都没有。

度上证明了契约论的预测,即一旦公开上市,市场将会推动公司治理安排达到最优的调整。最后,在第四部分中,通过阐明实证文献中关于收购防御和治理指数使用的一些持续存在的误解,简要论述了本文的第二议题。

一、IPO 阶段的缔约

当公司公开上市之时,公司章程事实上就是管理者和公众股东之间订立的契约。这一章程赋予了股东法律权利并施加给管理者义务。在章程中,公司可以承诺放弃毒丸计划,设置交错董事会,限缩董事的责任风险,分设首席执行官和董事会主席职位,自行决定董事会规模,设置特定数量的独立董事,要求管理者持有一定数量的股份,有条件地对管理者发放薪酬等。章程对这些事项的自由选择所施加的限制非常少。[22] 只要经过董事会和股东们的批准,公司章程中的任何条款都可以在之后进行变更。

定价是契约论的核心。企业内部章程中所包含的治理承诺,在公司上市后会被披露出来。投资者可以评估这些承诺协议,如同他们评估公司其他方面的情况一样。证券市场应当为公司章程中所提

〔22〕 一家公司在其章程中对公司治理承诺仅有的限制是其不能与注册所在州的法律要求相冲突——如同下文所讨论的,本身是就合同问题。例如,特拉华州普通公司法(DGCL)规定:公司注册证书可能包括任何或所有下列事项:有关公司经营管理及处理各项事宜的规定,有关公司、董事、股东……权力的产生、定义、限定和规范的规定,条件是该规定不与本州法律发生冲突。See Delaware Code Annotated. tit. 8, § 102(b)(2013). 无论在何州注册,这一法律限制都不是最强的那个。

供的治理协议进行定价,如同其为公司商业模式的质量、产品、管理和其他可能影响未来利益进而影响当前价值的因素进行定价一样。[23] 如果治理承诺有价值,投资者就会竞价从而抬高公司股价,这种情况下,在企业 IPO 之前取得股份的投资者将获得好处。因此,在契约论逻辑下,拟 IPO 企业的管理者和投资人应该会将能使公司价值最大化的治理机制写入公司章程。但他们是否会这样做仍需实证数据证明。

(一) IPO 章程和收购防御

IPO 章程中会有优化公司治理的承诺,是公司契约论最少有争议的部分。IPO 章程被期待供给具有价值提升功能的治理机制。即便是契约论的质疑者,也会认可契约论在 IPO 阶段拥有最强解释力这一观点。[24] 契约论者坚定主张中的另一个,认为收购防御措施会固化管理层并降低企业价值,该主张也得到了契约论质疑者的认同。[25] 因此,反收购措施被认为不会在 IPO 章程中出现。伊斯特布鲁克和费舍表达了他们的共同观点,并将之视作一种事实:

> 如果投资者认为[反收购措施]有价值……其就应当出现在公司成立或者公司上市发行证券的相关文件中。如果它确实有价值,企业家便能因敢于采用这些措施而获得额

---

〔23〕 伊斯特布鲁克和费舍说明:"通过何种机制对股票进行估值,需要确保价格机制反映了治理和运营条款的价值,如同其反映了管理者身份和公司生产的产品那样。" Easterbrook & Fischel, *supra* note 6, at 18.

〔24〕 See e. g. , Bebchuk, *supra* note 10, at 1404("在上下文语境下,这里的契约自由是最强的。").

〔25〕 See e. g. , Frank H. Easterbrook & Daniel R. Fischel, *The Proper Role of a Target's Management in Responding to a Tender Offer*, 94 Harvard Law Review 1161, 1164(1981).

> 外收益。然而,这些条款却没有被章程囊括其中。相反,公司以简单易行的方式上市:没有毒丸计划的证券、没有超级多数规则或者交错董事会的安排。防御措施在上市之后才被加上,这一顺序的深意昭然若揭。[26]

IPO 章程事实上是否包含反收购措施,是一个无须再用另一个10 年去研究的实证问题。显然,伊斯特布鲁克和费舍基于理论而非现实做出关于上述问题的事实性陈述。在之后的 10 年中,该理论被广泛地接受,且没有人认为有必要用现实中的章程来验证该理论,连存在相关研究的传闻也未曾听说。

2001 年和 2002 年有 3 篇文章展示了公司上市章程的相关数据。出乎意料的是,他们发现 IPO 章程中普遍包含了反收购条款,更重要的是,其中有交错董事会制度——这让人们对 IPO 章程事实上能否使得公司价值最大化产生质疑。[27] 这些研究以 1988 年至 1999 年的数个不同时期为样本,并发现不同时期的样本公司章程中包含交错董事会条款的概率是 34% ~82%,越往后的年份,比例越高。[28] 最近的一项研究以 1997 年至 2005 年上市的企业为样本,发现大约

---

〔26〕 Easterbrook & Fischel, *supra* note 6, at 204 – 205(着重强调).

〔27〕 See Daines & Klausner, *supra* note 16.

〔28〕 See John C. Coates Ⅳ, *Explaining Variation in Takeover Defenses: Blame the Lawyers*, 89 California Law Review 1301, 1353 tbl. 3, 1377 & fig. 3(2001)(概括 4 个样本阶段的结果以及指出收购防御在 20 世纪 90 年代变得越来越普遍);Daines & Klausner, *supra* note 16, at 96 tbl. 2; Laura Casares Field & Jonathan M. Karpoff, *Takeover Defenses of IPO Firms*, 57 Journal of Finance 1857, 1861 tbl. Ⅱ(2002).

64%的企业设置了交错董事会。[29]

其中两篇文章对一些公司采纳交错董事会制度的行为是否存在合理解释进行了分析。劳拉·菲尔德(Laura Field)、乔纳森·卡波夫(Jonathan Karpoff)、罗伯特·戴恩斯(Robert Daines)以及笔者都对此问题进行了研究:在敌意收购发生之时,公司是否需要采纳交错董事会制度以获取额外的议价能力?[30]但没有一项研究的结论支持这一解释。戴恩斯和笔者还测试了是否那些难以估值因而更容易被低价收购的公司会更倾向于采用交错董事会制度,但仍得不出支持这一解释的结论。我们发现,事实上,有关公司上市效率的理论宣称交错董事会是最不必要的制度时,其反而更受欢迎,对此管理层壁垒似乎作出了最佳解释。[31]

约翰·科茨(John Coates)就公司律师是否影响了交错董事会制度的采纳展开研究,并且他发现确实如此。其研究表明:如果某一律所有大量与并购相关的交易或法律工作,那么他们的律师的态度,或工作中使用的相关格式合同,都表现出对反收购措施的偏好。[32] 但

---

〔29〕 See E-mail from William C. Johnson, Assistant Professor, Sawyer Sch. of Bus., Suffolk Univ., to author(January 11, 2013)(由作者存档)(基于他们的数据集,确认设置交错董事会企业占 IPO 企业总数的合计比例); See also *William C. Johnson et al.*, *The Bonding Hypothesis of Takeover Defenses: Evidence from IPO Firms*(未刊稿, p. 33), SSRN (April 29, 2013), http://ssrn.com/abstract=1923667.

〔30〕 See Daines & Klausner, *supra* note 16, at 98–99; Field & Karpoff, *supra* note 28, at 1857–1858.

〔31〕 See Daines & Klausner, *supra* note 16, at 102, 104.

〔32〕 See Coates, *supra* note 28, at 1336–1337, 1377. 随着笔者与戴恩斯教授合作文章的发表,我们在斯坦福大学组织了一次会议,内容是在 IPO 章程中针对风险投资人和机构投资者设置的收购防御措施。在那次讨论之后的一段时间,一个资深风险投资人用温和而蔑视口气说道:"我从事这项事业已经有 30 年,从来没有见过,甚至考虑过防御是否会对股份价格产生什么影响。我也从来没有见过,甚至听闻银行家提出这样的问题。"

这并不是证明追求公司价值最大化的理论在发挥作用的证据。关于在 IPO 阶段对公司股票定价时反收购措施可能的影响，科茨评述道："与 IPO 参与方传闻的报告一致，由于缺乏定价惩罚，包括投资银行、风险资本家和威尔逊·桑西尼这一律所的律师（也包括其他律师）在内的所有参与方均在谈话中表示传统的收购防御措施不影响 IPO 定价。"〔33〕

由于包括风险资本在内的多数拟 IPO 股东，在 IPO 之后一段时间内仍会继续持有公司股份，之后才会转手给他们的投资者，所以科茨对于章程中出现反收购措施对定价影响的解释，也应当适用于 IPO 之后的二级市场。上文提到的 3 篇文章的发现都与上述解释保持一致。尽管契约论逻辑令人信服，但如果律师、承销商和风险资本家不相信反收购措施会影响 IPO 阶段的股价或 IPO 之后二级市场的股价，那么市场参与者可能通常也不会相信——在这种情况下这些反收购措施确实不会产生影响。然而，不断推陈出新的研究中总包含着为分析引入新变量的可能性，这类变量也许能为市场追求效率理论及 IPO 阶段公司追求最优契约的主张提供支持。

---

〔33〕 Id. at 1381 – 1382. 同时，章程条款可能没有被定价的思考似乎构成了思想认识上的错误，类似异端邪说或政治不正确。在戴恩斯和笔者将所撰写论文的草稿被传阅后，笔者和一群高水平公司法学者在某次会后共进晚餐。对坐下来，一位学者以一种略显高傲的态度说道："我听说你和戴恩斯认为在证券市场发展了 700 年之后，投资者仍然不清楚如何为 IPO 中的收购防御措施定价。"有志向的年轻学者的安全回答——同时也是技术上正确的回答——是戴恩斯和笔者并未对收购防御是否被定价作出评论。今天，这个正统观念已经逐渐消退，市场是否为治理安排定价，成为了一个正当合理的问题。See Lucian A. Bebchuk et al., *Learning and the Disappearing Association Between Governance and Returns*, 108 Journal of Financial Economic 323 (2013)（分析了好或者坏的公司治理的市场定价）；Martijn Cremers & Allen Ferrell, *Thirty Years of Shareholder Rights and Stock Returns*（未刊稿），SSRN (Dec. 2012)，http://ssrn.com/abstract=2020471（观点相同）.

威廉·约翰逊(William Johnson)、乔纳森·卡波夫和桑禾·伊(Sangho Yi)最近在一篇文章中提出了这样的变量。作者曾将该文章的早期版本提交给法律实证研究会议,他们指出,对商业伙伴负有重大合同义务的企业在上市时普遍采用了收购防御措施——这些商业伙伴包括客户、供应商或战略合作伙伴。[34] 他们的分析表明,对于这些企业,反收购措施能够提升公司价值,因为这些措施确保了商业伙伴关系的持续发展,鼓励他们的合作伙伴在这段关系中投资更多。换句话说,反收购措施可能是稳固专属投资关系的有效工具。[35]

乔纳森等人的研究支持了上述命题,即一些企业在 IPO 阶段采纳了提升公司价值的治理机制。但是他们对于为何企业常在上市时采纳反收购措施这一难题,仅提供了不完整的回答,即他们发现,在有大客户的企业中,65.6% 以上会采用交错董事会制度,而在无大客户的企业中这一概率是 60.6%(统计学上这样的差异相当显著)。[36] 因此,尽管乔纳森等人对为何大量企业采用交错董事会制度这一问题提供了令人耳目一新的解释,但样本中仍然有许多企业采纳交错董事会制度的行为无法根据效率理论来解释。

乔纳森等人的结论同样提出了另一个问题:专属投资关系是否

---

〔34〕 See Johnson et al., *supra* note 29.

〔35〕 See Andrei Shleifer & Lawrence H. Summer, *Breach of Trust in Hostile Takeovers*, in *Corporate Takeovers: Causes and Consequences*, The University of Chicago Press, 1988, p. 33, 53. 约翰逊等人运用收购指数作为因变量,如同在第四部分中解释的那样,是有疑问的。但他们报告称,如果替代性的使用现存的交错董事会制度,他们的结果不会发生改变。Johnson et al., *supra* note 29, at 32 – 33.

〔36〕 See Johson et al., *supra* note 29, at 33. 他们的发现,与那些有或没有从属供应商和战略合作伙伴的企业类似。Ibid.

要求反收购措施永远保持有效？总的来说，即使反收购措施对于需要维持长期合作关系的初创企业有价值提升作用，但收购防御措施保持永久有效会带来这样一个问题，即这些措施是否真的能实现价值最大化？虽然在一段时间后，公司可以以自动废止条款或取得股东许可来替换反收购条款，但尚无研究表明上市公司会通过这些方式来限制反收购条款的适用。

同样，对于定价问题，乔纳森等人表明，反收购措施增加了拥有重要业务关系企业的股份价值。而对于没有这一关系的企业，反收购措施对股价没有重大影响。〔37〕尽管这一偶然发现对于证明因果关系没有价值，但它仍值得被注意到，因为只有它对契约论所主张的章程设计影响股票价格的观点作了直接的判断，〔38〕且上述差异很难被解释。

总之，即使认可乔纳森等人的结论，对于 IPO 章程中出现反收购条款是否已驳斥了契约论的相关主张这一疑问，仍无确定答案。这一现象引发的问题包括：公司治理条款被 IPO 章程采用时，是否已被定价？IPO 章程是否真的有助于实现公司价值最大化？

（二）创新、多样化章程和“普适性”章程

为了确定 IPO 章程是否为公司治理创新的来源，以及公司是否有决心定制符合其自身情况的个性化治理协议，本文中增加了一些新收集的数据。笔者选择了 2000 年到 2012 年〔39〕上市的 373 个公

---

〔37〕 Id. at 24.

〔38〕 由于作者在这个部分中的因变量分析是收购指数的核心，我们应当更谨慎的解释这样一个空结果（null result）。See *infra* Part Ⅳ. 但是，无论该指数是怎样被测量的，对拥有这种重要关系的企业存在一个结果，对于没有这种关系的企业则不存在这样的结果。

〔39〕 这一样本包括了每一年中的 30 家公司，除了 2008 年，该年少于 30 家企业进行 IPO。笔者删除了分拆独立上市（spin-offs）、资产剥离（carve-outs）、空白支票公司（blank check companies）、受监管的金融机构和不动产投资信托。

司作为随机样本,并将从这些公司中搜寻到的章程(以及章程细则)作为判断是否存在治理创新和个性化定制条款的例证。[40] 笔者试图搜寻所有的个性化治理措施,但也为这一搜索工作施加了一些方向限制,即以过去20年间引起过激烈争议的主题为查找的重点,如分设首席执行官和董事长职位以及与董事独立性相关的其他条款。笔者同样查找了近年来出现的公司治理创新制度。其中的一些创新由于被立法或美国证监会规则采纳而成为强制性条款,如独立董事占多数席位、独立董事委员会、股东使用委托书提名董事、股东对董事薪酬的建议权。除上述四项创新以外,第五大创新——股东选举董事的过半数决制——并未被法律强制性规定,但迫于机构投资者的压力,其已经被公司广泛采用,且这一创新也被一些研究认为能够提升公司价值。[41]

对于上文中提到的、已被纳入立法的几种治理创新,笔者考察了它们在被作为法律规定出台之前,若股东行动主义者推动,是否会出现在IPO章程之中。如过半数决制,笔者考察了自2005年(该年份这一制度开始受到机构投资者关注)以来,它是否出现在公司章程中。如果一个创新出现在IPO章程中,我们能够据此推断,IPO章程确实是治理创新的渊源。如果一个创新没有出现在IPO章程中,则有两种可能的解释:其一,IPO章程可能并不具备公司契约论认为其应当具有的属性,它可能不是创新的来源。其二,对于样本公司而

〔40〕 公司章程可能授权董事会修改其章程细则。See Delaware Code Annotated. tit. 8, § 109(2013). 章程通常都能够提供这样的授权。因此,一个包含在章程细则中的治理条款并没有如同章程条款所具有的契约品质,章程条款只能在董事会和股东会都同意的情况下,才能修改。然而,理论上章程可能对董事会修改章程细则的权力加以限制。例如,不允许董事会对特定条款单方面修改。因此,当公司的章程细则中包含了一项创新举措时,笔者会查阅章程来确定是否对其修改存在任何限制。笔者发现这样的限制并不存在。

〔41〕 See *infra* notes 149 – 153 以及相应附随的文本。

言，这些特殊的创新可能没有任何价值提升功能。这是公司契约论的经典推论：如果创新没有被将要上市的公司采纳，那么，其就不具备价值提升功能（同样也不应被法律实施）。〔42〕 而如果这些治理架构被某些而非所有公司采纳，那么将如契约论认为的那样，一个可能的解释是公司是多样化的，会采纳不同的治理架构来适应不同的需求。表1展示了相关的发现。〔43〕

〔42〕 参见 Easterbrook & Fischel, *supra* note 6, at 204 – 05（主张作为对敌意收购的回应，如果他们认为能实现价值最大化，那么强制拍卖应当包含于 IPO 章程之中）；Haddock et al., *supra* note 8, at 728（主张作为对敌意收购的回应，如果他们认为能实现价值最大化，那么强制的被动规则应当包含于 IPO 章程之中）.

〔43〕 表1中的时间周期要么起始于2000年1月1日，即样本的起始日，要么在每一个机制第一次受到显著的公众注意的时刻。时间周期要么在2012年12月31日结束，这是样本周期的最后一天，要么在一个机制变成法律强制规则之时。独立委员会要求，SEC 批准的规则由纽约证券交易所和纳斯达克交易所于2003年11月4日发布。这些规则，要求在交易所上市的公司设置薪酬、提名/公司治理以及审计委员会，完全由独立董事构成，在2004年1月15日以后的第一次年度大会开始生效（如果没有更早的年度会议，也不迟于2004年10月31日）。笔者因此使用了2004年4月1日（传统的委托书征集季）作为这一规则的相关起始日。全美证券交易商协会和纽约证券交易所规则制定：与公司治理相关，Exchange Act Release No. 48,745, 68 Federal Register 64,154（Nov, 12, 2003）。至于股东使用委托书提名董事，笔者运用了数据，基于此美国州县和市政工人联合会（AFSCME）在2005年向美国国际集团（AIG）申请股东提案，美国第二巡回上诉法院支持了这一提案。See AFSCME *v.* Am. Int'l Grp., 462 F. 3d 121, 123（2d Cir. 2006）. 至于过半数决制规则，加利福尼亚州公务员退休基金（CalPERS）在2005年3月14日向媒体发布新闻稿称他们将倡导过半数决选举（majority vote elections）。Press Release, CalPERS, *CalPERS to Seek Majority Vote for Corporate Directors*, Calpers-governance（Mar. 14, 2005）, http://www.calpers-governance.org/marketinitiatives/initiatives/press-releases/majority-vote-for-directors. 至于董事薪酬建议权，加州公务员退休基金在2006年在8家公司申请了股东提案。See Challie Dunn & Carol Bowie, Riskmetrics Grp., *Evaluating U. S. Company Management Say on Pay Proposals: Four Steps for Investors* 4 – 5, Shareholderforum（2009）, http://www.shareholderforum.com/sop/Library/20090316_RiskMetrics.pdf. SEC 制定的董事薪酬建议权规则于2011年4月4日开始生效。股东对高管薪酬和"金色降落伞补偿"的批准，Securities Act Release No. 9178, Exchange Act Release No. 63,768, 76 Federal Register 6010（February 2, 2010）。总的差异反映了与每一个机制相关的更短和更长的时间周期。然而，没有上市公司先于这一个时间段在章程或章程细则中设置上述的任何条款。因此，对起始日的选择对我们的结论没有影响。

表 1　IPO 章程或细则中的治理创新或个性化定制条款的公司数量

单位:家

项目	相关期间(月/日/年)	是	否	总计
独立薪酬委员会	1/1/2000 to 4/1/2004	1	125	126
独立提名委员会	1/1/2000 to 4/1/2004	0	126	126
独立治理委员会	1/1/2000 to 4/1/2004	0	126	126
股东使用委托书提名董事(Proxy Access)	1/1/2005 to 12/31/2012	0	224	224
过半数决制(Majority Rule)	1/1/2005 to 12/31/2012	4	220	224
(股东对)董事薪酬建议权(Say on Pay)	1/1/2006 to 4/4/2011	0	143	143
分设首席执行官与董事长职位	1/1/2000 to 12/31/2012	2	371	373

简言之,IPO 章程并不像公司契约论设想的那样,是治理创新和个性化定制条款的载体。首先,没有任何一家公司的章程包含创新或个性化条款。然而,很少量的公司在其公司章程细则中却包含了上述条款(通常可以由公司的董事会单方面修改)。在 373 个样本公司中,只有 7 家公司的章程细则中包含了有关并购以及公司内部事务安排的个性化治理承诺,且 7 家公司都仅采纳了一项表 1 中的制度。事实是,没有一家公司的章程包含了表 1 中创新性的或个性化制度中的任何一项,仅有少数细则有部分例外。因此,实质上对任何公司而言,创新性与个性化定制条款可能都不具有价值提升功能。然而,有相当多的证据表明这样的论断并不准确。许多企业在 2002 年萨班斯法案发布之前,就已经分设首席执行官和董事会主席席位

或使独立董事占多数席位，另一些企业则自《萨班斯—奥克斯利法案》发布后开始设置绝对多数的独立董事。因此，或许是一些更新近的公司治理创新对公司来说没有价值提升作用。比如，机构投资者对过半数决制的支持也许是错误的（但下文会提到，有证据表明该制度有价值提升功能，并且甚至有更强的证据表明其使管理层对股东的需求响应更积极）。[44] 这些治理制度如今已成为法律的强制性规定，这可能在实质上降低了所有公司的价值。对此，或许机构投资者在国会和 SEC 面前倡导这些措施是错得离谱，又或许国会和 SEC 对采纳了这些安排也存在过错——因为这些条款未能使任何公司价值提升。但是，这似乎也不太可能对 IPO 章程中完全缺乏这些制度的现象进行解释。根据奥卡姆剃刀定律"如无必要，勿增实体"的主张，也许能得出另一种最简单的解释：与契约论的主张相反，因为 IPO 章程自身存在一些因素使它不适宜作为治理创新或个性化定制条款的来源。[45]

IPO 阶段是契约论适用的主要舞台。该理论认为：创新性和个性化缔约应当出现在拟 IPO 企业章程中。然而，实证研究的结果并非如此。公司章程只是"普适性规则"加上被普遍采用的一些法定反收购措施，仅此而已。至于这些反收购措施，差异在于，有一些公司存在交错董事会，另一些公司则没有。乔纳森等人的分析表明，这一差异在一定程度上可以被效率理论所解释，即一些公司将交错董事会作为巩固重要长期业务关系的手段。但仍有许多公司采纳防御措

---

〔44〕 See *infra* notes 149 – 153 以及相应附随的文本。

〔45〕 另一个可能的解释是，适合创设公司的治理机制，不一定适合公开上市公司。然而，这一解释是不令人信服的。如果这是真的，IPO 章程会拥有这样的条款，如要求管理层允许股东在 IPO 以后 5 年内投票赞成或反对特定的治理安排。这不能解释为何完全缺失这样的条款。

施的行为不能够被这样解释，同时，即使可以据此进行解释，交错董事会的永久存续也会引起质疑。

在广义层面，股东和管理者之间的关系当然是契约属性的，因为股东系自愿进入这一关系。然而，相关实证研究只存在两种结论：要么是契约论者期待的能使公司价值最大化的契约的缔结可能存在若干障碍；要么是基本上所有公司的价值最大化条款都是由公司法提供的缺省条款。然而，这两者都与契约论相矛盾。

上述两种结论的共同出现可以在经济学中找到理论基础——但不是无摩擦资本市场理论*。如同上文所作的阐释，网络经济学解释了每个企业作为个体，可能通过采纳缺省规则或其他标准化治理条款来最大化治理价值；其还说明了，正因如此，从整体上看，企业的集体价值可能并未达到最大化。〔46〕公司治理安排和法律规则与网络产品，如软件、电脑操作系统和在线社区等，有相同的特质，即越多人使用，价值越大。越多企业使用某种治理安排，将使这一安排变得更有价值。此处的价值主要是指，对该治理安排的司法解释会在当下以及未来形成判例。当公司治理安排涉及的是无明确标准而非界限清晰的法律或合同规则时，先例就格外有价值。在公司治理语境下，标准不明的规则非常常见。信义义务、董事的独立性概念以及对股东投票的披露要求都是例证。治理安排的另一个网络优势还在于律师在提供法律咨询时的熟悉度。如果一个治理安排有这样的网络优势，定制个性化的替代条款或制定创新条款，就显得不那么有吸引力

---

* 又称完全资本市场理论，所有参与者都可以无成本地参与证券市场，没有交易成本和税收，对于参与者的证券持有量没有头寸限制。——译者注

〔46〕 See Klausner, *supra* note 19.

了。被广泛使用条款的价值就在于其被广泛使用,与那些公司针对特殊情况量身定制的条款或对大量公司仅有潜在价值的创新相比,可能价值更大。

这可能解释了为何公司上市章程在治理方面沉默不语,以及为何基于沉默选择适用缺省规则。缺省规则已被广泛采纳,且未来的广泛应用仍旧可期。拟上市公司的管理者和股东会通过采纳缺省规则来最大化其所有的公司价值,而非如契约论暗示的那样,采用个性化定制或创新性条款。但从社会性的观点看,可能存在一个创新和个性化定制条款的次优选择。此外,现有的缺省规则也可能只是次优的选择,因为即便接受了所有的公司都采取缺省规则这一事实,也可能存在一个可供选择的替代性缺省规则能进一步提升公司的价值。

二、公司法供给方面的州际竞争

当公司上市时,会选择一个州进行注册登记。该州的公司法将会决定管理者和股东之间的关系,并被期待能理想化地降低代理成本。因此,公司注册的决定也是对公司法的选择。如同契约论预测章程条款将会使公司价值最大化一样,它也预测,如果一个州具有最大化公司价值的公司法系统,公司将会选择该州进行注册登记。正如章程条款一样,契约论表明,各公司不同的治理需求将会导致在注册地选择上的一些差异。

20 世纪 80 年代,多数经济导向的法律学者期待各州通过提供价值最大化的公司法来回应对公司法的需求,尽管从契约论的逻辑看,这并不必要。起始于1970年的、关于公司注册的著名辩论被界定为各州之间为谋求公司付给注册所在州的特许经营费之间的“竞争”。20世纪70年代主流观点认为,各州试图通过制定以牺牲股东利益为代价来迎合管理层需要的公司法(对管理层自主权限制甚少,但对股东权利保护不力)来吸引注册。这一逻辑非常简单:管理者可以在公司上市时决定在哪里进行注册,并且一旦在特定州注册后,管理者可以将公司继续保留在该州。该观点主要是由SEC前任主席同时也是哥伦比亚大学法学院教授的威廉·卡里(William Cary)于1974年贡献的。〔47〕3年后,在一篇最早使用经济分析方法解析公司法的文章中,温特主张:与“几乎所有的……学术评论员的意见”相左,州际竞争恰恰相反,会导致逐顶竞争而非逐底竞争。〔48〕温特主张,管理者和股东利益在最大化公司价值方面是重叠的,如果管理者运营价值小于最大化价值,那么公司在资本市场上融资就会遇到障碍,最终导致公司在产品市场上表现较弱,且最终敌意并购会使管理者失去工作。〔49〕因此,管理者选择在一个不能使公司价值最大化的州上市,无疑是自我毁灭行为,同时,对采纳这样法律的州而言,也是自我毁灭的。

巴里·贝辛格(Barry Baysinger)和亨利·巴特勒(Henry Butler)进一步推进了温特的观点,即各州在逐顶竞争中,发力的方向并不需

---

〔47〕 See William L. Cary, *Federalism and Corporate Law: Reflections upon Delaware*, 83 Yale Law Journal 663, 663 - 668 (1974).

〔48〕 See Winter, *supra* note 5, at 251.

〔49〕 Id. at 256.

要保持一致。他们认为:能够最大化公司价值的公司法种类各异,各州因此可以设计自身的法律来吸引不同类型的企业。[50] 例如,贝辛格和巴特勒认为,所有权集中的公司将会从限制管理层自主决断权的法律规则中受益,而那些所有权分散的公司将会从授予管理层更多自主权的法律条款中受益。[51] 出于对公司治理需求多样化的强调,伊斯特布鲁克和费舍表达了担忧:"50 个州毕竟数量有限,可能无法为数千种不同的公司企业提供可供选择的条款清单。"[52](由于他们认为企业将会个性化定制章程来最大化其价值,人们会好奇,他们预测在缺省规则不足的情况下会有什么潜在问题。)

公司注册的争论混合了三个问题,有时候模糊不清、难以区分。第一,当公司上市时,它们是否会如同契约论所指引我们作出的预测那样,选择在有价值提升功能的法律的州进行注册?第二,一旦企业上市后,他们的管理者是否会作出最大化公司价值的重新注册决定?例如,如果一个州颁布了降低公司价值的法律,那么,管理层是否会提议在他州重新注册?[53]第三,各州之间"竞争"的本质是什么,是公司法的供应者吗?是向上发展的还是向下沉沦的?在大多数情况下,公司注册的实证研究集中在最后一个问题,仅间接地回应了前两个问题。但我们能从对第三个问题的研究结果倒推出前两个问题的答案。

---

〔50〕 See Barry D. Baysinger & Henry N. Butler, *Race for the Bottom v. Climb to the Top*: *The ALI Project and Uniformity in Corporate Law*, 10 The Journal of Corporation Law 431, 456 – 462 (1985).

〔51〕 Id. at 459 – 460.

〔52〕 Easterbrook & Fischel, *supra* note 6, at 216.

〔53〕 重新注册需要董事会和股东的双重许可。

罗曼诺首先展开了关于公司法市场州际竞争的实证研究工作。[54] 她的研究以公众公司从一州迁往另外一州重新设立的数据为基础,并未检验公司上市时的注册决定。罗曼诺发现随着时间推移,各州对公司法创新的采纳呈S形,与产品市场上创新的扩散非常相似,这是一个常与竞争力关联的模型。[55] 罗曼诺进一步发现,现实情况符合各州为获得特许经营费而展开州际竞争的假设,某州对他州公司法创新的响应度,与它对作为其收入来源的特许经营费的依赖程度相关。[56] 特拉华州特许经营费收益占财政总收入的比例比其他州要高,因此,特拉华州在创设法律从而快速匹敌他州在公司法上的创新方面,是反应最积极的。然而,有趣的是,特拉华州并不是一个伟大的首创者。[57]

罗曼诺发现,从需求侧来看,在那些重新注册的公众公司之中,特拉华州是首要目的地。[58] 通过进一步研究,她发现在特拉华州重新注册的公司大都是有交易计划的企业,因为这种情况下公司法可能很重要——如合并和收购常常引发诉讼。此外她还发现在特拉华

〔54〕 罗曼诺追踪了50个州的8项公司法创新举措:(1)清晰地细化董事和管理者(officer)豁免(indemnification)的标准;(2)在涉及特定比例的公司股份时,股东对并购投票的豁免;(3)在国家交易所内交易公司的股份,适用股份回购请求权(appraisal right)(4)反收购立法;(5)未召集会议,没有许可的情况下股东不一致(nonunanimously)地采取行动;(6)使用董事会交错选举制度;(7)排除适用累积投票制度;(8)排除优先认购权(preemptive rights)的适用。Roberta Romano, *Law as a Product: Some Pieces of the Incorporation Puzzle*, 1 Journal of Law, Economics & Organization 225, 233(1985).

〔55〕 Id. at 233 – 234.

〔56〕 Id. at 239 – 240.

〔57〕 See id. at 240(作者指出,尽管特拉华州会很快采纳创新的法律制度,但很少引领制度创新).

〔58〕 Id. at 244.

州重新注册可能与增加股票价值有关。[59] 这一研究结果与在该研究之前或之后进行的事件研究结果一致。[60] 该结果同样与戴恩斯的研究保持一致——在特拉华州注册的企业比在其他州注册的企业估值更高。[61] 古汉·萨博拉曼尼安(Guhan Subramanian)对这一研究持保留态度。[62]

罗曼诺的结论表明,事实上确实存在公司法的州际竞争。[63] 她从自我强化"先发优势"方面解释了特拉华州的成功,这种优势来自若干因素:特许经营税对州政府预算的重要性、大量的判例法、富有经验的法官、全国律师对特拉华法律体系的熟悉度。[64] 然而,这些研究结果彼此之间存在互斥。如果特拉华州在促进股东利益时具有先发优势,并且自20世纪80年代中期已经在公司注册市场中占据领先地位,那么其他州在多大程度上还会试图与之竞争乃至取代特拉华州呢?为什么还会有公司在除特拉华州以外的州进行注册呢?

---

〔59〕 Id. at 268 - 273.

〔60〕 See Michael Bradley & Cindy A. Schipani, *The Relevance of the Duty of Care Standard in Corporate Governance*, 75 Iowa Law Review 1 (1989); Peter Dodd & Richard Leftwich, *The Market for Corporate Charters: "Unhealthy Competition" Versus Federal Regulation*, 53 The Journal of Business 259(1980); Randall A. Heron & Wilbur G. Lewellen, *An Empirical Analysis of the Reincorporation Decision*, 33 Journal of Financial and Quantitative Analysis 549(1998); Allen Hyman, *The Delaware Controversy—The Legal Debate*, 4 Delaware Journal of Corporate Law 368(1979); Jeffry Netter & Annette Poulsen, *State Corporation Laws and Shareholders: The Recent Experience*, 3 Financial Management 29(Autumn 1989); Pamela P. Peterson, *Reincorporation: Motives and Shareholder Wealth*, 23 Financial Review 151(1988).

〔61〕 See Robert Daines, *Does Delaware Law Improve Firm Value?*, 62 Journal of Financial Economic 525, 533 - 538(2001).

〔62〕 See Guhan Subramanian, *The Disappearing Delaware Effect*, 20 Journal of Law, Economics & Organization 32, 41 - 44(2004).

〔63〕 See Romano, *supra* note 54, at 240.

〔64〕 Id. at 280 - 281.

如果其他州没有积极地与特拉华州进行正面交锋，特拉华州是否还会达到“顶端”？特拉华州公司法是否怠于回应管理者以及与股东利益不一致的其他人的需求？

以戴恩斯的一项研究为起点[65]，发表于2002年至2006年的一系列论文回答了上述问题。其结果令人吃惊，各州之间并不存在所谓的竞争——无论是朝向顶部或底部发展。尽管竞争辩论中正反双方的辩论者都假定全国市场中50个州彼此之间存在竞争关系，但这些研究发现这一市场并不存在。与假设恰恰相反，几乎所有的公司要么在本州（公司总部所在州）设立，要么在特拉华州设立。因此，如果各州之间存在竞争，那么其将表现为每个州都为了其州内公司的注册地选择与特拉华州竞争。戴恩斯研究了IPO阶段的公司注册决定，他发现1978年到2000年95%的公开上市企业在本州或者特拉华州注册，剩余的5%中的多数公司所选择的注册地则与企业有一些其他的地缘关系。例如，公司注册州是公司创始州或者前总部所在州。[66] 除特拉华州以外，在吸引外州公司注册上最成功的4个州，也仅共获得3.5%的企业上市。[67] 因此，除特拉华州以外，特许经营税收入对于其他州而言并没有那么重要。

在一篇名为《公司法州际竞争的迷思》（*The Myth of State Competition in Corporate Law*）的文章中，马塞尔·卡汉（Marcel

[65] Robert Daines, *The Incorporation Choices of IPO Firms*, 77 New York University Law Review 1559(2002).

[66] Id. at 1572 – 1574, 1599 – 1600[“本文（一个）主要的发现在于，州公司法处于统治地位的隐喻——全国的竞优或竞次或者拥有50个生产者的市场——是不正确的，也存在潜在的误导。相反，市场更像是特拉华州与其他州形成的49对双头垄断（或最后一场比赛）”].

[67] Id. at 1573 tbl. 4.

Kahan)和埃胡德·卡马尔(Ehud Kamar)断定,相比特拉华州,其他州所收取的特许经营费少得微不足道。并且,事实上除特拉华州以外,没有其他州采取重要举措来吸引公司注册。[68] 他们将结论建立于对以下事项的分析之上:各州特许经营税的结构、各州税收收入以及由于公司在本州注册所带来的合法交易的数量、各州立法模式和市场营销力量等。[69]

即便不存在竞争,但所有州都拥有公司法,企业仍然需选择在特拉华州注册还是在本州注册。什么样的因素影响了这一决定?各州法律的差异是否驱动了这些选择的作出?或许企业作出的注册决定可以告诉我们,企业到底会在IPO阶段还是上市之后采纳提升公司价值的治理措施。或许企业作出的注册决定能够告诉我们,如果各州全心投入到州际"竞赛",这一竞争可能的走向。

事实上,地理环境在公司注册决定中,发挥了压倒性作用,该事实有力地证明了州公司法的质量并不像契约论和竞争概念所假设的那样是一个重要因素。正如戴恩斯所言,IPO企业中有大约70%将总部继续保留在俄勒冈州,但在20年间,仅有3家公司总部在别处的企业公开上市时将企业注册在俄勒冈州。[70] 如果是由于俄勒冈州的公司法质量导致以俄勒冈州为总部(居住地)的企业在该州注册,其他州的企业就很可能也被吸引并在该州注册。显然,大部分州的公司法并无吸引力,吸引力来自在公司总部所在地进行注册这件事本身。

---

〔68〕 See Marcel Kahan & Ehud Kamer, *The Myth of State Competition in Corporate Law*, 55 Stanford Law Review 679, 748 – 749 (2002).

〔69〕 Id. at 687 – 699.

〔70〕 See Daines, *supra* note 65, at 1576.

戴恩斯提出了两个尝试性解释。其一,与科茨关于章程中反收购条款的研究一致,他发现律师会施加影响。戴恩斯发现公司上市时使用的当地律师事务所和本州公司注册之间存在关联。〔71〕其二,戴恩斯发现有证据表明,那些有并购计划的企业,更易于在本州注册。他的解释是当试图抵御敌意并购时,这些企业可能受到本州议会(州立法机关)或法院的庇佑。〔72〕卢西恩·拜伯切克(Lucian Bebchuk)和阿尔玛·科恩(Alma Cohen)发现证据表明,在本州注册企业的动机是为了影响未来的公司法。〔73〕他们发现,尽管大型企业通常在特拉华州注册,但那些总部设在较小的州的大型企业倾向于在本州注册。他们推定,在较小州注册的大型企业,更期待对未来公司法的变化施加影响。〔74〕上述两种解释都与公司契约论不符。

拜伯切克和科恩〔75〕以及萨博拉曼尼安〔76〕运用已经公开上市的公司的注册模型数据作出报告,有证据表明相较于没有反收购立法的州而言,拥有这一立法的州留住了更多的本州企业——该结论与契约论和逐顶竞争观点有抵触。然而,卡汉对这一主张表示怀疑。他发现,在保持公司于本州注册方面,一州法院的质量和州公司法中具有灵活性的特定要素发挥了重大作用,并且当这些要素被一并考

〔71〕 Id. at 1599 - 1600.

〔72〕 Id. at 1590. 在另一个研究中,罗曼诺发现州反并购立法基本上听命于管理者或本州企业,两者都是敌意收购的目标。

〔73〕 See Lucian Bebchuk & Alma Cohen, *Firms' Decisions Where to Incorporate*, 46 The Journal of Law and Economics 383, 402(2003).

〔74〕 Id. at 398 - 403.

〔75〕 Id. at 404 - 420.

〔76〕 See Guhan Subramanian, *The Influence of Antitakeover Statutes on Incorporation Choice: Evidence on the "Race" Debate and Antitakeover Overreaching*, 150 University of Pennsylvania Law Review 1795, 1846, 1852 - 1853(2002).

虑时,州反收购立法就变得无足轻重了。[77]

总而言之,对于公司注册是否存在州际竞争,以及公司是否会在IPO阶段基于州公司法的质量而作出注册选择这两个问题,有关州际竞争的实证研究得出了与契约论截然不同的解释。

至于州际竞争,可能确实存在过,但是在引发争论之前就早已结束,并且特拉华州已经主宰市场。由于特拉华州并没有处在一个竞争的环境中,也就没有办法评估其法律规则是否处于"顶端"状态。尽管如此,由于人们在观念上认为存在公司法的州际竞争,抑或特拉华州的公司法产品已经形成文化风尚,故仍有证据表明在特拉华州注册公司是有价值提升功能的。

在特拉华州注册公司的价值可能源于其法律规则的内容,但是同时也存在其他渊源。一个公认的来源是特拉华州大体量的判例法以及对这一体量会持续扩大的预期。大体量的判例法,虽然质量可能参差不齐,但其能够降低法律的不确定性并因此提升公司价值。在特拉华州设立公司的价值还在于律师对特拉华州法律的熟悉程度,以及他们提供可靠法律咨询的容易程度。并且,由于特拉华的实体法质量过关,审判人员的办案水平因此也相对更加专业,这也是公司选择在当地进行注册的价值来源之一。

这些价值与上文中所阐述的缺省规则的吸引力较之创新化和个性化条款更强的优势一样,都源于同样的网络优势带来的正外部性

---

〔77〕 See Marcel Kahan, *The Demand for Corporate Law: Statutory Flexibility, Judicial Quality, or Takeover Protection?*, 22 Journal of Law, Economics & Organization 340, 363 – 364 (2006).

力量——这与温特原本预计的竞争所能带来的动力完全不同。[78]事实上,法律本身的质量,就是网络外部性的部分结果。由于更多的企业在特拉华州注册,预期的判例法数量有所增加,对特拉华州法律熟悉的律师数量也有所增加,并且通过职业活动进行普及,特拉华州的审判人员也能获得更多经验,更多地参与到当下的商业实践中,这反过来会使更多顶尖律师选择由特拉华州的司法系统管辖案件。这些影响又会反馈在特拉华州注册公司的价值之上,从而持续吸引公司前来注册。[79]

公司是否会作出价值最大化的决定呢?大多数公司在 IPO 阶段选择将公司注册在特拉华州就表明了事实确实如此。这与契约论相符。另外,管理者可以从中获得一些好处,如法律确定性和明确的法律建议。并且,在特拉华州注册公司的决定,不会使公司管理层个人利益和股东利益之间产生明显矛盾。因此,大量公司选择在特拉华州注册的事实并不能很好地支持对契约论关于公司会在 IPO 阶段采纳最大化公司价值的治理规则的理论。此外,一小部分公司选择在非特拉华州的本州注册,这显然不是因为该州法律的内容,这表明迫使公司最大化自身价值的市场压力,即使存在,也并没有那么大。

---

〔78〕 See *supra* text accompanying note 46. 在这篇开拓性的论文发表若干年后,温特修正了其对竞优(race to the top)的观点,将其重新定义为特拉华州的"闲庭信步"。他观察到,即便州反收购立法没有价值最大化的功能,也能够留住企业。作者同样发现,特拉华州只需要在这一竞争中保持稍许领先即可。同时,作者认识到,州立法可能并不仅为特许经营费所驱动。See Ralph K. Winter, *The "Race for the Top" Revisited*:*A Cmoment on Eisenberg*,89 Columbia Law Review 1526,1528 – 1529(1989).

〔79〕 See Oren Bar-gill, Michal Barzuza & Lucian Bebchuk, *The Market for Corporate Law*,162 Journal of Institutional and Theoretical Economics 134,151 – 152(2006);Klausner, *supra* note 19,at 846 – 847;Romano,*supra* note 54,at 277.

三、公司上市后的治理调整：后 IPO 阶段

一旦公司上市,管理者与股东之间关系的可变动性、“契约性”特征,与 IPO 阶段相比较弱。比如,公司章程的修改首先要经过董事会批准,其次需要得到股东会的批准,而修改的提议需要由董事会提出,股东不能提出。另外,董事会可能单方面实质性改变公司治理结构——如可以设置“毒丸计划”或者改变高管薪酬。在 1989 年被广泛传阅的一卷《哥伦比亚法律评论》的前言中,拜伯切克写道:“公司法下关于契约自由的论争,应当被视为两类,而不是一类。初始章程中契约自由的问题和后 IPO 阶段(在公司成立并设置初始章程之后的阶段)的问题并不相同,需要对它们分别进行检验。”[80] 在同一册论文集中,伊斯特布鲁克和费舍确认:“初始公司治理条款和上市之后加入的条款之间存在差异,这些差异的存在意味着,不能将这两类条款同等对待。”[81]

尽管如此,契约论者认为,公司在“后 IPO 阶段”仍应倡导私人

---

〔80〕 Bebchuk, *supra* note 10, at 1339.

〔81〕 Easterbrook & Fischel, *supra* note 9, at 1443. 在其他多数被研讨会论文集收录的文章中,法律学者清楚地说明了在中游阶段契约争论的缺陷。Robert C. Clark, *Contracts, Elites, and Traditions in the Making of Corporate Law*, 89 Columbia Law Review 1702(1989); John C. Coffee, Jr., *The Mandatory/Enabling Balance in Corporate Law: An Essay on the Judicial Role*, 89 Columbia Law Review 1618(1989); Melvin Aron Eisenberg, *The Structure of Corporation Law*, 89 Columbia Law Review 1461(1989); Jeffrey N. Gordon, *The Mandatory Structure of Corporate Law*, 89 Columbia Law Review 1549(1989); See also Lucian Arye Bebchuk, *Limiting Contractual Freedom in Corporate Law: The Desirable Constrain on Charter Amendments*, 102 Harvard Law Review 1820, 1848(1989).

秩序。他们支持的立场有两个基础。首先,他们推断 IPO 章程会包含限制改变公司契约因而将会降低企业价值的条款,如限制应用“毒丸计划”的条款。[82] 其次,他们中的一些人主张市场力量将激励董事会发起新的治理安排,以提高企业价值。[83] 这里,公司契约论者内部产生了分歧。伊斯特布鲁克和费舍相信,面对竞价收购行动,能使公司价值最大化的方式是管理层保持消极,并允许股东自愿地将自己的股份提供给收购方,他们怀疑,章程条款可能会妨碍管理层保持消极状态。因此,他们更倾向于通过立法制定一个强制性规则,要求管理层在面临敌意收购之时保持消极状态。[84] 大卫·阿道克(David Haddock)、乔纳森·梅西(Jonathan Macey)和弗莱德·麦克切斯尼(Fred McChesney)并不赞成这一观点。他们反驳道,市场力量会引导管理层提前采纳在应对敌意收购时能使公司价值最大化的契约安排。[85] 尽管市场机制能否提供这样的准则并不明确,他们还是表达了这样的信心:“有关公司治理各方面的绝大多数实证研究数

〔82〕 See Easterbrook & Fischel, *supra* note 6, at 33(“初始章程中会包含有关章程修改的规则,并且这种对章程修改的限制是或者应当是合理的”);See also Haddock et al., *supra* note 8, at 727 – 728.

〔83〕 See, Baysinger & Butler, *supra* note 50, at 448 – 451.

〔84〕 See Easterbrook & Fischel, *supra* note 6, at 167 – 174.

〔85〕 See Haddock et al., *supra* note 8. 在他们的原文中管理层对敌意并购的回应是, Easterbrook 和 Fischel 倡导的被动强制性规则。Easterbrook & Fischel, *supra* note 6, at 1164. 在他们的书中,10 年之后,他们仍然对契约论可能的功效表示质疑,但是他们的立场已经缓和,改为倡导需要被动的缺省规则。Easterbrook & Fischel, *supra* note 6, at 174(“最优的法律规则制止了抵抗,除非被事先合同明确授权”).

据表明，忠诚的管理者将受奖励，不忠诚的管理者会受惩罚。”〔86〕

契约论主张“后 IPO 阶段”存在两个实证问题：第一，IPO 章程是否包含了一些限制公司在存续期间改变治理安排以削弱股东利益而使管理层受益的条款？第二，在公司上市以后，管理层是否会发起提升公司价值，特别是与收购防御相关的治理变革？

根据之前有关 IPO 章程的研究可知，第一个问题的答案为否。IPO 章程并不限制管理层发起治理变革。科茨报告说，在他抽取的章程样本中，没有禁止使用毒丸计划的情况。〔87〕戴恩斯和笔者同样发现，在我们的样本中也没有章程禁止“毒丸计划”，或将“毒丸计划”作为股东决策事项，或以其他方式限制管理层采纳“毒丸计划”的权力。〔88〕然而，在我们的样本所涵盖的期间内，股东对管理层单方面有权采取“毒丸计划”表示激烈反对。因此，认为 IPO 章程中不存在限制采取“毒丸计划”的条款反映了市场对此举能提升公司价值的认可似乎并不合理。〔89〕此外，与契约论者所期望的相反，章程通常包含阻碍股东对章程细则提出修改的条款——如对修改章程需要

---

〔86〕 Haddock et al. , *supra* note 8, at 737. 在另外一篇文章中，梅西和麦克切斯尼写道：“一旦管理者牺牲股东利益来推进自身利益，管理者市场会惩罚管理团队。” Jonathan R. Macey & Fred S. McCseney, *A Theoretical Analysis of Corporate Greenmail*, 95 Yale Law Journal 13, 40 (1985).

〔87〕 See Coates, *supra* note 28, at 1357. 他发现仅有 4% 的公司没有授权优先股或普通股创设“毒丸计划”。Ibid. 然而这未必反映出对毒丸计划的禁止，如果公司为了其他目的，为额外的授权股份寻求股东批准，规则可能会被逆转。

〔88〕 See Daines & Klausner, *supra* note 16, at 95. 笔者为本研究所调查的章程显示，更偏爱管理者的章程同样在修改方面没有受到限制。

〔89〕 See Michael Klausner, *Institutional Shareholders, Private Equity, and Antitakeover Protection at the IPO Stage*, 152 University of Pennsylvania Law Review 755, 757 – 758 (2003).

绝对多数股东投票同意的要求。[90] 关于第二个问题，即管理层是否会发起治理变革，实证研究以及随机观察都揭示了，股东和管理层之间的互动情况距离由“看不见的手”引导管理层自觉发起降低企业代理成本的治理安排的理想境界还差得远。目前股东和管理者间的互动模式是由股东对管理者施加压力，而由管理者选择顺从与否。股东和管理者总是在为同样的问题争论不休，至今已持续了30年。

（一）20世纪80年代中期到21世纪初期的公司治理

从20世纪80年代中期一直到21世纪初期，股东和管理者主要就两个治理问题展开斗争：收购防御和董事会独立性。[91] 在这期间，股东关于赎回毒丸计划或使毒丸计划成为股东决策事项的提案得到大力支持，而且支持力度不断增加，如同去交错董事会的股东提案一样。[92] 尽管如此，管理层拒绝同意上述两项请求，主张毒丸计划和交错董事会都是有利于股东的，因为一旦发生竞价收购，他们能提高目标公司的议价能力。事实上，在这一阶段的早期，一些企业的管理层还曾试图取得股东对章程修改的批准来设置交错董事会制度。[93]

管理层在增强董事会独立性方面，受到抵抗较少。为了回应股东的关切，董事会中独立董事的比例大大增加，分设首席执行官与董

---

〔90〕 See Paul Gompers et al., *Corporate Governance and Equity Prices*, 118 The Quarterly Journal of Economics 107, 146(2003). 这一数据并不是从IPO章程中取得的，但是，没有理由相信股东会在后上市阶段采纳这样的条款。

〔91〕 Georgeson是一个战略投资者咨询服务提供机构，在线提供一系列公司年报，为股东提案制度提供有用的时间轴。See Annual Corporate Governance Review, Georgeson, Georgeson, http://www.georgeson.com/us/resource/Pages/acgr.aspx.

〔92〕 See Klausner, *supra* note 89, at 757 – 762.

〔93〕 Id. at 758 & n.7, 759 tbl. 2.

事会主席职位的公司数量也大大增加了。[94]

收购防御措施和独立董事会制度是否有助于提高公司价值,属于实证研究问题。本章的第一部分反思了我们对于这两个制度的价值的认识,还反思、纠正了一些早期实证研究中有关收购防御措施的错误理解。总体来说,20 世纪 80 年代中期到 21 世纪初期的相关情况并不符合契约论者的预期,即管理层不会发起降低代理成本的措施。

1. 收购防御措施

长期以来的实证研究证明,目标公司股东将会从敌意收购中获得实质性收益。[95] 因此,如果收购防御措施阻止了竞价,或者允许管理层将其击败,就有可能会减少目标公司股东的收益。一方面,如果因为存在收购防御措施,使管理者对收购威胁感到的压力持续减少,以至于没有激励去最大化股份价值,那么即使并未面临实际并购,股东情况也可能更糟糕。另一方面,如果管理层运用某个收购防御措施能够迫使竞买人议定更高价格,或是抵制过低的出价,那么,这个措施的存在能够提升那些被收购公司的股东收益。不同的管理者运用相同的防御手段,既可能降低股东价值,也可能提高股东价值。因此,收购防御措施的影响是一个实证问题。

---

〔94〕 See *infra* Part Ⅲ. A. 2.

〔95〕 展示这些的研究汇总有,Gregor Andrade et al. ,*New Evidence and Perspectives on Mergers*,Journal of Economic Perspectives, 103 (Spring 2001) ; Sanjai Bhagat et al. , *Hostile Takeovers in the* 1980*s*:*The Return to Corporate Specialization*, Brookings Papers on Economic Activity, No. 1 (1990) , p. 1; Gregg A. Jarrell et al. , *The Market for Corporate Control*: *The Empirical Evidence Since* 1980, Journal of Economic Perspectives, 49 (Winter 1988); And Michael C. Jensen & Richard S. Ruback, *The Market for Corporate Control*: *The Scientific Evidence*, 11 Journal of Financial Economic 5(1983)。尽管收购方的收益很小,有时甚至是负的,但这些文章中概括的研究同样表明,目标公司股东和收购方的总收益很大。

本小节以下的内容回顾了对毒丸计划、交错董事会制度和其他收购防御措施的实证文献研究,其中既包括我们了解的情况,也存在我们不曾了解的情况。简要地概括如下:

虽然毒丸计划是仅有的两个重要的反收购机制之一,但是实证分析并不能证明这一机制与达成并购可能性之间的因果关系或者与企业价值之间的因果关系。

交错董事会制度是毒丸计划以外的另一个重要的收购防御措施,实证研究总体上表明其与股份价值的降低相关联。虽然这一证据是否能够证明当中的因果关系存在一些争议,但是笔者认为,在其中是可以推理出存在因果关系的。

1985 年当特拉华州法院支持了毒丸计划的应用之时,几乎所有经过实证研究的其他收购防御措施都变得无关紧要了。这代表,在一定程度上,其他替代性防御措施可能对并购事实或企业价值没有因果影响。

20 世纪 80 年代到 21 世纪初期,董事会拒绝去交错董事会的行为,似乎与其追求公司价值最大化的行为不符。而 21 世纪初期,董事会开始去交错化时,股价呈现正向走势,这支持了交错董事会制度会降低公司价值的说法。

本小节中大部分内容都从经济学读者的视角展开——特别是对收购防御措施的阐释。自从 20 世纪 80 年代起,以收购防御为研究主题的金融学文献中就反映了人们对收购防御如何运作的大量错误认知。故而笔者在该小节澄清了一些误解。本文在第四部分还会谈到这个话题,其中将重点讨论最近在治理指数的运用中反映出的误解。笔者希望能以此促进公司架构的优化。

(1)“毒丸计划”

“毒丸计划”,正式名称为“股东权利计划”,可以阻止收购的继续进行,直到目标公司董事会放弃使用。“毒丸计划”过于复杂的细节并不重要,其基本原理是在收购方占有的股份超过一个特定的数额时,如已发行股份的20%,大幅稀释其股份。一家公司的董事会可以在任何时候单方采取“毒丸计划”,不需要经过股东的批准。“毒丸计划”既可以在收购行为最激烈的时候采用,也可以在并购还未显露之前采用。如果收购方已经报价,董事会可以在试图议定更高价格的时候采用,或者在想吸引一个竞争性竞价时采用。[96] 另一个替代性选择是,董事会可以简单地拒绝竞价并维持“毒丸计划”——用收购活动中的常用语表达,董事会可以“直接说不”。[97] 当“毒丸计划”启动,收购将难以进行,但是董事会也可以选择放弃使用。

如果董事会运用“毒丸计划”说不——抵制收购,收购的努力也没有白费。收购方仍然可以直接向目标公司的股东伸出橄榄枝,并使他们考虑更换一组愿意废止“毒丸计划”并且允许竞价收购继续进行的董事会。收购方可以通过委托书争夺的方式达到上述目的,即要求目标公司股东更换现在的董事,并选举由竞价方提名的一系列董事候选人。委托书争夺至少会持续几个月,具体时间长短取决于下文中将要讨论的特定章程或章程细则条款存在与否。如果目标公司拥有交错或“分层”董事会,竞价收购方可能要花费两年以上的时

〔96〕 See Moran *v.* Household Int’l, Inc. , 500 A. 2d 1346 (Del. 1985)(支持在没有竞价发生时毒丸计划的应用).

〔97〕 See Paramount, Inc. *v.* Time Inc. , 571 A. 2d 1140 (Del. 1989)(支持管理层应用毒丸计划拒绝敌意要约,因为这不符合公司的长期商业战略).

间来替换目标公司的大部分董事,从而使收购继续进行。因此,交错董事会能对敌意收购者制造障碍。该制度将在下一小节进行讨论。

如果一个目标公司没有设置交错董事会,对它的董事会进行替换所要花费的时间则取决于许多其他因素。[98] 而其中最为重要的因素是,目标公司的章程是否允许股东召开特别股东大会或者通过书面一致同意来作出表决。[99] 两种途径中的任意一种都允许股东在任何时候选举董事。如果一家公司的章程阻碍了股东行动的这两条路径,那么收购方就需要等候约一年时间才能在下一次股东大会上继续行动。

1986 年至 1996 年,有 12 篇关于采纳毒丸计划可能影响股份价值的研究报告发表。[100] 然而,每一项研究,乃至任何为衡量公司采纳毒丸计划可能导致的影响所作出的努力,都存在固有的问题。如上所述,毒丸计划可以被董事会单方面在任何时间采纳。一家公司今天没有采纳毒丸计划,明天也可能采纳(甚至今天晚些时候就可能采纳),并且,在其收到一个不想要立即接受的竞价收购时,一定会采纳。有研究表明,敌意收购的目标公司中,每一家公司要么事先采纳毒丸计划,要么在收购竞价作出时采纳毒丸计划。[101] 因此,虽然当收购竞价作出时,毒丸计划与股价之间最终总会存在因果关系,但若并未提前采纳毒丸计划,则毒丸计划对此期间的股价不产生因果关

---

〔98〕 科茨对这一问题进行了详细描述,*supra* note 28, app. B。

〔99〕 See Delaware Code Annotated. tit. 8 §§ 211(d), 228(a)(2013).

〔100〕 See John C. Coates IV, *Takeover Defenses in the Shadow of the Pill: A Critical of the Scientific Evidence*, 79 Texas Law Review 271, app. A(2000)(列出了这些研究结果).

〔101〕 See Lucian Arye Bebchuk, John C. Coates & Guhan Subramanian, *The Powerful Antitakeover Force of Staggered Boards: Theory, Evidence, and Policy*, 54 Stanford Law Review 887, 926 – 927(2002).

系上的影响。所以,“毒丸计划”的采纳并不是什么重要事件,事件研究也无法衡量其影响。科茨在 2000 年对金融学文献的批判中指出了上述观点。[102]

不足为奇的是,有关事件研究的结果显示,采纳毒丸计划的影响既有消极的一面,也有积极的一面,包括无显著异常收益、统计学上差异显著但是经济上回报少等。[103] 而笔者发现采纳毒丸计划在统计学上对股价存在显著负面影响的研究都是以最早期的样本周期为研究对象的。[104] 罗伯特·科姆特(Robert Comment)和威廉·斯沃特(William Swert)的研究是当时最详细的研究,但也仅在 1984 年发现了毒丸计划对股价具有统计学上的显著负面影响(该年度有 9 个毒丸计划被采纳)。[105] 如他 2 人认为的那样,该结果可能只是反映了市场最初缺乏对毒丸计划如何运作的基本理解。[106] 后来的研究总体上没有发现毒丸计划对股价有统计学上的显著影响。科茨汇聚了所有对毒丸计划的事件研究,运用了 2 天和 3 天的事件窗口,发现采纳毒丸计划的公司的股价加权平均价格增加了 0.02%。[107]

最近,一项由马丁·克雷默斯(Martijn Cremers)和艾伦·费雷尔(Allen Ferrell)发起的研究发现,在 1985 年后——也就是特拉华州

---

〔102〕 See Coates, *supra* note 100, at 286 - 291.

〔103〕 See id. at 280 - 286(总结了研究毒丸计划的结果).

〔104〕 See id. at 284(“对早期毒丸计划的采纳,研究显示了(弱)负面结果,尽管 1986 年以后唯一的采纳“毒丸计划”的研究显示,就全样本而言并无统计学上显著结果。”).

〔105〕 See Robert Comment & G. William Schwert, *Poison or Placebo? Evidence on the Deterrence and Wealth Effects of Modern Antitakeover Measures*, 39 Journal of Financial Economic 3, 20 tbl. 2, 21(1995).

〔106〕 See Comment & Schwert, *supra* note 105, at 21.

〔107〕 See Coates, *supra* note 100, at 283.

最高法院支持使用毒丸计划以后,采纳该计划的公司与没有采纳的公司相比,股票价值较低(通过托宾 Q 测量)。[108] 由于任何一家公司都可以在任何时候采纳毒丸计划,因此,不可能是采纳与否本身导致了价值上的差异。相反,对于为何一些公司随时可能采纳毒丸计划,而一些公司直到竞价收购才采纳毒丸计划,以及另一些公司直到样本周期结束也没有采纳毒丸计划,此 2 人所发现的横断面差异必定反映出了一些东西,即可能低价值公司选择随时采纳毒丸计划,而高价值公司则按兵不动。由此可以推定随时准备采纳毒丸计划是管理层计划对抗(如果有人提起)竞价收购的信号,这与前文的因果关系观点并不矛盾。但如果该推断是正确的,事件研究应当显示采纳毒丸计划会产生负面异常影响。

(2)交错(或"分层")董事会

为了评估管理层对敌意收购的抵抗程度,大家必须关注交错董事会制度,并确定其对股票价值的影响。交错董事会中,董事任期为 3 年,且每年改选董事总数的 1/3。如果董事会采用交错制,那么需要连续两届股东大会的股东选举才可能替换多数董事。与毒丸计划结合使用,交错董事会制度可能会拖延一个准竞买者大约两年的时间。不同于较少使用的双层股权结构,交错董事会制度是可用的最有力的反收购措施。但如果企业只拥有交错董事会,而没有其他相关的反收购措施,那么该制度对收购便没有太大的防御能力。[109]

如前文所述,毒丸计划允许董事会无限期地抵制收购行动。因

---

[108] See Martijn Cremers & Allen Ferrell, *Thirty Years of Shareholder Rights and Firm Valuation*(未刊稿,p. 19 – 20),SSRN(May 2011),http://ssrn.com/abstract = 1413133.

[109] 先于毒丸计划出现的交错董事会制度没有给并购带来重大的障碍。在一个并购完成后,目标公司的董事仍然可能有一到两年时间保留自身职位。但是,一旦公司处在敌意并购者控制之下,这样做并不会给他们带来个人利益。

此,竞价收购者会转而联手目标公司股东,让其选择新董事会替代公司原董事会,并通过新董事会禁用毒丸计划。如果目标公司选举董事会是每年都进行,那么董事会可以在单次股东投票中被更换。投票更换董事可能发生在并购行为开始的几个月至一年内,具体时间取决于目标公司章程及其细则是否允许股东在年度会议休会期间投票,即通过召开特别股东会议或者书面一致同意来投票。然而,如果目标公司存在"有效的"交错董事会制度,为了替代目标公司董事会的大多数董事,则需要在连续两届股东大会中进行股东选举。[110] 此时,更换董事会可能要花费两年,甚至更久,具体时间取决于收购行动开始的时间点(与目标公司年度会议召开时间相关)以及下次股东年度会议对提名董事有何种限制。

需要两次年会来更换董事会而导致的延迟会使准并购者的收购难以进行。如果收购方作出正式的无条件收购,那么,在等待股东进

---

〔110〕 对作为收购防御措施的交错董事会的效果展开研究,应当限定在有效的交错董事会。更详细的对有效和无效交错董事会差异性的研究,参见 Bebchuk et al., *supra* note 101, at 890, 893 - 95。一个"有效的"交错董事会是,能够阻止目标公司股东在一次选举中选出目标董事会的多数董事。一个"无效的"交错董事会的例子是在公司的章程细则而不是章程中提供这样的设置。尽管现任的董事会必须同意修改章程,股东可以单方修改公司的章程细则。因此,如果股东想要收购发生,那么他们可以通过对章程细则的修改,使董事会变成年度选举董事会,并且继而选举收购方的提名者来替代现任董事会——都在一次会议中发生。Id. at 898. 尽管多数的交错董事会由公司章程设置,还有一些由章程细则加以规定。See Lucian A. Bebchuk & Alma Cohen, *The Costs of Entrenched Boards*, 78 Journal of Financial Economic 409, 419(2005). 当交错董事会由公司章程细则进行提供时,其并没有起到收购防御的功能,除非对章程细则的删除需要一个实质上的股东超级多数决。其他方式中,交错董事会可以被视为无效收购防御措施的情形有:(1)当一个公司的章程允许股东扩张董事会规模,能够创设足够的空缺席位,因此收购方的候选人将会组成董事会中的多数;(2)所在公司章程和公司所在地州法允许股东无因免除交错董事会的董事。Bebchuk et al., *supra* note 101, at 894. 在本文其余部分,除了在区分有效和无效交错董事会区别的相关情况下,笔者将会简单地使用术语"交错董事会"来指代一个有效的交错董事会。

行第二次投票的期间,会有情况可能随时发生改变的风险。不仅外部条件可能发生变化,目标公司内部的管理层也可能导致情况的变化——如将竞价者想要得到的部分商业业务出售。相反,如果准收购者没有做出无条件出价,目标公司股东可能不会认真对待委托书争夺,并可能拒绝选举收购者提名的董事会候选人。而且,即便选举出收购方提名的占董事会 1/3 的候选人,也可能不利于公司的经营管理,因为这意味着董事会成员将在这一年各为其主。[111]

基于上述原因,根据先验判断,我们有理由相信交错董事会将降低股份价值。其一,交错董事会允许管理层——如果其愿意——抵抗有利于股东的收购。其二,由于并购威胁防御措施的存在,管理层履职压力较小,会因此怠于去持续性地最大化股份价值。而从另一个角度看,在一群基于其他因素的激励而保持勤勉和忠实的管理层团队的手中,交错董事会制度可以被用来提升目标公司的议价能力,继而从收购者那里获得更高溢价。因此,交错董事会对股东是好是坏这个问题,仍需进一步的实证研究。

尽管自 20 世纪 80 年代以来,经济学家已经对各种各样的收购防御措施展开研究,但直到 2002 年,第一份对交错董事会的实证研究才得以发表(还是由法学教授作出的)。这份研究系由拜伯切克、科茨和萨博拉曼尼安作出,他们发现,交错董事会制度对股票价值有负面影响。[112] 他们还发现,拥有交错董事会的公司更容易保持独立性,并且,与被收购的公司相比,保持独立性意味着该公司股东的收益会减少。他们进一步发现,设置交错董事会的目标公司被出售所获得

---

〔111〕 See Bebchuk et al., *supra* note 101, at 919 – 924.

〔112〕 Id. at 890 – 891.

的溢价,与没有设置交错董事会的公司相比,并无不同。这些影响的结果是导致了股份价值平均8% ~10%的损失。[113] 在另一个研究中,拜伯切克和科恩直接对比了设置和未设置交错董事会的公司的价值,并再次确认了上述结论,即设置交错董事会与设置年度改选董事会的公司相比(通过托宾Q测量),企业价值相对较低。[114]

这些研究结果中的绝大部分都被后来的研究所确认和完善。一项研究发现,设置交错董事会会阻碍收购引发的直接成本,即股东相应能从并购中获得的预期收益比拜伯切克等人设想的要低。[115] 另有研究表明,采取防御措施从而隔绝敌意并购的威胁会造成管理者懈怠,进而导致公司价值上的损失。这一懈怠的结果表现为不解雇业绩不佳的CEO[116]和作出损害公司价值的并购。[117] 近期的一项研究运用自然实验方法,以有关交错董事会的法庭裁决为实验对象,展示了交错董事会和企业价值降低之间的因果关系,并非较低价值的公司管理层选择交错董事会来保护自己,与此相反,正是交错董事会导致了公司价值降低。[118] 该研究结果不仅确认了之前的发现,即交

〔113〕 Id. at 938 –939.

〔114〕 See Bebchuk & Cohen, *supra* note 110, at 410.

〔115〕 See Thomas W. Bates et al., *Board Classification and Managerial Entrenchment: Evidence from the Market for Corporate Control*, 87 Journal of Financial Economic 656, 671, 673 –675(2008).

〔116〕 See Olubunmi Faleye, *Classified Boards, Firm Value, and Managerial Entrenchment*, 83 Journal of Financial Economic 501, 522 –526(2007).

〔117〕 See Ronald W. Masulis et al., *Corporate Governance and Acquirer Returns*, 62 Journal of Finance 1851, 1853, 1867 –1869(2007).

〔118〕 Alma Cohen & Charles C. Y. Wang, *How Do Staggered Boards Affect Shareholder Value? Evidence from a Natural Experiment*(Harvard Bus. Sch., Working Paper No. 13 –068, 2013), p. 1, 3 –4, *available at* http://ssrn.com/abstract =2141410.

错董事会与降低公司价值相联系，还同样明确了二者间的因果关系方向。

(3)其他收购防御措施

自从1985年以后，交错董事会和毒丸计划一直是仅有的重要反收购措施。[119] 如上文所述，交错董事会制度事关重大，因为其可以阻碍潜在收购者替换目标公司董事，从而禁用目标公司的毒丸计划。即使没有设置交错董事会，毒丸计划的存在也基本上使包括企业合并条款、公平价格条款、控制股份收购条款等在内的其他所有的防御措施变得无关紧要。[120] 无论是对于设置在公司章程中还是州立法中的收购防御措施，这一说法都是正确的。毒丸计划高于其他一切反收购措施，并且，由于董事会可以单方采取毒丸计划，对面临敌意

---

〔119〕 双层股权是另一个具有影响的反收购措施，但却很少存在。同样可行的是以下组合：禁止股东通过书面一致进行投票，同时禁止或者严格限制股东召开特别股东会以阻止收购进行的权力。如果上述两种对股东投票权的限制同时存在，收购方必须等到目标公司的下一次年会才能发起委托书争夺，继而替换董事。这一延迟没有交错董事会创设的延迟那么严格，但是仍然可能是有意义的。

〔120〕 因为，这一领域在金融文献中仍然备受困惑，笔者将在文本中以无条件的方式展开陈述(笔者同样重复了多次)。然而，一些限定条件学术上是恰当的，尽管在评估这些文献中可能没有实际意义(显著性)。第一个限制条件是在特拉华州最高法院于1985年支持了毒丸计划之际，其他州法院还尚未仿效。在那时，其他的防御在特拉华州变得无关紧要。但是如果想要研究在特拉华州以外注册企业的反收购章程条款，那么研究除了交错董事会以外的其他防御就具有正当性。然而，这是一个短暂的效用，此后不久所有州都采纳了毒丸计划。同样，此后许多州都追随了特拉华州的指引，市场可能充分地预期所有州都会赞成毒丸计划的使用。在没有确立毒丸计划的州，没有研究孤立(或隔绝)其他防御的努力。第二个次要的限制条件是直到特拉华州最高法院在Time,571 A.2d 1140(Del.1989)的判决中，清晰地表明目标董事会能够无限地保持毒丸计划的运作，以阻止收购的发生。因此，直到这一切变得清晰之前，其他防御措施都还发挥着一些影响。但正如毒丸计划可能被目标公司董事会设置或禁用，其他收购防御措施也是如此。如果一个法院认为毒丸计划不能无限地适用，那么其他的防御措施也处于相同的地位，因为信义义务的治理原则是相同的，即使在1990～1995年，在任何方面仍没有理由认为其他收购防御比毒丸计划有更多的保护。

并购的公司而言,存在或者缺乏其他收购防御并不重要。[121]

然而,由于缺乏对各种反收购措施运作模式的理解,许多20世纪80年代晚期和20世纪90年代的研究都将重点放在这些无关紧要的防御措施上。在科茨对收购防御措施相关实证研究的评论性综述中,他说道:"如果对毒丸计划的研究由于研究者认为采纳毒丸计划与否并不影响对企业进行法律并购的难易程度而受阻,那么对此类'驱鲨剂'的研究就没有任何帮助,因为研究集中在错误的'驱鲨剂'种类上。"[122](在20世纪80年代和20世纪90年代使用的术语"驱鲨剂"是指公司章程中采纳的反收购防御措施。)

20世纪80年代晚期和20世纪90年代经济学家们发表的收购防御实证研究,有两个缺陷。第一,一些作为研究对象的样本期间,要么早于1985年[123]毒丸计划的出现,要么跨越了该年

---

〔121〕 预设"毒丸计划"收购防御包含了公平价格条款和要求绝对多数决来通过一项决议的条款。这些防御本质上不是反收购的防御。它们是反对二阶段收购(two-tierd)或头尾借贷方式(front-end-loaded)收购的收购防御,这两种收购方式,对股东创设了让其交出股份压力,即便他们认为价格是不对的。一旦毒丸计划成为抵抗这样要约收购的方式,存在或缺乏这样的条款就变得无关紧要。毒丸计划阻止这样的要约收购,表现在这种要约于20世纪80年代后期基本消失这一事实,那些推定的防御也是如此。一个更详细的解释,参见Coates, *supra* note 1000, at 320-325。

〔122〕 Id. at 320.

〔123〕 See e.g., Gregg A. Jarrell & Annette B. Poulsen, *Shark Repellents and Stock Prices: The Effects of Antitakeover Amendments Since* 1980, 19 Journal of Financial Economic 127(1987); Victoria B. McWilliams, *Managerial Share Ownership and the Stock Price Effects of Antitakeover Amendment Proposals*, 45 Journal of Finance 1627(1990); John Pound, *Proxy Contests and the Efficiency of Shareholder Oversight*, 20 Journal of Financial Economic 237(1988).

份。[124] 1985 年之前,包括交错董事会在内的防御措施都对敌意收购的威慑作用较小,但它们已然是目标公司管理层所可以使用的、降低收购吸引力的全部方式。因此,对在毒丸计划产生前采用的那些防御措施的影响的研究,仅有的意义就在于以史为鉴、与毒丸计划产生后的时期做对比。第二,州法院和立法机关确认毒丸计划的合法性之后,唯一对收购防御措施还会有价值的研究就是针对交错董事会展开的,其他的收购措施都变得无关紧要。然而,许多 20 世纪 80 年代中期和 20 世纪 90 年代的研究都将交错董事会与其他(过时且不相关的)防御措施组合在一起,作为表明收购防御措施出现的一个单变量。[125] 因此,他们的研究结果的价值值得被质疑。

20 世纪 80 年代和 20 世纪 90 年代的经济学家产生了对收购防御究竟如何运作的困惑和误解,并因此产生了充满矛盾的研究设计,造成了冲突的结果。并且他们又在完全不了解防御收购的情况下,

---

〔124〕 See e. g. , Brent W. Ambrose & William L. Megginson, *The Role of Asset Structure, Ownership Structure, and Takeover Defenses in Determining Acquisition Likelihood*, 27 Journal of Financial and Quantitative Analysis 575, 577, 586 (1992); Kenneth A. Borokhovich et al., *CEO Contracting and Antitakeover Amendments*, 52 Journal of Finance 1495 (1997); James M. Mahoney & Joseph T. Mahoney, *An Empirical Investigation of the Effect of Corporate Charter Antitakeover Amendments on Stockholder Wealth*, 14 Strategic Management Journal 17 (1993); Victoria B. McWilliams & Nilanjan Sen, *Board Monitoring and Antitakeover Amendments*, 32 Journal of Financial and Quantitative Analysis 491 (1997).

〔125〕 See e. g. , Ambrose & Megginson, *supra* note 124, at 584, 585 tbl. 4, 586(梳理了交错董事会和过时的防御措施以及跨越 1985 年使用的样本); Borokhovich et al., *supra* note 124, at 1497, 1499, 1508 tbl. Ⅲ(相同); McWilliams & Sen, *supra* note 124, at 494 – 495(相同).

试图来解决这些冲突,到头来只是白用功。[126] 现有的文章仍然将20世纪80年代和20世纪90年代的矛盾结果视为不解之谜,认为在某种程度上这些矛盾可以被后毒丸计划时期对交错董事会的研究解决。[127] 混乱由此而继续。为了消除目前的困惑,本文第四部分会通过治理指数的研究进一步阐释收购防御措施。

2. 董事会独立性

与采纳交错董事会制度方面的经验相反,管理层满足了股东的需求,增加了董事会中外部董事的数量,并在一定程度上将首席执行官和董事会主席职位相分离。从1950年到2005年,董事会中独立董事的比例从35%上升到70%。[128] 在21世纪早期,分设首席执行官和董事长职位还并不普遍,从1992年到2002年,拥有独立董事会主席的公司从1992年的20%上升到2002年的25%。[129]

---

〔126〕 See Borokhovich, *supra* note 124, at 1502 – 1503(指与收购保护相关的收购防御数量);McWilliams & Sen, *supra* note 124, at 491 – 492(反映了涉及每个收购防御如何发挥作用,以及在之前的结果中如何反映其差异方面存在认识不清的情况).

〔127〕 例如,Olubunmi Faleye教授在架构2007年对交错董事会的研究中,提到了20世纪80年代和20世纪90年代的两个研究,分别得到了不同的结果。Faleye, *supra* note 116, at 502.如同上文指出,Faleye的研究是所有交错董事会研究中最富有启发性的那个。尽管如此,如其他研究中显示,他错误理解了与其他公司治理机制结合在一起之时交错董事会的运作。例如,他指出一个交错董事会组成是,限制股东召开特殊会议或通过书面同意进行表决的权力。Ibid.没有这样的组合存在;交错董事会要求在年度会议上进行投票。他同样测试了交错董事会和州反收购立法之间的联系。Ibid.基于上文解释的原因,此种联系与目标公司抵抗敌意收购的能力并不相关。See *supra* Part Ⅲ. A. 1. c.

〔128〕 See Jeffrey N. Gordon, *The Rise of Independent Directors in the United States, 1950 – 2005: Of Shareholder Value and Stock Market Prices*, 59 Stanford Law Review 1465, 1474 fig. 1(2007).

〔129〕 See Spencer Stuart, *Spencer Stuart Board Index* 10, Spencerstuart(2012), http://content.spencerstuart.com/sswebsite/pdf/lib/Spencer-Stuart-US-Board-Index-2012_06Nov2012.pdf; B. Ram Baliga et al., *CEO Duality and Firm Performance: What's the Fuss?*, 17 Strategic Management Journal 41, 43(1996).

从契约论视角看,从20世纪80年代中期到21世纪初期有两件事很有趣。首先,董事会独立性发生变化并不是由于管理层作出了旨在将自身利益与股东利益绑定在一起的努力,这些改变反而是为了满足股东一些存在已久的需求。其次,被采纳的治理变革并非契约性的。这些变革被视为一种试验而不被正式写入公司章程中。公司契约论并未假设所有的治理一定是明示的契约,因此,这里不见得存在矛盾。但从另一个角度而言,这也表明,要使公司作出具有法律约束力的治理承诺存在一定阻碍,虽然契约论者并不承认。

有趣的是,关于董事会独立性、分设首席执行官和董事长职位等制度是否增长了股东利益的实证研究,其结果喜忧参半。关于董事会独立性,研究表明独立董事在履行审慎义务方面表现较佳,如解雇业绩不佳的首席执行官们、对收购报价作出回应以及发出要约收购。〔130〕 尽管如此,研究通常发现,董事独立性和会计绩效、企业价值以及长期股票市场表现之间的关系无统计学意义。〔131〕 然而,考虑内生变量问题、变量遗漏偏差以及横断面数据中固有的错误、干扰,这些结果并不必然排除独立董事对公司价值有影响的可能性。

本杰明·赫马林(Benjamin Hermalin)和迈克尔·韦斯巴赫(Michael Weisbach)通过回顾独立董事方面的文献,总结道,几乎没

〔130〕 See Cf. Sanjai Bhagat & Bernard Black, *The Uncertain Relationship between Board Composition and Firm Performance*, 54 Business Law 921, 924, 928, 932 (1999); Gordon, *supra* note 128, at 1465, 1500 – 1505.

〔131〕 See Barry D. Baysinger & Henry N. Butler, *Corporate Governance and the Board of Directors: Performance Effects of Changes in Board Composition*, 1 Journal of Law, Economics & Organization 101 – 104 (1985).

有证据表明提升董事会中的独立董事的比例提升了公司价值。[132]尽管有证据表明,同时兼任董事会主席的首席执行官相比没有兼任的权力更大,并且在公司表现不佳时更不容易被替换,但这一因果关系的方向是含混不清的,其因果顺序也有可能是相比那些不那么有权力且成功的首席执行官,有权力或有成就的首席执行官更有可能得到董事长席位。[133]

总而言之,在2000年以前,尽管股东对管理层施加了压力,管理层还是维持了交错董事会制度。实证研究表明,通常来看,上述做法大体降低了公司价值。一方面,这表明市场对管理层所施加的、促使其最大化股东价值的压力并不像阿道克等人相信的那样强劲。而另一方面,管理层确实满足了股东关于提高董事会独立性的需求。然而,这是不是一项价值提升措施还并不明朗。与21世纪初期兴起的、被卡汉和洛克在之后称为"实质性的"董事独立性的概念相比,[134]人们会好奇,当一个被推定为独立的董事乃至一个完全独立的董事长与首席执行官产生利益冲突时,其保持的独立性是否还会有利于促进股东利益。

(二)21世纪前十年以来的公司治理

紧随着2000年年初安然公司和世通公司的丑闻,美国于2002

---

〔132〕 对这些文献的概述,参见 Benjamin E. Hermalin & Michael S. Weisbach, *Boards of Directors as an Endogenously Determined Institution: A Survey of the Economic Literature*, Federal Reserve Bank of New York Economic Policy Review (April 2003), p. 7, 12。

〔133〕 对于这些文献的调查,参见 Renee, B. Adams et al., *The Role of Boards of Directors in Corporate Governance: A Conceptual Framework and Survey*, 48 Journal of Economic Literature 58, 82 (2010)。

〔134〕 See Marcel Kahan & Edward Rock, *Embattled CEOs*, 88 Texas Law Review 987, 1025 – 1033 (2010).

年通过了“萨班斯—奥克斯利法案”,[135]公司治理环境发生了显著的变化。在《四面楚歌的首席执行官》一文中,马塞尔·卡汉(Marcel Kahan)和爱德华·洛克(Edward Rock)描述了这一改革及其对公司治理的影响。[136] 一些改革是法定的。《萨班斯—奥克斯利法案》要求股票交易所采纳董事独立性的标准——这被卡汉和洛克称为“名义上的”独立性。[137] 《萨班斯—奥克斯利法案》同样要求独立董事一年至少要举行一次没有 CEO 出席的秘密会议,并任命一个董事主持这一环节。[138] 其结果是许多公司设置了持续性的首席董事职位。[139] 该法案同样为审计、薪酬和提名/治理委员会设置了独立性要求,同时加强了审计委员会的作用。[140]

此外,也有关于股东组成和股东态度的变化。这些变化包括:机构法人持股的持续性增强,致力于影响管理层特定决策的对冲基金出现,传统机构股东产生了投身于股东行动主义的意愿以及代理投票咨询公司的出现。其中最值得一提的是机构股东服务公司,这类咨询公司能为机构股东提供有关特定公司治理安排的信息,并且在

---

〔135〕 See Sarbanes-Oxley Act of 2002, Pub. L. 107 – 204, 116 stat. 745(作为修改被纳入美国法典,在散落的章节 11、15、18 和 29).

〔136〕 See Kahan & Rock, *supra* note 134, at 1007 – 1033.

〔137〕 See Order Approving NYSE and NASDAQ Proposed Rule Changes Relating to Equity Compensation Plans, Exchange Act Release No. 48, 108, 68 Federal Register 39, 995 (July 3, 2003).

〔138〕 See Nasdaq Stock Market Rules § 5605(b)(2)(2013); NYSE Listed Company Manual § 302A. 03(2013).

〔139〕 See David Larcker & Brian Tayan, *Corporate Governance Matters: A Closer Look at Organizational Choices and Their Consequences*(FT Press, 2011), p. 136 – 139.

〔140〕 See Sarbanes-Oxley Act § 301, 116 Stat. at 775 – 777; Nasdaq Stock Market Rules § 5605(c) – (e); NYSE Listed Company Manual § 303A. 04 – 07.

事实上发挥协调投资者行为的作用。[141]

根据卡汉和洛克的研究,法律和制度发生的这些改变所带来的结果是,不再对 CEO“言听计从”的独立董事出现。董事不仅更少受到 CEO 的支配,而且更能为股东需求服务。[142] 如卡汉和洛克解释的那样,董事对自我角色的看法在这一阶段发生了改变——他们变得不再是名义上独立,而是“实质性”独立。[143] 这种实质性的独立在对董事如何分配时间、投入多少时间履行董事会职责以及如何看待自己的角色等方面的调查中,体现得淋漓尽致。[144] 这样的实质性独立在董事对股东的回应方面同样非常显著,下文将会对此进行讨论。

衡量这些变化对公司治理影响的最有力标准是,董事们在抵制去交错化大约 20 年以后,如今在多大程度上愿意让他们的董事会去交错化。一个以 2003 年到 2010 年为样本期间的研究显示,每年大约有 60 家公司对董事会去交错化——而在 1987 年至 2001 年,这一数字是 4 家。[145]

交错董事会的拆解与股东行动主义直接相关,与没有去交错董事会的公司相比,已经去交错董事会的公司中股东提案更加频繁。[146] 此外,与仅有股东提案主张去交错化的公司相比,在被对冲

---

〔141〕 See Kahan & Rock, *supra* note 134, at 995 – 1007.

〔142〕 Id. at 1025.

〔143〕 See id. at 1022.

〔144〕 Id. at 1022 – 1032.

〔145〕 See Sarbanes-Oxley Act § 301, 116 Stat. at 775 – 777; Nasdaq Stock Market Rules § 5605(c) – (e); NYSE Listed Company Manual § 302A. 04 – 07 [以下 Guo et al., Undoing]; Re-Jin Guo et al., Activism and the Shift to Annual Director Elections 30 fig. 1 (April 2, 2013) (未刊稿) (由作者归档) [以下 Guo et al., Activism].

〔146〕 See Guo et al., Undoing, *supra* note 145, at 282 (“prior shareholder 先股东提议去交错董事会的存在……与公司去交错董事会之间存在强烈的关联。”).

基金行动主义者当作去交错化目标的公司中,董事会去交错化进程更快。[147] 与上文所述的对交错董事会的研究结果一致,决定去交错董事会的宣告产生了统计上显著、正向的异常回报,而其中又以对冲基金行动主义控制的公司回报最多。[148]

一项可能增加管理层对股东需求响应度的新治理措施是过半数决制,这是一个股东投票制度,要求即便是自动当选的董事,仍需获得股东的过半数投票来确保维持董事席位。从 2003 年到 2009 年,采用过半数决制的标准普尔 100 指数公司的数量从 10 家增加到 99 家;[149] 从 2006 年年初到 2007 年,采用过半数决制的标准普尔 500 指数公司比例从 16% 上升到 66%。[150] 尽管董事因未能获得相对多数投票而失去其董事会席位的情况非常少,[151] 但过半数决制的出现和"只投反对票"运动仍令董事忌惮,因为只要他们采取了股东不同意的行动,就会成为众矢之的。这为近期的研究所证实,这项研究发现,过半数决制增加了公司对股东关切的响应度。[152] 这一研究同样

---

〔147〕 See Guo et al. , Activism, *supra* note 145, at 17.

〔148〕 Id. at 19 - 21.

〔149〕 See Kahan & Rock, *supra* note 134, at 1011 tbl. 3.

〔150〕 See Claudia H. Allen, Neal, Gerber & Eisenberg LLP, *Study of Majority Voting in Director Elections*, Ngelaw (2007), http://www.ngelaw.com/files/Uploads/Documents/majoritystudy111207.pdf.

〔151〕 See Yonca Ertimur et al. , *Does The Director Election System Matter? Evidence from Majority Voting* (January 4, 2013), p. 29 - 31(未发表手稿). 该文的最新版本可参见 http://ssrn.com/abstract=1880974。

〔152〕 拥有过半数决制的公司与简单多数决的公司相比,常常更易于成功执行股东提案。此外,当股东以保留投票权作为表达对普通公司治理问题不满的方式时,和对特定董事的不满相对,设置过半数决的公司比设置简单多数决的公司更有可能解决问题。

发现,采用过半数决制与股份价值的提升相关。[153]

总之,管理层和股东之间的权力平衡,在21世纪前十年以来似乎已经发生了改变。最有力的反映是管理层对股东长期需求响应度的提升,即取消交错董事会。

21世纪前十年以来,有两个出人意料的发展。首先,管理层前所未有地关注股东需求。其次,股东投票制度中产生了一项创新,该项制度在存续阶段而非IPO阶段被采用。详细地说,尽管公众公司已采纳了过半数决制,但基本上没有公司在公开上市时承诺采用该制度。

近来董事会对股东需求的响应度攀升符合契约论者的预期吗?笔者并不这么认为。这种情形经过了20年才发生,远远超过了契约论预测的时间。更重要的是,发生了一些与管理层响应度相关的、可被识别的制度变迁:调整董事独立性的法律发生了变迁;安然公司和世通公司丑闻,凸显了公司外部董事未发挥预期作用的失败表现;以影响公司治理为经营目标的委托书顾问企业蓬勃发展,特别是机构股东服务公司;出现了对冲基金治理行动主义。这不仅是看不见的手在独自发挥作用,而且是使独立董事对自我独立性的认知焕然一新的制度的变革。对因果关系的观察显示,媒体有助于推进独立董事形成真正独立的自我认知,还能使那些未能诚信地采取行动追求股东利益的董事担忧名誉受损。当然,制度变迁是市场力量推动的结果。以影响公司治理为宗旨的对冲基金的兴起,就是一种觉察到

〔153〕 Id. at 15; See also Jay Cai et al., *A Paper Tiger? An Empirical Analysis of Majority Voting*, 21 Journal of Corporate Finance 119, 129 – 130 (2013)(发布采纳过半数决制投票提案的公告,在股价上有积极的反应).

的市场机会的反应,机构股东服务公司的兴起也是如此。然而,特别是因为诸多法律改革已经发生,从21世纪初期以来的治理经验还远远不能验证契约论对后IPO阶段公司治理的预期。

关于表决制度的创新,制度变迁也能对其作出解释,并且预示了未来公司在后上市阶段将有更多创新。提倡采纳过半数决制的运动是广为人知的,机构股东服务公司在运动中也占有一席之地。对是否要用其他措施替代过半数决制的正反两面的意见,广泛出现在公众论坛之中。同时,大量公司迅速地采纳了过半数决制。任何一个采取过半数决制的公司都明白,它们不会孤立无援,出现的法律问题都将不是孤例,并可能已经被另一家公司妥善地解决了。换句话说,采纳过半数决制的公司具有网络利益,因为有些公司已经解决或将要解决同样的事项。在目前的环境中,治理问题的透明度和协作的便利性,使公司在后IPO阶段比在IPO阶段更能够适应创新,因为在IPO阶段的透明度和协调性更弱。

四、简要的概述:对反收购和治理指数持续的错误理解

本文的主题之一,是契约论没有了解制度现实——例如,IPO章程中交错董事会的出现。实证文献提供了必需的事实以对契约论再次进行评估,并更广泛地提高了我们对公司治理的理解。但如同笔者在第三部分中指出的那样,关于收购防御的实证文献同样未能包含制度现实,即收购防御运作和彼此关联的一些确切方式。本部分运用了近期流行的治理指数研究方法来简要说明目前实证研究存

在的一些错误理解。再次说明,笔者的目标是发展出一个更优的模型。

如同卡茨在其于2000年发表的一篇文章中作出的解释,20世纪80年代和20世纪90年代对收购行为的研究常常设计不当,结果被误读,导致大量计量经济学研究的火力被浪费。[154] 今天,一些类似的情况也发生在治理指数研究上。[155] 治理指数常被用来衡量股东通过行使权利来替换管理层的难易程度。因此,治理指数的基础要素被视为管理层树立壁垒的潜在原因。而这就是问题所在。因为,许多指数的要素并不会形成管理层壁垒,而一些可能导致壁垒的要素仅在有限的情况下起作用。其结果是,指数包含了不必要的干扰,但更严重的是,指数中包含的非因果要素使研究结果指向了一个虚假的或者没有潜在因果关系的联系。

保罗·冈珀斯(Paul Gompers)、乔伊·伊什(Joy Ishii)和安德鲁·迈特里克(Andrew Metrick)(常用缩写GIM指代)创造出了一个普遍适用的指数。[156] 这一指数被称为"G指数",包含了28个试

---

〔154〕 Coates, *supra* note 100.

〔155〕 截至2013年6月,Bebchuk在网络上的报告表明,至少有158个研究运用了他和他的合作者共同发展出的"E指数"。Lucian Arye Bebchuk, Links to 158 Studies Available on SSRN That Use the Entrenchment Index(Bebchuk, Cohen, and Ferrell, 2009), Harvard Law School(June, 2013), http://www.law.harvard.edu/faculty/bebchuk/studies.shtml; See also Lucian Bebchuk, Alma Cohen & Allen Ferrell, *What Matter in Corporate Governance*, 22 The Review of Financial Studies 783(2009)(发展出了"E指数",下文将讨论的"G指数",是在"E指数"之前发展起来的,想必也有不少使用者).

〔156〕 See Gompers et al., *supra* note 90.

图衡量“股东和管理者之间的权力平衡”的要素。[157] 权力平衡,是指股东通过敌意并购或委托书争夺的方式替换董事的难易程度。[158] 冈珀斯等基于公司究竟采纳了28个治理指数要素中的多少个,或其

---

〔157〕 Id. ,at 109. “G 指数”包含了以下要素:

- 空白支票优先股(blank check preferred stock)
- 交错董事会
- 股东无权召开特殊股东会议(shareholders' inability to call a special meeting)
- 通过书面一致同意禁止股东投票
- 管理者薪酬计划的控制权条款的变化
- “金色降落伞”
- 管理者和董事相关责任豁免协议
- 章程细则豁免管理者和董事责任
- 外部董事违背注意义务的无罪申明[e. g. ,under Delaware Code Annotated. tit. 8, § 102(b)(7)]
- 非取决于控制权变化的管理者离职协议
- 对股东修改章程细则的限制,例如超级多数决(supermajority)的要求
- 对股东修改章程的限制,例如超级多数决的要求
- 缺乏累积投票制
- 缺乏股东秘密投票制
- 并购中的股东过半数决
- 基于股份持有时间的不平等投票(非双层股权)
- 反绿票讹诈章程条款(antigreenmail charter provision)
- 非股东选民章程条款
- 公平价格章程条款或可适用的州立法
- “银色降落伞”(pension parachute)
- 反绿票讹诈立法条款应用
- 商业联合立法应用
- 非股东选民立法应用
- 现金支出立法应用(cash-out statute applies)
- 公平价格立法应用
- 控制股份收购立法应用

Id. at 112,145 - 150. 其他普遍应用的指数是由 Bebchuk 等发展出的“E 指数”, *supra* note 155,和由下列学者发展出的一个指数:Lawrence D. Brown & Marcus L. Caylor, *Corporate Governance and Firm Valuation*,25 Journal of Accounting and Public Policy 409,411(2006)。

〔158〕 See id. at 107 - 109.

适用的州法律包含多少个这样的要素,来给公司打出分数。他们发现1990年到1999年,分数最低一档的公司("民主投资组合")估值高于、表现也胜过分数最高一档的公司("独裁投资组合")。[159] "G指数"因此似乎衡量着什么,但问题在于它究竟衡量着什么。如同笔者解释的那样,大量"G指数"要素的存在会导致管理层壁垒增强的说法似乎不合情理。

在最普遍的层面上讲,"G指数"有两个相关的弱点。首先,指数中对管理层壁垒的形成具有不同影响的要素,却被赋予了相同的权重。指数的这一问题其实也反映了一个合理的判断,即某种程度上的不精确是为了易于处理的优点而必须承担的代价。但基于这一判断,指数不应当包含偶然性非常低或者非常高的要素。其次,更严重的弱点就是,"G指数"包含了许多这样的要素。具体来说,指数包含了以下要素:(1)对管理层壁垒没有影响的要素;(2)在企业拥有一个有效的交错董事会时对管理层壁垒没有影响的要素;(3)仅在有限的情况下对管理层壁垒产生影响的要素;(4)与管理层壁垒没有关联,而实际上对治理有肯定的、积极的影响的要素。其中的一些问题源于冈珀斯等运用了投资者责任研究中心(Investor Responsibility Research Center,IRRC)建造的现有的数据集来展开研究、构造指数,因此受到了该份数据集的限制。他们认为这份数据集包含的所有要素都有巩固管理者壁垒的潜力。然而,无论解释是什么,结果是这个指数被广泛地应用了,但并不是在正确认识的基础上去应用的。对此,笔者提供了以下例证。

---

〔159〕 Id. at 109 – 110.

(一)对管理层壁垒没有任何影响的要素

"G 指数"的要素之一,就是公司对毒丸计划的采纳。如在第三部分(一)中详细讨论的那样,任何时候存在或者缺少毒丸计划,对于公司抵御竞价收购的能力而言,都没有任何影响,因为公司的董事会可以在任何时间单方面采取毒丸计划,并且在面临敌意竞价收购之时,董事会肯定会选择设置毒丸计划。因此,事实上,每一个公司始终都拥有毒丸计划。也因此,无论在什么时候,基于毒丸计划的存在给公司打分,都会是无效的,这样打出来的分数不能够被用来衡量毒丸计划对管理层壁垒形成的影响。

此外,"G 指数"包含了以下出现在公司章程或公司注册地所在州的法律中的收购防御措施:(1)企业合并法律;(2)公平价格立法或章程条款;(3)控制股份收购法;(4)现金支出立法。

自从毒丸计划出现之后,当公司面临敌意并购之时,上述防御措施中没有一个会产生实质性影响。在孤立的情况下看,他们的确可以增加从事敌意收购(指在收购中引发目标管理层反抗的收购要约)的收购者的成本。但是当毒丸计划被采用时,它会对意图推进收购行动的收购者施加令其难以承受的成本。因此,毒丸计划是彻头彻尾的防御措施——如果存在毒丸计划,收购不会发生,同样,任何一家公司实质上都拥有毒丸计划。所以,这代表在一定程度上,上述的其他防御措施没有任何作用。

"G 指数"对收购防御措施的计算,反映了金融文献中自 20 世纪 80 年代以来持续存在的、广泛的错误理解,即如同要塞周围的大炮,更多的收购防御措施意味着更多的防御壁垒。在法律上和现实上,这都是不正确的。更多的防御并不意味着更多的壁垒,且计算防御的数量并不是判断公司在控制权市场或任何其他公司治理领域的情况的有效方式。

(二)对存在有效交错董事会的公司毫无影响的要素

如第三部分(一)中所示,最重要的收购防御措施是有效的交错董事会。[160] 一个有效的交错董事会,允许目标公司保持有效的毒丸计划大约两年,这已被证实是对敌意并购的严重阻碍。

在一个拥有有效的交错董事会并且拥有毒丸计划的公司,敌意收购从未实现。[161] 已经发生的收购会以与管理层进行协商告终。因此,对于拥有交错董事会的企业而言,在一定程度上,"G 指数"包含的其他潜在防御措施(除了毒丸计划)没有任何作用。对于在第四部分(一)中讨论的四项防御措施而言,这个说法当然是正确的,就其他措施而言,这同样是正确的。因此,这些不重要的措施给具备有效交错董事会的公司赋值可能会曲解这些防御措施的真实作用。

例如,下述的"G 指数"的两个要素,与拥有交错董事会的公司之间,实质上不存在法律上的关系:(1)股东无法召开特别会议(由于存在完全禁止条款或设置了一个较高比例的投票权门槛)。(2)禁止股东通过书面同意进行投票。如果目标公司拥有毒丸计划,并对敌意收购者"直接说不",这些潜在的章程条款才开始发挥作用。如上文已经解释过的,在那种情境下,收购者会转而选择促使被收购公

---

[160] See Bebchuk et al. ,*supra* note 101,at 910,913(定义了一个"有效的"交错董事会).Gompers 等人排除了"G 指数"中的双层股权结构。笔者因此也将其在本研究中排除。

[161] See Air Prods. & Chems. ,Inc. *v.* Airgas,Inc. ,16 A. 3d. 48,105(Del. Ch. 2011)("据我所知,没有一个竞价收购者会为了废除毒丸设置,花费两年时间,并且发起了两次成功的委托书争夺,以成功地获取分层董事会的控制权。").

司股东采取措施替换目标董事会,从而能够使毒丸计划失效并使收购继续进行。为了实现这个目的,股东也需要一个契机来选举董事。一个可能的契机是目标公司的下一次股东年度大会。但下次会议可能是一年以后。另一个更及时的方式是,对股东而言,要么召集特别会议,要么以书面同意方式投票选举。然而,在拥有交错董事会的情况下,这样做是不被允许的。因为有关交错董事会的法律要求董事在年度会议上被选出。[162] 因此,这些"G 指数"的要素仅与每年度选举一次董事会的公司相关。

对设置了有效的交错董事会的公司没有因果关系影响的其他"G 指数"要素包括三个绝对多数表决事项——修改章程细则、修改章程和批准公司合并。一旦公司采纳毒丸计划,这些要求是否会在一定程度上对每年度选举一次董事会的公司产生影响仍不确定,但对于那些存在有效交错董事会的企业而言是不可能的。

(三)仅在有限情况下产生影响的要素

"G 指数"的一些要素可能对管理层壁垒产生影响,但是这种影响仅仅在有其他要素同时存在的情况下发生。最为清晰的例子是上文探讨的两个要素:对股东召开特别会议的限制和禁止股东以书面同意投票。如同刚刚的解释,在目标公司董事会维持毒丸计划运作,同时对敌意并购者"说不"的情况下,这些要素才会开始起作用。如

---

[162] See Model Business Corporation Act § 8.06(2007);Delaware Code Annotated. tit.8, § 141(d)(2013). 如在下一子部分中讨论的那样,这些条款对实质无效的交错董事会,在这种情况下,股东可以通过修改章程细则的方式立即更换董事会。对于设置有效交错董事会的企业而言,同样可能的是,这其中的条款可以被用作章程细则修改,以促进更早的边际收购行为。这就是股东尝试(未成功地)在 Airgas, Inc. *v.* Air Products & Chemicals, Inc. ,8 A.3d 1182(Del. 2010)中的举措。但尤其是追随 Airgas 案,对这些条款的运用在防御方面不会有实质的影响。

果股东没有途径选出新的董事会,收购者会被耽搁,直到目标公司的下一次年会,而那时对董事的选举必然会发生。[163] 然而,为了将股东选举推迟到下一次年会,两个限制必须同时存在,缺一不可。因此,对这两个条款分别只分配一点(权重)是不恰当的——给两个要素共同分配两点(权重)也是不恰当的。

(四)公司治理中与董事壁垒无关并且肯定对公司治理有效的要素

"G 指数"同样包含了一些与非收购防御措施有关的要素,它们与任何一种管理层壁垒都没有关系,且被广泛地理解为对公司治理有益。它们包括:规定在章程细则中的董事豁免,由协议提供的董事豁免以及外部董事违反注意义务时豁免金钱赔偿责任的保护措施。这些条款保护了管理层或董事会免于担责,而这些责任主要源于由代表股东或公司的原告律师提出的诉讼。但所有的这些保护措施都不包括董事或管理者是恶意的情况。[164] 因此,他们不被允许偷窃、偷懒或懈怠。人们普遍认为,董事和管理者在主张股东利益的诉讼中,应免于承担责任,即便这一保护有时也会适用于真的作出了错误行为的个人。股东积极主义者通常不会反对豁免管理者责任和保护其免于责任处罚,这表明这些保护与股东利益是一致的。事实上,没有这些保护,公众公司将会很难吸引外部董事,甚至顶级的管理者,并且,那些已经被吸引来的管理者和董事会极度厌恶风险,无论某项冒险会给股东带来多少回报,他们也不愿尝试。

---

〔163〕 推迟的期间取决于竞价收购何时开始,与目标公司的下一次年会和州法律在何种程度上管制目标公司推迟其年会方面密切相关。

〔164〕 See Delaware Code Annotated. tit. 8, § 145(允许公司豁免符合诚信、善意原则的个人行为).

(五)在其他研究中应用治理指数

尽管指数存在不少缺陷,冈珀斯等人仍然为我们理解公司治理作出了重要的贡献。"G 指数"(和其他治理指数)的主要问题在于,它们被广泛地应用,被作为放之四海皆准的万能方法来衡量并购的风险、并购的可能性或普遍的公司治理质量。此外,在"G 指数"和其他指数的运用之中,错误的理解十分泛滥。研究者通常错误地将"G 指数"的所有要素视为"收购防御"措施,并且他们常常错误地假设收购防御的数量与遭遇收购风险的可能性有关。[165]

一个针对家族企业的研究中运用了"G 指数",作者将其描述为计算"公司章程、章程细则或证监会文件中包含的限缩股东权利的治理条款数量"。[166] 他们进一步错误地将该指数描述为衡量"中小股东被侵害风险"的指标。[167] 另一个研究中,托马斯·贝茨(Thomas Bates)和他的合作者同样错误理解了"G 指数"。控制了交错董事会要素后,他们发现剩余的"G 指数"要素,对竞价收购的发生率存在正向的和统计学上显著的影响。他们解释了这一发现,认为控制了交错董事会要素后,"拥有更多反收购条款的公司,更容易吸引收购竞价"。[168] 这个解释反映了对"G 指数"要素的一个错误理解,以及对他们的研究结果的误读。并且,随着研究者试图发现为何"反收购条

---

〔165〕 See e. g. , Bates et al. , *supra* note 115; Johnson et al. , *supra* note 29; Masulis et al. , *supra* note 117.

〔166〕 Belen Villalonga & Raphael Amit, *How Do Family Ownership, Control and Management Affect Firm Value?*, 80 Journal of Financial Economic 385, 390, 396(2006).

〔167〕 Id. at 396.

〔168〕 Bates et al. , *supra* note 115, at 671.

款”吸引了竞价收购，又可能导致对“G 指数”的进一步的误读。[169]这些误解仅是普遍存在的现象中的几个例子而已。[170]

“G 指数”简化了一系列复杂的关系，从为使实证研究易于处理方面看是必要的。但是，内嵌在这一指数（以及其他指数）中特定的简化设计，加上研究者事实上并不理解隐含的公司治理机制，导致了公司治理的实证文献中存在广泛的混乱。在法学和经济学领域，有这样一种说法：“如果法学教授想要写一篇运用复杂的经济学知识的文章，他需要一个经济学家作为合作者；如果一个经济学家想要写一篇运用专业法学知识的文章，他只需要请律师吃顿午餐。”对于那些以治理指数为基础，运用了治理指数的文献，笔者的评论是作者还需要请律师多吃几顿饭。

解释、影响与结论

本文回应的首要问题是，过去 20 年间积累的实证数据是否支持了契约论。答案是否定的。IPO 章程并不像契约论暗示的那样，是创新和个性化定制的源泉。其只不过是一个普通文件，用于为管理层提供缺省规则以及交错董事会制度。

〔169〕 如同上文的解释，“G 指数”的一些要素与收购无关，其他相关的收购要素被预计在收到竞价收购方面，不会产生明显影响。然而其他措施，包括如贝茨等人发现，“金色降落伞”预期将增加竞价收购的可能性。Ibid. 这里没有讨论但可能增加竞价收购可能性的其他要素是：控制权条款方面的改变，如“养老金降落伞”“银色降落伞”。

〔170〕 笔者的经济学朋友解释，要求作者在他们研究的模型中增加治理指数成了审阅专家的例行公事。外审专家程序可能因此成为引发该领域混乱的导火索。

各州之间不存在朝向顶部或底部的竞争。特拉华州也没有面临任何竞争。公司可以选择在本州注册,但这一决定也并不意味着公司本州的法律优于特拉华州。不过也有一项实证研究表明,特拉华州公司法会使公司价值得以增加。

在本文和之前的研究中,笔者提出了一个基于网络经济学的理论来解释为何缺省规则比个性化定制条款更有吸引力,以及为何特拉华州在面临其他州竞争下,仍然成为公司注册的首选。〔171〕缺省规则和在特拉华州注册公司提供了网络效应,这是个性化定制的契约以及在特拉华州以外的其他州注册企业所不能够提供的。网络外部性在公司契约论发展起来的时候,没有被充分理解,而在笔者看来,恰恰是它们在公司法和公司契约中的存在,解释了为什么公司契约论不是一个有效的实证理论——因此也不能作为一个有效的规范理论。

网络外部性理论作为公司法和公司治理的实证解释,至少有两层含义。其一,现存的公司治理安排并不一定如同契约论假定的那样是社会最优。其二,公司法的影响远大于契约论表明的那样。公司会采纳社会次优的缺省规则,因为如果他们不确定其他公司同样会采纳社会最优安排,他们便会拒绝采纳。这种次优平衡达成的原因,在于集体行动的困难,公司难以互相协调以形成普遍适用的创新

〔171〕 See Klausner, *supra* note 19. 其他人进行了密切相关的观察。例如,罗曼诺将特拉华州的领先优势描述为与其所储备先例相关的先发优势。Romano, *supra* note 54, at 226, 240. Ayres 则论证,公司法的缺省规则应当采取通用标准,而不是特殊规则。因为法院依据通用标准进行个案审查能够带来事后应用中的利益。Aryes, *supra* note 19, at 1403 – 1413. 另外, Henry Hansmann 随后加入了新的观察,即缺省规则为法律修改所更新。因此,对缺省规则的采纳,企业不仅将获得未来司法解释的网络化利益,还将获得立法上的更新。Hansmann, *supra* note 19, at 9 – 10.

型治理安排网络。因此,公司缺省规则或公司法需要作出什么改变,才能提供标准化的公司治理选择性条款的清单,作为一个规范性问题,仍有争议空间。契约论者不能合理地论证,虽然他们总是在论证,如果治理安排没有出现在 IPO 章程中,那么法院、立法机关或证监会就没有采纳该措施的基础。而网络外部性理论也并不认可强制性公司法具有作用。相反,其意味着在制定缺省规则的时候应更加审慎,因为一些规则在作为自愿性选择而非强制性适用时,才能达到次优目标。

网络外部性并没有解释 IPO 阶段采取交错董事会制度的问题。这一现象仍是未解之谜。乔纳森等人似乎基于公司有动力对长期商业关系作出承诺的理论,对此作出了部分回答,但是仍有许多公司采取交错董事会制度的原因未得到解释。有人提出疑问,公司上市之时采用交错董事会制度,是否会使拟 IPO 股东承担一定的成本。契约论者似乎只从理论上作出了预测,但是这些疑问需要更严肃地看待和进一步研究。

近年来,一个令人惊喜的变化是,过半数决制的诞生,并且迅速地被普遍接受。这项创新发源于已上市公司,它可能预示着未来在后 IPO 阶段的公司会有更多的创新。随着对冲基金积极主义的出现,以及关于治理安排应高度透明化的讨论,公司或许可以在实际治理标准的设计和应用方面达成协调。此外,过半数决制本身可能有助于减少管理层对股东需求的抵制。因此,公司在后 IPO 阶段可能比在 IPO 阶段能作出更多的创新——至少在类似对冲基金这样的机构进一步将重点放在 IPO 章程并促进公司间集体行动之前,会是如此。

最后,本文的第二个议题是,契约论者和实证研究者都未能对制度现实给予足够的重视。对于契约论的理论家来说,交错董事会的存在以及 IPO 章程中创新或定制条款的缺失应当是显而易见的,却没有人注意到。对于实证研究者来说,应当深入了解收购防御机制。但是,许多公司治理的建模者还没有为此付诸努力。因此,收购防御措施往往以不正确的方式被纳入模型,或者被纳入治理指数,而治理指数往往又被纳入模型,最终都会导致模型结果的不可信。

第四章　公司法的历史终结

契约论的终结：行为经济学与公司法

[美]肯特·格林菲尔德*

目　　次

* 波士顿大学法学院的法学教授兼院长研究学者。

本文原文发表于 The Oxford Handbook of Behavioral Economics and the Law, Oxford University Press(2014)。

引 言

在整整一代人的观念里,公司法依赖并发源于一种经济理性(economic rationality)的概念。这一理性概念将两个假设作为证明自己真伪的试金石,即市场(特别是证券市场)的效率性和各类行为主体效用最大化行为的可预测性。这些假设巩固了前人的理论创新和学术概念[1],使契约论的观点在衡平法院和公司法课堂上备受推崇[2]。市场逐渐被视为督促管理层保持谨慎和忠诚(careful and loyal)的主体,司法上强制履行传统信义义务的力量也就随之消散了。披露制成为大受欢迎的监管机制,因为这样的一个假设占据了主导:对于公司的过失或渎职行为,充分知情的投资者可以自己保护自己。

在20世纪的最后10年中,行为经济学在法学界逐步受到重视[3],

---

〔1〕 See Easterbrook, F. H. & D. R. Fischel, *The Economic Structure of Corporate Law* (Harvard University Press, 1991).

〔2〕 See Oliver Marnet, *Behaviour and Rationality in Corporate Governance*, 1 International Journal of Behavioural Accounting and Finance 4(2008).

〔3〕 See Jolls, C., C. R. Sunstein & R. Thaler., *A Behavioral Approach to Law and Economics*, 50 Stanford Law Review 1471(1998); Donald C. Langevoort, *Behavioral Theories of Judgment and Decision Making in Legal Scholarship: A Literature Review*, 51 Vanderbilt Law Review 1499(1998); Korobkin, R. B. & T. S. Ulen., *Law and Behavioral Science: Removing the Rationality Assumption from Law and Economics*, 88 California Law Review 1051(2000).

在21世纪初,公司法的学术研究也开始关注这一学说[4]。尽管公司法和证券法可能是新古典经济学假设在法学界(legal academy)占有的最后领地[5],但是可以肯定的是,2007~2008年的全球金融危机标志着经济人假设(homo economicus)辉煌时代的终结。如果像美国联邦储备委员会前主席艾伦·格林斯潘(Alan Greenspan)这样的理性派的忠实拥护者都不得不承认他在自由市场理论中"发现了一个缺陷"[6],那么确实就不剩几个理性主义的绝对论者了。如今,至少在学术界,行为经济学可以宣告取得胜利了。罗素·科罗布金(Russell Korobkin)在2011年表示,"将法律规则和制度的经济分析从严格的理性选择假设中分离出来的斗争已经赢得了胜利"[7]。大量可靠证据显示,所谓的非理性行为持续且普遍存在,这使主要的争论不再发生在行为主义者与主张"个体追求利益最大化的传统假设是法律分析核心"的人之间[8],取而代之的是辩论如何处理这场胜利的战利品。

第一部分将进行一些与公司法和证券法相关的思考。首先,将

---

〔4〕 See Langevoort, D., *Organized Illusions: A Behavioral Theory of Why Corporations Mislead Stock Market Investors (and Cause Other Social Harms)*, in *Behavioral Law and Economics* (Cambridge University Press, 2000); Blair, M. & L. Stout., *Trust, Trustworthiness, and the Behavioral Foundations of Corporate Law*, 149 University of Pennsylvania Law Review 1753 (2001); Greenfield, K., *Using Behavioral Economics to Show the Power and Efficiency of Corporate Law As Regulatory Tool*, 35 University of California Davis Law Review (2002).

〔5〕 See Arlen, J., M. Spitzer & E. Talley., *Endowment Effects Within Corporate Agency Relationships*, 31 Journal of Legal Studies 1 (2002).

〔6〕 Andrews, E. L., *Greenspan Concedes Error on Regulation*, New York Times (October 23, 2008).

〔7〕 Korobkin, R. B., *What Comes after Victory for Behavioral Law and Economics?*, 2011 Illinois Law Review 1653, 1656 (2011).

〔8〕 See ibid.

描述经济理性概念在全盛时期对公司法学说和学术研究的一些影响。其次,回顾这段历史将有助于在后文对理性假设弱化的影响进行界定。第二部分重点介绍了在公司治理领域开展行为研究的困难,并提出主要的行为创新是从自由主义转向监管的“不可知论”。在第三部分中,本文将探讨行为经济学研究对公司治理最深远的潜在影响,行为经济学家们从对群体决策的观察中得出了这样一个论断:董事会同质化很危险,而在各方面提高董事会多元化程度将有望改善董事会绩效。

一、公司法契约论中的选择与自愿

行为经济学对公司法提出了巨大的挑战,而这在很大程度上是基于“科斯预言”(the Coasean prediction),即法律可以而且应该以私人团体的决策为依据,以“最佳地分配权利和义务”[9]。这种公司法的契约论(contractarian)在过去的几十年中占据了主导地位,尽管有学者提出异议[10]或警告[11],但推崇契约论的趋势及其基本内涵未受动摇。

公司被视为是许多不同贡献者之间的契约联结。出于对股东立

---

〔9〕 Arlen, J., M. Spitzer & E. Talley., *Endowment Effects Within Corporate Agency Relationships*, 31 Journal of Legal Studies 1, 2(2002).

〔10〕 See Brudney, V., *Contract and Fiduciary Duty in Corporate Law*, 38 Boston College Law Review 595(1997).

〔11〕 See Bebchuk, L., A. Cohen & A. Ferrell., *Does the Evidence Favor State Competition in Corporate Law?*, 90 California Law Review 1775(2002).

场的考虑,他们不应被视为所有者或是管理层履行信义义务的唯一对象;相反,他们只是资本的贡献者,从某种意义上说,他们是通过谈判和购买获得法律保护的。管理者义务(managerial obligations)源于管理层和股东之间明示、默示或缺省性的契约条款,而不以财产法、代理法或信托法中的信义义务概念为渊源。法律不应对公司契约当事方之间的义务作细化规定,因为每一方都很清楚自身的利益,他们可以通过谈判和互让来保护自身。公司法和公司章程的发展完善被认为是以效率为导向,因为长期来看,受这些安排影响的参与者们会因其导致效率低下改变契约条款,从而最大化效用和避免损失。〔12〕公司法对维护私人秩序的贡献是深刻的,它甚至比合同法本身更具私人契约的特征,〔13〕因为公司法少有以例外情形打破私人秩序的规定,比如显失公平规则(unconscionability)。〔14〕

(一)司法顺从*

契约主义理论的一个主要影响是使法院对公司高管的决策普遍表现出顺从。法院退居二线,坚信各方之间的安排是自愿的,市场自然会纠正错误。对这些司法假设最具说服力的说理也许是拉尔夫·温特(Ralph Winter)法官在第二巡回法院乔伊诉诺恩〔15〕案中的著名观

---

〔12〕 See Easterbrook, F. H. & D. R. Fischel, *The Economic Structure of Corporate Law* (Harvard University Press, 1991).

〔13〕 See Brudney, V., *Contract and Fiduciary Duty in Corporate Law*, 38 Boston College Law Review 595(1997).

〔14〕 See Greenfield, K., *Unconscionability and Consent in Corporate Law*(*a Comment on Cunningham*), 96 Iowa Law Review Bulletin 92(2011).

* 司法顺从系法院在作出司法裁决时需要考虑对行政主体的制度遵从,它解决的是法院应秉承何种原则应对行政机关对其负责执行的法律作出的解释的问题,是对司法谦抑理念的一种折射。——译者注

〔15〕 692 F. 2d 880(1982年).

点论述，该案也是运用了契约论模型进行说理的最早的几个案例之一（上述观点仍出现在许多前沿的公司法案例教科书中）。

温特法官解释了为什么股东不应赢得这场以疏忽董事（negligent directors）为被告的信义义务之诉。他认为，是股东自己选择了承担董事疏忽行为的风险："在很大程度上，股东是自愿承担董事作出不良商业判断的风险"〔16〕，因为从购买股票的行为就能推断他们作出了何种选择。正如温特法官所述〔17〕：

> 投资者并不是只能购买股票，因为投资市场提供了一系列不太容易受到公司高管判断失误影响的投资机会。投资者也并不是只能购买特定公司的股票，在从事这种绝对自由的选择行为时，公司管理层的素质通常是参考的决定性因素，而与之相关的信息可以从专业的投资顾问那里获得。由于股东可以并且也确实以管理层的情况为投资选择的考虑因素之一，所以商业判断规则仅认可投资者自愿承担不良商业决策的风险，无论这种自愿是出于何种原因。

注意，这一论点中蕴含着强大的契约论观点。股东们并没有协议放弃对违反信义义务董事的诉权。股东同意了什么——股东与管理层之间的公司"契约"规定的信义义务的宽严程度——是该案要回答的问题。而温特法官仅以股东已经购买了股票作为回答这一问题的依据，即投资者之所以签订契约，是因为他们能预测自己的行为会

〔16〕 Id. p. 885.

〔17〕 Ibid.

带来何种后果。换句话说,因为人们明知某些管理者会犯错,并且人们都是理性的行为者,所以我们可以假设人们在购买公司股票时即接受了管理失误的风险。如果允许股东在这些失误中获得补偿,他们将获得一笔意外之财。

上述观点体现了当时占主导地位的法律经济学的假设。30 年过去,如今我们很容易便能认识到,这一观点所依赖的关于人类理性和自愿性的观点是多么地想当然和站不住脚:我们知道人们想要什么,因为他们的客观行为已然反映了他们的主观意图。这种将显性偏好视为内在理性的观点非常单薄,波斯纳法官曾在一部著作的初版中调侃道,"理性青蛙这个表达并不是一种语法错误"。〔18〕*

在某种程度上,这种理性观点的薄弱之处在于它极高的证明强度——法院除简单地查明一下公司对投资者是否存在胁迫或欺诈行为之外,无须再进行额外的调查。在排除外部性、市场不对称及其他一般市场失灵的影响后,如果得出的结论是不存在,那么法院就应该放任不管。

由于上述理性和自愿性的狭隘观点的存在,股东向公司投资的事实成为了他们承担任何管理不当的风险的证据。如果他们认为渎职行为可能发生,那么他们要么不会投资,要么就应该签订契约以获得保护。如果他们没有以这种方式保护自己,那么他们就不应指望法院在发生问题后来拯救他们。

---

〔18〕 Posner, R. A., *Economic Analysis of Law* (Aspen, 2003), p. 17.

* 意思是,根据理性假设,我们同样也可以从青蛙的客观行为中推断其主观意图,因此青蛙也应是理性的。——译者注

(二)学理支持

市场效率性和行为反映偏好的可靠度不仅得到了法院的认可,也巩固了支持公司法契约模型的前沿学术力量。用迈克尔·詹森(Michael Jensen)和威廉·梅克林(William Meckling)的话来说,"契约关系是企业的本质"。[19] 芝加哥大学教授丹尼尔·费舍(Daniel Fischel)在他初次提出公司法是一系列契约联结的相关论述中解释道:"由于公司是由自愿行动的个人为了他们的共同利益而组建的一种特殊类型的企业,所以将它视为私人契约的产物而非国家的产物,是更合理的。"[20] 因此,公司法应提供一些标准化的规则"成品",且这些规则应主要是赋权性而非指令性的,并易于被作为契约内容使用。[21] 法律不应对当事方之间的义务作细化规定,因为每一方都很清楚自身的利益,他们可以通过谈判和互让来保护自己。

此外,公司"契约"的条款,无论是章程中的还是各州公司成文法中的,都被推定已为有效的资本市场恰当的定价。由于这些条款被认为具有与之对应的价格,故契约的全部内容都应被视为一致同意的结果,即购买了证券的所有股东都可以被视为已完全同意该契约。"公司治理的所有条款都是契约性的,因为它们在利益相关方之间的交易中被充分定价。"[22] 由于股东可以从自由获取的信息中了解公司,并且可以在一个流动的证券市场上出售股票,所以那些持有公司

---

〔19〕 Jensen, M. C. & W. H. Meckling., *Theory of the Firm: Managerial Behavior, Agency Costs and Ownership Structure*, 3 Journal of Financial Economics 305, 310(1976).

〔20〕 Fischel, D. R., *The Corporate Governance Movement*, 35 Vanderbilt Law Review 1273(1982).

〔21〕 See Easterbrook, F. H. & D. R. Fischel, *The Economic Structure of Corporate Law*, Harvard University Press, 1991.

〔22〕 Id. p. 17.

股票的人被认为是自愿地接受了该证券的风险/收益率。如果股价下跌,那么股东就只能责怪他自己。

用伊斯特布鲁克和菲舍尔的话来说,因为参与公司是一种"自愿的风险行为"[23],所以在公司法中规定可强制执行的信义义务已经不合时宜。这种契约论(contractarianism,有异议者认为表述应是契约学说,即 contract doctrine)奉行的价值和规范"与历史上和功能上所体现信托概念的价值截然不同"[24]。契约论式的路径是将信义义务及"其传统要求"* 定性为契约的一种表现形式,然后又"援引该形式作为减少对管理层实质性限制的支点"[25]**。

契约论和自愿性的观点占据了主导地位,且其适用范围从股东扩大到了公司的所有利益相关者。从债权人到员工,从客户到供应商,公司中的每个人都被认为是自愿参与。如果当事方厌恶他们与公司之间的"契约"条款,他们可以离开。不仅股东可以出售他们的股份,员工也可以辞职,管理者可以另找一家公司管理,供应商可以

---

〔23〕 Easterbrook, F. H. & D. R. Fischel, *The Economic Structure of Corporate Law* (Harvard University Press, 1991), p. 12.

〔24〕 Brudney, V., *Contract and Fiduciary Duty in Corporate Law*, 38 Boston College Law Review 595, 597 (1997).

* 信义义务的"传统要求"指的是管理层向股东承担禁止自我交易、不得行事不慎或违反诚信原则的义务,与之相对的新的要求是将这些义务的承担对象范围扩大至其他利益相关者。——译者注

〔25〕 Brudney, V., *Contract and Fiduciary Duty in Corporate Law*, 38 Boston College Law Review 595, 597 (1997).

** Brudney 的意思是,契约论者主张契约是管理者信义义务的来源,又以达成契约的自愿性来减轻管理者的信义义务。——译者注

在别处销售他们的产品,债权人可以出售他们的债券。[26]

甚至公司和州政府之间的关系也被认为是自愿性的,因为公司可以很容易地转移其资本,并且在美国也可以很容易地变更它们的注册地。如果一个辖区的政府对公司施加的义务超越了与之有竞争关系的别的辖区规定的义务,那么公司可能会离开,由此产生了在监管上的“逐底竞争”[27]或者说在效率创造性方面的“逐顶竞争”[28](这两种说法均有其合理性,孰对孰错取决于人们更相信哪一种)。但是,不管规范性的定性(事实判断)如何,契约主义模式的成功都是显而易见的。公司不因州政府的特许便存在于该州;相反,公司存在于州以外,它们掌握着进入或退出与政府实体(无论是国家、州还是县)关系的选择权。

这使公司能够完全无视在契约、法规或普通法中未明确规定的任何推定的义务。根据菲舍尔(1982 年)的说法,公司不应该被要求对利益相关者承担公司“契约”明确规定之外的责任,因为这样做会“破坏独立的当事方在组建公司时达成的自愿安排”。[29] 公司也不应被要求照顾其雇员的需求,因为劳动者“应当寻求契约性权利的保

[26] See Macey, J. R., *An Economic Analysis of the Various Rationales for Making Shareholders the Exclusive Beneficiaries of Corporate Fiduciary Duties*, 21 Stetson Law Review 23(1991).

[27] Cary, W. L., *Federalism and Corporate Law: Reflections upon Delaware*, 83 Yale Law Journal 663(1974).

[28] Easterbrook, F. H. & D. R. Fischel, *The Economic Structure of Corporate Law*, Harvard University Press, 1991, p. 17; Romano, R., *The Genius of American Corporate Law*, American Enterprise Institute, 1993.

[29] Fischel, D. R., *The Corporate Governance Movement*, 35 Vanderbilt Law Review 1259, 1271(1982).

护，而不是援引信托请求权”。[30] 此外，如果员工通过谈判只达成了一份工作安全保障有限的雇佣合同（或者更准确地说，未能达成一份具有更高保护标准的合同），“他们若是在生意不景气时遵守了自己的合同，那么，他们就不应该发牢骚。每个投资者都必须适应公司固有的风险结构……这些都是执行合同的问题。对于任何员工来说……该合同都是明示的、协商过的合同”[31]。

此外，根据契约论的观点，劳动合同中保护条款的缺失并不意味着劳动者不能通过谈判来取得保护。“相反，合同缺乏保护条款……这可能只简单地反映出这样一个事实，即（非股东）利益群体不愿以降低工资为代价来取得保护。”[32] 换句话说，如果劳动者想成为管理层信义义务的受益者，那么他们只需为这种合同利益展开谈判。因为他们没有选择保护措施，所以推断他们一定选择了无须保护，而法律应尊重他们的选择。

这个假设（无论是用“选择”、“自愿性”还是“契约”来为它命名）是基于一系列对个人自主性、理性和客观行为的相信。这个假设是，人们的确已经作出了选择——且这种选择被认为是知行合一的。用理查德·波斯纳（Richard Posner）的话说，“人在理性上会尽可能地实现其人生的终极目标”[33]。或者引用安妮塔·伯恩斯坦（Anita Bernstein）的总结，“这个人知道他想要什么，并选择了实现其目标的

---

〔30〕 Easterbrook, F. H. & D. R. Fischel, *The Economic Structure of Corporate Law*, Harvard University Press, 1991, p. 91.

〔31〕 Id. p. 37.

〔32〕 Id. p. 36.

〔33〕 Posner, R. A., *Economic Analysis of Law*, Aspen, 6th ed, 2003, p. 3.

方式"[34]。然而,相关研究不断增加,在它们对选择的实质进行了真正的探究之后,发现人类行为比理论所假设的要混乱和复杂得多,于是,变得越来越清楚的是,构成契约论基础的、对各类假设的信赖实际上也不过是一厢情愿,而这种信赖绝不是法律或者说司法判决的有力依据。

二、公司治理从自由主义到不可知论

理性选择假设被大量应用于法律的主要影响是相关监管法律被推定为不应被适用。建立在经济理性基础上的法律制度往往会反对监管行为,除非它是保护有效选择行为的必要措施,如反欺诈措施。[35] 人们通过选择来保护自己,而错误的选择并不是法律应该关注的问题。通过这样的假设"得出的结论,通常是对现有法律限制非必要或效率低下的批评,以及以去监管的规范性议程(deregulatory normative agenda)来替代现有法律的建议"[36]。就公司治理而言,这种反监管的敦促显示,法院对信义义务诉讼一般持怀疑态度,并且在各种诉讼是非曲直的审理中,会限缩传统注意和忠实义务概念的范围和强制性。

---

〔34〕 Bernstein, A., *Whatever Happened to Law and Economics?*, 64 Maryland Law Review 303, 308(2005).

〔35〕 See Friedman, M., *Capitalism and Freedom*(University of Chicago Press, 1962).

〔36〕 Langevoort, D., *Behavioral Approaches to Corporate Law*, in C. A. Hil & B. H. McDonnell eds., Research Handbook on the Economics of Corporate Law Northampton, Edward Elgar, 2012, p. 443.

随着行为主义(behavioralism)在法学界获得了越来越多的关注，造成的主要影响是削弱了这种反监管的、自由主义的假设。[37]这并不是说行为主义必定会导致政府更大程度的干预，无论这种干预是通过监管还是通过司法监督。相反，用罗素·科罗布金的话来说，行为主义用“对监管的不可知论”代替了传统法律经济学的“反监管歧视”，从而为在各种情况下展开各种形式的监管是否优于不受监管的市场提供了“比较制度分析”的空间。[38]

由于行为主义理论与人类决策一样混乱且不确定，因此它的规范性必然弱于有缺陷但简单的经济理性理论。我们可以肯定的是，反监管和自由主义的假设是不当的，但是我们不确定的是，现在向我们开放的“比较制度分析”的空间到底有多大，以及在其中能做些什么。正如唐纳德·朗格沃特(Donald Langevoort)所言，“决定应该采取什么样的措施来干预现状……本身便让人烦恼”[39]。

这些问题在公司治理领域可能尤难处理，原因有二。首先，商业决策涉及很多的秘密和隐私，要观察决策制定者的行动尤其困难。对经济环境下决策的实地研究相对较少，[40]而对董事会的经济学研究往往又忽略了实际的董事会行为。[41] 而且，任何个人或机构在任

---

〔37〕 See Korobkin, R. B., *What Comes after Victory for Behavioral Law and Economics?*, 2011 Illinois Law Review 1653(2011).

〔38〕 See id. 1659(2011).

〔39〕 Langevoort D., *The Behavioral Economics of Mergers and Acquisitions*, 12 Transactions: Tennessee Journal of Business Law 65, 67(2011).

〔40〕 See DellaVigna S., *Psychology and Economics: Evidence from the Field*, 47 Journal of Economic Literature 315(2009).

〔41〕 See Ees H. V., J. Gabrielsson & M. Huse., *Toward a Behavioural Theory of Boards and Corporate Governance*, 17 Corporate Governance: An International Review 307(2009).

何情况下表现出多少经济理性,或缺乏经济理性,都将取决于一系列难以作抽象处理的具体因素。朗格沃特再次主张:

> 对于某些人(例如某一特定环境下的首席执行官或参与集体审议的董事会)会如何思考或采取行动的问题,以审慎的心态来回答,则答案总会是"视情况而定",但这并不是一种特别大胆和自信的法律分析。[42]

其次,我们或许有理由怀疑,那些在商界取得成功的人之所以从事某种行为,是因为他们比无数行为实验的受试者在经济上更理性,而这些受试者相对不那么理性也就削弱了理性作为一种更普遍的预测工具的地位。[43] 如果这是真的,那么经济理性理论对公司行为的预测能力可能比在法律的其他领域更大。而即使上述怀疑只能在某种程度上得到经验的证实,这也意味着,行为分析理论不适合用来分析监管措施对公司的影响,因为在公司治理领域进行行为分析的结果的不确定性将比在其他法律或调研领域更大。

朗格沃特回应了上述关于公司管理者理性程度的怀疑。他认为,在过度自信、沉没成本偏差(拥护已作出的决策,即使是错误的)

---

〔42〕 Langevoort D., *The Behavioral Economics of Mergers and Acquisitions*, 12 Transactions:Tennessee Journal of Business Law 65,66(2011).

〔43〕 See Tor A., *Understanding Behavioral Antitrust*, 92 Texas Law Review 573 (2014); Langevoort D., Behavioral Approaches to Corporate Law, in C. A. Hil & B. H. McDonnell eds., Research Handbook on the Economics of Corporate Law Northampton, Edward Elgar, 2012, p. 443; Romano R., *A Comment on Information Overload, Cognitive Illusions and Their Implications for Public Policy*, 59 Southern California Law Review 313 (1986).

和归因错误(将成功归因于自己的行为而不是运气)方面,公司管理者可能比一般人更容易产生认知偏差。[44] 例如,由于激烈的晋升和经济利益竞争是公司内部环境的基本特征,过度自信可能与公司环境有"高度的契合性"[45]。因为风险再低的冒险活动一旦成功都是有回报的,所以如果有足够多的人参加比赛,胜利者将是那些因为过度自信而敢于接受不合理风险的人。在所有的公司中,处于公司科层制顶端的"赢家"往往是那些对风险表现出过度自信和超越一般容忍程度的人。

尽管存在这些难题,但行为学者对商业公司和证券市场中相关行为的分析取得了真正的进展,贡献了大量的文献。对于可预测的行为现象,他们也已经找到了一些监管上的和司法上的应对方式,并对其合理性作了论述。

对公司治理和证券法均具有重大影响的一类行为现象是非理性的过度自信问题(或者通俗地说,是"过度乐观主义"),当个人或群体错误地夸大了特定决策成功的可能性时,就会发生这种问题。可能导致预期被夸大的行为现象有很多,包括人类低估小型风险发生

---

〔44〕 See Langevoort D. ,*Behavioral Approaches to Corporate Law*,in C. A. Hil & B. H. McDonnell eds. , Research Handbook on the Economics of Corporate Law Northampton, Edward Elgar,2012,p. 443.

〔45〕 Langevoort D. ,*Behavioral Approaches to Corporate Law*,in C. A. Hil & B. H McDonnell eds. , Research Handbook on the Economics of Corporate Law Northampton, Edward Elgar,2012,p. 443;Langevoort D. ,*Diversity and Discrimination from a Corporate Perspective:Grease,Grit and the Personality Types of Tournament Survivors*,in M. Gulati & M. Yelnosky eds. ,NYU Selected Essays on Labor and Employment Law:Behavioral Analyses of Workplace Discrimination,Vol. 3 Aspen,2007,p. 141 – 162;Tor A. ,*Understanding Behavioral Antitrust*,92 Texas Law Review 573(2014).

可能性和高估显著风险发生可能性的倾向(这可能是由于时近效应*或情绪影响),以及由于确认偏误**而误判风险的倾向(忽略与自己既有看法或世界观不符的事实,并优先考虑与之相符的事实)。〔46〕

证券监管也会考虑这些行为现象,举个例子,卖方雇用的证券分析师提出的有利于卖方的推荐建议总是居多。〔47〕在传统的非行为分析中,该问题被视为利益冲突的产物,产生于分析师与被推售股票的公司之间的合谋或是分析师为了获得发行人公司的业务而讨好他们的意愿。而行为分析观点认为,对证券的乐观态度不是利益冲突的产物,或除是利益冲突的产物之外,可能是行业内自然选择的产物。发行特定证券的公司可能会给予对其证券示好的分析师更多的相关信息,从而使该分析师在市场上占有优势。如果风险得到了回报,分析师的热心推荐会产生更大的光环效应,这就增加了其推荐建议被采纳的概率,这反过来又对公司有利。

对于有利于发行人的推荐建议居多这一现象,如果传统利益冲突解释更为正确,那么法律应加强对分析师利益冲突的披露和诚实

---

* 最后见到的材料,往往印象最清晰,所以最易影响人们的决定。——译者注

** 确认偏误,指人们相信一事物时,就会主动寻找增强这种观念的证据,即先有结论再找证据,乃至不顾事实。——译者注

〔46〕 See Thaler R. & C. Sunstein, *Nudge: Improving Decisions about Health, Wealth, and Happiness*, Yale University Press, 2008; Griffin D. & L. Brenner, *Perspective on Probability Judgment Calibration*, in D. J. Koehler & N. Harvey eds., Blackwell handbook of judgment and Decision Making, Wiley-Blackwell, 2007, p. 177 – 199; Kahneman D., P. Slovic & A. Tversky, *Judgment under Uncertainty: Heuristics and Biases*, Cambridge University Press, 1982; Kahneman D. & A. Tversky, *On the Psychology of Prediction*, 80 Psychological Review 237(1973).

〔47〕 See Langevoort D., *Behavioral Approaches to Corporate law*, in C. A. Hil & B. H. McDonnell eds., Research Handbook on the Economics of Corporate Law Northampton, Edward Elgar, 2012, p. 442 – 455; Fisch J. & H. Sale., *The Securities Analyst as Agent: Rethinking the Regulation of Analysts*, 88 Iowa Law Review 1035(2003).

信用证明的监管。衡量行为研究重要性的一个标准是,如果该现象发生不是基于利益冲突而是由于过度乐观,那么上述监管对策解决问题的效果会有多差。过于乐观的分析师可能并没有为利益冲突所驱使,也没有不诚实,但在一个推定分析师是出于前述动机才不断给出有利于发行人公司的购买建议的法律制度中,他们可能会被错误地指责。[48] 恰当的监管对策不能仅着眼于分析师的诚实信用,而要更多地去教育各参与方,使他们充分认识到夸大的推荐建议所带来的无处不在的危险。

过度自信也会扭曲个人和公司的投资决策,使其产生偏见。[49] 例如,银行的首席执行官过度自信会使他们承担比其他同行更大的风险,而"业绩最好的共同基金经理在取得成功之后往往会进行更多的交易(多到其他因素无法解释的程度),当他们这样做的时候则会使表现变糟"[50]。高管们的过度自信会影响他们代表公司进行的投资和融资决策。[51] 过度自信还"有助于解释并购活动的数量、类型

---

〔48〕 See Langevoort D. ,*Behavioral Approaches to Corporate Law*,in C. A. Hil & B. H. McDonnell eds. , Research Handbook on the Economics of Corporate Law Northampton, Edward Elgar,2012,p. 442 – 455.

〔49〕 See Ferris S. P. , N. Jayaraman & S. Sabherwal. , *CEO Overconfidence and International Merger and Acquisition Activity*,48 Journal of Financial and Quantitative Analysis 137(2013);Gervais S. ,J. B. Heaton & T. Odean. ,*Overconfidence*,*Compensation Contracts*,*and Capital Budgeting*,66 Journal of Finance 1735(2011);Chuang, W. & B. Lee. ,*An Empirical Evaluation of the Overconfidence Hypothesis*,30 Journal of Banking and Finance 2489(2006).

〔50〕 Tor A. ,*Understanding Behavioral Antitrust*,92 Texas Law Review 573(2014).

〔51〕 See Tor A. , *Understanding Behavioral Antitrust*, 92 Texas Law Review 573 (2014);Malmendier U. ,G. Tate & J. Yan. ,*Corporate Financial Policies with Overconfident Managers*,National Bureau of Economic Research Working Paper No. 13570(2007);Paredes, T. A. , *Too Much Pay*, *Too Much Deference*: *Behavioral Corporate Finance*, *CEOs*, *and Corporate Governance*,32 American Law and Economics Association Annual Meeting(2005).

和融资情况”,并“与会计处理激进化和财务误报可能性增加有关”[52]。过度自信的管理者也会低估公司破产的风险,以及高估自己避免公司被清算的能力。[53]

当过度自信与确认偏误相结合时,会对公司环境造成巨大破坏。[54] 确认偏误将导致对公司战略地位的错误看法,而过度自信将导致管理者“大量投资于这些错误看法,从而不愿意看见表明他们可能错了的信息”[55]。学者们指出,管理者的这些错误观念导致了许多著名的糟糕决策:20 世纪 80 年代,美国汽车工业未能认识到日本竞争对手的潜在实力;[56] 20 世纪 90 年代,由于对潜在游客人数的高估,导致巴黎迪士尼乐园在早期处于财务困境;[57] 对苹果公司、时代华纳公司和宝丽来公司的欺诈指控[58];以及由于高管们的自大而导致许多“公司在并购活动中表现不佳”[59]。

---

〔52〕 Tor A. ,*Understanding Behavioral Antitrust*,92 Texas Law Review 573(2014);see also Roll,R. ,*The Hubris Hypothesis of Corporate Takeovers*,59 Journal of Business 197(1986).

〔53〕 See Dickerson A. M. ,*Behavioral Approach to Analyzing Corporate Failures*,38 Wake Forest Law Review 1(2003).

〔54〕 See Hamann H. ,*Unpacking the Board:A Comparative and Empirical Perspective on Groups in Corporate Decision-Making*,Book manuscript,on File with Author,2013.

〔55〕 Langevoort D. ,*The Human Nature of Corporate Boards:Law,Norms,and the Unintended Consequences of Independence and Accountability*,89 Georgetown Law Journal 797,803(2001).

〔56〕 See Levinson H. ,*Why the Behemoths Fell:Psychological Roots of Corporate Failure*,49 American Psychologist 428(1994).

〔57〕 See Hall K. ,*Looking Beneath the Surface:The Impact of Psychology on Corporate Decision Making*,49 Managerial Law 93(2007).

〔58〕 See Donald C. Langevoort, *Organized Illusions:A Behavioral Theory of Why Corporations Mislead Stock Market Investors(and Cause Other Social Harms)*,146 University of Pennsylvania Law Review 101(1997).

〔59〕 DellaVigna S. , *Psychology and Economics:Evidence from the Field*,47 Journal of Economic Literature 315,342(2009).

上述现象为司法提供的一个合理的启示是,法院在裁决因被告公司管理不善而引起的索赔案件时,不应急于使用商业判决规则(该规则推定管理者基于充分信息且不为私利的决策是正确的)。司法审判仅关注管理决策者是否充分知情以及他们是否承受利益冲突的影响,无益于发现因过度自信(或其他偏见)而导致的决策缺陷,即使这些缺陷对公司有潜在的灾难性影响。因此,行为研究表明,法院应当对商业决策的实质内容进行更深入的调查,至少当有效的(且认知上无偏见的)法院审查可以在事后弥补或事前阻止决策缺陷的情况下应如此。

行为研究也非常有力地削弱了这样一种观念,即在流动市场中被定价的证券反映了其基础公司的真实基础价值。[60] 这种对资本市场定价机制准确度的信任,是公司法和证券法上从公司合并规则到信息披露监管重要性等诸多方面的基础。例如,在敌意并购情况下,人们对市场价格的信心越低,就越不能指望股东就是否接受敌意收购出价作出理性决策,双方的管理层也越有可能在竞价或回应竞价时犯错误。[61] 在证券诉讼方面,法院判定被告是否承担涉嫌欺诈行为的责任时,虚假信息对典型投资者是否具有"重大性"是考虑的因素之一,且这类投资者通常被认为在经济上是理性的。但是,投资者的实际行为方式与法院在确定重大性时强加的理性假设并不一

---

〔60〕 See Stout L. A. ,*The Mechanisms of Market Inefficiency*:*An Introduction to the New Finance*,28 Journal of Corporate Law 63(2003).

〔61〕 See Langevoort D. ,*The Human Nature of Corporate Boards*:*Law*,*Norms*,*and the Unintended Consequences of Independence and Accountability*, 89 Georgetown Law Journal 797,803(2001).

致,这意味着法院往往无法保护投资者免受欺诈的威胁。[62]

更普遍的现象是,行为主义者们正在尝试构建一个强有力的论据,证明披露是一种不完善也不完整的监管预防措施。出于多种原因,信息披露并没有理性选择理论所假设的那样有效。人类很容易被信息淹没,因此披露的好处会被信息过量的消极影响抵消。[63] 例如,在定期财务披露中公布的数据量,很容易让大多数投资者淹没其中而无法分析全部的数据。其他行为现象也削弱了信息披露作为万能良药的作用。在市场上经常出现非理性的"羊群效应",即投资者将其他投资者的决策作为价值指标,而不是根据已披露的信息作出自己的独立判断。超出平均水平的风险承受能力是个体偏差的另一个例子,这种偏差一旦出现,就会削弱披露作为预防手段的力量。[64]

此外,有数据表明,在某些情况下披露不仅是无效的,而且是绝对有害的。披露了利益冲突的人可能会认为,因为事前警示了相对方风险的存在,因而得到了自私行为的道德许可。[65] 的确,这种现

---

〔62〕 See Hoffman D. A. ,*The "Duty" to Be a Rational Shareholder*,90 Minnesota Law Review 537(2006);Huang P. H. ,*Moody Investing and the Supreme Court:Rethinking the Materiality of Information and the Reasonableness of Investors*,13 Supreme Court Economic Review 99(2005).

〔63〕 See Paredes T. A. ,*Blinded by the Light:Information Overload and Its Consequences for Securities Regulation*,81 Washington University Law Quarterly 417(2003);Korobkin R. B. & T. S. Ulen. ,*Law and Behavioral Science:Removing the Rationality Assumption from Law and Economics*,88 California Law Review 1051(2000). 本卷第 28 章,作者桑斯坦。

〔64〕 See Choi S. & A. Pritchard. ,*Behavioral Economics and the SEC*,56 Stanford Law Review 1(2003).

〔65〕 See Langevoort D. ,*Behavioral Approaches to Corporate Law*,in C. A. Hil & B. H. McDonnell eds. , Research Handbook on the Economics of Corporate Law Northampton, Edward Elgar, 2012;Cain D. , G. Loewenstein & D. Moore. ,*The Dirt on Coming Clean:Perverse Effects of Disclosing Conflicts of Interest*,34 Journal of Legal Studies 1(2005).

象表明了,作为司法审判的“万金油”式说理依据的自愿性概念有其更大局限性。如果即便是受到限制或有悖常理的选择都是不可被干涉的,那么在任何交易中,强势一方都有动机操纵和利用弱势一方。

披露制度受依赖的程度被削弱了,原因不仅在于它对投资者事前错误的预防作用有限(基于行为原因),而且在于法院有在事后滥用该制度的倾向(基于行为原因)。戴维·霍夫曼(David Hoffman)指出,一项法律制度欲对未披露重大风险的管理者施加责任,在判断未披露事项的重大性时,会受到“事后诸葛亮”式的偏见的影响。[66]后见之明式的偏见简单来说是这样一种观念,即由于某事发生了,所以推断它是注定要发生的。例如,当法官或陪审团在判断受托人是否因未能披露某一特定事件的风险而负有责任时,他们仅会在风险实际发生的情况下作出应负责任的裁决。由于后见之明的偏差,事件已发生这一结果将不合理地影响裁决者对风险是否应该被披露的判断,即使按理来说,重大性应根据作出披露决定那一刻的情形来进行判断。因此,在风险实际上并不重大的情况下,事后偏见往往会导致法官和陪审团去主动发现重大性,并使管理者因此而承担未能披露的责任[在其他对公司管理者决策的事后评估中也发现了同样的影响(teichman in this volume)]。

这些例子证明了行为主义对公司治理和财务有重要作用。至少这些例子表明了早期对契约主义和监管自由主义的固执己见造成了不良影响。它们还表明,行为主义带来的好处是,推进一个更加强大的制度的形成,在该制度下受托人被要求对公司及其投资者承担真

〔66〕 See Hoffman D. A., *The “Duty” to Be a Rational Shareholder*, 90 Minnesota Law Review 537(2006).

正的、可强制执行的义务。同时,如霍夫曼的作品所证明的那样,行为主义能够提供有关司法监督局限性的见解。因为法官也容易受到行为倾向和缺陷的影响,因此在某些情况下,法院的监督将无法弥补或解决公司管理者的行为和认知错误。这是一个值得另行开展大量研究工作的问题领域:鉴于法官自身的行为和认知局限性,法官对管理者的监督能否使他们在同受自身行为、认知局限的情况下做得更好?这个问题尚未得到有说服力的回答,这使至少在目前,科罗布金的不可知论主张相当有说服力。

三、行为主义与董事会构成

在笔者看来,行为研究对公司治理最潜在和深远的影响在于引发了这样一个问题,即公司董事会的结构和组成(例如,其群体决策结构或决策者的同质性)是否抑制或夸大了非理性。

董事会的结构和组成非常重要,原因有二。首先,公司科层制结构的顶端是一群高水平的团队决策者,这一事实被视为公司这一商业形式取得成功的独特因素。[67] 董事会作为团体决策者,职责是决策公司面临的最重要的那些问题,用斯蒂芬·班布里奇(Stephen

---

〔67〕 See Alfred D. Chandler, Jr., *The Visible Hand: The Managerial Revolution in American Business*, Harvard University Press, 1977; Stephen M. Bainbridge, *Why a Board? Group Decisionmaking in Corporate Governance*, 55 Vanderbilt Law Review 1 (2002); Greenfield, K., *Saving the World with Corporate Law*, 57 Emory Law Journal 948 (2008).

Bainbridge）的话来说，“将董事会视为一个生产团队似乎很贴切”，[68]而其决策就是生产的产品。与单独的个体决策者（如独资企业的决策者）或小规模的决策团队（如合伙企业或类似企业的决策者）相比，当董事会正常运作时，其团体决策行为可以产生许多实际的好处。这种好处是显著的，在许多情况下，团体决策都远远优于个体决策，而团体决策的表现不仅优于团体中个体的平均水平，甚至优于团体中最佳个体的水平。[69] 不仅在只有唯一正确结果的决策事项上，而且在那些需要批判性评估判断、再学习和理解概念、发挥创造力以及解决抽象问题的决策事项上，团体决策者都能有相对更优的表现。在诸如公司这样复杂的组织中，团体决策的好处可能更为深远，因为“一个团体的有效监管超过任何个体的监管能力”，并且“集体知识和协商工作更适合公司管理这项任务”。

其次，董事会这一组织形式及其程序是公司法的核心问题，因为它是司法监督的首要焦点。法院通常不愿意对管理层的实质性商业判断进行事后揣测，因此法院会根据董事会的决策程序、其可获得的信息以及有无私利，来评估系争管理者决策的适当性。“只要在正式的公司科层中，有一位充分独立的决策者了解了所有相关的重要事实，并经过适当的商议后，批准了某些行动，该行动就不会受到严格的司法审查。”[70]

---

〔68〕 Stephen M. Bainbridge, *Why a Board? Group Decisionmaking in Corporate Governance*, 55 Vanderbilt Law Review 1, 8(2002).

〔69〕 Ibid.

〔70〕 Langevoort D., *Behavioral Approaches to Corporate Law*, in C. A. Hil & B. H. McDonnell eds., Research Handbook on the Economics of Corporate Law Northampton, Edward Elgar, 2012, p. 446.

传统上,只有当决策者获取了或其亲密家属获取了某种经济利益时,其才被认为违反了董事会成员的禁止追求私利的义务(disinterestedness obligation)。当然,令人担忧的是,企业领导人的行为是基于自身利益,而不是为了企业的利益。因此,法院和评论员往往将注意力集中在董事会成员的"独立性"上,即董事会成员与公司没有雇佣关系或财务关系上[71]董事会若由非独立的董事们把控,其决策会被视为是恶劣的;而由独立的董事们做出的决定被视为可信的[Aronson *v.* Lewis,473 A. 2d 805(Del. 1984)];但学术研究则通常更关注实际作用,而非董事会的组成形式,即便如此,关键问题还是董事会成员在观点和态度上是否足够独立,从而能合格地履行董事会的监督义务。[72]

审判中法官尤为关注董事会的结构和决策程序以及利害关系,认为这些是不忠诚行为产生的根源,因此行为研究所揭示的团体决策中可预见的缺陷很可能使传统的公司法学说陷入困境。例如,行为研究表明,除纯粹的经济利益外,其他利益也会对决策产生重大影响。也就是说,研究结果清晰地显示,影响受托人独立性的一系列动机超出了经济利益的范畴,其中之一就是团体内/团体外的认同。当团体内部的成员(如董事会成员)受到团体外部的某个人的挑战时(例如,一名股东原告指控其违反了信义义务),他们往往会倾向于支

---

〔71〕 Aronson *v.* Lewis, 473 A. 2d 805 (Del. 1984); In re Walt Disney Company Derivative Litigation,906 A. 2d 27(2006).

〔72〕 See Brudney V. ,*The Independent Director:Heavenly City or Potemkin Village?*,95 Harvard Law Review 597(1982);Langevoort, D. ,*The Human Nature of Corporate Boards: Law, Norms, and the Unintended Consequences of Independence and Accountability*, 89 Georgetown Law Journal 797(2001).

持和维护自己团体的成员。[73] 因此,即使一个团体成员是独立的,没有经济上的利害关系,与团体内的被挑战者一致对外的心理倾向也会影响他对是非曲直的判断,即所谓的“帮亲不帮理”。另一个相关的影响是服从权威人士的倾向。[74] 一些人认为,这种对权威的尊重可能会使董事们无法有效地监督或挑战有权势的首席执行官。[75] 更普遍的是,所有使董事难以真正对管理事项进行独立审核的心理影响,都被公司理论严重忽视了,即使这些心理影响会使决策明显有失偏颇。[76]

此外,行为研究表明,决策中可预见的缺陷与自利或不忠诚的行为关联较小,而与其他类型的偏见和错误的关联更大。如上所述,团体决策被认为是公司这种商业形式取得成功的重要原因,这在一定程度上是因为团体有能力通过揭露和降低偏见和错误来改善个体的决策能力。但是,如果该团体组织强化偏见、掩盖错误、加剧非理性,这些好处可能会消失,甚至转化为成本。正如阿维沙隆(Avishalom Tor)最近提出的,“有证据表明,在某些情况下,小团体的表现优于个

〔73〕 See Lane K. A. et al. ,*Implicit Social Cognition and Law*,3 Annual Review of Law and Social Science 427 (2007); Blair, M. & L. Stout. , *Trust*, *Trustworthiness*, *and the Behavioral Foundations of Corporate Law*, 149 University of Pennsylvania Law Review 1753 (2001); Robinson, W. P. ed. , *Social Groups and Identities*: *Developing the Legacy of Henri Tajfel*, Butterworth-Heinemann, 1996.

〔74〕 See Milgram S. ,*Obedience to Authority*:*An Experimental View*(Harper and Row, 1974);Greenfield K. ,*The Myth of Choice*:*Personal Responsibility in a World of Limits*, Yale University Press, 2011.

〔75〕 See Morck R. ,*Behavioral Finance in Corporate Governance*:*Economics and Ethics of the Devil's Advocate*, 12 Journal of Management and Governance 179(2008).

〔76〕 See Hill C. A. & B. H. McDonnell, *Disney*, *Good Faith*, *and Structural Bias*, 32 Journal of Corporation Law 833(2007).

体理性,而在其他时候,却表现出类似甚至更极端的判断偏见和决策错误”[77]。

“群体迷思”是这种现象最常见的例子,与公司治理尤其相关。“群体迷思”是一个描述团体决策者们错误决策的专属名词,指当团体中存在类似想法的参与者时,会导致偏见被强化而不是被挑战,使错误被合理化而不是被暴露。[78] 群体倾向会使决策恶化的另一个例子是,人们倾向于在由具有相似世界观和观点的人组成的团体中进行讨论,以强化他们的观点和看法。例如,在有关政治问题的讨论中,政治话语体系中的极端群体在团体内部讨论之后会变得更加极端。[79] 在观点、种族、性别和阶级构成上同质化的群体中,这种影响更大,因为“有缺陷的决策”与“绝缘和同质性”等结构性缺陷“密切相关”。[80] 正如乔尔斯(Jolls)和桑斯坦(Sunstein)所阐明的那样,“当志同道合的人进行协商时,常常会作出错误的判断”[81]。

从公司治理的角度来看,令人担忧的是,当董事会的同质性和狭隘性降低了对观点进行适当审查或对假设提出适当质疑的可能性

---

〔77〕 Tor A. ,*Understanding Behavioral Antitrust*,92 Texas Law Review 573(2014).

〔78〕 See Janis I. L. ,*Groupthink*(Houghton-Mifflin,1983);O'Connor,M. , *The Enron Board*:*The Perils of Groupthink*,71 University of Cincinnati Law Review 1233(2003);Hall, K. ,*Looking Beneath the Surface*:*The Impact of Psychology on Corporate Decision Making*,49 Managerial Law 93(2007).

〔79〕 See Daniel J. Isenberg,*Group Polarization*:*A Critical Review and Meta-Analysis*,50 Journal of Personality and Social Psychology 1141(1986);Sunstein,C. R. ,*Group Judgments*:*Deliberation*,*Statistical Means*,*and Information Markets*,80 New York University Law Review 962(2005);Tor A. ,*Understanding Behavioral Antitrust*,92 Texas Law Review 573(2014).

〔80〕 Cass R. Sunstein,*Why Societies Need Dissent*(Harvard University Press,2003), p. 28.

〔81〕 Jolls C. & C. R. Sunstein,*Debiasing Through Law*,35 Journal of Legal Studies 199, 218(2006).

时,董事会的决策质量就会下降。[82] 如果公司这种商业形式成功的关键因素在于其商业架构的顶端有一群成熟的群体决策者,那么当结构或形式缺陷削弱了董事会决策程序的作用或扭曲了决策结果时,这种成功的模式就将面临风险。

就像对偏见和不忠诚的担忧一样,这种对董事会的狭隘性和同质性的担忧并没有因为传统公司法要求董事会成员保持独立而有所缓解。董事会成员不受雇于公司并不必然有助于增强团体内观点的多样性。相反,董事会的实际构成更应被关注,以实现借助董事会多元化创造一种鼓励异议和质疑的董事会文化的目标。

如果群体的同质性的确会影响决策质量,那么目前大多数董事会的组成都是有缺陷的。事实上,公司董事会可能是美国最缺乏多样性的权力机构。越来越多的学者们指出了董事会和高管团队在性别和种族上的同质性,并指出这种狭隘性给决策带来的危险。[83] 直到 1996 年,美国还没有一位女性担任过《财富》500 强公司的首席执行官。甚至在 2010 年,《财富》1000 强公司(Fortune 1000)中,女性

---

〔82〕 See Greenfield K. ,*Saving the World with Corporate Law*,57 Emory Law Journal 948(2008).

〔83〕 See Fairfax L. M. ,*Board Diversity Revisited*:*New Rationale*,*Same Old Story*?, 89 North Carolina Law Review 885(2011);Douglas M. Branson,*The Last Male Bastion*:*Gender and the CEO Suite in America's Public Companies*, Routledge, 2010; Broome L. L. & K. D. Krawiec,*Signaling Through Board Diversity*:*Is Anyone Listening*?,77 University of Cincinnati Law Review 431(2008);Branson D. M. ,*No Seat at the Table*:*How Corporate Governance and Law Keep Women Out of the Boardroom*, NYU Press, 2007; Carbado D. W. & G. M. Gulati,*Race to the Top of the Corporate Ladder*:*What Minorities Do When They Get There*,61 Washington and Lee Law Review 1643(2004).

担任首席执行官的比例还不到3%。[84] 而截至2012年,《财富》500强公司的首席执行官中,非洲裔美国人只有6位,亚裔只有7位,拉丁裔只有6位。

董事会普通成员的数据也好不到哪里去。截至2006年,51.2%的美国公司没有或只有一名女性董事。[85] 最近的数据显示,在《财富》500强公司的董事会席位中,只有不到17%是女性,[86] 且该数字对同时在多个董事会中任职的女性作了重复计算,从而夸大了董事会真实的多样性。[87] 2010年,在《财富》100强公司中,男性占据了82%的董事会席位;少数族裔的男性和女性合计仅占大约15%的席位。

考虑研究表明,在一个群体的动态变化之前必须有"临界数量"的少数群体成员在场,上述数据显得特别糟糕。[88] 事实上,一些研究表明,少数群体的人数低于临界数量的存在被视为一种象征,从而

---

〔84〕 See Douglas M. Branson, *The Last Male Bastion: Gender and the CEO Suite in America's Public Companies*, Routledge, 2010.

〔85〕 See Branson D. M., *No Seat at the Table: How Corporate Governance and Law Keep Women Out of the Boardroom*, NYU Press, 2007.

〔86〕 See Catalyst. org., *Fortune* 500 *Board Seats Held by Women*, Catalyst (2011), http://www. cata lyst. org/knowledge/fortune-500-board-seats-held-women.

〔87〕 See Douglas M. Branson, *The Last Male Bastion: Gender and the CEO Suite in America's Public Companies*, Routledge, 2010.

〔88〕 See Konrad A. M., V. Kramer & S. Erkut., *The Impact of Three or More Women on Corporate Boards*, 37 Organizational Dynamics 145(2008); Kramer V. W., A. M. Konrad & S. Erkut., *Critical Mass on Corporate Boards: Why Three or More Women Enhance Governance*, Wellesley Centers for Women, 2006.

使占主导地位的群体更加团结,并孤立少数群体。[89] 这些研究提出了这样一种可能性,即在公司背景下,具有一定程度多样性但少数群体未能达到“临界人数”的董事会将无法享受多元化的潜在好处,并且仍然可能因同质化导致的决策缺陷而受害。

在美国,董事会缺乏多样性的数据主要被作为温和的警示措施之一,鼓励公司提高其领导层的多元化程度。而在欧洲,各国政府已开始采取各种方式向公司施压,以改善董事会的多样性。例如,法国、西班牙和挪威现在要求公司为女性保留40%的董事会席位。英国政府建议(但不强制),大型公司中女性至少占据1/4的董事席位[90]。

看了这些数据后,笔者相信,董事会多元化的价值问题可能将会是行为研究大有作为的领域。如果多元化确实有助于消除董事会的偏见,那么多元化程度更高的董事会的决策水平也会相应提升。虽然很难去测量这种水平确切的提升程度(特别是难以区分董事会中增加女性等新群体的直接影响,以及董事会组成更加多元化的次要影响),但行为研究领域正在进行一系列相当有说服力的研究活动来支持多元化会提高董事会(并不是公司)绩效的假设。例如,事实证

---

〔89〕 See Elstad B. & G. Ladegard, *Women on Corporate Boards: Key Influencers or Tokens?*, 16 Journal of Management and Governance 595(2010); Gustafson J. L., *Tokenism in Policing: An Empirical Test of Kanter's Hypothesis*, 36 Journal of Criminal Justice 1(2008); Robertson Q. M. & H. J. Park, *Examining the Link between Diversity and Firm Performance: The Effects of Diversity Reputation and Leader Racial Diversity*, 32 Group and Organization Management 548(2007); Kanter R. M., *Men and Women of the Corporation*, Basic Books, 1977.

〔90〕 See Werdigier J., *Britain Joins Calls to Close Boardroom Gender Gap*, International Herald Tribune(February 25, 2011); Elstad B. & G. Ladegard, *Women on Corporate Boards: Key Influencers or Tokens?*, 16 Journal of Management and Governance 595(2010).

明,拥有更多女性成员的董事会在监督管理层方面表现得更加积极和独立,更有可能与公司的利益相关者互动,更关注风险监督和控制,并且更有可能关注社会责任。[91] 还有证据表明,女性进入董事会,在一定程度上提高了董事会商议的质量,[92] 而这在一定程度上是因为她们提出了能促进"董事会的团结"的"建设性异议",而团结对于"制定明确的战略方针以及监控风险和资源使用至关重要"。[93] 一个值得关注的发现是,当董事会成员的性别更加多样化时,男性董事参加董事会会议的次数也会更多。[94] 其他新近研究的结果表明,更多元化的业务团队能够利用更广博的知识储备。[95] 用亚伦·迪尔(Aaron Dhir)的话说,"在董事会中形成一定程度的'认知多样性'……是一项关键战略资产,可帮助公司避免群体迷思导致的危险

---

〔91〕 See Brown D. A. H. , D. Brown & V. Anastosopoulos, *Womenon Boards: Not Just the Right Thing... But the "Bright" Thing*, Conference Board of Canada, 2002.

〔92〕 See Burke R. J. & S. Vinnicombe, *Women on Corporate Boards of Directors: International Issues and Opportunities*, in V. Singh, R. J. Burke, D. Bilimoria & M. Huse eds. , Women on Corporate Boards of Directors: International Research and Practice, Edward Elgar, 2008, p. 1 – 11; Robertson, Q. M. & H. J. Park, *Examining the Link between Diversity and Firm Performance: The Effects of Diversity Reputation and Leader Racial Diversity*, 32 Group and Organization Management 548 (2007); Huse M. & A. G. Solberg, *Gender-Related Boardroom Dynamics: How Scandinavian Women Make and Can Make Contributions on Corporate Boards*, 21 Women in Management Review 113 (2006); Van der Walt N. & C. Ingley, *Board Dynamics and the Influence of Professional Background, Gender, and Ethnic Diversity of Directors*, 15 Corporate Governance 291 (2003).

〔93〕 Brown D. A. H. , D. Brown & V. Anastosopoulos, *Womenon Boards: Not Just the Right Thing... But the "Bright" Thing*, Conference Board of Canada, 2002, p. 5.

〔94〕 See Adams R. B. & D. Ferreira, *Women in the Boardroom and Their Impact on Governance and Performance*, 94 Journal of Financial Economics 291 (2009).

〔95〕 See Hoogendoorn S. & M. van Praag, *Ethnic Diversity and Team Performance: A Field Experiment*, IZA Discussion Paper No. 6731, SSRN, https://ssrn. com/abstract = 21149112012.

和从众行为”。[96]

对于这一研究体系,有两点需要提示说明。首先,必须权衡多元化带来的好处及可能带来的成本,包括不那么精简的决策过程和较少的团队信任,至少在初期这些成本无法避免。[97] 从制度设计的角度来看(相对其他角度,如司法),研究的目标是使董事会具有“鼓励信息共享和积极考虑替代性选择的充分多样性的同时,也有足够的凝聚力来维持共同的承诺以及达成共识”。[98]

其次,另一个需要注意的问题是,董事会绩效与公司财务业绩之间的联系。如果董事会的管理很重要,则其决策的优化将改善公司财务绩效。然而,迄今为止,关于董事会成员多元化是否会使公司财务业绩显著改善的证据在很大程度上是模棱两可的。[99] 例如,迪尔的报告说,尽管有一些研究发现董事会多元化与公司盈利能力有相

---

〔96〕 Aaron A. Dhir, *Towards a Race and Gender-Conscious Conception of the Firm: Canadian Corporate Governance*, Law and Diversity, 35 Queen's Law Journal 569, 595(2010).

〔97〕 See Langevoort D., *The Human Nature of Corporate Boards: Law, Norms, and the Unintended Consequences of Independence and Accountability*, 89 Georgetown Law Journal 797 (2001).

〔98〕 Id. 810 – 811(2001).

〔99〕 See Carter D. A., F. D'Souza, B. J. Simpkins & W. G. Simpson, *The Gender and Ethnic Diversity of US Boards and Board Committees and Firm Financial Performance*, 18 Corporate Governance: An International Review 396(2010); Aaron A. Dhir, *Towards a Race and Gender-Conscious Conception of the Firm: Canadian Corporate Governance, Law and Diversity*, 35 Queen's Law Journal 569(2010); Branson D. M., *No Seat at the Table: How Corporate Governance and Law Keep Women Out of the Boardroom*, NYU Press, 2007; Robertson, Q. M. & H. J. Park, *Examining the Link between Diversity and Firm Performance: The Effects of Diversity Reputation and Leader Racial Diversity*, 32 Group and Organization Management 548(2007); Farrell K. A. & P. L. Hersch, *Additions to Corporate Boards: The Effect of Gender*, 11 Journal of Corporate Finance 85(2005).

关关系,但其因果关系尚不明确,因果关系的方向也不确定。[100] 而且,即使存在因果关系,也有数据显示董事会的某些职能受益于多元化,而另一些则没有。[101]

当然,这些模棱两可的数据并不能驳倒支持董事会多元化的观点。目前的研究数据可能并不清晰,因为多元化的正确"组合"还未被确定,或者这也可能表明,多元化使董事会的绩效提升在短期内不会反映在财务数据上。还需要注意的是,仅依据财务数据来评估多元化的益处会使其非财务收益被忽略,并使其他评估依据被低估。[102]

总而言之,这项研究还不够完善,所以尚不清楚要如何创造条件以最大限度地增加多元化的收益并降低成本。但很清楚的一点是,要使少数群体的存在不仅是装点门面以及加强自我审查,而且必须有足够多的少数群体。学术界和监管部门应当努力去弄清楚如何最优地解决董事会的同质化问题。

最后,还值得注意的是,对于减少董事会决策偏见和防止群体迷思,性别和种族多元化并不是唯二有效的多元化类型。事实上,阶级多元化在代表不同观点上的作用可能胜过种族和性别多元化。[103] 笔者曾在别处论证过,将雇员和其他利益相关者选举的董事纳入董

---

〔100〕 See Aaron A. Dhir, *Towards a Race and Gender-Conscious Conception of the Firm: Canadian Corporate Governance, Law and Diversity*, 35 Queen's Law Journal 569 (2010).

〔101〕 Ibid.

〔102〕 See Fairfax L. M., *Board Diversity Revisited: New Rationale, Same Old Story?*, 89 North Carolina Law Review 885 (2011); Joo T. W., *Race, Corporate Law, and Shareholder Value*, 54 Journal of Legal Education 351 (2004).

〔103〕 See Fairfax L. M., *The Bottom Line on Board Diversity: A Cost-Benefit Analysis of the Business Rationales for Diversity on Corporate Boards*, 2005 Wisconsin Law Review 795 (2005).

事会(甚至通过强制性规则)将改善董事会商议的质量,[104]其他研究者也提出了类似的有关利益相关者的论点。[105] 即使不支持将利益相关者的代表纳入董事会,也有企业和国家层面的数据可以被用来支持建立“共决”董事会。[106] 例如,一些商业领军人物认为,在全球金融危机中,德国的坚挺表现,至少在一定程度上归功于德国企业将员工代表纳入监事会。[107] 但是,根据一些有关群体成员政治差异、群体内身份认同的形成以及互惠倾向的显著性的行为研究的成果可以推知,行为研究在这个领域的作用非常薄弱。[108]

在董事会多元化问题的研究上,行为研究的学术影响力和范围不断扩大。值得注意的是,传统公司法的法理在适用行为主义学说方面可能灵活不足,或者说缺少适用的空间。董事会的内部架构还是完全迎合美国法院普遍遵从的商业判断规则的范式*。截至2010年,美国证券交易委员会确实有要求美国公司披露其“提名委员会在

---

〔104〕 See Kent Greenfield, *The Failure of Corporate Law: Fundamental Flaws and Progressive Possibilities*, University of Chicago Press, 2006; Kent Greenfield, *Defending Stakeholder Governance*, 58 Case Western Reserve Law Review 1043(2008); Greenfield K., *Saving the World with Corporate Law*, 57 Emory Law Journal 948(2008); Kent Greenfield, *The Stakeholder Strategy*, 26 Democracy Journal Ideas 47(2012).

〔105〕 See Yosifon D., *The Consumer Interest in Corporate Law*, 43 University of California Davis Law Review 253(2009).

〔106〕 See Cochon A., *Board Level Employee Representation Rights in Europe*, European Trade Union Institute(2011).

〔107〕 Ibid.

〔108〕 See Greenfield K., *The Failure of Corporate Law: Fundamental Flaws and Progressive Possibilities*, University of Chicago Press, 2006.

* 此处意思是,商业判断规则只考虑决策者是否在了解所有信息并经过商议后做出决策,以及是否满足私利,而不考虑决策者的多元化程度对决策内容的影响,因此传统公司法下的董事会框架是不符合行为主义学说的。——译者注

确定董事提名人选时是否考虑了多元化,如果是,标准是什么”[109],但该条款没有更细化的规定,而且考虑的多元化类型很少。2002 年的《萨班斯—奥克斯利法案》(Sarbanes-Oxley Act)鼓励提高董事会成员独立性,特别是在审计委员会中,一些人认为这将有助于消除偏见。[110] 但是如上文所述,行为研究表明,独立性要素无助于实现观点的真正多元化。[111] 总而言之,展望未来,由于如今的公司法法理对发展内涵更丰富的信义义务(包括将在各方面提高自身多元化程度作为董事会的使命之一)并不感兴趣,对这些问题的持续跟进还将有赖于股东行动主义者、开明的管理团队以及立法者和监管者的进一步行动。

结 论

在制定公共政策时,准确预测人类行为有助于预测各种监管方案的效果。在裁决纠纷时,准确地论证过去行为所基于的动机和认识,在分配责任和选择补救措施方面同样至关重要。因此,无论是预测未来的行为还是判断过去的行为,对人类决策的理解都是至关重要的。因此,在公共政策和法律的许多领域中,行为研究都具有重大

---

〔109〕 Fairfax L. M., *Board Diversity Revisited: New Rationale, Same Old Story?*, 89 North Carolina Law Review 885(2011).

〔110〕 See Jolls C. & C. R. Sunstein, *Debiasing Through Law*, 35 Journal of Legal Studies 199(2006).

〔111〕 See Oliver Marnet, *Behaviour and Rationality in Corporate Governance*, 1 International Journal of Behavioural Accounting and Finance 4(2008).

意义,因为它挑战并颠覆了长期以来一直作为这些预测和论证基础的标准假设——传统的经济理性概念。

在公司法和证券法领域,行为研究的影响可能更为深远。有关公司中的参与者都具有无限经济理性*的传统假设,影响了现代公司法对一系列问题的看法,比如,法院的角色、信义义务的强度、证券市场的效率、信息披露的作用、对利益相关者的义务乃至法律本身是否可以被契约化。因此,随着行为研究逐渐削弱了这些假设,公司政策和学说中的许多问题将需要被重新思考。虽然研究人员和其他学者们在相关研究中的表现领先于法院,但是在各个方面仍有很多工作有待进一步开展。

---

* 无限理性假设,是新古典经济学的观点,该学说认为,完全理性的经济人追求效用最大化,他们被假定处于信息完全对称的状况,知道他们能采用的各种理性选择,并能及时和无成本地估计到所有可能的后果。——译者注

公司法的死亡

[美]佐哈·戈申* 莎伦·汉内斯**

目　次

* 哥伦比亚大学法学院教授。
** 以色列特拉维夫大学法学院教授。
本文原文发表于 New York University Law Review（2019 年第 2 期）。

引 言

过去数十年来,公司法在美国公司治理中发挥了举足轻重的作用。正因如此,作为公司注册的主要地区,特拉华州及其法院在公司法和公司治理中占据核心地位,极具影响力。[1] 在美国,过半数的上市公司在特拉华州注册,[2] 而在许多法学院教学中,特拉华州公

---

〔1〕 有关特拉华州法院学术地位的代表性抽样,参见 Symposium, *The Delaware Court of Chancery: Change and Continuity*, 2012 Columbia Business Law Review 387 (2012)。

〔2〕 See Jeffrey W. Bullock, *Delaware Division of Corporations, Annual Report* 1 (2012)(指出有64%的《财富》世界500强公司在特拉华州注册);see also Lewis S. Black, Jr., *Why Corporations Choose Delaware*, Del. Dep't of State, 1(2007)(解释特拉华州具有吸引力的原因).

司法与美国公司法几乎同义。[3] 有些专家盛赞特拉华州法院在公司纠纷解决中所表现的高效与成熟,[4]而有些专家则指责特拉华州法院有偏向管理者的倾向,[5]但无论如何,几乎无人会质疑特拉华州法院在塑造美国公司法方面发挥了关键作用这一事实。

本文认为,在美国公司治理中,公司法地位不再显赫。美国股票市场组成从零售散户向机构投资者[6]的转变,导致对公司的监管权从法院转向市场,最终令公司法走向"死亡"。[7] 正是如此,作为这一更广泛现象的例证,特拉华州法院在公司纠纷解决中发挥的作用已今非昔比。事实上,我们将证明源于特拉华州法院的公司法判例不再留存实质性监管影响。尽管其他学者认为特拉华州的退让反映

---

〔3〕 See Melvin Aaron Eisenberg & James D. Cox, *Business Organizations: Cases and Materials*, 11th ed., Foundation Press, 2014(提出以特拉华州为中心的公司法路径).许多学者将特拉华州法院的中心地位归因于特拉华州独特的司法制度。See Roberta Romano, *The State Competition Debate in Corporate Law*, 8 Cardozo Law Review 709, 722(1987)(观察到特拉华州的判例法和公司法的司法专业知识有助于其主导地位);Roberta Romano, *Law as a Product*, 1 Journal of Law, Economics, and Organization 225, 277 – 278(1985)(hereinafter Romano, Law as a Product)(描述特拉华州法院判例的实质内涵、公司法的司法专业知识及其司法裁决的可预测性所带来的优越之处).

〔4〕 See William Savitt, *The Genius of the Modern Chancery System*, 2012 Columbia Business Law Review 570, 570 – 571(2012)("法院的做法使其能够监督公司控制权,并以普通法法院罕见的效率厘清公司利益相关者的相互竞争的权利和义务。").

〔5〕 See William L. Cary, *Federalism and Corporate Law: Reflections upon Delaware*, 83 Yale Law Journal 663, 670 – 684(1974)("特拉华州的司法判决表明,法院已承诺执行该州的公共政策,并为管理创造有利的环境").

〔6〕 See *infra* Section Ⅲ. A.

〔7〕 我们的标题有意地套用了格兰特·吉尔莫(Grant Gilmore)教授的开创性著作《契约的死亡》。正如吉尔莫教授所称,合同法已被侵权行为法稳步吸收和取代,id. at 87,我们旨在证明公司法在极大程度上被市场行为者行使的自由控制权所取代。See *infra* Part Ⅰ.

了司法意志,[8]但我们的观点有所不同:美国股市的转型业已剥夺特拉华州法院决定自身权限范围的权利。[9]

但是,何以解释机构所有权的勃兴与公司法的“死亡”亦步亦趋?在本文中,我们通过解释市场动态与法律之间的关系对这一问题予以解答。这正展示了我们所提出的新理论的核心洞察点:股东能力越强,公司法重要性越低。我们将这一普遍见解应用于特拉华州法院,据此解释特拉华州法院的衰落,并讨论这一见解对特拉华州未来的法律和政策的启示。

我们以特拉华州法院的衰落为始点论述。直至最近,特拉华州法院还对公司纠纷进行了高程度的司法介入。从历史维度考察,美国公司的控制权冲突通常源自敌意收购。肇始于20世纪80年代的一系列具有里程碑意义的判决中,足见特拉华州法院在解决这一问题上发挥了关键作用。[10] 特拉华州最高法院在著名的Unocal案判

---

〔8〕 See Steven Davidoff Solomon & Randall S. Thomas, *The Rise and Fall of Delaware's Takeover Standards*, Law Working Paper No. 329/2016(September 1,2016)(特拉华州20世纪80年代率先阐明的收购标准由于法院让位于市场力量而有所淡化);Ronald J. Gilson, *From Corporate Law to Corporate Governance*, in Oxford Handbook of Corporate Law and Governance(December,2016), at 23 n. 47(“特拉华州法院似乎已开始认识到股权裁决对公司治理的影响及其对法律规则的影响。”);James D. Cox & Randall S. Thomas, *Delaware's Retreat: Exploring Developing Fissures and Tectonic Shifts in Delaware Corporate Law*, Vanderbilt Law Research Paper No. 18 - 17,2018, p. 4 - 5(记录特拉华州法院4个主要公司案例的退让). 然而,其他人仍然认为,特拉华州法院仍然是股东和管理层之间的最终裁决者。See Donald F. Parsons & Jason S. Tyler, *Activist Stockholders, Corporate Governance Challenges, and Delaware Law*, in Claire A. Hill & Steven Davidoff Solomon eds., Research Handbook on Mergers and Acquisitions Edward Elgar Pub,2016, p. 377.

〔9〕 See *infra* Part Ⅱ.

〔10〕 See Unocal Corp. *v.* Mesa Petroleum Co., 493 A. 2d 946, at 954 - 955(Del. 1985)(“如果一项防御措施属于商业判断规则的范畴,则相对所构成的威胁而言,它必须是合理的。”).

决中认为，董事会实施的针对敌意收购的防御措施将受到强化的司法审查，其后裁决允许 Unocal 公司董事会可不顾股东意愿，单方面实施“毒丸计划”并直截了当地拒绝敌意收购。[11]

与此同时，衡平法院在 Blasius 案判决中指出，法院可对董事会干涉股东表决权进行审查。[12] Unocal 案与 Blasius 案——随着法院对适用于董事会控制权变动行动的所谓“露华浓规则”的发展[13]——巩固了特拉华州法院作为公司控制权纠纷最终裁决者的地位。这一权力，实则允许法院裁决董事会与股东之间的控制权分配。

然而，时过境迁，特拉华州法院风光不再。在控制权方面，[14] 以下便是几个特拉华州法院影响力下降的佐证。[15] 比如以下这一事

---

〔11〕 Moran *v.* Household Intern. ,Inc. ,500 A. 2d 1346 (Del. 1985). 毒丸计划种类纷繁，为了理解 Moran 案和毒丸计划的意义，关键在于理解毒丸计划背后的核心理念是令收购无利可图从而阻止潜在的收购者购买目标公司的股票。Jordan M. Barry & John William Hatfield, *Pills and Partisans*: *Understanding Takeover Defenses*, 160 University of Pennsylvania Law Review 633, 642 (2012); see also Brett H. McDonnell, *Shareholder Bylaws*, *Shareholder Nominations*, *and Poison Pills*, 3 Berkeley Business Law Journal 205, 209 (2005) (“传统观点认为，一个未赎回的毒丸计划使收购者的成本变得高昂。”).

〔12〕 Blasius Industries, Inc. *v.* Atlas Corp. ,564 A. 2d 651, 661 – 62 (Del. Ch. 1988) (认为董事会“为干涉公司表决效力采取任何行动时，承担着证明令人信服的理由的沉重负担”). Blasius 案后来被特拉华州最高法院认可。See Centaur Partners, IV *v.* Nat'l Intergroup, Inc. ,582 A. 2d 923, 927 (Del. 1990) (引用 Blasius 案的观点，特拉华州公司法有一项一般性的反对剥夺选举权的政策).

〔13〕 See Revlon, Inc. *v.* MacAndrews & Forbes Holdings, Inc. , 506 A. 2d 173 (Del. 1986). 有关“露华浓规则”作用及发展的背景知识，参见 generally J. Travis Laster, *Revlon is A Standard of Review*: *Why It's True and What It Means*, 19 Fordham Journal of Corporate and Financial Law 5, 7 (2013)。

〔14〕 在现金流权方面，特拉华州法院在最近几起案件中也同样明确地将权力移交给股东。See *infra* Section Ⅰ. B. 3.

〔15〕 关于此类事态发展的更详细清单，参见 *infra* Section Ⅰ. B。

实:尽管根据特拉华州法院的判例,董事会可以自由地实施毒丸计划以抵御敌意收购,[16]但由于担忧股东的反应,董事对此行事优柔寡断、犹豫不决。如此一来,在超过半数的敌意收购中,毒丸计划从未被实施过,即便在敌意收购启动之后也是如此。[17] 与此类似,尽管特拉华州法院允许董事会实施毒丸计划和交错董事会[18]——有人认为二者结合可有效抵御敌意收购[19]——激进股东仍然设法通过法院之外施加压力解散了多数交错董事会。[20] 通过回避法院,激进股东展开了一场极其成功的运动,最终导致采取交错董事会的标普500公司减少了80%。[21]

此外,或许最引人注目的是,"对冲基金积极主义"的实践已成为

---

〔16〕 Moran *v*. Household Int'l, Inc., 500 A. 2d 1346, 1348 (Del. 1985).

〔17〕 See Guhan Subramanian, *Delaware's Choice*, 39 Delaware Journal of Corporate Law 1, 5 (2014) (hereinafter Subramanian, Delaware's Choice) ("近几年来,59%的部署毒丸计划的公司,在敌意收购启动时没有实施毒丸计划。").

〔18〕 See e. g., Air Prods. & Chems., Inc. *v*. Airgas, Inc., 16 A. 3d 48, 57 (Del. Ch. 2011) (允许董事会继续实施毒丸计划,且与交错董事会——董事会每年只有1/3的成员可再次当选——相结合。将交错董事会与毒丸计划相结合的意义简述如下:毒丸计划中,只要管理者继续任职,便允许管理者抵御敌意收购,在股东"投票罢免"能力假设下管理者就会充当这一绝对封锁的"安全阀"). Lucian Arye Bebchuk et. al., *The Powerful Antitakeover Force of Staggered Boards: Theory, Evidence, and Policy*, 54 Stanford Law Review 887, 890 (2002). 然而,如果采用交错董事会,需要数年的投票才能让董事会的多数成员淘汰,这个"安全阀"就变得徒有其表了。

〔19〕 Id. at 919 ("交错董事会为现任董事提供几乎周全的保护,使其免受敌意收购的影响,但其同时也具有管理代理成本的所有潜在缺陷。").

〔20〕 See Steven Davidoff Solomon, *The Case Against Staggered Boards*, New York Times (March 20, 2012) (描述激进股东促使上市公司不采取交错董事会的运动).

〔21〕 Andrew Ross Sorkin, *An Unusual Boardroom Battle, in Academia*, New York Times: Dealbook (January 5, 2015).

股东在法院以外行使控制权的常规方法。[22] 激进对冲基金一般会在一家公司持有少量股份后,发布"白皮书"详尽批判公司管理层,然后争取其他股东在代理权争夺中投票反对管理层。[23] 尽管特拉华州法院批准了抵御对冲基金积极主义的"毒丸计划",[24]但为避免在代理权争夺中惨败,公司往往在幕后与激进股东达成和解,如允许将激进股东选中的人选任命到公司董事会中。[25] 因此,激进股东利用在代理权争夺中的威胁所产生的压力游离于司法监督之外,对公司法视而不见、置若罔闻。[26]

究竟何以导致公司法的"死亡"? 本文提出一个新理论,通过分析市场动态与法律二者间关系以回应这一复杂问题。该理论之缘起

---

〔22〕 关于激进对冲基金掌握控制权能力的背景,see generally Ronald J. Gilson & Jeffrey N. Gordon, *The Agency Costs of Agency Capitalism: Activist Investors and the Revaluation of Governance Rights*, 113 Columbia Law Review 863(2013)。

〔23〕 代理权争夺是在股东年度或特别会议上,或通过书面同意采取行动争取反对管理层的选票或代理人的运动。Warren de Weid, Wilson Sonsini(November 2010)(介绍关于现代代理权争夺的信息),有关激进投资者使用的工具包的概述,参见 Martin Lipton, *Dealing with Activist Hedge Funds and Other Activist Investors*, The Harvard Law School Forum on Corporate Governance(January 26,2017)。

〔24〕 Third Point LLC *v.* Ruprecht, C. A. No. 9469 – VCP, 2014 WL 1922029(Del. Ch. 2014).

〔25〕 例如,在 Third Point 案中,对冲基金原告拒绝放弃其竞选活动,而是利用代理权争夺的威胁,迫使董事会完全屈服于其要求。See Augstino Fontevecchia, *Truce! Dan Loeb's Third Point Gets 3 Board Seats, but Sotheby's CEO Bill Ruprecht Stays on Board*, Forbes(May 5,2014). 即使是在激烈公开的代理权争夺中,和解也并不少见。See Michael J. de la Merced, *Arconic Settles with Elliot after Bruising and Public Dispute*, New York Times(May 22,2017)(描述在一场非常公开且极具争议的代理权争夺之后达成的一项和解).

〔26〕 See *infra* section Ⅰ. B. 2. 激进股东只有在代理权争夺威胁未能产生预期反应时才会诉诸法院。See Steven M. Davidoff, *Why Einhorn's Win May Be Apple's Gain*, New York Times: Dealbook(February 26,2013,10:02 AM)("如果提案在周三的股东大会上付诸表决,这位股东可能会满盘皆输,章程也会被修改。所以他采取了不同的策略:诉讼。").

在于我们理解公司合同总是“不完全的”。[27] 被代理人(股东)投资公司,代理人(董事会)管理公司,以创造未来价值。但是,除“最大化公司价值”的一般指令外,关于如何管理公司的可执行规则却少之又少(如果有)。作为替代,需被代理人与代理人双方协商一致同意对控制权(决定公司决策权的分配)和现金流权(决定公司产生价值的分配)的分配。在此不完全合同中,分配和行使这两类权利时都可能出现冲突。[28] 因此,被代理人和代理人必须决定何种冲突可通过自由控制权(如股东投票)等自行解决,何种冲突需通过义务强制执行权(duty-enforcement rights)(如当董事违反受信义务时)经由法院参与解决纠纷。

但问题在于,股东和董事会会在何时选择法院介入而不是通过自由控制权解决公司纠纷?本文所阐述的新理论回答了这个重要问题。[29] 公司控制权行使产生控制成本:被代理人产生被代理成本,代理人产生代理成本,其中被代理成本与代理成本均包含了能力成

---

〔27〕 See Oliver Hart & John Moore, *Incomplete Contracts and Renegotiation*, 56 Econometrica 755(1988)(“以一种可以强制执行的方式具体说明各方在任何可能发生的情况下应采取的确切行动可能代价高昂,因此在实践中各方较可能签订一份高度不完全的合同。”).

〔28〕 公司控制权冲突在争夺整个公司控制权的竞争中表现得最为明显。例如,在一家公司试图收购另一家公司的敌意收购中,目标公司董事会在没有征得股东同意的情况下采取反收购措施的权利挑战,是董事会与股东之间关于控制权分配的纠纷。另外,当冲突有可能影响现金流或资产的分配时,现金流权的纠纷便会出现。例如,上市公司的小股东可能会质疑控股股东在合并中对少数股权的出价是否公平。

〔29〕 See *infra* Part Ⅱ(讨论我们的理论,并将其应用于各种假设情景).

本和冲突成本。[30] 在传统的经济理论假设下,股东和董事会的目标是将这些成本降至最低,以实现公司价值最大化。[31] 至关重要的是,我们观察到为了降低控制成本,法院介入本身便会带来由于裁判产生的能力成本和冲突成本。因此,法院的介入,只有在实现被代理人、代理人和法院三者所带来的总控制成本最小化时,才真正彰显价值。

我们的理论表明,被代理人能力与法院能力的相对高低是决定当事人是否倾向于司法干预而非行使自由控制权的主要因素。当被代理人的能力相对较弱时(如散户投资者),当事人倾向于依靠法院解决纠纷。相形之下,当被代理人的能力相对较强时(如机构投资者[32]),当事人则更倾向于通过行使自由控制权自行解决纠纷。质言之,司法程序外纠纷解决的效能与被代理人能力呈正相关关系。被代理人能力越强,当事人就越倾向于在司法程序之外行使自由控制权自行解决纠纷。

我们的理论预测且现实似乎也证明了这一观点:随着机构所有

---

〔30〕 控制成本包括各方为避免这些成本产生所作的努力。See Zohar Goshen & Richard Squire, *Principal Costs: A New Theory for Corporate Law and Governance*, 117 Columbia Law Review 767,779(2017)(提供被代理成本和代理成本的详细说明和讨论).控制成本也可能来自信息不对称以及被代理人和代理人之间的意见分歧。See Zohar Goshen & Assaf Hamdani, *Corporate Control and Idiosyncratic Vision*, 125 Yale Law Journal 560,565(2016).

〔31〕 See Goshen & Squire, *supra* note 30, at 784,829(在最优治理结构背景下讨论控制成本最小化问题).

〔32〕 机构投资者作为股东具有更高能力,因为他们延聘了一批在商业与金融方面知识渊博、经验丰富的专业投资经理。

权和市场补充机制(如对冲基金积极主义〔33〕和投票咨询顾问〔34〕)的增加,美国投资者的能力也随之得到增强,司法程序便更少作为纠纷解决选项。随着公司逐渐习惯机构投资者在司法程序之外对公司约束管理,〔35〕公司开始更关注投资者的商业意见,而非特拉华州法院的司法意见。〔36〕 久而久之,这种动态令公司法逐渐边缘化,进而侵蚀特拉华州法院的显赫地位。

本文其余部分的内容如下:第一部分通过讨论特拉华州法院的演变与衰落试图论证公司法的"死亡"。第二部分介绍关于法院在公司纠纷解决中的代理理论。第三部分讨论了上述理论的政策启示以及对未来的预测。最后是对本文进行的简要总结。

---

〔33〕 有关对冲基金积极主义的更多信息,see *infra* section Ⅰ. B. 2。

〔34〕 投票咨询顾问公司,如 ISS 和 Glass Lewis 等,为机构投资者提供关于代理投票的建议。理论上,其利用时间和资源,以机构股东无法力及的方式个性化分析代理投票,为机构投资者提供专家意见。See generally George W. Dent, Jr. , *A Defense of Proxy Advisors*,2014 Michigan State Law Review 1287,1291 – 96(2014). 鉴于投票咨询顾问的各种原因,反对公司管理层的投票变得更加普遍,他们在市场上的存在使代理投票的权力中心进一步向机构所有者转移。See id. at 1289.

〔35〕 See e. g. , Madison Marriage BlackRock, *Vanguard, and State Street Bulk Up Governance Staff*, Financial Times(January 28,2017). 值得注意的是,许多人积极接受了机构投资者激进行动增多的事实。See e. g. , David Larrabee, *The Financial Industry: A New Discipline of Ownership*, CFA Institute Enterprising Investor(June 6,2017)(称目前是行业的关键时刻,机构投资者从被动的所有者转变为对行业、客户和社会负责的管理者). 事实上,机构投资者在约束管理行为上变得咄咄逼人,甚至威胁要投票反对所担任的所有董事会的董事,甚至那些没有采取有争议行动的董事。Jessica Toonkel, *Big Fund Firm Blacklists Directors Who Support Poison Pills*, Reuters(April 29,2015).

〔36〕 许多公司常年安排与大型机构投资者会面,讨论公司战略、业绩、董事会成员和管理质量。Theodore Gerard Lynn, *Institutional Investor Monitoring*, *Encyclopedia of Corp. Social Responsibility*(January, 2013). 所谓的"股东参与"战略。See e. g. , Engage Your Shareholders If You Want a "Yes Vote," ALI-CLE 11(直接的股东参与可鼓励公司与投资者之间的双向对话,并让股东有机会表达他们的想法和观点).

一、特拉华州法院的衰落

回顾过去,美国企业家经常屏住呼吸,翘首以盼特拉华州法院的判决,彼时特拉华州法院拥有影响甚至制定公司游戏规则的最终权力。时至今日,特拉华州法院不再拥有以前那般作为公司纠纷最终裁决者的影响力。本部分第一节我们探讨特拉华州法院特殊的核心地位,第二节则探讨特拉华州法院地位日渐衰落。我们关注特拉华州是为了更广泛地论证公司法的死亡,因为特拉华州被广泛认为是最重要的公司法场所。然而,本文所提出的理论并不依赖于此,这将在第二部分进行充分阐述。

(一)特拉华州法院作为公司冲突的裁决者

阿道夫· A. 伯利(Adolf A. Berle)教授和经济学家加德纳·C. 米恩斯(Gardiner C. Means)在其影响深远的著作《现代公司与私有财产》中强调了美国许多上市公司的分散所有权结构。[37] 伯利和米恩斯认为,大量涌进美国资本市场的小型散户投资者无法对其所持有的公司行使任何控制权。[38] 考虑这一缺陷,特拉华州法院实质承担了股东监护人的角色。特拉华州法院对这一角色采取了二分法,

---

〔37〕 Adolf A. Berle, Jr. & Gardiner C. Means, *The Modern Corporation and Private Property*(1933),p. 2 –3,12 –14.

〔38〕 Id. at 66.

将自营交易(交易双方都由控股股东、董事会或管理层参与)[39]与其他商业决策[40]相区分。

20 世纪 80 年代中期,前所未有的并购浪潮强化了特拉华州法院在控制权冲突问题上作为董事会和股东之间裁决者的角色。[41] 公司董事会和潜在收购方控制权之争要求法院裁决董事会在股东意愿外可以在何种程度上作出是否出售、向谁出售公司的决定。如今许多相关收购判例都是形成于 20 世纪 80 年代鼎盛时期:优尼科案及其衍生结果,在制定一套灵活的、基于事实的反收购机制审查标准方面,肯定了特拉华州法院在收购背景下的积极作用。[42] 特拉华州最高法院明确表示,在优尼科案中董事会采取的反收购措施,在"相对于所构成的威胁而言是合理时"[43],将根据商业判断规则进行审查。优尼科案成为特拉华州法院面对控制权冲突的一个缩影,法院倾向于通过标准的平衡测试扮演干涉主义者的角色。

优尼科案远不是特拉华州法院重新定义董事会和股东之间的公司合同的最后一例。针对与优尼科案同年判决的莫兰案,特拉华州

---

〔39〕 在自我交易的情况下,特拉华州法院根据所谓的完全公平原则审查董事会所达成的交易条款。这种审查通常要求法院进行复杂的财务评估,乃是一项只有在实际可行的情况下才能完成的壮举,而特拉华州法官具备所需的相对熟练的财务能力。See Weinberger *v.* UOP, Inc., 457 A. 2d 701, 714(Del. 1983).

〔40〕 对于非自我交易的公司决策和交易,法院坚持遵循商业判断规则,避免事后质疑董事会和董事会的商业决策。See Aronson *v.* Lewis, 473 A. 2d 805, 811 – 813(Del. 1984).

〔41〕 See e. g., Edward F. Greene, *Regulatory and Legislative Responses to Takeover Activity in the* 1980*s*: *The United States and Europe*, 69 Texas Law Review 1539, 1560(1991)(讨论特拉华州对 20 世纪 80 年代并购浪潮的反应).

〔42〕 Unocal Corp. *v.* Mesa Petroleum Co., 493 A. 2d 946, 954(Del. 1985).

〔43〕 Id. See also Unitrin, Inc. *v.* Am. Gen. Corp., 651 A. 2d 1361, 1367(Del. 1995)(Unocal 标准令被告董事会和董事必须证明所争论的防御策略既不是排除性的,也不是强制性的).

最高法院裁定了毒丸计划的命运,这在当时是一项创新性防御措施。〔44〕 莫兰案的意见公开承认有必要重新起草公司合同以回应毒丸计划的效力,〔45〕这反映了特拉华州法院对其重要作用的自我认知。〔46〕 莫兰案裁决,一旦启动实际收购要约,是否实施毒丸计划将取决于法院在未来宣布毒丸计划无效的自由裁量权。〔47〕 观察认知到莫兰案对公司法的影响后,一本颇受欢迎的公司法案例手册如此写道:"司法对股东权利计划的接受是美国公司法的一个重大进步。"〔48〕

基于特拉华州法院在纷繁复杂的公司混战中的中心地位,特拉华州法院受到大量游说自然不足为奇。〔49〕 这其中相当一部分游说针对的是优尼科案和莫兰案遗留的问题:面对利润丰厚的收购要约时,应给予董事会多大的自由决定权实施毒丸计划? 董事会是否可以"干脆说不"这个问题,〔50〕被吉尔森(Gilson)教授和克拉克曼

---

〔44〕 Moran *v.* Household Intern. ,Inc. ,500 A. 2d 1346(Del. 1985). 毒丸计划也被称为股东权利计划,其以不同的形式出现。典型者如公司设定20%的门槛,如果收购人在未经董事会同意的情况下购买超过这个门槛的股份,公司将通过向其他股东发行大量优惠股票,令收购人股权大幅稀释。

〔45〕 Moran,500 A. 2d at 1347(Del. 1985)("本案向本法院提出了公司收购武器库中最新的防御机制。").

〔46〕 Ibid. ("这一机制的有效性引起了举国关注……")

〔47〕 Id. at 1357("然而就目前而言,我们的结论是董事受到商业判断规则的保护,这确实解决了问题。对实际收购要约的最终反应必须由当时董事的行动来判断……一旦出现问题,将对其使用该计划的情况进行裁量。").

〔48〕 William T. Allen, *Reinier Kraakman & Guhan Subramanian*, *Commentaries and Cases on the Law of Business Organization*, 4th ed. ,Aspen Publishers,2012,p. 522.

〔49〕 See e. g. , *infra* notes 55 – 56 and accompanying text.

〔50〕 用现在人们所熟悉的表达:"特拉华州公司董事会具备反对不受欢迎的收购的最终权力。"Jeffrey N. Gordon, *Just Say Never?*, *Poison Pills*, *Deadhand Pills*, *and Shareholder-Adopted Bylaws*: *An Essay for Warren Buffet*, 19 Cardozo Law Review 511,522(1997).

(Kraakman)共同描述为关于公司控制权的“最重要的问题”。[51] 之后特拉华州法院在优尼科案[52]中的判决意味着这种“干脆说不”的能力与优尼科案的比例性要求发生了冲突,[53]故此游说力度进而加大。

李普顿(Lipton)利用其作为美国一些大公司法律顾问的影响力,发布了广为人知的客户备忘录,试图对英特科案的判决施加压力。[54] 李普顿将英特科案比喻为“瞄准所有特拉华州公司心脏的匕首”[55],并呼吁在特拉华州的公司到其他地区注册。这释放了一个明确讯息:特拉华州最高法院应重新审视这个问题。[56]

随着时间的推移,[57]特拉华州最高法院接受了重新审查英特科案的请求,并在此过程中再次划定了美国公司控制权的界线。特拉华州最高法院将英特科案定性为一种“狭隘和僵化”的解读,最终允许 Time 公司董事会拒绝派拉蒙公司每股 200 美元的报价(比市场价

---

〔51〕 See Ronald J. Gilson & Reinier Kraakman, *Delaware's Intermediate Standard for Defensive Tactics: Is There Substance to Proportionality Review?*, 44 The Business Lawyer, 247, 258 (1989).

〔52〕 See City Capital Associates *v.* Interco Inc., 551 A. 2d 787, 798 (Del. Ch. 1988).

〔53〕 Id. at 799 - 800(“董事会在收购要约修订为每股 74 美元后作出的不赎回权利决定,不符合 Unocal 标准的要求。”).

〔54〕 See The Interco Case, Memorandum from Wachtell, Lipton, Rosen & Katz to clients (Nov. 3, 1988).

〔55〕 Ibid.

〔56〕 Ibid. [“在这个并购时代,新泽西州、俄亥俄州和宾夕法尼亚州等比特拉华州更具公司注册的优势,也许正是时候退出特拉华州了。”Public Ltd. *v.* Pillsbury Co., 558 A. 2d 1049 (Del. Ch. 1988), Lipto 接着用同样的语气论及:“除非特拉华州迅速采取行动纠正 Pillsbury 案的裁判,否则对在特拉华州注册的半数主要公司而言,面临的可能就是联邦统一立法……或者离开特拉华州,转向更欢迎公司注册的州。”] *You Can't Say No in Delaware No More*, Memorandum from Wachtell, Lipton, Rosen & Katz (December 17, 1988).

〔57〕 Paramount Communications, Inc. *v.* Time Inc., 571 A. 2d 1140 (Del. 1989).

格高出近60%)。[58] Time案令许多人得出结论,董事会实际上可以"干脆说不",[59]许多学者认为这将对整个市场产生重大影响。[60]

随后判决进一步表明,特拉华州法院打算通过股东投票替换董事的途径巩固代理机制,尽管这留给Time公司董事会在股权收购方面很大回旋余地。[61] 这种对股东权利的严格保护在布莱修斯案达到了顶峰。在该案中,法院阻止Atlas公司董事会修改公司章程增加两个新的董事会席位,以便后续再填补新生空缺。这明显是一种意在先发制人的策略,旨在阻止其他股东提名多数新董事。[62] 艾伦(Allen)法官的判决明确指出这为公司设定了控制权的边界。[63] 在

---

〔58〕 为了便于比较,在Interco案中,董事会拒绝了Cardinal收购公司每股74美元的出价,其市场溢价比派拉蒙报价低得多,571 A. 2d 1140(Del. 1989). 551 A. 2d 787(Del. Ch. 1988)。

〔59〕 See Marcel Kahan, *Paramount of Paradox: The Delaware Supreme Court's Takeover Jurisprudence*, 9 The Journal of Corporation Law 83, 640(1994); Jseph A. Grundfest, *Just Vote No: A Minimalist Strategy for Dealing with Barbarians Inside the Gates*, 45 Stanford Law Review 857, 859 n. 4(1993)(多数评论人士认为,Time案强化了董事会"干脆说不"的能力).

〔60〕 See Marcel Kahan & Edward B. Rock, *How I Learned to Stop Worrying and Love the Pill: Adaptive Responses to Takeover Law*, 69 The University of Chicago Law Review 871, 878 – 879 (2002)("在Time案前后,并购活动急剧下降,敌意收购的减少尤为明显。并购交易的价值从1988年最高的2470亿美元下降到1989年的2210亿美元和1990年的1080亿美元,直至1991年的710亿美元……因此,这种下降似乎证实了学者和业者对'干脆说不'的意义。").

〔61〕 代理机制允许股东通过将其表决权委托给另一个人或机构代为行使其权利。See Council of Institutional Investors, Proxy Access(last visited January 8, 2017).

〔62〕 正如艾伦法官所指出,该问题的实质是"即便董事会善意行事……也可有效防止股东选举多数新董事"。Blasius Industries, Inc. *v.* Atlas Corp., 564 A. 2d 651, 659(Del. Ch. 1988).

〔63〕 Id. at 660("董事会阻止股东创造新的多数董事会席位的决定……不涉及公司权力行使……相反,涉及股东阶层与董事会之间关于公司治理的有效权力的分配。"). 关于Blasius标准起源的精彩描述, see Leo E. Strine, Jr., *The Story of Blasius Industries v. Atlas Corp.: Keeping the Electoral Path to Takeovers Clear*, in J. Mark Ramseyer ed., Corporate Law Stories Foundation, 2009, p. 243, 290 – 291。

布莱修斯案中,法院认为在缺乏“令人信服的理由”的情况下,董事会不得干预代理机制,以此向董事会的自由决定权施加保护性平衡。[64] 当一切尘埃落定时,20 世纪 80 年代特拉华州法院判例的最终结果是在董事会和股东之间的控制权分配上达至一个新的平衡。[65] 考虑优尼科案平衡性分析的延展性,很多控制权争夺案件涌现在特拉华州法院上,在控制权纠纷背景下赋予特拉华州法院塑造公司行为的终极话语权。[66]

(二)特拉华州法院角色的变化

近年来,特拉华州法院的作用明显趋于衰落,特拉华州法院的公司控制权判决虽然具有法律约束力,但不再具有排他性或终局性。本部分首先以几个有说服力的例子来说明特拉华州法院的衰落,然后再讨论对冲基金积极主义作为司法程序外公司控制权纠纷解决的最突出表现形式。最后我们指出,在现金流权冲突背景下,特拉华州法院对其作用变弱的反应也普遍受到欢迎。

---

〔64〕 Blasius,564 A. 2d at 659. See also Aprahamian *v.* HBO & Co. ,531 A. 2d 1204 (Del. Ch. 1987)(“董事会肩负着证明令人信服的理由的沉重负担。”). Gilson 质疑这一政策决定背后的逻辑,即保护股东的表决权,但不得出售股东的股票。Gilson J. Ronald, *Unocal Fifteen Years Later(and What We Can Do about It)*,26 Delaware Journal of Corporate Law 491,512(2001).

〔65〕 20 世纪 80 年代以后,特拉华州法院继续在维持这种控制权分配方面发挥重要作用。See Carmody *v.* Toll Bros,Inc. ,723 A. 2d 1180(Del. Ch. 1998)(只允许现任董事移除毒丸计划);Quickturn Design Systems *v.* Shapiro,721 A. 2d 1281(Del. 1998);Chesapeake Corp. *v.* Shore(Del. Ch. 2000)(拒绝接受绝大多数事实上有损股东以投票影响公司政策能力的规章细则规定).

〔66〕 这导致 Kahan 和 Kamar 将特拉华州的法律归为“诉讼密集型”。Marcel Kahan & Ehud Kamar,*Price Discrimination in the Market for Corporate Law*,86 Cornell Law Review 1205,1232(2001).

1. 衰败的例证:"毒丸计划"、交错董事会、"金腰带"和指数剔除

特拉华州法院衰落的最显著的例子之一就是毒丸计划和交错董事会历经了显著转变。如前所述,特拉华州法院创造了一个长期平衡:目标公司可部署维持交错董事会和毒丸计划,[67] 迫使潜在收购者应对这些障碍。[68] 如今,交错董事会和毒丸计划正从市场上消失,管理者也变得更加脆弱,而法院在这一分水岭变化中没有起到任何作用。我们可以更直言不讳:这些收购保护机制的批评者并没有直接游说特拉华州法院修改管理交错董事会和毒丸计划的原则,而是施加了司法之外的压力,要求对这些工具的容许性进行事实上的裁决。

(1)交错董事会。在 21 世纪首个 10 年里,交错董事会备受青睐;在 2000 年,标普 500 公司的 300 家公司采用交错董事会制度。[69] 而在过去 5 年中,采用交错董事会制度的公司数量大幅下降。[70] 此变化极大程度上是大型养老基金与股东权利项目(Shareholder Right Project,SRP)合作的产物。[71] 这一股东权利项目是哈佛大学法学院

---

〔67〕 See e. g. , Airgas, Inc. *v.* Air Prod. & Chemicals, Inc. , 8 A. 3d 1182, 1194 (Del. 2010); See also *supra* section Ⅰ. A.

〔68〕 拜伯切克等人展示了交错董事会的力量,显示采用有效交错董事会保持独立的可能性几乎是平均目标公司的两倍。Bebchuk et al. , *supra* note 18, at 890 - 91("交错董事会……提供了比以前公认的更强大的反收购防御机制……因为其使敌意收购者极难获得现任管理者反对的控制权。").

〔69〕 See Lucian A. Bebchuk, Alma Cohen & Charles C. Y. Wang, *Staggered Boards and the Wealth of Shareholders: Evidence from Two Natural Experiments* (Harvard John M. Olin Discussion Paper Series, No. 697, June 2011).

〔70〕 See *infra* notes 73 - 74(提供交错董事会采用减少的证据).

〔71〕 交错董事会采用减少始于股东权利项目之前。机构投资者和其他股东根据研究发现,交错董事会与公司股票价格之间存在负相关关系。Ibid. ; See also Matthew D. Cain et al. , *How Corporate Governance is Made: The Case of the Golden Leash*, 164 University of Pennsylvania Law Review 649, 657 (2015).

卢西恩·拜伯切克(Lucian Bebchuk)教授指导的实践课题项目。[72] 2012 年至 2014 年,该项目的工作重点是拆解分类(交错)董事会。[73] 这项工作进行得非常成功,截至 2015 年年底,有 102 家标普 500 公司及《财富》世界 500 强公司进行拆解。[74] 到 2017 年 1 月,不到 105 家标普 500 公司采取交错董事会制度。[75]

(2)毒丸计划。毒丸计划也同样面临急剧下降的局面。在 2000 年,有 299 家标普 500 公司部署了毒丸计划。[76] 到 2017 年 1 月,这一数字下降到 17 家。[77] 时至今日,有影响力的投票咨询顾问宣布其反对未经股东批准而实施毒丸计划,并威胁要建议投票反对重新提名的执行毒丸计划的董事。[78] 因此,尽管根据特拉华州法律董事会可

---

〔72〕 See Lucian Arye Bebchuk, Biographical Information, Harvard Law School(last updated February 2015). See *Shareholder Rights Project*, Harvard Law School(2015). 这个项目在 2015 年夏季结项。这些公共养老基金的资产总值超过 4000 亿美元,服务于 300 多万名成员。Ibid.

〔73〕 See *Shareholder Rights Project*, Harvard Law School(2015).

〔74〕 See Lucian Bebchuk et al., *Toward Board Declassification in* 100 *S&P* 500 *and Fortune* 500 *Companies*: *The SRP's Report for the* 2012 *and* 2013 *Proxy Seasons*, The Harvard Law School Forum on Corporate Governance & Finance Regulation(February 25, 2014, 9:12 AM).

〔75〕 See SharkRepellent Data(last visited January 17, 2017).

〔76〕 See Michael Useem, *The Ascent of Shareholder Monitoring and Strategic Partnering*: *The Dual Functions of the Corporate Board*, in *The SAGE Handbook of Corporate Governance*(Thomas Clarke & Branson M. Douglas eds., SAGE Publications Ltd., 2012), p. 136, 143.

〔77〕 Ibid.

〔78〕 See Jill E. Fisch, *The Destructive Ambiguity of Federal Proxy Access*, in William Bratton & Joseph A. McCahery eds., *Institutional Investor Activism*: *Hedge Funds and Private Equity*, *Economics and Regulation* Oxford University Press, 2015, p. 617[“投票咨询顾问成功地迫使目标公司对其毒丸计划(通常是一年)设定一个较短的时限,否则投票咨询顾问会建议在代理权争夺中投票反对管理层的被提名人。”]. 2017 年 Glass Lewis 投票咨询顾问指南建议股东投票反对“在前 12 个月内未经股东批准通过一年以上的毒丸计划任职的董事会成员”。2017 Proxy Paper Guidelines: An Overview of the Glass Lewis Approach to Proxy Advice, Glass Lewis(2017); See also Toonkel, *supra* note 35.

以自由地实施毒丸计划,但由于畏惧投票咨询顾问和机构投资者的愤怒,董事们往往优柔寡断、犹豫不决,能力大受掣肘。[79] 事实上,在超过半数的敌意收购中,毒丸计划从未被实施过,即便在敌意收购启动之后也是如此。[80] 这两种最受欢迎也是最为强大的反收购措施实施的减少,几乎在特拉华州法院之外重塑了公司控制权的平衡。

(3)"金腰带"。市场力量作为重新分配公司控制权主要引擎的趋势并不限于交错董事会和毒丸计划二者。另一具有说服力的典例是对金腰带限制的起起伏伏。金腰带,作为一种激励薪酬方案,是激进对冲基金最惯用的工具。在这种方案设计里,一旦激进股东提名的董事实现激进股东的既定目标,便可获得对冲基金的奖励。[81] 早期,数十家面临或期待激进行动回应的上市公司在公司规章细则中限制使用金腰带。从法律的角度来看,金腰带是否损害了董事的受信义务是一个开放的、有趣的问题。[82] 在特拉华州法律中,禁止此类激励薪酬方案的公司规章细则是否被允许同样是个问题。[83] 然

---

〔79〕 See 2009 Trends in Corporate Governance of the Largest US Public Companies, Shearman & Sterling LLP(2009)("在接受调查的40个机构股东中,有18个机构股东会逐案考虑毒丸计划建议,有11个机构股东通常会投票反对毒丸计划,但在某些情况下会逐案考虑这项建议。然而,被调查的9个机构股东无有例外地反对毒丸计划。").

〔80〕 See Subramanian, *Delaware's Choice*, *supra* note 17, at 5("近几年来,59%的部署毒丸计划的公司,在敌意收购启动时没有实施毒丸计划").

〔81〕 See Gregory H. Shill, *The Golden Leash and the Fiduciary Duty of Loyalty*, 64 UCLA Law Review 1246, 1249 - 1250(2017).

〔82〕 See id. at 1274(讨论围绕金腰带的一些问题,只要其与潜在的受信义务存在交叉).

〔83〕 Id. at 1246. Travis Laster 最近表示,金腰带安排本身可能构成利益冲突。In re PLX Technology Inc. Stockholders Litig., C. A. No. 9880 - VCL, at 30 (Del. Ch. Sept. 3, 2015). 一些著名公司法学者走得更远,其将金腰带比作贿赂,并敦促禁止这种行为。See e. g., Stephen Bainbridge, *Can Corporate Directors Take Third Party Pay from Hedges Funds?*, Professor Bainbridge. com(April 8, 2013).

而,如下文所述,[84]这些问题并没有诉诸司法程序,事实上都是当事人通过行使自由控制权而加以解决。

2013 年 5 月,WLRK 律师事务所发布了一份备忘录,建议各公司通过限制金腰带的规章细则。[85] 此后,32 家公司便依此行事。[86] 作为回应,投票咨询顾问机构股东服务公司(Institutional Shareholder Services,ISS)建议股东向提名与治理委员会成员保留选票。反过来,提名与治理委员会董事提名人选获得了 34% 的保留选票,这表明投资者普遍不满。[87] 机构股东服务公司后来威胁称,将对限制金腰带的公司施加更多的保留建议。截至 2014 年 5 月,32 家限制金腰带的公司中有 28 家已经取消限制。[88] 到 2016 年 1 月,只有 3 家公司仍然保留限制。[89] 最终,甚至 WLRK 律师事务所也承认,限制金腰带的公司规章细则的通过可能会引发投资者关系问题。[90] 以此观之,一个复杂紧迫的公司治理问题完全是在诉讼之外解决的,其所依赖的乃是市场行为者施加的压力。

(4)指数剔除。在本文撰写之际,另一项重要法律后果的法外变化正在酝酿:有些股东权利提倡者正试图消除多层股权结构日益增

---

〔84〕 See *infra* notes 85 – 90 and accompanying text.

〔85〕 See Martin Lipton, *Bylaw Protection against Dissident Director Conflict/Enrichment Schemes*, The Harvard Law School Forum on Corporate Governance & Finance Regulation (May 10, 2013).

〔86〕 See Cain et al., *supra* note 71, at 672.

〔87〕 Id. at 673.

〔88〕 Id. at 653.

〔89〕 Id. at 667.

〔90〕 See Martin Lipton, *ISS Addresses Dissident Director Compensation Bylaw*, The Harvard Law School Forum on Corporate Governance & Finance Regulation (November 21, 2013).

加的采用，这种股权结构通过将多类股票发行者剔除在股票指数之外，限制或取消某些类别股东表决权。[91] 2017年3月，Snap公司进行了34亿美元的首次公开募股，当时Snap公司在有争议的情况下发行了没有表决权的普通股。此后不久，标准普尔公司宣布打算禁止将多层股权结构公司纳入标普500指数。[92] 无论人们对多层股权结构的优越之处持何种看法，[93] 标普500指数在法庭质疑该种行为前，先一步冲击了在首次公开募股中赋予各方当事人的契约自由。这是法外行为者在公司法与公司治理的重要问题上取代特拉华州法院裁决者角色的又一典型例证。[94]

---

〔91〕 已通过首次公开募股的上市公司的股票经常被纳入与公司治理无关的标准的指数。例如，包括在标普500指数中，审查委员会评估该公司的业绩采用8项主要标准：市值、流动性、住所、上市、行业分类、财务活力、公开交易和股票交易的时间。See S&P U. S. Indices Methodology(March 2018). 许多被动投资者的策略是自动购买某一指数中包含的每一家公司的股票。由于被动投资者在持有和交易美国公司的投资者中占据较大比例，因此将其排除在指数之外可能导致投资资本的重大损失。See Madison Marriage, *Passive Funds Take Third of U. S. Market*, Financial Times (September 11, 2016).

〔92〕 See Trevor Hunnicutt, *S&P 500 to Exclude Snap After Voting Rights Debate*, Reuters(July 31, 2017). 另一家主要的指数提供商FTSE Russell也宣布了对低表决权股票的类似限制。See Abe M. Friedman et al., *S&P and FTSE Russell on Exclusion of Companies with Multi-Class Shares*, Harvard Law School Forum on Corporate Governance and Financial Regulation(August 5, 2017).

〔93〕 See Andrea Tan & Benjamin Robertson, *Why Investors are Fretting Over Dual-Class Shares*, Bloomberg(July 10, 2017).

〔94〕 股东在法院之外成功地修改了上市公司的章程，以便在董事选举与代理参与权提案中实行多数表决制从而获得额外的控制权。多数表决制要求董事获得多数股东的支持才能重新任命，而不像简单多数决制一样只需比其他候选人获得更多选票。See e. g., Shearman & Sterling, *Majority Voting Standards*(2015). 代理参与权制度要求董事会在公司年度代理权报告中列入股东提名的董事候选人。关于在公司章程中加入代理参与权条款的重要性及其成功的概述，参见Sullivan & Cromwell LLP, 2016 Proxy Season Review(July 11, 2016)。See also Lisa M. Fairfax, *The Theory Business Corporation Act at Sixty: Shareholders and Their Influence*, 74 Law and Contemporary Problems 19, 25(Winter 2011).

2. 对冲基金积极主义和公司冲突的法外解决

第一部分讨论了特拉华州公司法“死亡”的若干征兆。在本节中,我们将讨论对冲基金积极主义机制,这是一种允许市场参与者回避特拉华州法院的主要司法外力量。

对冲基金积极主义,是在法院之外股东解决与管理层的争议使用的愈加频繁的重要渠道。对冲基金鼓吹在个案基础上进行公司改革,机构投资者主要通过行使表决权来决定这些举措的命运。〔95〕在过去的20年里,对冲基金积极主义已然成为一种行之有效、作用突出的公司治理机制。〔96〕对冲基金通过不同程度推动公司以某种方式行事来确保股东的价值(并提高基金投资者自身的利润)。〔97〕鉴于此,对冲基金推动了股权回购、股利分配、部门拆分、公司合并或公司出售以及管理层更换等举措。〔98〕在2015年,556家激进对冲基金共持有1420亿美元资产。〔99〕自2006年以来,几乎每6家标普1500公司中就有一家公司成为对冲基金行动的目标,而且这个数字还在

---

〔95〕 See For helpful background, see generally Thomas W. Briggs, *Corporate Governance and the New Hedge Fund Activism: An Empirical Analysis*, 32 The Journal of Corporation Law 681,686(2007).

〔96〕 关于对冲基金积极主义不同于其他机构股东积极主义的一些方面,参见 Alon Brav et al. ,*HedgeFund Activism:A Review*,4 Foundations and Trends in Finance 185,186 – 87 (2010)。

〔97〕 See Marcel Kahan & Edward B. Rock,*Hedge Funds in Corporate Governance and Corporate Control*,155 University of Pennsylvania Law Review 1021(2007)

〔98〕 See Sharon Hannes,*Super Hedge Fund*,40 Delaware Journal of Corporate Law 163, 190 – 191(2015)(表明在一种新的市场机制中,超级对冲基金将维持对冲基金积极主义的优越之处,同时抑制其负面影响);See also,Brav et al. ,*supra* note 96,at 198.

〔99〕 See *Activist Investing: Impact on* 2016 *Dealmaking*, Toppan Vite New York 6 (February,2016);*Compare the Data Summarized in* 2016 *U. S. Shareholder Activism Review and Analysis*,Sullivan & Cromwell LLP 7(November 28,2016).

继续攀升。[100]

当对冲基金与目标公司管理层之间的冲突提交到法院时,司法干预不太可能起到决定性作用。换言之,当对冲基金启动一个法律程序时,通常意味着要么对管理层施加额外压力,要么应对目标公司董事会所采取的保护措施,而不是为了获得某种特定的东西。比如,一家活跃的对冲基金 Third Point,其中被告 Sotheby's 公司采用一种双层毒丸计划[101]专门用于防御激进对冲基金。[102] 法院驳回了 Third Point 初步禁止 Sotheby's 公司毒丸计划的动议,认为 Sotheby's 公司董事会实施和维护双层毒丸计划,是在审查范围内针对对冲基金 Third Point 构成的威胁所作出的合比例性的回应。[103]

对冲基金 Third Point 令 Sotheby's 公司董事会在司法上获得了表面上的胜利,但在现实中,这一胜利并无太大意义。2014 年 5 月,Sotheby's 公司和对冲基金 Third Point 在一场激烈的代理人争夺后达成一份协议,Sotheby's 公司将其董事会成员扩大至 15 名,并为对冲基金 Third Point 保留了 3 个候选人席位,其中包括对冲基金 Third Point 创始人丹·罗伯。此外,Sotheby's 公司同意解除毒丸计划,从而允许对冲基金 Third Point 将其在 Sotheby's 公司的股权提高到 15%。[104] 这笔交易是在 Sotheby's 公司年会的前一天达成的,反映出

---

〔100〕 See Citi Corp. & Inv. Banking Div., *Rising Tide of Global Shareholder Activism* (November 12, 2013).

〔101〕 See Third Point LLC *v.* Ruprecht, 2014 WL 1922029, at ＊10 (Del. Ch. May 2, 2014).

〔102〕 Id. at ＊1.

〔103〕 Id. at ＊5.

〔104〕 See Sotheby's Press Release, *Sotheby's and Third Point Reach Agreement* (May 5, 2014).

Sotheby's公司股东与机构股东服务公司向董事会施加的巨大压力。[105]

这种结果并非 Sotheby's 公司所独有。事实上,尽管法院在 Third Point 案中批准管理层单方面实施毒丸计划,但公司似乎趋向于和对冲基金达成和解,而不就纠纷的是非曲直诉诸法院。[106] 更能说明问题的是,对此类和解不满意的机构投资者,并不向法院起诉董事会违反受信义务,而是直接向董事会表达不满。[107]

3. 特拉华州法院对市场主导地位的欢迎和理想反应

几乎没有迹象表明,特拉华州法院顽强抵制司法程序外市场行为者在解决公司纠纷方面发挥主导作用的这种转变。相反,法院似乎接受并承认这一变化。[108] 这种司法行为的一个显著表现是对独立董事和股东表决的尊重与日俱增,令受到挑战的公司对现金流权

---

〔105〕 See Agustino Fontevecchia, *Truce! Dan Loeb's Third Point Gets* 3 *Board Seats, but Sotheby's CEO Bill Ruprecht Stays on Board*, Forbes(May 5, 2014).

〔106〕 See 2016 U. S. Shareholder Activism Review and Analysis, Sullivan & Cromwell LLP(November 28, 2016)("迄今已向美国证交会提交的2016年激进行动的和解协议的数据比例,与2015年已完成的激进行动总数相比有大幅提升。"); Jay Frankl & Steve Balet, *The Rise of Settled Proxy Fights*, Harvard Law School Forum on Corporate Governance & Financial Regulation(March 22, 2017)("在2016年的110场代理权争夺中,有50场以和解告终,这是迄今我们所见过的最多的一年。"); See also John C. Coffee, *The Agency Costs of Activism: Information Leakage, Thwarted Majorities, and the Public Morality* (October 24, 2017), p. 3 – 5, 10.

〔107〕 See Coffee id. at 24, and JP Morgan's Report on the 2017 Proxy Season, at 3("特别是指数投资者,对过去几个代理季中迅速达成和解的数量表示失望,认为这是对他们选举董事的权利的篡夺。代表超过8万亿AUM的三大指数投资者,公开敦促投资组合公司在结算前征求他们的反馈和/或遵守实现激进投资者利益与其他股东利益相一致的谈判和解具体方针。假设没有如此行事,出现不可接受的和解后投资者可能会投票反对现任董事。").

〔108〕 不过请注意,我们所称法院接受法外市场行为者的做法,并不等于说是法院造成了这一变化。See *supra* note 50 and accompanying text.

的决策合法化,最近基石案、[109]科温案[110]及麦克安德鲁斯和福布斯控股全球界(MacAndrews & Forbes Holdings, Worldwide)案(以下简称为 MFW 案)[111]就印证了这一点。

在基石案中,特拉华州最高法院认为,独立董事虽面临着控制人冲突交易的诉讼,但可受到商业判断规则的保护,并有权请求驳回缺乏具体的违反忠实义务的诉求。[112] 批准请求的实际结果是避免质询,令董事免于回答不满股东的问题,并免除董事的司法惩戒。相反,这种约束作用被转移到市场。在市场上,当机构投资者认为董事不正当地批准了一项不公平冲突交易时,他们可以行使控制权惩罚董事。[113]

在科温案中,法院又发布了另一份倾向于市场的判决,认为多数完全知情和无利害关系的股东批准的合并必须符合备受尊重的商业判断规则标准,即使公司董事在合并结束前各阶段有所疏忽或具有利益冲突。[114] 法院的推理强调了表决权在诉讼中根深蒂固的优势:"当……无利害关系的股权所有者可以轻易地投反对票保护自己时,司法介入

---

[109] See In re Cornerstone Therapeutics Inc., Stockholder Litig., 115 A. 3d 1173(Del. 2015).

[110] See Corwin *v.* KKR Fin. Holdings LLC, 125 A. 3d 304, 306(Del. 2015).

[111] See In re MFW Shareholders Litig., 67 A. 3d 496, 499(Del. Ch. 2013), aff'd sub nom. Kahn *v.* M & F Worldwide Corp., 88 A. 3d 635(Del. 2014).

[112] See Cornerstone, 115 A. 3d at 1179 – 1180. 这一裁决推翻了法院先前认定的完全公平标准的适用。Id. at 1175.

[113] See Lynn A. Stout, *The Mythical Benefits of Shareholder Control*, 93 Virginia Law Review 789, 807(2007)("今天,股东有更强能力协调一致地行动及影响董事会,此乃包括像养老基金和共同基金等机构投资者影响力越来越大等所共同促成的结果。"); Brian R. Cheffins, *Delaware and the Transformation of Corporate Governance*, 40 Delaware Journal of Corporate Law 1, 13(2015)("然而,在过去 10 年里,主流机构股东越来越多地向专门收购目标公司大额股权的激进对冲基金提供资金,鼓动变革意味着激进对冲基金的活动已经在董事会中产生了愈发显著的影响。").

[114] Corwin, 125 A. 3d 304 at 305, 312.

的审查标准的效用就会给股东带来更高的成本。以诉讼费用与风险防控形式呈现的成本比承诺给股东带来的利益要高。"[115] 辛格案在一定程度上强化了科温一案的规则,并认为:"商业判断规则审查标准因投票而启用",科温案的"净化"要求"通常结果是驳回起诉。"[116] 在科温案后的判决中,特拉华州法院已经全然接受科温案的规则,并宣布充分知情和未经胁迫的股东的批准将使商业判断规则保护"不可挽回"。[117]

在受控公司方面,MFW 案提供了另一个显著的例子,表明特拉华州法院在裁判被质疑的交易中尊重股东表决。[118] MFW 案是一起典型的私有化合并案。在该案中,控股股东佩雷尔曼(Perelman)试图通过收购小股东将公司私有化。[119] 按 MFW 案当时的审查标准,控股股东寻求一项私有化合并须接受完全公平审查。如果控股股东获得功能完备的独立董事特别委员会或多数小股东的同意,那么他就可将举证责任转移到原告身上。[120] 然而,MFW 案包含一个关键

---

〔115〕 Id. at 313. See Singh *v.* Attenborough, 137 A. 3d 151, 152 (Del. 2016).

〔116〕 Singh *v.* Attenborough, 137 A. 3d 151, 152 (Del. 2016). Consider also In re Columbia Pipeline Group, Inc., No. 12152 - VCL, 2017 WL 898382 (Del. Ch. Mar. 7, 2017). 法院认定:"(1)股东在充分知情的表决中批准了该交易;(2)根据 Corwin 案,适用商业判断规则的审查标准;(3)驳回案件。" Gail Weinstein & Warren S. de Wied, *Columbia Pipeline: Directors' Self-Interest Does Not Exclude "Cleansing" Under Corwin*, Harvard Law School Forum on Corporate Governance and Financial Regulation (April 3, 2017).

〔117〕 See In re Volcano Corp., 143 A. 3d 727, 738 (Del. Ch. 2016); In re OM Group, Inc. Stockholders Litigation, No 11216 - VCS, slip op. at 31 (Del. Ch. Oct. 12, 2016); Larkin *v.* Shah, No 10918 - VCS, slip op. at 4 (Del. Ch., Aug. 25, 2016).

〔118〕 See In re MFW Shareholders Litig., 67 A. 3d 496 (Del. Ch. 2013), aff'd sub nom. Kahn *v.* M & F Worldwide Corp., 88 A. 3d 635 (Del. 2014).

〔119〕 Id. at 499.

〔120〕 See Kahn *v.* Lynch Commc'n Sys., 638 A. 2d 1110, 1117 (Del. 1994).

障碍:佩雷尔曼以这两项保护措施的使用作为交易条件。[121] 作为裁判者,当时的斯特林(Strine)法官初次审视该案时认为,一项以特别委员会的批准和知情小股东的投票为条件的交易,有权受到商业判断规则审查,而不仅是以其中一项为条件,也不是简单的负担转移。[122] 如此,只要双方当事人有机会行使自己的控制权,MFW 案就提供了一条可以将法院从完全公平审查中抽离出来的途径。[123]

无独有偶,在近期的股权回购案件中,特拉华州法院也趋向于将尊重交易价格作为公允价值的决定性指标,这再次表明与特拉华州法官相比,市场参与者更有能力解决公司现金流冲突。[124]

宽松的司法审查及对市场力量的更多依赖也出现在交易之外的

---

〔121〕 See In re MFW,67 A. 3d 496,at 499.

〔122〕 Id. at 517,535.

〔123〕 事实上,MFW 案裁决之后,90% 以上由控股股东发起的私有化合并在已经普遍的特别委员会批准的基础上增加了表决的条件,以此走上法院采取的商业判断规则的道路。See Fernan Restrepo, *Judicial Deference, Procedural Protections, and Deal Outcomes in Freezeout Transactions: Evidence from the Effect of MFW*, SSRN(January 19,2018), https://ssrn.com/abstract=3105169 or DOI, http://dx.doi.org/10.2139/ssrn.3105169.

〔124〕 在最近一项判决中,特拉华州最高法院虽然没有采纳关于交易价格准确性的推定,但基于"监管不确定性"推翻了初审法院拒绝遵从交易价格的做法。DFC Glob. Corp. *v.* Muirfield Value Partners, L. P., 172 A. 3d 346, 363(Del. 2017). 另一个相似的判决可参见:Dell, Inc. *v.* Magnetar Global Event Driven Master Fund Ltd., No. 565, 2016(Del. Dec. 14, 2017)。对于其他类似的判决, see, e. g., Merion Capital LP *v.* BMC Software, Inc., No. CV 8900 - VCG, 2015 WL 6164771, at *18(Del. Ch. Oct. 21, 2015), judgment entered, (Del. Ch. Nov. 3, 2015); Merlin P'rs LP *v.* AutoInfo, Inc., 2015 Del. Ch. LEXIS 128, at *48(Del. Ch. April 30, 2015)("尽管如此,由于合并价格似乎是对价值的最佳估计,法院将充分考虑这一价格"); LongPath Capital, LLC *v.* Ramtron Int'l Corp., No. CV 8094 - VCP, 2015 WL 4540443, at *20(Del. Ch. June 30, 2015), judgment entered, (Del. Ch. Sept. 1, 2015)("在这种情况下,这两种方法都不能得到公允价值的可靠衡量。相反我的结论是,合并价格提供了公允价值的最佳指标")。See also Albert Choi & Eric Talley, *Appraising the "Merger Price" Appraisal Rule*, *Harvard Law School Forum on Corporate Governance and Financial Regulation* (January 6, 2017)("即使在双边谈判涉及单一投标人的交易中,法院也越来越多地赋予合并价格以实质性证据的地位。").

批准和评估中,也许最显著的是在“仅限于披露”和解的情形下。在交易诉讼的背景下,原告往往获得和解,这些和解不提供金钱损害赔偿,而只要求被告作出一些微不足道的披露。[125] 然而,这些和解是有问题的,这不仅是因为它们以律师费的形式浪费了公司资源,还因为它们可能导致被告从潜在的有价值的诉讼中被彻底释放。[126] 在 Trulia 案中,[127] 特拉华州法院拒绝批准与所谓的“仅限于披露的集体诉讼”相关的和解协议。[128] 布沙尔(Bouchard)法官一再回到股东投票支持合并的争论中来,这表明股东的批准为法院驳回提供了依据。[129] 特拉华州法院似乎也因此越发怀疑额外的细节披露对成熟精明的股东更有利,所以大大减少了仅限于披露的和解与诉讼。[130]

总之,特拉华州法院对市场行为者的尊重程度提升,反映出特拉华州法院正确地认识到,成熟股东更有能力判断董事会决定的优劣,并严惩不忠诚和能力不足者。正如我们在下一部分提出的理论所阐述的和许多学者所认为那般,在现金流冲突背景下特拉华州法院的退让并非纯粹是司法意志的结果,而这恰恰是特拉华州保持作为公

---

〔125〕 See Peter J. Walsh, Jr. & Aaron R. Sims, *Delaware Insider: Trulia and the Demise of "Disclosure Only" Settlements in Delaware*, Bus. Law Today 1(February, 2016).

〔126〕 See ibid.

〔127〕 See In re Trulia, Inc. Stockholder Litig., 129 A. 3d 884, 892(Del. Ch. 2016).

〔128〕 最近有关诉讼费率的数据表明,这些判决对阻止诉讼产生了重大影响,至少在短期内是如此。See e. g., Meredith E. Kotler & Vanessa C. Richardson, Cleary Gottlieb Steen & Hamilton LLP, *Disclosure-Only Settlements in M&A Litigation*(Sept. 5, 2016).

〔129〕 Trulia, 129 A. 3d at 889(“Trulia 公司的股东压倒性地支持这项交易。在参与表决的股权中,99.15%投了赞成票。”).

〔130〕 Ibid.(“从业人员应预期,除非补充披露解决方案明显涉及重大失实陈述或遗漏,否则今后可能会继续遭到反对……”) See also Jill E. Fisch et al., *Confronting the Peppercorn Settlement in Merger Litigation: An Empirical Analysis and a Proposal for Reform*, 93 Texas Law Review 557(2015)(认为仅限于披露和解对股东没有任何经济利益).

司注册的主要地区的优势地位所必需的。[131]

二、法院在公司纠纷解决中作用的理论

第一部分阐述了特拉华州法院的衰落,指出其乃公司法死亡的缩影。接着的问题便是,是什么导致公司法的死亡?背后原因为何?本部分通过提出新理论解释市场基本动态,试图解答这些问题。

(一)法院在公司不完全合同中的作用

董事会和股东之间的基本公司合同总是不完全的。[132] 假设马可(Marco)是一位有社交媒体商业头脑的企业家,而莎拉(Sarah)是一位正在寻找项目承诺投资的风险投资家。两人签订一份合同,莎拉向马可提供资金,以换取公司未来利润的一部分。合同交易核心在于资金融通:莎拉此时提供现金给马可是为了换取马可在未来创造更多现金的承诺。然而,该合同没有具体说明马可未来将如何产生更多现金。毋庸置疑,未来必然包含诸多不确定性,如新的竞争对手的出现、需要重新调整业务计划等。因为马可和

---

〔131〕 See *supra* note 8.

〔132〕 有关不完全合同的背景性知识,see generally Sanford J. Grossman & Oliver D. Hart, *The Costs and Benefits of Ownership: A Theory of Lateral and Vertical Integration*, 94 Journal of Political Economy 691(1986);Hart & Moore, *supra* note 27, at 1119. 对于在公司内部间接或明确适用不完全合同框架的研究, see John C. Coffee, Jr., *Privatization and Corporate Governance: The Lessons from Securities Market Failure*, 25 The Journal of Corporation Law 1,27(1999);Jonathan R. Macey, *Corporate Law and Corporate Governance A Contractual Perspective*, 18 The Journal of Corporation Law 185,190(1993);Frank H. Easterbrook, *The Corporate Contract*, 89 Columbia Law Review 1416,1418(1989)。

莎拉不能在合同中列举未来每个可能的决定,[133]所以该合同注定是不完全的。

关于不完全合同学说,学界已有大量文献。[134] 斯科特(Scott)教授和特里安蒂斯(Triantis)教授在合同设计方面的开创性研究表明,签订不完全合同的各方寻求将起草和商议合同条款的事前成本与因合同未能解决而导致诉讼的事后成本之和降至最低。特里安蒂斯和崔(Choi)教授随后的研究涉及当事人如何在公司背景下设计一份不完全的合同,在合同条款的模糊性和具体性之间框定事前起草与事后诉讼成本之间的平衡。[135] 斯科特、吉尔森及塞布尔(Sable)三位教授近期介绍了一种模型:在不完全合同中,当所讨论目标更明确时,各方当事人更偏好具体的条款;反之,当不确定性使法院成为最便利的事后裁决者时,各方当事人则更倾向于模糊的条款。[136]

尽管对不完全合同模型已有这些深思熟虑的研究,但既有研究仍然存在明显空白:很少有人探究在业已存在的不完全合同中,特别

---

〔133〕 See Robert E. Scott & George G. Triantis, *Incomplete Contracts and the Theory of Contract Design*, 56 Case Western Reserve Law Review 187, 190(2005)("对律师而言,合同是不完全的,因为其没有说明各方在每一种可能状态下的义务。").

〔134〕 有关不完全合同概念的更多背景资料, see generally Philippe Aghion & Patrick Bolton, *An Incomplete Contracts Approach to Financial Contracting*, 59 The Review of Economic Studies 473(1992)。

〔135〕 See Albert Choi & George Triantis, *Strategic Vagueness in Contract Design: The Case of Corporate Acquisitions*, 119 Yale Law Journal 848, 855(2010)("我们的目标始终是论证模糊性从战略上可解决有效缔约的信息障碍。").

〔136〕 See Ronald J. Gilson, Charles F. Sabel & Robert E. Scott, *Text and Context: Contract Interpretation as Contract Design*, 100 Cornell Law Review 23, 29(2014).

是在公司治理背景下法院的角色及功能。[137] 换言之,早期理论研究侧重于合同关系设计,我们则重点关注法院在不完全合同中所起的作用,以及当事人在有选择自由的前提下是否选择法院解决纠纷。[138] 本文试图填补文献中的这一空白,并先行阐述被代理人和代理人何时更愿意求助法院解决纠纷,何时更倾向行使控制权解决纠纷。

(二)代理成本、被代理人成本和裁判成本

因为马可和莎拉不可能在合同上列举未来一切可能的决策,所以他们必须事先决定如何分配公司产生的价值(现金流权)和各类事项的决策权(控制权),这正是公司治理的本质。不完全合同的当事人承认控制权分配与现金流权分配的冲突均可能在未来出现。事先决定如何解决因不完全合同中未指明事项而引起的未来纠纷时,双方当事人有两种选择:(1)将决策权限分配给被代理人、代理人或其

---

〔137〕 公司法学术研究已经强调了法院强制执行忠实义务的重要性。See Ronald J. Gilson & Alan Schwartz, *Corporate Control and Credible Commitment*, 43 International Review of Law and Economics 119, 123 – 129(2015)(将忠实义务描述为对受控公司面临的可信承诺问题的部分解决方案).

〔138〕 在我们的理论中,对公司合同的司法解释不是双方当事人在起草阶段考虑的未来成本,争议出现时当事人可能诉诸法院也可能不诉诸法院。值得注意的是,该法院有能力制定默示规则,其目的可能是形成或妨碍当事人以法外方式解决公司纠纷的能力。值得注意的是,虽然我们在本文主要提供了一种理论,它解释了在现有公司合同背景下被代理人和代理人在何种条件下将会或不会诉诸司法途径解决纠纷,我们的理论也有可能为今后的合同设计的讨论提供参考。然而,为了明确和简洁起见,我们把当事人如何将我们的理论应用于合同设计的问题留待另文解决。

某种组合;(2)将权限分配给中立第三方。[139]

首先,考虑第一种选择:当事人可以将对某类事项的决策权分配给代理人、被代理人或两者的某种组合。例如,回到马可-莎拉假设中,将决策权分配给马可也许是有意义的。作为企业家,马可在日常的业务运作中具有卓越的专业知识并熟悉业务信息。在设定马可补偿基础上将决策权分配给马可与莎拉二人分享也许是有意义的,因为莎拉可能不相信马可会给予自己一个公平的补偿水平。马可和莎拉之间具体控制权分配的效率将取决于代理人行使控制权(代理成本)及被代理人行使控制权(被代理人成本)产生的"控制成本"的平衡。[140]

在"控制成本"项下有两个子类别:"能力成本"与"冲突成本"。[141] 一方面,当行使控制权一方犯下一个诚实的错误降低公司价值时,能力成本就会产生。这些成本推动了授予马可日常业务决策权力的决定,因为马可有卓越的专业知识并熟悉业务信息,这就意味着他会比莎拉少犯一些诚实的错误(代理能力成本低于被代理人

---

〔139〕 因为我们的马可和莎拉的例子是从现实中抽象出来的,为了传达我们理论的本质,所以必须厘清代理人的身份。代理人的身份变化取决于其是在一个分散所有权的公司还是在一个集中所有权的公司。如果是在分散所有权的公司,代理人是董事会和管理层,而如果公司有一个控股股东的话,则该控股股东是代理人(在后一种情况下,小股东为被代理人)。Goshen & Squire, *supra* note 30, at 785. 理解这种差异的一种方法是考虑在一个分散所有权的公司中,董事会和管理者的能力和冲突成本将引发代理成本,因为分散的股东控制行为的能力有限(例如,由于理性冷漠或集体行动问题)。在受控公司中,控制股东的能力成本和冲突成本比代理成本更引起关注,因为控制股东能够迫使公司(包括董事会和管理层)按照其认为合适的方式行事。See Goshen & Hamdani, *supra* note 30, at 581 – 582.

〔140〕 See Goshen & Squire, *supra* note 30, at 796 – 808.

〔141〕 See ibid.

能力成本)。另一方面,当行使控制权的一方为了自身利益而采取降低公司价值的行为时,冲突成本便会产生。[142] 这些成本促使双方决定在对马可补偿的基础上将决策权分配给双方,如果马可是一个自利的代理人(存在高代理人冲突成本的风险),他可能试图以高于自身服务的公允价值水平补偿自己。

其次,考虑解决不完全合同纠纷的第二种选择是当事人可以将决策权分配给中立的第三方,如法院。[143] 回到马可-莎拉假设中,当事人可决定法院应否准许该公司与马可所拥有的另一家公司进行一项"自我交易",无论如何确定都取决于法院判定交易公平与否。被代理人莎拉唯一保留的控制权是向法院请求阻止其不同意的代理人马可进行自我交易的权利——"义务强制执行权"。[144]

这正是我们理论的批判性观察:如同被代理人或代理人行使控制权产生控制成本,第三方裁判行使控制权同样产生成本。我们称这类控制成本为"裁判成本"。裁判成本可能在各类不同情况下产生,既涉及能力成本,也涉及冲突成本。法院负责裁决日常商业决策中的纠纷,可能缺乏代理人和被代理人所拥有的关于公司业务的专门知识和信息。如果法院因缺乏信息或缺乏评估信息所必需的专门知识失误地阻却一项增值交易时,则将产生裁判能力成本。我们对裁判能力成本的关注激发了商业判断规则的活力,其要求法院服从董事和管理者的无利害关系、知情的决定。

---

〔142〕 See id. at 785 – 790(讨论能力成本),790 – 794(讨论冲突成本).

〔143〕 我们假定当事人选择法院作为中立的第三方,而不是选择行政机构或私人仲裁员。然而分析结论是相同的。

〔144〕 See Goshen & Squire, *supra* note 30, at 798 – 801(解释义务强制执行权在公司治理中的作用).

假设存在一个专业化、诚实的司法机构，我们可以预期与法官利益冲突有关的裁判冲突成本是最低的。[145] 我们必须将理论从程式化的单一管理者/单一投资者的公司扩展开来，以理解裁判冲突成本是如何影响当事人寻求法院裁判与否的偏好的。假设一家公司拥有成千上万的被代理人（投资者），他们每个人都拥有极小一部分公司股权，并持有多元化投资组合。如以前一样，当事人可委托法院审查受到质疑的冲突交易。但是，由于每一位被代理人都持有公司极小股权，他们每个人都缺乏必要动机提起有力诉讼。[146] 因此，被代理人有动机将权利授予法院，然后向律师付费，希冀"私人总检察长"在这些费用承诺激励下，能够大力推动诉讼。[147] 但是，对律师的激励可能会背离其委托人，[148] 特别是如果法院有时在琐碎的诉讼中会误判律师费。[149] 因为只有当事人寻求法院解决纠纷时，才会引入原告

---

〔145〕 See Aronson *v.* Lewis, 473 A. 2d 805, 811 – 813 (Del. 1984); Sinclair Oil Corp. Levien, 280 A. 2d 717, 720 (Del. 1971) ("董事会享有合理的商业判断推定，其决定如果可归因于任何合理的业务目的，则不会受到干扰。").

〔146〕 这是伯利和米恩斯近一个世纪前分析的"所有权和控制权分离"问题的一个实例。See generally Berle & Means, *supra* note 37.

〔147〕 "私人总检察长"一词是由 Jerome Frank 法官提出的，意指为了维护公众利益而采取行动的人。Associated Indus., Inc. *v.* Ickes, 134 F. 2d 694, 704, 705 (2d Cir.), vacated on other grounds, 320 U. S. 707 (1943).

〔148〕 See e. g., *The Trial Lawyers' New Merger Tax: Corporate Mergers and the Mega Million-Dollar Litigation Toll on Our Economy*, U. S. Chamber Institute for Legal Reform (October 2012)（讨论原告律师基于低效、冲突的倾向，企图通过诉讼挑战绝大多数合并）; See also *supra* notes 127 – 130（描述特拉华州法院在理论上试图遏制滥用行为的几种方式）.

〔149〕 大量文献涵盖了与这种诉讼模式相关的代理成本。See e. g., John C. Coffee, *Understanding the Plaintiff's Attorney: The Implications of Economic Theory for Private Enforcement of Law Through Class and Derivative Actions*, 86 Columbia Law Review 669 (1986). 在我们的理论框架中，这些成本是裁判冲突成本的种类，而这又落在控制成本的范畴之中。

律师冲突的可能性,所以在此引发的冲突成本实际上乃是一种裁判成本。换言之,“裁判成本”是整个诉讼过程中产生的成本,而不仅是法官引发的成本。表1为不同类型的冲突成本与能力成本。

表1　不同类型的冲突成本与能力成本

项目	能力成本	冲突成本
被代理人	• 信息不足与专业知识不足 • 智力不足 • 情绪控制差 • 认知偏见 • 协调问题	• 集体行动问题 • 理性冷漠 • 保留 • 投资视野差异 • 投资目标不同 • 外部利益冲突
代理人	• 信息不足与专业知识不足 • 智力不足 • 情绪控制差 • 认知偏见	• 卸责(减少努力) • 转移(自我交易与低效率,自我推销与自我决定)
裁判	• 信息不足与专业知识不足 • 智力不足 • 情绪控制差 • 认知偏见 • 案件堆积	原告律师: • 费用冲突 法院: • 法官声誉压力 • 法官任命程序影响

洞察到被代理人、代理人和法院均会产生控制成本,便能清楚在某些情况下当事人可能希望将决策权授予法院而不是自我保留权利。假设一位高能力成本的被代理人(如被代理人对公司业务知之甚少)和一位低能力成本的代理人但存在较高潜在冲突成本(如被代理人是位专家),进一步假设当事人预测代理人可能进行自我交易,因此希望防止不利的冲突交易。考虑如前所述两种可能的治理结构选择:第一种选择是赋予被代理人否决任何涉及代理人自我交易的

权利。第二个选择是赋予被代理人行使向法院提出异议的权利。

关于第一种选择，被代理人由于其能力不足可能会错误地行使否决权，抑或会阻碍受益交易或批准不利交易。否决权的错误行使将产生被代理人能力成本。如果法院本身也带来相当的能力成本（如非专业法院），则第二种选择是以被代理人能力成本取代法院能力成本。但是，假如法院能力成本较低（如一个专业法院），当选择阻止交易时，法院可能比被代理人更少犯错，从而能够降低总控制成本。此时，寻求法院司法介入成为一个更优选项。

反之亦然，假设一个低能力成本的被代理人（专家投资者）和一个高能力成本的法院（非专业法院），当选择否决交易时，被代理人可能比法院犯更少错误，故此行使否决权成为更优选项。如果被代理人和法院都产生较低能力成本（双方都是专家），与裁判程序相关的冲突成本使当事人更倾向行使否决权。最后，如果法院和被代理人都产生较高能力成本，那么被代理人必须决定是否要完全放弃代理关系。[150]

图 1 大致说明了被代理人成本、代理人成本和裁判成本之间的相互作用。被代理人可以通过自身努力（通过行使自由控制权如股权投票）来追究代理人责任，也可以在法院协助下（通过行使义务强制执行权如因违反董事受信义务而提起诉讼的权利）向代理人追责。在此，行使自由控制权将提高被代理人成本和代理成本，而义务强制

---

〔150〕 这一结论的不幸含义是，一个国家如没有低于某种裁判成本门槛水平的法院，则不太可能拥有资本市场。See Rafael La Porta et al., *Investor Protection and Corporate Governance*, 58 Journal of Financial Economics 3, 4 (2000) (“在没有投资者保护的极端情况下，内部人士可以非常有效地窃取一家公司的利润。没有强大的声誉，任何理性的局外人都不会为这样的公司提供资金。”).

执行权的行使也会提高裁判成本。

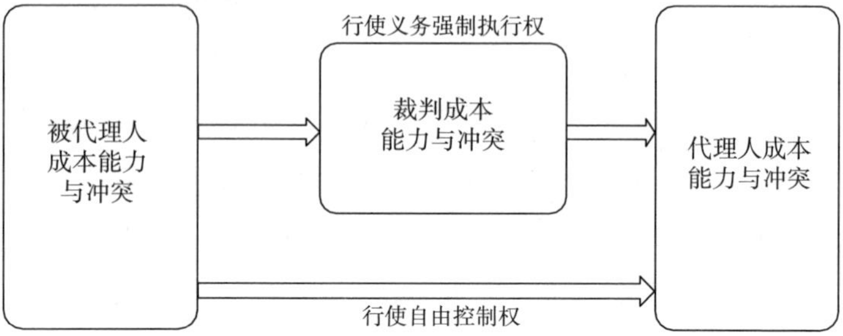

图1　被代理人成本、代理人成本及裁判成本

一般而言,各方的总控制成本可能会随着裁判控制成本的提高而降低。换言之,即可能出现被代理人成本与代理成本二者之和高于被代理人成本、代理成本、裁判成本三者之和。传统的经济理论假设表明当事人将向法院分配更多的决策权,[151]反之亦然。当各方的总控制成本随着裁判控制成本的提高而提高时,即被代理人成本、代理成本、裁判成本三者之和高于被代理人成本与代理成本二者之和时,我们的理论预测,双方将在不涉及法院的情况下向被代理人、代理人或两者分配更多决策权。

1. 按裁判类型划分的总控制成本

在引入公司合同各方寻求被代理人成本、代理成本和裁判成本之和最小化的框架后,我们现在转到另一个伴随而来的重要问题:是何因素影响被代理人成本、代理人成本和裁判成本的大小与平衡?在本小节中,我们讨论这样一个因素:裁判类型。具言之,我们认为在特定情况下,总控制成本的大小因法院作出的裁判类型而异。我

〔151〕 See *supra* note 31 and accompanying text.

们考虑两种广泛存在的裁判类型:第一,旨在降低被代理人或代理人的能力成本的裁判;第二,旨在降低被代理人或代理人的冲突成本的裁判。

(1)能力成本。一般而言,法院的引入不是为了降低被代理人或代理人的能力成本。裁决程序本身不足以对公司行为者的能力作出有意义的判断,如果授予法院这种权力,很可能会增加总控制成本。比如,以下这一涉及公司行为者能力的典例:公司董事会的选举。若将判断某人是否能在公司董事会胜任的权力授予法院,成本可能实在过高。法官没有选任董事的能力,也不会聘请诸如人力资源部等来帮助识别提名董事人选。因此,让法官参与对提名董事人选的评估很可能会引发高昂的裁判能力成本。此外,法官不承担其裁决的后果,也没有事后追责机制。更糟糕的是,将董事提名的控制权授予法院也可能引入原告律师扭曲的激励机制。由于原告律师可能希望进行不必要的诉讼,因此,对提名董事人选的评估涉及司法程序也很可能会引发裁判冲突成本。

与此相反,股东有正确任命董事的动机。如果被代理人能力成本相对较低(如机构投资者),笔者认为,股东有能力挑选合适人选进入公司董事会。即使被代理人成本很高(如散户投资者),也不足以作为证明寻求法院提名董事的理由。在这种情况下,尽管存在明显冲突,但最好还是让代理人(管理层或现有董事)提名董事人选,因为代理人比法院更有能力且其受制于如赔偿和敌意收购的问责机制。

我们的理论预测,鉴于上述较高裁判成本的风险,法院一般仅在当事人在董事选举和其他涉及被代理人和代理人的能力的裁判中发挥次要作用,且只负责审理程序问题而不对董事候选人的实质能力作判断裁决。事实上,这也正是法律所反映的。[152]

(2)冲突成本。传统上,法院更多地参与旨在降低被代理人或代理人冲突成本的审判。公司冲突成本通常来自被代理人与代理人之间关于现金流权或控制权分配的争议。如一个传统的现金流冲突:挤出合并。在挤出合并中,股东收购小股东的股份,以获得公司的全部控制权。[153] 在挤出合并中,控股股东的财务利益明显受到牵连,这表明将决策权留给董事会(也许受控股股东的影响)可能是不明智的,因为它可能会产生代理人冲突成本。因此,当事人不妨让法院介入,以便仔细审查董事会接受挤出合并的条款和价格的决策。

法院在监督这种冲突的确切作用将取决于在任何特定情况下法院裁判成本与被代理人成本的相对大小。与特拉华州法院不同,并非所有法院都能对估价提出合理的意见,故而可能产生裁判能力成本。[154] 此外,原告律师的寻租倾向可能会通过高于正常有效的频率对挤出合并提出诉讼进而产生裁判冲突成本。

然而,假设像特拉华州这样的专业法院,被代理人成本与裁判成本的相对规模很可能是法院可能发挥作用的主要决定因素。例如,控股股东在一个主要由散户投资者持有的公司中提出挤出合并,散户投资者因缺乏有关交易定价的信息和专业知识可能产生能力成本。同样,一些股东可能会通过不合理高价要求阻挠有利交易(保留

〔152〕 在特拉华州,法院根据 Blasius 标准仔细审查与选举有关的董事会行动。因此,董事会必须为以妨碍股东行使表决权为主要目的而采取的行为提出令人信服的理由,这是一项典型的程序性限制。See Blasius Industries, Inc. *v.* Atlas Corp. ,564 A. 2d 651,661 (1988). 在我们的理论预测法院的作用有限的典型案例中,我们考虑了普通的商业决策。See e. g. ,Aaronson *v.* Lewis,473 A. 2d 805(Del. 1984).

〔153〕 See *supra* note 30 and accompanying text.

〔154〕 See *supra* notes 3 – 4(描述特拉华州法院在这些问题上的专业的独特性).

问题)而可能产生冲突成本,这两种成本共同构成相对较高的被代理人成本。[155] 因此,在这种情况下,法院可能被委以担任实质性角色,裁定挤出合并的公平性。如果我们想象在同样的挤出合并中,当事人不是散户投资者而是机构投资者,情况便大相径庭。由于机构投资者在估值方面拥有卓越的专业知识,不合理阻挠有利交易的可能性亦较低,机构投资者可能会产生较低被代理人成本。此时,法院可能被委以担任一个更程序性的角色,对无利害关系股东的投票公正与否作出裁决。

2. 被代理人能力和所有权构成

如前文所述,被代理人能力会影响寻求法院或行使自由控制权解决公司纠纷的最佳选择。因为投资者的成熟精明是投资者能力的典型特征,我们认为公司投资者的成熟精明有助于预测将纠纷解决权力授予法院是否高效,或仅保留权利在司法程序外解决纠纷。具言之,我们的理论预测:投资者的成熟程度影响市场参与者寻求法院解决公司纠纷的程度。

为说明投资者在确定法院介入是否最优的重要性,假设公司具有不同投资者基础是有所裨益的。首先,继续探讨笔者之前所举的例子:一家科技公司的企业家马可和一位投资者莎拉,假设莎拉的风险投资公司在技术行业有相当丰富经验且莎拉的公司在马可的公司中拥有较大股权。进一步假设马可公司剩余股权的股东与莎拉的能力不分上下,同样富有经验,公司代理能力成本较低,并最终假设每

[155] 全面分析小股东批准与司法监督之间的权衡,see Zohar Goshen, *The Efficiency of Controlling Corporate Self-Dealing*: *Theory Meets Reality*, 91 California Law Review 393 (2003)。

位投资者都像莎拉这样拥有公司大额股份，我们也可以预期这将产生相对较低的被代理人冲突成本。因为莎拉等人有明确的财务激励，以确保马可公司的成功。[156] 考虑马可公司面临的被代理人成本的风险小，我们的理论预测各方倾向于向被代理人与代理人保留重要的纠纷解决权，如此便很少诉诸司法监督，[157] 这与风险投资家所观察到的事实相吻合印证。在美国，风险投资只占上市公司投资者的一小部分，他们通常高度专注于公司控制权谈判，力图掌握高度的自由控制权。[158]

其次，考虑投资者频谱另一端：不是马可那样的公司，而是一家股权结构分散的公司，其股权几乎全部由小额、多样化的散户投资者持有，他们对如何管理一家大公司知之甚少。这种专业知识缺乏和存在大量小额股权的情况便可能产生较高的被代理人能力成本与被代理人冲突成本。[159] 在此情形下，当事人便常常寻求司法程序解决

---

〔156〕 当然，人们可以想象被代理人冲突成本极高的情形。例如，如果风险资本家也持有竞争对手公司的股份，我们可能预见他们会鼓动公司采取行动帮助他们的其他投资组合公司，但这却会降低公司的价值。

〔157〕 这一理论的逻辑连贯性也得到了 Scott 和 Triantis 的支持。See Robert E. Scott & George G. Triantis, *Anticipating Litigation in Contract Design*, 115 Yale Law Journal 814 (2006).

〔158〕 换言之，当事人选择的是一份完全的合同，而不是不完全的合同。Id. at 814. 人们也可能在规则与标准方面考虑这个问题。See generally Louis Kaplow, *Rules Versus Standards: An Economic Analysis*, 42 Duke Law Journal 557(1992). 风险投资家和其他老练的各方可以将模糊的标准转化为更精确的规则，为他们的具体情况提供更好的安排。

〔159〕 有大量的文献讨论小额持股导致投资者激励扭曲，尤为关注监督公司管理的最低财务激励导致所谓的"搭便车"和理性冷漠问题。See e. g. , Bernard S. Black, *Shareholder Passivity Reexamined*, 189 Michigan Law Review 520(1990). 关于股东集体行动问题的讨论，see also Hannes, *Super Hedge Fund*, *supra* note 98, at 172 – 173. 关于理性冷漠问题的讨论，see also Jeffrey N. Gordon, *The Mandatory Structure of Corporate Law*, 89 Columbia Law Review 1549, 1575 – 1577(1989)。

纠纷,依靠法院降低冲突成本。

最后,假设有一家处于上述二者之间的公司,该公司主要由大机构投资者持有:(1)该公司投资者成熟程度高于散户投资者而低于风投资本家;(2)投资者在公司的股权份额中,大于散户投资者而小于高投资的风险投资公司所持有的股权份额,比如,在公司总股本中所占比例在1% ~10%。在这样一家公司中,我们预测机构投资者的适度成熟将导致其产生的被代理人能力成本低于散户投资者但高于风险投资公司所产生的被代理人成本。我们还进一步预测,机构投资者的适中股权份额产生的被代理人冲突成本比散户投资者产生的要低,但高于风险投资公司所产生的被代理人冲突成本。在适中的被代理人能力成本及被代理人冲突成本情况下,我们的理论预测各方寻求法院解决纠纷的可能性高于第一个风险投资公司的例子,但低于第二个散户投资者拥有公司的例子。

下文,我们在关注特拉华州法院作用愈加衰落的同时,也将我们的理论应用于典型的现代美国公司。

三、特拉华州的应用与启示

本文第一部分通过说明特拉华州法院的作用变弱以及市场参与者在法院之外解决纠纷的趋势渐长,进而论述公司法的死亡。第二部分提出一种新理论,解释被代理人成本如何影响股东在行使自由控制权和寻求法院介入之间的偏好。我们的理论证明法院的最佳作用取决于被代理人成本、代理成本以及裁判成本三者的平衡。在这一部分中,我们运用新理论来解释特拉华州法院在解决公司纠纷的作用衰落,并对特拉华州作为公司注册主要地区的走向作出预测。

(一)特拉华州法院衰落理论的应用

为解释特拉华州法院角色的变化,我们需分析当前控制成本的平衡,以确定是哪些参与者——被代理人、代理人或法院的成本导致了特拉华州法院的衰落。

1. 法院

我们首先观察到特拉华州法院的能力成本和冲突成本在过去几十年中似乎保持相对不变。[160] 特拉华州衡平法院,亦即特拉华州商事法庭,数十年来在规模、组成和能力方面变化不大,其法官也是通过相同程序遴选出来的。[161] 简言之,裁判控制成本基本没有变化。因此我们的理论认为,要弄清特拉华州对公司的权力为何从法院转移到市场参与者,必须追溯到代理人或被代理人成本的变化。

2. 代理人

几乎没有理由相信,过去几十年来固有的代理成本,即管理者行使控制权所产生的成本发生过重大变化。至于能力成本,总体而言,管理能力也似乎没有经历关键转变。也许更重要的是,法院主要负责监督管理冲突而非管理能力,后者的改变似乎不太可能促使法院的作用发生变化。

关于冲突成本,我们没有任何证据表明管理者在冲突行为中历

---

〔160〕 See Randy J. Holland, *Delaware's Business Courts: Litigation Leadership*, 34 The Journal of Corporation Law 771,777(2009)(表明自20世纪80年代以来特拉华州法院的法官任用方法、规模、组成等没有发生重大变化).

〔161〕 See Holland, *supra* note 161, at 776 - 777.

经显著转变。诚然,董事会的监督做法已经发展到鼓励董事须更仔细地审查公司高级管理人员。[162] 但是,类似我们在第一部分中描述的其他趋势,这一变化也是由股东更多地行使自由控制权所推动的。理论上,高管薪酬结构的变化可能会影响管理冲突成本。然而,高管薪酬存在理论上的相互抵牾,人们对于高管薪酬是降低代理成本的结构抑或本身就是代理成本的表现形式争论不休。[163] 自 2000 年以来,薪酬的规模(薪酬减少)和组成(薪酬从以期权为基础转向以限制性股票为基础)发生了变化,但关于薪酬对其公司业绩和风险承担的影响的实证研究结果尚无定论。[164]

同样,金色降落伞的广泛使用——这是高管薪酬的一部分,在出售控制权时向管理层提供高额报酬——理论上激励管理者出售公司,解决公司经营困境。[165] 然而,在实践中,大部分对冲基金活动是为了促进并购。[166] 这一现实意味着这方面的管理冲突也没有大幅

---

〔162〕 See e. g. , F. William McNabb, *Getting to Know You*: *The Case for Significant Shareholder Engagement*, Harvard Law School Forum on Corporate Governance and Financial Regulation(June 24,2015)("利益相关者越来越希望董事会做更多工作来监督他们所领导的组织。").

〔163〕 See Lucian A. Bebchuk & Jesse M. Fried, *Executive Compensation as an Agency Problem*, 17 Journal of Economic Perspectives 71(2003).

〔164〕 See Alex Edmans, Xavier Gabaix & Dirk Jenter, *Executive Compensation*: *A Survey of Theory and Evidence*, 1 The Handbook of the Economics of Corporate Governance 383 (2017). 鉴于这些相互矛盾和模棱两可的证据,我们认为目前董事会任何关于高管薪酬与管理冲突之间存在关联的主张都是推测性的。

〔165〕 然而从实证分析,黄金降落伞对管理激励的影响是不确定的。See e. g. , Lucian Bebchuk et al. , *Golden Parachutes and the Wealth of Shareholders*, 25 Journal of Corporate Finance 140(2014)(显示黄金降落伞对管理激励产生相互矛盾的影响).

〔166〕 See JP Morgan's Report, *supra* note 107, at 4("全球激进投资者在 2016 年和 2017 年的代理季中提出了超过 500 项与并购相关的活动要求,约占同期总价值需求的 75%").

度减少,改变的只不过是处理管理冲突的方法。

3. 被代理人

这就留下了法院角色变化的最后一个可能的罪魁祸首:被代理人成本的改变。如果在过去的几十年里,分散所有权公司的被代理人成本有所下降,那么当我们的理论表明与投资者控制相关的成本降低已经导致权力从法院转移到股东时,这一结果与第一部分的论述及第二部分所阐述的理论相吻合。事实上,特拉华州法院的衰落与美国股票市场所有权结构的转变同时发生,散户投资者已经向成熟的大型机构投资者让位。[167]

一些数据有助于描述这种剧烈变化:1965 年,美国共同基金、养老基金和保险公司分别持有价值 360 亿美元、430 亿美元和 210 亿美元的美国公司股票。[168] 这三个集团所持有的股份占股票市场的比例相对较小:共同基金 5%、养老基金 6%、保险公司 3%。[169] 到 1980 年,这三类基金在股票市场中所占的份额有所增加,两者之间的差距也发生了变化:共同基金占 3.1%、养老基金占 17.4%、保险公司占5.1%。[170]

---

〔167〕 See Paul Rose, *The Corporate Governance Industry*, 32 The Journal of Corporation Law 887, 897(2007).

〔168〕 See Bd. of Governors of the Fed. Reserve Sys., *Financial Accounts of the United States: Historical Annual Tables 1965 to 1974* 95 tbl. L. 213(2014)(显示当时美国整个股票市场价值不到 7500 亿美元). 非机构投资者持有的美国公司股票直接由公众或大股东(包括控股股东)持有。See John C. Coates IV, *Measuring the Domain of Mediating Hierarchy: How Contestable Are U. S. Public Corporations?*, 24 The Journal of Corporation Law 837, 848(1999)(讨论美国公司的所有权模式,并注意到在很大一部分经济实体中存在控制股东).

〔169〕 See Federal Reserve 1965 - 1974, *supra* note 169, at 95 tbl. L. 213.

〔170〕 See James M. Poterba et al., *Stock Ownership Patterns, Stock Market Fluctuations, and Consumption*, 2 Brookings Papers on Economic Activity 295, 313(1995)(描述过去 30 年中股票所有权的变化模式,以及股价变动与消费之间的关系).

当时,国内上市公司的市值为1.36万亿美元,[171]机构投资者共持有4362亿美元股权。[172]

此后,这些数字持续迅速攀升。[173] 2016年,共同基金、养老基金和保险公司分别持有价值9.1万亿美元、4.15万亿美元和6550亿美元的美国公司股票。[174] 即使股票市场本身有了巨大的增长,2016年上市公司总市值也超过了25万亿美元,[175]这三组机构投资者总共持有超过50%的市场份额。[176]

在这一群机构投资者中,少数基金经理的影响力尤为显著。[177]例如,在商业领域,黑石基金持有5.1万亿美元的资产,先锋集团持有3.5万亿美元;道富全球顾问公司持有2.3万亿美元;富达投资集体持有2万亿美元;保德信金融公司持有1.176万亿美元。[178] 无论

---

[171] See The World Bank, *Market Capitalization of Listed Domestic Companies*; Margaret M. Blair, *Ownership and Control: Rethinking Corporate Governance for the Twenty-First Century*(Brookings Institution Press,1996),p.46.

[172] See Edward B. Rock, *Institutional Investors in Corporate Governance*, in *Oxford Handbook of Corporate Law and Governance*(Oxford University Press,2015),p.5–7(研究机构投资者在公司治理中的作用以及监督是否可能激励其成为积极管理者).

[173] See Luis A. Aguilar, Commissioner, U. S Sec. & Exch. Comm., *Institutional Investors: Power and Responsibility*, Address at Georgia State University(Apr. 19,2013)(总结数据以证明机构投资者的增多).

[174] See Bd. of Governors of the Fed. Reserve Sys., *Financial Accounts Guide*, tbl. L. 223 Corporate Equities(last visited Aug. 20,2017).

[175] See *S&P 500 Historical Total Market Cap & Float Adjusted Cap*, Siblis Research.

[176] See Bd. of Governors of the Fed. Reserve Sys., Financial Accounts of the United States: Historical Annual Tables 2005 to 2013 98 tbl. L. 213(2014).

[177] See Stephen Choi et al., *Who Calls the Shots? How Mutual Funds Vote on Director Elections*,3 Harvard Business Law Review 35,55(2013)(就管理的资产规模而言,三只具体的共同基金占据主导优势).

[178] See *Who We Are, BlackRock*, Blackrock, https://www.blackrock.com/.

以任何标准衡量,公共养老基金都是庞然大物,〔179〕美国教师退休基金会和加州公务员退休基金监督会的资产价值分别为8510亿美元及2958亿美元。〔180〕

因此,机构投资者总体上有效地控制了市场。〔181〕在大多数公司中,机构投资者集体共同占据主导地位。〔182〕从所有权集中的角度来看,机构投资者的主导地位在大型公司中更为明显,机构股东平均拥有这类公司70%以上的股票。〔183〕即使在机构投资者中,市场也高度集中。美国最大的25家机构拥有超过30%的美国公司股票,〔184〕最大的10名经理管理着23.4%的资产。〔185〕

三大资产管理机构,黑石基金、先锋集团和道富集团更是美国许多上市公司(3900家公司中有1662家)的单一最大股东,平均持股

---

〔179〕 See Alan R. Palmiter, *Staying Public: Institutional Investors in U. S. Capital Markets*, 3 Brooklyn Journal of corporate, financial & commercial Law 245, 266 - 267(2009).

〔180〕 See *How We Serve You: Institutional Investors*, TIAA-CREF Financial Services, DIAA, https://www.tiaa-cref.org/public/about-us/how-we-serve-you#tab4.

〔181〕 See *Seekingalpha*, https://seekingalpha.com/article/4040012 - u-s-stock-market-tops - 25 - trillion - 1_9 - trillion-since-election.

〔182〕 See Aguilar, *supra* note 174(“简言之,机构投资者是主要的市场参与者……”).

〔183〕 See The Conference Bd., *The 2010 Institutional Investment Report: Trends in Asset Allocation and Portfolio Composition*(2010), at 27 tbl. 13(显示2009年,机构投资者在排名前1000家美国公司中的股权集中度为73%).例如,目前机构投资者持有苹果公司股票的比例为60.2%。Apple Inc. MajorHolders, Yahoo! Finance, https://finance.yahoo.com/q/mh? s = AAPL + Major + Holders. 2015年2月,机构投资者持有微软公司股票的比例为71%。See Microsoft Corp. Major Holders, Yahoo! Finance, https://finance.yahoo.com/q/mh? s = MSFT%2C + &ql = 1.

〔184〕 See Marcel Kahan & Edward B. Rock, *Anti-Activist Poison Pills*(NYU Law and Economics Research, Paper No. 17 - 08, 2017), p. 23.

〔185〕 See As to September 2015. Itzhak Ben-David et al., *The Granular Nature of Large Institutional Investors*(National Bureau of Econ. Research, Working Paper No. 22247, 2016), p. 1.

比例超过 17%。这种情况在标普 500 公司中更为突出(500 家公司中有 438 家)。[186]

因此,考虑这些可观的股份和相关的市场集中度,机构股东已有足够能力影响他们的投资组合公司便不足为奇。这些机构投资者不仅比过去几年的散户投资者更成熟老练,而且他们的股权也要大得多,这便降低了协调成本,并提供更多的监督激励。[187] 其中,几家主要的资产管理公司都设有专门的内部公司治理办公室,专门担任这一监督角色。[188]

在机构投资者不愿积极推动公司变革的情况下,其他投资者,如对冲基金,开始介入填补这一空白。[189] 然而,这些变化已经产生了自身的成本,[190] 但总而言之,目前被代理人成本似乎比几十年前更低。因此根据我们的理论,裁判的相对成本表明,将控制权从法院转移到股东是更可取的——与第一部分提出的证据相一致。简言之,股东似乎已经变得足够成熟并有"自己动手丰衣足食"的激励,故而大大减少了司法介入的需求。

---

〔186〕 See Jan Fichtner et al., *Hidden power of the Big Three? Passive Index Funds, Re-Concentration of Corporate Ownership, and New Financial Risk*, University of Amsterdam (Feb. 7, 2017), p. 15 – 16.

〔187〕 事实上,这样做可能会违反联邦法律规定的受信义务。See 17 § 275. 206(4) – 6 (2017)(禁止投资顾问对客户证券行使表决权,而不执行确保顾问为客户最佳利益表决而合理设计的书面政策和程序);Interpretive Bulletin Relating to Exercise of Shareholder Rights, 73 Federal Register 61, 731, 61, 733 (October 17, 2008) (codified at 29 C. F. R. pt. 2509) ("ERISA 受信义务要求负责任的受托人就可能影响计划投资经济价值的问题进行代理投票").

〔188〕 See e. g., BlackRock, *Investment Stewardship*.

〔189〕 See Gilson & Gordon, *supra* note 22(他们认为,如今被动的机构投资者基本上都受到了理性沉默的影响,而激进对冲基金也参与进来以弥补空白).

〔190〕 See generally Rose, *supra* note 168.

(二)特拉华州在公司法与公司治理中的走向

本部分转而讨论上述理论对未来的启发及预测。第三部分探讨法院在成熟股东时代的作用。我们的理论认为,美国股东组成的变化意味着法院和诉讼的作用更为有限。接着本部分聚焦探讨特拉华州未来的作用。我们预测,公众股东总体特征的改变将导致特拉华州发挥更为有限的作用,但这些变化也不太可能导致上市公司向其他司法管辖区大规模外逃。然而,为了确保特拉华州在公司法领域继续占据主导地位和发挥参与作用,特拉华州将不得不适应以法院为中心的纠纷解决需求的锐减。

1. 法院在成熟股东时代的角色

根据我们的理论,当事人寻求将被代理人成本、代理人成本和裁判成本的总和的最小化。因此,被代理人成熟程度的提升(降低被代理人能力成本)表明,由于司法程序有产生不必要的裁判成本的风险,因此司法解决纠纷的需求相应减少。[191] 相反,市场参与者可能会行使自由控制权实现其目标。[192]

事实上,我们已经观察到了一些显著的实例。市场参与者远离法院,选择行使自由控制权来解决各种公司纠纷。[193] 成熟股东的存在令公司法环境焕然一新:法院仅扮演相对程序性上的角色,被代理人、代理人或某些组合保留实质性决策权。

随着法院的作用变得更加程序化,我们可以观察到权力中心从

〔191〕 See *supra* Part II(概述我们的理论和各方降低被代理人成本、代理成本和裁判成本之总和的目标).

〔192〕 See *supra* section I. B. 1(提供了这种私人秩序的几个例子).

〔193〕 See *supra* section I. B. 1I. B.

公共决策者(如法院)转移到私人决策者(如投票咨询顾问和大型机构投资者)。这种由实质性司法裁决向行使自由控制权的转变,与根据特拉华州法律采取行动的预期合法性相比,董事会受到大机构股东和投票咨询顾问可能作出的反应的更大制约。[194] 当机构投资者行使必要的所有权使保留表决权成为一种威胁时,有时再加上“多数表决”和“代理参与权”机制的结合,[195] 董事会成员将其重点转向批准机构投资者和其他私人决策者而不是司法机构是完全明智的。[196] 这种私人决策者的影响力与日俱增,可能预示着美国公司纠纷解决将从“以法院为中心”转变为“以控制为中心”。职是之故,这种转型可能令公司法被高高挂起,变得无关紧要。

---

〔194〕 See Leo E. Strine, Jr. , *The Delaware Way: How We Do Corporate Law and Some of the New Challenges We (and Europe) Face*, 30 Delaware Journal of Corporate Law 673, 688 (2005) (“大权在握的首席执行官们向机构股东服务公司所在的罗克维尔、马里兰等地屈膝,以说服机构股东服务公司的经理们相信他们对拟议合并、高管薪酬、毒丸计划等问题的看法是有价值的。他们之所以这样做是因为首席执行官们认识到,一些机构投资者将简单地遵循机构股东服务公司的建议而非自身想法。”); *Supra* section I. B. 1(注意到尽管有迹象表明金腰带毒丸计划是合法的,但由于畏惧机构所有者的报复,管理层基本上放弃了这些计划); cf. Andrew Ross Sorkin, *Investors to Directors*, “*Can We Talk*?”, New York Times (July 21, 2014) (“行动主义的时代显然还没有谢幕,董事与股东之间有某种形式的约定……将大大有助于帮助董事会代表股东开展工作。”).

〔195〕 See *supra* note 94.

〔196〕 除第一部分提到的情况外,本文还考虑其他分散但日益明显的机构投资者在没有司法协助的背景下对董事进行纪律处分的情况。最近的一篇论文考察了机构投资者是否会从老公司到新公司跟随董事进行股权投资,并以非常肯定的回答为结论。See Jay Dahya & Richard Herron, *Do Investors Follow Directors*? (Mar. 30, 2017), p. 26(未出版的手稿). 换言之,公司董事必须在如下假设下运作:即便董事们转到另一家公司之后,主要投资者也会因表现良好而奖励董事(而表现欠佳的则相应地被扣去这种报酬)。同样,美国第八大共同基金维度基金顾问公司最近威胁要投票反对批准不仅执行该机制的特定公司的董事,而且是所在董事会的所有董事。See Toonkel, *supra* note 35.

2. 特拉华州的未来挑战

在本部分，我们对特拉华州的观察将从宏观层面转向微观层面。许多学者认为，特拉华州在公司法领域占据主导地位至少部分归因于其司法系统。[197] 罗曼诺(Romano)教授在描述特拉华州的主导地位时，高度肯定了特拉华州先例的实质内涵——司法专业水准、司法裁判可预测性以及任何具体公司法问题都将或已经由法院裁决的可能性。[198] 克劳斯纳(Klausner)教授同样指出了与特拉华州司法先例相关的"网络效应"是特拉华州成功吸引公司注册的一个关键因素。[199] 克劳斯纳认为，特拉华州的公司在一定程度上是为了实现特拉华州决策产生的正"网络外部性"的利益。[200] 这些理论立基的前提是特拉华州法院在公司治理中发挥着积极和实质性的作用。

假如特拉华州吸引公司注册的成功确实有赖于特拉华州独特的司法系统，那么法院解决公司纠纷机会的锐减，意味着这种市场中心主义可能令特拉华州放弃其重要地位。由于特拉华州司法系统的重

---

〔197〕 See e. g. , Charles M. Elson, *Why Delaware Must Retain Its Corporate Dominance and Why It May Not*, in Stephen M. Bainbridge et al. eds. , *Can Delaware be Dethroned*?, Cambridge University Press, 2018, p. 227("特拉华州在公司中占据主导地位的最重要原因根植于司法基础。").

〔198〕 See Romano, *Law as a Product*, *supra* note 3, at 277 – 278; Romano, *State Competition*, *supra* note 3, at 722.

〔199〕 See Michael Klausner, *Corporations*, *Corporate Law*, *and Networks of Contracts*, 81 Virginia Law Review 757, 841 – 851(1995)("如果未来司法解释是有益的，它们就是与特定公司合同条款相关的网络效应。"). 对特拉华州法院持更怀疑的态度, see Henry Hansmann & Reinier Kraakman, *The End of History for Corporate Law*, 89 Georgetown Law Journal 439, 459(2001)("有迹象表明，人们对于更极端的事后决策形式越来越不适，而这种决策有时是特拉华州法院的特点。").

〔200〕 See id. at 842 – 848.

要性源于其在解决公司纠纷中的实质性作用,所以上述风险尤其严重。如果法院在解决这些高度技术性纠纷的司法专长是至关重要的,那么从司法裁判向自由裁量权的转变,似乎会为特拉华州的公司提供更少公司注册或者继续存在的理由。同样,如果特拉华州的成功取决于对其先例的解释所带来的网络效应,[201] 而这些先例重要性的降低就意味着让公司选择特拉华州的理由变得更少。

然而,至少有两个理由质疑这一现象。越来越多的市场参与者行使自由控制权并不会导致特拉华州完全放弃其作为公司法的主导地位。第一,即使特拉华州法院的实质性作用被削弱,特拉华州的法院在运作上仍然非常有效。[202] 特拉华州法院在没有陪审团的情况下主要基于书面证词迅速有效地进行审判。[203] 在这方面,没有理由期望其他州会超过特拉华州——尽管特拉华州法院实质性作用下降,但其他州将不得不承担大量成本来匹配并克服与特拉华州的业务效率相关的正"网络外部性"。

---

〔201〕 See Klausner, *supra* note 200 and accompanying text.

〔202〕 See Savitt, *supra* note 4; The well-recognized advantages of the Delaware Courts in this respect remains intact. See Curtis Alva, *Delaware and the Market for Corporate Charters: History and Agency*, 15 Delaware Journal of Corporate Law 885, 917 – 919 (1990) ("此外,小型、专业和单一化的特拉华州司法机构以两种方式降低代理成本。其一,特拉华州只有一个具有审理公司案件管辖权的法院,其不进行陪审团审判,上诉直接向特拉华州最高法院提出,最高法院只有五名法官……其二,与公司法部门一样,特拉华州的法官在公司法领域非常专业,他们极具能力理解、解释和执行公司法律"); Kenju Watanabe, *Control Transaction Governance: Collective Action and Asymmetric Information Problems and Ex post Policing*, 36 Northwestern Journal of International Law & Business 45, 102 (2016) ("作为衡平法院,法院没有陪审团,这保证了法院能够迅速解决事实问题,即使是在需要进行审判的情况下,也没有因非专业陪审团而犯错误的风险。").

〔203〕 See Watanabe, *supra* note 203, at 102.

第二,尽管学者们对其确切规模有所争论,〔204〕但至少有一些交易成本与公司重组有关。〔205〕只要特拉华州避免低效裁判成本超过重组交易成本,特拉华州就会保持其历史上的突出地位。然而,一个低效的、有利于诉讼的制度将会增加交易成本,并威胁到特拉华州作为公司注册主要地区的优势地位。〔206〕因此,特拉华州法院必须与全体股东保持一致,而不是与名义股东原告及其律师结盟。〔207〕

---

〔204〕 See Compare Romano, *Law as a Product*, *supra* note 3, at 246 - 248("重组费用差别很大,从几千美元到一百多万美元不等……还有一系列更间接的费用……"), and Roberta Romano, *The Genius of American Corporate Law* 85 - 112 (Aei Press, 1993) [hereinafter Romano, Genius] (same), with Bernard Black, *Is Corporate Law Trivial?: A Political and Economic Analysis*, 84 Northwestern University Law Review 542, 585 - 586 (1990)(声称与公司重组有关的交易费用较低).

〔205〕 除重组的直接成本外,路径依赖也是一种额外成本,其可能会限制在其他州的注册和重组。Cf. Lucian Ayre Bebchuk & Mark J. Roe, *A Theory of Path Dependence in Corporate Ownership and Governance*, 52 Stanford Law Review 127, 162(1999); A. Gilchrist Sparks III & Daniel D. Matthews, *Delaware's Continued Resilience: The Next Hundred Years*, in Stephen M. Bainbridge et al. eds., Can Delaware be Dethroned?, Cambridge University Press, 2018, p. 258("惯性,包括全国各地的律师和投资者对特拉华州法律的熟悉,进一步加强了特拉华州的主导地位,这种成功并不容易被复制").

〔206〕 See Faith Stevelman, *Regulatory Competition, Choice of Forum, and Delaware's Stake in Corporate Law*, 34 Delaware Journal of Corporate Law 57, 69 - 70(2009)(强调由被告方律师控制的特拉华州律师协会的影响); Bo Becker et al., *Does Shareholder Proxy Access Improve Firm Value? Evidence from the Business Roundtable's Challenge*, 56 The Journal of Law and Economics 127, 137(2013).

〔207〕 原告律师没有限制裁判成本的动机。特拉华州对其公司征收的特许经营税激励州立法者包括法院去创立提高价值的法律,而原告律师有极其不同且非常强烈的动机:最大限度地提高律师费。因为律师只有在法院拥有决定权的情况下才能赚取律师费,所以人们会预测到一个理性的、利己的原告律师会寻求司法权威最大化——即使被代理人成本、代理成本和裁判成本的平衡意味着法院在某一情况下的介入是次优的。只要有事业心的原告律师便能找到名义股东原告——历史表明,这个过程并不特别困难,而且收费的承诺依然存在,这些律师很可能会继续提起诉讼。然而即使没有这些,股东的境况也会更好。为了更清楚了解这类企业诉讼, see generally John C. Coffee, Jr., *Entrepreneurial Litigation: Its Rise, Fall and Future*(Harvard University Press, 2015); Fisch et al., *supra* note 130, at 572("仅限于披露的和解结构可能涉及其他问题——向原告律师支付费用的理由。")。

迄今为止,特拉华州似乎在抵制原告律师增加公司诉讼数量的要求。[208] 正如我们所观察到的,特拉华州法院已开始授权股东行使自由支配权以解决现金流权冲突,这便需要法院的程序性参与,然而这不像行使义务强制执行权那样需要法院的实质性司法介入。[209] 特拉华州法院更加重视股东批准合并与交易后诉讼,[210] 限制独立董事对冲突交易的披露。[211] 法院经独立委员会和无利害关系股东批准后,将商业判断规则适用于控股股东自我交易,[212] 通过对合并价格赋予相当大的权重,限制法定评估价格的使用,[213] 并减少仅限于披露的和解。[214] 与此同时,特拉华州批准在公司章程和细则中规定法院选择条款,帮助公司防止原告律师到更便于诉讼的法院起诉。[215]

---

[208] Matt Chiappardi, *Del. Plaintiffs Bar Rattled By Seismic Shift In Merger Law*, Law 360(February 10,2017)(“特拉华州最高法院最新的一系列判决……一些原告律师表示这代表着并购法律根基的巨大转变,其将关闭股东索赔的大门。”).

[209] See *supra* note 145 and accompanying text(讨论义务强制执行权).

[210] See Corwin *v.* KKR Fin. Holdings LLC,125 A. 3d 304,309(Del. 2015).

[211] See *In re Cornerstone Therapeutics Inc. Stockholder Litig.* ,115 A. 3d 1173,1182(Del. 2015). Cornerston 公司让市场参与者问责批准冲突交易的独立董事。

[212] Kahn *v.* M & F Worldwide Corp. ,88 A. 3d 635(Del. 2014).

[213] See *supra* note 124.

[214] See *In re Trulia, Inc. Stockholder Litigation*,129 A. 3d 884,898(Del. Ch. 2016),特拉华州法院明确表示将更仔细地审查仅限于披露的和解方案. See also Walsh & Sims, *supra* note 125, at 1 – 3; J. Travis Laster, *A Milder Prescription for the Peppercorn Settlement Problem in Merger Litigation*, 93 Texas Law Review 129,130(2015)(“我完全同意教授们对过度并购诉讼这一潜在问题的诊断,以及他们将例行的仅限于披露的和解认定为促成因素的观点。”).

[215] Sidley Austin, *Delaware Legislature Approves DGCL Amendments Endorsing DelawareForum Selection Clauses and Prohibiting Fee-Shifting Provisions*(January 15,2015)[“正如预期的那样,特拉华州立法机构批准了特拉华州公司法(DGCL)的修正案,该修正案将(1)授权特拉华州公司章程或规章细则规定法院选择条款……(2)禁止只指定特拉华州以外的法院为公司内部治理纠纷的唯一法院的条款;(3)使章程或规章细则中的费用转移条款无效。”]. 关于法院选择条款的实证效果,see Cain et. al. ,*The Shifting Tides of Merger Litigation*。

在此,值得一提的是,虽然特拉华州法院积极制定了便利私人秩序、减少特拉华州作为公司裁决者作用的政策,但这一退让不是司法意志的产物,而是市场需要的结果。根据本文观点,股东能力越强,公司法重要性越低。为了保持其作为公司注册主要地区的优势地位,特拉华州不得不从以前的实质性角色退出。

结 论

本文认为,美国股票市场的组成转型业已导致公司法的死亡,对美国上市公司的监管已从法院转向市场。因此,作为美国公司注册的主要地区,特拉华州及其法院的重要性急剧下降。为更广泛地解释特拉华州和公司法的衰落,我们采用一种新理论,论证被代理人与法院能力的差异是判定当事人倾向于寻求司法干预或是私自解决纠纷的重要因素。当被代理人能力较弱时,当事人更倾向于依靠法院解决纠纷;当被代理人能力较强时,当事人更愿意在法院之外行使权利自行解决纠纷。

我们对控制成本进行三元划分——被代理人成本、代理人成本和裁判成本——不仅可以解释公司法的广泛衰落,而且还可对特拉华州法院地位的衰落进行分析。与特拉华州法院长期以来的突出地位形成鲜明对比的是,时至今日,许多关键裁判中不再能够规定公司纠纷解决的实质性最终条款。相反,日益增多的成熟市场参与者选择部分或全部地回避法院,不再依靠以司法为中心的活动解决公司纠纷。对此转变,特拉华州法院一般予以接受。然而,我们的分析表明,是市场力量而非特拉华州法院促成这种新的公司控制权平衡。今时今日的机构股东自认是成熟的市场参与者,能够在没有司法协助的情况下通过积极行动来实现治理目标,故而在可避免的情况下毋宁不承担裁判成本。正因为如此,特拉华州法院越来越多地充当程序监督者的角色,抑或被迫在场外围观治理之争。

第五章　公司法的功能重生

被代理人成本：公司法与公司治理的新理论

[美]佐哈·戈申* 查理德·斯奎尔**

目 次

---

* 哥伦比亚大学法学院教授。

** 福特汉姆大学法学院教授。

本文原文发表于 Columbia Law Review（2017 年第 3 期）。

引　言

过去40年来,代理成本理论占据公司法及公司治理结构研究的主导地位。[1] 代理成本理论认为,公司治理最重要问题乃管理者(代理人)和股东(被代理人)之间的利益冲突。这种冲突根源于所有权与控制权分离,使管理者经营公司,但其利润则由股东分享。因此,管理者不会像被代理人那般,他们会投机取巧、牟取私利。管理者通过卸责与转移等诸多途径降低公司价值,并因而产生代理成本。为降低代理成本,学界主张强制性实施公司治理安排,如代理参与权制度(proxy access),以问责管理者。[2] 他们也主张禁止交错董

---

〔1〕 For the seminal work, see Michael C. Jensen & William H. Meckling, *Theory of the Firm: Managerial Behavior, Agency Costs and Ownership Structure*, 3 Journal of Financial Economic 305(1976)(发展了代理成本规范分析).

〔2〕 See e. g. , Lucian A. Bebchuk & Scott Hirst, *Private Ordering and the Proxy Access Debate*, 65 Business Law 329(2010).

事会〔3〕及双层股权结构〔4〕诸如此等削弱股东权利的治理安排。对于代理成本理论学界而言,降低代理成本绝对是一件好事,公司法及公司治理皆以此为目标。〔5〕

毋庸置疑,代理成本理论加深了我们对公司的理解。然而,对于公司法当前争论,代理成本理论囿于关注狭隘,无法洞察公司基本特征。根据迈克尔·詹森(Michael Jensen)和威廉·梅克林(William Meckling)合著的一篇开创性论文,〔6〕代理成本理论学者设想公司将控制权授予管理者,令控制权从所有权分离,仅为促进投资者资本聚合,实现规模经济。〔7〕 然而许多独资公司也将控制权授予管理者,并进而产生代理成本。因此,代理成本理论在此方面的解释力度不足。代理成本理论学者同样无法解释为何投资者常投资设置交错董事会的上市公司,在此种模式的董事会下,其只允许股东在指定期限内替换代理人,〔8〕或投资双层股权结构的公司,因为其否定外部股

---

〔3〕 See e. g. ,Lucian A. Bebchuk,John C. Coates & Guhan Subramanian,*The Powerful Antitakeover Force of Staggered Boards:Theory,Evidence,and Policy*,54 Stanford Law Review 887(2002)(批判交错董事会产生代理成本).

〔4〕 See e. g. , Lucian A. Bebchuk, Reinier Kraakman & George Triantis, Stock Pyramids, *Cross-Ownership, and Dual Class Equity: The Mechanisms and Agency Costs of Separating Control from Cash-Flow Rights*, in Concentrated Corporate Ownership(Randall K. Morck ed. ,The University of Chicago Press,2000).

〔5〕 See e. g. , Lucian A. Bebchuk, *The Case for Increasing Shareholder Power*, 118 Harvard Law Review 833(2005)[hereinafter Bebchuk,The Case].

〔6〕 Jensen & Meckling, *supra* note 1.

〔7〕 规模经济是由于组织、产量或经营成规模而获得的成本优势。See generally Economies of Scale, Investopedia, http://www. investopedia. com/terms/e/economiesofscale. asp.

〔8〕 法律允许公司采用股东有权随时替换公司董事的治理结构。See e. g. , Delaware Code Annotated. tit. 8, § 141(a),(d)(允许公司注册证书中提供可替代的治理结构).

东完全替换代理人的权利。[9] 如果说,实现规模经济是将控制权授予管理者的唯一利益,投资者便无任何理由以此自绑双手。显然,被代理人行使控制权时亦会产生成本,公司选择治理结构时应当将此类成本与代理成本对比权衡。由于忽视这种权衡,代理成本理论产生了不精确的实证预测及不明智的政策处方。

为克服这些缺陷,本文将介绍法律在公司治理中起适当作用的新理论。该理论认为每个公司的最优治理结构会使总控制成本最小化,其中总控制成本为代理成本以及被代理人成本之和。代理成本,在管理者行使控制权时产生;被代理人成本,则在投资者行使控制权时产生。由于控制权与所有权相分离,代理人可以自利方式行事,从而产生代理冲突成本,但也可能囿于自身能力、专业水平不足或信息不对称导致诚实的错误,从而产生代理能力成本。相似地,当投资者行使控制权时,他们可以自利方式行事,产生被代理人冲突成本。他们也可能产生诚实的失误,从而产生被代理人能力成本。代理成本与被代理人成本互为替代,投资者与管理者之间控制权此消彼长,任何重新分配都将降低一种成本而增加另一种成本。这个替代率因具体公司而异,其由商业战略、行业状况以及关键参与者个性特征等因素驱动。因此,每个公司最小化总控制成本的控制权分配迥乎不同。因为成本最小化的分配因公司而异,公司最优治理结构亦复如是。这意味着法律的适当作用是允许公司从多样化的治理结构中选择而非强制或禁止某些治理结构。

代理成本理论几乎仅考虑这四类控制成本中的一类:代理冲突

---

〔9〕 See Zohar Goshen & Assaf Hamdani, *Idiosyncratic Vision and Corporate Control*, 125 Yale Law Journal 560,588 – 591(2016)(说明双层股权结构排除投资者替换管理者).

成本。[10] 它低估了代理能力成本,更重要的是,它基本上忽略了被代理人成本的两种类型。然而,被代理人成本与代理成本同样重要,二者不可偏废。公司决定对投资者及管理者分配控制权时,必须权衡被代理人成本与代理成本。当公司存在多位投资者时,被代理人成本产生原因迥异,包括投资者之间利益冲突和集体决策问题等。[11] 但即便公司仅有一位投资者,无论何时,投资者都会因自身能力、专业水平不足抑或信息不对称等导致诚实的错误,产生被代理人成本,特别是被代理人能力成本。事实上,正是降低被代理人能力成本的目标解释了为何即便是独资公司也通常是由管理者而非投资者经营。

被代理人成本与代理成本之间权衡的公司特定性质解释了为何公司采用多样化治理结构,且不同治理结构为投资者和管理者之间提供不同的控制权分配。在治理结构频谱上,一端为双层股权结构,其赋予所有者型管理者彻底的、无争议的控制权。双层股权结构公司将潜在被代理人成本降至最低,但同时也提升高代理成本的风险。目力所及,频谱另一端,除独资公司和小型合伙企业之外,其他采用的公司则较为罕见,这些公司股权投资者保留对公司商业战略选择及发展的完全控制权。此种结构的公司将潜在代理成本降至最低,但同时也提高了被代理人成本的风险。频谱中间区域则是美国公众

〔10〕 See e. g. ,John Armour et al. ,*What is Corporate Law*,in Reinier Kraakman et al. , eds. ,The Anatomy of Corporate Law,Oxford University Press,2nd ed. 2009,p. 1,2(“许多公司法的内容可被理解为应对投机主义的三个主要来源:股东与管理者的冲突、股东之间的冲突以及股东与公司其他人员的冲突……”).

〔11〕 See Henry Hansmann,*Ownership of the Firm*,4 Journal of Law,Economics & Organization 267(1988)(分析股东决策问题).

公司中最常见的治理结构:股权分散制。〔12〕 股权分散公司管理者对公司控制程度大,由此产生显著的代理成本。但管理者控制权可以通过敌意收购或股东积极主义加以制衡,令代理成本得到控制。但是,由于敌意攻击者和激进对冲基金有时也会错误地将目标对准管理卓越高效的公司,〔13〕这种所有权结构同样产生显著的被代理人成本。

本文并非第一篇研究股东(与管理者相对)行使控制权时产生成本的论文。既往学者已然确定了被代理人成本的具体来源,〔14〕如短期主义、股东利益冲突和集体行动问题。〔15〕 然而,本文创新点在于论述了一套完整的控制成本,其中涵盖冲突成本与能力成本,并确认被代理人成本构成一般范畴,与代理成本分庭抗礼、并驾齐驱,也表

---

〔12〕 集中所有权结构通常与分散所有权结构形成鲜明对比,分散所有权结构在美国和英国最为普遍,公司的大部分股权被广泛持有。See generally Ronald C. Anderson & David M. Reeb, *Founding-Family Ownership and Firm Performance: Evidence from the S&P 500*,58 Journal of Finance 1301(2003)(指出大致30%的标普500公司为家族控股);Marco Becht & J. Bradford De Long, *Why Has There Been So Little Block Holding in America?*, in History of Corporate Governance Around the World: Family Business Groups to Professional Managers(Randall K. Morck ed. ,2005), p. 613. But see Clifford G. Holderness, *The Myth of Diffuse Ownership in the United States*,22 The Review of Financial Studies 1377(2009)(提出质疑美国上市公司所有权实际上是否真为分散的证据).

〔13〕 See *infra* note 143 and accompanying text.

〔14〕 作者感谢研究助理 Anna Shifflet 建议该术语表达。

〔15〕 See e. g. , Jeffrey N. Gordon, *Shareholder Initiative: A Social Choice and Game Theoretic Approach to Corporate Law*,60 University of Cincinnati Law Review 347(1991)(论述股东商业提案的投票病理); Bernard Black, *Agents Watching Agents: The Promise of Institutional Investor Voice*,39 UCLA Law Review 811(1991 - 1992)(讨论机构投资者的冲突);Edward Rock, *Controlling the Dark Side of Relational Investing*,15 Cardozo Law Review 987(1994)(same);Roberta Romano, *Public Pension Fund Activism in Corporate Governance Reconsidered*,93 Columbia Law Review 795(1993)(讨论公共养老基金的冲突);Lynne L. Dallas, *Short-Termism, the Financial Crisis, and Corporate Governance*, 37 The Journal of Corporation Law 265,269(2011)(分析短期主义问题);See also *infra* sections II. A. 1, II. B. 1(将被代理人成本理论与既往理论研究对比).

明被代理人成本与代理成本之间无可避免的权衡决定了每个公司最优治理结构。这些成果凸显代理成本理论学者忽视的公司治理问题的两个重要方面:其一,公司无论由被代理人还是管理者控制,都会存在控制成本的问题。其二,由于既定的治理结构对控制成本的影响对公司而言是具体而异的,故此,没有特定的治理结构可以被描述为本质上是优或差,是有利或低效的。

理论检验之一,为预测的准确性。被代理人成本理论,在公司价值与特定治理结构之间关系上,作出了与代理成本理论迥异不同的预测。代理成本理论认为,采用削弱股东权利治理结构的公司,如采用交错董事会和双层股权结构的公司,其持续表现将不如那些不采用这些治理结构的公司。形成鲜明对比的是,被代理人成本理论认为,基于公司具体特质,削弱股东权的治理结构对某些公司是高效的,对其他公司则并不尽然。因此,对这些特质进行适当控制的实证研究将观察到治理结构特征与公司价值之间其实并无相关性。诚如本文所述,被代理人成本理论在预测多数实证研究的结论上,确实优于代理成本理论。[16]

理论检验之二,为政策处方的智慧。目前关于公司治理的法学争论几乎限于代理成本。争论在股东至上派与董事至上派之间展开。[17] 股东至上派认为代理成本是一个大问题;董事至上派则认为代理成本仅是一个小问题。[18] 股东至上派希望立法者将公司控制权更多地转移给股东,[19] 董事至上派则希望将公司管理层与控制权争夺相

〔16〕 See *infra* section IV. A.

〔17〕 See e. g. , Bebchuk, *The Case*, *supra* note 5.

〔18〕 See e. g. , Stephen M. Bainbridge, *Director Primacy and Shareholder Disempowerment*, 119 Harvard Law Review 1735(2006).

〔19〕 See *infra* section IV. B.

隔离。[20] 双方各执一词,但被代理人成本理论明确认为这两个政策处方皆不可取,二者都千篇一律地将所有公司等同划一。[21] 由于最小化控制成本的治理结构因公司而异,监管机构和立法机构等不可“一刀切地”解决问题。在不存在明显市场失灵情形下,他们应假定每个公司选择的治理结构可以行之有效,他们应寻求增加而不是减少治理结构菜单选项。

本文以此展开:第一部分论述公司法的普遍范式——代理成本理论,并甄别该理论的缺陷,特别是其无法解释公司常见治理结构特征。第二部分论述被代理人成本理论,阐述该理论为何能解释代理成本理论力不能及的问题。此外,本文还论述了公司如何沿着一个频谱展开选择治理结构,频谱各点对应着被代理人成本和代理成本之间不同的权衡。第三部分论述被代理人成本理论如何实现更好的实证预测和政策处方。最后为结论。

一、代理成本理论的局限性

多数公司法研究集中于管理者(广义上包括董事)与股东之间的利益冲突这一主题。学者总是依据代理成本将冲突概念化:公司经济损失乃基于管理者追求自利行为的动机,令个人利益置于公司价值最大化目标之上。[22] 认为代理成本是一个大问题的代理成本理

---

〔20〕 See e. g. ,Bainbridge,*supra* note 18;Martin Lipton & Steven A. Rosenblum, *A New System of Governance*:*The Quinquennial Election of Directors*,58 University of Chicago Law Review 187,205 -213(1991).

〔21〕 See *infra* section IV. B.

〔22〕 See e. g. ,Bebchuk,Kraakman & Triantis,*supra* note 4.

论学者,依据降低代理成本能力这一指标,持续评估政策建议。他们反对所有权集中和双层股权结构的治理结构安排,认为这限制了股东问责管理者的权力。[23] 然而,因投资者行使控制权,或问责管理者时,被代理人亦会产生成本。值得深思的是,代理成本理论不能解释被多数公司广为采用的公司治理结构特征。

(一)詹森-梅克林模型及其延伸

自古以来,睿智洞察的研究者一直探讨代理成本问题,[24] 而对商业公司代理成本的现代分析中,最具影响力的是 1976 年由迈克尔·詹森和威廉·梅克林合作撰写的一篇论文。[25] 该文采用一个简单的公司模型,其中公司由投资者和管理者共同拥有,投资者提供资金,管理者管理公司。联合管理者提供的资本能使公司实现规模经济,[26] 但投资者资金使用呈现下行趋势。作为交换条件,管理者向投资者让与公司产生的一部分现金流,从而使所有权(现金流权)和控制权(公司经营权)分离。这种分离使管理者产生自利行为的动机,并降低公司价值。管理者不再有努力工作的激励,因与投资者共享现金流,与从"游手好闲"处获得的边际回报相比较,管理者勤勉工作所获得的边际回报更少。进而,现金流的共享也增加了管理者以先决条件形式将公司资源转移给自己的动机,[27] 因为按此行事的管理者只承担一

---

〔23〕 See articles cited *infra* notes 86 – 92 and accompanying text.

〔24〕 See e. g. , John 10:12 – 13("雇工不是牧羊人,没有拥有自己的羊。所以当他看到狼来了,他放弃了羊逃跑,然后狼攻击驱散羊群。他逃跑了,因为他是雇工,对羊并不在乎。"). New International Version, 1978.

〔25〕 Jensen & Meckling, *supra* note 1.

〔26〕 See id. at 312.

〔27〕 See id. at 312. 例如,管理者更可能将自己办公室搬到更好的建筑,雇用更多的下属,这样他就可以缩短工作时间,享受老板的待遇,且可将公司资源投入到其有个人利益的项目中。

部分成本。由于投资者不会无成本地防范,管理者的自利行为因而时常发生。迈克尔·詹森和威廉·梅克林所言"代理成本"即管理者卸责和转移的直接成本,以及各方防范所产生的成本。

迈克尔·詹森和威廉·梅克林用该公司模型说明的基本问题是规模经济和代理成本之间无可避免的权衡。随着管理者向投资者转让更多现金流以换取更多资本,投资者和管理者之间现金流的最佳分配是最大化规模经济扣除代理成本的净额。如此,詹森－梅克林模型展示了规模经济和代理成本之间的权衡如何决定商业公司的规模。

詹森－梅克林论文的另一个重要贡献是对代理成本组成要素的描述。更为重要的是,代理成本不仅包括管理者自利行为的直接成本,正如使用警卫犬和安装安全层的费用构成了入室盗窃的部分成本,投资者监督管理者的付出也构成了不端行为管理成本。詹森和梅克林进一步指出,管理者付出的,令投资者放心信任他们努力尽职工作的成本,即"约束成本"(bonding costs),也应被视为代理成本。[28] 管理者理性地产生约束成本,是因为感到放心的投资者对资本使用干预较少。故此,整套代理成本——实际或潜在的不端行为管理相关的成本——包括了约束成本、监督成本以及约束与监督皆无法阻却的因代理人不端行为而产生的直接成本。[29]

詹森－梅克林模型极具影响力,[30] 特拉华州法院用这一模型作

〔28〕 See ibid.

〔29〕 See id. at 326. 詹森和梅克林称这些直接成本为"剩余损失"。举例来说,公司价值损失由于管理卸责所导致,故扣除管理者卸责的私人利益。

〔30〕 See A Westlaw search of the term "agency cost" yields 15,141 results. Westlaw, https://1. next. westlaw. com/(search "agency cost").

为分析框架。[31] 在公司法学者中,该模型启发了代理成本理论,其过去被用来讨论诸如高管薪酬、[32] 敌意收购、[33] 集体诉讼、派生诉讼、[34] 董事自我交易、[35] 机构投资者作用、[36] 激进投资者作用、[37] 股东修订公司细则(bylaws)与章程的权利等争议话题。[38] 代理成

---

〔31〕 See e. g. ,Bird *v.* Lida,Inc. ,681 A. 2d 399,402 – 403(Del. Ch. Ct. 1996)(Allen, C.)(引自詹森和梅克林主张"不对称激励必然导致集中管理下多余的成本").

〔32〕 See e. g. , Lucian Ayre Bebchuk & Jesse Fried, *Executive Compensation as an Agency Problem*,17 Journal of Economic Perspectives 71(2003);Robert J. Jackson,Jr. ,*Private Equity and Executive Compensation*,60 UCLA Law Review 638(2013).

〔33〕 See e. g. ,Frank Easterbrook & Daniel Fischel,*The Proper Role of Target's Management in Responding to a Tender Offer*,94 Harvard Law Review 1161(1981)(强调敌意收购者监视公司管理者行为的作用,引自詹森和梅克林);Ronald J. Gilson,*A Structural Approach to Corporations: The Case Against Defensive Tactics in Tender Offers*,33 Stanford Law Review 819,836 – 845(1981)(主张防御策略是不恰当的,因为公司控制权交易作为减少代理成本方法的重要性).

〔34〕 See e. g. , John C. Coffee, Jr. , *Understanding the Plaintiff's Attorney: The Implications of Economic Theory for Private Enforcement of Law Through Class and Derivative Actions*,86 Columbia Law Review 669,680 & n. 30(1986)(指出高昂代理成本与集体诉讼和派生诉讼相关联,引自詹森和梅克林);Onathan R. Macey& Geoffrey P. Miller,*The Plaintiffs' Attorney's Role in Class Action and Derivative Litigation: Economic Analysis and Recommendations for Reform*,58 University of Chicago Law Review 1,12 – 25(1991)(将詹森和梅克林的理论应用于集体诉讼与派生诉讼);Elliot J. Weiss & John S. Beckerman,*Let the Money Do the Monitoring:How Institutional Investors Can Reduce Agency Costs in Securities Class Actions*,104 Yale Law Journal 2053(1995)(分析证券业集体诉讼).

〔35〕 See e. g. ,Ronald J. Gilson & Reinier Kraakman,*Reinventing the Outside Director: An Agenda for Institutional Investors*,43 Stanford Law Review 863,867 & n. 11(1991).

〔36〕 See e. g. , Bernard S. Black, *Agents Watching Agents: The Promise of Institutional Investor Voice*,39 UCLA Law Review 811(1992);John C. Coffee,Jr. ,*Liquidity Versus Control:The Institutional Investor as Corporate Monitor*,91 Columbia Law Review 1277,1283 – 1284(1991)

〔37〕 See e. g. , Ronald J. Gilson & Jeffrey N. Gordon, *The Agency Costs of Agency Capitalism:Activist Investors and the Reevaluation of Governance Rights*,113 Columbia Law Review 863(2013);Marcel Kahan & Edward B. Rock,*Hedge Funds in Corporate Governance and Corporate Control*,155 University of Pennsylvania Law Review 1021,1085(2007);Mark J. Roe, *Corporate Short-Termism——In the Boardroom and in the Courtroom*,68 Business Law 977,1005(2013).

〔38〕 See e. g. ,Bebchuk,*The Case*,*supra* note 5.

本理论学者普遍认为:公司法应进行赋予股东更多权力的改革。比如,学者们谴责使现有管理者免受敌意收购和激进对冲基金影响的公司治理结构。[39] 他们同时对控股股东与少数股东之间的冲突采用了类似推理,关注大股东对小股东的潜在压迫。[40]

(二)代理成本理论的缺陷

不可避免地,简化假设的模型会限制解释范围。詹森－梅克林模型亦不例外。然而,代理成本理论学者通常忽视此种限制,而从模型中得出政策处方。故此,他们假定在任何既定生产水平下,公司唯一治理目标是最小化代理冲突成本。然而,在公司真实环境中并非如此。

詹森－梅克林模型的一个简化假设是,管理者享有所有自由控制权,即选择和实施公司业务战略的权力。投资者不仅缺乏选择公司战略的权力,甚至也不能试图影响公司的战略,如假设不赞成管理者商业计划则可替换管理者。[41] 在这个模型中投资者享有的唯一控制权是义务强制执行权(duty-enforcement rights),即履行合同义务的权利以及法律所规定的信托方面相关的责任,以预防管理者徇私舞弊。正是行使如上权利产生了詹森和梅克林所称的监督成

〔39〕 See e. g. ,Lucian A. Bebchuk,*The Myth that Insulating Boards Serves Long-Term Value*,113 Columbia Law Review 1165,1637(2013)[hereinafter Bebchuk,The Myth];Lucian A. Bebchuk et al. ,*The Long-Term Effects of Hedge Fund Activism*,115 Columbia Law Review 1085,1136 n. 99(2015)[hereinafter Bebchuk,Long Term];Easterbrook & Fischel,*supra* note 33;Gilson,*supra* note 33.

〔40〕 例如,最近一篇论文针对一些管理者呼吁对少数股东负责的董事应该增强独立性这一行为,提出了自我交易风险。See Lucian A. Bebchuk & Assaf Hamdani,*Making Independent Directors Work*,116 University of Pennsylvania Law Review(forthcoming 2016).

〔41〕 See Jensen & Meckling,*supra* note 1,at 313(假设投资者无表决权).

本。[42] 为使投资者对公司不能完全自由控制,詹森和梅克林在模型中创造了一家仅沿外部资本大小变化的公司。

詹森-梅克林模型的第二个局限性假设是无人犯错。然而管理者并不总是考虑投资者利益,他们也会考虑自身利益。在模型中,管理者选择最有利的商业战略并认真无误地执行。同样地,投资者总以最小化代理成本的方式行使义务强制执行权。换言之,投资者只实施有效的监督;他们从不会花 100 美元监督防范价值 50 美元的不端管理行为。因此模型忽略了能力成本,认为在任何既定生产水平下唯一的成本是由于所有权和控制权相分离导致的冲突成本,且这些成本仅因管理者实际和潜在自利行为产生。而在实践中,管理者不仅有意卸责和转移,而且由于其专业水平不足、信息不对称抑或囿于自身能力作出不明智决定亦能产生成本。以此观之,投资者亦会犯此类错误,如错误聘请管理者。然而,"错误"在詹森-梅克林模型中付诸阙如。

综上观之,这两个带有局限性的假设将被代理人成本排除在外,但对詹森和梅克林不能求全责备,他们已成功地阐述了代理冲突成本如何限制公司生产规模。虽詹森和梅克林已谨慎承认模型的局限性,[43] 但代理成本理论学者实质上将该模型应用于一个不同的问题,即在任何既定生产水平下投资者和管理者之间控制权的最优分配。他们

〔42〕 See ibid.

〔43〕 See id. at 64("特别地,我们假设所有外部股东不行使表决权……对该问题完整分析将需要仔细规定双方所涉及的合同权利、董事会的作用以及由股东在实施政策改革承担的协调(代理)成本……对这些问题的进一步分析留待未来。");Id. at 70("虽然我们认为前面几页中所描述的治理结构适用于广泛的公司,但它仍处于不完整状态。该分析的最严重局限之一是,在论文中没有解决管理者拥有极少甚至完全没有股权的大型现代公司的问题。我们认为我们的方法可以适用于这种情况,但由于行文限制排除在这里讨论这些问题,它们仍然需要在未来论文中详细阐述。").

得出如下结论:最小化代理冲突成本实际上是确定这种分配的唯一相关因素。换言之,如该理论所示,最小化代理冲突成本的治理结构即能最大化公司价值。正是因为如此,他们一直倡导增加股东问责管理者的权力的治理结构。[44]

将被代理人成本排除在分析之外,代理成本理论学者未能解释为何即便在仅有一位投资者提供资本的公司中,投资者仍通常聘请管理者经营公司。由于投资者提供所有资金,聘请管理者也并非出于规模经济考虑,但规模经济却是詹森-梅克林模型中所有权和控制权相分离的唯一原因。意识到这一盲点,一些理论家将其模型调整为"企业家有想法,投资者有钱"的理想状态。[45] 但是,该说法尚显不足,因为理论上投资者很简单地就可以购买到管理者的经营理念。当然,虽然这在许多公司确切发生着,但在许多其他公司并没有此类情形。只有将被代理人成本特别是将被代理人能力成本前置考虑的模型,才能解释上述公司为何聘请管理者。

一个排除被代理人成本的商业公司理论同样未能解释为何投资者通常愿意自绑双手般限制他们问责管理者的权力。其中最重要的权力是有权随意替换管理者。代理成本理论表明,投资者替换管理者的权力乃是对自利行为极具价值的威慑。[46] 然而,许多大公司采用的治理结构严格限制了股东解聘和替换高级管理人员的权力。譬

---

〔44〕 See e. g. , Bebchuk, *The Case*, *supra* note 5.

〔45〕 See e. g. , Oliver Hart, *Financial Contracting*, 39 Journal of Economic Literature 1079(2001); Philippe Aghion & Patrick Bolton, *An Incomplete Contracts Approach to Financial Contracting*, 59 The Review of Economic Studies 473, 475(1992).

〔46〕 See e. g. , Lucian A. Bebchuk & Kobi Kastiel, *The Untenable Case for Perpetual Dual-Class Stock*, 103 Virginia Law Review(forthcoming 2017).

如,大多数公众公司采用的标准的美国公司形式,通常只允许股东每年在年度股东大会上替换一次公司董事。[47] 在采用交错董事会的公司,董事会成员除其他必要原因外,只能每 3 年替换一次。[48] 私募股权基金进一步限制这种解雇权力:投资者无权替换管理者,且他们必须提供至少 10 年的资金。[49] 同时,谷歌和脸书等公司已采用防止投资者完全替换董事的双层股权结构。[50] 代理成本理论认为投资者仅为防范管理不端行为而行使控制权,未能解释投资者为何将资本投向拥有如上治理结构的公司。

这点可在詹森 - 梅克林模型中观察到。在该模型中,投资者一切控制权都被用以降低代理冲突成本。投资者行使任何控制权都将在詹森 - 梅克林模型中产生监督成本。[51] 但可能产生监督成本并不足以成为限制投资者行使控制权的理由。该模型假定投资者准确预估代理冲突成本,且在行使控制权过程中从不犯错,因此他只行使

---

〔47〕 See e. g. ,Delaware Code Annotated. tit. 8, § 211(b).

〔48〕 See e. g. ,id. § 141(d).

〔49〕 See Steve N. Kaplan & Per Stromberg, *Leveraged Buyouts and Private Equity*, 22 Journal of Economic Perspectives 1(2008).

〔50〕 See Alphabet Inc. , Annual Report (Form 10 - K) (filed February 1, 2016); Facebook, Inc. , Annual Report (Form 10 - K) (filed January 28, 2016); Simon C. Y. Wong, *Google's Stock-Split Plan Would Replace Stewardship with Dictatorship*, Harvard Business Review (April 18, 2012); Facebook, Inc. , Form 10 - K and Brad Stone, Facebook Will Form 2 Classes of Stock, New York Times (Nov. 24, 2009); James Surowiecki, Unequal Shares, New Yorker (May 28, 2012).

〔51〕 在詹森 - 梅克林模型假设下,控制管理者的权力不能阻却不端管理行为,因为该模型明确假设管理者均倾向于卸责或转移。See Jensen & Meckling, *supra* note 1. 根据这一假设,实际上替换管理者不会提高公司业绩,由于解聘和替换管理者产生相关交易成本,事实上反而会降低其价值。因此,投资者解聘管理者的威胁将不可信。为了使解聘权作为一个有效的监督手段,我们必须假设行为人的行为倾向是不忠诚的,当投资者聘请管理者的时候,他们也不知道就职的管理者的倾向和其他的管理者候选人的倾向孰大孰小。

控制权并带来相关的监督成本,如此便能降低总代理成本。换言之,他只在行动有效的情况下才行使控制权。基于此,该模型逻辑上没有提供限制投资者包括任意解雇或替换管理者的权力的理由。

只有考虑投资者会产生冲突成本,更认识到投资者和管理者都会产生能力成本时,治理控制权频谱的说明才达至明确,令人信服。

二、被代理人成本理论

被代理人成本理论始于观察到在对公司行使控制权时会产生效益和成本。为创造公司价值(公司创造商品或服务的价值减去因创造它们所消耗资源的成本),必须有人对公司行使控制权,无论是投资者还是聘请管理者,抑或二者兼具。公司价值创造总需有人选择商业战略,其后通过人事任免及产品计划发布等实施执行,在此过程中,控制无处不在。因此,公司经由充分利用专业及才能等,实现控制权行使的核心利益——公司价值创造。〔52〕

然而与此同时,控制权行使亦产生削弱公司价值的成本。控制成本问题可分为两个维度展开,一是谁的行动为成本来源的问题,二

---

〔52〕 此外,创造公司价值的过程产生无害的非财产性利益,如行使控制权的愉悦享受。See e. g. , Ronald J. Gilson, *Controlling Shareholders and Corporate Governance: Complicating the Comparative Taxonomy*, 119 Harvard Law Review 1641, 1663 – 1664(2006)(将非财产性利益定义为"一种精神或其他利益形式,其既不涉及公司资源转移,也不会成比例地稀释公司多元化投资者的股票价值"); Alessio M. Pacces, *Control Matters: Law and Economics of Private Benefits of Control*(ECGI – Law Working Paper Series No. 131/2009, 2009), at 12(解释私人利益如个人满足感可以在市场上兑现公司控制权). 尽管这些非财产利益很重要,为了行文方便,我们在本文不论述。

是成本解释的问题。在谁的行动为成本来源问题上,我们将被代理人成本定义为归因于投资者行使控制权的成本;将代理成本定义为归因于管理者行使控制权的成本。在此问题上,我们区分能力成本与冲突成本。能力成本,我们将其定义为诚实错误的成本加上防范这种错误而付出的成本;冲突成本,我们将其定义为自利行为的成本加上为防范此类行为而付出有效努力的成本。我们之所以提及防范自利行为的有效努力,是由于有种成本源于监督超支(如为防范50美元的不端行为而产生100美元的监督成本),这将构成一个错误,因此将其视为能力成本而不视为冲突成本。[53]

这两种区分产生四类控制成本:被代理人能力成本、被代理人冲突成本、代理能力成本和代理冲突成本。一个治理结构以最小化这四类成本总和的方式分配控制权,以使公司价值最大化。在被代理人和代理人之间任何控制权的转移都需在四类成本之间进行权衡,其中转移效果——以及最优控制结构——取决于公司具体特质。

"开宗明义,概念先行。"在阐述整体框架意义之前,须先厘定概念定义。当区分被代理人和代理人时,我们欲参考投资者和管理者这组概念区分,但许多公司也有管理者出资,这令这些概念边界模糊不清。我们又一解决思路是定义"被代理人"和"代理人"的程度,但我们认为这将引入更多复杂性。为了论述简便,我们将代理人定义为自由控制权份额超过其现金流权份额的参与方,而将被代理人定义为现金流权份额等于或超过其自由控制权的

〔53〕 正如投资者监督超支将构成被代理人能力成本,代理人联系超支将构成代理能力成本。

参与方。[54] 由于适用于大多数公司治理结构,上述定义可行,并且也符合常见用法。例如,在分散所有权的公众公司中,董事及管理层为代理人,股东为被代理人。但在一个有控股股东(拥有普通公司控股权[55]或双层股权结构中的表决控股权[56])的公司中,控股股东、董事会及管理层为代理人,而非控股股东为被代理人。可以肯定的是,当双方在投资者和管理者之间更复杂关系中分配控制权时,更难确定谁拥有比现金流权更多的控制权,所幸这种治理结构安排不常见,尚不足以破坏这组概念区别的效能。[57]

下文,我们在本文框架内详细阐述每一类控制成本。

(一)能力成本

标准的委托代理模型经常绕过一个门槛问题:为何被代理人要聘请代理人?如果投资者可提供所有必要资本,投资者也可自行经营公司从而避免麻烦的所有权和控制权分离。管理者提供经营理念这一作用的说法并不充分,[58]因为投资者可简便地从管理者处购买到经营理念。对冲突成本的来源即所有权和控制权的分离,更有说服力的解释是能力。投资者聘请一个比其更有能力经营公司业务的管理者,从而创造更多公司价值。因此,能力成本,或者更具体地说

---

〔54〕 这一定义区别于委托代理关系中普遍定义,它要求被代理人行使终极控制权作为基本要素。The Restatement(Third) of Agency §1.01, cmt. f(Am. Law Inst., 2005); see also Hollingsworth *v.* Perry, 133 S. Ct. 2652, 2666 – 2667(2013)(citing the Restatement for its control requirement). 根据我们的定义,无控制权的投资者仍然是被代理人,管理投资者资本的管理者仍然是代理人。

〔55〕 See generally Goshen & Hamdani, *supra* note 9, at 591.

〔56〕 See generally id. at 588 – 589.

〔57〕 例如,如果被代理人群体中非控股股东能够影响表决结果(如保留),则她仍将被视为投资人,即使就特定投票而言,她的控制份额超过了她在现金流权中所占的份额。

〔58〕 See the papers cited *supra* note 45.

被代理人的能力成本,是所有治理结构最终要解决的问题。

1. 被代理人能力成本。通过授予管理者控制权,投资者降低被代理人能力成本,即便同时增加了代理成本。只要避免由此产生的被代理人能力成本超过其他类型的控制成本,授权委托即有效率。

为说明这种权衡,假定一投资者唐(Don),唐希望运用大量资金设立一个股票投资组合。虽然唐可自行挑选股票,但因缺乏金融知识而可能犯错。他可能选择价格被高估的股票,可能没有作多元选择,也可能会承担原可避免的税赋。这些费用都不是由利益冲突造成的,唐管理自有资金因而将其所有利益和行为成本内部化。换言之,其犯错不是由于卸责或转移,是因缺乏能力导致的诚实的错误。为了降低他自己因错误引发的预期成本,唐当然可以尝试获取必要的专业知识和信息,但如此行事便将引发机会成本。[59] 此外,他可能由于认知不足,如过于主观和过度自信,面对一个囊括巨大信息量、需要大量专业知识的投资时更是无所适从,从而再犯诚实的错误。[60] 唐诚实错误的成本以及努力在控制权行使中减少错误的成本,将一同构成能力成本。[61] 这种成本是被代理人能力成本的范畴,因为唐在公司中属于被代理人,主要职能即管理他的股票投资

---

〔59〕 See generally Investopedia, *Opportunity Cost*, Investopedia, http://www.investopedia.com/terms/o/opportunitycost.asp(解释机会成本为"一个人本可以获取但因采取另一个行为放弃了的利益")

〔60〕 See generally Russell B. Korobkin & Thomas S. Ulen, *Law and Behavioral Science: Removing the Rationality Assumption from Law and Economics*, 88 California Law Review 1051, 1084 – 1102(2000)(解释行为认知偏差的影响).

〔61〕 学者通常认为专业与信息差异乃股东向董事会授权的原因。See e. g., Stephen M. Bainbridge, *Director Primacy in Corporate Takeovers: Preliminary Reflections*, 55 Stanford Law Review 791, 792(2002).

组合。

为了降低被代理人能力成本,唐可聘请股票市场专家佩吉(Peggy)管理股票投资组合。当然,佩吉的控制也会产生成本,我们称之为代理成本。她可能会产生诚实的错误从而产生代理能力成本,她也可能会因不忠诚而产生代理冲突成本。只有理性聘请佩吉并授予控制权,唐才能期望管理投资组合的总控制成本下降。因此,授权委托的一个条件便是预期被代理人能力成本的下降超过所产生的预期代理成本。

值得注意的是,单是聘请佩吉不可能消除所有被代理人能力成本。唐很可能保留某些控制权,例如,当认为投资组合表现乏善可陈时可以解雇佩吉;又如,投资组合的表现确实不如市场基准时,佩吉可向唐保证表现不佳仅是暂时,精挑的股票即将充分体现价值,从而试图挽救她的工作。此时,唐可能不知道佩吉是睿智诚实,还是无能懒惰且以谎言欺瞒极差的表现。在判断这些可能时,唐亦可能会犯一个诚实的错误。评估股票能力之不足令其聘用佩吉,也可能损及对佩吉表现之判断。即便她能力不足或不道德的(错误的否定),唐亦可能让佩吉留任;又或即便她是优秀且诚实的(错误的肯定),唐亦可能替换佩吉。这种可归责的错误是被代理人能力成本的另一个潜在来源。为了保护自己,佩吉可能会选择一个次优投资组合,这个组合既不会一直超过市场基准且从不暂时表现不佳,而且由股票组成的次优投资组合,更易于向唐解释。[62] 这种自我保护行为带来的价值损失是被代理人能力成本。此外,唐可能会强制佩吉提供定期绩效报告,即使这会分散佩吉工作

〔62〕 See e. g. , Sunil Wahal & John McConnell, *Do Institutional Investors Exacerbate Managerial Myopia*?, 6 Journal of Corporate Finance 307(2000)(表明“机构投资者比个人投资者更愿意允许管理者向生产设备与科研投入资金”).

且对唐决策无所助益。这种过度监督的成本也构成被代理人能力成本。这意味着只要被代理人保留替换代理人或问责代理人的权力,则依旧会产生被代理人能力成本。

唐和佩吉之间的关系能够说明即便公司仅有一位投资者,仍将产生被代理人成本。然而,当被代理人作为一个群体存在时,正如存在多个股东的公司中,能力成本也因决策协调而产生。[63] 在这种情况下,由于集体决策被代理人成本之间存在权衡,且如果控制权集中在代表集体行动的少数人手上,代理成本也会上升。

2. 代理能力成本。代理成本模型往往假设管理者损及公司利益是有意为之的。但是管理者也会犯诚实的错误,从而产生代理能力成本。该成本水平因管理者不同而有所变化:智慧、正见和见识渊博的管理者比愚笨、偏见和无知的管理者犯的错误更少。因此,如果佩吉选择一只劣股是由于她使用有缺陷的评估方法,这种错误将是代理能力成本的来源。同理,如果过度自信的公司管理者对一个项目过于乐观,[64] 她决定向该项目投资也会产生代理能力成本。诚如我们将在第二部分第五节中所论的,被代理人为降低代理能力成本的责任机制往往不同于降低代理冲突成本的责任机制。

3. 公司总能力成本。公司中被代理人和代理人之间的控制权分配决定着总能力成本水平,成本最小化之分配取决于公司具体特质。

---

〔63〕 这些成本源于为了共同利益,协调多方所尽努力,最终走出困境。See Hansmann, *supra* note 11.

〔64〕 See Susanna Kim Ripken, *Predictions, Projections, and Precautions: Conveying Cautionary Warnings in Corporate Forward-Looking Statements*, 2005 University of Illinois Law Review 929, 958 – 968 (2005); See generally Korobkin & Ulen, *supra* note 60, at 1091(解释过度自信偏见的影响).

因为犯错概率取决于个人决策者能力水平,洞察商务的投资者通常比不熟悉商务的投资者向管理者授予较少控制权。此外,能力是因具体事项而定的:对冲基金经理可能擅长选股和管理投资组合,但不擅长运营公司;同样,一个企业家可能擅长识别商机,但不擅长人事管理。据此,我们期待公司相应合理地分配控制权。[65]

另一个产生犯错概率的重要决定因素为公司业务类型。在规模、技术或地理等方面复杂的公司,错误更易出现。复杂性使诚实错误更具可能,并给投资者带来挑战,特别是令管理绩效更难评估。[66]因此,当一个公司属复杂行业时,投资者更有可能在评估管理者行为及决定是否替换管理者方面犯错。[67] 同样,当投资者以公司股票价格作为绩效指标时,市场不完善会扭曲价格,并令投资者误判管理能力和忠诚度。[68]

除了犯错概率不同,错误大小亦有不同。错误程度的一个重要

---

〔65〕 See e. g. , Viral *v.* Acharya, Marc Gabarro & Paolo F. Volpin, *Competition for Managers,Corporate Governance and Incentive Compensation*(April 2012)(表明在均衡状态中"越好的管理者终于治理越弱的公司").

〔66〕 See e. g. ,Mustafa Ciftci et al. ,*Is Research and Development Mispriced or Properly Risk Adjusted*?,26 Journal of Accounting,Auditing & Finance 81,97 - 109(2011)(提出证据表明投资者对研发型公司价值低估);Andrei Shleifer & Robert W. Vishny,*Equilibrium Short Horizons of Investors and Firms*,80 American Economic Review 148(1990)(表明股票市场很可能对复杂的新项目错误定价).

〔67〕 管理人员将通过限制投资者替换他们的权利来解决这一风险。这可以解释为何我们在高科技公司中观察到更多的双层股权结构。

〔68〕 市场可能由于错误估计(如信息不对称的交易)或套利限制(如低效或短视市场)而变得有瑕疵。See Lynn A. Stout,*The Mechanisms of Market Inefficiency:An Introduction to the New Finance*,28 The Journal of Corporation Law 635,653(2003);Victor L. Bernard & Jacob K Thomas,*Evidence That Stock Prices Do Not Fully Reflect The Implications of Current Earnings for Future Earnings*,13 Journal of Accounting and Economics 305(1990).

决定因素是市场竞争水平，无论是在产品市场还是在需要资本、原材料及员工的投入市场。同样的错误是令一个公司破产或只是利润减少，这取决于它所在市场是竞争的还是垄断的。

随着犯错预期成本（大小乘以概率）增加，各方将愿尽更多努力进行防范，如通过获取专门知识与信息的方法。〔69〕因防范成本高于预期成本，一些错误仍无法避免。因为错误可能源于管理者智力和情感禀赋，如果管理者特别能干或特别具备公司看重的管理才能，所犯错误可被容忍。但若错误无法被容忍，管理者将被削减控制权或被完全替换。

（二）能力提升的授权副产品：冲突成本

冲突成本乃代理成本理论的固有部分，是控制成本的次要形式，仅当投资者为了降低能力成本向代理人授予控制权时出现。经营自有公司的独资经营者产生能力成本，不产生冲突成本。〔70〕相反，冲突成本是公司经营中有目的的自利行为即卸责和转移的产物，其仅在控制权、现金流权或二者同时在各方分享时才出现。

1. 被代理人冲突成本。被代理人冲突成本源于投资者因所有权与控制权分离引致的自利行为，即便商事关系中仅有一个被代理人，被代理人冲突成本也会出现。

---

〔69〕 麦肯锡公司商业模式是建立在这种需要基础之上的。See *About Us*, Mckinsey & Company, http://www.mckinsey.com/about-us/overview（“麦肯锡公司是一家全球性管理咨询公司，为世界前沿公司、政府、非政府组织和非营利组织提供服务，我们帮助客户持续改进绩效，实现核心价值。在近一个世纪来，我们建立了一个独特公司来完成此项任务。”）.

〔70〕 But see Robert Lewis Stevenson, *Strange Case of Dr. Jekyll and Mr. Hyde* (Longmans, Green & Co, 1886). 我们假设现实世界的人们不会受双重人格矛盾影响。

用唐-佩吉关系加以说明,假设二者同意从佩吉管理的投资组合中均分现金量权。这个分配会令双方不择手段地行事。如同佩吉有卸责并将公司价值从投资组合向自己转移的动机,唐也有行使控制权从而卸责和转移的动机。举例说明,假设唐和佩吉最初同意如果投资组合表现不如市场基准,唐可以辞退佩吉。进一步假设,若6个月后投资组合表现不佳,此时,佩吉可能被认为只是表现暂时不佳,精挑的股票即将充分实现价值,而且唐可能相信她胜任且忠诚,所言皆实。但唐仍可能在投资组合价值增加且可获全部利润情况下辞退佩吉。预料到此种可能,佩吉可能会选择一个不会永远优于市场但也不会永远表现不佳的次优投资组合。这种由管理者自我保护行为造成的价值损失是被代理人冲突成本,因其最终是由投资者自利行为引起。

当被代理人形成一个群体,比如公众公司的分散股东,冲突成本将源于群体内的利益冲突,比如,当一个小群体从另一个小群体攫取价值时。学者阐述了股东之间这种冲突的几个缘由,包括投资视野不同[71]、现金支付需求不同[72]、真空投票[73]和外部竞争利益等。[74] 此外,当被代理人形成一个群体,冲突成本来自集体行动,如

---

〔71〕 See José-Miguel Gaspar et al. , *Shareholder Investment Horizons and the Market for Corporate Control*, 76 Journal of Financial Economics 135(2005).

〔72〕 See Deborah Lucas & Robert McDonald, *Shareholder Heterogeneity*, *Adverse Selection*, *and Payout Policy*, 33 Journal of Financial and Quantitative Analysis 233(1998).

〔73〕 See Bernard Black & Henry T. Hu, *The New Vote Buying*: *Empty Voting and Hidden* (*Morphable*) *Ownership*, 79 Southern California Law Review 811(2005)(讨论表决权与股权分离时的投资者冲突).

〔74〕 See e. g. , Bainbridge, *supra* note 18.

保留动机、[75]理性冷漠、[76]理性沉默[77]和策略性投票,[78]此皆由多方之间控制权分配引发。

为了消除被代理人冲突成本,投资者通常将控制权向一位共同代理人转移。[79] 譬如,假设不止唐,而是一群投资者聘请佩吉通过投资基金管理资金。进一步假设,佩吉有个投资项目的主意,其将占用投资者大部分资金几年,最终将产出比基金欲投其他项目更高的回报。[80] 原本佩吉是为投资者集体利益而追求这样一个项目,但假设项目进行一年后,唐有自己的想法:他想立即分配现金,这样才可以将女儿送到一所昂贵的寄宿学校。如果唐一定需要这笔支出,对基金而言,为此支出唯一方式是提前清算这个长期项目,这会使其他投资者造成损失。此外,如果唐不得不自己承担全部损失,则唐不会强迫清算,因而损失将非常大。因此,其行使控制权将产生被代理人冲突成本。预估到这些问题,投资者可能集体放弃固定期限内的清算权。[81] 但是通过放弃这种控制权,将失去一个问责佩吉的机制。

---

〔75〕 See Zohar Goshen, *Controlling Strategic Voting: Property Rule or Liability Rule?*, 70 Southern California Law Review 741 (1997) [hereinafter Goshen, Controlling Strategic Voting].

〔76〕 See generally Adolf Berle & Gardiner Means, *the Modern Corporate and Private Property* (Transaction Publishers, 1932).

〔77〕 See Gilson & Gordon, *supra* note 37, at 889.

〔78〕 See Lucian A. Bebchuk, *Toward Undistorted Choice and Equal Treatment in Corporate Takeovers*, 98 Harvard Law Review 1693 (1985); Jeffrey N. Gordon, *Ties that Bond: Dual Class Common Stock and the Problem of Shareholder Choice*, 76 California Law Review 1 (1988).

〔79〕 See generally Kenneth Arrow, *the Limits of Organizations* (Norton, 1974).

〔80〕 See generally Richard Brealey et al., *Principes of Corporate Finance* (McGraw-Hill, 10th ed. 2011), p. 101(解释"净现值"的概念).

〔81〕 事实上,这是私募股权基金的常见结构。See Kaplan & Stromberg, *supra* note 49.

尽管如此,他们也会同意放弃这项权利,这意味着预期降低的被代理人冲突成本超过随之增加的预期代理成本。

降低被代理人冲突成本和被代理人能力成本的目标同样解释了为何公众公司投资者将控制权授予管理者。为了观察这一点,想象股权广为持有的公众公司被称为直接民主公司,依其章程,成千上万不断变化的股东可随时上网建议改变商业战略。提案一经提出,简单多数的股东可在线表决通过。[82] 这样的公司虽有管理者,但唯一的任务是执行股东批准通过的商业计划。限制管理者自由控制权无疑会限制代理成本,但直接民主公司实践成功的可能性有多大? 由于股票被广泛持有,其股东自然会有分散意见,会有利益冲突和不同的投资视野。他们也将面临集体行动和协调问题,因为大多数股东只拥有公司一小部分股权,每个股东在多样化投资组合背景下作利益考量。[83] 进一步说,股东不了解公司管理者掌握的大部分相关信

---

〔82〕 特拉华州普通公司法授权公司此类型治理结构,允许公司注册证书规定直接由股东而不是董事会提供管理。See Del. Code. Ann. tit. 8, § 141(a)(2016)(除非在公司注册证书中有所规定,否则将授予公司董事会业务和事务的管理权,并进一步允许授予"证书中提供的数人或某个人"管理权). 对于封闭持股公司,特拉华州法律明确授权股东管理,尽管它提出了各种附加要求。Id. at § 351. 某些形式的商业组织,如合伙和有限责任公司,默认规定合伙人或股东实施管理。See e. g., Uniform Partnership Act § 401(f)(1997)(每个合伙人在合伙事务管理和行为方面享有平等权利);Revised Uniform Limited Liability Company Act § 407(a) - (b)(默认规定有限责任公司为"自治管理",并规定公司的"管理和行为"权利归属于成员).

〔83〕 个人投资者,其中许多持有各种各样公司的一小部分股权,对管理者决定保持理性冷漠。虽然机构投资者的兴起,其在许多公司中占据重要地位,并致力于监督他们的投资,这可能表明这种理性冷漠的下降。事实上,这些投资者似乎不愿意去干预公司管理。See Gilson & Gordon, *supra* note 37, 889 - 895. Gilson 和 Gordon 解释了机构投资者如共同基金和公共基金是如何低估了投票权,因为他们的相对绩效与股东的绝对绩效有利益分歧。See also Kahan & Rock, *supra* note 37, at 1057 - 1062(低薪酬激励、政治约束和利益冲突作为阻止公共资金追求激进战略的因素).

息,因为如果公司网站上公布所有内部信息将会损害公司竞争地位。在这种情况下,被代理人成本的两个来源(能力成本和冲突成本)很可能消耗公司所有潜在价值。因此毋庸置疑地,股票被广泛持有的公司从来不采用这种治理结构。相反,股权投资者对战略决策直接控制的治理结构只能在独资企业、小型合伙企业和一些关联控股的公司中出现。法律承认公司在董事会中将业务事务执行委以管理者的直接民主的成本,[84]法律遵循允许公众公司排除股东在公司年度代理陈述中提议公司有关日常业务运行的提案的先例,即便这在委托条款之下。[85]

正如此处探讨所清楚表明,无论是大公司还是小公司,对管理者授予控制权的主要原因是降低被代理人成本。基于此,我们在本文中引入的理论称为“被代理人成本理论”。被代理人成本是公司中所有控制成本的来源,且是所有治理结构最终旨在解决的问题。

2. 代理冲突成本。詹森和梅克林忽视能力成本,代理冲突成本就被简单地理解为代理成本,其实质是被代理人成本的副产品:投资者为降低被代理人成本而委托控制时出现冲突成本。公司法学者已

---

〔84〕 Del. Code. Ann. tit. 8, § 141(a); cf. Stephen M. Bainbridge, *Director Primacy: The Means and Ends of Corporate Governance*, 97 Northwestern University Law Review 547, 557 - 559(2002)(假定集中决策是对集体行动问题的回应).

〔85〕 17 C. F. R. § 240. 14a - 8(i)(7)(2016); see also Reilly S. Steel, Note, *The Underground Rulification of the Ordinary Business Operations Exclusion*, 116 Columbia Law Review(forthcoming October 2016), manuscript at 13(认为一般商业经营排除法律视角下股东和管理者角色之间有区别).

经确定代理冲突成本来源的各种各样行为，包括防御、[86]规模合并、[87]多元化合并、[88]过度或低效薪酬、[89]自我交易、[90]隧道行为[91]和期权倒签[92]等。所有这些行为都是通过卸责或转移形式进行，并都因管理者没有享有公司所有现金流而在行使控制权时不承担他们所做决定的全部成本。

3. 公司总冲突成本。是什么原因导致一些公司比其他公司承担更高冲突成本呢？投资者和管理者自利行为的预期数目以及由此带来的冲突成本的大小取决于各方的动机、机会和倾向。正如詹森和梅克林所证明，动机取决于现金流权的分配：随着现金流份额下降，卸责和转移的动机上升。[93] 一方当事人不端行为的机会

〔86〕 See Andrei Shleifer & Robert Vishny, *Management Entrenchment: The Case of Manager-Specific Investments*, 25 Journal of Financial Economic 123(1989).

〔87〕 See William J. Baumol, *On the Theory of Expansion of the Firm*, 52 American Economic Review 1078(1962).

〔88〕 See Yakov Amihud & Baruch Lev, *Risk Reduction as a Managerial Motive for Conglomerate Mergers*, 12 The Bell Journal of Economics 605(1981).

〔89〕 See Bebchuk & Fried, *supra* note 32.

〔90〕 See Austin W. Scott, *The Fiduciary Principle*, 37 California Law Review 539 (1949).

〔91〕 See Vladimir A. Atanasov, Bernard Black & Conrad Ciccotello, *Unbundling and Measuring Tunneling*, 2014 University of Illinois Law Review 1697(2014).

〔92〕 See Erik Lie, *On the Timing of CEO Stock Option Awards*, 51 Management Science 802(2005).

〔93〕 See Bebchuk & Fried, *supra* note 32.

反过来取决于控制权的分配〔94〕、公司类型〔95〕和市场竞争水平。〔96〕最后,还有倾向问题:有些人天生比其他人更诚实,对某些人来说,休假或乘坐私人飞机也不会获得更多愉悦。鉴于如上因素皆影响自利行为的概率与程度,预期的公司总冲突成本因公司具体而定的。在非竞争性行业中,投资者将大部分控制权和一小部分现金流权授予一个不诚实和懒惰的管理者,公司冲突成本会更高。通过监督和约束防范不端行为的机会同样是冲突成本的来源,这通常也是公司视具体情况而定的。〔97〕

(三)合成:控制成本矩阵

表1列出了四类控制成本的具体来源。当独资经营者不向管理者授予控制权时,唯一潜在控制成本是被代理人能力成本(表1中间)。当投资者以一个群体出现时,如在合伙中被代理人冲突成本也是可能产生的(表1右侧)。但是投资者将所有控制权授予管理者,

---

〔94〕 授权范围,约束和监督以及其他形式削减控制权可以限制一方避开卸责或转移的能力。但与此同时,它们将降低代理人有效管理的能力。See e. g. , Ricardo Alonso & Niko Matouschek, *Optimal Delegation*, 75 The Review of Economic Studies 259(2008)(提出授权困境的正式模型).

〔95〕 例如,收益性公司提供许多机会转移有形资产,而主要拥有知识产权的成长型公司提供较少机会转移资产。See e. g. , Michael Jensen, *Agency Cost of Free Cash Flow, Corporate Finance, and Takeovers*, 76 American Economic Review 76, 2(1986).

〔96〕 一般而言,垄断型公司比在竞争市场中的公司能承受更高的冲突成本。See e. g. , Julia Chou, Lilian Ng, Valeriy Sibilkov & Qinghau Wang, *Product Market Competition and Corporate Governance*, 1 Review of Development Finance 114(2011)(发现"产品市场竞争对公司治理有重大影响,其替代公司治理质量","管理层竞争的约束力来自对清算的恐惧"); Maria Guadalupe & Francisco Pérez-González, *Competition and Private Benefits of Control*, AFA 2007 Chicago Meetings Paper(2010)(发现产品市场竞争有助于减少实施控制中的私人利益).

〔97〕 由于不端行为的程度取决于行为人的个人特征、公司类型和市场竞争程度,因此通过采取措施努力降低这一程度。

如基金会或信托,[98]被代理人成本即可避免,但代理能力成本和代理冲突成本是可能产生的(表1底部)。最终,如在大多数公司中当投资者与管理者分享控制权时,控制权行使可产生全部四类控制成本。

表1　控制成本

项目	能力成本	冲突成本
被代理人	• 专业知识不足 • 信息不足 • 智力不足 • 情绪控制差 • 协调问题 • 认知短视	• 集体行动问题 • 违背承诺 • 理性冷漠 • 理性沉默 • 保留 • 真空投票 • 视野差异
代理人	• 专业知识不足 • 信息不足 • 智力不足 • 情绪控制差 • 过度自信偏见 • 乐观偏见	• 卸责(减少努力) • 转移(自我交易) • 期权回溯 • 防御 • 规模合并 • 多元化合并 • 过度或低效薪酬

由于控制成本降低了公司价值,且控制权分配决定了控制成本水平,分享公司现金流的各方对选择一个最小化总控制成本的治理结构有共同利益。因此我们可以假定,如果没有市场失灵或禁止交

〔98〕 See e. g. , Henry Hansmann & Steen Thomsen, *Managerial Distance and Virtual Ownership: The Governance of Industrial Foundations*(ECGI Finance Working Paper No. 467, 2013)(描述和分析工业基金会的表现和职能).

易成本,〔99〕每个公司都有一个适合公司具体特征的治理结构。

(四)被代理人成本和代理成本之间的权衡

公司的控制权数量是固定的,重新分配控制权减少一方权力,必增加另一方权力。例如,控制公司的商业策划可分为三部分:提出策划、通过策划和实施策划。投资者可以保留对这三部分控制权,抑或他们可以将一部分或所有控制权授予管理者。而且,如果将控制权授予管理者,他们仍可保留选择管理者的权利。又或者他们也可授予这一权利,令管理者自行把握、自我维持。然而,投资者无法做到的是保留对特定决策完全的最终决定权,同时将完全的最终决定权授予管理者。〔100〕据此,公司中控制权分配乃是一个零和命题。

虽然公司控制权的分配呈现零和结果,但分配对控制成本的影响则截然不同。有些分配总比其他分配更有效率,我们将不同控制权分配抽象成一个范围,始于投资者完全掌握控制权,终于管理者完全掌握控制权。随着投资者沿着这一频谱授权将更多的控制权授予管理者,被代理人成本将会减少而代理成本将会增加。从管理者向投资者转移控制权,则有相反效果。这种变动对被代理人成本和代理成本的影响并无抵消:从投资者到管理者控制权转移可能降低的

---

〔99〕 See Henry Hansmann & Reinier Kraakman, *The End of History for Corporate Law*, 89 Georgetown Law Journal 439,467(2001)(提出市场失灵是管理主义的一个可能因素); Michael Klausner, *Corporations, Corporate Law, and Networks of Contracts*, 81 Virginia Law Review 757,769 – 770(1995)(指出不同类型的市场失灵);Ronald H. Coase, *The Problem of Social Cost*, 3 The Journal of Law and Economics 1,15 – 19(1960)(讨论交易成本的影响); Victor Brudney, *Corporate Governance, Agency Costs, and the Rhetoric of Contract*, 85 Columbia Law Review 1403,1404 – 1405(1985)(指出在常规假设下,履行合同将使所有各方获益,除非出现市场失灵).

〔100〕 See Arrow, *supra* note 79.

被代理人成本超过增加的代理成本。理论上,控制权频谱中存在一点,能实现最小化被代理人成本与代理成本的总和。当然这一点是由具体治理结构实现的,且因具体公司不同而异。

举例说明,想象一个公司,刚开始投资者掌握完全控制权。投资者正考虑是否将1%控制权授予管理者:授权会使预期被代理人成本下降,假设为100美元;同样,授权也会使预期代理成本上升,也许不是那么多,假设为50美元。因此,公司授予1%控制权将使公司价值增加50美元。投资者青睐这个授权委托,因为作为现金流权所有者,他们将获得授权后公司增加的价值。

我们把"授权替代率"(delegation substitution rate)定义为:投资者向公司管理者转移控制权引发的预期代理成本增加与预期被代理人成本减少之间的比率。

授权替代率 = 预期代理成本增加量/预期被代理人成本减少量

由于被代理人成本和代理成本之间权衡无可避免,授权替代率将始终为一个正数。当比率低于1.0时,向管理者更多授权会降低预期控制成本,公司价值得到增加;当比率高于1.0时,向管理者更多授权则增加预期控制成本,公司价值将会降低。在前一例子,投资者赞成支持的授权中,授权替代率为0.5。

一些公司的授权替代率整体可能保持低于1.0。在这些公司中,我们预计投资者希望将所有控制权授予管理者,因为当管理者完全控制时,被代理人成本和代理成本之和将达到最低点。这些公司将通过选择一种授予管理者高度控制权的治理结构来实现最大价值,如双层股权结构。[101]

相反地,有些公司授权替代率范围始终高于1.0。此类公司中任何授权增加的预期代理成本超过减少的预期被代理人成本,这些公司所有控制权牢牢掌握在被代理人手中,以此最小化控制成本。如果是公众公司,将采用类似直接民主的治理结构。[102] 由于公众公司从未实际采用如此结构,我们认为,规模足以上市的公司从未存在如此的被代理人成本与代理成本之间的关系。相反,这种关系似乎只出现在小企业,包括独资企业,以及合伙人保持对业务决策完全控制的合伙企业中。[103]

最后,一些公司的授权替代率最初低于1.0,但是随着控制权向管理者转移,授权替代率最终高于1.0。图1描述了这些公司的控制成本。

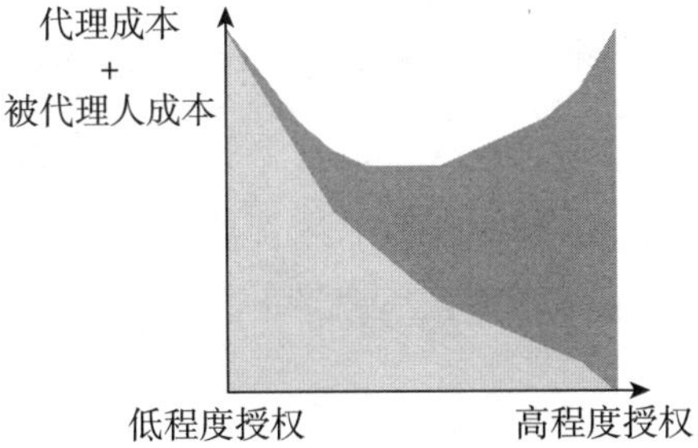

图1　成本权衡支持部分授权

这些公司将大量控制权授予管理者的治理结构,以实现公司价

[101] Goshen & Hamdani, *supra* note 9, at 588 – 591(解释了公司双层股权结构的潜在利益,其中这些公司管理的"独特视角"很重要).

[102] See *supra* section II. C. 1.

[103] See e. g., Royston Greenwood, *The Professional Partnership: Relic or Exemplary Form of Governance?*, 24 Organization Studies 90(2003)(解释专业人士合伙的成功).

值最大化,这种结构也赋予投资者问责管理者的权力,分散所有权的公司便是一例。[104]

(五)授权机制

为论述方便,我们沿着单一维度,以此延伸来描述授权机制,这种维度始于投资者实施控制,终于管理者完全控制。但现实的授权可沿多个维度展开。其中一个维度便是时间:投资者可以授予管理者一定期限内的控制权。授权也可以取决于决策类型:投资者可能委托管理者日常运营而非商业策划。此外,投资者可以保留选择管理者如公司董事的权力,同时允许这些管理者选择副代理人,如 CEO 及其他办事人员。

授权通常带有附加条件。投资者几乎从不给予管理者处置公司资产和管理事务的完全自由控制权。因为如此一来,将同向基金或信托机构送钱无异。[105] 相反,投资者保留问责管理者的权力,以减少授权产生的代理成本。在这一语境下,投资者保留的控制权,可分为自由控制权和义务强制执行权。尽管自由控制权比义务强制执行权具备更大潜力减少代理成本,但同时它们也需要更高的被代理人成本。

义务强制执行权定义直接明了,故将之置于前面论述。当投资者将权力授予管理者时,他们一般对管理者控制权行使施加法律上的强制约束。例如,管理者可能需要披露利益冲突,避免自我交易,并在投资者知情基础上作决策。这些义务可通过法规(如普通

---

〔104〕 See *infra* section II. G. 3.

〔105〕 See Hansmann & Thomsen, *supra* note 98.

公司法[106])、合同(如公司债发行契约或协议[107])或普通法(如通过信义义务法[108])施加。此外,该义务亦可采取一种标准形式,如诚信义务[109],或一项规定,如协议约定公司最大杠杆比率。[110] 义务强制执行权正是对违反上述义务可提起诉讼的权利。对违反义务之救济有所不同,但产生和强制实施的过程一致:首先,须有义务存在;其次,须代理人违反该义务;最后,须投资者提起诉讼。为赢得诉讼获得所期救济,投资人必须令法院信服代理人确实违反了预先规定义务。虽然投资者有权决定是否寻求救济,但他无权决定能否获得救济,决定权在于法院,所以法院须判断义务或标准是否确实被违反。

义务强制执行权的作用是降低冲突成本,这个概念是詹森与梅克林在讨论其模型中投资者为降低代理人不端行为的直接成本可能考虑监督权时所思考的。因此,禁止自我交易旨在防止财产转移;要求代理人只能在投资者知情情况(传统的注意义务)下行动,旨在防止卸责。相形之下,义务强制执行权对降低能力成本无能为力,毕竟很难向法院证明公司绩效不佳是源于决策不智而非运气糟糕。现存商事审判规则,及对在投资者知情基础上无私作决策的管理者的司法尊重,反映了司法活动中,不同于裁判管理者忠诚问题,法院不愿意牵涉裁判管理者能力问题。[111]

---

[106] See e. g. ,Delaware Code Annotated. tit. 8, § 141.

[107] See Clifford W. Smith, Jr & Jerold B. Warner, *On Financial Contracting: An Analysis of Bond Covenants*,7 Journal of Financial Economic 117(1979).

[108] See Aronson *v.* Lewis,473 A. 2d 805(Del. 1984).

[109] See *In re Walt Disney Derivative Litigation*, Case No. 411, 2005 (Del. June 8, 2006).

[110] See Smith, *supra* note 107.

[111] See Aronson,473 A. 2d at 811 - 813.

关于授权的另一种控制权是自由控制权,典型者如授予被代理人以选择代理人并随意解雇和替换代理的权利。股东通过投票表决罢免现任董事等行使自由控制权。值得注意的是,希望选任新董事的股东不必向法院证明以前董事违反某些标准——自我交易、恶意行为或不称职。股东可自由行事。换言之,寻求救济和给予救济之间不分轩轾,股东行使自由决定权兼具两者。

另一个自由控制权的例子,是大多数公司法赋予公司大股东否决董事提议合并、解散或出售公司资产的权利。[112] 否决这些交易,股东只需认为交易不符自己最佳利益判断,不必证实董事会提议的交易牵涉恶意或利益冲突。

自由控制权的主体可以是集体或个人。前文已提及两个集体自由控制权:当股东选任董事或对合并提案表决时,遵循多数股份持有者意愿规则。[113] 个人自主控制权的例子是对冲基金或共同基金。[114] 无须先行证明基金管理者违反了义务或未能达到业绩标准,每个投资者都可依自己意愿单方面行使权利。

并无二致地,自由控制权亦可减少代理冲突成本,但这并非其主要功能。自由控制权主要控制代理人的能力成本,而义务强制执行

〔112〕 See e. g. ,Delaware Code Annotated. tit. 8, § 275(2016)(规定解散程序). 公司章程可以授权股东否决其他交易。See e. g. ,id. § 141(a). 相反,投资者可成立有限责任公司(LLC)放弃否决基础交易的权利,并在经营协议中规定这些权利。See e. g. ,Revised Uniform Limited Liability Company Act § 110(2006)(提出有限责任公司经营协议可以大致改变默认规则). 有限责任公司法规不强制要求投资者批准任何特定的商业交易,而是允许双方按照其认为合适的方式分配该控制权。

〔113〕 See e. g. ,Goshen, *Controlling Strategic Voting*,*supra* note 75(讨论股东的战略投票和多数表决规则).

〔114〕 See John Morley,*The Separation of Funds and Managers*:*A Theory of Investment Fund Structure and Regulation*,123 Yale Law Journal 1228,1252 - 1254(2014).

权难担此任。詹森-梅克林模型不精确地授予投资者自由控制权,因为模型假设忽视了能力成本,模型中管理者会不忠诚,但从不犯诚实错误。

由于投资者自由控制权可降低代理冲突成本和代理能力成本,因此在控制总代理成本上比义务强制执行权更有优势。但仍存在一个问题:自由控制权也需要更高被代理人成本。有自由控制权的投资者有权否决管理者提出的商业计划,从而作出诚实错误降低公司价值。并且,有了自由控制权,投资者子群体可滥用否决权从其他投资者获取价值。[115]

与自由控制权相比,义务强制执行权破坏性较小。义务强制执行权需要较低的被代理人成本,但缺乏降低代理成本的能力。义务强制执行权破坏程度取决于是否仅在任意时间或周期点行使。例如,强制分红要求就在周期点上,不干扰管理者选择和实施公司业务战略的权力,只是限制管理者对利润的控制,使投资者能够决定是否让代理人再投资或将其分配到他处。[116] 同样,固定期限投资给予管理者无限制的自由控制权,直到期限结束。期限结束时,投资者可以决定是否延长代理人资金控制的时间。相反,债券契约往往对管理者在资本结构和经营权利上设置持续限制,例如,限制发行新债务或禁止公司主营业务变化。[117]

与整个授权问题即被代理人成本与代理成本之间权衡一样,自

---

〔115〕 See e. g. ,Schreiber *v.* Carney,447 A. 2d 17(Del. Ch. 1982)(一家公司向控股35%的股东贷款,以说服他支持一个未决的合并议案).

〔116〕 See Morley,*supra* note 114,at 1254-1255(讨论私募股权基金退出权).

〔117〕 See Smith,*supra* note 107.

由控制权与义务强制执行权之间的权衡也是公司具体而定的。在成立公司后,保留现金流或将其对外转让的各方选择实现公司具体控制权分配,最大限度地降低总控制成本的治理结构,从而最大限度地增长财富。

(六)理解治理结构频谱:授权和问责

公司各种治理结构沿着两个不同维度展开:授予管理者控制权的程度及投资者行使控制权时问责管理者的程度。[118] 前言部分已经述及,传统代理成本理论不能解释上述任一维度问题。代理成本理论不能解释为何即便在全资拥有的公司中投资者仍将控制权授予管理者,从而产生代理冲突成本,此乃代理成本理论的祸根问题。代理成本理论也未能解释为何投资者会愿意自绑双手,限制他们问责管理者的权力。然而,被代理人成本理论对这两个维度的问题应对自如、游刃有余。

在被代理人成本模型下,投资者授权管理者,相比自行经营公司,能降低能力成本且有时也能降低冲突成本。如果投资者避免业务错误的机会成本高于管理者避免业务错误的机会成本,那即便是一位卓越能干的投资者也都会聘请管理者经营企业。如此,考虑被代理人能力成本的公司治理模型便可纳入比较优势经济理论。

被代理人成本也解释了为何投资者会同意限制其问责管理者的权力。最常见的这种限制在于解雇管理者的权力上。公司股东同意在没有特殊情形下每年仅可替换一次董事的治理结构。代理成本理论认为股东应保留任何时候均可替换董事的权力。然而,一旦考虑

---

[118] See Arrow, *supra* note 79.

了被代理人成本,任意选任董事不再理想。

为深刻了解为何股东会心甘情愿地自绑双手,我们观察公司出现次优表现背后的各种原因,当然其中所有原因都需替换管理者。第一个可能性是管理中的自利行为(卸责或转移财产),这反映了代理冲突成本。第二个可能性是绩效评估缺陷,例如公开交易股票短期市场错误定价。[119] 第三个可能性是运气糟糕。[120] 第四个可能性是管理过程的诚实错误。只有第四个可能性是明确解雇管理者的理由。如果管理者是自利行为而非能力问题,取而代之的解决方案可能是更多监督和更好的薪酬激励机制;如果绩效评估缺陷则会倒逼寻求更好的评估机制;如果遭遇坏运只得耐心守候。如果投资者总是准确诊断公司业绩不佳的原因并且始终谨慎诚实行事,那么他们就没理由同意限制或放弃解雇管理者的权力。但大多数投资者并不适合这种描述,他们因此可能错误地将不忠诚、不实评估或运气糟糕都判断为管理者不能胜任,然后辞退一个原本胜任能干的管理者从而产生被代理人成本。

当投资者面临是否替换管理者的问题时,一个复杂因素是管理者通常比投资者更了解公司表现不佳的原因。特别是,管理者明白自己是否不忠实,并且更好地判断绩效评估是否准确。然而,因为管理者可能是不诚实的,投资者也可能不相信他所作的解释。因此,投资者合理预计管理者在公司绩效不佳时会归咎于评测不实和运气糟糕,而不会归咎于其能力不足与不忠。然而,在揣测管理者过程中,

---

〔119〕 See Aydoan Alti & Paul C. Tetlock, *Biased Beliefs, Asset Prices, and Investment: A Structural Approach*, 69 Journal of Finance 325 (2014).

〔120〕 在任何特定情况下,即使最明智业务战略也可能有一定的失败概率。

投资者有时会犯诚实的错误,他们会误判公司绩效不佳的原因,辞退公司绩效不佳时忠诚且胜任的管理者。值得注意的是,相反的问题亦可能出现:平庸的投资者可能不会解雇一个平庸的管理者,因为好运连连或扭曲的绩效评测反而使管理者看起来更有能力。

预见到这种错误否定的风险,即管理者虽有能力仍被辞退,管理者可以做好不同的应对措施。他们可能要求更高薪资以作风险补偿。他们亦可能避免虽利润高但复杂得容易出现评测错误的商业策略。[121] 在我们假设的唐和佩吉之间的商事关系中,佩吉可能不会选择价值被低估的股票,因为这需要时间来鉴别,而更可能将唐的资金投资到跟随市场的股票中,这样其价值可以很容易体现。最后,管理者可能拒绝为他们认为能力不足的投资者工作。管理者的这些预期反应都不利于投资者,都迫使投资者将犯错预期成本内部化。

这个讨论表明,投资者和管理者有共同利益选择一个最小化被代理人成本和代理成本预期总和的治理结构,这种最优结构包含投资者同意自己绑手限权。[122] 例如,投资者同意给管理者一段长的期限,在这期限内管理者不会被无故辞退,以此鼓励管理者追求受到短期测量误差影响的长期项目。[123]

---

〔121〕 See e. g. , Mustafa Ciftci, *Do Analysts Underestimate Future Benefits of R&D*?, 5 International Business Research 26(2012)(发现"分析师低估了研发密集型公司的长期增长盈利").

〔122〕 Jacob 法官建议修订公司法,允许公司废除股东年度董事会选举,支持 3 年或 5 年董事会。Jack B. Jacobs, "*Patient Capital*": *Can Delaware Corporate Law Help Revive It*?, 68 Washington and Lee Law Review, 1645, 1648(2011).

〔123〕 在一些公司,投资者可能需要某种形式的补偿以自愿交出权力。但即使这是真的,只要对不干预管理者的价值超过投资者干预权力的价值,就可以达成双方合意的交易。如果管理者相信自己比投资者认为的还更有能力或更忠诚,这种交易将是可能的。

投资者同意限制替换管理者权力的第二个原因,是希望避免被代理人冲突成本。例如,佩吉可能拒绝为唐工作,尽管管理投资组合可以获得投资组合利润50%作为回报,因为如果佩吉选择高价值投资组合后担心唐为了获取全部的持续盈利而投机地解雇她。唐会发现在最短时间内保证佩吉工作是有利的。从本质上讲,唐会与佩吉本质上利益相连,都期望约束成本小于由此避免的其他被代理人冲突成本。同样,在一个有多位投资者的公司中,投资者因视野长短不同带来的矛盾也产生冲突成本,短期投资者迫使管理者以暂时提高股价却降低长期价值的方式经营公司,上述冲突成本便自然产生,[124]通过限制或排除投资者更换管理者的权利,投资者可以减少

---

〔124〕 学者和其他评论家对上市公司是否存在这种冲突以及在何种程度上存在这种冲突进行了激烈辩论,都提出了理论模型和实证证据。See e. g. , Bebchuk, *The Myth*, and Bebchuk, *Long Term*, *supra* note 39(拒绝短期主义的主张);Martin Lipton, *Bite the Apple; Poison the Apple; Paralyze the Company; Wreck the Economy*, Harvard Law School Forum on Corporate Governance and Financial Regulation(February 26, 2013 9:22 AM)(提出短期主义的主张);Mark J. Roe, *Corporate Short-Termism—In the Boardroom and in the Courtroom*, 68 Business Law 977, 1005(2013)("总体而言,金融市场过于短期被广泛认为但未得到证实,有很多证据指向另一个方向。");Jeffrey C. Stein, *Efficient Capital Markets, Inefficient Firms: A Model of Myopic Corporate Behavior*, 104 The Quarterly Journal of Economics 655, 655 - 656(1989)(提出了博弈论模型,其中如果市场从某些可观察的管理信号推断出积极的价值并且操作这些信号不易被发现,则管理者有操纵信号以提高股票价格的动机);Adam Brandenburger & Ben Polak, *When Managers Cover Their Posteriors: Making the Decisions the Market Wants to* See, 27 The Rand Journal of Economics 523, 526 - 527(1996)(解释短视引致管理者和股东之间信息不对称);Brian J. Bushee, *Do Institutional Investors Prefer Near-Term Earnings over Long-Run Value?*, 18 Contemporary Accounting Research 207(2001)(发现高水平的短期持有所有权与近期预期收益的高估有关);实证讨论尚未产生明确胜利一方。Coffee Jr. & Darius Palia, *The Impact of Hedge Fund Activism: Evidence and Implications*(Columbia Law & Economic Working Paper No. 489, 2014)(回顾各种研究并得出结论,短期主义程度并不明确). 然而,这种现象至少在理论上是可能的,并且作为一个例子有力说明被代理人成本如何可能导致投资者希望自绑双手。

这种冲突成本。

在投资者与管理者之间谈判中预期被代理人成本和代理成本将确定投资者是否以及多长时间内有权替换管理者。较短期间(极端形式是任意任职)对应于较低预期代理成本及较高预期被代理人成本;较长期间(极端形式是终身任职)将产生相反效果。就此,被代理人成本理论为我们观察到的经济生活中一系列治理结构提供了解释,这些治理结构在投资者替换管理者时间频率上有所不同。

(七)频谱上的治理结构

投资者对管理者的控制程度产生治理结构频谱。在一个极点,我们观察到投资者控制的“直接民主”公司;在另一个极点,我们观察到管理者控制的双层股权结构公司。[125] 在频谱中间,我们观察到分散所有权结构这一美国公众公司中最常见的安排。我们在此论述公众公司采用的三个最重要的治理结构,并且评估每个治理结构中需要的被代理人成本和代理成本之间的权衡。[126] 其他常见的治理结构,如标准私募股权基金和传统合伙,落在频谱各点。

1. 双层股权结构。在双层股权结构公司中,控制管理者拥有较高表决权之股权,而外部投资者持有较低表决权之股权,[127] 谷歌和

---

〔125〕 See Goshen & Hamdani, *supra* note 9.

〔126〕 市场失灵也可以解释为何一些公司分配控制权与其他公司不同。例如,因为信息不对称管理者有时能够获得超出有效的控制权。See generally Joseph E. Stiglitz, *Information and the Change in the Paradigm in Economics* (Dec. 8,2001)(解释信息不对称在经济分析中的作用).因此,管理者能够说服投资者高度授权是适当的,通过隐瞒他不像投资者所认为的那样诚实或有才华的关键信息。

〔127〕 举个例子,假设一家公司中,A 类股权有 51% 的表决权,但只有 10% 剩余现金流权,而 B 类股权有 49% 的表决权,却有 90% 的剩余现金流权。管理者—代理人享有 A 类股权,投资者—被代理人享有 B 类股权。

脸书是典型的采用这种股权结构的上市公司。这种公司的外部股东不能干预商业决策或替换董事。[128] 他们虽可以出售股票,但不能从公司抽回出资。[129] 基于这些原因,激进对冲基金或敌意收购者都不能强制双层股权结构公司中的管理者改变业务战略。[130]

在没有直接控制机制下,这些公司投资者通过授予管理者大量现金流(平均为40%)来防范自利的管理行为。[131] 即便如此,由于控制管理者股权相对较低,我们预计潜在代理成本在双层股权结构公司中是高昂的。[132] 另外,该结构潜在被代理人成本最小,管理者完全自由地追求他们的战略而不必担心投资者会在管理者实际表现优秀情况下错误辞退他们。[133] 因此,该结构极其适合复杂行业的公

---

〔128〕 See Simon C. Y. Wong, *Google's Stock-Split Would Replace Stewardship with Dictatorship*, Harvard Business Review(April 18,2012). 谷歌和脸书不是通常的双层股权结构公司,因为管理者只有一小部分股权(分红权)。See Dan Bigman, *Facebook Ownership Structure Should Scare Investors More than Botched IPO*, Forbes(May 23,2012)("扎克伯格拥有18%的公司股权,但控制着超过50%的表决权").

〔129〕 二级市场股票出售不减少公司资本,他们只是将股权从某些所有者转移到其他所有者。相比之下,投资者撤回资本会缩小管理层控制的资产池。

〔130〕 But see Kobi Kastiel, *Against All Odds: Hedge Fund Activism in Controlled Companies*, 2016 Columbia Business Law Review 60,90 – 95(2016)(提出和分析双层股权公司激进者干预的证据).

〔131〕 See e. g. , Paul A. Gompers, Joy Ishii & Andrew Metrick. *Extreme Governance: An Analysis of Dual-Class Firms in the United States*, 23 The Review of Financial Studies 1051 (2010).

〔132〕 See e. g. , Masulis, R. W. , C. Wang, & F. Xie, 2009, *Agency Problems at Dual-Class Companies*, 64 Journal of Finance(2009).

〔133〕 See e. g. , Goshen & Hamdani, *supra* note 9(探讨保护管理者"独特视角"的好处); Belén Villalonga & Raphael Amit, *Family Control of Firms and Industries*, 39 Financial Management 863(2010)(检验何者解释家族控制企业和行业,并发现"解释是在很大程度上取决于家族和大股东的身份",并且"创始人及家族更有可能保留控制权,确保竞争优势从而惠及所有股东").

司,如信息技术公司或外部股东认可管理层独特战略视角与本领的公司。双层股权结构是治理结构频谱上的一个极端选择,在美国的公众公司中也较为罕见。[134]

2. 集中所有权结构。在集中所有权结构公司中,单一实体(或一群投资者)凭借大量持有股权控制将要公开上市的公司。与双层股权结构不同,控制权与现金流权之间在此并无区分,控制者拥有等额的控制权与现金流权。因此,与双层股权结构不同,集中所有权结构遵循一股一票的原则,[135]其控制是无可争议的,除非控制集团持有不到50%股份。控制集团作为少数投资者的代理,可以直接管理公司或任命按意愿可被替换的专业管理者。

当代理人的控制无可争议时,潜在被代理人成本低,潜在代理成本则高。双层股权结构和集中所有权结构通常是这种成本分配,而这两种结构有所不同,潜在代理成本在集中所有权结构中较低,因为相比于一个双层股权结构管理者(平均约40%),控制集团通常享有更大份额的公司现金流权(50%或更多)。可能基于此,集中所有权结构更为常见。[136] 但是双层股权结构确实有一个相对优势:它允许管理者将公司较大部分现金流权出让给外部投资者,而不影响管理

---

〔134〕 See Robert M. Daines & Michael Klausner, *Do IPO Charters Maximize Firm Value? Antitakeover Protection in IPOs*, 17 Journal of Law, Economics & Organization 83(2001)(发现只有6%的IPO公司有双层股权结构);Gompers, Ishii & Metrick, *supra* note 131(指出在美国只有约6%的上市公司有双层股权结构).

〔135〕 See e. g., Sanford J. Grossman & Oliver D. Hart, *One Share-One Vote and The Market for Corporate Control*, 20 Journal of Financial Economic 175(1988)(分析一股一票制最优条件).

〔136〕 集中所有权是世界各地普遍的治理结构。See Rafael La Porta, *Florencio Lopez-De-Silanes & Andrei Shleifer*, *Corporate Ownership Around the World*, 54 Journal of Finance 471(1999).

者的完全控制。因此,如果管理者个人财富有限,并且他们希望保持完全控制,双层股权结构能使他们筹集更多资金从而实现更大的规模经济。故此,在双层股权结构和集中所有权结构之间的选择中,通常需要在规模经济和代理成本之间进行权衡。

3. 分散所有权结构。值得注意的是,迄今为止讨论的两个治理结构并不能使外部投资者罢免管理者。分散所有权结构公司的投资者可出售权益,但没有多少"说话"的机会。在我们达到美国公众公司中最常见的结构——分散所有权结构之前,解雇管理者的权利不会出现在治理频谱上。[137]

虽然其他治理结构可能给予管理者完全所有权,无论是无限期限(如在双层股权公司中)还是固定期限(如在私募股权基金中)的控制,投资者可以通过表决权争夺对分散所有权公司的控制。该结构授权委托管理者做日常业务决策(通常是 CEO 的权力领域)[138] 以及主要的战略和治理决策(董事会的权力领域)。[139] 但股东可以否决合并公司、出售资产或解散公司的决定,[140] 并且可以通过替换董事来改变商业计划。因此,分散所有权结构虽需较低代理成本,但其潜在的被代理人成本高于双层股权结构或集中所有权结构的被代理人成本。

---

〔137〕 See Principles of Corporate Governance: Analysis and Recommendation § 3.01 (Am. L. Inst., 1994).

〔138〕 See Principles of Corporate Governance: Analysis and Recommendation § 3.01 (Am. L. Inst., 1994).

〔139〕 See id. § 3.02; cf. Delaware Code Annotated. tit. 8, § 141(a)(2016)(将扩张董事会权力设置为默认规则).

〔140〕 See Delaware Code Annotated. tit. 8, § 271(要求股东批准董事会出售公司所有资产的提案); id. § 251(要求大股东批准合并).

希望改变分散所有权的股东通常遵循两种策略。一个策略是由敌意收购者谋划的：持有一个控制性大宗证券。敌意收购者通过在公开市场上购买股票，持约10%发行股票后开始控制权争夺。[141] 然后，为了将该股权扩大为多数股权，他们向目标公司股东提出高于市场价格的要约收购，如要约成立，敌意收购者可以行使表决权来重组公司董事会并实施新的经营方针。或者敌意收购者可以判定现任管理者商业判断基本可靠，继续留任管理者并从他们追求的项目中获得利润回报。

改变分散所有权方向的另一个股东策略是，说服大股东在代理权争夺中支持挑战者提案。这就是激进对冲基金所谋划的策略。[142] 像敌意收购者一样，激进对冲基金通常通过股票市场获得股权开始控制权争夺，但是接着不是提出要约，而是发起或威胁发起代理权争夺。在代理权争夺中，他们要求其他股东支持他们替换现有董事，增加红利或改变公司资本或治理结构的提议。

敌意收购者或激进对冲基金将对公司控制权进行争夺使代理成本得以控制。但是由于敌意收购者或激进对冲基金有时错误地将目标瞄准管理者实际上有能力和忠诚的公司，[143] 分散所有权结构使控制权争夺成为可能，也产生了巨大的被代理人成本。

图2将治理结构放置在频谱之中，体现了被代理人成本和代理成本之间的一系列可能的权衡。

---

[141] See e. g. , Ronald Gilson, *Seeking Competitive Bids Versus Pure Passivity in Tender Offer Defense*, 35 Stanford Law Review 51(1982).

[142] See Kahan & Rock, *supra* note 37.

[143] See Coffee & Palia, *supra* note 124.

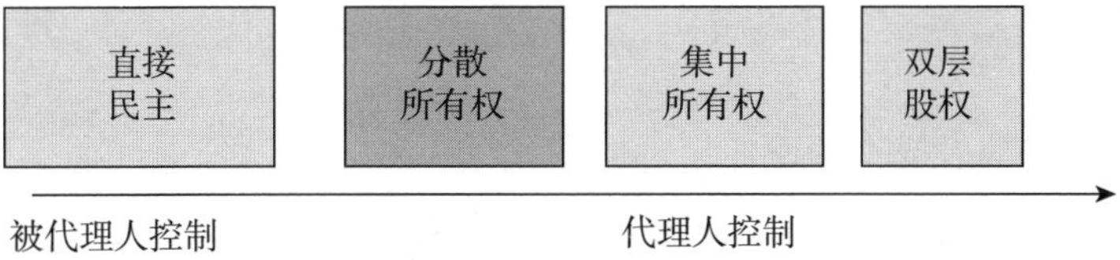

图 2 治理结构频谱

被代理人成本理论认为，这些治理结构应依据质量垂直排列，最小化代理冲突成本的“直接民主”治理结构位列顶端，最大化代理冲突成本的双层股权结构处于底端。相形而言，被代理人成本理论指出，没有一个治理结构在本质上为优或差，因为不同的治理结构在被代理人成本和代理成本之间提供了不同权衡，每个治理结构对于具体公司而言都可能是理想的最优治理结构。

三、被代理人成本理论与代理成本理论：启发

被代理人成本理论不仅解释了代理成本理论不能解释的治理结构，且其囊括综合考虑因素而形成的治理结构也产生了更好的实证预测和更明智的政策处方。被代理人成本的理论意义非常广泛，但本文的讨论仅限于目前公司法学界的几个最重要的议题。

（一）实证预测

代理成本理论预测，由于某些治理结构本质上优于其他治理结构，公司一经采用将持续创造更多价值。最优治理结构特征在于可以在任何地方都能最大限度地赋予股东权力行使控制权并问责管理者。如果现实中公司采用的结构不符合这个最优结构，背后的原因

便是其代理成本:管理者滥用权力选择一种自利且牺牲公司价值的治理结构。[144]

被代理人成本理论作出不同的预测。各方不以公司代理成本最小化为目标,相反,他们以具体公司中代理成本与被代理人成本最小化为目标。因此,在投资者回报与特定治理结构特征之间不存在一致相关性。如果发现某种相关性,则应是公司具体特质,而非解释价值差异的特定治理结构特征。一经研究正确控制这些特质,二者表面相关性将会消失。

当法律改革要求他们采用特定治理结构特征时,这两种理论也对公司将发生什么情况作出不同的预测。代理成本理论认为,如果强制性治理结构特征赋予股东权力,改革将增加公司平均价值。反之则削弱公司平均价值。被代理人成本理论认为,改革令公司价值初始下降。公司会受益于其所采用的治理结构特征;因此,法律只对效率低下的公司强加治理结构特征,压低它们的价值。但上述价值损失只是暂时,因为公司可通过改变治理结构特征、调整资本结构及改变如经营战略选择等要素,从而减少强制性规则的影响。因此,控制成本的初始上升以及由此带来的整体公司价值损失将随时间推移而减少,并在某些公司可完全消失。相形之下,代理成本理论学者通常以静止观点观之:如果法律改革削弱股东权利,所致价值损失恒久不变。

最后,在允许但不强求公司采用新结构特征的法律改革中,两个理论仍存在预测差异。代理成本理论认为,若新选择使公司削弱股东权利,自私的管理者将令公司采用该选择从而降低平均公司价值。

---

〔144〕 See e. g. ,Lucian A. Bebchuk,*Letting Shareholders Set the Rules*,119 Harvard Law Review 1784(2006).

另外,若新选择增加股东权利,公司则会避开采用。凡此种种,改革效果甚微。这意味着增加股东权利之改革必须强制才行之有效。[145]相形之下,被代理人成本理论认为,在治理结构选择中新增选项有利于提升平均公司价值。新选择若对公司不利则公司不予采纳,新选择若对公司有利则采用之,以此契机更好调整治理结构以适应特定属性从而降低控制成本。

牢记上述预测,现在研究论述公司治理中早被实证研究过的几个论题。对于每个论题,我们考虑的是,实证结果是否倾向于代理成本理论抑或被代理人成本理论。在过去 40 年间公司治理诸多学术文献及课题研究中,代理成本理论占主导地位,故此,我们的调研必然有所甄别筛选。然而,我们认为研究趋势是公正的,每个论题都有相互矛盾的结论,这倾向于被代理人成本理论的预测。

1. 现金流分配。根据詹森 - 梅克林模型,向公司管理者分配更多公司现金流能降低代理成本。基于这一观察,代理成本理论学者预测,管理者拥有公司更多股权将具更高价值。对此,被代理人成本理论有不同预测,向管理者提供更多现金流可以降低代理冲突成本,但同时亦会增加被代理人冲突成本。鉴于这种权衡,公司将根据其特定属性及治理结构调整现金流权分配,且现金流分配与公司价值之间不存在一般相关关系。

当对该课题进行实证调查时,有研究发现,公司绩效和价值取决于管理者所有权变化。有学者得出结论,如同代理成本理论预测,一

---

〔145〕 或者至少默认退出条款。See e. g. , Lucian A. Bebchuk & Assaf Hamdani, *Optimal Defaults for Corporate Law Evolution*, 96 Northwestern University Law Review 489 (2002) [hereinafter Bebchuk & Hamdani, Optimal Defaults].

些治理结构安排优于其他。[146] 但是,当这些研究面对无控制权和其他问题时,如被代理人成本理论预测,现金流分配和公司绩效之间关系不复存在。[147]

2. 双层股权结构。相对于分散所有权结构,双层股权结构赋予董事更大权力,使外部股东难以问责管理者。因此,代理成本理论学者预测,双层股权结构公司表现不佳。[148] 然而,整体而言,实证研究并不支持这种观点。[149] 当有学者将双层股权结构与较低公司价值

---

〔146〕 See e. g. ,Randall Morck,Andrei Shleifer & Robert W. Vishny,*Management Ownership and Market Valuation*,20 Journal of Financial Economic 293(1988)(发现公司价值"先增加,后下降,最后由于董事会的所有权上升,公司价值略微上升");John McConnell & Henri Servaes, *Additional Evidence On Equity Ownership and Corporate Value*,27 Journal of Financial Economic 595(1990)(认为"公司价值是股权结构的函数");Benjamin E. Hermalin & Michael S. Weisbach, *The Effects of Board Compensation and Direct Incentives on Firm Performance*, 20 Financial Management 101(1991)(same);Clifford Holderness,Randall Kroszner & Dennis Sheehan,*Were the Good Old Days that Good?:Evolution of Managerial Stock Ownership and Corporate Governance since the Great Depression*,54 Journal of Finance 435(1999)(same).

〔147〕 See Charles Himmelberg, Glenn Hubbard & Darius Palia, *Understanding the Determinants of Managerial Ownership and the Link between Ownership and Performance*,53 Journal of Financial Economic 353(1999)["在控制了观察到的公司特征和公司固定效应之后,我们不能得出结论认为(经济计量)管理所有权的变化会影响公司绩效"];Harold Demsetz & Kenneth Lehn,*The Structure of Corporate Ownership:Causes and Consequences*,93 Journal of Political Economy 1155(1985)(发现"公司所有权结构以与价值最大化一致的方式系统地变化");Harold Demsetz & Belén Villalonga, *Ownership Structure and Corporate Performance*,7 Journal of Corporate Finance 209(2001)(发现"所有权结构和公司绩效之间没有统计学意义上的关系").

〔148〕 See e. g. ,Bebchuk,Kraakman & Triantis,*supra* note 4.

〔149〕 See e. g. ,Megan Partch,*The Creation of A Class of Limited Voting Common Stock and Shareholder Wealth*,18 Journal of Financial Economic 313(1987)("没有证据表明现有股东因限制性表决的普通股而受到损害。");Renée Adamsa & João Santos,*Identifying the Effect of Managerial Control on Firm Performance*,41 Journal of Accounting and Economics 55(2006)("与管理控制是完全有害的观点相反,我们发现对至少在一定范围内的公司绩效具有积极影响。").

联系起来时,[150]另一些研究将公司具体特质纳入考虑,则发现二者并无相关性,如被代理人成本理论预测。[151] 此外,有研究发现公司从分散所有权到双层股权转变时价值增加,这个结果乃被代理人成本理论可以解释而代理成本理论不能解释的。[152]

3. 收购。代理成本理论学者已几乎一致支持将敌意收购视为监

[150] See e. g. ,Ronald Masulis,Cong Wang & Fei Xie,*Agency Problems at Dual-Class Companies*,64 Journal of Finance 1697(2009)(发现"控制权过度超过现金流权的管理者更倾向于以股东费用之名追求私人利益",而且"内部人过度实施控制权的公司价值正在下降");Paul Gompers,Joy Ishii & Andrew Metrick,*Extreme Governance:An Analysis of Dual-Class Companies in the United States*,23 The Review of Financial Studies 1051(2010)("一级回归分析中,我们发现有力的证据表明公司价值与内部团体的现金流权正相关,与内部团体表决权负相关","在工具变量回归分析中,点估计相似但显著性水平低");Scott Smarta,Ramabhadran Thirumalaib & Chad Zutter,*What's In A Vote? The Short-And Long-Run Impact of Dual-Class Equity on IPO Firm Values*,45 Journal of Accounting and Economics 94(2008)(发现"相对于基本面,双层股权结构的公司以低于单层股权结构公司的价格进行交易,无论是在首次公开募股还是至少在随后的5年内","统一双层股权结构后,统计和经济意义上的价值出现增长").

[151] See Boehmer Ekkehart, Sanger Gary & Varshney Sanjay, *The Effect of Capital Structure and Consolidated Control on Firm Performance:The Case of Dual-Class IPOs*, in Empirical Issues in Raising Equity Capital(Mario Levis,North Holland,1995)(发现双层股权公司首次公开募股"在股票市场回报以及企业绩效的会计措施方面优于相应的单层股权结构公司",并得出结论:"相对于其他首次公开募股的公司,上市的双层股权结构公司的投资者获得更多净收益,更好的经营业绩和更大的股本回报就证明了这一点。").

[152] See Dimitrov Valentin & Jain Prem,*Recapitalization of one Class of Common Stock into Dual-class:Growth and Long-run Stock Returns*(Sept. 1,2004)("双层股权资本重组是提高股东价值的公司战略",并显示"平均而言,股东在资本重组公告后获得显著的合法异常收益",并得出结论:"我们没有发现任何管理防御的证据。");Kenneth Lehn,Jeffry Netter & Annette Poulsen, *Consolidating Corporate Control:Dual-Class Recapitalizations Versus Leveraged Buyout*,27 Journal of Financial Economic 557(1990)(发现双层股权公司的增长速度快于控制集团中的公司,并进行二次股权融资以支持增长,得出结论:"这些结果增加了我们对组织形式变化原因的理解,说明巩固公司控制权的方法和效果与公司属性呈现系统相关性。").

督管理者的机制。[153] 更有论者认为,当被敌意收购者威胁时,因无法使用反收购措施,董事会应当完全被动。[154] 折中的观点则认为可以采取反防御措施,但仅为促进目标公司的竞卖。[155]

被代理人成本理论意味着敌意收购者并非不切实际。经由敌意收购者手中聚集股东控制权,敌对收购要约确实能降低代理成本。但与此同时,允许股东在没有董事会批准的情况下接受要约也会产生被代理人成本。如果股东未能鉴别现任管理者战略的真正价值,股东可能以低价进行投标,从而产生被代理人能力成本。[156] 同样地,由于追逐短期利益,股东会以长期投资的代价将股权投标,其可能致使公司管理者采取昂贵的自我保护措施,进而产生被代理人冲突成本。[157] 基于管理者及股东个人性格偏好,乃至公司所处行业及竞争环境等因素所带来的具体影响是因公司而异的,允许敌意收购可增加或减少总控制成本。[158] 对于管理者不被信任且业务能被股东理解的公司,将控制权分配给股东可能会降低总控制成本。但对

---

〔153〕 See The leading voice is Henry G. Manne, *Cash Tender Offers for Shares*: *A Reply to Chairman Cohen*, 1967 Duke Law Journal 231 (1967); see also Bebchuk, *supra* note 78; Easterbrook & Fischel, *supra* note 33; Gilson, *supra* note 33.

〔154〕 See Easterbrook & Fischel, *supra* note 33.

〔155〕 See Gilson, *supra* note 141.

〔156〕 See cf. Bernard Black & Reiner Kraakman, *Delaware's Takeover Law*: *The Uncertain Search for Hidden Value*, 96 Northwestern University Law Review 521, 529 – 533 (2002)(拒绝隐藏价值的主张).

〔157〕 See e. g., Brian J. Bushee, *The Influence of Institutional Investors on Myopic Investment Behavior*, 73 The Accounting Review 305 (1998)(通过高投资组合营业额、分散投资和动量交易,高度的机构投资者持股显著增加了追求短期项目的管理动机).

〔158〕 See e. g., F. M. Scherer, *Corporate Takeovers*: *The Efficiency Arguments*, 2 Journal of Economic Perspectives 69 (1988)(发现"一些收购提高了经济效率,一些收购降低了经济效率,效果平衡很可能是接近的,虽其还未被完全了解").

于管理者能被信任,业务难以被股东理解的公司,将控制权分配给董事会可能更具效率。

相同的分析应用于特定反收购措施。例如,毒丸计划对没有经过董事会批准而获得公司大部分股权的敌意收购者强加高昂费用。[159] 为阻止毒丸计划,敌意收购者必须通过代理权争夺控制目标公司董事会,但这需要时间和金钱。因此,相对股东权力,毒丸计划增加了董事会权力。代理成本理论学者谴责其为一种增加代理成本而令公司价值降低的反收购措施。[160] 毒丸计划也能降低被代理人成本,迫使敌意收购者代理权争夺可减少股东集体行动问题,[161] 且毒丸计划鼓励竞标能降低收购方会诱使股东低价投标的风险。[162] 再次强调,控制成本净效应应取决于具体公司。[163] 如果诚实的管理者正在寻求具有隐蔽价值的商业战略,毒丸计划可以降低被代理人成本,其超过毒丸计划增加的代理成本。

第二个常见的反收购措施是交错董事会,该措施规定每年只有

---

[159] See e. g. , Suzanne Dawson, *Robert Pence and David Stone*, *Poison Pill Defensive Measures*, 42 Business Law 423(1987)(解释毒丸计划的作用和性能).

[160] See e. g. , Lucian A. Bebchuk & Robert J. Jackson, Jr. , *Toward a Constitutional Review of the Poison Pill*, 114 Columbia Law Review 1549(2014).

[161] See e. g. , Marcel Kahan & Edward B. Rock, *How I Learned to Stop Worrying and Love the Pill: Adaptive Responses to Takeover Law*, 69 University of Chicago Law Review 871(2002); Bainbridge, *Director Primacy in Takeovers*, *supra* note 61.

[162] See e. g. , Randall A. Heron & Erik Lie, *On the Use of Poison Pills and Defensive Payouts by Takeover Targets*, 79 The Journal of Business 1783(2006)(发现"毒丸计划有助于提高投标量和出价,但不改变收购的可能性").

[163] See e. g. , Michael Ryngaert, *The Effect of Poison Pill Securities on Shareholder Wealth*, 20 Journal of Financial Economic 377(1988)(发现"平均而言,毒丸计划防御看起来对公司估值只有微小影响").

1/3 而非全部现任董事参加选举。[164] 交错董事会的实践后果是敌意收购者必须连续两年在股东大会上赢得代理权争夺从而获得公司控制权。赞成者认为交错董事会更具稳定性,经营方针更为连续。[165] 但代理成本理论学者严厉批评交错董事会作为一个反收购机制,当其与一个毒丸计划相结合时,公司基本上不会遭受敌意收购威胁。[166] 他们反对交错董事会的行动成功实践,过去 10 年间,卢西恩·拜伯切克教授及哈佛大学法学院股东权利课题项目组,已成功地促使约 1/3 的标普 500 公司不再采取交错董事会制度。[167] 在此之前,多数标普 500 公司采取交错董事会制度,而现在大多已不再采用该制度。[168]

被代理人成本理论表明交错董事会会增加代理成本,但也能降低被代理人成本。由于信息不足或对公司商业模式存有误解,股东有时无法鉴别真实价值,因此可能以低价出售。出于这样忧虑,董事会可能回避最终能让股东获得更高回报但复杂长期的商业战略。交错董事会制度使股东更难犯此错误,给予董事会实施长期策略的充

---

[164] See Delaware Code Annotated. tit. 8, § 141(d).

[165] See e. g., Lipton, *supra* note 20.

[166] See e. g., Lucian A. Bebchuk, John C. Coates & Guhan Subramanian, *The Powerful Antitakeover Force of Staggered Boards: Theory, Evidence, and Policy*, 54 Stanford Law Review 887(2002)(批判交错董事会产生代理费用); Lucian A. Bebchuk & Alma Cohen, *The Costs of Entrenched Boards*, 78 Journal of Financial Economic 409(2005)(发现"交错董事会与公司经济价值减少有关").

[167] See Lucian A. Bebchuk, Scott Hirst & June Rhee, *Towards the Declassification of S&P 500 Boards*, 3 Harvard Business Law Review 157(2013); Steven Davidoff Soloman, *The Case Against Staggered Boards*, New York Times(March 20, 2012).

[168] See Davidoff, id.

分自由。[169] 与毒丸计划一样,一些公司受益于交错董事会制度,有些公司则不然。[170]

反收购机制的实证研究产生了不同结果。[171] 一些研究发现反收购机制降低了公司价值,[172]有研究则发现了上述研究的缺陷。[173] 另外也有研究发现,如被代理人成本理论所预测的,具有某些属性的公司采用反收购机制可提升其价值。[174] 无独有偶,同样矛盾的结果在寻求交错董事会与公司价值减少之间关系的研究中被发现:有一

---

〔169〕 See e. g. ,Lipton,*supra* note 124.

〔170〕 See e. g. ,Martijn Cremers,Lubomir Litov & Simone Sepe,*Staggered Boards and Long-Term Firm Value*,Revisited(March 14,2016)(unpublished manuscript)(指出"采用交错董事会的公司价值增加,而非采用交错董事会与价值下降相关联",并且"公司价值与交错董事会之间的正相关性是由更多从事研究且具体利益相关者的投资更重要的公司驱动的,这表明交错董事会可作为长期项目投资和更强利益相关者关系的可信承诺机制,促进长期价值创造").

〔171〕 See e. g. ,Miroslava Straska & H. Gregory Waller,*Antitakeover Provisions and Shareholder Wealth:A Survey of the Literature*,49 Journal of Financial and Quantitative Analysis 933(2014)(回顾40年的研究并得出结论,尽管"花费大量的时间和精力研究检验反收购条款如何影响股东,这些条款对股东财富的净影响仍然不确定").

〔172〕 See e. g. ,Paul Malatesta & Ralph Walkling,*Poison Pill Securities*,*Stockholder Wealth*,*Profitability*,*and Ownership Structure*,20 Journal of Financial Economic 347(1988)(发现"毒丸计划防御使股东的财富在统计上显著减少").

〔173〕 See John C. Coates IV,*Takeover Defenses in the Shadow of the Pill:A Critique of the Scientific Evidence*,79 Texas Law Review 271(2000);Emiliano Catan & Marcel Kahan,*The Law and Finance of Anti-Takeover Statutes*,68 Stanford Law Review(forthcoming,2016).

〔174〕 See e. g. ,Miroslava Straska & Gregory Waller,*Do Antitakeover Provisions Harm Shareholders?*,16 Journal of Corporate Finance 487(2010)(反收购议价能力低的公司价值增长);D. Kadyrzhanova & M. Rhodes-Kropf,*Concentrating on Governance*,66 Journal of Finance 1649(2011)(集中化程度高的行业有延迟规定的公司价值增长,而集中化程度高的行业中无延迟规定、管理者由产品市场竞争约束的公司价值低);Scott Linn & John McConnell,*An Empirical Investigation of the Impact of "Antitakeover" Amendments on Common Stock Prices*,11 Journal of Financial Economic 361(1983)(认为"反收购修正案是由追求公司价值增长的管理者提出,并由共享目的的股东批准通过").

些研究发现之间的相关性,[175]但是对具体公司特质进行控制变量的其他研究中无此发现。[176]

最能展现被代理人成本理论预测能力的典型例子应是一项1990年针对马萨诸塞州法律的研究,当时马萨诸塞州法律要求在该州注册的所有公众公司都要设置交错董事会。罗伯特·戴恩斯(Robert Daines)教授进行的一项研究发现该制度会减少股东财富。[177] 这一发现与代理成本理论一致,认为交错董事会总是价值递减;它也与被代理人成本理论一致,认为强制性结构要素损害了成本最小化治理结构并不包括这一要素的公司。然而,在最近一项研究中,戴恩斯和两位合作者15年后重新访问了马萨诸塞州的公司,发现具有高度创新性和研发依赖性等特定属性的公司价值已经反弹。作者的结论认为,交错董事会可使具有特定属性的公司受益。[178] 这一结论与被代理人成本理论一致,其预测公司将通过调整其他结构特征以及诸如他们商业战略选择的属性来应对外部法律冲击。

4. 对冲基金积极主义。代理成本理论学者强烈支持激进对冲基

---

〔175〕 See e. g. ,Bebchuk & Cohen,*supra* note 166.

〔176〕 See e. g. ,Thomas Bates,David Becher & Michael Lemmon,*Board Classification and Managerial Entrenchment*:*Evidence from the Market for Corporate Control*,87 Journal of Financial Economic 656(2008)(认为"证据与传统的观点即分类董事会是促进管理层防御的反收购机制不一致").

〔177〕 Robert Daines,*Do Classified Boards Affect Firm Value? Takeover Defenses After the Poison Pill* (unpublished manuscript)(指出分类董事会降低公司价值).

〔178〕 Robert Daines,Shelley Xin Li & Charles C. Y. Wang,*Can Staggered Boards Improve Value? Evidence from the Massachusetts Natural Experiment*(on file with authors)(发现"当公司和投资者面临信息不对称时,当公司是成长期、依赖研发的创新型公司时,交错董事会是有益的").

金,[179]其商业模式是通过宣传活动和代理权争夺挑战上市公司现任董事。[180] 这种挑战克服了股东的理性冷漠和机构投资者的理性沉默,增加了股东表决权的有效权力,从而降低了代理成本。[181] 例如,一个激进型对冲基金可以通过管理者的谋求扩张成功地强制降低低效资本支出。[182] 然而,激进型基金亦可产生被代理人成本,这是代理成本理论支持者忽视的缺陷。因为信息不对称使股东很难区分激进主义活动的好坏,一个基金可能迫使管理者削减实际上高效的资本支出。[183] 最终,对冲基金积极主义对控制成本的影响——代理成本的减少及被代理人成本的增加——将视目标公司具体而定。

关于对冲基金积极主义的实证研究,也同样产生了不同的结论。[184] 所有研究表明,当市场感知到公司已经被瞄准为目标公司时,公司会经历股价初始飙升的过程。但其对股票价格的长期影响尚不清楚:一些研究发现,积极主义改善长期表现,[185]但有研究发现

[179] See e. g. ,Bebchuk et al. ,Long-Term,*supra* note 39.

[180] See Kahan & Rock,*supra* note 37.

[181] See Gilson & Gordon,*supra* note 37.

[182] Bebchuk et al. ,Long-Term,*supra* note 39.

[183] See John Coffee & Darius Palia,*The Wolf at the Door*:*The Impact of Hedge Fund Activism on Corporate Governance*(2015)(unpublished manuscript)(以制药行业实践研发为案例).

[184] See Coffee and Palia,id.(回顾和分析实证研究)

[185] See e. g. ,Bebchuk et al. ,Long-Term,*supra* note 39.

了上述研究的缺陷。[186] 另有研究发现，积极主义最终损及目标公司，[187]这个结论是被代理人成本理论可以解释但代理成本理论不能解释的。我们进一步注意到所有现有积极主义研究只考虑其对目标公司的影响，因此没有调研是否单是被视为目标公司的风险导致公司管理者采取提高或降低价值的预防措施。[188] 换言之，积极主义活动可能产生正面或负面的外部性，但排除关于积极主义纯粹影响的任何结论，目前关于这些外部性影响的研究尚存空白。

5. 多数表决制。特拉华州公司默认规则是简单多数决，即使大股东通过拒绝投票表示反对，也允许无争议的董事候选人选举通过。[189] 其替代规则是多数表决制，董事如没有得到多数支持，则必须辞职。[190] 因此，多数表决制为代理人争夺提供了廉价替代品。因为多数表决制增加股东权力，得到了代理成本理论学者积极评价。[191] 但是，股东权力增加也将增加被代理人成本，从而增加公司

---

〔186〕 See e. g. ,Coffee and Palia, *supra* note 183.

〔187〕 See Martijn Cremers, Erasmo Giambona, Simone Sepe & Ye Wang, *Hedge Fund Activism and Long-Term Firm Value*, SSRN (May 28, 2020), https://ssrn. com/abstract = 2693231(“在激进对冲基金活动之后，对比不受对冲基金活动影响以前就表现不佳的公司，激进对冲基金的目标公司价值增长甚微”).

〔188〕 See Coffee & Palia, *supra* note 183.

〔189〕 Del. Code. Ann. tit. 8, § 216(“在公司注册证书或公司章程中没有这样的规定；……董事应由在会议上亲自出席或由受托代表代理，并有权投票选举董事的股东投票多数决选出董事”)；Joseph Grundfest, *Just Vote No: A Minimalist Strategy for Dealing with Barbarians inside the Gates*, 45 Stanford Law Review 857, 865 – 866(1993)(通过拒绝投票表示反对).

〔190〕 See e. g. , Stephen Choi, Jill Fisch, Marcel Kahan & Edward Rock, *Does Majority Voting Improve Board Accountability*?, 83 University of Chicago Law Review (forthcoming, 2016)(解释表决的不同机制).

〔191〕 See e. g. , Council of Institutional Investors, *Majority Voting for Directors*, CII, http://www. cii. org/majority_voting_directors(last visited July 27, 2015)(“多数表决确保股东的选票数，使董事会对其代表的股东承担更多责任。”).

总控制成本。不出所料,对多数表决制的研究产生了不确定的结论:有学者发现多数表决制有积极影响〔192〕,也有研究表明多数表决制对股东价值并无影响。〔193〕 被代理人成本理论预测,一旦我们控制公司具体特质,多数表决制的公司不会一直优于不采多数表决制的公司。故此,找寻到明确结论的研究可能缺乏足够控制或合适样品,因此不能被后续研究证实检验。

6. 代理参与权制度。代理权争夺花费挑战者大约500万美元。〔194〕 公司只在挑战者占优势时才能给予挑战者回报。〔195〕 结果是阻碍代理权争夺的经典集体行动问题:挑战者承担代理权争夺的预期成本比预期利益大。有评论家建议通过代理参与权制度克服这种阻碍,允许持有大量长期股权的股东使用公司代理材料,令公司资金为他们自己提名的董事候选人争取选票。〔196〕 代理参与权制度促进

---

〔192〕 See Yonca Ertimur, Fabrizio Ferri & David Oesch, *Does the Director Election System Matter?: Evidence from Majority Voting*, 20 Review of Accounting Studies 1(2015)(指出采用股东多数表决提案与股票超额收益有关).

〔193〕 See Choi et al., *supra* note 190(认为"通过多数表决选任的公司董事很少未能获得多数人的支持,甚至比简单多数票决选任公司董事还更少");William K. Sjostrom, r. & Young Sang Kim, *Majority Voting for the Election of Directors*, 40 Connecticut Law Review 459(2007)(发现对公司采用多数表决没有统计上显著的市场反应);Jay Cai, Jacqueline Garner & Ralph Walkling, *Paper Tiger? An Empirical Analysis of Majority Voting*, 21 Journal of Corporate Finance 119(2013)(认为"采用多数表决制对董事选任、董事替换或提高公司业绩影响不大").

〔194〕 See Nickolay Gantchev, *The Costs of Shareholder Activism· Evidence From A Sequential Decision Model*, 107 Journal of Financial Economic 610, 623(2013).

〔195〕 See Note, *Contestants in Proxy Fight Entitled to Reimbursement of Expenses from Corporate Treasury*, 56 Columbia Law Review 633(1956).

〔196〕 See e. g., Lucian A. Bebchuk, *The Case for Shareholder Access to the Ballot*, 59 Business law 43(2003). 典型的代理参与权制度规定持有公司3%股票达3年或更长时间以上的投资者,有权为公司董事会提名董事。

了多数表决制：当董事必须因缺少多数支持而辞职时，代理参与权制度允许股东而不是剩余现任董事去提名候选人。这种方式将降低代理成本，并依代理成本理论学者观点，其将一以贯之地增加公司价值。[197]

但代理参与权制度也增加了被代理人成本：虽然其便于替换懒惰、不称职或不忠实的董事，但也提升了股东错误替换称职董事（从而产生被代理人能力成本）或运用更多董事会席位权利谋取私益（从而产生被代理人冲突成本）的风险。事实上，后者有直接证据表明，工会养老基金使用代理参与权作为劳资谈判的议价筹码。[198] 关于代理参与权制度是否增加[199]或减少[200]整体公司价值，实证文献已证实其难以预测。[201]

7. G 指数。支持代理成本理论中最著名的论文是对一个被称为

---

〔197〕 Ibid.

〔198〕 See John G. Matsuaka et al., *Opportunistic Proposals by Union Shareholders*, USC Class Research Paper No. Class 15 – 25(October 8, 2015)(发现谈判中联合股东滥用股东建议规则的证据).

〔199〕 See e. g., Bo Becker, Daniel Bergstresse & Guhan Subramanian, *Does Shareholder Proxy Access Improve Firm Value? Evidence from the Business Roundtable's Challenge*, 56 Journal of Law and Economics 127(2013); Joanna T. Campbell, T. Colin Campbell, David G. Sirmon, L. Bierman & Christopher S. Tuggle, *Shareholder Influence over Director Nomination via Proxy Access: Implications for Agency Conflict and Stakeholder Value*, 33 Strategic Management Journal 1431(2012).

〔200〕 See e. g., A. C. Akyol, W. F. Lim & P. Verwijmeren, *Shareholders in the Boardroom: Wealth Effects of the SEC's Proposal to Facilitate Director Nominations*, 47 Journal of Financial and Quantitative Analysis 1029(2012); D. F. Larcker, G. Ormazabal & D. J. Taylor, *The Market Reaction to Corporate Governance Regulation*, 101 Journal of Financial Economics 431(2011).

〔201〕 See e. g., Marcel Kahan & Edward Rock, *The Insignificance of Proxy Access*, 97 Virginia Law Review 1347(2011)[考虑代理参与权制度正反两方面影响，并得出结论："（没有）人……会见得很重要，所以其净效应很可能接近于零。"].

G 指数的公司治理指数的研究,该指数由 24 个不同的治理因素组成,这些因素据称会减少管理者责任。[202] 该论文介绍了相关研究,然后回归公司价值,找寻到公司价值与指数之间较强的负相关关系。[203] 然而,这项研究因研究方法的缺陷及模型错误而遭受批评。[204] 此外,一项后续研究表明,之前的研究结果完全是由与反收购相关的 6 个因素所驱动。[205] 而更近一项研究表明,根据公司具体特质,这 6 个因素中有 3 个因素与公司价值负相关,另 3 个因素呈现正相关关系。[206] G 指数研究趋势证实了被代理人成本理论预测,即随着

---

[202] 公司具备一个治理条款得分为 1,因此一个具有 G – 24 得分的公司具有该研究的终极防御结构。

[203] See Paul Gompers, Joy Ishii & Andrew Metrick, *Corporate Governance and Equity Prices*, 118 Quarterly Journal of Economics 107(2003).

[204] See e. g., Jianxin Daniel Chi, *Understanding the Endogeneity between Firm Value and Shareholder Rights*, 34 Financial Management 65(2005)(发现 G 指数和托宾 Q 系数之间存在负相关关系); Kenneth Lehn, Sukesh Patro & Mengxin Zhao, *Governance Indexes and Valuation: Which Causes Which?*, 13 Journal of Corporate Finance 907(2007)(发现 G 指数不太可能导致估值较低); John E. Core, Wayne R. Guay & Tjomme O. Rusticus, *Does Weak Governance Cause Weak Stock Returns? An Examination of Firm Operating Performance and Investors' Expectations*, 61 Journal of Finance 655(2006)(发现弱股东权利不太可能导致异常股票回报降低,并表明高 G 指数和低 G 指数公司之间的异常回报差异可能是由于市场模型错误); Shane A. Johnson, Theodore C. Moorman & Sorin Sorescu, *A Reexamination of Corporate Governance and Equity Prices*, 22 The Review of Financial Studies 4753(2009)(发现 Gompers 等人使用的资产定价模型错误); Martijn Cremers, Vinay B. Nair & Kose John, *Takeovers and the Cross-Section of Returns*, 22 The Review of Financial Studies 1409(2009)(发现 Gompers 等人使用的市场模型错误).

[205] See Lucian Bebchuk, Alma Cohen & Allen Ferrell, *What Matters in Corporate Governance?*, 22 Review of Financial Studies 783(2009).

[206] See Martijn Cremers, Saura Masconale & Simone Sepe, *Commitment and Entrenchment in Corporate Governance*, 110 Northwestern University Law Review 727(2016)(只要限制股东的权利是董事会和股东之间相互协议结果,那么这种限制是有益的公司治理职能).

研究变得更加精细,事实上较少治理结构元素与公司绩效相关。[207]

(二)对立法者的启发

代理成本理论和被代理人成本理论之间另一个重要区别是政策影响。代理成本理论学者青睐控制权转移给股东的强制性规则:[208]他们否定双层股权结构、[209]毒丸计划[210]和交错董事会制度[211];肯定多数投票制[212]和代理参与权制度[213]。但是,被代理人成本和代理成本之间无可避免的权衡反对这种"一刀切"规定。[214] 这表明立法者应允许一系列治理结构足够令每一个公司能以最小化控制成本的方式分配控制权。

例如,关于代理参与权制度的争论。因为代理参与权制度降低了代理成本,所以大多数支持代理成本理论的学者都希望它成为强

---

[207] See e. g. ,Sanjai Bhagat,Brian Bolton & Roberta Romano,*The Promise and Peril of Corporate Governance Indices*,108 Columbia Law Review 1803(2008)(认为"治理指数和公司绩效测量之间没有一致的关系");Tatyana Sokolyk,*The Effects of Antitakeover Provisions on Acquisition Targets*,17 Journal of Corporate Finance 612(2011)[发现虽然个别收购条款(ATP)对收购结果有明显影响,"G指数,不考虑ATP的多样化影响,在预测公司的收购概率或收购溢价的规模方面意义不大"].

[208] See e. g. ,Lucian A. Bebchuk,*Limiting Contractual Freedom in Corporate Law:The Desirable Constraints on Charter Amendments*, 102 Harvard Law Review 1820 (1989); Symposium,*Contractual Freedom in Corporate Law*,89 Columbia Law Review 1395(1989).

[209] See e. g. ,Bebchuk,Kraakman & Triantis,*supra* note 4.

[210] See Bebchuk & Jackson,*supra* note 160.

[211] See e. g. ,Bebchuk,Coates & Subramanian,*supra* note 3.

[212] See e. g. ,Lucian A. Bebchuk,*The Myth of the Shareholder Franchise*,93 Virginia Law Review 675(2007).

[213] See e. g. ,Bebchuk,*supra* note 196.

[214] See e. g. ,Sridhar Arcot & Valentina Bruno,*One Size Does Not Fit All,After All:Evidence from Corporate Governance*(January 15,2007)(发现"脱离了管理的公司而其效益极佳是因为真实的环境优于其他公司,不能被视为是管理不善的公司",并且我们讨论认为"公司治理的灵活性也有重要的作用,因为公司不是同质实体").

制规定。[215] 他们宣传发现在2010年已有成功先例,当时美国证券交易委员会(SEC)宣布了14a-11规则,这将使所有公众公司实施代理参与权制度。[216] 但是,在该规则生效之前,巡回上诉法院以证券交易委员会未进行充分的成本效益分析为由将其撤销,[217]避开矛盾焦点,呼吁者主张公司自愿采用代理参与权制度。他们努力地争取得到了支持,特拉华立法机构对州普通公司法律进行修订允许代理参与权制度[218],并再次由SEC修订14a-8规则(市民会议规则)通过了代理参与权制度提案。[219] 2015年代理参与权制度达到了临界点,当时14a-8规则通过后提交的所有代理参与权制度提案中只有一半通过,[220]而通用电气等公司在没有股东提案情况下单方面采用了代理参与权制度。[221]

尽管取得以上成功,股东并不总是接受代理参与权制度,大多数大公司并没有采用这一制度。[222] 代理成本理论学者将这种持续性抵制归咎于市场失灵及机构投资者之间[223]破坏性的利益冲突,因此继续支持强制所有上市公司实施代理参与权制度。[224]

---

[215] See e. g. ,Bebchuk & Hirst,*supra* note 2.

[216] See Facilitating Shareholder Director Nominations(Release Nos. 33-9136,34-62764, IC-29384;File No. S7-10-09)(to be codified at 17 C. F. R. pts. 200,232,240 and 249).

[217] See Business Roundtable *v*. SEC,647 F. 3d 1144(D. C. Cir. 2011).

[218] See Del. Code. Ann. tit. 8, § 112.

[219] See SEC,Final Rule,*supra* note 216.

[220] See Steel,*supra* note 85,at 33 n. 210.

[221] See Ted Mann & Joann S. Lublin,*GE to Allow Proxy Access for Big Investors*,The Wall Street Journal(February 11,2015).

[222] See 2015 Proxy Season Review,Sullivan & Cromwell LLP 4(July 20,2015).

[223] See e. g. ,Joann Lublin, *Investors Gain Greater Clout Over Boards*,The Wall Street Journal(January 12,2016).

[224] See e. g. ,Bebchuk & Hirst,*supra* note 2.

被代理人成本理论反对强制性的代理参与权制度。因为其对控制成本的影响取决于公司具体特质,[225]代理参与权制度可能会使一些公司受益但同样可能损及一些公司。因此,立法者应尊重每一个公司股东是否采取该制度的自由。实际上,在2015年代理季度,大约一半股东代理参与权制度提案的失败表明,许多公司股东认为代理参与权制度将增加被代理人成本多于其降低的代理成本。[226] 同时许多上市公司采用代理参与权制度表明,没有持续市场失灵或利益冲突阻碍投资者为其公司选择合适治理结构。

代理参与权制度争论也揭示了两种理论关于设置默认规则的重要区别。如许多法律学者所解释的,代理成本理论表明应为赋予股东权制定默认规则。[227] 由于股东分散,而管理层团结,如股东希望排除对管理者有利的默认规则,则无疑面临着巨大障碍。这意味着默认规则应为赋予股东权力所设置,而管理者则要说服股东默认规则对公司并非最佳。[228] 为了做到这一点,管理者必须向股东提供内部信息,使双方更有可能共同选择最佳规则。[229]

被代理人成本理论提出了不同的处方。如果默认规则将控制权

---

[225] See section III. A. 6, *supra*.

[226] See Steel, *supra* note 85, at 33 n. 210.

[227] See Lucian Ayre Bebchuk & Assaf Hamdani, *Optimal Defaults for Corporate Law Evolution*, 96 Northwestern University Law Review 489 (2002) [hereinafter Bebchuk & Hamdani, Optimal Defaults]; Lucian Ayre Bebchuk, *The Debate on Contractual Freedom in Corporate Law*, 89 Columbia Law Review 1395, 1410 – 1413 (1989).

[228] See Bebchuk & Hamdani, *Optimal Defaults*, id.

[229] See cf. Ian Ayres, *Making a Difference: The Contractual Contributions of Easterbrook and Fischel*, 59 University of Chicago Law Review 1391, 1397 – 1400 (1992); Ian Ayres & Robert Gertner, *Filling Gaps in Incomplete Contracts: An Economic Theory of Default Rules*, 99 Yale Law Journal 87 (1989).

分配给股东,股东如受集体行动问题阻碍,错误地抵制改变,管理者可能无法说服股东选择不采取这一默认规则,这即被代理人能力成本的例子。[230] 事实上,即便股东作出正确决定,他们也会承担交易和信息成本,这是代理成本理论忽略的另一种被代理人成本。如果说服股东的成本没有超过获得的利益,这种成本的预期可能会阻止管理者选择退出。这使许多低效规则得以保留。[231] 代理顾问如机构股东服务公司(Institutional Shareholder Services)会发挥影响,其通常支持增加股东权利的规则,而不调查对特定公司的可能影响,这种风险似乎很大。[232] 此外,管理者在传达信息以避免股东短期主义时也面临同样的困难,而这将阻碍说服股东改变低效默认规则的尝试。

至于集体行动问题将妨碍股东发起改革的担忧,从股东权倡导者一系列排斥交错董事会的运动[233],到转向多数投票制[234]和实施代理参与权制度[235]来看,这种担忧是毫无必要的。即便集体行动问题曾大到足以破坏增加股东权力的默认规则,但由于机构投资者持股和股东积极主义盛行,这种担忧似乎不再必要。[236]

---

[230] 要了解这一点,我们只需要查阅ISS关于新上市公司的最新政策,根据ISS这项政策通常建议,投票反对或保留董事的公司,先于或接近于首次公开募股时通过了ISS认为不利于股东权利的章程或规章。See Joseph A. Hall,*The Impact of ISS' New Policy on IPO Company Director Elections*, The Impact of ISS' New Policy on IPO Company Director Elections(August 10,2016).

[231] See This explanation was also offered by Daines et al. ,*supra* note 178.

[232] See e. g. ,Robert Daines,Ian Gow & David Larcker,*Rating the Ratings:How Good are Commercial Governance Ratings*?,98 Journal of Financial Economics 439(2010)(指出现有公司治理排名不能为股东提供有用的信息).

[233] See note 167,*supra* and accompanying text.

[234] See Choi et al,*supra* note 190.

[235] See note 220 *supra* and accompanying text.

[236] See Gilson & Gordon,*supra* note 37.

总之,立法者不应强制改变投资者和管理者之间的控制权分配。相反,他们应该采取措施使各方能够针对常年委托代理问题的细微差别制定具体解决方案。[237] 特别是,除非有特定的市场失灵,[238] 立法者应该将规定控制权分配的规则转化为默认规则。[239] 此外,当为新公司选择默认规则时,立法者不应简简单单地仅选择赋予股东权力的规则设置。相反,他们应采取多元化默认规则,设置大多数公司能最小化总控制成本的规则。[240] 对于已经选择了治理结构的公司,立法者应该尊重现状。当然,他们不应该强加一个新的强制性规则:如马萨诸塞州强制设置交错董事会,大多数公司在现有法律环境中已经调整了治理结构、资本结构和业务战略以最小化被代理人成本和代理成本之和。

结　论

本文介绍了公司法和公司治理的被代理人成本理论。该理论认为,商业公司的最优治理结构会使被代理人成本和代理成本之和最小化。当投资者由于诚实错误或自利动机,以降低公司价值的方式

---

〔237〕 公司法应受默认规则支配的主张是合同法接轨公司法的一种中心思想。See e. g. ,Frank H. Easterbrook & Daniel R. Fischel, *The Economic Structure of Corporate Law* (Harvard University Press,1991);Henry Hansmann & Reinier Kraakman, *The End of History in Corporate Law*,89 Georgetown Law Journal 439(2001).

〔238〕 See e. g. , Stephen M Bainbridge, *Preserving Director Primacy by Managing Shareholder Interventions* (August 27,2013),Research Handbook on Shareholder Power and Activism(forthcoming)(建议允许公司选择退出美国证券交易会强制性股东提案规则).

〔239〕 See e. g. ,Roberta Romano, *Answering the Wrong Question:The Tenuous Case for Mandatory Corporate Laws*,89 Columbia Law Review 1599(1989).

〔240〕 See e. g. ,Easterbrook & Fischel, *supra* note 237.

对公司实施控制时,就会产生被代理人成本。管理者的上述做法则会产生代理成本。被代理人成本和代理成本之间存在不可避免的权衡:在公司中,任何控制权的重新分配必然会减少一种成本,但又会增加另一种成本,呈此消彼长关系。将被代理人成本和代理成本之和最小化的控制权分配是依公司具体情形而定的,这包括基于行业、商业战略以及投资者和管理者的个性特征等因素。

被代理人成本理论阐释了公司的特征,而这在公司法研究中的主导范式——代理成本理论中却得不到阐释。代理成本理论假定,在任何既定生产水平下,公司的最优治理结构最小化代理冲突成本即管理者自利行为的直接和间接成本。这个理论不能解释为何即便在独资所有的公司中投资者仍将控制权授予管理者,也不能解释为何股东投资公司,其治理结构在不同程度上限制股东替换管理者或者问责管理者的权力。被代理人成本理论可以解释这两种做法,它们反映了降低被代理人成本的目标。代理成本理论也不能解释公司治理结构的频谱,从赋予管理者自由控制权的治理结构(如双层股权结构)到赋予股东问责管理者的治理结构(如没有交错董事会的分散所有权结构)。被代理人成本理论认为,给予股东较少权力的公司所产生的财物回报始终低于赋予股东权力的公司。相形之下,被代理人成本理论解释了治理结构频谱反映的被代理人成本与代理成本之间权衡的公司特定本质。

被代理人成本理论还提供不同的实证预测和政策处方。代理成本理论表明削弱股东权力的公司治理特征,如交错董事会制度和双层股权结构,将与公司价值负相关,因此理应被禁止。被代理人成本理论预测,一旦研究适当地控制公司具体特质,相关性就不会出现,因此立法者应避免“一刀切”的治理规则。本文表明实证结果趋势支持被代理人成本理论,证实了其政策的智慧。因为被代理人成本理论重构了公司治理中大部分关键性争议问题,被代理人成本理论预测与立法启示的继续深化研究也将大有可为。

第三条道路:超越股东或董事至上

[美]肯特·格林菲尔德*

目　　次

---

* 波士顿大学法学院法学教授兼院长研究学者。

本文原文发表于 Seattle University Law Review(2014 年第 2 期)。

引　言

对于公司治理，本文分别从描述性（事实判断）和规范性（价值判断）的角度提出了两项主张。描述性的主张是，美国乃至全世界，正处于公司法理论和学说思想史上一个不同寻常且充满可能的关键时刻。规范性的主张是，学者们应该利用这一时机来调整公司治理，以便在更广阔的社会、政治和经济环境中更动态地定位公司，通时达变。

上述描述性的主张是基于这样一种判断（其他一些研究者也持此种看法），即在这个时代，对于重新审视公司是什么、公司对谁负有义务以及如何最恰当地定义公司及其监管的概念等核心问题，当下的态度比此前的任何时间的都更为开放。之所以会出现这样的时刻，是因为公众对企业及其管理者越来越持怀疑态度。这种怀疑源于经济和政治领域的冲击，这些冲击揭示了企业权力肆无忌惮、短视主义、管理机会主义和股东（可理解为华尔街）至上的风险。

套用拉姆·伊曼纽尔（Rahm Emanuel）的话来说，人们绝不希望浪费这样一个时机。[1] 当然,问题是如何利用这样一个难得的机会来质疑、反思和重新定义该领域的一些基本原则。

充分利用这一时机的一个障碍是,在对上述公司法问题的辩论中,学术分析未能突破长期主导其上的概念二分法。典型的争论发生在股东至上主义者和管理中心主义者之间。然而,在很多时候,这一领域发生的论战,其结果只是这些范式胜负交替的轮回。[2]

股东至上主义者为出现管理不善和自我交易的情况而哀叹,提供了一些持续增强股东权力的补救措施。[3] 他们认为,在公司内部,要是管理层受到股东有权提名董事、批准高管薪酬或接受财务披露等制度的约束,那么管理层的激励将会与股东利益更加一致。这种补救措施的缺点是,随着股东话语权的增加,公司权力所带来的许多风险都将会增加。赋予股东更多权力(shareholder empowerment)

---

〔1〕 谈及全球金融危机,拉姆·伊曼纽尔说:"你绝对不想浪费一场严重的危机。我的意思是说,这是一个机会,你可以做你以前认为自己做不到的事情。" See WSJ Digital Network, *Rahm Emanuel on the Opportunities of Crisis*, Youtube (Nov. 19, 2008), http://www.youtube.com/watch? v = _mzcbXi1Tkk.

〔2〕 虽然称谓不同,但这两种范式与大卫·米伦(David Millon)所发现和分析的两种思想流派非常接近,参见 David Millon, *Radical Shareholder Primacy*, 10 St. Thomas Law Review 1013(2013)。米伦给这两种学说命名为"激进的股东至上"和管理者保护的"传统模式"。正如他所指出的那样,两者最终都以股东利益为目标,尽管前者对管理机构更持怀疑态度,而后者对管理机构更为宽容。

〔3〕 股东至上主义者的主要倡导者可能就是卢西恩·拜伯切克(Lucian Bebchuck)。See Lucian Ayre Bebchuk, *The Case for Increasing Shareholder Power*, 118 Harvard Law Review 833(2005). 当然,他并不孤单,还有其他的支持者,参见 Bernard Black & Reinier Kraakman, *Delaware's Takeover Law: The Uncertain Search for Hidden Value*, 96 Northwestern University Law Review 521, 522(2002); Henry Hansmann & Reinier Kraakman, *The End of History for Corporate Law*, 89 Georgetown Law Journal 439(2000); Roberta Romano, *Public Pension Fund Activism in Corporate Governance Reconsidered*, 93 Columbia Law Review 795(1993)。

并不能解决短期主义、环境恶化、虐待员工及剥夺其权力(disempowerment)和风险外部化等问题。事实上,可能恰恰是股东权力增长导致了上述问题。这是因为股东的利益充其量只是在偶然情况下会与其他利益相关者以及整个社会的利益相吻合,往坏了说,则是与他人的利益此消彼长。[4]

同时,管理层和董事会的辩护者认为,未来前进的道路应是保护管理层的特权。[5] 其目的是让仁慈的企业精英们能够抵制市场的短视欲望,并为其投资者甚至整个社会的长期利益而管理公司。如果管理层能从股东积极主义和政府监管的恼人约束中解脱,我们将见证一股充满竞争力的能量的迸发,它将带我们走向经济的涅槃重生。从描述性的角度而言,这种补救措施的缺点是管理特权被压倒性地用于惠及管理者。高管薪酬和津贴的激增,操纵财务报告和信息披露的行为,以及各种形式的自我交易,都是比董事们的"善行"(benevolence)更常见的结果。如果治疗股东至上弊病的方法是赋予管理层权力,那么这种治愈之道可能比疾病本身更糟糕。

除了上述两种主义,还存在第三条道路,对此,本文的规范性主张是,我们应该抓住时机对如何走好这条路进行全面的思索。这第

---

〔4〕 See Kent Greenfield, *Defending Stakeholder Governance*, 58 Case Western Reserve Law Review 1043, 1055 – 1059 (2008).

〔5〕 这些学者中最杰出的可能是斯蒂芬·班布里奇。See Stephen M. Bainbridge, *Director Primacy: The Means and Ends of Corporate Governance*, 97 Northwestern University Law Review 547 (2003); see also Lawrence A. Hamermesh, *Corporate Democracy and Stockholder-Adopted By-Laws: Taking Back the Street?*, 73 Tulane Law Review 409 (1998); Jonathan R. Macey, *The Legality and Utility of the Shareholder Rights Bylaw*, 26 Hofstra Law Review 835, 837 (1998).

三条道路,即增加管理者的义务,但义务履行的对象并不必只限于股份持有者。公司的受托人受制于一些合理限制和义务,这些限制和义务可由法院强制执行,但不会有损于他们利用公司形式谋取经济利益的能力。第三条道路这一概念创新(尽管这个概念实际上早已存在,但本文使用的是"创新"一词)即使管理层对整个公司承担信义义务,其中包括考虑公司中所有投资者的利益的义务。在这一框架内,不仅管理层自我交易、行事不慎或违反诚信原则会构成对信义义务的持续违反,而且它将某一类利益相关者优先于其他利益相关者,或者在作重要决策时未考虑所有利益相关者的利益,也构成职责的违背。

本文共分为四个部分。首先,第一部分将以一种更宏观的、历史叙事的口吻阐述当前在公司法领域发生的智识激荡(intellectual churning),并解释为什么当前正处在这样一个时刻。其次,第二部分将阐述走第三条道路对公司治理的概念化、程序和实质内容有何要求。再次,第三部分则解释了通过变革公司治理可以实现何种积极收益。最后,第四部分就一些反对上述概念和监管转变的主要理由作出回应。

一、智识激荡的时刻

想要理解公司法的思想史,当然必须了解全面的、历史和法律上的动向。而意料之中的是,商法反映的是社会对商业和法律的理解和假设。

(一)回顾

一个世纪前,美国联邦法院通过使用宽松的"正当程序"条款以及狭义的"商业判断条款",保护了企业免受监管者的命令和限制。[6] 当时最具象征意义的宪法案件是洛克纳诉纽约案(Lochner *v.* New York),在该案中,联邦最高法院驳回了纽约州对面包师最长工作时间的限制,遂使该案成为法律史上的重要一案。同时,当时的公司法学说也关注着类似的重点。那个时代最著名的公司法案例是道奇诉福特汽车公司案(Dodge *v.* Ford Motor Company),该案宣称"一家商事公司的组织和经营主要是为了股东的利润"。[7] 尽管只有一个州法院作出了这样的明确表述,但它浓缩了镀金时代关于私有财产理想的时代精神以及司法部门积极保护私有财产意愿。那时的法院将公司视为股东的私有财产,并愿意通过宪法和公司法来保护股东免受立法上和来自管理层的侵害。

经济大萧条是上述观念发生转变的转折点,因为经济动荡导致人们将市场重新定义为国家产物而非客观存在。[8] 在这次转变中,还对商事公司的角色、其所有权的性质以及其对更广大社会负有的

---

〔6〕 See e. g. ,Lochner *v.* New York,198 U. S. 45(1905);Carter *v.* Carter Coal Co. , 298 U. S. 238(1936).

〔7〕 Dodge *v.* Ford Motor Co. ,170 N. W. 668,684(Mich. 1919).

〔8〕 See Cass Sunstein,*After the Rights Revolution*,Harvard University Press,1990,p. 20("对于新政改革者来说……普通法并不是中立性或前于政治的,而是反映了一系列明确的监管决策。");法律现实主义者运动的知识分子领袖因这一见解而功不可没。See e. g. , Felix S. Cohen,*Transcendental Nonsense and the Functional Approach*,35 Columbia Law Review 809(1935);Robert L. Hale,*Coercion and Distribution in a Supposedly Non-Coercive State*,38 Political Science Quarterly 470(1923).

义务进行了根本性反思。[9] 这种重新构建概念的影响是巨大的,而其在商业领域引发的最深刻的变化,则是1933年和1934年出台的一系列伟大的《证券法》,[10] 1935年《国家劳动关系法》中的劳动保护规定(保护集体谈判的权利),[11] 以及1938年的《公平劳动标准法》(该法规定了联邦最低工资)。[12]

从20世纪60年代到20世纪70年代,人们对有关公司本质的基本问题再次迸发出浓厚的兴趣,这是当时广泛的、批判社会现状的形式之一,批判的形式还包括民权和反战运动。诸如雷切尔·卡森(Rachel Carson)[13] 这样的环境学学者以及拉尔夫·纳德(Ralph Nader)[14] 这样的消费者维权积极主义者,他们的主张使人们更深刻地认识到公司的政治影响力、不可持续发展的行为和其全球影响力

---

〔9〕 See Adolf A. Berle & Gardiner C. Means, *The Modern Corporation and Private Property*(1932). 当然,伯利和米恩斯指出,公司的"所有权"与其"控制权"是分离的。然而,与许多人对其作品的描述相反,他们并不认为这种分离的补救措施必然会增加股东权力。相反,他们要求管理者利用其相对股东的更大独立性,来考虑更广泛的社会问题。See Lawrence E. Mitchell, *Talking with My Friends: A Response to a Dialogue on Corporate Irresponsibility*, 70 The George Washington Law Review 988, 989(2002)(伯利的公司治理理论要求建立严格的管理制度,从而引导管理工作"有利于股东的利益,因此,对投资的信心和健康的经济发展将使我们走出萧条,并最终造福于所有人"); see also David Millon, *Theories of the Corporation*, 1990 Duke Law Journal 201(1990); Dalia Tsuk, *From Pluralism to Individualism: Berle and Means and 20th – Century American Legal Thought*, 30 Law & Social Inquiry 179(2005).

〔10〕 See Securities Act of 1933, § § 1 – 26, 15 U. S. C. § § 77a – 77bbbb(2006); Securities Exchange Act of 1934, § § 1 – 37, 15 U. S. C. § § 78a – 78mm(2006).

〔11〕 See 49 Stat. 449(1935), 29 U. S. C. § 151(Supp. 1937).

〔12〕 See Fair Labor Standards Act of 1938, 29 U. S. C. § § 201 – 219(1982).

〔13〕 See Rachel Carson, *Silent Spring*(Houghton Mifflin, 1962).

〔14〕 See Ralph Nader, *Unsafe at Any Speed*, Grossman Publishers, 1965; Ralph Nader, Joel Seligman & Mark J. Green, *Taming the Giant Corporation*(W. W. Norton & Company, 1976).

是如何对社会构成危险的。作为回应,环境法、反歧视法、反腐败法和消费者保护法都在监管方面更加严格。[15] 在公司方面,保护所谓的利益相关者的法规增加了,这类法规宣称其旨在维护公司管理层关照公司非股东群体利益的能力。[16] 在学术界,特拉华州作为美国公司治理法律的卓越和主要提供者的地位受到越来越多的质疑。[17]

此后,在政治、法律和学术界中都出现了巨大的倒退——甚至是残缺。“里根革命”的意义不仅在于1980年和1984年谁获得了大选的胜利。从更宏观的角度看,它引发了人们对监管的普遍反对,促使自由市场理论产生并被人们所相信。在美国的法学界,“法与经济学”运动兴起,该运动的倡导者们将新古典主义经济学思想的简化版本应用于法律,认为个人会理性地追逐效用的最大化,并依自由意志行事。[18] 这些学者认为,法律至高的目标是让人们满足自己的偏好,而该目标的实现则主要通过允许私人协议,以及除此之外完全保持袖手旁观。

法和经济学学者在公司法领域取得了一定的成就。公司被重新定义为一系列契约的联结,法律只需要建立可能有效的缺省规则,以

---

〔15〕 See Cass R. Sunstein, *After the Rights Revolution*: *Reconceiving the Regulatory State* (Harvard University Press, 1993).

〔16〕 See Eric W. Orts, *Beyond Shareholders*: *Interpreting Corporate Constituency Statutes*, 61 The George Washington Law Review 14, 24 (1992); Lawrence E. Mitchell, *A Theoretical and Practical Framework for Enforcing Corporate Constituency Statutes*, 70 Texas Law Review 579, 592 – 594 (1992).

〔17〕 See William L. Cary, *Federalism and Corporate Law*: *Reflections upon Delaware*, 83 Yale Law Journal 663, 666 (1974).

〔18〕 See Richard Posner, *Economic Analysis of Law* (Aspen, 6th ed. 2003), p. 3 (“人是人生目标的理性最大化者。”).

使当事各方可以围绕这些规则进行谈判。[19] 法和经济学学者将公司法视为绝对的私法。[20] 因此,公司法应提供"现成的"规则,且主要是赋权性(enabling)的规则,而不是规定性的(prescriptive),并且这些规则应可以直接作为契约内容使用。法律不应对当事人之间的义务作细化规定,因为一般来说,包括公司所有利益相关者在内的每一方都很清楚自身的利益,他们可以通过谈判和互让来实现自身利益最大化。如果当事方无法接受自己与公司之间的"契约"条款,他们可以选择离开。不仅股东可以出售他们的股份,员工也可以辞职,管理者可以另谋高就,供应商可以在别处销售其产品,债权人可以出售其债券。[21]

学术上对公司的重新定义与人们对管理层关注点的转变是同时发生的。管理层对公司的义务不再被视为法律或道德层面的义务,亦不再被强制要求履行,而只是市场的一种功能。[22] 因此,管

---

〔19〕 See Kent Greenfield, *The End of Contractarianism? Behavioral Economics and the Law of Corporations*, in Eyal Zamir & Doron Teichman eds., Handbook of Behavioral Economics and the Law (forthcoming 2014). 这种契约论观点的基础文本是 Michael C. Jensen & William H. Meckling, *Theory of the Firm: Managerial Behavior, Agency Costs and Ownership Structure*, 3 Journal of Financial Economics 305 (1976); Frank H. Easterbrook & Daniel R. Fischel, *The Economic Structure of Corporate Law* (Harvard University Press, 1991)。

〔20〕 Kent Greenfield, *The Failure of Corporate Law: Fundamental Flaws and Progressive Possibilities* (University of Chicago Press, 2006), p. 29 – 39; See Daniel Fischel, *The Corporate Governance Movement*, 35 Vanderbilt Law Review 1259, 1273 – 1274 (1982) ("由于公司是个人自愿并为其共同利益成立的一种特殊类型的企业,因此它可以被更合理地视为私人契约的产物,而非国家的产物。").

〔21〕 See generally Jonathan Macey, *An Economic Analysis of the Various Rationales for Making Shareholders the Exclusive Beneficiaries of Corporate Fiduciary Duties*, 21 Stetson Law Review 23 (1991).

〔22〕 See Victor Brudney, *Contract and Fiduciary Duty in Corporate Law*, 38 Boston College Law Review 595 (1997).

理层的义务变成了实现股票价值的最大化的义务,而在大多数情况下,法律都不能干涉信义义务的履行,除非管理层的私利玷污了他们实现股价最大化的义务。公司的健康状况等于股价状况。或者说,实际上是股价在季度间、月度间甚至是日与日、秒与秒之间的活跃变化。

随着时间的推移,上述趋势以各种方式展现出来。20世纪80年代,人们对杠杆收购和敌意收购关注度很高,而这些收购行为更多的是由那些知名首席执行官们超级好斗的个性所驱动的,而不是出于公司自身需求或对规模经济的需要。(随着时间的推移,收购战中的赢家大多又成了输家。〔23〕)在20世纪90年代,管理层的薪酬呈爆炸式增长,其中最著名的例子发生在迪士尼,该公司总裁迈克尔·奥维茨(Michael Ovitz)在自取其辱式地任职一年后被解雇,并获得了1.3亿美元的薪酬作为补偿。〔24〕 慈善不再被看作为公众做的事情,而成为对管理层的恩惠——通过资助精英管理者所钟爱的项目以及类似的方式来补偿他们。[最好的例证是洛杉矶的阿尔芒·哈默(Armand Hammer)博物馆,这是由西方石油公司(Occidental Petroleum)出资,向西方石油公司首席执行官的自负致敬的标志性建筑。]〔25〕

在21世纪的前十年,随着公司领袖越来越不把自己视为管理者,而更多地将自己视为金融家,股票的持有者也越来越不把自己视

〔23〕 Richard Roll, *The Hubris Hypothesis of Corporate Takeovers*, 59 The Journal of Business 197 (1986); James Fanto, *Quasi-Rationality in Action: A Study of Psychological Factors in Merger Decision-Making*, 62 Ohio State Technology Law Journal 1333 (2001).

〔24〕 See *In re Walt Disney Co. Derivative Litig.*, 906 A. 2d 27, 35 (Del. 2006).

〔25〕 See Kahn *v.* Sullivan, 594 A. 2d 48, 54 – 55 (Del. 1991).

为所有者,而更多地将自己视为投资者,甚至是投机者。在美国,大部分股票掌握在机构投资者手中,并且大多数股票每年至少被转手一次。事实上,到 2008 年,股票的换手率达到了一年 4 次。[26] 金融精英们制造出了一大批新产品,而金融市场对衍生品市场的依赖也越来越大。把赌注押在金融市场上的好处是巨大的,城里最富有的人不再是首席执行官中的名流,而是管理对冲基金和私募股权基金的明星经理。[27] 他们之所以赚钱,是因为他们通过加杠杆最大化了自己的收入。但是,我们如今在事后才知道,这种风险在很大程度上已被外部化,并由整个经济体承担,而那些持有金融精英押注的基础实物资产的衍生品的人承担得最多。与此同时,公司高管们在这股新市场狂热的驱使下,越来越关注短期利益。[28]

与此同时,专业的管理阶层对公司员工和社区的奉献——这是几十年前伯利和米恩斯对管理层提出的要求,并且这实际上也是 20 世纪中叶经济的一个重要特征——如今正逐渐消失。实际工资停滞不前或下降了,工作保障水平也降低了[29]。工会失去了权力,美国

---

〔26〕 Stocks Traded, Turnover ratio (%), World Bank, http://data. worldbank. org/indicator/CM. MKT. TRNR? order = wbapi_data_value_2008 + wbapi_data_value + wbapi_data_value-first&sort = desc.

〔27〕 Hedge Fund Salaries, Careers in Finance, http://www. careers-in-finance. com/hfsal. htm.

〔28〕 See Kent Greenfield, *The Puzzle of Short-Termism*, 46 Wake Forest Law Review 627 (2011).

〔29〕 要回顾 20 世纪末的有关经济统计数据, see Kent Greenfield, *There's a Forest in Those Trees: Teaching About the Role of Corporations in Society*, 34 Georgia Law Review 1011 (2000)。

工会会员的私人比率降至历史最低点。[30] 随着公司越来越国际化,当然也由于金融的全球化,劳动者的工资越来越低,且各国发现,维持国家监管边界变得更加困难。

从20世纪80年代到21世纪的前十年,在这大约30年间,"契约理论"取得了胜利,它其实是对下列三种并存现象的简写:第一,在董事会层面——对股价的执着;第二,在政治层面——推动放松监管(有时主张自我监管),特别是对金融市场的监管;第三,在法律和法律理论层面——依赖于将契约观念而非信义义务作为核心的概念。虽然在公司法学术界[31]内部一直存在该理论的异议者,但契约主义在这一时期无疑占据了主导地位。

(二)当下

在21世纪早期,契约理论占主导地位是一种现实状况。但在过去的10年里,它已经逐步衰落了。在学术界,其衰落的主要原因是行为经济学对新古典主义经济学所谓的理性行动者假设的质疑。20世纪的最后10年,行为经济学引起了法学界的重视,[32]到

---

〔30〕 美国经济政策研究所(Economic Policy Institute, www. epi. org)是证实这些说法的最好的统计数据来源,特别是他们名为《美国工作状况》(*The State of Working America*)的年度长篇报告。

〔31〕 若要好好回顾一下,参见 David K. Millon, *New Directions in Corporate Law: Communitarians, Contractarians, and the Crisis in Corporate Law*, 50 Washington and Lee Law Review 1373 (1993)。专门研究的书籍方面,参见 Lawrence E. Mitchell, *Progressive Corporate Law* (Routledge, 1995) and Greenfield, *supra* note 20。

〔32〕 See Christine Jolls, *Cass R. Sunstein & Richard Thaler*, *A Behavioral Approach to Law and Economics*, 50 Stanford Law Review 1471 (1998); Donald C. Langevoort, *Behavioral Theories of Judgment and Decisionmaking in Legal Scholarship: A Literature Review*, 51 Vanderbilt Law Review 1499 (1998); Russell B. Korobkin & Thomas S. Ulen, *Law and Behavioral Science: Removing the Rationality Assumption from Law and Economics*, 88 California Law Review 1051 (2000).

21 世纪初,行为经济学开始获得公司法学界的关注。〔33〕 到 2011 年,某一位主流的法律行为主义者可能会宣称:"将法律规则和制度的经济分析从严格理性选择假设的束缚中分离出来的斗争已经获胜。"〔34〕

行为经济学的理论观点蕴含巨大的影响力。这意味着如果政治和经济的形势允许,则挑战公司法(乃至一般的法律)中契约论假设的理论基础已经建立。

2007～2008 年的全球金融危机提供了这一环境,并最终标志着理性经济人理论辉煌时代的结束。这场经济大崩溃拉开了帷幕,揭示出伟大奥兹(the Great Oz)* 式的理性市场理论是一场欺诈、且只在理性行动者模型之上成立的实质。〔35〕 如果像美国联邦储备委员会前主席艾伦·格林斯潘(Alan Greenspan)这样的理性派的坚定拥护者都不得不承认他在自由市场理论中"发现了一个缺陷",那么几

---

〔33〕 See Donald C. Langevoort, *Organized Illusions: A Behavioral Theory of Why Corporations Mislead Stock Market Investors (and Cause Other Social Harms)*, 146 University of Pennsylvania Law Review 101 (1997); Margaret M. Blair & Lynn A. Stout, *Trust, Trustworthiness, and the Behavioral Foundations of Corporate Law*, 149 University of Pennsylvania Law Review 1735 (2001); Kent Greenfield, *Using Behavioral Economics to Show the Power and Efficiency of Corporate Law as Regulatory Tool*, 35 UC Davis School of Law 581 (2002).

〔34〕 Russell Korobkin, *What Comes After Victory for Behavioral Law and Economics?*, 2011 University of Illinois Law Review 1653, 1655 (2011).

* 奥兹大王是电影《绿野仙踪》(*Oz the Great and Powerful*)中用魔术欺骗人民相信他拥有强大力量的魔法师,曼昆在《宏观经济学》中提及该童话故事中所运用的意象和角色与 19 世纪 90 年代广为人知的政治概念有着紧密的联系。——译者注

〔35〕 See ibid. ("将法律规则和制度的经济分析从严格的理性选择假设中分离出来的斗争已经胜利")

乎就没有该理论的绝对拥护者的存在了。[36]

在全球金融危机爆发后的几个月,美国另一起颇具冲击的事件是最高法院在联合公民诉联邦选举委员会案(Citizens United *v.* Federal Election Commission)[37]中作出的裁决,它确认了宪法赋予的公司参与政治言论以及从总资产中支出钱款以影响选举结果的权利。限制公司对政治事务支出的联邦和州法(在某些情况下已经存在了一个世纪之久的法律)也被废除了。[38] 结果,大量资金流入美国2010年和2012年的中期选举,且主要是通过"超级政治行动委员会"(Super-PACs)*的方式,该机构由许多公司组建,目的是汇总和支出超级富人们提供的资金。所谓的独立支出激增了10倍,从不足

---

〔36〕 Edmund L. Andrews, *Greenspan Concedes Error on Regulation*, New York Times, http://www.nytimes.com/2008/10/24/business/economy/24panel.html? _r = 0.

〔37〕 Citizens United *v.* Fed. Election Comm'n, 558 U. S. 310(2010).

〔38〕 Id. at 395(Stevens, J., dissenting)("对公司选举的主流观点较之过去大相径庭。自1907年《蒂尔曼法案》(Tillman Act)通过以来,国会对企业的竞选支出设置了特殊的限制。"). 最初于1907年颁布的《蒂尔曼法案》禁止公司和国家银行向联邦竞选活动捐款。Tillman Act, Ch. 420, 34 Stat. 864, 864 – 865(1907)[codified as amended at 2 U. S. C. §441b (2006)]. 最初于1910年制定的《联邦反腐败法》(Federal Corrupt Practices Act)拓宽了联邦政府对联邦选举中竞选捐款和支出的监管范围。43 Stat. 1070, 2 U. S. C. §§ 241 – 256. 举例来说,联合公民案的裁决有效地推翻了限制公司政治支出的州法律, see Am. Tradition P'ship, Inc. *v.* Bullock, 132 S. Ct. 2490(2012)(蒙大拿州最高法院维持该州竞选资金法的裁决已被推翻,相关法律的适用已经实质上被联合公民案排除在外)。

* 超级政治行动委员会,官方称为"仅用于独立支出的政治行动委员会",可以独立于竞选活动进行无限制的政治支出(如在广告上),但不允许为候选人竞选活动或政党资金库进行协调配合或捐款。源于2010年美国最高法院的一项判决 Citizens United *v.* Federal Election Commission, 558 U. S. 08 – 205(2010),该项判决推翻了一项对企业的限制;在此之前企业不能为某一个候选人独立地、积极地开展竞选活动。最高法院裁决后,企业、工会、大富翁们可以利用他们拥有的资金来直接影响选举。——译者注

1 亿美元增长到超过 10 亿美元。[39]

在法院的推理中,吸纳了一种法和经济学的观点,即认为公司是一个独立实体,其政治影响力不应受公共管制的限制。此前,法院和评论人士都相信这样一种观点,即公司参与政治活动应受到限制,以保护股东的资源不被管理层利用来支持与股东意见不一致的观点。[40] 但是在联合公民案中,法院认为股东可以通过一般的公司治理机制来保护自己,[41] 这是对契约理论的一种常规应用,即不必用《宪法第一修正案》来保护股东的需求,因为他们参与公司是自愿的,并且他们有保护自己不受任何利益侵害的权力。联合公民案的非凡之处在于,它利用了主流公司法中的契约理论来扩大公司在宪法中

---

〔39〕 See e. g. ,McConnell *v.* Fed. Election Comm'n,540 U. S. 93,204(2003)(讨论了美国联合公民案之前要求公司通过政治行动委员会发言的要求,并说这种要求"允许公司参与政治,而又不会诱使公司将资金用于影响政治,这很可能与某些股东或成员的观点相抵触");Citizens United,558 U. S. at 476(Stevens,J. ,dissenting)[认为对公司独立支出的限制"遏制了高管的寻租行为,并尊重异议人士的意见"(citing Austin *v.* Michigan Chamber of Commerce,494 U. S. 652(1990),认为维护选举程序公正性的一个关键因素是保护股东不受胁迫性言论的影响)];Adam Winkler, *Beyond Bellotti*, 32 Loyola of Los Angeles Law Review 133,201(1998)(认为对企业支出的限制"只是让那些纯粹出于经济原因而投资于企业的人避免被利用,而不会牺牲他们的经济目标").

〔40〕 See e. g. ,McConnell,540 U. S. at 204[讨论了美国联合公民案之前要求公司通过政治行动委员会发言的要求,并认为这种要求"允许企业参与政治,而又不会诱使公司将资金用于影响政治,这很可能与某些股东或成员的看法不符……"citing Fed. Election Comm'n *v.* Beaumont,539 U. S. 146,194 – 195(2003)];Citizens United,558 U. S. at 476(2010)(Stevens,J. ,dissenting)[认为对公司独立支出的限制"遏制了高管们的寻租行为,并尊重了异议人士的观点",并引用《美国法典》第 494 卷第 652 页(494 U. S. 652)奥斯汀案(Austin)的观点,指出保持选举程序公正性的一个关键原因是为了保护股东免受胁迫性言论的影响];Winkler, *supra* note 39, at 201(认为对公司支出的限制"只是允许纯粹出于经济原因投资于商业公司的人避免被利用,而不牺牲他们的经济目标").

〔41〕 See Citizens United,558 U. S. at 361 – 362["此外,几乎没有证据表明股东无法通过公司民主程序纠正滥用权利的行为"(内部引文省略)];id. at 370("股东可以决定其所在公司的政治言论是否提高了公司的盈利能力……").

的特权。

有人可能会说,联合公民案将契约理论的适用扩展到了公司法以外的领域,并将其作为扩大公司宪法权利的基本原则,这就是契约理论的巅峰。但笔者认为,与之相反的观点更具说服力,因为人们对这一裁决的反应是巨大的,而且几乎普遍持否定态度。该裁决作出后不久,多达80%的美国人认为这是一个错误,[42]并且美国前总统奥巴马在国情咨文中不留情面地驳斥了法官们的司法激进主义。[43] 在作出这项裁决以来的近4年里,对该裁决的反对之声一直不绝于耳,而一项修改宪法以推翻该裁决的运动正受到越来越多的关注。在撰写本文时,已经有15个州、500多个地方、27名美国参议员、100多名美国众议员以及总统本人,公开支持出台某种形式的修正案。[44] 事实上,一份向美国

---

〔42〕 See *In Supreme Court Ruling on Campaign Finance, the Public Dissents*, ABC News(February 17,2010,7:00 AM),http://abcnews. go. com/blogs/politics/2010/02/in-supreme-court-ruling-on-campaign-finance-the-public-dissents/; Dan Eggen, *Poll: Large Majority Opposes Supreme Court's Decision on Campaign Financing*, Washington Post, http://articles. washington post. com/2010 - 02 - 16/politics/36773318 _1 _corporations - unions - new - limits.

〔43〕 See Jesse Lee, *President Obama on Citizens United:"Imagine the Power This Will Give Special Interests over Politicians"*, White House Blog, http://www. whitehouse. gov/blog/2010/07/26/president-obama-citizens-united-imagine-power-will-give-special-interests-over-polit.

〔44〕 See Caitlin MacNeal, *Citizens United Constitutional Amendments Introduced in the Senate*, Huffington Post, http://www. huffingtonpost. com/2013/06/19/citizens-united-constitutional-amendment _ n _ 3465636. html; Byron Tau, *Obama Calls for Constitutional Amendment to Overturn Citizens United*, Politico(Aug. 29,2012,5:35 PM),http://www. politico. com/politico44/2012/08/obama-calls-for-constitutional-amendment-to-overturn-133724. html. 笔者对这种修改宪法的主张表示怀疑,尤其是当这种修改旨在终结公司的"人格"或宪法权利时。See Kent Greenfield, *How to Make the "Citizens United" Decision Worse*, Washington Post, http://articles. washingtonpost. com/2012 - 01 - 19/opinions/35440165_1_corporate-rights-constitutional-rights-constitutional-law.

证券交易委员会提交的、要求上市公司向其股东披露其政治开支的请愿书已收到了超过50万条评论。[45]

因此,就公司治理改革而言,联合公民案的裁决不是关键的阻碍,相反,它所引发的强烈的政治反弹,在很大程度上揭示了公众对公司权力的恐惧,并隐含了公众对推动该裁决作出的契约理论的怀疑。联合公民案与全球金融危机接踵而至,给美国公众留下了深刻的印象,即滥用公司权力不仅给经济带来了巨大风险,也给民主制度带来了巨大风险。

在笔者看来,这些冲击引入了对传统的公司法和公司治理观念进行重新思考的新视角。《哈佛商业评论》(*Harvard Business Review*)最近发表的一篇文章宣称:

> 越来越多的证据表明……随着时间的推移,在实现股东价值最大化方面最成功的公司是那些以股东价值最大化以外的目标为目标的公司。而员工和客户通常比股东更了解公司,对公司的长期承诺也更多。[46]

《纽约时报》(*New York Times*)一位颇受欢迎的非商业散文家写道:"我们好像正处于新运动的黎明——一场旨在颠覆股东利益霸权

---

〔45〕 See Paul Blumenthal, *SEC Petition for Corporate Political Spending Rule Reaches Half-Million Comments*, Huffington Post, http://www.huffingtonpost.com/2013/04/16/sec-corporate-political-spending_n_3093121.html.

〔46〕 Justin Fox & Jay W. Lorsch, *What Good Are Shareholders*?, Harvard Business Review (July-Aug. 2012), http://www.shareholderforum.com/access/Library/20120700_Harvard Business Review.htm.

的运动。"[47]《华盛顿邮报》(*The Washington Post*)富于同情地报道了本人在一份进步政策杂志[48]上发表的一篇呼吁进行改革的文章。[49]

本文的规范性主张是,我们应该充分利用当下对公司法现状的怀疑态度和对新框架的开放态度。当然,问题在于如何做到这一点。

二、变革的思路

通常,公司法内部的斗争发生在管理层至上主义者和股东至上主义者之间。而公司其他利益相关者的利益,则由反垄断法、环境法、劳动法等"外部"监管规则来保护。但这些努力大多是"指挥和控制"式的,就像一支拖船队,将公司这艘油轮从它原本的自然航线上拉离。[50]

---

〔47〕 Joe Nocera, *Down with Shareholder Value*, New York Times, http://www.nytimes.com/2012/08/11/opinion/nocera-down-with-shareholder-value.html; see also Lynn Stout, *The Shareholder Value Myth* (2012); Steven Denning, *The Dumbest Idea in the World: Maximizing Shareholder Value*, Forbes, http://www.forbes.com/sites/stevedenning/2011/11/28/maximizing-shareholder-value-the-dumbest-idea-in-the-world/; Justin Fox, *How Shareholders Are Ruining American Business*, Atlantic (June 19, 2013, 10:05 PM), http://www.theatlantic.com/magazine/archive/2013/07/stop-spoiling-the-shareholders/309381/.

〔48〕 See Dylan Matthews, *In Germany, Workers Help Run Their Companies And It's Going Great!*, Washington Post Wonkblog, http://www.washingtonpost.com/blogs/wonkblog/wp/2012/10/07/in-germany-workers-help-run-their-companies-and-its-going-great/.

〔49〕 See Kent Greenfield, *The Stakeholder Strategy*, 26 Democracy Journal Ideas 47 (2012), http://www.democracyjournal.org/26/the-stakeholder-strategy.php? page = all.

〔50〕 See Kent Greenfield, *Proposition: Saving the World with Corporate Law*, 57 Emory Law Journal 948, 970 – 974 (2008).

对此,本文的观点很简单,即人们应该考虑采取一种新型的监管措施(实话说,这事实上也并非新举措),将公众利益因素纳入公司治理标准中,从而使公司自身成为更积极的社会力量。这并不是在敦促公司成为利他主义的或是从事慈善的机构,因为公司为公众利益服务的最佳方式是创造财富,而这主要是通过有偿出售有价值的商品和服务来完成的。〔51〕 本文的建议是,对财富的概念作广义定义,要求公司在专注于创造财富的同时,更清楚地认识到创造财富的内在成本,以及拓宽财富分配格局的好处。如果能在大公司内部创造主动性,让它们自发地朝着正确的方向行进,对于相关法律和政策机制的需要将会减少。

(一)观念上的转变

那么需要进行哪些具体改革呢?笔者认为,最关键的一点是概念上的,而不是法律或政治上的。公司不应再被视为股东拥有的财产,无论如何,股东的所有权应只在有违约情形出现时被承认。相反,公司应被定义为团队式的经济企业,其作为一个整体,对各类投资者多样化的大量投入进行利用。正如笔者在其他地方所说的,"公司是一个整体,其利用着为公司的成功做贡献的各种利益相关者的投资"〔52〕。公司的成功依赖各类利益相关者的贡献,而在公司治理安排中应该认可这些贡献。如果只关注其中一个群体(股东)的贡献,就会使对其他群体的重要投资被视而不见,并驱使管理层只优先

〔51〕 笔者在前引注中详细阐述了这一点,参见 Greenfield, *supra* note 20, at 125 - 142。

〔52〕 Greenfield, *supra* note 4, at 1043. 关于公司"团队"理论的经典描述是玛格丽特·布莱尔和林恩·斯托特的作品,就该文的观点来说,笔者赞同其中一部分,而对一些部分持保留意见。参见 Margaret M. Blair & Lynn A. Stout, *A Team Production Theory of Corporate Law*, 85 Virginia Law Review 247, 318 - 322(1999)。

考虑股东利益。而一个成功的企业,既需要个人和机构投资金融资本,也需要其他人提供劳动力、智力、技能、关注,以及当地社区提供的各种基础设施。

这些投资者都不是出于利他主义或法定义务而作出贡献。他们出发点是在公司发展顺利时获得潜在的利益。他们希望管理层能够将从其他贡献者那里获得的投入归集到一起,使公司能够生产商品或提供服务以盈利,然后分配所创造的财富。收益可以有多种形式,包括为消费者提供的商品和服务,为雇员提供的就业机会,为社区提供的税基,为投资者提供的财务收益。每一位贡献者都与公司有利害关系,且公司的发展依赖于每个利益相关者的贡献。不幸的是,在美国目前的监管体制下,股东之外的利益相关者的关切并没有在公司治理的内部结构机制中被考虑。从某种程度上来说,这些利益相关者只能通过契约或外部监管体系寻求保护。

与美国相比,英国的公司治理模式至少认可了其负有考虑这些利益相关者利益的义务,而欧洲模式则要求企业在文化规范和法律上都承担更有力的社会义务。[53] 在欧洲模式下,公司承担着更重的信息披露以及与员工协商的义务,并且,在许多欧洲大型公司的董事会中都有劳工代表。这些将员工纳入公司治理的努力旨在体现工作场所中民主和经济公平的准则。同时,它们也被视为经济成功的一

〔53〕 Aline Conchon, European Trade Union Institute, Report 121, *Board-level Employee Representation Rights in Europe: Facts and Trends* (2011) (Belg.), http://www.etui.org/Publications2/Reports/Board-level-employee-representation-rights-in-Europe; see also MAP, *Board-Level Representation in the European Economic Area*, Worker-participation.eu, http://www.worker-participation.eu/National-Industrial-Relations/Across-Europe/Board-level-Representation2/MAP-Board-level-representation-in-the-European-Economic-Area2(显示在欧盟31个国家中,有19个国家制定了有关员工的董事会层面代表的立法).

个重要组成部分,事实上,最重视施行劳资共决制(co-determination)的德国现在已经成为欧洲的经济强国。德国西门子公司的首席执行官认为,共决制是德国的一个"比较优势";〔54〕美国的投资公司黑石集团(Blackstone Group)的高级董事总经理曾表示,在董事会中设置员工代表席位的制度是使德国成功避免金融危机最糟糕局面的重要因素之一。〔55〕

(二)具体的监管改革措施

一旦摆脱了"股东即所有者"的概念的束缚,那么我们就可以提出一些强有力的、直指问题核心的疑问,而其中最关键的一个是商事实体的创建、对其授权和监管应如何进行,才能使之最有可能创造出(广义上的)财富并扩大分配格局,同时最大限度地减少其直接和潜在的危害?这个问题有很多合理的答案,但请允许本文提出一些契合股东至上框架的、有关公司法和公司治理的具体监管改革措施。

首先,有关公司治理的法律应该扩大管理层信义义务的范围,增加一项考虑公司中所有利益相关者的利益的义务。几十年来,管理层的信义义务已被分类为注意义务和忠实义务。而根据美国目前的司法解释,这两者的内涵都比人们想象的要单薄——注意义务基本上只包括收集信息和避免重大过失的要求;忠实义务则仅是对非公开自我交易的禁止,例如,管理层私下与公司进行特殊交易。

如果加重董事向股东承担的这两项义务,那也不会有什么坏处,但本文的建议是,这些义务不应仅对股东履行,而应对公司中所有的利益相关者履行。注意义务应意味着当高级管理层或董事会就公司

〔54〕 See Conchon, *supra* note 53, at 7 n. 3.

〔55〕 Id. at 8.

的战略方针作出决策时,他们需要收集和权衡关于该决策对公司利益相关者将产生何种影响的信息。仅是评估相关决策对公司资产负债表的影响,不能被视作履行了注意义务,管理层需要评估相关决策对公司整体的长期影响,包括对员工、消费者和其他利益相关者的影响。至于忠实义务,除履行对象以外,不作改变,这意味着将有更多的人有兴趣对管理层可能的渎职行为(malfeasance of management)进行监督。(而且,如果更重的责任也意味着这些责任将得到更认真地执行,那么股东们也会更心满意足。)

上述改革措施将有多少实效呢?诚然,改革更多地针对决策的过程,而不是所需的结果。但是过程意义重大,尤其是对于一些世界上最具影响力的团体决策者而言。至少,公司董事(以及那些应向他们汇报工作的高管)将不会再以按日,甚至按季度衡量的股价为唯一标准来作出决策。

此外,随着时间的推移,这种范围更大的信义义务将使公司受益。信义义务增强了公司贡献者们的信心,因为他们知道管理层有责任去关照他们的利益。如果管理层对公司中所有重要的利益相关者都负有注意和忠实的义务,那么这些利益相关者就更有可能在一开始就进行投资,并且长期地将投资留在公司。长期以来,信义义务被认为应向股东履行,但对于其他类型的“投资者”来说,也应如此。例如,员工们如果在任何时候都无须担心自己的利益会因与公司的短期盈利发生冲突而被弃之如敝履,定会更加忠诚且更愿意培养能使公司长期受益的专属技能,此外,他们与管理层“针锋相对”(us-versus-them)的可能性也将大大降低。[56]

其次,第二项具体的监管改革措施是,改变公司董事会的实际结构,允许提名和选举那些代表利益相关者的利益或是能够可靠地为之发声的董事会成员。[57] 当前,美国公司的董事会代表了两大团体的利益:高级管理层和大股东。而认识到各类利益相关者为公司作出了重要贡献后,我们就必须面对这样一个现实,即当前的董事会结构并不能很好地为大多数利益相关者服务。改变这种状况的方法是,要求董事会更广泛地表达那些为公司的成功作出贡献之人的诉求。

那么该如何落实呢?要弄清楚哪些利益相关者值得被代表以及得到何种程度的代表,无疑是一件棘手的事情。但这并非不可能。要选举员工代表非常简单,可以采用德国模式,即由公司全体员工选出员工代表,或者也可以简单地向每位员工发行一类特殊类别的股票,从而由该类股东选出若干董事。如果我们希望其他的利益相关者也能被代表,可以采用的方法有很多。比如,规定公司主要业务所在地的社区领导可以提名一名董事;允许长期业务合作伙伴和债权人派出代表等。我们甚至可以借鉴荷兰的经验,要求公司加入一名"公共利益董事",这类董事负有站在公众立场审查公司决策的特殊

---

〔56〕 来自欧洲的证据表明,与没有员工参与公司治理的国家相比,有大量员工参与公司治理的国家的劳动者生产率更高,罢工的天数也更少。See Sigurt Vitols, *Prospects for trade unions in the evolving European system of Corporate Governance* 22, tbl. 5 (2005), http://library.fes.de/pdf-files/gurn/00299.pdf.

〔57〕 See Greenfield, *supra* note 4.

义务。[58]

三、变革的收益

学者们应该提醒自己,仅存在变革的可能性,并不意味着进行变革就是值得的。基于此,请允许笔者阐明三个理由,说明为什么前文提出的改革措施值得在政治和法律上付出努力。

(一)对抗不平等的有效工具

这些改革应受支持的原因之一是,它们可以通过监管政策这一相对有效的方式为许多人提供真正的收益。以财富和收入不平等的问题为例。在美国,这样的不平等已处于历史高位。造成不平等的原因是多样的,但其中一部分系公司行为所致:提供给工人阶级的工资太低,而企业高管的薪酬又过高,且股东群体的收益绝大部分都流向了社会中最富有的人。

可以被用来解决这种不平等的政策工具也是不完备的。我们是可以主张提高最低工资,但除了最底层的人民,其他中低阶级受益较少。我们是可以寻求对工会赋予更多权利以保护劳工,但是在美国,只有不到7%的私人劳动力是有组织的。[59] 我们也的确可以通过调

〔58〕 See Waheed Hussain, *The Law Should Make Boards More Diverse*, New York Times, http://www.nytimes.com/roomfordebate/2012/07/04/who-are-corporate-directors-working-for-anyway/the-law-should-make-boards-more-diverse.

〔59〕 See U. S. Department of Labor, *Union Affiliation of Employed Wage and Salary Workers by Occupation and Industry*, Bureau of Labor Statistics (last modified January 23, 2013), http://www.bls.gov/news.release/union2.t03.htm(其中的表3显示,在私营企业中,有工会代表的劳动力占总劳动力的6.9%).

整税收制度从富人手中重新分配财富，但税制变动也会引发那些受益者的不满，从而可能一经出台便会使生产积极性降低。

相比之下，调整公司信义义务和董事会组成，能够使成功的企业所创造的财务盈余被更公平地分配给各方。由于对公司盈余进行分配是董事会和高级管理人员最重要的决策之一，因此他们职责和组成的变化势必会对分配产生影响。此外，目前高管们之所以能获得高额的薪酬，部分原因在于，董事和高管们是金融精英组成的私人俱乐部的成员，里面的所有人都相互关照。要求他们对管理群体以外的利益相关者承担信义义务，将扭转董事取得高薪的趋势，而在董事会中加入员工代表和其他利益相关者的代表，将使这种"内部主义"透明化，且有所收敛。

与政府事后重新分配财富相比，这种对财富初次分配方式的优化在减少不平等方面肯定更有效。与通过税收制度进行事后再分配相比，公平地进行初次分配所引起的不满较少。此外，获得合理报酬的员工将对雇主回报以善意，即提升生产率并自觉劳动，从而减少了严格监控的需求。而政府的再分配制度不会产生这些好处。与提高最低工资相比，以利益相关者为导向的公司治理体系将使各经济阶层的利益相关者受益，并能使他们在创造财富的过程中提前受益。

（二）借助多元主义更好地作出决策

要求公司在决策时考虑更广大利益相关者的利益，好处是决策本身的质量将得到提高。诚然，由于团体能够发现并减少偏见和错误，从而优化个人的决策，因此团体决策被认为是公司作为一种商业形式取得成功的重要原因。然而，如果团体强化偏见、掩盖错误、加剧非理性，那么这些好处可能会消失，甚至转化为成本。有相同观点、经验和价值观的群体决策者,很容易陷入“集体迷思”,这是一个描述团体决策者们错误决策的专属名词,指当团体中存在类似想法的参与者时,会导致偏见被强化而不是被挑战,使错误被合理化而不是被暴露出来。〔60〕

群体倾向(group tendencies)会使决策恶化的另一个例子是,人们倾向于在由具有相似世界观和观点的人组成的团体中进行讨论,以强化他们的观点和看法。例如,在有关政治问题的讨论中,政治话语体系中的极端群体在团体内部讨论之后会变得更加极端。〔61〕 在观点、种族、性别和阶级构成上同质化的群体中,这种影响更大,因为“有缺陷的决策”与“绝缘和同质性”等结构性缺陷“密切相关”。〔62〕正如克里斯汀·乔尔斯(Christine Jolls)和卡斯·桑斯坦(Cass Sunstein)的阐述,“当志同道合的人进行协商时,常常会做出错误的判断”。〔63〕

从公司治理的角度来看,令人担忧的是,当董事会的同质性和狭隘性降低了对观点进行适当审查或对假设提出适当质疑的可能性时,董事会的决策质量就会下降。如果公司这种商业形式之所以成功的关键因素是在于其商业架构的顶端有一群成熟的群体决

---

〔60〕 See Irving L. Janis, *Groupthink* (Cengage Learning, 2nd ed. 1983); Marleen A. O'Connor, *The Enron Board: The Perils of Groupthink*, 71 University of Cincinnati Law Review 1233(2003); Kath Hall, *Looking Beneath the Surface: The Impact of Psychology on Corporate Decision Making*, 49 Managerial Law 93(2007).

〔61〕 See Daniel J. Isenberg, *Group Polarization: A Critical Review and Meta-Analysis*, 50 Journal of Personality and Social Psychology 1141(1986).

〔62〕 See Cass R. Sunstein, *Why Societies Need Dissent* (Harvard University Press, 2003), p. 28.

〔63〕 Christine Jolls & Cass R. Sunstein, *Debiasing Through Law*, 35 The Journal of Legal Studies 199, 218(2006).

策者,那么当结构或形式缺陷削弱了董事会决策程序的作用或扭曲了决策结果时,这种成功的模式就将面临风险。群体决策中,异议是必不可少的,而群体成员之间的社会关系可能会降低异议发生的可能性,因此这也正是最需要不同意见来推动讨论和分析的时刻。

如果团体的同质性的确会影响决策质量,那么目前大多数董事会的组成都是有缺陷的。事实上,公司董事会可能是美国最缺乏多样性的权力机构。越来越多的学者们指出了董事会和高管团队在性别和种族上的同质性,并指出这种狭隘性给决策带来的危险。[64] 如今,这一看法的内涵更宽泛了:多样性的观点和允许不同意见和分歧的存在长期来看有助于更好地作出决定。更加多元化的董事会可能发生更多争议,但也更有可能更彻底地审查决策。用亚伦·迪尔(Aaron Dhir)的话说,"在董事会中形成一定程度的'认知多样性'……是一项关键战略资产,可帮助公司避免群体迷思导致的危险和从众行为"。[65] 正如在上文中提到,黑石公司的高管声称,德国的共决制减轻了金融危机的消极影响,且他认为,该制度发挥作用的原理是在董事会层面"引入了一系列新观点"。[66]

---

〔64〕 See Douglas M. Branson, *The Last Male Bastion: Gender and the CEO Suite in America's Public Companies* (Routledge, 2010); Lisa M. Fairfax, *Board Diversity Revisited: New Rationale, Same Old Story?*, 89 North Carolina Law Review 855 (2011).

〔65〕 Aaron A. Dhir, *Towards a Race and Gender-Conscious Conception of the Firm: Canadian Corporate Governance, Law and Diversity*, 35 Queen's Law Journal 569, 595 (2010).

〔66〕 See Conchon, *supra* note 53, at 8.

(三)选择长期而非短期主义

左派和右派的商业评论员和学者之间达成的少数共识之一是“短期主义”是个问题。[67] 这一问题是由股东们越来越短的持股期限引发的,他们现在平均每次的持股时间只有几个月。的确,在美国,高达70%的日成交量是高频交易,投资者的持股时间可以按秒计算。[68] 因此,维护这些股东利益的管理层也会优先考虑短期收益,即使会造成长期发展的困境。在2008年金融危机爆发前,一项针对400多名美国公司首席财务官的调查显示,他们中的绝大多数人会优先满足华尔街对公司财务的季度预期,而不是做对公司长期(甚至是未来几年内)的发展最有利的事情。[69] 全球性金融危机的爆发暴露了将短期收益置于长期收益之上的风险。

在公司决策中优先考虑更广大的利益相关者的关切,将有助于遏制普遍存在的短期主义。一般来说,利益相关者们,特别是员工和社区,都明白重视短期利益并不能很好地满足他们的利益。他们希望自己的工作和邻里关系能维持一年以上;他们不愿意承担风险,因为如果风险发生,将由他们承担全部成本。一种比较专业的说法是,利益多元化的董事会,道德风险较小。而用不太专业的说法来说,即当自家的房子会被烧毁时,人们不会玩火。

---

〔67〕 See Kent Greenfield, *The Puzzle of Short-Termism*, 46 Wake Forest Law Review 627 (2011).

〔68〕 See Fox & Lorsch, *supra* note 46.

〔69〕 See Lawrence E. Mitchell, *The Speculation Economy: How Finance Triumphed Over Industry*, Berrett-Koehler Publishers, 2008.

四、对反对意见的回应

在讨论健全管理者信义义务框架和多元化公司治理结构时,出现了各种各样的反对意见。笔者已经在他处作了许多回应,但请允许本文讨论其中两个突出的反对意见。

(一)“二主”之争

将利益相关者纳入公司治理的提议可能引发这样的担忧,即扩大公司责任实际上会使管理者更容易完全逃避责任。该论点是这样的:如果企业管理者有不止一个“主人”(也即不仅是股东),他们可以通过声称自己的行为是为了促进其他利益相关者的利益,从而避免对任何利益相关者承担真正的责任。经济学家们将此称为“代理成本”论点:扩大管理层的职责将增加管理公司所固有的代理成本,因为对管理者是否真的在认真地、诚信地履行职责的监督会变得更加困难。

上述担忧与人们经常听到的另一种反对意见不一致,即公司法不必担心利益相关者的利益,因为关照股东必然也会使其他利益相关者受益。当然,这两种意见没有共通之处,股东权益倡导者不能同时提出这两种主张,因为在逻辑上,如果股东和其他利益相关者的利益没有冲突的话,那么法律要求管理者考虑其他利益相关者的利益,也就不会使代理成本增加太多。

更准确的观点是,在很多情况下,尤其是在短期内,股东与其他利益相关者之间确实存在冲突。但是,这样的冲突并不是担心管理者无法承担更多责任或是担心无法判断管理者勤勉履职的理由。诚然,直观地看,在履行职责时,同时负有两种责任的人会比只负有一种责任的人遇到更多困难,但是,人们通常承担着不止一种责任,其中有些甚至相互矛盾。人们已非常习惯于承担一系列的责任和义务。

许多企业管理者都被要求平衡多种义务,有些义务来自公司法,有些来自其他法律领域,有些则来自市场。打个比方,公司定期发行代表不同权利的类别股,但是即使各种类别的利益发生冲突,董事仍然对所有类别的股票持有人负有信义义务。对法院而言,分析管理者是否履行了勤勉、诚信以及不为私利行事的信义义务并非不可能的事。

承担更多和更广泛的责任能为管理人员避免责任提供唯一借口是顾此失彼,即他们为了履行一义务而无法履行另一义务。但是,这与职责的数量和范围无关,而与职责的履行方式有关,公司法并不允许管理者以履行一项职责为由来推卸另一项职责。

想想注意义务,当法院要求履行这项义务时,它们已基本上将其简化为一项程序性义务,即调查各种备选方案、考虑各种可能的结果、花费必要的时间进行有效的审议并建立一定的监控系统,以确保信息从整个公司畅通无阻地流向中心管理层。[70] 比如说,如果管理

---

〔70〕 See Smith *v.* Van Gorkom, 488 A. 2d 858, 891 (Del. 1985)(发现董事被告违反了注意义务,因为他们未能了解所有可合理获得的与其决策相关的信息,以及未能向股东披露所有重要信息);*In re Caremark Int'l Inc. Derivative Litig.*, 698 A. 2d 959, 968 (Del. Ch. 1996)(认为董事被告履行了注意义务,他们就有关问题举行了会议并听取了专家的意见,并建立了监督信息系统);Francis *v.* Unit- ed Jersey Bank, 432 A. 2d 814, 821 (N. J. 1981)(认定被告董事因不作为而违反了注意义务,因为董事有义务采取行动,包括获得“至少对公司业务的基本了解”).

者被要求考虑雇员的利益,那么注意义务的执行方式将与现在并无二致。没有一位经理能够声称由于当时正在考虑员工问题,因此无法关注该决策对股东的影响,并以此作为抵御股东请求的抗辩。管理者不得不将两者兼顾。是的,这可能会更困难,但并非不可能,而且这当然不会令人们难以确定管理层是否在尽职工作。

同样,如果要求管理者照顾非股权投资者,他们的忠实义务也不会因此放松。在公司法中,忠实义务要求管理人员不从事自我交易。这种义务的作用不会因为将雇员纳入管理者信义义务的受益人范围而减弱。相反,增加受益于管理者信义义务的对象将使管理者更难摆脱禁止自我交易规则的束缚,因为更多的公司利益相关者将有动力去监督管理层追逐私利。

增加管理层的责任将会降低管理层充当股东代理人的可能性。管理者可能确实会因此改变他们的行为,但断言这种改变无益,只会令人质疑管理者只服务于股东利益是否合理。

此外,股东代理成本的存在本身并不是一个有说服力的论点,因为其他利益相关者也有代理成本。其他利益相关者为公司作出了重要贡献,所有利益相关者都依赖于管理层利用这些贡献来创造财富。所有利益相关者都依赖于管理者,因此有动机去监督他们。股东至上原则使其他利益相关者更难信赖管理层,这增加了利益相关者的代理成本。放松股东至上模式可能会增加股东的代理成本,但会降低非股东利益相关者的代理成本,而这种成本的重要性与股东的代理成本是相同的。

股东至上主义主张只有股东才应该拥有制定降低代理成本规则的权力,但我们无法仅凭存在股东代理成本来证明股东至上原则的合理性,除非其他利益相关者的代理成本都是不重要的(discounted)。然而,只有在股东至上的情况下,这些成本才会被认为不重要。

(二)竞争力

另一个反对意见是,这种类型的公司治理可能会削弱美国的竞争力,就像扼杀一只能产金蛋的鹅一样*。因为强迫公司管理者考虑员工和其他利益相关者的利益,将使公司的分配决策更加棘手,并削弱公司低成本制造产品能力,长期下来,公司可能因此无法取得成功。

但上述担忧被夸大了。当一家公司倒闭时,公司的任何利益相关者都不会从中受益,上市公司倒闭给公司带来的伤害也不会比对员工的伤害更大。此外,股东通常持有多元化的股票投资组合,因此,一家或另一家公司的破产通常不会恶化股东的整体财务状况。

事实上,重点关注股东利益意味着公司倒闭的可能性将增加,而不是减少。由于股东持有多样化的投资组合,并享受着有限责任的保护,他们实际上倾向于支持其持有股票的公司作出冒险的决策,从而为整个投资组合创造高于平均水平的回报,但对个别公司来说,这有破产的风险。只要股东的投资组合整体上使他们的预期收益最大化,股东们就不会太在意某个公司是否会倒闭。

另外,员工的劳动力投资并不是多元化的,他们通常一次只为一个雇主工作,并且可能已经为企业特定人力资本的发展投入了大量的时间和精力。劳动者在就业上不是风险中立型,而是风险厌恶(risk averse)型的。员工并没有对自己任职公司的破产风险无动于衷,反而深切地关心公司的财务状况,因为如果公司遭受损失,他们

---

* 指带来财富但须小心对待以免失去的事物。——译者注

将蒙受的损失是巨大的。

这意味着与股东主导的公司相比,关注员工利益的公司破产的概率会更小,因为相比雇员,股东并不那么关心某一家公司倒闭与否。因此,以是否有利于股东作为决策标准的管理者,将会比那些以是否有利于更广大利益相关者为决策标准的管理者,更可能导致公司的失败。

员工和利益相关者与公司在管理和商业上的成功并不是不相容的。如上文所述,随着员工对公司的“主人翁感”增强,他们将更加努力地工作、贡献更多的想法、提高生产力、更少偷懒并更加遵守公司规则。长期来看,这将有助于提高公司的盈利能力。

在有关竞争力的批评中,相对难以反驳的观点,不是公司如果考虑了利益相关者的利益就会倒闭,而是如果建立了保护利益相关者的治理框架,资本(股东)就会逃离美国市场。也就是说,如果公司被要求考虑非股权投资者的利益,那么股权投资者会将其资本转移到其他地方。

诚然,采纳保护利益相关者的治理框架可能会导致重新分配,使公司盈余从股东处流向其他利益相关者。这也正是该框架的目标之一。但由于保护利益相关者的治理模式能为整个公司创造收益,因此从绝对意义上讲,分配给股东的份额可能会增加,虽然额度在比较意义上没有那么大。

对资本的判断总是相对的,人们需要考虑“我在这里投资收益更多,还是在其他地方更多呢”?因此,只有在其他地方找寻到更优的风险/回报组合时,保护利益相关者的公司治理机制才会导致资本逃离。事实上,欧洲的利益相关者保护体系非常严格,但同时维持了资本市场的健康和竞争性，这表明如果美国采用类似模式，则几乎没有理由担心资本会弃船而逃。

毋庸置疑的是，认为支持保护利益相关者的行为将受到资本惩罚的论断和反对监管措施对资本施加成本的主张很类似，比如反对最低工资标准、额外的环境保护和禁止雇佣童工。在这些情况下，监管选择其实是由许多因素共同决定的，其中包括了对监管措施的成本效率分析。在某些情况下，公共政策举措的确会增加资本的成本，如限制工厂的碳排放，这些成本可能会影响到资本是流向美国证券市场，还是流向海外市场。但是，对成本的分析也必须包括对潜在收益的考量（如减缓气候变化的速度），一味地屈从于那些威胁要收回资本的投资者的压力，将是不明智的。

保护利益相关者的公司治理也是如此。问题不仅在于该制度是否会给资本带去一些短期成本，还应考虑它会否产生收益从而平衡这些成本。我们有理由对此持乐观态度，因为该制度创造的“鹅”能源源不断地产下“金蛋”。

结　论

若要充分把握当下这一智识激荡的历史时刻，公司法理论家们需要打破股东权力与管理层特权的传统范式。第三条道路将更广泛的管理者义务与更多元化的治理结构联系起来，值得公司法学术界关注。这样的框架将保护企业免受公司权力带来的最严峻风险，并将带来成倍增长的长期收益。

译后记一

1962 年,美国曼宁(Manning)教授曾提出一个著名观点:“作为人类智识领域的公司法,在美国早已死亡……留下的只有繁杂而空洞的公司法条文,如同那些由生锈钢筋建成的摩天塔楼,框架虽在,其中却荡然无物,唯有长风呼啸而过。”这一富有诗意但又无比苍凉的论断,让我们这些研习公司法的后辈感到脊背发凉。因为当我们满怀期待走在公司法的恢宏大道上,欣赏着路边充满商人智慧的美好景色、远方飘扬着浸满立法者汗水的旗帜,正准备大展拳脚,在公司法的道路上勇往直前时,数十年前的学者如路见不平一声吼般断言公司法之路已成绝路。事实上,除了曼宁教授,也有不少学者提出公司法的功能已摇摇欲坠或其地位已不再显赫。美国当代法学名家施瓦茨(Schwanz)教授在 1990 年时指出“公司法已没有什么作用了,因为它对大多数公司内部行使着的那些实际权力毫无约束力”。进入 21 世纪,戈申(Goshen)和汉内斯(Hannes)教授从股票市场组成的角度认为,随着机构投资者的勃兴,特拉华州法院的公司法判例将不再留存实质性影响,公司法亦将最终走向死亡。

公司法的死亡或许是学者悲观的预判，或许是一种浪漫主义的描绘，也或许是对公司法纠纷裁判的消极性批判。事实上，只要有公司组织的存在，就有公司法发挥余地的空间，只不过个中问题在于空间有多大。因为即便是在强调意思自治为王的契约世界里，合同法仍具有不可估量的地位，更何况是集组织法与交易法于一身的公司法。死亡之说可能是一种遥远的传说，然而学者提出的公司法的死亡也非标题党式的危言耸听。随着机构投资者的崛起，公司法裁判影响力的虚弱化、公司法条文规范的机械化以及公司内部治理的自由化，均可能导致公司法功能的日渐式微。宣言式或任意性规范的公司法文本、不能随便修改的公司章程模板、公司法纠纷类案不同判的现象，均可能导致公司法出师未捷身先死。英美公司法文献记录了从公司法诞生到死亡，最后向死而生的踪迹。通过这些文献，厘清公司制度何以诞生、公司组织何以成长、公司内部机构何以发挥其独有功能、公司法何以走向死亡以及公司法何以再生的脉络。这些论述与观点固然是在英美背景下探究而成，似乎离我们很遥远，但这么悠远的公司法制历程，可能也会有那么贴近的阅读感悟。

本书之所以能出版，很大程度上源于刘文科副编审。早在2019年年初，他便向我们提议说，看到我跟李诗鸿副教授两人都有一些公司法的译文发表在期(集)刊上，可仿照黄辉教授编译的《公司法的逻辑》，将我们翻译发表的部分论文编辑成册出版。此后，我跟诗鸿提及，并在不同场合深入探讨此事。为了避免读者白白浪费银两，我们也特意选择数篇尚未翻译发表的作品。故借此机会，感谢刘文科副编审可能无意但更可能有心的一句话，促使本书得以成行。同时，也感谢西南政法大学民商法学院包括赵万一教授、张伟莉书记、李雨峰院长、张力副院长和李兆玉副院长等在内的诸位领导和同事的大力支持,将本书纳入学院资助系列,使本来饭席笑谈间的灵感和想法能够落地开花。此外,感谢《华东政法大学学报》《交大法学》《证券法苑》刊发本书部分译文,若没有这些期(集)刊的鼎力支持,我们也不可能有出版本书的念头。众所周知,国内期(集)刊愿意刊发译文的少之又少,但幸得仍有少数刊物依然在这一领域坚持不懈,衷心感谢上述期(集)刊。感谢许瀛彪、李雪萍、张茜、覃怡丹等同学,许瀛彪博士参与本书部分已发表译稿的翻译,其余同学亦对部分译稿的正文校对、脚注录入和格式统一等花费了大量时间,这些事情烦琐且重要,感谢他们的细心无私奉献。最后,感谢法律出版社法治与经济分社沈小英社长、陈妮编辑、张思婕编辑、黄筝编辑,没有她们的辛苦编校,本书也不可能得以顺利出版。

本书是我跟诗鸿的第一次联手合作,浙江师范大学陈醇教授曾说我们是公司法翻译的“东邪西毒”,我们确实各处西东,然既不邪,也无毒。相反,我们酒越喝越热,情越深越重,这不是风动,不是幡动,我们只希望读者看后能心动。

林少伟

2024 年 1 月 6 日

译后记二

《公司法的再生》是一系列富于批判性的公司法论文合集，专注于从历史发展、基础理论角度梳理和解构公司法，在归纳、反思的基础上尝试创新和突破。不同于部门法领域精密的“手术刀式”的制度构建，本书的视角宏大而开阔，富于开创性。一些研究结论和观点颇具独特性，引领了公司法学术研究风气之先。本书既包括公司组织的生成逻辑、公司法的基础规则，又囊括对公司契约论的批判、对委托代理理论的质疑，扎实稳健、掷地有声，最终形成被代理人成本、公司治理第三条道路的功能再生性论断。若非在就公司法领域积数十年之功，断然没有如此深厚的内力，也必然无法写就如此有洞见的深刻的作品。相信无论你是否同意作者的观点，本书都是当下公司法研究者绕不开的一本著作。

公司法居于商法的核心地位，除公司契约论之外，往往还可以从组织法的角度对法律规则作出解析，但针对契约论大破大立的研究并不多见。同时，这是本具备“进步公司法”理念的作品，更突出公司自身的价值，借由社群主义视角反思自由主义、反思契约论，试图构建一个全新的体系。全书字里行间所蕴含的“进步公司法”的理念,对当下的中国实践具有积极的参考价值,对于公司法文本亦提供清晰的参照。无论是针对理论问题,如公司是谁的、为了谁的利益服务等,还是针对具体制度问题,如信义义务、股东权利、反收购安排等,都能作出有效的回应,指明其中利弊得失。可以说,在全球视角下审视公司法,包括中国在内的多数国家已经走到了一个制度选择的十字路口,基于何种价值观指导制度,显得尤为重要,例如究竟是选择董事会中心还是股东会中心,抑或步入第三条道路。

《公司法的再生》最初拟定名为《公司法的死亡与再生》,分别参照了吉尔莫、内田贵的契约死亡观,以及两位学者鼎鼎大名的作品《契约的死亡》和《契约的再生》,企图以批判的方式重构公司法理论。少伟兄和编辑老师一致认为“死亡”一词过于激进,遂提出删去这一表述。经过一番内心的纠结和思考,我也赞同使用“公司法的再生”,实质上看可能也更贴切。内田贵先生所称的契约之死并非契约法固有原理的崩塌,也非如吉尔莫所指的向侵权行为法回归意义上的契约之死,而是古典契约法基础理论的崩溃、新契约法理论的兴起。本书的定位更像是内田贵笔下对契约再生的理解,即传统公司法理念崩塌,随着长期契约、关系契约、不完全契约的影响,新公司法理念逐步兴起,替代了传统理论封闭的体系。

当然,无论是公司法的死亡抑或公司法的再生,都是社会经济发展的一个缩影。无论运用何种理论解释现实中不断演进的制度规则,解释社会环境的变化,公司法都需要及时适应这一历史背景,需要从理论上有所突破。然而,更多主流作品停留在业已构建起来的根深蒂固的法经济学基础上,少了异见与反思。无论是公司契约论,还是委托代理理论,都从根本上限制了研究者的视野,制约了制度的配套发展,亟待重构。本书中的原作者们,戈申(Goshen)、格林菲尔德(Greenfield)、布莱尔(Blair)、格夫兹(Gevurtz)等学者,皆是公司法研究中响当当的领军人物,拥有丰富的理论与实践背景,作品亦前沿而具备创见。如戈申(Goshen)教授曾任职以色列证监会主席,拥有非凡的视野与创见,提出的被代理人成本理论备受关注;格林菲尔德(Greenfield)教授是进步公司法领域的一员大将,对公司法理论的突破铿锵有力、一以贯之;布莱尔(Blair)教授则在团队生产、资本锁定理论的提出方面作出了开创性贡献;格夫兹(Gevurtz)教授对董事会组织形成的若干史料的挖掘和描述,影响了一代学者。将此系列学者的作品汇集在一起,无疑蔚为大观、盛况空前。

本书的动议,由合译者林少伟教授首先提出,他敏感地意识到了我们两人所翻译作品的一些共通性。在我印象当中,少伟老师勤勉、务实,拥有扎实的商法思维、卓越的眼光和果断的执行力。在翻译文本的选择方面我们志趣相投,并且各自在公司法、证券法的翻译道路上默默耕耘。我们两人有着相似的选书标准,曾同时对一些经典文献产生过兴趣,对基础理论的研究热情也颇高。无论是在重庆、上海,还是在香港,我们曾多次碰面,就一些共同感兴趣的话题展开深入探讨。希望通过本次以及在不远将来的数次合作,我们可以成就彼此。相信本书是一个有益的开始。

作者所秉持的多元化的视角,所勾画出的波澜壮阔的图景,无疑会给读者带来启发和愉悦。“仰观宇宙之大,俯察品类之盛。所以游目骋怀,足以极视听之娱,信可乐也。”历经数月,反复打磨,终成此稿。怀揣忐忑之余,仍满怀期待。看过本书的清样后,我确信,作为一名公司法学者,这是一本我想买的书!

李诗鸿

2024 年 1 月 10 日